D1705361

De Oorlog

Ook leverbaar van Ad van Liempt bij Uitgeverij Balans:

Kopgeld. Nederlandse premiejagers op zoek naar joden. 1943

Ad van Liempt

De Oorlog

Gebaseerd op de gelijknamige televisieserie van de NPS

Met medewerking van Hans Blom

RESEARCH:
Chris van Esterik
Suzanne Hendriks
Yfke Nijland
Femke Veltman

FOTORESEARCH:
René Kok

UITGEVERIJ BALANS

Dit boek is gebaseerd op de televisieserie *De Oorlog* van de NPS.
Dit project is mede mogelijk gemaakt door de medewerking
van de afdeling Erfgoed Tweede Wereldoorlog en het Nationaal Fonds
voor Vrijheid en Veteranenzorg.

Omslagontwerp Oskar Luyer
Omslagfoto NIOD/Beeldbank WO2
Foto auteur ANP
Typografie en zetwerk Studio Cursief
Druk Wilco, Amersfoort

ISBN 978 94 6003 188 5
NUR 680

www.uitgeverijbalans.nl
www.deoorlog.nps.nl

Inhoud

Woord vooraf

Dit boek is gebaseerd op de televisieserie *De Oorlog*, die de NPS in het najaar van 2009 heeft geprogrammeerd. Als basis voor de tekst fungeerde voor het overgrote deel het onderzoek dat vier researchers daarvoor met tomeloze inzet hebben verricht: Chris van Esterik, Suzanne Hendriks, Yfke Nijland en Femke Veltman.

Een belangrijke rol in het tot stand komen van het boek heeft Hans Blom gespeeld. De voormalige directeur van het Nederlands Instituut voor Oorlogsdocumentatie was ook al de belangrijkste adviseur voor de tv-serie en voor de research die daaraan ten grondslag lag. Hij heeft intensief meegewerkt aan de opzet en de uitwerking van het boek en heeft er ook tekstueel belangrijke bijdragen aan geleverd.

Bij het onderzoek zijn tal van historici geraadpleegd, vooral in Nederland. Ook als zij nergens in de tekst of de noten worden genoemd hebben zij de bouwstenen aangedragen, soms door eenvoudig hun kennis over te dragen, soms ook door adviezen over bronnen en archiefstukken te geven of door te verwijzen naar andere deskundigen. Met name wil ik graag Bart van der Boom noemen, op wiens database van dagboeken wij nooit tevergeefs een beroep deden, en Hein Klemann, die bij de gedeelten over de economie in de Tweede Wereldoorlog onvermoeibaar zijn kennis met ons gedeeld heeft.

Een woord van dank is ook op zijn plaats voor presentator Rob Trip en de regisseurs van de tv-serie: Gerda Jansen Hendriks, Matthijs Cats, Godfried van Run en Dirk Jan Roeleven. Aan hun aanvullende research en aan de interviews die zij voor de serie maakten, heb ik veel interessants kunnen ontlenen. Datzelfde geldt voor filmresearcher Gerard Nijssen.

Voor de tv-serie – en daarmee ook voor het boek – waren producer Stephanie de Beer en productieassistente Nanda Plasschaert van onschatbare waarde.

We hebben heel veel te danken aan tal van archiefmedewerkers van de grote bekende archieven, maar ook van de kleinere, regionale en particuliere archieven. Al die mensen waren steeds weer bijzonder bereidwillig bij onze eindeloze zoektocht naar meer gegevens, meer feiten, meer dagboeken.

In deze opsomming dienen ook de leden van de redactieraad te worden vermeld: Arend Jan Heerma van Voss, Chris van der Heijden, Puck Huitsing, Cees Labeur, Ellen van der Waerden en Jolande Withuis. En natuurlijk de meelezers van het boek: Esmeralda Böhm en Tonny van der Meulen, die mij, zoals zo vaak eerder, voor heel wat uitglijers hebben behoed.

Kortom, ik ben iedereen die op een of andere manier aan serie en boek heeft meegewerkt bijzonder erkentelijk.

Maar het meest komt die dank toch toe aan die tallozen die tijdens de oorlog in dagboeken en brieven de feiten en hun gevoelens hebben neergelegd. Op die egodocumenten is deze serie vooral gebaseerd. Het is heel goed dat zij dat allemaal hebben opgeschreven en ik hoop dat hun geschriften op veel mensen net zoveel indruk zullen maken als op mij.

september 2009,
Ad van Liempt

Proloog

DE OORLOG EN DE DAGBOEKEN

Het is 13 mei 1943. In een barak in concentratiekamp Vught werkt Klaar-tje de Zwarte-Walvisch, een Joodse vrouw van 32 jaar, haar dagboek bij. Ze is somber over haar lot, en woedend over wat haar en al haar Joodse lotgenoten wordt aangedaan. Hele families worden in beestenwagens weggevoerd, ze worden vernederd en getreiterd, en er staat ze nog heel veel narigheid te wachten. Dat beseft ze. In haar dagboek – geheim, want dagboeken zijn niet toegestaan – kan ze haar woede kwijt. En ze kan er ook af en toe een klein lichtpuntje in noteren. Zoals vandaag, op die 13e mei, als ze terugdenkt aan de nacht tevoren:

'Achter mij sliepen twee zusjes wier ouders een paar dagen geleden naar Polen waren doorgestuurd. Een van hun zusters was hier met een kindje dat een paar dagen geleden was gestorven. De zusjes hadden vreselijk gehuild en niemand heeft ze kunnen troosten. Maar ze schenen zoveel energie te bezitten dat ze zich met geweld over hun ellende heenzetten. Samen zongen ze dan een paar liedjes, zo lief en zo gevoelig, dat ik bij me zelf de opmerking maakte dat we werkelijk van een taai ras moesten zijn.'

Voor Klaartje, wier leven twee maanden later in de gaskamer van Sobibor zou eindigen, was schrijven een manier om door de dagen heen te komen. Dat gold in de Tweede Wereldoorlog voor heel veel mensen. Er zijn al-leen al in Nederland vele duizenden dagboeken overgebleven, en die ver-tellen ons wat de mensen in die zwarte jaren écht meemaakten. Ze zijn niet gekleurd door de herinnering, ze geven ongefilterd de eerste versie van de geschiedenis weer, zoals de betrokkenen die beleefden.

Wat voor dagboeken geldt, geldt ook voor brieven. De Duitse Elisa-beth Gebensleben schreef in de jaren dertig vanuit haar woonplaats Braunschweig geregeld naar haar dochter die in Utrecht was gaan wo-nen. Elisabeth was geheel in de ban van Adolf Hitler, de man die zoveel Duitsers weer hoop gaf. Ze was in staat van hevige opwinding toen Hitler op een dag, tijdens een verkiezingscampagne, haar stad aandeed. Ze genoot met volle teugen van de parades die ter gelegenheid daarvan werden gehouden. Over de onvergetelijke 31e januari 1933, de dag dat Hitler via verkiezingen aan de macht kwam, schreef ze naar haar dochter Irmgard:

'*Vati kwam aanrennen met een extra editie van de krant. Vati's gezicht straalde. Ik lachte ook, maar toen de eerste vreugde voorbij was, moest ik toch even in een stoel gaan zitten en een paar tranen over mijn wangen laten lopen. Eindelijk, eindelijk! Nu zit dus deze vroeger zo eenvoudige man, die in de loopgraven gelegen heeft, op de plaats waar Bismarck zat, na de meest ongelooflijke aanvallen en lastercampagnes. Veertien jaar geleden had hij zeven aanhangers, nu dertien miljoen. Dat is het resultaat van zo'n onvoorstelbare energie, zelfopoffering en kracht als nog maar zelden in de wereldgeschiedenis is voorgekomen. En de strijd gaat nu pas beginnen!*'

Inderdaad, het begon pas. Zeven jaar later ontketende Hitler een wereldoorlog, die tot in alle uithoeken van de aarde het leven van miljoenen direct zou beïnvloeden, op z'n kop zetten, ruïneren of zelfs beëindigen. Nederlands-Indië kwam twee jaar na het moederland aan de beurt. Duitslands bondgenoot Japan ging op zoek naar meer invloed in de regio, en begon de landen in Zuidoost-Azië te bezetten en de koloniale mogendheden eruit te gooien. In maart 1942 overrompelde Japan het onaantastbaar geachte Nederlands-Indië. Onaantastbaar althans volgens de koloniale macht zelf, die voortdurend vol zelfvertrouwen had rondgeroepen dat hij elke aanval eenvoudig zou afslaan. Maar al na korte tijd gaf Nederlands-Indië zich over aan de naderende vijand. Een ontluisterende ervaring, voor velen, ook voor de vrouw van een Nederlandse ambtenaar. Ze genoot met volle teugen van het leven in Batavia, met de luxe van mooie spullen en veel personeel. Haar wereld stortte ongekend snel in. Ze schreef in haar dagboek:

'*Zonder een schot te lossen worden we op een presenteerblaadje aangeboden. Bah! Je spuugt ervan! Ik heb de grootste moeite gehad om het aan de bedienden te vertellen.*'

Er brak een uiterst onaangename tijd aan. Blanke mannen en vrouwen werden in kampen geïnterneerd en belandden op de bodem van het bestaan, velen overleefden het niet. Adriana Modoo hield de gebeurtenissen in het vrouwenkamp Ambarawa 6 (bij Semarang) in haar dagboek bij. In februari 1944 schreef ze over het bezoek van een delegatie Japanners, twee auto's vol, aan het kamp. Alle meisjes en vrouwen tussen de 18 en 28 jaar moesten zich melden. Ze werden ondervraagd, en kritisch bekeken. 'We hebben afschuwelijke vermoedens,' schreef Adriana Modoo. Vier dagen later staat er in haar dagboek:

'Gisteren kwam de aap uit de mouw: er verschenen vier Nippen met een lege autobus. Tien jonge meisjes, blijkbaar de uitverkorenen, moesten vlug een koffertje pakken en instappen, ondanks protesten en jammerklachten van de moeders, die als enige troost de verzekering kregen, dat hun dochters naar Semarang gebracht werden, dat haar niets kwaads zou overkomen en dat zij minstens een maand weg zouden blijven! Er worden natuurlijk allerlei veronderstellingen geopperd omtrent het doel van deze reis.'

In Europa had zich inmiddels de onbeschrijfelijke tragedie van de Joden-moord voltrokken. Miljoenen onschuldige mensen waren ter dood ge-bracht, de meeste hadden zich min of meer lijdzaam naar de vernieti-gingskampen laten leiden. Velen vermoedden dat er iets verschrikkelijks zou gebeuren, maar niemand wist zeker wat dat precies zou zijn. Een zestienjarige Joodse jongen, Moshe Flinker, omschreef, in zijn dagboek, de situatie ongekend scherp:

'Het is alsof je in een grote zaal bent waar een heleboel mensen vrolijk aan het dansen zijn en plezier hebben en een klein groepje stil in een hoekje zit. En van tijd tot tijd worden er van dat kleine groepje een paar mensen opgehaald, naar een ander vertrek gevoerd en gewurgd. Maar de vrolijk dansende mensen in de zaal raakt dat helemaal niet. Het lijkt er eerder op dat hun plezier er juist door wordt vergroot.'

Ook sommige collaborateurs schreven dagelijks op wat ze meemaakten. Walter Janssens bijvoorbeeld, een muzikant die tot op het laatst in de idealen van de NSB was blijven geloven. Muziek maken met jonge jon-gens, dat was zijn lust en zijn leven, hij was niet voor niets leider van de muziekafdeling van de Jeugdstorm, de jongerenafdeling van de NSB. Hij hield de hele oorlogsperiode een dagboek bij. Over de avond van 4 sep-tember 1944, toen de berichten over naderende geallieerden steeds drei-gender werden, schreef hij:

'Op het stafkwartier werden de archieven verbrand. In een bedenkelijke stemming leidde ik die avond de zang. De diensten moesten gestaakt worden, verordende de staf. Dus beschouwde ik de zangrepetitie op maandag 4 september als een afscheidsavond. We zongen het gehele repertoire door

en ik sprak mijn trouwe kameraden toe. Daarna werd het "Wilt heden nu treden" gezongen, waarbij we akelig van ontroering werden en de meesten in snikken uitbarstten. Maar we komen terug – hamerde mijn stem en verbeten zongen we allen ons lijflied "Er dreunen trommels door heel het land." Diezelfde nacht werden we van ons bed gehaald en hebben we Amsterdam als bannelingen verlaten.'

Het duurde nog heel lang voor de geallieerden werkelijk in Amsterdam waren. Voor die tijd moesten ze een bloedige strijd leveren om Zuid-Nederland te bevrijden. Vooral in Zeeland had de burgerbevolking veel te lijden van het oorlogsgeweld. Corrie van Schaik uit Biervliet, Zeeuws-Vlaanderen, schreef na een week doodsangst in haar dagboek:

'Er zijn vandaag, naar ons werd medegedeeld, 4500 granaten in drie kwartier in onze omgeving afgeschoten. Vanavond telden ze veertien brandende boerenschuren. Het granaatvuur is nu zo hevig dat je elkaar niet meer kunt verstaan. Op enkele meters afstand blaft de hele dagen een granaatwerper waar de vliegers naar schieten. Bovendien staan overal in onze nabijheid kanonnen te schieten. We hebben mijn grootmoeder, die 86 jaar is, bij ons. Vanwege het hels kabaal is ze totaal buiten haar zinnen geraakt en weet ze niet meer wat ze doet. We moeten haar dag en nacht in de duiker vasthouden.'

De verschrikkingen van de oorlog verplaatsten zich vervolgens naar de steden in het westen van Nederland. Daar heerste in de winter van 1944 de hongersnood, die zeker twintigduizend dodelijke slachtoffers eiste. Een meisje van 15 jaar uit Den Haag beschreef wat er bij haar thuis gebeurde:

'Op 3 maart 1945 ging mijn vader op bed liggen en stond niet meer op. Op 17 maart 1945 stierf hij de hongerdood. Normaal begraven was er niet bij. Er waren geen kisten. Mijn moeder heeft mijn vader zelf afgelegd. Het enige wat ik moest doen was helpen tillen. Hij lag op een bed in een klein slaapkamertje. We hadden hem zeker twee weken thuis en iedere dag zag je hem ouder worden. Hij was volkomen uitgeteerd. We kregen – als een geschenk – dat prachtige vroege voorjaar in 1945 en de zon scheen alsmaar op zijn lijk. Uiteindelijk is hij weggehaald en na verloop van tijd met lotgenoten in een massagraf begraven. Wij waren er niet bij. Wij waren te ziek en te zwak.'

Uiteindelijk komt er aan alle lijden en narigheid een einde. Veel te laat komen ze uiteindelijk toch, de bevrijders. In het westen in mei, in het oosten een paar weken eerder. In Harderwijk rijden de Canadezen op 18 april binnen. Een plaatselijke politieman schrijft in zijn verslag:

'De zon straalt aan de hemel op deze 18e april. De prunus bloeit al en aan de tanks hangen bloeiende takken. Dol zijn we, dol, allemaal. In trossen hangen de kinderen, grote en kleine, aan de gevechtswagens en de soldaten weten niet beter te doen dan goedmoedig te lachen en eten, chocolade en sigaretten uit te delen.'

De dagboeken – ze weerspiegelen de emoties van de oorlogsperiode. Er is voor dit boek overvloedig uit geput. Samen met al die andere bronnen, en met de resultaten van al het wetenschappelijk onderzoek van de laatste decennia, vertellen ze het verhaal van De Oorlog.

Geallieerde delegatieleden voor de trein in Compiègne, waar ze op 11 november 1918 de wapenstilstand met Duitsland sloten. Tweede van rechts maarschalk Ferdinand Foch.

1 De wraak van Duitsland

COMPIÈGNE

Hij staat er nog steeds, de wagon van de Franse spoorwegen waarin op 11 november 1918 de wapenstilstand werd getekend die een eind maakte aan de Eerste Wereldoorlog. Tenminste, een replica van die wagon staat er nog steeds, de echte is verloren gegaan. Hij staat in het Forêt de Compiègne, een bos bij het gelijknamige stadje, ongeveer 80 kilometer ten noordoosten van Parijs. Er is al in 1927 een klein museum omheen gebouwd, zodat de wagon droog staat. Je mag er als toerist niet in, je mag er niet fotograferen – dat is trouwens op die bewuste dag in 1918 ook niet gebeurd. Je kunt er wel een ansichtkaart van kopen, mooi amateuristisch ingekleurd, en daarop kun je de tafelschikking zien. Met aan de ene kant de triomfator, de man ook die de treinwagon had gecharterd voor deze gelegenheid: maarschalk Ferdinand Foch, de Franse opperbevelhebber in de Eerste Wereldoorlog. Hij werd geflankeerd door een paar vertegenwoordigers van de bondgenoten. Aan de overkant zaten afgevaardigden van het Duitse Rijk, met in het midden Matthias Erzberger. Geen militair, maar een politicus van de rooms-katholieke centrumpartij die al enige tijd geijverd had voor vrede, voor een einde aan die miljoenen mensenlevens eisende slachtpartij in, vooral, België en Noord-Frankrijk.

De Duitse militaire top had het raadzaam geacht Erzberger af te vaardigen naar Compiègne, waar de wapenstilstand zou worden gesloten en de Duitse vernedering compleet zou zijn. Een politicus, geen militair. Volgens de overlevering heeft Erzberger aan het begin van de bijeenkomst bij maarschalk Foch geïnformeerd naar voorstellen voor een wapenstilstand. Foch moet op botte toon geantwoord hebben: 'Voorstellen? Ik heb geen enkel voorstel.' Hij had slechts een dictaat in zijn tas, dat Duitsland diende te slikken.[1]

Erzberger zat in een onmogelijk parket. De Duitse troepen, die zo lang in een patstelling hadden gezeten, waren de laatste maanden in de verdrukking geraakt. De komst van de Amerikanen naar het West-Europese slagveld was van beslissende invloed geweest. De Duitsers moesten

hun posities prijsgeven en moesten toezien hoe honderdduizenden manschappen krijgsgevangen werden gemaakt. In eigen land heerste chaos.
Niemand had meer vertrouwen in keizer Wilhelm: Erzberger vertegenwoordigde in Compiègne eigenlijk al een republiek. In verschillende steden waren stakingen uitgebroken en dat maakt je positie aan een onder-
handelingstafel niet gemakkelijker.

Duitsland kreeg dertig voorwaarden te ondertekenen. Het moest
onmiddellijk zijn troepen terugtrekken uit België, Frankrijk en Elzas-
Lotharingen. Het moest 5.000 kanonnen, 30.000 machinegeweren, 3.000
mortieren en 2.000 vliegtuigen aan de tegenstander overdragen. En daarnaast nog 5.000 locomotieven, 150.000 treinwagons en 10.000 vrachtwagens. En ook nog 160 onderzeeboten en een groot deel van de oorlogs-
vloot. Bovendien moest Duitsland grote stukken grond aan weerszijden
van de Rijn ontruimen en ter controle aan de geallieerden overlaten. Het
was een dictaat zonder genade – zelfs de economische blokkade van de
Duitse havens bleef intact. Matthias Erzberger had geen keus, hij verte-
genwoordigde een land in ontbinding. Hij besloot te tekenen: op 11 november, om 11 uur 's ochtends, eindigde de Eerste Wereldoorlog. Om
twee minuten voor elf sneuvelde bij het Belgische Mons de Canadese soldaat Price; hij wordt beschouwd als het laatste slachtoffer, ongeveer nummer 10 miljoen.

Berlijn, januari 1919: de communistische Spartacusopstand wordt neergeslagen
door wat er over is van het Duitse leger.

In de maanden erna werkten de diplomaten van de geallieerde landen aan de definitieve afhandeling van de oorlog. Op 28 juni 1919 was het Verdrag van Versailles klaar voor ondertekening. Duitsland had niet mogen deelnemen aan de besprekingen over het lijvige document, Duitse vertegenwoordigers mochten alleen maar een handtekening zetten. Het waren weer geen militairen, maar politici, de ministers Hermann Müller en Johannes Bell. Het verdrag was precies zo eerloos als de wapenstilstandsovereenkomst ruim een half jaar eerder. Duitsland verloor zijn koloniën en ook grondgebied in Europa, zoals Elzas-Lotharingen aan Frankrijk, stukken van Pruisen aan Polen, en een stuk van Sleeswijk-Holstein aan Denemarken, dat niet eens aan de oorlog had deelgenomen. Duitsland kreeg strenge bepalingen opgelegd omtrent zijn defensie: het mocht slechts een klein beroepsleger houden (100.000 man) en geen eigen wapenindustrie. En tevens kreeg het een onoverzienbaar hoog bedrag aan herstelbetalingen te voldoen. Dat bedrag van 269 miljard goudmark, te betalen in 42 jaar, werd weliswaar in de jaren erna gaandeweg verlaagd, maar het kwaad was geschied. De Duitse minister van Buitenlandse Zaken, Ulrich von Brockdorff-Rantzau, trad een week voor ondertekening van het verdrag af. Hij had het ontwerp gelezen en gaf een kort, helder commentaar op de inhoud: 'Duitsland houdt op te bestaan.'[2]

Ook maarschalk Ferdinand Foch, de man van de treinwagon in Compiègne, voelde wel aan dat het verdrag geen bijdrage tot een duurzame vrede zou zijn. Hij zei ten tijde van de ondertekening: 'Dit is geen vrede maar een wapenstilstand van twintig jaar.' Hij zat er maar een jaartje naast.

DUITSLAND IN CHAOS

Twee dagen voor Matthias Erzberger in Compiègne met zijn handtekening de wapenstilstand bekrachtigde, was keizer Wilhelm II zijn land ontvlucht en in Nederland aangekomen, waar hij in Huis Doorn zijn verdere leven zou slijten. Hij liet een tumultueus land achter. Overal waren opstanden uitgebroken. Revolutionaire raden van arbeiders en soldaten eisten hervormingen naar communistisch model. Duitsland had een regering onder leiding van een sociaal-democraat, Friedrich Ebert. Hij probeerde de orde te herstellen met behulp van dat deel van het leger dat in eigen land nog beschikbaar was. Met die soldaten sloeg hij aan het begin van 1919 in Berlijn de communistische Spartacusopstand neer. Die actie had vérstrekkende gevolgen. Eberts ingrijpen zou jarenlang elke samenwerking tussen communisten en socialisten in Duitsland onmogelijk maken. Als gezworen vijanden stonden ze tegenover elkaar: de sociaal-democraten die vreesden dat de communisten de Russische revolutie naar Duitsland zouden importeren en de communisten die woedend bleven over het verraad aan de klassenstrijd dat de socialisten in Berlijn gepleegd hadden.

Veertien dagen na de Spartacusopstand, op 19 januari 1919, mochten de Duitsers naar de stembus voor algemene verkiezingen. Alle mannen en vrouwen boven de twintig jaar hadden stemrecht gekregen. Friedrich Ebert werd beloond voor zijn krachtige optreden, zijn SPD haalde 38 procent van de stemmen. Met twee centrumpartijen smeedde hij een zo op het oog comfortabele regeringsmeerderheid van 76 procent. De Rijksdag kwam ter bekrachtiging van de nieuwe grondwet bijeen in Weimar omdat het in Berlijn nog zo onrustig was, vandaar de term Weimarrepubliek.

Van stabiliteit was de komende jaren geen sprake. De regering, waar veel conservatieve ambtenaren geen vertrouwen in hadden, ondervond volop weerstand vanuit het leger en de bureaucratie. De communisten bleven actief in de straten, daar ging een zware revolutionaire dreiging van uit. Maar het grootste probleem heette Versailles. Het waren de politici van de Weimarrepubliek die het gehate verdrag hadden getekend – zij werden daar dagelijks voor verantwoordelijk gesteld. Voor de vernedering, voor het verlies van grond, voor de enorme lastendruk door de herstelbetalingen, voor alle narigheid.

De stemming in conservatief Duitsland is goed te peilen aan de hand van de correspondentie van de familie Gebensleben uit Braunschweig, eerst onderling, en later met hun dochter Irmgard, die in Utrecht was gaan wonen. Eind december 1918 las vader Karl Gebensleben in een brief van zijn broer:

'Wij Duitsers zijn als natie zonder trots opgevoed, alleen als onderdanen die zich braaf van bovenaf laten regeren. De burgers zijn eraan gewend dat ze geregeerd worden, terwijl de roden al twintig jaar naar de alleenheerschappij gestreefd hebben en die nu brutaal en gewetenloos veroveren omdat ze de macht, dat wil zeggen de machinegeweren in handen hebben.'[3]

Zo dachten veel Duitsers erover. De polarisatie tussen rechts en links bereikte ongekende scherpte. In maart was Berlijn het toneel van een rechtse poging tot staatsgreep. Extreem-rechtse vrijkorpsen (een soort privé-legertjes) bezetten delen van Berlijn. De regering vluchtte naar Stuttgart. Leger en bureaucratie aarzelden, maar weigerden uiteindelijk zich achter de opstandelingen te scharen. De 'Kapp-putsch', zoals de staatsgreep is gaan heten, duurde slechts een week, maar het vertrouwen in de overheid was ernstig geslonken. Bij de verkiezingen van juni 1920 verloor de rege-ringscoalitie haar riante meerderheid, de kiezer verliet het politieke centrum en er viel geen meerderheidsregering meer te construeren. Vanaf dat moment telde de republiek van Weimar slechts zwakke minderheids-kabinetten, vijftien stuks in dertien jaar.

De Duitse economie raakte onder deze omstandigheden geheel in het slop. De regering kon de herstelbetalingen niet opbrengen en creëerde bewust een gierende inflatie. Binnen een paar jaar was de rijksmark niets meer waard: een kilo brood, in 1921 al gestegen tot vier mark, kostte twee jaar later 200 miljard mark. De regering-Stresemann kreeg in 1924 de in-flatie onder de knie. De introductie van de zogenaamde *Rentenmark*, één nieuwe mark voor een miljard oude, was een succesvol middel om de eco-nomie tot rust te brengen. Maar de politieke situatie in Duitsland bleef oncontroleerbaar. Het land was in de ban van geweld. Linkse en rechtse radicalen pleegden gewapende aanslagen op de leiders van de tegenpartij. Een van de slachtoffers was Matthias Erzberger, de man die in Compièg-ne de wapenstilstand namens Duitsland ondertekende – hij werd in 1921 in het Zwarte Woud vermoord. Een jaar later stierf de bijzonder begaafde minister van Buitenlandse Zaken Walther Rathenau. Extreem-rechtse officieren pleegden een aanslag op hem toen hij in een cabriolet naar zijn werk werd gereden. Zijn auto werd ingehaald door een andere wagen waarin drie gewapende jonge mannen zaten. Eén van hen beschoot de minister met een machinepistool, een andere gooide een handgranaat in de wagen. Daarna reden ze snel weg. De chauffeur van Rathenau maakte rechtsomkeert, maar de minister overleed aan zijn verwondingen nog voor ze zijn huis opnieuw bereikten.

ADOLF HITLER

In het zuiden van Duitsland kwam in die periode een rechts-radicale splinterpartij tot bloei, de Nationaal-Socialistische Duitse Arbeiders Par-tij, onder leiding van de toen nog geheel onbekende Adolf Hitler. Nie-mand wist nog dat deze man zou uitgroeien tot de belangrijkste figuur van zijn tijd, er was ook geen enkele grond om daar een voorspelling over te doen. Hitler was een werkloze ex-militair uit Oostenrijk, die in de Bel-gische loopgraven van de Eerste Wereldoorlog gewond was geraakt. Hij verzamelde medestanders om zich heen en voerde die aan in de strijd te-gen de regering, tegen links en tegen het gehate Verdrag van Versailles. Hij viel vooral op door zijn redenaarstalent. Nederland kon daar al heel vroeg kennis van nemen, althans de lezers van het *Algemeen Handelsblad*. Die krant had journalist George Nypels op reis gestuurd naar de brandhaarden van Europa. Hij liet zich Hongarije binnensmokkelen, drong als eerste journalist door tot het rode Moskou, sprak de fascistische hoofdredacteur Benito Mussolini, ontmoette als eerste Europese journalist de Turkse rebellenleider Mustafa Kemal (later bekend als Atatürk) en zag met een mengeling van zorg en fascinatie voorjaar 1923 de jonge Adolf Hitler furore maken in de bierkelders van München. In de krant van 7 maart schreef hij:

'Een spits, smal gezicht, waarin een paar guitige kleine oogjes en een geestige spitse neus boven een heel klein half tandenborstelsnorretje. Al wie zijn antisemitisme, zijn nationaal-socialisme, zijn economische theorieën enz. verfoeit of veroordeelt, moge er rekening mee houden dat deze jonge kerel een woordentovenaar en een massapsycholoog van heel bijzondere kwaliteit is, en dat dergelijke mensen met de massa's meer kunnen doen dan alle dikke boeken schrijvende of wetenschappelijke politici samen.'[4]

Opmerkelijke woorden van George Nypels uit 1923.

Adolf Hitler werd in 1888 geboren in het Oostenrijkse Braunau. Hij woonde vanaf 1907 in Wenen waar hij een bestaan probeerde op te bouwen als kunstschilder. Hij raakte daar in radicaal gezelschap, kreeg een hekel aan de democratie, aan de Joden en aan de communisten en kwam in de ban van de Groot-Duitse gedachte: het samengaan van Duitsland en Oostenrijk in een machtig rijk. Waar zijn antisemitisme precies vandaan kwam is onduidelijk, hij had in ieder geval veel bewondering voor de fel antisemitische burgemeester van Wenen, Karl Lueger. In 1913 trok Hitler naar München, waar hij zich een jaar later vrijwillig meldde voor deelname in het Duitse leger aan de oorlog. Daar gold hij als zonderling, omdat hij alcohol, tabak, vrouwen en bordelen meed en enorm tekeer kon gaan over wie zich in het land van de vijand aan dat soort pleziertjes overgaf. Hij werd ordonnans, bracht berichten over naar het front. Dat was niet ongevaarlijk, hij raakte enige keren gewond. Hij kreeg het IJzeren Kruis tweede klasse, en later zelfs eerste klasse, wegens dapperheid. Hij lag in het hospitaal toen Duitsland in november 1918 capituleerde. Hij geloofde niet in het verhaal van de ineenstorting van het Duitse leger, hij was ervan overtuigd dat zijn land door de politici van linkse snit en Joodse komaf verraden was. In 1919 kreeg hij, hersteld van zijn verwondingen, een functie als informant bij het leger. Hij werd eropuit gestuurd om gegevens te verzamelen over de Deutsche Arbeiter Partei, een van de vele politieke splinterbewegingen in het München van 1919. Op die bijeenkomst viel hij uit zijn rol van informant en nam hij opeens zélf het woord. Zo werd hij als radicaal politicus ontdekt. Hij werkte zich snel omhoog in de hiërarchie van de splinterpartij en trok als redenaar volle zalen, met na verloop van tijd duizenden toehoorders. Onder hen dus ook de Nederlandse journalist George Nypels die in 1923 noteerde:

'Ik heb Hitler onlangs gehoord. Drie volle uren lang heb ik hem dingen horen vertellen waarvan slechts een zéér klein percentage me sympathiek was. En toch heb ik me geen ogenblik verveeld, en zelden heb ik een duizendhoofdige menigte zo aan de lippen van een redenaar zien hangen, zo prachtig zien reageren, precies zoals het mannetje op het toneel zulks wenste.'[5]

George Nypels deed voor de lezers van het *Algemeen Handelsblad* verslag van de revolutionaire sfeer in de vroege jaren twintig. Hij belandde in de hoofdkwartieren van de partijen die staatsgrepen voorbereidden, aanslagen pleegden en de revolutie predikten. Hij proefde er *'hopeloze onderlinge ruzie, onderlinge haat en afgunst, een ongelooflijke verwarring'*. En hij was erbij toen in München een communistische groep het gerucht hoorde dat er een aanval dreigde van legerofficieren en rechtse studenten:

'Er werden geweren en handgranaten uitgedeeld aan wie ze maar wilden aanpakken. Er klonken de zonderlingste bevelen. Er werden machinegeweren opgesteld, de patroonlinten hingen er dreigend langs. Maar uit al die schijndapperheid sprak angst, panische angst.'[6]

Ook de partij van Adolf Hitler, die inmiddels was omgedoopt in Nationalsozialistische Deutsche Arbeiterpartei, deed mee. Op 9 november 1923 probeerde de partij, die wanhopig streefde naar verandering en opheffing van de gehate democratie, zelf een staatsgreep te plegen en de macht te grijpen in Beieren. Vermoedelijk zag Hitler zelf weinig in deze putsch, maar ging hij ermee akkoord omdat zijn radicale achterban anders misschien voor een andere leider of voor een andere, wél actiebereide partij zou kiezen. De poging tot staatsgreep begon in een bierhal in München en werd daarom later de 'Bierkellerputsch' genoemd. Hitler stelde er, zwaaiend met een pistool, de nieuwe regering voor aan de enthousiaste toeschouwers. Maar de organisatie was matig, de strategie niet erg doordacht. De putsch werd een tragedie. Veertien opstandelingen en vier politiemensen verloren het leven bij de schietpartij die op de actie volgde. Hitler werd gearresteerd. Hij kwam terecht in de *Justizvollzugsanstalt* (gevangenis) van het naburige Landsberg.

Hij wijdde zich aanvankelijk vooral aan de voorbereiding van zijn proces. Toen dat op 1 april 1924 afgesloten werd met een vonnis van vijf jaar (plus een boete van 22 mark), was hij aanvankelijk depressief en weigerde hij te eten, maar na verloop van tijd besloot hij zijn tijd nuttig te besteden door een boek te gaan schrijven – het zou later *Mein Kampf* worden. Oorspronkelijk zou het boek *Viereneenhalf jaar strijd tegen leugens, domheid en lafheid* heten. Het eerste deel ontstond tijdens Hitlers gevangenschap in Landsberg, hij dicteerde zijn tekst eerst aan zijn chauffeur Emil Maurice en later aan zijn rechterhand Rudolf Hess. Hitler had in Landsberg zijn trouwste aanhangers om zich heen. De Duitse historicus Joachim Fest meldt over die periode:

> *'Te midden van deze aanhang bezorgde de leiding van de strafinrichting Hitler een ongedwongen, bijna gezellig verlopend verblijf, dat in hoge mate tegemoet kwam aan zijn speciale wensen. Tijdens de maaltijden in de grote gemeenschappelijke ruimte zat hij onder de hakenkruisvlag aan het hoofd van de tafel, medegevangenen hielden zijn kamer op orde, maar aan spelletjes en lichte werkzaamheden deed hij niet mee. Hitler wandelde geregeld in de gevangenistuin.'*[7]

De gevangenis is er nog, Hitlers vroegere cel is door een verbouwing niet meer te herkennen, maar de tuin nog wel. Het pad waar hij zijn wandelingen maakte heet informeel nog altijd het 'Hitlerpaadje'. De leider van de NSDAP, die zich toen al *Führer* liet noemen, mocht officieel zes uur bezoek per week ontvangen, maar kreeg wel zes uur per dág mensen over de vloer. Aanhangers, bevriende politici, ze gingen op een soort pelgrimstocht naar Landsberg, en er kwamen ook veel vrouwen. Niet ten onrechte werd de strafinrichting wel 'het eerste Bruine Huis' genoemd. Fest schrijft:

> *'Bij zijn 35e verjaardag vulden de bloemen en de cadeautjes voor de prominente gevangene meerdere kamers in het gebouw.'*[8]

Hitler wierp zich begin juli 1924 met enorme energie op het dicteren van Mein Kampf. In ruim drie maanden was het eerste deel af. Tot diep in de nacht ratelde de schrijfmachine, beroerd door chauffeur Maurice en medewerker Hess. Het boek is voor de moderne lezer geen gemakkelijke lectuur. Hitlers gedachtenspinsels zijn lastig te volgen. Het boek ageert voor een belangrijk deel tegen het Verdrag van Versailles, waarvan de Duitse bevolking erg te lijden had. Ook ontvouwde hij zijn theorieën over de superioriteit van 'het arische ras'. Prominent aanwezig in *Mein Kampf* is Hitlers gewelddadige antisemitisme. Hij gaat uit van een Joods

Adolf Hitler verlaat de gevangenis van Landsberg, waar hij een gerieflijk bestaan leidde en er de tijd nam om in 'Mein Kampf' zijn gedachtengoed uiteen te zetten.

complot, hij spreekt over de noodzaak om ten oosten van Duitsland *Le-bensraum* (leefruimte) te verkrijgen, en dan vooral in Rusland.

De gevangenisdirecteur, die in de loop van de maanden een nazi was geworden en een bewonderaar van Hitler, was heel tevreden over zijn prominente klant en schreef in september 1924 een uiterst positief rapport. Hij is een modelgevangene, stelt geen eisen, is rustig en beschaafd en zal zich in de toekomst binnen de regels en zonder geweld met politiek bezighouden, aldus de directeur. Hitlers voorlopige vrijlating werd nog even opgehouden, maar toen de rechtse volksbeweging die aan de verkiezingen voor de Rijksdag meedeed, zwaar verloor en volledig op haar retour leek, durfden de autoriteiten het wel aan. Op 20 december 1924 kwam het telegram dat Hitlers gevangenisstraf na ruim een jaar al was opgeschort. De beweging was intussen uiteengevallen, er waren weinig kameraden om hem te verwelkomen, en volgens biograaf Fest was hij opnieuw enigszins depressief toen hij Landsberg verliet.

Die negatieve stemming verdween binnen korte tijd. Hitler nam de leiding van de NSDAP opnieuw op zich, zijn spreekverbod werd spoedig opgeheven en hij werkte dag en nacht aan de verdere opbouw van de beweging. Daarbij ondervond hij belangrijke steun van Joseph Goebbels, een gepromoveerde academicus (filosofie en germanistiek), die mislukte als journalist maar zich ontwikkelde als een briljant propagandist voor de partij. Goebbels werd vanaf 1927 *Gauleiter* in Berlijn, met als opdracht de dan nog minuscule NSDAP ook in de Duitse hoofdstad groot te maken.[9] Dat lukte pas écht, in Berlijn en in heel Duitsland, toen een nieuwe economische crisis het land in zijn greep kreeg, ditmaal ten gevolge van de hevige koersval in Wall Street. De werkloosheid steeg explosief en grote groepen Duitsers vestigden hun hoop op die radicale beweging, die met de democratie, als toonbeeld van besluiteloosheid, wilde afrekenen. En op die charismatische leider, die op moderne wijze campagne voerde en daarbij zelfs een vliegtuig inzette. Als uit de hemel gezonden deed hij de Duitse steden aan, waar hij grote mensenmenigten toesprak.

Al eind jaren twintig was Neurenberg de stad waar de NSDAP haar partijdagen vierde. Adolf Hitler werd er door zijn aanhangers bejubeld.

Bij de verkiezingen van 1930 wekte Hitler al hoop in het hele land. Ook bij de familie Gebensleben in Braunschweig. Moeder Elisabeth was in de ban van de nieuwe beweging geraakt. Ze schreef haar dochter Irmgard in Utrecht:

'Vandaag hier verkiezingsdag; grote opwinding in de stad. Zo te zien zijn de rechtse partijen aan de winnende hand. Dat zou heerlijk zijn. Morgen komt pas de definitieve uitslag.'[10]

Het jaar erna, er waren alweer nieuwe verkiezingen op komst, steeg de opwinding verder. Elisabeth Gebensleben schreef naar Utrecht:

'Volgende week zondag is hier de grote dag. Hitler spreekt. Ze rekenen op een grote opkomst.'[11]

En toen hij dan daadwerkelijk was geweest:

'Ik ben nog zo in de ban van wat ik net heb meegemaakt. Ja, het was werkelijk geweldig dat je weer als trotse en vrije Duitse kon ademhalen. Duitsland ontwaakt werkelijk. Er waren ook journalisten van buitenlandse kranten. Maar ik geloof niet dat de wereld de waarheid goed hoort. Geen woord over de honderdtienduizend bruinhemden die vandaag hier in Braunschweig gemarcheerd hebben, over de parade die door Hitler op de Schlossplatz werd afgenomen na de vlaggenwijding die zes uur heeft geduurd.'[12]

Het ging heel goed met de NSDAP. Bij de verkiezingen van 1930 had de partij al 107 zetels in de Rijksdag gehaald en twee jaar later werden dat er zelfs 230. Veertien miljoen Duitsers hadden op Hitlers partij gestemd, hij werd voor een grote groep Duitsers de man van wie de oplossingen voor de grote sociale en economische problemen werden verwacht. Een van die miljoenen Duitsers was mevrouw Käthe Müller. Ze is van 1922 en woonde in Neurenberg, de stad waar de NSDAP elk jaar zijn grote partij-manifestatie hield. Ze leidde een groepje in de Bund Deutscher Mädel, de meisjesafdeling van de Hitlerjugend, hoewel haar vader eigenlijk niets in het nazisme zag. Zeventig jaar later draait ze niet om haar gevoelens van destijds heen:

'Ik heb hem bewonderd, ja, als een soort halfgod. Ik zag hem als de grootste Duitser uit de geschiedenis.'[13]

Kinderen uit Neurenberg kregen de Führer geregeld in levenden lijve te zien – Hitler was in september altijd een volle week aanwezig bij de *Reichsparteitage*. Dan logeerde hij in hotel Deutscher Hof. Mevrouw Müller:

> '*Als hij aankwam zorgden we dat we een of twee uur tevoren aan de stoeprand stonden, zodat we hem goed konden zien. De mensen die later kwamen, zagen minder, het stond er wel zeven rijen dik. Het is mij in 1937 gelukt om hem elf keer van dichtbij te zien. En het jaar erna zelfs dertien keer. En daar was ik heel erg trots op.*'[14]

Käthe Müller herinnert zich nog precies de sensatie die zich meester maakte van de massa als de Führer naderde.

> '*Je hoorde uit de verte al "Heil" roepen, en dan wist je dat de auto met Hitler eraan kwam. En dan kwam dat "Heil" steeds dichterbij, en het werd steeds harder, het was een oorverdovend koor van mensen die "Heil" riepen. Ik heb dat natuurlijk ook geroepen, en ook mijn arm opgestoken. En dan stapte hij uit de auto, liep van de auto naar de ingang van het Raadhuis en dan kon je hem van behoorlijk dichtbij zien. Iedereen was enthousiast, mijn oom zei: "Is het niet fantastisch?" Maar mijn vader zei: "Het is een groot toneelstuk, het is de Faust van Goethe."*'[15]

Op 30 januari 1933 kon de Duitse president Paul von Hindenburg niet meer om Hitler en zijn NSDAP heen. Er was, na langdurig politiek geharrewar, geen andere regering meer mogelijk dan een regering onder Hitler. President Hindenburg koos niet van harte voor de NSDAP-leider, die hij in intieme kring als 'kleine korporaal, zwerver en mislukt kunstenaar' betitelde. Maar voor Hitlers aanhangers was het een onvergetelijke dag. Vanuit Braunschweig schreef Elisabeth Gebensleben naar haar dochter in Utrecht:

> '*Vati kwam aanrennen met een extra editie van de krant. Vati's gezicht straalde. Ik lachte ook, maar toen de eerste vreugde voorbij was, moest ik toch even in een stoel gaan zitten en een paar tranen over mijn wangen laten lopen. Eindelijk, eindelijk! Nu zit dus deze vroeger zo eenvoudige man, die in de loopgraven gelegen heeft, op de plaats waar Bismarck zat, na de meest ongelooflijke aanvallen en lastercampagnes. Veertien jaar geleden had hij zeven aanhangers, nu dertien miljoen. Dat is het resultaat van zo'n onvoorstelbare energie, zelfopoffering en kracht als nog maar zelden in de wereldgeschiedenis is voorgekomen. En de strijd gaat nu pas beginnen!*'[16]

Maar niet iedereen was uitgelaten. Sommigen zagen in de indrukwek-kende viering van de machtsovername een slecht voorteken. Zoals socie-tyverslaggeefster Bella Fromm, die in haar dagboek noteerde:

'In het flikkerende licht van een zee van fakkels marcheerden ze... van het westen van de stad naar de Knie, door Tiergarten naar de Wilhelmstrasse; een eindeloze massa bruinhemden. Een onheilspellende avond, een nachtmerrie in een realiteit van 20.000 vlammende fakkels.'[17]

EUROPESE BURGEROORLOGEN

De opkomst van het nationaal-socialisme was geen autonome, puur Duitse ontwikkeling. Ook het communisme, de sociaal-democratie en het parlementaire stelsel waren dat niet. De gebeurtenissen in Duitsland pasten volledig in de conflictueuze en gedurende de eerste helft van de twintigste eeuw vaak zeer gewelddadige geschiedenis van Europa. Het ging om tegenstellingen van uiteenlopende aard – tussen staten en naties, tussen standen en klassen, tussen ideologieën en politieke stelsels – die zich in heel Europa voordeden en vaak ook nog door elkaar heen liepen. Elk land kende eigen varianten en eigen onderlinge krachtsverhoudin-gen. Maar in veel opzichten was toch in heel Europa sprake van vergelijk-bare processen, die tegenwoordig vaak, vanwege het uiterst gewelddadige karakter, als burgeroorlogen worden aangeduid. Wie voor die term kiest laat de Europese burgeroorlogen in 1914 beginnen: toen brak de Eerste Wereldoorlog uit, vooral een krachtmeting tussen staten. Nog tijdens die wereldoorlog vonden ook de Russische Revoluties van 1917 en 1918 plaats, waarin de klassenstrijd domineerde en de ideologie van het com-munisme de overwinning behaalde. Na die hoogst gewelddadige start volgden twee decennia van moeizame vrede tussen de staten maar met zeer heftige politiek-ideologische en sociale strijd, die in veel landen tot forse geweldsuitbarstingen leidde. Ideologisch stonden drie richtingen tegenover elkaar: communisme, fascisme (of nationaal-socialisme) en parlementaire democratie. Met de machtsgreep van Lenin in Rusland was het communisme opeens een machtsfactor van belang geworden, vooralsnog vooral in Oost- en Midden-Europa. Maar toen de Sovjet-Unie zich na de bloedige interne strijd in Rusland in de loop van de jaren twintig consolideerde en het land zich leek te ontwikkelen tot een goed georganiseerde industriële staat, werd het communistische model voor bepaalde groepen heel aantrekkelijk. Het was, aldus Mark Mazower in *Duister Continent, 'een toonbeeld van energie, betrokkenheid, collectieve prestatie en moderniteit'.*[18]

Het communistisch model werd een utopie, een lichtend ideaal voor de toekomst. Maar tegelijkertijd werden Sovjet-Unie en communisme door velen juist als een enorme bedreiging ervaren. Voor de gevestigde machten in de eerste plaats, maar, toen de vele schaduwkanten van het regime duidelijker werden, ook voor de burgers van Europa.

Ook het fascisme of nationaal-socialisme kende een sterk utopisch karakter. Niet de klassenstrijd en de klassenloze samenleving waren daarbij drijfveer en doel maar de *natie*, het volk in de meest brede zin van het woord: nationaal en sociaal dus. Niet de oude elite, die de massa's met traditionele machtsinstituten als kerk en monarchie onder de duim probeerde te houden, maar juist de volksmassa's zélf moesten het heft in handen nemen. Als het volk – de massa – de kans kreeg een nieuwe, op zuiverheid gebaseerde samenleving op te bouwen, dan zou er een ideale wereld kunnen ontstaan. Natuurlijke, uit de massa opgestane leiders moesten optreden als vormgevers van de politieke strijd, waarin alleen de absolute overwinning telde. Tegenstanders en onzuivere elementen moesten meedogenloos worden uitgeschakeld omdat zij de zuiverheid van de natie aantastten.

In de meeste landen van West-Europa had de parlementaire democratie zich in het begin van de twintigste eeuw tot het heersende politieke stelsel ontwikkeld. Ook elders kreeg dat systeem gaandeweg voet aan de grond. Maar die parlementaire democratieën waren vaak zwak en instabiel. Zij waren veelal gegroeid uit de liberale politieke systemen van de negentiende eeuw, die oorspronkelijk geheel op de hogere sociale klassen steunden. De parlementaire democratie, met haar algemeen kiesrecht als uitgangspunt, steunde ook op andere groepen. Namelijk op de mensen uit de lagere sociale klassen die zich tot de sociaal-democratie (de naar hervorming strevende tak van de socialistische arbeidersbeweging) en de christen-democratie voelden aangetrokken. Het gevolg: er ontstond een stelsel met allerlei partijen, met diverse achtergronden, en die partijen moesten compromissen sluiten om samen te kunnen reageren. Dit resulteerde in vooral aarzelende regeringen die moeizaam moesten manoeuvreren en veroordeeld waren tot uiterst stroperige besluitvorming.

Tegenover de grote problemen van de jaren dertig bleek deze staatsvorm niet tot slagvaardige maatregelen in staat. Dat maakte de zuigkracht van de utopische bewegingen van links en van rechts alleen maar groter. Tegenover het treurigstemmende gemodder van de parlementair democratische werkelijkheid konden zij hun lichtend ideaal stellen. En ook ogenschijnlijke successen, zoals eerst in de Sovjet-Unie en later in het fascistische Italië en het nationaal-socialistische Duitsland. Maar tot toenadering van uiterst links en uiterst rechts kon het nooit komen, daarvoor verschilden de uitgangspunten te veel van elkaar.

De machtspolitiek die Hitler voerde nadat hij met zijn nationaalsocialisme in Duitsland de macht had veroverd, leidde tot escalatie: de sociale en ideologische strijd werd niet langer *binnen* de Europese staten gevoerd, maar *tussen* de staten. De moeizame vrede in Europa sinds Versailles bleek niet langer houdbaar. Van de op den duur onvermijdelijk wordende Tweede Wereldoorlog was die verstrengeling tussen de ideologische strijd en de strijd tussen de naties een wezenlijk kenmerk.

De afloop van die wereldoorlog had een verrassend effect. De parlementaire democratie, die voordien zo duidelijk de zwakste richting had geleken en zo weinig enthousiasme had weten te wekken, werd in West-Europa na 1945 opeens het onomstreden, ja zelfs nagenoeg onaantastbare politieke stelsel, de ideologische basis van de samenleving. Na 1991 is het ook in de rest van Europa dominant geworden. Hoewel er inmiddels wel meer kritiek te beluisteren valt, lijkt er vooralsnog geen alternatief voor de parlementaire democratie beschikbaar. Historicus Koen Koch spreekt zelfs van een Europees wonder:

'*Het Europese statensysteem schijnt zich definitief van een systeem van oorlog ontwikkeld te hebben tot een systeem van vrede, tot een* security community. *Niemand verwacht meer een oorlog tussen Frankrijk en Duitsland of tussen Italië en Oostenrijk. Na de bange tijd van het interbellum en de Koude Oorlog heeft de democratie het van zijn totalitaire concurrenten gewonnen. In Europa is, behoudens betreurenswaardige uitzonderingen,* democracy the only game in town.'[19]

FRANKRIJK

In elk van de verschillende Europese landen verliep de strijd weer anders. Zo heeft het er flink om gespannen of extreem rechts ook in Frankrijk aan de macht zou komen. Het is moeilijk precies aan te geven waarom dat niet gebeurde. Ongetwijfeld heeft de afwezigheid van een potentiële volksheld van het kaliber-Mussolini (die in Italië al vroeg in de jaren twintig een fascistisch bewind wist te vestigen) of -Hitler daarin een rol gespeeld. Maar zeker was ook belangrijk dat er in Frankrijk een linkse dam is opgeworpen tegen een rechtse machtsgreep: het Volksfront. Samenwerking tussen sociaal-democraten en communisten werd lange tijd

Léon Blum, de leider van de Franse Volksfrontregering,
hield het als premier van een verdeelde coalitie een jaar uit.

overal ter wereld moeilijk, zo niet onmogelijk gemaakt door het standpunt van de Communistische Internationale (Komintern) dat communisten zich verre moesten houden van wat ze 'sociaal-fascisten' noemden
– de sociaal-democraten die zich tot de parlementaire democratie hadden
bekeerd en daar een belangrijke rol in speelden. In 1934 was de Komintern echter zo onder de indruk van de opmars van fascistische regimes in
Europa dat ze de communistische partijen opriep om die samenwerking
juist wel te gaan zoeken, in de vorm van Volksfronten.

Dat leidde in Spanje tot een Volksfrontregering, waartegen rechts zich
met geweld verzette. Hieruit ontwikkelde zich in 1936 de Spaanse Burgeroorlog, die werd gewonnen door extreem-rechts. In Frankrijk verliep
de vorming van een Volksfront zeer stroef, want er was grote verdeeldheid. In 1935 kwam er, heel moeizaam, een samenwerkingsverband van
communisten, radicalen en sociaal-democraten tot stand. De partijen
vormden een Volksfront, maar zouden ieder met hun eigen programma
meedoen aan de parlementsverkiezingen van 1936. Tot een gezamenlijk
programma kwam het niet, wel tot een aantal 'te realiseren basispunten',
zoals 40-urige werkweek, stakingsrecht, cao's en – vooral – 'de verdediging van de republiek en de republikeinse instellingen'. Sommige basispunten waren in strijd met bepalingen in de afzonderlijke verkiezings-
programma's, zodat het voor rechts vrij schieten was op quasi verenigd
links. De eerste ronde van de verkiezingen werd voor links een teleurstel-
ling, maar er volgde een tweede ronde voor die districten waar geen enkele kandidaat een absolute meerderheid had gehaald. Die nederlaag disci-

plineerde het Volksfront, er kwam nu meer eenheid in de campagnes en de tweede ronde werd een eclatant succes: het front kreeg 376 zetels in de Kamer van Afgevaardigden. Rechts en centrum behaalden slechts 222 zetels. Dat leidde tot een Volksfrontregering onder leiding van Léon Blum, waarin overigens geen communisten zaten. Ze werden er buiten gehouden om 'geen paniek te veroorzaken'. De nieuwe regering maakte snel een einde aan een stakingsgolf door aanzienlijke loonsverhogingen toe te staan en bond de strijd aan met de talloze ultrarechtse groepjes die het communisme bestreden en een regime á la Duitsland nastreefden. Het antisemitisme bloeide in deze kringen flink op en premier Blum, van Joodse afkomst, was daarbij het vaste mikpunt.

De verdeeldheid binnen de linkse regering was groot, over ongeveer alles. Het kabinet-Blum hield het een jaar uit, daarna kwam een reeks kort zittende kabinetten aan het bewind, die allemaal worstelden met de verdeeldheid en de diep insnijdende economische crisis. Het beleid van de Volksfrontregeringen had, ondanks de afwezigheid van communistische ministers, hier en daar tóch paniek veroorzaakt en geleid tot een hogere inflatie en tot kapitaalvlucht van bedrijven die nationalisaties vreesden. In 1938 werd Edouard Daladier minister-president. Na een paar maanden sloot hij met Hitler en Chamberlain, in een poging de vrede in Europa te bewaren, het Verdrag van München. Dat betekende het einde van het Volksfront. De radicalen steunden het verdrag, de sociaal-democraten waren verdeeld en de communistische partij was fel tegen en blies het Volksfront op. Het Volksfront kan dus zeker niet als een groot succes worden gezien – het typeerde juist de interne verdeeldheid die de parlementaire democratie zo kwetsbaar maakte tegenover radicale bewegingen. Maar het heeft wél zijn oorspronkelijke doel bereikt: het voorkwam dat ook Frankrijk een extreem-rechts regime zou krijgen. En het heeft als resultaat gehad dat de parlementaire democratie in Frankrijk, zij het met hangen en wurgen, in de strijd tussen de ideologieën op de been is gebleven.

NEDERLAND

Ook in Nederland waren de sociale en politiek-ideologische tegenstellingen ruimschoots aanwezig en bracht de economische crisis van de jaren dertig onrust en onzekerheid. Maar voor de karakterisering 'burgeroorlog' is in dit land eigenlijk geen aanleiding. Hoezeer ook sprake was van polarisatie tussen links en rechts, het bleef vergeleken met elders in Europa weinig gewelddadig en de parlementaire democratie was nooit serieus in gevaar. De verklaring daarvoor kan worden gevonden in de omstandigheid dat Nederland anders dan de omringende landen buiten de Eerste Wereldoorlog was gebleven en dus ook voor de binnenlandse gevolgen daarvan gespaard was. Bovendien waren in Nederland – een relatief welvarende samenleving – de sociale afstanden en tegenstellingen minder groot dan elders. Het was een sterk burgerlijke samenleving met een hang naar het politieke midden, waarin het systeem van verzuiling de belangrijkste bevolkingsgroepen aan de bestaande verhoudingen bond.

Uiterst links bleef daardoor ook in de jaren dertig klein, ondanks de vaak diepe armoe onder de bevolking. De communistische partij bleek maar voor een beperkt deel van de mensen een alternatief, verder dan 4 procent van de kiezers is de Communistische Partij Holland, in 1935 omgedoopt tot CPN, in die periode niet gekomen. Het extremisme van de communisten bleek de Nederlandse arbeidersklasse niet erg aan te spreken. Deze koos in overgrote meerderheid voor de sociaal-democratie of op religieuze gronden voor de confessionele groeperingen. In het sterk burgerlijke Nederland werd het communisme niettemin als een zeer ernstig gevaar gezien. Lange tijd zelfs als veel bedreigender dan extreem rechts, waarvan de gevestigde orde achteraf eigenlijk meer te duchten had.

In 1931 had de Utrechtse waterstaatsingenieur Anton Mussert, samen met enige geestverwanten, de Nationaal-Socialistische Beweging opgericht, een van de vele protestpartijen tegen de parlementaire democratie en tegen wat gezien werd als een gebrek aan gezag en nationaal gevoel in de samenleving. Ook in Nederland was de democratie niet heilig, er kwam van alle kanten kritiek op: er werd te veel gepraat, er was te weinig daadkracht, er heerste een 'hokjes- en schotjesgeest', er zat te weinig dynamiek in de samenleving. Mussert was een goed organisator en hij werkte met tomeloze inzet aan de opbouw van zijn beweging. Hij had er ook de tijd voor, want hij was ten gevolge van zijn politieke activiteiten gedwongen ontslag te nemen bij zijn werkgever, de provincie Utrecht.

De NSB noemde zich een beweging, geen politieke partij zoals alle andere. Ze had geen bestuur, maar een Algemeen Leider, Anton Mussert. Hij kon zich laten bijstaan door een Algemene Raad van vijf personen, maar die had geen bevoegdheden. De NSB had wel een vastomlijnd uitgangspunt:

'Voor het zedelijk en lichamelijk welzijn van een volk is nodig een krachtig staatsbestuur, zelfrespect van de natie, tucht, orde, solidariteit van alle bevolkingsgroepen en het voorgaan van het algemeen (nationaal belang) boven het groepsbelang en van het groepsbelang boven het persoonlijk belang.' [20]

In 1935 haalde de NSB, met deze leider en met dit eerste programmapunt, bij de verkiezingen voor de Provinciale Staten bijna 8 procent van de stemmen. In verzuild Nederland was dat zo ongeveer een aardverschuiving, maar het was meteen het grootste succes uit de historie van de NSB. De sfeer verhardde zich snel rond de beweging. De bestaande zuilen, die de eigen machtspositie in gevaar zagen komen, verzetten zich tegen de fascistische trekjes van de NSB. Sommige kerken verboden het lidmaatschap, de staat ontzegde ambtenaren het recht lid van de NSB te zijn (zoals dat ook voor de communistische partij gold) en er kwam een wet tegen geüniformeerde politieke organisaties. Daardoor werd de WA verboden, de Weerafdeling, de geüniformeerde tak van de NSB, die met z'n agressieve gemarcheer nogal wat wrevel wekte. Mussert probeerde aanhang te

De NSB van Anton Mussert voerde campagne tegen het bewind
van premier Colijn. De NSB-aanhang keerde zich tegen
het verzuilde politieke systeem.

verwerven door de aanval op de democratie in te zetten, door de ontevredenheid van de burger te exploiteren. Gefilmd door een camera van zijn eigen propaganda-afdeling zei hij:

> 'Wij moeten het leren begrijpen dat de dreigende ondergang een gevolg is van de democratie, de verdeling van een volk in tientallen partijen. We moeten het leren begrijpen dat het vecht tegen zichzelf, dat dat waanzin is en dat dat onherroepelijk tot een ondergang moet en zal leiden.'[21]

Maar de NSB bleef uiteindelijk een kleine minderheid, die bij latere verkiezingen terugviel op 4 procent. Ze bereikte de harten van de meeste Nederlanders niet. Die bleven waar ze waren, in de veilige omgeving van hun eigen zuil. In het zuilensysteem kon iedereen zich ontplooien te midden van gelijkgestemden. Wie in een katholiek gezin geboren werd, ging naar een katholieke school, werd lid van een katholieke sportclub of de katholieke padvinderij, leende katholieke boeken uit de katholieke bibliotheek, las een katholieke krant, luisterde naar de katholieke radio,

Het antisemitisme neemt in Duitsland al in de jaren dertig ernstige vormen aan. Joodse burgers worden openbaar vernederd, onder toezicht van nazifunctionarissen.

stemde op de katholieke partij (Rooms-Katholieke Staatspartij) en trouwde uiteindelijk een katholieke partner. Dezelfde verschijnselen zien we binnen de protestants-christelijke en de sociaal-democratische gemeenschappen, en in aanzienlijk mindere mate bij de liberalen. Alle zuilen waren op zichzelf te klein om de politieke meerderheid te bereiken en moesten daarom compromissen sluiten als ze wilden meeregeren. De sociaal-democraten ondervonden daarbij lange tijd nog aanzienlijke weerstand. Dat had ermee te maken dat hun leider Pieter Jelles Troelstra in 1918, toen in de rest van Europa overal communistische opstanden uitbraken, een poging tot een staatsgreep leek te doen. Toen hij zijn oproep aan de arbeiders om het recht in eigen hand te nemen weer introk, keerde de rust snel terug in het land, maar helemaal vertrouwd werden de kennelijk in hun hart revolutionaire sociaal-democraten niet. Ze werden, ondanks hun deelname aan allerlei aspecten van de verzuilde maatschappij, pas in 1939 als partner in een kabinet geaccepteerd.

Dat de parlementaire democratie in Nederland de jaren dertig ongeschonden doorkwam heeft ook te maken met de sterkste politieke figuur uit dat decennium, Hendrikus Colijn. Als onbetwist leider van de Anti-Revolutionaire Partij was hij de premier van in totaal vijf kabinetten. Hij opereerde in voor Nederlandse begrippen autoritaire stijl. Hij was tijdens de economische crisis van de jaren dertig onverzettelijk in zijn bezuinigingspolitiek, die voor veel inwoners ongunstig uitpakte. Via de radio probeerde hij wel begrip te tonen voor de zware omstandigheden waarin velen zich door de crisis bevonden:

'Onze tijd is een ongemeen moeilijke. Het nu levend geslacht dat grotendeels opgegroeid is in dagen van voorspoed en dat nu te staan komt voor nijpende zorgen en soms nog erger, kromt zich onder den tegenspoed en ziet vaak geen uitkomst.'[22]

Het optreden en de persoon van Colijn[23] hebben een rem gezet op de groei van de NSB. Hij sprak rechts aanzienlijk meer aan dan links, had ook zeker enige sympathie voor bepaalde aspecten van het fascisme, al stond hij in het openbaar pal voor de parlementaire democratie. Aan het eind van de jaren twintig had hij eens een gesprek met Mussolini gehad. Daarin had de Italiaanse *Duce* hem voorspeld dat ook in Nederland de democratie ooit zou doldraaien. Colijn had daarom geglimlacht en wilde het niet geloven, maar in 1935 was hij naar eigen zeggen

'... de laatste tijd aan de juistheid van die reactie gaan twijfelen; als niet in Nederland spoedig een andere geestesgesteldheid intrad, zou ook hier

misschien de verhouding tussen overheid en volk verandering dienen te ondergaan. Indien de gisting niet tot stilstand gebracht zou worden, kon een toestand ontstaan waarbij wel de orde werd gehandhaafd maar de vrijheid zou verdwijnen; want het zou erger zijn als orde en vrijheid allebei verloren gingen.'[24]

Colijn vestigde in de jaren dertig zijn reputatie als de sterke man van Nederland, en dat bezorgde hem een aanzienlijke populariteit. Al voor hij premier werd, had hij zich in die richting geprofileerd. Toen er in februari 1933 muiterij was uitgebroken op het pantserschip De Zeven Provinciën, als gevolg van een salariskwestie, had Colijn in een interview met het dagblad *Het Vaderland* een krachtig geluid laten horen:

'*De hoofdzaak is dat er een klaar geval van muiterij is, dat de muiterij moet worden onderdrukt, zo nodig door het schip met een torpedo naar de bodem van de Oceaan te zenden.'*[25]

Een paar dagen later gebeurde dat ook echt, zij het niet met een torpedo maar met een vliegtuigbom: er vielen onder de bemanning 23 doden. Korte tijd later werd Colijn de nieuwe minister-president. Iedereen wist inmiddels dat er met hem niet te spotten viel. Links vond hem een fascist, rechts bewonderde hem en Colijn zelf loodste de natie door de woelige tijden.

IN DE MEDIA

Een groot deel van de bevolking volgde de gang van zaken in Duitsland intussen intensief. Er was geen wijziging gekomen in de politiek van neutraliteit, die Nederland buiten de Eerste Wereldoorlog had gehouden. Adolf Hitler was dus formeel regeringsleider van een bevriend land, maar de Nederlandse krantenlezer kreeg toch vooral heel veel kritische stukken onder ogen. Er werkten liefst zeventien Nederlandse correspondenten in Berlijn, en daarnaast hadden ook reizende verslaggevers een grote belangstelling voor Duitsland na de fascistische machtsovername. George Nypels, die in 1923 Hitler al had ontdekt als uitzonderlijk redenaarstalent, was in april 1933 opnieuw in Duitsland toen de nazi's daar een boycotdag organiseerden tegen Joodse winkeliers. Hij was, blijkens zijn verslag in het *Algemeen Handelsblad*, verbijsterd:

'Lam. Beschamend. Kinderachtig. Belachelijk. Beangstigend ook, als men bedenkt waar dat heen moet als er niet gauw een eind aan komt. Het was een voorgoed in beschaafd Europa onmogelijk gewaande methode van geloofs- en rassenstrijd.'[26]

Hitlers anti-Joodse politiek was in die eerste maanden van 1933 nog pas in een beginstadium, maar verslaggevers kwamen al woorden te kort om hun weerzin te beschrijven. De socialistische krant *Het Volk* bevatte op 6 mei deze regels van commentator Henri Polak:

'Heel Duitsland is een gruwel geworden, een etterende, stinkende zweer op het lichaam van ons werelddeel, één hoon voor de beschaving, één schande voor de mensheid.'[27]

In april 1933 probeerde George Nypels in het *Algemeen Handelsblad* zelfs al tot enige vorm van reflectie te komen, hij zocht al naar verklaringen voor de revolutionaire veranderingen die hij in het hart van Europa waarnam:

'Wanneer men later zal gaan onderzoeken hoe het mogelijk was dat honderdduizenden, dat miljoenen, historische en wetenschappelijke onwaarheden geloofden en domweg napraatten, dan zal men zeker vinden wat de geesten daarvoor rijp maakte: de decepties van de wereldoorlog; de ineenstorting na zo'n hoge bloei en zulke grote toekomstdromen; de dwaze wraaknemingen van de overwinnaars; de elkaar snel opvolgende perioden van diepste ellende en schijnwelvaart; de honger en wanhoop; de misbruiken en smakeloosheden waaraan de parvenu's van het republikeinse regime zich schuldig maakten; corruptie en ambtenarenverval. Maar ook de onverantwoordelijke, schaamteloze hetze tegen een minderheid die gemakshalve van alles de schuld kreeg, een hetze die nu al tien jaar duurt en die vooral in de bruine pers nog elke dag feller wordt.'[28]

Dat ging over de Joden. En Nypels was niet de enige die waarschuwde. Nederland was via de kranten goed ingelicht over wat er zich aan de oostgrens afspeelde. De selectie van citaten zou gemakkelijk met tientallen kunnen worden aangevuld: de ontwikkelingen in nazi-Duitsland waren jaar in jaar uit prominent in de Nederlandse dagbladen aanwezig. Er waren geregeld voorspellingen te lezen van het onheil dat komen moest. Zoals in juli 1937, toen reizend redacteur A. den Doolaard in *Het Volk* schreef:

'*Wij kunnen het niet genoeg herhalen: het Derde Rijk is een verschijnsel, zoals de wereldgeschiedenis nog niet te zien heeft gegeven. Het is een rijk, waar met alle bestaande rechtsvormen gebroken werd en het is onze bittere plicht de democratische wereld het diepe bewustzijn bij te brengen van deze systematische rechtsverkrachting. Een rechtsverkrachting, die niet tussen de huidige bruine grenspalen stand zal houden, maar die de bewuste opzet in zich bergt van een gewelddadige greep naar de heerschappij over Europa. Elke illusie van democratische vredesvrienden, die zich het Duitsland van vroeger herinneren, is op dit ogenblik een doorzagen van de tak, waarop zij zelf zitten. Het Derde Rijk wil niet alleen de smaad van Versailles vernietigen, maar het wil de leider worden in een nationaal-socialistisch Europa.*'[29]

Toch bleef dit alles voor de doorsnee lezer iets onwezenlijks houden, iets uit het buitenland, niet direct relevant voor het eigen land. De dreiging van een aanval werd wel gesignaleerd en in brede kring ook serieus genomen. Maar dat Nederland werkelijk door Duitsland bezet zou worden, dat kon toch bijna niemand geloven.

DEFENSIEPOLITIEK

Toch werd die dreiging in de tweede helft van de jaren dertig zeer reëel. Een van de eerste prioriteiten van de nieuwe Duitse rijkskanselier Adolf Hitler was de opbouw van een sterk leger. Dat mócht niet op basis van het Verdrag van Versailles, maar daar trok hij zich weinig van aan. Hij vond dat het basisleger van Duitsland minimaal 300.000 man sterk moest zijn, en hij bepaalde dat per 1 oktober 1934 de dienstplicht weer zou worden ingevoerd. Dat leger kwam in 1934 al onder bevel van Hitler zelf, die de functie van opperbevelhebber van de juist gestorven president Paul von Hindenburg overnam. Het minimum van 300.000 soldaten werd al snel overschreden. Hitler verklaarde in 1935 openlijk dat hij zich niet meer gebonden achtte aan het Verdrag van Versailles, de troepensterkte bedroeg inmiddels 400.000 man. Een deel daarvan kwam voor het eerst in actie in maart 1936 toen ze in opdracht van Hitler het Rijnland binnenmarcheerden, dat in 1919 op basis van het vredesverdrag was gedemilitariseerd. Engeland en Frankrijk lieten zich overbluffen en beperkten zich, bij deze grove schending van het Verdrag van Versailles, tot protesten. Hitler heeft later toegegeven dat hij die dagen in maart 1936 hevig in spanning heeft gezeten, omdat hij een militaire reactie van de verdragspartners vreesde. Volgens zijn toenmalige tolk Paul Schmidt heeft Hitler later gezegd:

'Als de Fransen toen het Rijnland binnengerukt waren, dan zouden wij ons
overladen met hoon hebben moeten terugtrekken, want de militaire krachten
waar we toen over konden beschikken waren bij lange na niet toereikend om
ook maar de minste tegenstand te bieden.'[30]

Nu Franse en Britse actie uitbleef voelde Hitler zich vanaf maart 1936 alleen maar sterker. De uitbouw van het leger liet hij gepaard gaan met een
snelle opvoering van de bewapening. Duitsland fabriceerde in hoog tempo oorlogstuig van allerlei aard. Tanks, wapens, munitie, jachtvliegtuigen,
bommenwerpers, onderzeeboten, slagschepen – de uitbreiding van het
wapenarsenaal kreeg de hoogste prioriteit. Voor het betalen van al die orders en al die rekeningen leende Hitler geld van de Reichsbank, tegen de
voorwaarde dat elke lening na vijf jaar zou moeten worden terugbetaald.
Geleend is er volop, terugbetaald werd er nooit. Maar al die geleende miljoenen betekenden op de korte termijn wel een enorme stimulans voor de
economie en daarmee voor de werkgelegenheid. Het hielp Duitsland in
hoog tempo uit de economische crisis. Hitler zette ook druk achter het
uitrollen van een net van autowegen dat de opmars van legeronderdelen
gemakkelijker zou maken. Binnen Hitlers legertop ontwikkelde zich in
de tweede helft van de jaren dertig het concept van de *Blitzkrieg*, de snelle,
overrompelende aanvalsoorlog. Daarop werden de wapenprogramma's
ook afgestemd, en daarin ook werden de legeronderdelen getraind.

Dat alles bleef bij de omringende landen niet onopgemerkt. Ook in de
top van het Nederlandse leger groeide het gevoel van urgentie om zich
voor te bereiden op een mogelijke aanval uit het oosten. Openlijk kon die
verwachting niet worden uitgesproken, want dat zou een inbreuk betekenen op de neutraliteitspolitiek waar Nederland aan vasthield. Maar uit een
studie van militair historicus Herman Amersfoort blijkt dat de Nederlandse Generale Staf al vanaf 1933 uitging van een algehele herbewapening van Duitsland. En omdat Frankrijk en België al maatregelen namen
om hun grenzen met forten en andere versperringen aan de oostkant te
versterken, lag het voor de hand dat een eventueel Duits offensief zich
vooral op Limburg en Noord-Brabant zou richten. Een van de oplossingen die de militaire specialisten voor dat probleem aandroegen was de modernisering en uitbreiding van het Veldleger, dat door uitrusting en training in staat zou moeten worden gesteld overal in het land, maar vooral in
Limburg en Noord-Brabant, langdurig tegenstand te bieden aan een
Duits offensief. Premier Colijn kreeg deze ideeën in 1936 voorgelegd, omdat ze een aanzienlijke investering vergden, maar hij wees ze af. Hij vond
ze te duur en hij vond bovendien dat de defensie zich niet op het zuiden
maar op het midden van het land moest richten – op de Grebbelinie.[31]

Het is maart 1938. De Nederlandse Generale Staf houdt een oefening in de Tweede Kamer, waaraan vijfenveertig officieren meedoen. Ze spelen een oorlogsspel, gebaseerd op een Duitse aanval. Het gaat er uiterst serieus aan toe, en de afloop van het spel laat zien dat met de bestaande mogelijkheden Noord-Brabant onverdedigbaar is tegen een Duitse aanval.

De manifestaties van SA en SS op het terrein van de Rijkspartijdagen in Neurenberg hadden een massaal karakter. Op deze foto leidt Adolf Hitler de plechtigheid van 1934.

Er is maar één hoop: dat het Franse leger op tijd via Vlaanderen naar het noorden kan oprukken om de Duitsers in Brabant te weerstaan. Nederland kan hooguit de Vesting Holland (ruwweg: de Randstad) enige tijd verdedigen, maar de zuidelijke helft van het land niet. De sleutel voor de Nederlandse verdediging ligt dus in handen van de Fransen. Die weten precies hoe de vork in de steel zit, want de Franse militair attaché in Den Haag (luitenant-kolonel Lespinasse de Fonsegrive, later zijn opvolger De Mascureau) heeft alle benodigde gegevens en krijgt zelfs stiekem de verslagen van de Nederlandse oefeningen. In het geheim heeft het Nederlandse leger de neutraliteit dan dus allang prijsgegeven, het ziet Duitsland althans als enige serieuze potentiële aanvaller – en dat is niet onlogisch, want Nederland heeft geen keus. De kwaliteit van het Nederlandse Veldleger is volgens Franse begrippen ver onder de maat. Amersfoort concludeert:

'Het Nederlandse leger zou geen actieve rol in het Franse operatieplan kunnen spelen. Het zou slechts enige tijd passief, statisch verzet kunnen bieden en de Duitse opmars op Nederlandse bodem vertragen. Dat gunde Frankrijk meer reactietijd. Dat was weliswaar niet veel, maar beter dan niets.'[32]

NEURENBERG

Ook de binnenlandse ontwikkelingen in Duitsland hadden een zeer verontrustend karakter. De kranten stonden er vol van, we zagen al enige voorbeelden. Elk najaar werden de berichten uit Duitsland betekenisvoller, want dan gingen ze dagenlang over de politieke manifestaties die de nazi's hielden in de stad van hun partij, Neurenberg. Het waren de Rijkspartijdagen, steeds massaler, steeds imposanter en ook steeds onheilspellender. De Rijkspartijdagen waren het jaarlijks hoogtepunt voor iedere NSDAP'er, ze boden de gelegenheid om de eenheid in de partij te versterken en aan de buitenwereld te demonstreren. Wie erbij mag zijn voelt zich uitverkoren. Karl Gebensleben, partijlid uit Braunschweig, mag een keer naar Neurenberg. Zijn vrouw Elisabeth schrijft aan haar dochter in Utrecht:

'Dat wordt vast heel geweldig, wat zal hij veel beleven!'[33]

Een paar dagen na de Parteitage spreekt Elisabeth toevallig een jeugdige SA-man in een café. Ze schrijft haar dochter wat die had meegemaakt:

'We stonden ons 's morgens te wassen voor de tent. Opeens staat Hitler tussen ons in. "Goedemorgen jongens, hebben jullie goed geslapen?" Dat zal ik mijn hele leven niet vergeten, zei de jongen. De tranen stonden hem in de ogen.'[34]

Het was allemaal begonnen in 1927 toen de nazi's Neurenberg uitkozen als hun partijbasis. Hitler heeft na de machtsovername Neurenberg officieel uitgeroepen tot de 'Stad van de Rijkspartijdagen'. Ze werden steeds begin september gehouden en in de laatste jaren hadden ze ook een motto, zoals *'Triumph des Willens'* in 1934 en *'Reichsparteitag der Arbeit'* in 1937. De manifestatie van 1939 had als motto *'Reichsparteitag des Friedens'*, maar die moest worden afgelast. De reden: de oorlog was begonnen.

De partijdagen bestonden uit verschillende soorten evenementen. Er waren vergaderingen gepland van allerlei afdelingen en commissies, maar die waren van ondergeschikt belang.

Daarnaast waren er de informele wandelgangenontmoetingen en recepties: daar deden de partijbonzen zaken met elkaar, daar verstevigden ze de onderlinge band. Het belangrijkste en meest zichtbare element waren de massameetings, de marsen, parades, appèls, dodenherdenkingen. Dat waren de gebeurtenissen waar de media de meeste aandacht aan schonken, en die de partijdagen overal ter wereld in de kranten, op de radio en in de bioscoopjournaals brachten en zo het enorme enthousiasme voor het nationaal-socialisme in Duitsland lieten zien. Dat was het terrein van minister en superpropagandist dr. Joseph Goebbels.

De massa-evenementen waren ware kunstwerken van licht, vuur, architectuur en enscenering. De films van Leni Riefenstahl getuigen daarvan: ze was de ideale cineaste voor de nazi's door haar enorme talent en moderniteit. Haar werk kenmerkte zich door een hang naar lichamelijke perfectie. In *Triumph des Willens* zorgde ze ervoor dat de buiken van corpulente SA-mannen aan het zicht onttrokken werden door hakenkruisvlaggen. Hitler filmde ze bij voorkeur uit een laag standpunt, zodat hij in de bioscoop indrukwekkender zou overkomen. Door de vrijwel onbeperkte budgetten kon ze alles uit de kast halen en een ongekend cinematografisch niveau bereiken.[35]

Op het partijdagterrein (*Reichsparteitaggelände*) verscheen het ene enorme bouwwerk na het andere. Architect en Hitlerbewonderaar Albert Speer mocht zich uitleven en hoefde geen maat te houden. Er kwam een vergaderzaal die alle andere ter wereld in omvang moest overtreffen, een soort Colosseum met een glazen dak. Het is voor een deel nog intact, er is nu een herinneringscentrum in gevestigd.

Tamelijk onbekend is gebleven dat vanaf 1935 de Rijkspartijdagen ook te volgen waren op de televisie. Lang niet voor elke Duitser overigens, want televisie was nog vrijwel onbekend. Maar rond Berlijn waren er enige tientallen *Fernsehstuben* (cafés waar je een uurtje per dag op een heel klein scherm televisie kon kijken) en ook in de kantoren van hooggeplaatste nazi's waren toestellen geplaatst. De Fernsehgruppe Paul Nipkow verzorgde er de uitzendingen, die door een hoogblonde omroepster steevast werden aangekondigd met de Duitse groet '*Heil Hitler*'.[36]

De Neurenbergers waren trots op hun stad, als die weer overstroomd werd door partijgangers uit alle windstreken. Käthe Müller (1922) was er als meisje elk jaar getuige van, al konden Neurenbergers nauwelijks aan kaarten komen voor alle manifestaties in hun eigen stad.

> '*We waren heel trots, we voelden ons in Neurenberg een week lang het middelpunt van het Groot-Duitse Rijk. En bovendien het middelpunt van Europa en misschien wel van de hele wereld, want wij wisten dat verslaggevers uit de hele wereld in de stad waren en dat alle gebeurtenissen in de hele wereld bekend zouden worden.*'[37]

De nazi's hadden er altijd mooi weer bij. Niet meer zo heet, koele nachten, en overdag een heldere, blauwe lucht en een aangename zon. Käthe Müller straalt bij de herinnering.:

> '*Wij noemden het "Parteitagswetter", partijdagenweer. Ik heb het nog steeds, als het in september mooi weer is dat ik opsta en denk: het is vandaag Parteitagswetter.*'[38]

Hitler en de rest van de partijtop namen in Neurenberg dagelijks parades af op een enorme tribune, die nog steeds bestaat. Het aantal paraderende nazi's liep door de jaren heen op tot over het miljoen. Met vele honderden extra treinen werden ze uit alle hoeken van het Derde Rijk aangevoerd. Urenlang stonden ze in het gelid te luisteren naar de grote rede die Adolf Hitler ieder jaar hield, vanaf de *Pult*, het spreekgestoelte, dat ook nog bewaard is.

In een speciale zitting van de Rijksdag op 15 september 1935, kondigde de Führer tijdens de partijdagen de beruchte Neurenberger rassenwetten af. Hitler had ze heel kort tevoren laten uitwerken door minister van Binnenlandse Zaken Wilhelm Frick – hij vond het programma voor dat jaar wat mager, er was nog een hoogtepunt in de programmering nodig. Frick haalde er vier specialisten bij, onder wie de leider van het nationale artsenverbond Gerhard Wagner en de specialist inzake rassenkwesties van Fricks ministerie, Bernhard Lösner. Onder hoge druk produceerden ze twee wetten: de wet ter bescherming van het Duitse bloed en de Duitse eer, en de 'rijksburgerwet'.

In de 'bloedbeschermingswet' werden zware straffen gesteld op huwelijken tussen Joden en arische Duitsers. Ook buitenechtelijk seksueel verkeer tussen Joden en arische Duitsers werd strafbaar. De wet werd de juridische grondslag voor tweeduizend strafprocessen wegens 'rassenschande'. Ook mochten Joden geen arische dienstmeisjes meer in dienst hebben. Later werden de wettelijke bepalingen uitgebreid en van juridische definities voorzien in een gedetailleerder vorm dan Frick in zijn snelle poging tot wetgeving had kunnen doen.

De rijksburgerwet zorgde ervoor dat arische Duitsers als 'rijksburger' alle rechten behielden die ze in het Derde Rijk hadden, terwijl Joden slechts 'staatsburgers' waren; hun werden alle politieke rechten ontnomen en daarmee werden ze niet langer gelijkberechtigd met hun niet-Joodse landgenoten. Als definitie gold: Jood was wie drie Joodse grootouders had of tot de joodse geloofsgemeenschap behoorde of met een Jood (een zogenaamde *Volljude*) getrouwd was. Hitler presenteerde de gloednieuwe wetten op gematigde toon, hij wilde kennelijk de belangrijkste landen in de wereld op dit punt niet te zeer tegen zich innemen, zo bleek uit een interview dat hij United Press toestond:

> '*Deze wetten zouden een basis kunnen vormen waarop het Duitse volk een redelijke verhouding zou kunnen vinden met het Joodse volk. Maar als deze hoop niet in vervulling gaat en de Joodse acties in en buiten Duitsland zouden doorgaan, dan zou de situatie opnieuw moeten worden bekeken.*'[39]

Echt nieuw waren de Neurenberger wetten niet. Al vanaf 1933 waren er speciale anti-Joodse bepalingen en verordeningen uitgevaardigd, vaak ook op lokaal of regionaal niveau. Het belang van de Neurenberger rassenwetten is vooral dat ze kunnen worden beschouwd als de juridische basis onder de grootscheepse Jodenvervolging en dat ze de weg hebben geplaveid naar de genocide.

Al voor 1935, namelijk op 14 juli 1933, was er in de Rijksdag een wet aangenomen ter voorkoming van ziek nageslacht. Die maakte gedwongen sterilisatie mogelijk bij mensen die leden aan geestelijke of lichamelijke erfelijke ziekten. Maar ook chronisch alcoholisten konden in aanmerking komen. Rudolf Hess heeft dat beleid ooit gerechtvaardigd met de zinsnede: '*Nationaal-socialisme is toegepaste biologie.*'

Het bleef geen dode letter: op grond hiervan zijn in de eerste drie jaar (1934 tot en met 1936) ruim 199.000 gedwongen sterilisaties uitgevoerd.

De volgende stap die de nazi's op deze weg hebben gezet is de georganiseerde moord op geestelijk gehandicapten en psychiatrische patiënten.
Aktion T4 was de codenaam voor deze strikt geheime operaties, de naam
is afkomstig van een adres in Berlijn: Tiergartenstrasse nummer 4. In dat
kantoorgebouw heeft de nazitop al vanaf februari 1939 voorbereidingen
getroffen voor het instellen van zes geheime 'euthanasie-instituten', waar
uiteindelijk in totaal meer dan 70.000 gehandicapten en psychiatrische
patiënten zouden worden vergast. De acties zijn in 1941 gestopt omdat de
kerken volgens Hitler te luidruchtig bezwaar begonnen te maken tegen
de massamoord op gehandicapten, waardoor die niet geheim kon blijven.
Een deel van het personeel dat in de instituten ervaring had opgedaan is
later ingezet in de vernietigingskampen.[40]

VLUCHTELINGEN

Joden in Duitsland kregen een steeds moeilijker bestaan. Ze werden op
allerlei terreinen gediscrimineerd en velen voelden wel aan dat er voor
hen in eigen land geen toekomst meer was. Ook socialisten en communisten werden in het nauw gedreven. Er kwam een vluchtelingenstroom
op gang, in allerlei richtingen, en voor een aanzienlijk deel ook naar het
nog altijd neutrale Nederland. De ontvangst hier was wisselend. Het
Comité voor Joodse Vluchtelingen deed het uiterste om opvang van ge-
vluchte Joden te regelen. Aanvankelijk konden Duitse en Oostenrijke
Joden hier wel terecht. Maar mede omdat de economische crisis veel
werkloosheid met zich meebracht, werden de vluchtelingen steeds meer
als een last en een probleem gezien. In 1938 stelde de Nederlandse overheid beperkingen in – alleen wie kon bewijzen dat zijn leven echt in gevaar was kon hier terecht, voor de anderen was er geen plek meer.

Op 9 november 1938 werd alles anders. Toen barstte er een ongekende
eruptie van Jodenhaat los in Duitsland. Aanleiding was de moord op de
Duitse diplomaat Ernst Eduard vom Rath, in Parijs gepleegd door een
gefrustreerde Joodse vluchteling, Herschel Grynszpan. De nazitop zag
in die aanslag een geschikte gelegenheid om een wraakactie te organiseren op de totale Joodse bevolking van Duitsland. Joseph Goebbels was
de aanstichter, duizenden mannen van de Sturmabteilung, de geüniformeerde tak van de nazipartij, waren de uitvoerders. Er ontstond een orgie
van geweld. De losgeslagen benden vernielden en plunderden Joodse
winkels, sleepten Joden uit hun huizen, mishandelden hen in de straten
en staken in veel steden synagoges in brand. Overal werden Joodse gebouwen beklad. De schaal van de anti-Joodse actie was enorm: 91 Joden

verloren door het geweld hun leven, er zijn ongeveer 7500 winkels vernield en er gingen 267 synagoges in brand. De nacht zou voortleven als de 'Reichskristallnacht', genoemd naar de bergen glas in de Duitse straten.

Werner Bloch (1920) is een van de duizenden die hun land daarna zijn ontvlucht. Hij kwam uit een dorpje in het oosten van Duitsland, maar werkte sinds een paar jaar in Essen. Hij sliep door de Kristallnacht heen en merkte 's ochtends op weg naar zijn werk dat het een enorme puinhoop in de straten was. Dat gold ook voor het bedrijf van zijn Joodse oom waar hij werkte: dat was eveneens zwaar beschadigd. Hij kreeg er de raad direct te verdwijnen, omdat alle Joden zouden worden opgepakt. Dat klopte – er zijn de dagen na de bewuste nacht rond de 30.000 Joden gearresteerd en in concentratiekampen ondergebracht. Bloch bleef een paar dagen bij Joodse kennissen, maar iedereen was bang voor ontdekking. Uiteindelijk besloot hij te vluchten – naar Nederland.[41]

Zo'n verhaal kan ook Fred Schwarz (1923) vertellen, ook hij behoorde tot de Joodse asielzoekers van eind 1938. Hij woonde als 15-jarige in We-

De Reichskristallnacht van november 1938. Overal in Duitsland zijn ruiten van Joodse winkels ingegooid, de volgende dag moeten de scherven worden opgeruimd.

nen, dat inmiddels deel uitmaakte van het Duitse Rijk. Zijn ouders, zijn broer en hij waren al uit hun mooie flat gezet en gedwongen naar de Joodse wijk verhuisd. Hij zag de synagoge in die wijk branden als een fakkel, op 9 november. Hij herinnert zich:

> 'Voor Joden was het niet meer leefbaar. Van de ene dag op de andere mocht mijn vader niet meer zijn ambt uitoefenen als jurist. Je werd van school gestuurd, je mocht niet meer met de tram, en zo mocht je duizenden dingen niet meer. Je mocht niet meer gewoon in winkels gaan kopen: nee, je mocht alleen maar 's avonds of 's middags om vijf uur in winkels komen waar de meeste spullen al niet meer te koop waren. Niet-Joodse vriendjes spraken niet meer met je, het kon ook gebeuren dat je een schop kreeg als je ze toevallig wél aansprak. Het was onvoorstelbaar, dat je ineens outcast bent. Dat kunnen we ons nu helemaal niet voorstellen.'[42]

Dat is het verhaal van Fred Schwarz. Zijn broer Fritz slaagde er direct na de Kristallnacht in naar Nederland te ontkomen. Toen hij daar bericht van kreeg probeerde Fred het ook, samen met twee vrienden. Vlak bij de Nederlandse grens werden ze aangehouden door Duitse agenten. Toen ze zeiden dat ze naar Nederland wilden, hielpen die agenten hen een handje en zetten hen af bij de grens, waarna ze door het prikkeldraad kropen en liftend in Amsterdam aankwamen. Schwarz werd opgevangen door het Comité voor Joodse Vluchtelingen, dat een verklaring uitschreef waarin de kosten voor levensonderhoud werden gegarandeerd. De vluchtelingen kwamen zo niet ten laste van de staat. Met die verklaring moest Schwarz twee keer per week naar de Vreemdelingendienst om een stempel te halen. Schwarz, terugdenkend aan Amsterdam:

> 'De ontvangst van de bevolking, zover ik dat kan beoordelen, was hartverwarmend. Er was, om een voorbeeld te noemen, begin december een busjescollecte in Amsterdam voor Joodse vluchtelingen. Die collecte heeft meer dan een miljoen gulden opgebracht. Een miljoen gulden van allemaal mensjes in Amsterdam, waar toch veel werkelozen waren. Joodse vluchtelingen werden zeer netjes behandeld. In tegenstelling tot het buitengewoon onaangename optreden van de politie en vooral de vreemdelingendienst. We moesten ons twee keer in de week melden, daarbij moest je uren blijven wachten voor niks. Onder het motto van: jij hebt toch niks te doen!'[43]

De Nederlandse overheid was inmiddels bezig met grootschaliger opvangmogelijkheden, zonder overigens de grenzen volledig open te stellen. Er moest een groot opvangkamp komen, maar omdat de gemeenten niet in de rij stonden om zich voor dit doel kandidaat te stellen, viel het niet mee er een terrein voor te vinden. Een stuk grond bij Elspeet op de Veluwe leek geschikt, maar een brief van het ministerie van Binnenlandse Zaken voorkwam die keuze. Koningin Wilhelmina had bezwaren, zo liet haar secretaris, die in die brief deftig met Hoogstdezelve werd aangeduid, weten. Het ministerie schreef

'... dat Hoogstdezelve bepaald betreurt dat de keus van een plaats voor het vluchtelingenkamp gevallen is op een terrein dat zo dicht bij het zomerverblijf van Hare Majesteit gelegen is en dat het Hoogstdezelve aangenamer ware geweest indien dat terrein, eenmaal de keus op de Veluwe gevallen zijnde, veel verder van het Loo had gelegen. Hare Majesteit zou het dan ook op prijs stellen indien laatstgenoemd terrein, hetwelk overigens aan alle daaraan te stellen eisen natuurlijk zoude moeten voldoen, alsnog gevonden zoude kunnen worden.' [44]

Het werd uiteindelijk niet de Veluwe, maar Drenthe: Staatsbosbeheer had een stuk grond van 500 bij 500 meter in de aanbieding in Westerbork, mijlenver van de bewoonde wereld. De bouw van de barakken in wat een vluchtelingenstad moest worden begon in augustus 1939, en in oktober trokken de eerste tweeëntwintig bewoners er al in. Het departement van Binnenlandse Zaken ging het kamp beheren. De eerste directeur was D. A. Syswerda. Hij betrok de ruime houten woning die aan de rand van het kamp voor hem was opgetrokken en schreef over de eerste dagen in zijn maandverslag:

'De stemming was uitstekend, er stond een stevige pan soep klaar, de barak was klaar voor de ontvangst en maakte met de prima bedden en prachtige dekens een uitstekende indruk en nog dezelfde avond gingen de eerste berichten uit, dat het nog niet zo kwaad was in het nieuwe kamp.' [45]

Werner Bloch behoorde tot die eerste groep. Hij herinnerde zich later vooral de treurigheid van de plek waar hij terechtkwam:

'Des te verder we kwamen, des te eenzamer werd het. Op een gegeven moment zag je alleen nog maar heidevelden. Af en toe bosjes. En waar uiteindelijk het vluchtelingenkamp zou komen, was een enorm grote vlakte waar alleen hei en zand zich bevonden en wat erg troosteloos was.' [46]

Fred Schwarz kwam na het begin van de oorlog in Westerbork, in juli 1940. Ook hij werd niet echt vrolijk van de eerste aanblik:

'Een desolater, mistroostiger aanblik kan ik mij niet voorstellen. Er is wat wind die het zand opwoelt en een soort mist legt over een kaal, dor en droog landschap. Ik kan er niets van die veel bezongen schoonheid van de heide in terugvinden.'[47]

Het aantal vluchtelingen in het kamp Westerbork bleef aanvankelijk nogal beperkt, en groeide uiteindelijk tot ongeveer 1.100. Toen de Duitsers in mei 1940 Nederland binnenvielen hebben enige honderden Joodse kampbewoners geprobeerd een goed heenkomen te vinden. Hun trein strandde bij de opgeblazen spoorbrug in Zwolle. Ze keerden allen terug naar het kamp, om daar de gebeurtenissen af te wachten. Ze werden er vooralsnog met rust gelaten. Al was het een slecht voorteken dat er in het voorjaar van 1942 een grote hoeveelheid barakken werd bijgebouwd, waardoor er veel meer woonruimte ontstond dan die 1.100 vluchtelingen nodig hadden. Spoedig zou blijken waar die barakken voor bedoeld waren.

Adolf Hitler in 1938 in Wenen. Hij wordt begroet door de man die de rode loper voor hem heeft uitgelegd, Arthur Seyss-Inquart, de latere rijkscommissaris van Nederland.

Na de succesvolle bezetting van het Rijnland, waarbij hem niets in de weg was gelegd, kon Hitler verder werken aan de uitbouw van zijn rijk en aan de opbouw van zijn militaire potentieel. Het volgende doel was de opname van Oostenrijk in het Groot-Duitse Rijk, waarvoor in dat land veel steun bestond. Dat bleek mogelijk zonder militaire actie. Hitler ontwikkelde een agressieve vorm van diplomatie, die er eerst toe leidde dat de Oostenrijkse nazi's in de regering kwamen. Vervolgens werd kanselier Kurt von Schussnigg tot ontslag gedwongen. President Miklas benoemde daarop Arthur Seyss-Inquart tot bondskanselier, een overtuigd nazi, bekwaam jurist, geslepen tacticus en bovenal een hoogst ambitieus man. Een van zijn eerste acties als regeringsleider was het zenden van een telegram aan Adolf Hitler met het verzoek om orde en veiligheid te helpen bevorderen in het roerige Oostenrijk. Dat telegram was tevoren opgesteld, de Duitse troepen waren al in paraatheid gebracht en trokken nog dezelfde dag, 12 maart 1938, het buurland binnen. Hitler volgde direct en maakte een triomftocht door zijn geboorteland. Op 13 maart kondigde hij de aansluiting (*Anschluss*) aan van Oostenrijk bij het Duitse Rijk. De feestelijkheden van de nazi's ontaardden in een nietsontziende jacht op Joden, van wie er duizenden naar Tsjechoslowakije probeerden te vluchten. Maar de Tsjechische grens bleef dicht en de Oostenrijkse Joden werden op grote schaal mishandeld en vernederd.

Tsjechoslowakije zou Hitlers volgende prooi worden. Dit keer konden Engeland en Frankrijk niet langer de andere kant opkijken toen Hitler, in een sfeer van steeds heviger oorlogsdreiging, aankondigde het land te willen inlijven. Dat leidde tot een bijzondere topconferentie, eind september 1938, in München. Mussolini kwam ervoor uit Italië, premier Daladier uit Frankrijk en premier Chamberlain uit Engeland. Zij sloten een akkoord met Hitler dat voor Duitsland bijzonder gunstig was: Duitsland mocht Sudetenland annexeren, een strook grond aan de randen van Tsjechoslowakije, waar veel Duitsers woonden, waar de meeste natuurlijke hulpbronnen en de meeste industrie te vinden waren en waar bovendien het grootste deel van de Tsjechische landsverdediging was geconcentreerd. De Tsjechische regering was niet uitgenodigd voor München en werd het grote slachtoffer: het land bleef nagenoeg weerloos achter.

Duitsland had opnieuw heel hoog spel gespeeld, want het was onzeker of het militair wel in staat zou zijn geweest een confrontatie met de Tsjechen te winnen, als die gesteund zouden worden door Frankrijk en Engeland. De overeenkomst van München leidde dan ook tot grote opluchting bij de Duitsers, zeker bij Joseph Goebbels die in zijn dagboek noteerde:

'*We zijn over een dunne draad de afgrond overgestoken. Nu hebben we weer vaste grond onder de voeten. Het buitenland zwelgt van genot, het woord "vrede" is op ieders lip. De wereld is dronken van vreugde. Het prestige van Duitsland is enorm gegroeid, nu zijn we eindelijk weer een wereldmacht. Voor ons betekent dat: bewapenen, bewapenen en nog eens: bewapenen.*'[48]

Het resultaat van München leek louter positief: Chamberlain claimde in eigen land de wereldvrede te hebben gered ('*Peace in our time*'), Londen en Parijs stroomden vol met mensenmassa's die uitbundig reageerden op het voorkómen van een nieuwe oorlog. Duitse troepen wandelden ondertussen over een tapijt van bloemen het Sudetenland binnen (althans in de propaganda van de Duitse filmjournaals). De grote verliezer van München was Tsjechoslowakije, dat zich kon gaan voorbereiden op de eigen ondergang. Het zou nog een half jaar duren eer Praag door Duitse troepen werd bezet, en het Tsjechische grondgebied werd geannexeerd.

Volgende stap: Polen. Daaraan ging, in augustus 1939, een niet-aanvalsverdrag tussen Duitsland en de Sovjet-Unie vooraf. Die staat, in het Westen met afschuw bezien, werd algemeen beschouwd als een vijand van de 'kapitalistische' parlementaire democratieën, maar ook als de ideologische tegenpool en aartsvijand van het nationaal-socialisme. In de Spaanse Burgeroorlog had de Sovjet-Unie zich ook daadwerkelijk aan de zijde van de Volksfrontregering geschaard en zo onofficieel tegen Duistland gestreden. Het bondgenootschap met nazi-Duitsland kwam dan ook als een complete verrassing. Hitler voorkwam zo voorlopig dat hij op twee fronten oorlog zou moeten voeren. In de geheime bijlagen van het akkoord, het zogeheten Molotov-Ribbentroppact, was een verdeling van invloedssferen afgesproken. De Sovjets kregen onder meer Finland en het oosten van Polen toegewezen, Duitsland mocht zich ongestraft het westen van Polen, inclusief Warschau, toe-eigenen. Wat nog slechts ontbrak was een reden om de aanval te openen. Daartoe werd 'Operatie Himmler' op touw gezet. Duitse ss'ers in Poolse uniformen deden, op 31 augustus 1939, bij het grensplaatsje Gleiwitz een aanval op een Duits radiostation. De Duitse propaganda blies het op tot een inval van Polen in het Duitse Rijk, en Hitler deelde de volgende dag, op 1 september, de hele wereld mee dat hij uit zelfverdediging een militaire aanval op Polen moest ondernemen. Hitler zei onder andere:

'Polen heeft vannacht, voor de eerste keer, op ons eigen territorium, reguliere soldaten laten schieten. Sinds vijf uur vijfenveertig wordt nu teruggeschoten. En van nu af wordt bom met bom vergolden. Wie met gif strijdt wordt door gifgas bestreden. Wie zelf afstand neemt van de regels van humane oorlogsvoering, kan van ons niet anders verwachten dan dat we dezelfde stap nemen. Ik zal deze strijd tegen iedereen zo lang voeren, tot de veiligheid en de rechten van het Rijk verzekerd zijn.' [49]

Polen hield langer stand dan verwacht. De Duitsers bombardeerden Warschau dagenlang, maar het duurde tot 28 september voor de Polen capituleerden. Het conflict was inmiddels geëscaleerd. Frankrijk en Engeland verklaarden Duitsland de oorlog. De Tweede Wereldoorlog was daarmee formeel begonnen. Maar dat leidde niet tot direct militair ingrijpen van geallieerde zijde. Hitler kon voorlopig voortgaan.

In november stond al een aanval op West-Europa op het programma ('Operatie Fall Gelb'), maar die werd verscheidene keren uitgesteld en uiteindelijk over de winter heen getild. In april nam Hitler eerst nog Denemarken in en viel hij Noorwegen aan, dat vooral van belang was vanwege de aanvoerroutes van Zweeds ijzererts en als uitvalsbasis voor de Kriegsmarine.

Dan wordt het mei. Het is tijd voor de volgende fase in de Blitzkrieg.

OORLOG IN NEDERLAND

Kort voor de Duitse inval in Polen heeft Nederland vanwege de oplopende spanning in Europa zijn soldaten op scherp gezet. Er waren al wat waarschuwingstelegrammen naar de militairen gestuurd, maar op 28 augustus 1939 nam de regering het besluit voor een algehele mobilisatie. De volgende dag moest iedereen zijn post innemen. Het *Algemeen Handelsblad* berichtte dat op de achtentwintigste zo:

'De regeringspersdienst meldt: "Ten einde ten volle voorbereid te zijn op de plicht, welke op Nederland zou rusten om, in geval dat, tegen alle nog bestaande hoop in, een gewapend conflict in het buitenland mocht uitbreken, onze onzijdigheid naar alle zijden met alle ter beschikking staande middelen te handhaven, heeft de Regering gemeend niet langer te mogen wachten met het nemen van de uiterste voorzorgsmaatregel en is daarom thans het bevel gegeven tot mobilisatie van leger en vloot".' [50]

Duitse soldaten overschrijden op 10 mei 1940 de rijksgrens met Nederland,
sommige per trein, andere met de fiets, een enkeling zelfs met de pijp in de mond.

Dat betekende de paraatheid van in totaal 280.000 manschappen. Er was
in regeringskringen wel enige aarzeling aan voorafgegaan, want een paar
dagen eerder had de Duitse ambassadeur Zech von Burkensroda persoonlijk aan koningin Wilhelmina en minister van Buitenlandse Zaken
Van Kleffens een verklaring van Adolf Hitler voorgelezen, waarin het
Duitse staatshoofd meedeelde dat hij de Nederlandse neutraliteit zou
eerbiedigen. Gemakkelijk ging het allemaal niet, in die eerste mobilisa-
tiedagen. De uitrusting van al die troepen eiste een enorme krachtsin-
spanning. Voor hun vervoer waren paarden, auto's en fietsen nodig – die
werden gevorderd; voor hun huisvesting allerlei gebouwen, zoals scholen
en boerenschuren. Er waren te weinig kaarten, te weinig verrekijkers, de
gevorderde auto's moesten overgeschilderd en van nieuwe nummer-
platen worden voorzien.

Enkele dagen later brak inderdaad de wereldoorlog uit, op 1 september.
Nederland wachtte gespannen af, de 280.000 gemobiliseerden wel het
meest. Wachten op een aanval, die almaar uitblijft – dat was hun lot. Het
wachten duurde tot 10 mei 1940, een vrijdag met stralend weer. Dan komen ze, de Duitsers. Ambassadeur Zech von Burkensroda, geen doorge-

winterde nazi, heeft tranen in zijn ogen als hij minister Van Kleffens een soort oorlogsverklaring voorleest. Het is het letterlijke instructietelegram dat hij van zijn minister heeft doorgekregen. Het luidt:

'*Mededeling doen van inzetten van geweldige Duitse troepenmacht. Elk verzet volledig zinloos. Duitsland garandeert Europese en buiten-Europese bezittingen en de dynastie, indien elk verzet achterwege blijft. Anders gevaar van volledige vernietiging van het land en het staatsbestel. Daarom dringend eisen oproep volk en strijdkrachten en eisen opnemen contact met Duitse militaire commandanten.*
Motivering: wij hebben onweerlegbare bewijzen van een onmiddellijk dreigende inval van Frankrijk en Engeland in België, Nederland, Luxemburg, die met medeweten van Nederland en België sinds lang is voorbereid. Doel: oprukken naar Roergebied.'[51]

Volgens Van Kleffens komt de ambassadeur door de emoties niet uit zijn woorden, en neemt hij hem zelf het papiertje maar uit handen. De boodschap is duidelijk.

De invasie in Nederland paste in een veel groter Duits aanvalsplan, was daar eigenlijk maar een beperkt onderdeel van. Dat was vooral gericht op Frankrijk. Duitsland wilde de flank gedekt houden en Nederland bezetten om te voorkomen dat de Engelsen er een invasieleger aan wal zouden zetten en daarmee de Duitsers in de rug zouden aanvallen. Het was daarom de bedoeling dat de Duitsers snel opschoten. Ze richtten hun aanval door de lucht op de Vesting Holland, het gebied van de grote steden in het westen. Daar wilden ze parachutisten neerlaten en de vliegvelden bezetten. En, zoals de legertop al geruime tijd had zien aankomen, de belangrijkste aanval was gericht op Noord-Brabant. Door die provincie moesten de troepen deels verder trekken naar Breda, om een eventuele tegenaanval vanuit België af te weren (tevens de eerste stappen van de verdere opmars naar het zuiden), deels naar Moerdijk en vandaar, langs de zuidelijke route dus, naar Rotterdam, Den Haag en Amsterdam. En ze wisten dat de grens aan de zuidoostkant niet sterk verdedigd was.

Het Nederlandse leger moest in het zuiden van het land vertrouwen op de houdbaarheid van de Peel-Raamstelling. Om die meer kracht te geven was speciaal het Peelkanaal gegraven. Dat was in mei 1940 juist gereedgekomen. De soldaten hoopten deze linie goed te kunnen verdedigen vanuit kazematten, kleine betonnen bunkers van waaruit je de vijand kon beschieten. Van het grootste belang in deze stelling was de spoorbrug bij Gennep. Die was ondermijnd, en kon bij onraad direct worden opge-

Met deze trein vielen Duitse soldaten Nederland binnen.
Pas bij het dorpje Mill liep het gevaarte uit de rails.

blazen, om te voorkomen dat de Duitsers per trein ons land zouden binnenkomen.

Maar juist daar ging het mis. Want ondanks alle voorzorgsmaatregelen
reed hier op 10 mei, iets na vier uur 's ochtends, een Duitse pantsertrein
overheen, dwars door de Peel-Raamstelling. Drieëntwintig wagons telde
de trein, volgestouwd met wapens, munitie en manschappen van het derde bataljon van het 481e Infanterieregiment, onder bevel van majoor
Schenk. Aan deze in zijn eenvoud verbluffende stunt – een land binnen-
vallen met de trein – was een listige truc voorafgegaan. De Duitsers kregen de spoorbrug in handen met behulp van drie NSB'ers, van de groep
Sport en Spel. Ze hadden Nederlandse marechaussee-uniformen aan en
ze hadden ook een aantal Duitse soldaten aan Nederlandse uniformen
geholpen. Deze groep overviel de wachtpost bij de spoorbrug, die net de
opdracht had gekregen om de brug op te blazen. Een van de NSB'ers, Van
Haalem verklaarde daar later over:

*'Bij de brug aangekomen zag ik dat er vier Nederlandse soldaten op post
stonden. Ik zag dat een van deze soldaten naar een houten huisje liep dat
naast de brug stond en zag door de ruiten dat hij naar een telefoontoestel
liep. Op hetzelfde ogenblik kwamen de drie overige Nederlanders op ons
toe met het geweer in de aanslag, met een bajonet erop. Tegen mij namen
ze de houding aan, en terstond werden ze door de Duitsers overrompeld en
ontwapend.'*[52]

Daarop riepen de verklede NSB'ers via de radioverbindingen om dat er een aantal Duitse krijgsgevangenen over de brug zou worden geleid, die met rust gelaten moesten worden. In werkelijkheid gingen die Duitsers de brug op om het hek te openen dat de spoorbrug voor treinen afsloot. Op dat moment naderde al de Duitse pantsertrein. De wacht midden op de spoorbrug dacht dat het een Nederlandse trein was en wachtte af. Toen de trein vlakbij was zag hij Duitse geweren op zich gericht en gaf hij zich over. En daarmee kon niets de pantsertrein weerhouden, hij rolde voort en voort, kilometers ver, dwars door de Peel-Raamstelling, en kwam pas tot stilstand, een kilometer of drie ten westen van het dorpje Mill.

Daar wordt het écht oorlog. Met als eerste slachtoffer... de pantsertrein. Nederlandse soldaten hebben de brug alsnog versperd met ijzeren balken en bij het rangeren en terugrijden loopt de trein uit het spoor, de wagons rollen onder donderend geraas van de spoordijk. De Duitsers veroveren aan de zuidkant van de spoorlijn twee kazematten en raken van daaruit in gevecht met Nederlandse troepen aan de noordkant. Er ontstaat een hevig vuurgevecht. Eerste luitenant De Kruif schrijft er later over:

'We zitten met twintig man en een zware mitrailleur in de stelling. Om ongeveer 09.30 uur werd de dienstplichtige Van Gorkum achter de mitrailleur weggeschoten. Een ander vervangt hem nog een tijdje, maar om 10.00 uur weigert ook dit wapen. De herstellers durven niet meer op die ellendige knobbel te klimmen en de toestand wordt vrijwel hopeloos. Even later staan de Duitsers op de dekking: "Raus!!" Dit bevel wordt met handgranaten kracht bijgezet. Als we eruit komen heeft Alting du Cloux een scherf in het voorhoofd en bloedt ontzettend.'[53]

Op andere plekken in de buurt houden de Nederlanders wel stand. Kanonnen uit 1880 (!) dwingen de Duitsers bij het dorpje Zeeland tot een terugtocht. En bij Volkel vecht zelfs het personeel van de veldkeuken fanatiek mee om de vijand terug te dringen. Sergeant-menagemeester Henkelman noteert in zijn gevechtsrapport:

'We werden beschoten. Het paard van de keukenwagen werd geraakt en sloeg op hol. Naar ik meen greep Prins het paard en bracht het terug naar de keuken. Van zes tot acht uur hebben we toen vuur afgegeven met de geweren. De aanval is afgeslagen.'[54]

De Duitsers hebben haast, ze willen snel naar de Moerdijk en roepen de luchtmacht te hulp. 's Avonds om tien voor half zeven begint een luchtbombardement op de Nederlandse stellingen. Gemeentesecretaris De Becker van Mill schrijft een ooggetuigeverslag:

'En daar begon de hel los te barsten. Over onze hoofden draaiden de duikbommenwerpers, die een afgrijselijk lawaai maakten en met de regelmaat van een klok hun bommen tussen de spoorbaan en bruggen lieten neerkomen. Grote zware stofwolken, oplaaiende vuurmassa's, duivels geluid, begeleid door scherpe knallen van pantsergeschut, de klap van handgranaten en kanongebulder. Geen pen is in staat de ellende te beschrijven.'[55]

De Nederlandse troepen hebben geen afweergeschut en zijn dus kansloos. Ze geven zich één voor één over, maar pas de volgende ochtend, om kwart voor negen, hebben de Duitse troepen Mill helemaal onder controle. Rond Mill zijn tweeëndertig Nederlandse militairen gesneuveld en negen burgers, maar de Duitsers verloren wel vijfhonderd man.

Toen de Peel-Raamstelling eenmaal was doorbroken kwamen Duitse tanks massaal aangerold, ze reden richting Moerdijkbrug, waar ze de volgende dag om kwart voor vijf aankwamen. Ze waren precies op tijd om met de daar geparachuteerde troepen mee te doen aan de opmars naar Rotterdam. Na enig oponthoud in Dordrecht, waar een paar tanks door Nederlands vuur werden uitgeschakeld, konden ze in de nacht van 13 op 14 mei het laatste stuk richting Rotterdam afleggen.

Hier was inmiddels een patstelling bereikt: de Duitse commandanten vreesden veel verliezen als ze de stad met tanks en in straatgevechten moesten veroveren. De Nederlandse commandanten zagen nog geen reden tot overgave. Maar de Duitse legertop én de politieke top in Berlijn hadden haast. Manschappen en middelen waren nodig in de veel belangrijker aanval op Frankrijk, ook de 9e Panzerdivision, die nu nog aan Nederland gebonden was. Dat kostte allemaal veel te veel tijd, Nederland moest zo snel mogelijk capituleren, de troepen moesten verder, naar het zuiden. Herman Göring, opperbevelhebber van de Luftwaffe, eiste een grootscheeps bombardement op Rotterdam, een *Radikallösung*, een radicale oplossing. Hij mocht zich gesteund weten door de allerhoogste bevelhebber, Adolf Hitler zelf. Die had op 14 mei in een aanwijzing ('*Weisung nummer 11*') laten weten dat het nu snel afgelopen moest zijn met de Nederlandse tegenstand:

'Politieke én militaire overwegingen vereisen deze weerstand op korte termijn te breken.'[56]

Die luchtaanval, die zou er komen. De hoogste lokale Duitse commandant, Rudolf Schmidt, zag meer in een beperkte luchtoperatie, ter ondersteuning van zijn pogingen de Vesting Holland te veroveren. Op de grond waren intussen, op de ochtend van 14 mei, onderhandelingen over een eventuele Nederlandse capitulatie in volle gang, boodschappers liepen af en aan. De vliegtuigen die de aanval zouden moeten gaan uitvoeren, onderdeel van Kampfgeschwader 54, waren allemaal Heinkels, van het type He-111. De bemanning kreeg 's ochtends opdracht om de radio zo lang mogelijk aan te houden, want er zou op het laatste moment nog een nieuwe instructie kunnen komen. Het ging om negentig toestellen. Ze vertrokken die dinsdag om kwart voor twaalf van de vliegvelden Münster, Delmenhorst en Quackenbruck. Ze moesten om ongeveer tien voor half twee boven Rotterdam zijn.

Intussen leek er werkelijk een Nederlandse capitulatie in de pijplijn te zitten. Die aanwijzing werd rond het middaguur zo concreet, dat commandant Rudolf Schmidt om twaalf uur 's middags het bevel gaf het bombardement uit te stellen. Hij deed dat via een intern radiobericht aan de vliegtuigen:

'Bomaanval op Rotterdam wegens onderhandelingen over overgave opgeschort. Meld wanneer u gereed bent voor een nieuwe start.'[57]

Maar dat bericht kwam te laat. De Heinkels die de grens met Nederland al waren gepasseerd, waren via de radio al niet meer te bereiken. Het enige wat de aanval nog zou kunnen tegenhouden was het afschieten van rode lichtkogels boven de stad, bij wijze van waarschuwingssignaal. Toen hij om kwart over een de Heinkels zag naderen gaf commandant Schmidt onmiddellijk bevel lichtkogels af te schieten. Hij was al bang dat dat geen effect meer zou hebben, dat de piloten die niet meer zouden zien. *'Um Gottes Willen, das gibt eine Katastrophe,'* riep de Duitse commandant wanhopig uit.

Het wérd een catastrofe, al pakte die iets kleiner uit dan had gekund. Een deel van de vliegtuigen, onder leiding van *Oberstleutnant* Otto Höhne, kwam vanuit het zuiden en werd wél op tijd gewaarschuwd, de commandant had de lichtkogels op tijd gezien, zijn zesendertig toestellen zwenkten af en hielden hun bommenlast aan boord.

De piloten van de vierenvijftig vliegtuigen die uit het oosten kwamen, onder bevel van Oberst Wilhelm Lachner, zagen de lichtkogels niet en voerden hun opdracht uit. Ze lieten ruim 1300 bommen vallen op de Rotterdamse binnenstad.

De gevolgen waren vernietigend: de bommen brachten onnoemelijk veel menselijk leed teweeg en heel veel schade. Maar minstens zo erg was de brand die het centrum van Rotterdam trof. Bij een van de eerste bominslagen was een hoofdbuis van de waterleiding op de Honingerdijk getroffen. Twee minuten na het bombardement was daardoor de watervoorziening vrijwel geheel uitgevallen. De Rotterdamse brandweer, toch al niet erg modern uitgerust, stond machteloos. De brand was niet te stuiten. Bijna 800 doden vielen er als gevolg van bommen en brand; tegen de 78.000 Rotterdammers werden dakloos omdat er bijna 25.000 woningen werden verwoest. Bijna 2.400 winkels waren weggevaagd of zwaar beschadigd, bijna 1.500 kantoren, meer dan 1.200 fabrieken en werkplaatsen, 526 cafés en eethuizen, 256 pensions en kosthuizen, 184 garages, 69 scholen, 26 hotels, 21 kerken, 12 bioscopen, 4 ziekenhuizen, 4 stationsgebouwen, 2 theaters en 2 musea – de opsomming komt uit Aad Wagenaars boek *Rotterdam, Mei 1940*.

Wagenaar citeert in dat boek ook een vrouw die overdag naar de Kralingerhout was gevlucht en 's avonds deze woorden in haar dagboek noteerde:

> *'Wat ik toen zag was zo ontzettend dat ik moest blijven kijken, nog eens kijken om alles in mij op te nemen. De stad en Kralingen leken een halve cirkel van vuur, die zich weerspiegelde in de Kralingerplas. Een vuurgloed, zo groot als ik nooit meer hoop te zien. Zo moet Jeruzalem er hebben uitgezien tijdens de dagen van veldheer Titus en ook Rome tijdens keizer Nero, Moskou tijdens Napoleon...'*[58]

Er zijn meer Rotterdammers die de tegenwoordigheid van geest hadden hun belevenissen bij te houden in hun dagboek. Een twintigjarige studente schreef:

> *'Marietje en ik slapen bij Tante. Ik slaap op de grond. De gordijnen zijn open en de vuurgloed dringt tot hier door en werpt een akelig flikkerend licht naar binnen. We horen allerlei ellendige geluiden van instortingen, vallende muren en balken, knetterende vlammen. Het stormt en er is geen water! Wat moet er van de stad overblijven?'*[59]

Die bezorgdheid, die angst om de familie en vrienden, en die totale chaos verlamden de 600.000 inwoners van Rotterdam. De stad was voluit getroffen door de catastrofe die de Duitse commandant Schmidt voorvoelde toen hij de Heinkels zag naderen. De studente schreef verder:

'Alles draait in onze hoofden rond. Het lijkt zo onwezenlijk. Hebben we dat alles zo kort geleden zelf wel meegemaakt? Liggen we nu heus bij Oma en is ons huis met alles wat er in is werkelijk helemaal weg? Het duurt lang voor we allemaal slapen, maar eindelijk krijgt de moeheid toch de overhand. En Rotterdam brandt verder.'[60]

Voor de slachtoffers en hun nabestaanden is het niet van overwegend belang, maar het is decennialang een klemmende vraag geweest: was de aanval op Rotterdam een terreurbombardement of niet? Voor het antwoord op die vraag is het, volgens de regels van het oorlogsrecht, van wezenlijk belang of Rotterdam een open of een verdedigde stad was. Dat laatste was het geval, Rotterdam werd verdedigd, hoe inadequaat dan ook. Niet toevallig lieten de Duitse commandanten snel foto's maken van de Nederlandse stellingen om daar later bewijzen van te hebben. Volgens de internationale regels van de oorlog mocht een stad in dat geval worden aangevallen. Militair historici trekken dan ook de conclusie:

'Een terreurbombardement in de zin dat de burgerbevolking als zodanig het doelwit vormde, was het bombardement niet en evenmin een ondubbelzinnige overtreding van het geldende oorlogsrecht.'[61]

Terreurbombardement of niet, vanuit Duits perspectief was het in ieder geval buitengewoon effectief. Plaatselijk commandant Scharroo trok de consequentie – hij besloot onmiddellijk de strijd in Rotterdam te staken. Het zuidfront van de Vesting Holland was daarmee definitief gevallen, maar het had de Duitsers wel veel gekost. Van de meer dan 7.000 man die tussen Rotterdam en Moerdijk waren geland zijn er 1.750 uitgeschakeld – gedood, gewond of krijgsgevangen gemaakt.

En daarmee was de capitulatie van Nederland als geheel ook onafwendbaar geworden.

Weliswaar was de parachutistenaanval op Den Haag geen Duits succes geweest, maar overal elders verliep de strijd sterk in het nadeel van Nederland. Al in de nacht van 12 op 13 mei vroeg de legerleiding zich af of verder vechten nog zin had. Het Veldleger had zich na enkele dagen van hevige gevechten vanaf de 13e 's avonds van de Grebbelinie moeten terugtrekken en de Duitsers voerden de druk verder op door te dreigen met een volgend bombardement, nu van Utrecht.

Op 15 mei zaten in een schooltje in Rijsoord, vlak bij Rotterdam, tegenover elkaar: generaal George von Küchler, namens Duitsland, en generaal Henri Winkelman, namens Nederland, beiden met hun medewerkers. De Duitse generaal Fedor von Bock had er ook bij willen zijn, maar hij kwam te laat. Veel maakte dat niet uit. Binnen twee uur was de capitulatie-overeenkomst, vertaald en wel, een feit. Het papier werd op 15 mei om kwart over tien ondertekend.

Nederland was een bezet land. Over wat dat zou gaan betekenen tastte iedereen nog in het duister.

WEER COMPIÈGNE

In de Duitse Blitzkrieg was Nederland maar een detail, een oponthoud van een paar dagen. Het ging om aartsvijand Frankrijk. Ook daar verliepen de operaties boven verwachting. Het Franse front brak al op 13 mei bij Sedan, en na een kort oponthoud stonden de Duitse troepen al op 20 mei aan het Kanaal, veel eerder dan in de meest optimistische schattingen was gedacht. België capituleerde op 28 mei, in Frankrijk ging de strijd door met de uitvoering van 'Operatie Fall Rot', het plan om geheel Frankrijk te bezetten. Daartoe was het veroveren van Parijs essentieel. Op 9 juni vielen de Duitse pantserdivisies ten oosten van Parijs massaal aan. In het hevige gevecht dat daar ontstond moesten de Fransen steeds meer gaten in hun verdediging laten vallen. De capitulatie volgde op 25 juni.

Adolf Hitler koos voor een bijzondere plechtigheid. Hij liet de Fransen hun overgave tekenen op dezelfde plek waar zij in 1918 de Duitsers hadden vernederd, in het bos van Compiègne, in dezelfde treinwagon. Hij kwam er zelf voor naar Frankrijk, en op archieffilm is te zien dat hij in een voortreffelijke stemming was, hij leek zelfs een vreugdesprongetje te maken. Alvorens hij een triomftocht door Parijs ging maken genoot hij van de wraak op de Fransen. En dat was niet onbegrijpelijk. Slechts 22 jaar na de vernedering van Duitsland had hij de zaken niet alleen rechtgetrokken, maar zelfs helemaal in Duits voordeel herschikt. Half Europa had hij al veroverd, de erfvijand Frankrijk lag machteloos aan zijn voeten, en achter hem stond een natie vol zelfvertrouwen.

Adolf Hitler was de machtigste man van het continent, in Compiègne genoot hij van zijn ongekende succes.

2 Verder onder vreemd gezag

Nederland was dizzy, die meimaand. Diep geschokt dat het onvoorstelbare toch was gebeurd. Het land was overvallen en bezet, had een nieuwe heerser, en vrijwel iedereen was diep bezorgd over de vraag hoe het verder moest. In het eerste deel van zijn televisieserie *De Bezetting* voerde L. de Jong in 1960 als ooggetuige dominee J. J. Buskes op, een man van gezag, een man met een snik in zijn bronzen stem, die vertelde welk tafereel hij in de verwoeste straten van Rotterdam had aangetroffen, die meidagen. Zijn woorden zijn uitgegroeid tot een icoon van de oorlogsherdenking in Nederland:

> *'De binnenstad van Rotterdam was totaal verlaten, troosteloos was het om aan te zien, en afschuwelijk om door de lege, brandende straten te rijden. Daar stond midden in die straat één man, één mens, die niemand zag, maar die toen ik passeerde daar stond met gebalde vuist en die maar één ding herhaalde: ik neem het niet, ik neem het niet!'*[1]

Die woede is er geweest, en bij velen ook heel lang gebleven. Maar naast de woede was er toch ook het besef dat het leven zou doorgaan en dat het weinig zin had om in de puinhopen langdurig treurend voor je uit te gaan zitten kijken. Stemming en gevoelens wisselden sterk. En bij velen was er ook een groot verschil tussen stemming en feitelijk gedrag. Wat te doen? Zoveel mogelijk gewoon doorleven? Actief de problemen proberen te lijf gaan?

Rotterdam kwam in ieder geval snel in actie. Op vrijdag 17 mei, precies een week na het bombardement en één dag nadat de hevigste branden waren uitgewoed, was de eerste bijeenkomst over de wederopbouw al een feit. Mr. K. van der Mandele, voorzitter van de Rotterdamse Kamer van Koophandel, was gastheer – de bijeenkomst was bij hem in de achtertuin in Kralingen. Burgemeester P. J. Oud was er ook, met een paar wethouders en enige hoge ambtenaren. De burgemeester kreeg van alle

De bommen en de brand hebben van het centrum
van Rotterdam één grote ruïne gemaakt. Duizenden arbeiders
werken in 'de puin' om het herstel mogelijk te maken.

aanwezigen een beschrijving te horen van wat zij aan schade hadden
waargenomen. Schattingen van het aantal slachtoffers waren toen nog
onmogelijk, schattingen van de totale schade eveneens. Maar aan het eind
van de vergadering werd er wel serieus gesproken over reconstructie, wederopbouw. De ook aanwezige directeur van de gemeentelijke Technische Dienst, Willem Witteveen, accepteerde de opdracht om de eerste
schets te maken voor een plan voor een nieuwe binnenstad.[2] Zijn zoon,
de latere minister van Financiën dr. Johan Witteveen, zei in 2006 over de
opdracht aan zijn vader:

> 'Nou, het was natuurlijk een ramp, maar ik denk dat hij ook wel gedacht
> heeft: dit is een gelegenheid om er een prachtige stad van te maken. Om een
> heleboel problemen van die oude stad op te lossen.'[3]

Witteveen heeft uiteindelijk zijn ideaal – de stad voor een deel in oude stijl herbouwen en daarmee haar oude karakter behouden – niet kunnen uitvoeren. Er kwam te veel tegenstand tegen zijn opvattingen, ook van de Rotterdamse ondernemers die een zakelijk, modern ontwerp wilden. Zij hebben uiteindelijk hun zin gekregen, Witteveen raakte in 1944 overspannen en moest zijn opdracht teruggeven. Na de oorlog mocht de nieuwe stadsarchitect Cornelis van Traa het moderne Rotterdam vormgeven.

Maar voor die tijd moest er, vanaf mei 1940, eerst iets anders gebeuren: het puin moest weg. Duizenden mannen werden ingezet om die onafzienbare klus te klaren. Zij bonden de strijd aan met vijf miljoen kubieke meter puin. Zonder geschikte apparatuur, die was er niet. Een van de vele mensen die hun brood moesten verdienen in wat in Rotterdam 'de puin' ging heten, is S. Vogelzang. Hij was zestien jaar en kostwinner, want zijn vader bevond zich op zee en was na de bezetting van zijn gezin afgesneden. Vogelzang herinnert zich:

'Het was vuil, stoffig en je werkte de hele dag in een verschrikkelijke stank. Panden afbreken, muren slopen. Dat ging allemaal met de hand. Of met touwen. Dan stond je met een man of zes te trekken en dan trok je het zo ondersteboven'.[4]

De kolossale hoeveelheid puin maakte een diepe indruk op iedereen die er getuige van was. Een scholier uit Den Haag schreef in augustus een ooggetuigenverslag van wat hij die dag had meegemaakt toen hij een tripje naar Rotterdam had gemaakt. Hij stuurde zijn bericht aan een oud-leraar, in een brief:

'... vervolgens wandelt men langs puin, puin en nog eens puin. Spookachtig staat hier en daar het uitgebrande overblijfsel van een groot pakhuis of magazijn. Vrachtauto's rijden af en aan, tot berstens toe volgeladen met puin. Men "eet" stof. Stof zit op je schoenen. Stof waait op achter auto's. Stof kleeft op de gezichten van de puinruimers. Speciaal kan ik u aanraden eens langs de Wijnhaven te lopen. Men loopt dan door een straat van puin. Mijn raad luidt voor ieder die een daadwerkelijk oorlogssouvenir in zijn hart wil bewaren: "Ga niet morgen naar Rotterdam als ge nog heden kunt!"'[5]

Jaren heeft het geduurd voor het Rotterdamse puin was opgeruimd. Maar dat lag aan de hoeveelheid, niet aan de voortvarendheid waarmee Nederland de wederopbouw aanpakte. Verantwoordelijk was de op 18 mei benoemde Regeringscommissaris voor de Wederopbouw dr. ir. J. A. Ringers. Hij was aangezocht door generaal Winkelman, en 'belast met het herstel van het verkeerswezen, de drooglegging van onderwaterzettingen, de wederopbouw van steden, dorpen en gebouwen en al hetgeen daarmede samenhangt', zo stond het in besluit 1 Wederopbouw, 18 mei 1940. Ringers maakte vaart, om de gedupeerden onderdak te bieden, maar ook om bemoeienis van de bezetter voor te zijn. Voor er sprake was van enige Duitse inmenging gaf hij op 30 mei 1940 al toestemming voor sloopwerkzaamheden. Eind mei formuleerde hij in een lange brief aan de Nederlandse burgemeesters al een overzicht van wat er inmiddels bereikt was: de onder water gezette gebieden waren weer droog, veel scheepvaartverbindingen waren hersteld en het opruimen van versperringen zoals in de Waal, de IJssel en de Nederrijn had 'goede voortgang'. De wegen voor auto- en fietsverkeer waren grotendeels hersteld, maar veel bruggen nog niet.[6]

RHENEN

In verwoest Rotterdam lag, vanzelfsprekend, verreweg de grootste puinhoop van Nederland. Maar ook andere delen van het land hadden het zwaar te verduren gehad. Rhenen bijvoorbeeld, de gemeente op de grens van Utrecht en Gelderland, waar rond de Grebbeberg hevig slag geleverd was. Slachtoffers vielen er niet in het stadje. De bewoners waren gedurende de slag om de Grebbeberg geëvacueerd. Met kolenschuiten waren ze naar nabijgelegen plaatsen gebracht. Toen ze op 18 mei terugkeerden deden ze twee ontdekkingen: nagenoeg het hele stadje lag in puin (in de zware beschietingen waren 162 woningen verwoest en ongeveer duizend min of meer zwaar beschadigd). Maar hét herkenningspunt van Rhenen, de Cuneratoren (late gotiek, gebouwd in het begin van de zestiende eeuw), was vrijwel heel gebleven en stond nog fier overeind.

Net als Rotterdam ging Rhenen direct aan de slag met het puinruimen. Alle tweehonderd werklozen van het stadje werden ingeschakeld, voor 28 cent per uur, maar er werden ook Amsterdammers ingezet. Pas in augustus 1941 was al het puin weg. Ook in Rhenen boden de vernielingen de mogelijkheid om het nogal in het slop geraakte stadje weer een nieuwe economische impuls te geven. De plannen uit 1940 bevatten allerlei suggesties voor verbeteringen: een haven en een industrieterrein en bovendien moest Rhenen aantrekkelijker worden voor toerisme. Dat laatste lukte sowieso al: menig Nederlands gezin pakte de fiets en ging kijken hoe Rhenen erbij lag. Hotel Grebbeberg, grotendeels vernield, improviseerde die zomer een terras met stoeltjes en bediende vanuit een houten barak. Het leven ging door. De bouw van nieuwe huizen kwam, met de volledige goedkeuring van de bezetter, snel op gang, in de loop van 1942 hadden alle Rhenenaren weer een dak boven hun hoofd, en voor velen was dat een gloednieuw dak.

Er hadden zich in Rhenen bij het uitbreken van de gevechten nog meer bijzondere taferelen voorgedaan. Op de Grebbeberg lag ook toen al Ouwehands Dierenpark. Bij de nadering van de Duitse troepen besloot directeur Cor Ouwehand dat het park moest worden ontruimd en dat de dieren zouden worden geëvacueerd. Ten aanzien van de wilde dieren was wegvoeren geen reële optie. Ze moesten worden gedood, maar Ouwehand vertrouwde dat niet toe aan het Nederlandse leger. Hij deed het zelf, zo liet hij na de oorlog noteren:

'Onder het geronk van de nog altijd overvliegende Duitse machines, begeleid door het donderende afweervuur, maak ik de zware gang langs de roofdierenverblijven, mijn zenuwen zo goed mogelijk beheersend om de dieren niet nodeloos te doen lijden. Een voor een vallen mijn leeuwen, tijgers en beren...'[7]

Rhenen ligt in puin, maar het leven gaat door. In juni is er alweer een bruiloft in het zwaar verwoeste stadje, waar de Cuneratoren nog fier overeind staat.

Ouwehand kon het niet over zijn hart verkrijgen ijsbeermoeder Maxie, die net twee jongen had geworpen, neer te schieten. Hij liet haar achter, met enig voedsel. Toen hij op 15 mei de zwaar beschadigde dierentuin weer betrad, zag hij tot zijn grote vreugde dat Maxie en haar jongen de slag om de Grebbeberg hadden overleefd. Zij vormden de trots van het park, dat in 1942 weer openging en tijdens de oorlog opmerkelijk veel publiek trok.

Drie dagen na de terugkeer van de Rhenense bevolking was er alwéér van alles te doen in het stadje. Op 21 mei 1940 herdachten de Duitsers er hun eigen gevallenen, die op het plaatselijke kerkhof op de Grebbeberg waren begraven. Het waren er 425. De Duitse officier Von der Decken voerde er het woord:

'Wij gedenken met droefheid de mannen, die hier een week geleden hun leven hebben gelaten, doch wij zijn trots te behoren tot de weermacht, waartoe zij behoorden. De jonge Duitse weermacht heeft niet alleen de eeuwenoude tradities voortgezet, doch zij is bovendien bezield met de voortstuwende geest, die het Derde Rijk eigen is.'[8]

Deze tekst troffen de lezers van het *Nieuws van de Dag* de volgende dag in hun krant aan. De voortstuwende geest van het Derde Rijk – die moest nu bezit van Nederland gaan nemen. Von der Decken liet het daar niet bij. Hij toonde zich, zoals het een militair betaamt, een overwinnaar van statuur door zijn respect te betuigen voor de verslagen tegenstander. Hij voegde aan zijn woorden toe:

'Wij gedenken ook de tegenstander, hem was bevolen te strijden, dus streed hij, dapper en ridderlijk. Hij heeft zijn stelling zolang behouden tot dit eenvoudig niet meer mogelijk was. Dit betekent tegenover de Duitse weermacht geen schande.'[9]

Alle kranten berichtten over de plechtigheid op de Grebbeberg. En ook de bioscoopbezoeker kon er kennis van nemen, want het Polygoon Nieuws was eveneens aanwezig. Het bracht een eerbiedige reportage met kransleggingen, rijen vers gedolven graven met soldatenhelmen en aan het eind een Rode Kruiszuster die bij een graf een plantje in de grond zette.

In het *Nieuws van de Dag*, maar ook in de meeste andere kranten valt de vriendelijke toon op ten aanzien van de Duitsers. Dat was deels de eigen keuze van de redacties, maar het had ook veel te maken met de greep van de bezetter op de pers, eigenlijk al vanaf het begin. Op 15 mei, onmiddellijk na de capitulatie, kreeg ANP-directeur H. van de Pol 's middags al Duits bezoek. De tweede man van het Deutsches Nachrichtenburo, Schmidt, kwam hem vertellen dat hij voortaan alleen nog maar berichten van dat Duitse persbureau mocht doorgeven. En de volgende ochtend kreeg hij van een vertegenwoordiger van het Reichspropagandaministerium, A. Hushahn, te horen dat hij alle 23 Joodse medewerkers moest ontslaan en de contracten met de persbureaus Havas en Reuter moest opzeggen. De telexverbindingen met die organisaties moest hij onmiddellijk verbreken.[10] Daarmee waren de Nederlandse kranten afgesloten van andere buitenlandse bronnen dan het officiële Duitse bureau, dat onder strakke controle stond van het regime.

Voor het binnenlandse nieuws golden andere regels, die bekend werden op 16 mei. Die dag hield het hoofd van de *Presse-abteilung* van de Duitse ambassade in Den Haag, Willy Janke, een persconferentie met als belangrijkste mededeling dat de Nederlandse pers niet belemmerd zou worden in haar activiteiten, behalve wanneer deze in strijd zouden zijn met de belangen van Duitsland. De kranten waren dus gewaarschuwd. Er kwam géén censuur vooraf, maar de bezetter ging ervan uit dat de kranten zich loyaal zouden gedragen. En de Presse-abteilung ging heel nauwgezet volgen of de kranten zich wel aan die regels hielden. In de tweede helft van 1940 werkten er al dertig man op deze afdeling, van wie er tien de functie van 'lector' hadden: ze moesten de hele dag kranten lezen om te beoordelen of die wel loyaal aan Duitsland waren. Daarnaast fungeerde het bureau van Willy Janke ook als voorlichtingsafdeling van Seyss-Inquart, de rijkscommissaris, de nieuwe sterke man in Nederland. Maatregelen die werden genomen, op de zogeheten *Chefsitzungen* of tijdens *Dienstbesprechungen* van het Rijkscommissariaat, konden direct worden omgezet in instructies voor de dagbladen. Dat deed Janke zelf, in overleg met *Generalkommissar* Fritz Schmidt, de man die door Seyss-Inquart belast was met het beïnvloeden van de publieke opinie in Nederland. De manier waarop was uitermate modern: Janke hield elke dag een persconferentie. Vaak nodigde hij daarvoor een gastspreker uit. Dat konden militaire woordvoerders zijn, maar ook Nederlandse en Duitse diensthoofden die op hun beleidsterrein een toelichting gaven. Janke zelf besprak vooral de binnenlandse situatie, kondigde maatregelen aan, lichtte die toe en ging ook inhoudelijk in op artikelen die waren verschenen. Hij deelde berispingen uit over stukken die hem niet bevallen waren, en prees de stukken die hij positief beoordeeld had. Vaak gaf hij gedetailleerde aanwijzingen en wenken ten aanzien van onderwerpen waar de krant aandacht aan moest schenken of waar de journalistiek juist nadrukkelijk níét over mocht schrijven.

De meeste kranten stuurden dagelijks een redacteur naar de persconferentie van Janke: niet alleen omdat er nieuws was te halen, maar vooral ook om niet in ongenade te vallen. De aanwezige journalisten slikten niet alles wat Janke hun oplepelde. Zo had hij een pasklaar artikel met foto's in de aanbieding, toen er in oktober 1940 Engelse bommen waren afgeworpen boven Haarlem. De aanwezigen protesteerden daartegen, ze wilden zelf de stukken schrijven. Janke veranderde daarom in dit geval de instructie: elke krant mocht zijn eigen stuk maken, op voorwaarde dat het een uitgesproken anti-Engelse strekking, of althans geen anti-Duitse strekking zou hebben. En zo gebeurde het.

Sommige lezers hadden al heel snel in de gaten dat hun krant aanzienlijk van inhoud en toon veranderd was. De schrijfster Ida Boudier-Bakker, die in Utrecht woonde, hield de hele oorlog een dagboek bij. Ze schreef op 19 mei, vier dagen dus nadat het nieuwe persbeleid was ingegaan:

'De Duitse bezetting is zeer soepel en correct. Maar we gaan een toekomst tegemoet van volslagen verarming. Arme Belgen, die nog strijden. Van 't raadhuis in Antwerpen waait de Duitse vlag. De Duitsers hebben Brussel, schijnt het. Maar de kranten zijn zodanig onder censuur, dat ze het lezen niet meer waard zijn. Geen enkel betrouwbaar bericht.'[11]

In de laatste oorlogsdagen en de eerste dagen na de capitulatie bevinden de lezers van dagblad *Tubantia* (verschijnend in Twente) zich in een relatief gunstige positie. Twee verslaggevers van die krant, Ballintijn en Krämer, zijn in de auto gestapt op zoek naar verhalen over wat er in het land gebeurt.[12] Het laatste nieuws horen ze de 14e mei in een café in Arnhem:

'Onmiddellijk voelen wij dat er hier een zeer neerslachtige stemming heerst. Geen wonder, want sinds vrijdag rolden de legercolonnes onafgebroken door de stad. Wij stappen een café binnen en daar horen wij het verschrikkelijke nieuws dat Nederland heeft gecapituleerd. We zijn versuft, we kunnen het niet geloven, we hadden erop gerekend dat onze waterlinie het nog lang zou hebben uitgehouden.'[13]

Ze bekijken de volgende dag de omgeving van de Grebbeberg en doen daar hun lezers verslag van in een reportage die 16 mei verschijnt:

'*Naast de kanonnen lagen hier en daar de slachtoffers, in de nabijheid de lijken der paarden. Overhoop geschoten auto's, wagenresten, totaal vernielde fietsen en motorrijwielen lagen bij tientallen langs de weg. Mitrailleur-trommels, technische hulpmiddelen, materiaal, verbandmiddelen, van alles ligt hier nog. Talrijke gesneuvelden, Duitsers en Nederlanders naast elkaar, omringd hier en daar door de scherven van Duitse en Nederlandse handgranaten. De aanblik is ontzettend.*'[14]

Ze doen ook Ouwehands Dierenpark nog even aan, waar het 'geschrei der vogels' hun luid in de oren klinkt en waar ze horen dat de wilde dieren door de directeur van het park zijn doodgeschoten. Ze reizen door naar Mill, waar ze een lange rij ruwhouten kruisen zien, met de helmen erop, 'die van de Nederlandse soldaten zijn met kogels doorboord'. Op zondag 17 mei zijn ze in Rotterdam aangekomen, een 'woestijn van puin'. Ze berichten in *Tubantia*:

'*Een zware brandlucht hangt over het verwoeste centrum. Hitte straalt nog af van sommige ruïnes. Hier en daar laaien kleine vlammen omhoog, kringelt dunne rookwalm naar de wolkenloze hemel. In dit vroege morgenuur is het doodstil tussen de puinhopen. Spookachtig, beklemmend, onwerkelijk.*'[15]

Ballintijn en Krämer trekken zich vooralsnog weinig aan van eventuele maatregelen van de bezetter, ze rijden gewoon door, kriskras door het land, ze doen hun werk. Ook in het verwoeste Middelburg, waar ze op 24 mei, als de Duitsers de Nederlandse kranten al ruim een week in hun greep hebben, noteren:

'*Treurend staat de bevolking als aan de baar van een dode, want hetgeen hier aan het oorlogsgeweld ten offer viel, kan nooit worden hersteld. De schamele resten zal men wellicht kunnen restaureren, maar helaas moet men tot de slotsom komen dat Middelburgs stedenschoon voorgoed tot het verleden behoort.*'[16]

Boeiende journalistieke reportages van de twee Twentse verslaggevers, die zo lang mogelijk doorgingen met opschrijven en doorgaven wat ze zagen. Maar in de redactionele commentaren overheerste bij de meeste kranten, mede onder invloed van Jankes activiteiten, al direct een andere toon. Zo scheef de *Haagsche Courant* in het hoofdartikel van 15 mei 1940:

'Op ons allen rust nu een zeer belangrijke plicht. De plicht namelijk om met volkomen loyaliteit mede te werken tot het behoud van rust en orde in het bezette gebied: de plicht ook om met alle kracht bij te dragen tot het zo normaal mogelijke verloop van het maatschappelijke leven en tegen ontwrichting daarvan te waken. Dat wil zeggen, dat men zich allereerst loyaal heeft te onderwerpen aan het gezag, dat thans boven ons is gesteld door de uitslag van de strijd.'[17]

Dezelfde geest is terug te vinden in het damesblad *Libelle*, dat op 31 mei zijn lezers opriep zo loyaal mogelijk te zijn:

'Laten wij ons loyaal betonen tegenover de decreten, die uitgevaardigd worden, tegenover de manschappen, waarmee we in aanraking komen. Een verhouding van elkaar wederzijds begrijpen. Er lopen hier ook mannen rond, die reeds maanden en maanden onderweg zijn in dienst van hun vaderland, die vrouw en kinderen lange tijd slechts sporadisch zagen. Mannen, die hun vaderland met volledige overgave dienen en die wij daarom moeten respecteren'.[18]

En *De Telegraaf* had, om de geest van de tijd te raken, een dichter in huis, Clinge Doornbos, die dagelijks zijn commentaar op de actualiteit op rijm publiceerde en op 21 mei zijn lezers opriep vooral gewoon te blijven doen:

'Hoe wij verder moeten leven?
Nèt precies, zoals weleer:
Doe Uw werk, zorg voor ontspanning,
Zit niet bij de pakken neer.
Kruip niet letterlijk, figuurlijk,
Als een mol diep in de grond.
Leef gewóón, draai nèt als vroeger
Met de oude aardbol rond.'[19]

De Telegraaf is in de beeldvorming over de Tweede Wereldoorlog het symbool geworden van de 'foute' krant die de Duitse bezetter in alles diende en steunde. Dat beeld klopt alleen voor het laatste halve oorlogs-jaar, toen de krant, vanaf oktober 1944, in handen was van de ss'er Hak-kie Holdert. Maar voor het grootste deel van de oorlog geldt dat *De Tele-*

graaf, net als de meeste andere kranten, een middenpositie innam en zich, na wat zoeken en tasten naar de juiste toon in de eerste maanden van de bezetting, vooral op de vlakte hield.[20] Op de ochtend van de Duitse inval was de krant niet verschenen. Op 16 mei, toen de kranten opdracht kregen om te vermelden dat zij uitkwamen zonder voorafgaande censuur, liet *De Telegraaf* dat na en meldde juist:

> *'"De Telegraaf" verschijnt met ingang van heden onder controle van de Duitse militaire bevelhebber in Nederland.'*

Dat stelde Willy Janke van de Presse-Abteilung niet op prijs, de volgende dag bevatte *De Telegraaf* alsnog de mededeling dat er van censuur geen sprake was, maar wel van 'een volkomen loyale houding der verantwoordelijke uitgevers en redacteuren'. Hoofdredacteur Goedemans droeg zijn mensen aanvankelijk op de krant 'zo normaal mogelijk te houden'.[21]

De Telegraaf deed vanaf dat moment aan overdadige bronvermelding. Om de verplichte kopij te onderscheiden van de eigen berichtgeving vermeldde de redactie nauwgezet de herkomst van alle artikelen. Dat begon al bij de koppen boven de officiële communiqués, die voortaan de voorpagina domineerden en vaak werden ingeleid met zinsneden als '*Duits opperbevel meldt*' of '*Duits legerbericht*'. In de eigen reportages klonk vanuit alle hoeken en gaten steeds dezelfde mantra: '*Aan het werk!*' Vrijwel dagelijks riep de krant haar lezers op niet bij de pakken neer te zitten maar de handen uit de mouwen te steken. Gaandeweg werd de toon almaar vriendelijker over het tactvol optreden van Duitse militairen en over de voorkomendheid van de bezetter. Rijkscommissaris Seyss-Inquart werd voorgesteld als een zachtmoedige, wijze oom. Dat bleek wel het duidelijkst uit de krant van 22 juli, die een reportage vanaf het centraal station in Rotterdam bevatte. Daar vertrok de vorige dag een trein vol Nederlandse kinderen die op vakantie mochten naar Oostenrijk. Seyss-Inquart zwaaide ze uit. Het verslag in *De Telegraaf*:

> *'De kinderen schijnen eerst wat onder de indruk te zijn van de uniformen van de begeleidende waardigheidsbekleders, maar als zij het sportief gebruinde gelaat van de Rijkscommissaris ontdekken, die vriendelijk lachend en met uitgestoken rechterhand op de coupéraampjes toestapt, is het ijs gauw gebroken. De kinderen verdringen elkaar om die hand te kunnen drukken. Soms houdt de Rijkscommissaris drie, vier handjes tegelijk omkneld: hij strijkt de jongens eens door hun krullenbol, en tikt de meisjes tegen de wang. Het is een alleraardigst tafereel en allen genieten van deze oprechte kindervreugde.'*[22]

De 'zachtmoedige oom' Seyss-Inquart neemt afscheid van Nederlandse kinderen
die naar Oostenrijk op reis gaan. Van een Rotterdams jongetje krijgt hij
een bos anjers.

Deze toon hield niet lang stand. Rond september droeg hoofdredacteur
Goedemans zijn redacteuren op iets afzijdiger te opereren, en iets minder
enthousiasme voor de bezetter ten toon te spreiden. Er verschenen steeds
minder eigen artikelen, en helemaal geen hoofdredactionele commentaren meer. De stijl van de krant werd oppervlakkiger, en redacteuren die in
het verleden de landspolitiek volgden stortten zich nu op geheel andere
onderwerpen, zoals heroïsche gebeurtenissen uit de vaderlandse geschiedenis en oude ambachten.

De krant was en bleef voor velen de belangrijkste bron van informatie.
De moeilijk te doorgronden berichtgeving in de kranten maakte veel
mensen onzeker. Niemand wist meer wat je wel en niet kon geloven. 'Of
je nu één of tien kranten leest, ze schrijven allemaal hetzelfde,' scheef de
heer Wesselingh, een oudere winkelier uit Oegstgeest, in zijn dagboek.
Hij betreurde het dat je niet meer naar de buitenlandse radiozenders
mocht luisteren. Hij noteerde dat heel veel Nederlanders dat gewoon bleven doen ('onze Hollanders verloochenen in dit opzicht hun oude smokkelaarsge-
woonten niet'), maar toen er strenge straffen op kwamen te staan, durfde
hij ook zelf de bbc niet meer op te zetten. Hij was bang dat nsb'ers hem
zouden verraden. De heer Wesselingh constateerde wel iets wat de hele

oorlog door, bij gebrek aan betrouwbare nieuwsberichtgeving, een belangrijk en ongrijpbaar fenomeen zou blijven: de permanente geruchtenvorming. Hij noteerde in zijn dagboek:

> 'We leven tegenwoordig van geruchten. Dat vind ik het onplezierigste van
> deze tijd, al die oncontroleerbare geruchten terwijl we van niets weten wat de
> werkelijkheid betreft. We verstompen als het ware, we leven niet meer mee,
> of liever, we beginnen hoe langer hoe meer te gevoelen dat we niet meer
> meetellen.'[23]

Er gingen inderdaad voortdurend geruchten door het land, het een nog
wilder dan het ander. In Amsterdam was een veelgehoord verhaal dat er
allerlei Duitse soldaten werden vermist, en dat er af en toe een uit de
gracht werd gevist, met een groot aantal messteken in zijn lichaam.

De NSB produceerde daarom een affiche dat ruim werd verspreid, met
als opschrift 'RODDELEN schaadt uw volk' – je ziet twee niet al te snuggere
types nieuwtjes uitwisselen. Drie verschillende formaten van deze affiche
kwamen in omloop, meer dan 60.000 exemplaren in totaal. Musserts beweging stopte er 4.700 gulden in, maar deze plakactie had weinig effect,
ook al namen de Nederlandse Spoorwegen 1.500 exemplaren af, die op
stations en in treinen kwamen te hangen. In de bioscopen bracht Polygoon een filmpje in omloop dat op de kwalijke gevolgen van geruchten
attendeerde: er kwam een cobra in voor die gif in het rond spoot.

ORANJE

Veel besproken, en omgeven door een wolk van wilde geruchten, was de
eerste weken na de Duitse inval het vertrek van de koninklijke familie,
vooral dat van koningin Wilhelmina op 13 mei 1940. Voor veel mensen
was dat een grote schok geweest. Jaap Burger, een jonge advocaat uit
Dordrecht die na de oorlog een vooraanstaand PvdA-politicus zou worden, constateerde in zijn dagboek op 17 mei 1940:

> 'Dat de koningin is weggegaan heeft intense verbittering gewekt. Nu voelen
> we ons zonder leiding, inderdaad, als schapen zonder herder.'[24]

Dat Wilhelmina's vertrek zo onverwacht kwam is logisch. Op 9 mei, de
dag voor de Duitse inval, had de krant het *Nieuws van de Dag* nog een bericht geplaatst onder de kop 'Het Huis van Oranje verlaat zijn post nooit'.
Het ging om een aanbod van de in Amerika wonende schrijver H. F. van

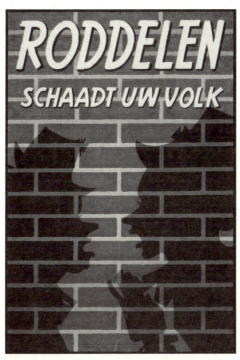

Een affiche dat het roddelen moest tegengaan. Er werden er 60.000 gedrukt, de NSB stopte er veel geld in, maar het is sterk de vraag of het iets heeft uitgehaald.

Loon, die zijn huis op Long Island ter beschikking had gesteld aan de koningin 'als toevluchtsoord in geval Nederland zou worden binnengevallen'. Het aanbod was afgewezen, wist de krant te melden, in een brief van prinses Juliana en prins Bernhard, met als strekking: als kenner van de vaderlandse geschiedenis hoorde de schrijver te weten dat vijf eeuwen lang het Huis van Oranje voor geen enkel gevaar op de vlucht is geslagen. 'Onze plaats is hier in Nederland, of er gevaar dreigt of niet. We zullen nooit onze post verlaten.'

In de praktijk liep het dus anders. Vandaar het ongeloof bij de bevolking, ook bij sommige autoriteiten, zoals de burgemeester van Zwolle, mr. A. van Walsum, die in een radiopraatje voor de lokale draadomroep wel heel scherp reageerde:

'Dat de koningin met de regering vlucht, terwijl er nog jongens voor haar in het vuur gaan, is misdadig. Deze handelswijze is mij onbegrijpelijk voor een Vorstin uit het huis Oranje. Degene die haar het advies gegeven hebben zo te handelen, verdienen de minachting der natie.'[25]

Van Walsum was trouwens een van de eerste burgemeesters die door de Duitsers werden ontslagen. Niet om deze toespraak, vanzelfsprekend, maar omdat hij vanaf de eerste dag weigerde Duitse instructies uit te voeren.

In de eerste uitzending van Radio Oranje vanuit Londen gaf de koningin een verklaring voor haar overhaaste vertrek, waar zij zelf tegen protesteerde maar dat haar door generaal Winkelman was opgedragen. Ze zei tot haar volk:

'*Omdat de stem van Nederland niet stom kan blijven, heb ik ten laatste het besluit genomen, het symbool van mijn natie, zoals dit in mijn persoon en in de regering is belichaamd, over te brengen naar een plaats, waar het kan voortwerken als een levende kracht, die zich kan doen horen.*'[26]

Onder de bevolking was vanaf het begin voor dit vertrek ook wel begrip en de afwijzende geluiden namen spoedig af. Het Oranjehuis werd al snel in brede kring een symbool van het onafhankelijke Nederland. Dat bleek bijvoorbeeld op 29 juni 1940, de eerste verjaardag, sinds de bezetting, van een lid van het Koninklijk Huis, in dit geval van Prins Bernhard. Er waren die dag allerlei geruchten dat Nederlanders er een demonstratie van zouden maken. Er was opeens een overmaat aan witte anjers op de markt, de favoriete bloem van de prins. De Amsterdamse politieagent C. Schildmeijer[27] heeft precies bijgehouden wat voor instructies hij tijdens de oorlog kreeg. Op wat later 'Anjerdag' zou gaan heten, 29 juni 1940, luidde die aanwijzing:

'*Tegen het dragen van witte anjers en het uitsteken van nationale vlaggen moet worden opgetreden. De verkoop daarvan moet worden belet. Geen fietsoptochten, geen dragen van oranjestrikken, geen zingen van Oranje Boven, mag worden toegelaten. Tegen ordeverstoorders, al of niet* NSB*'ers, moet worden opgetreden.*'

Voor de meeste agenten was dat een onmogelijk dilemma: ze waren het vaak eens met de demonstraties, en velen stonden het leggen van bloemen bij monumenten dan ook oogluikend toe. Maar in hetzelfde Amsterdam liep ook Douwe Bakker rond, een politieman die lid was van de NSB en tot de fanatieke vleugel van die beweging behoorde. Hij schreef de hele oorlog in zijn dagboek, vaak knarsetandend, zoals op diezelfde 29e juni:

Anjerdag in Amsterdam. De politie had opdracht ertegen op te treden, maar daar kwam weinig van terecht. Op de foto is te zien dat veel mensen juichen voor Oranje.

'In de morgenuren is hier en daar een vlag uitgestoken. De aanhangers van het Britse roofregime tooien zich demonstratief met witte anjers. Het gaf in de stad hier en daar aanleiding tot ongeregeldheden. De actie der WA tegen deze demonstratie werd op last van hogerhand gestaakt. Geen zwarthemden op de straat, zodat men honderden met de witte anjer zag lopen. De meeste vlaggen werden weer ingehaald op uitnodiging der politie en na aanzegging dat het voor hun eigen verantwoording was als de vlag uitgestoken bleef.'[28]

Veel mensen genoten intens op deze eerste protestdemonstratie in de Tweede Wereldoorlog. Vooral in de grote steden durfden mensen, in de rug gesteund door de massaliteit van het protest, met een anjer of met oranje bloemen iets te doen wat niet mocht. Mevrouw A. Huizinga-Sannes, echtgenote van een dominee uit Den Haag, schreef in haar dagboek:

'Het aardige is, dat die bloemenhulde als fluistercampagne door het hele land is gegaan. En ieder gaf er gehoor aan. De dag van tevoren zag je al allerlei mensen met bosjes anjers: de bloemenwinkels konden er haast niet tegen leveren. En toen op de dag zelf ieder in de straat er mee verscheen, toen was dat als het ware een verbroedering. De mensen keken elkaar glimlachend aan, al kende je ze niet.'[29]

Voor de Amsterdamse NSB'er annex politieagent Douwe Bakker viel er daarentegen weinig te glimlachen. Hij moet zich die dag kapot geërgerd hebben, zeker toen het 's avonds heel onrustig werd in Amsterdam:

> *'In de avond liepen duizenden opgeschoten demonstranten met bloemen te hoop en trachtten tot het Paleis op de Dam door te dringen. Dit werd belet en toen begon de herrie. Kleine WA-afdelingen die nog in actie waren, veegden op Rembrandt- en Thorbeckeplein caféterrassen schoon. Telkens grote opstootjes van zingende en blèrende idioten met witte anjers die gretig door de sjacherende Joden werden verkocht. Het was werkelijk nationaal wat hier vertoond werd – om te kotsen.'*[30]

Dat zou de bezetter geen tweede keer gebeuren. Er volgden maatregelen. De Haagse burgemeester De Monchy werd ontslagen; generaal Winkelman, die op paleis Noordeinde verschenen was om daar een felicitatie-register voor de prins te ondertekenen, werd als krijgsgevangene naar Duitsland afgevoerd. En voor de volgende koninklijke verjaardag, die van koningin Wilhelmina op 31 augustus, een echte Koninginnedag dus, stond de bezetter op scherp. De Amsterdamse agent Schildmeijer kreeg een uitvoerige instructie in zijn postvak:

> *'In verband met de Koninginnedag is het maken van muziek, elke demonstratie, het zingen van volksliederen, het dragen van mutsen of strikken of speldjes, het dragen van rouwbanden, of eretekens verboden. In de winkels en op straat geen oranjebloemen of vergeet-me-nietjes. Ook het schilderen van leuzen is verboden. Geen vertoningen op straat. Er mag niet gezongen worden. Toezicht bij monumenten van leden van het Koninklijk Huis en bij het Beatrixboompje. Toezicht op etalages, wat betreft versierselen.'*[31]

Het bleef rustig op die eerste Koninginnedag sinds de bezetting.

De bezetter begon in 1940 geleidelijk aan de sporen die het Oranje-huis in de samenleving had nagelaten uit te wissen. Zo moesten veel scholen een andere naam krijgen en natuurlijk ook veel straatnamen. Dat was nog een flinke operatie, die enige jaren in beslag nam. Midden 1942 werden bijvoorbeeld de straatnamen in Voorburg veranderd: de Koningin Wilhelminalaan werd Admiraal de Ruyterlaan, het Koningin Wilhelminaplein werd Willem de Zwijgerplein, de Julianastraat werd Johan Willem Frisostraat en de Prins Bernhardlaan werd Constantijn Huygens-laan. En dat moest dus in het hele land gebeuren. En ook de schoolboeken moesten aangepast worden, of vervangen, of herschreven. De Hilversumse scholiere Meta Groenewegen, die een dagboek bijhield, kon er niet om lachen:

'Bah, wat een rotwereld, wat een kleinzieligheid!! Nu mogen we een bepaalde agenda op school niet meer gebruiken omdat er iets van de koningin in staat! En ons geschiedenisboek, dat volkomen objectief is en zelfs al wat veranderd in Duitse geest, mogen we nu ook niet meer meenemen. Belachelijk, alsof ze ons zo klein krijgen!'[32]

SOLDATEN IN DE STRATEN

Het leven ging door, na mei 1940, in vele opzichten althans. Maar er waren ook allerlei direct in het oog springende veranderingen. Op straat was heel opvallend dat er veel Duitse bewegwijzering verscheen, en dat in het straatbeeld steeds meer Duitse soldaten opdoken. Heel massaal was dat aanvankelijk nog niet, en bovendien waren er aanzienlijke verschillen per regio. In Amsterdam bijvoorbeeld was de bezetter veel sterker vertegenwoordigd dan op het platteland, waar in sommige streken zelden een Duitser werd waargenomen. Het aantal Duitse militairen nam sterk toe vanaf 1941, toen bleek dat Duitsland moest afzien van een invasie in Groot-Brittannië. Nederland werd toen een verdedigingsgebied tegen een mogelijke Britse aanval. Het accent kwam voor de Duitse troepen hier te liggen op bewaking – voorzorgsmaatregelen tegen een aanval die, zoals wij nu weten, daar nooit zou plaatsvinden.

Die Duitse soldaten hebben het over het algemeen in Nederland heel aangenaam gehad. Dat blijkt wel uit de brieven die ze naar huis schreven. *Feldwebel* Willy Punk, die in 1942 uit Rusland naar Nederland werd overgeplaatst, meldde enthousiast aan zijn ouders:

'Ik kan alleen maar zeggen: gewoon heerlijk! Holland wordt toch algemeen al beschouwd als het schoonste land ter wereld, en het is ook ongelooflijk mooi. Het is zo schoon en opgeruimd, dat is bijna niet voor te stellen.'[33]

Het is bovendien opvallend dat in veel dagboeken werd vastgesteld dat die Duitse soldaten in het gebruik best meevielen. De heer Scheltema bijvoorbeeld, een verzekeringsman uit Hilversum, schreef in juli 1940 in zijn dagboek:

'Model schildwachten. Wij hebben ons dikwijls geërgerd aan Nederlandse militairen. De Duitse knappen alles netjes op; rommel wordt opgeruimd

Een Duits wielrijderspeloton arriveert in de stad Utrecht, op 16 mei 1940. Het autoverkeer moet ervoor aan de kant.

en het hek wordt gerepareerd. Van elders hoor ik ook steeds berichten over correct optreden van Duitse militairen zowel officieren als minderen.'[34]

Het is ook simpelweg Duits beleid dat de militairen vriendelijk moeten zijn tegen de Nederlandse bevolking. 'Alle onnodige irritatie van Nederlandse staatsburgers moet vermeden worden. De Duitse soldaat moet waardig en zelfbewust optreden,' zo staat in de instructies van de soldaten.[35] En dat gebeurt, zo merkt mevrouw Dutilh-van Vollenhoven uit Rotterdam, getuige deze ervaring in haar dagboek:

'Ik ben nota bene op het trottoir met mijn fiets tegen een Duitse soldaat opgereden; zelfs toen geen woord en geen vloek. Hoe lang zal deze vriendelijkheid duren?'[36]

Maar diezelfde mevrouw Dutilh had het tegelijk ook erg moeilijk met de Duitsers. Ze was wel heel direct met ze geconfronteerd, omdat ze in haar huis een stel soldaten ingekwartierd kreeg. Daar was niets tegen te doen: de bezetter kon woonruimte vorderen voor groepen of individuen en deed dat op grote schaal. Bij mevrouw Dutilh was dat al op 17 mei het geval. Ze schreef, in verwarring, in haar dagboek:

'Drie jonge, keurige gebruinde soldaten; ik zal ze de kamer wijzen. Ze dragen hun bagage mee naar boven; één draagt een hakenkruisvlag. De brokken schieten in m'n keel; ònze trap waar Jop de Hollandse vlag altijd te drogen hing en de lange oranje wimpel tot beneden toe reikte, daar wandelt nu een Duits soldaat met een hakenkruisvlag.'[37]

Gemiddeld waren de Duitse soldaten in Nederland iets ouder dan hun collega's aan de fronten. Het waren over het algemeen soldaten van een soort B-garnituur – Nederland was nu eenmaal geen gebied waar de spanningen hoog opliepen, zeker niet in de eerste oorlogsjaren. Militair historicus Christ Klep, die onderzoek heeft gedaan naar de interne rapportages van de Wehrmacht, stelt vast dat het clichébeeld van tot de tanden bewapende Duitse vechtmachines in Nederland zeker niet opgaat:

'Het beeld wat wij van de Duitsers hebben, van de Blitzkrieg, zag je niet terug in de bezettingsmacht. Ze waren hier uitgerust met paard en wagen of fietsen, tanks waren hier nauwelijks.'[38]

De Duitse Wehrmachtsoldaat Hans Paulssen zei in 2005 op de televisie dat zijn moeder het zo prettig vond dat hij in Nederland werd gelegerd, hij kwam in een land terecht 'waar het vredig was en niet met scherp werd geschoten'.[39] Daarover waren de Duitse militaire autoriteiten verwonderd, zo ontdekte Christ Klep in de interne berichten:

'De Duitsers waren vooral verbaasd over het gebrek aan verzet in Nederland. Dat vind je terug in de rapporten. In een daarvan wordt zelfs gezegd dat als de geallieerden ooit zullen komen, de Nederlanders in een stoel langs de weg gaan zitten kijken wie er wint.'[40]

Ook materieel hadden de Duitse militairen weinig te klagen. Er was volop te eten voor ze, en vooral ook volop te drinken. In sommige dagboeken zijn klachten te lezen dat de soldaten zoveel snoepen, en hele banketbakkerswinkels leegkopen. 'We leefden als God in Frankrijk,' aldus ex-soldaat Hans Bannick, die bij de luchtafweer in Hellevoetsluis diende. En Heinz Roekker, een voormalig piloot bij de Luftwaffe, kijkt ook met genoegen terug op zijn Hollandse periode:

'Bij de Luftwaffe hadden we het heel goed. We hadden nergens tekort aan, integendeel. Als je hoorde hoe sommige Wehrmachteenheden het in Rusland hadden, dat was totaal niet te vergelijken met hoe wij het hier hadden. Voor ons was het een soort luilekkerland. Er was nog van alles te krijgen. En we hadden altijd drank!'[41]

Ook de hogere officieren hadden het niet slecht in Nederland. Ze kozen over het algemeen voor inkwartiering in de betere buurten. In de steden lieten ze hun oog vallen op kapitale panden. In Amsterdam bijvoorbeeld waren de buurten rond het Museumplein en het Vondelpark favoriet, niet alleen voor de huisvesting van officieren, maar ook voor het onderbrengen van allerlei kantoren voor Duitse bezettingsinstanties. De Rüstungsinspektion, de Organisation Todt, de Winterhulp, het Luftgaukommando, de Feldluftzeuggruppe – allemaal kregen ze ruime kantoren in fraaie gebouwen op prachtige locaties.

Te midden van al die kantoren zetelde, op het Museumplein, het Gemeentelijk Bureau voor Inkwartiering. Daar probeerde de gemeente enige greep te krijgen op de huisvesting van Duitse instanties en Duits personeel. De gemeente wilde de bezetter zoveel mogelijk in hotels en pensions onderbrengen, maar dat lukte slechts voor een klein deel. Uit het archief van Bureau Inkwartiering is af te leiden wat de verdeling was van gebouwen voor Duitsers: scholen 50 procent, kantoorgebouwen 20 procent, hotels en pensions 15 procent, particulieren 10 procent, inkwartieringen 5 procent.

Veel Nederlandse gezinnen kregen een Duitse militair ingekwartierd. Sommigen poseerden met hun nieuwe huisgenoot voor de fotograaf.

Verder vorderden de Duitsers via Bureau Inkwartiering garages, loodsen, pakhuizen, tuinhuizen, woonboten, sportzalen, varkenshokken en zelfs speeltuinhuisjes. Voor scholieren van wie de school was gevorderd betekende het niet altijd dat ze niet naar school hoefden (al valt dat wel regelmatig in oorlogsmemoires te lezen). Scholen spraken onderling soms een soort rouleersysteem af waarbij de ene school 's ochtends een gebouw gebruikte en de andere school 's middags.

De meeste Wehrmachtsoldaten waren ondergebracht in kazernes of scholen, sommige zaten bij particulieren. Voor officieren moesten dit dan wel huizen van Ariërs zijn: Duitsers mochten niet bij Joodse inwoners worden ondergebracht. Er werden wel vergoedingen voor betaald. In een verordening van 18 juli 1940 stond precies omschreven welk bedrag voor welke vorm van inkwartiering gold: dat liep van 1,50 gulden voor een generaal per dag, tot een dubbeltje voor inkwartiering van een gewoon soldaat (zonder bed, welteverstaan; mét bed was de vergoeding 20 cent per dag). Voor het nemen van een bad mocht een kwartje in rekening worden gebracht.

Ook hotelhouders kregen geld als hun kamers werden gevorderd. Veel hoteleigenaars protesteerden tegen de tarieven, maar de Wehrmacht betaalde netjes en vond het niet terecht dat de hoteliers mopperden: 'Kijk

naar de berekening. Een hotelier in Den Helder krijgt voor dertig bedden maande-
lijks 1800 gulden. Dat ontving hij niet eens vóór de oorlog!'[42]

Voor hotels pakte de aanwezigheid van Duitsers dus vaak goed uit: in Amsterdamse hotels was tijdens de oorlog ongeveer 70 procent van de bedden gereserveerd voor Duitsers. De Wehrmachtcommandant in de hoofdstad waarschuwde de militairen om niet het gastenboek te tekenen met naam en rang, omdat die gegevens gebruikt zouden kunnen worden voor spionage. Ook voor makelaars en huizenverhuurders was de Duitse behoefte aan woon- en kantoorruimte uitermate lucratief. Zij behoorden tot de groepen die aan de bezetting goed hebben verdiend.

Er waren ook streken in Nederland waar de Duitse bezetting aanmerkelijk minder in het oog liep; er waren dorpen waar je nauwelijks een Duitser tegenkwam. Zoals Noorderhoogebrug, een gehucht bij Groningen, waar op 10 mei de Duitse troepen door het dorp reden, op weg naar de Afsluitdijk, maar daarna zijn ze er niet meer geweest. Af en toe stond er een Duitse soldaat op wacht bij de brug over het spoor. Jan Uitham (1925), inwoner van het dorp en later een fameus Elfstedenschaatser, herinnert zich dat de jongens die met die bewaking belast waren af en toe wel met de autochtone bewoners van Noorderhoogebrug meededen met zwemmen of schaatsen, en ook wel eens een ijsje meeaten aan de ijscokar die bij de brug stond. In 1944 is in Noorderhoogebrug één Duitser een tijdje ingekwartierd geweest. Die situatie kwam in veel dorpen voor – het maakt voor de beoordeling van de last van de bezetting bijzonder veel uit waar je in die tijd woonde.

ALLEDAAGSE DINGEN

Zo waren er meer aspecten van het dagelijks leven die ingrijpend veranderden. De wereld werd ingewikkelder, met veel nieuwe, totaal onbekende problemen en onverwachte gevolgen. Eén daarvan was de kwestie van de verduistering – de zorg dat er 's avonds en 's nachts geen straaltje licht uit een huis kwam. De regelgeving daaromtrent was erop gericht om geallieerde bommenwerpers geen mogelijkheid tot oriëntatie te geven. Er kwam streng toezicht op de naleving, dat was een taak van de Luchtbeschermingsdienst. De plicht tot verduisteren gold voor iedereen en daarom kon het gebeuren dat ook Meinoud Rost van Tonningen, de Nederlandse nazi die tot directeur van de Nederlandse Bank was benoemd, werd bekeurd omdat hij de verduisteringsmaatregelen niet goed had nageleefd. De lamp die het verboden schijnsel had veroorzaakt werd in beslag genomen.

De verduisteringsmaatregelen bleven de hele oorlog door gehandhaafd. Er was geen straatverlichting en geen lichtreclame, en nergens zag je fel schijnende koplampen. Vervoermiddelen, fietsen inbegrepen, mochten in 1940-1945 alleen flauw, afgeschermd licht voeren. In huis moesten alle vensters afgeschermd worden met overgordijnen, zwarte verduisteringsgordijnen of stroken verduisteringspapier. Geen kiertje licht was toegestaan. Er ontstond al in mei 1940 een grote vraag naar zwart papier. Een voordeel was wel weer dat het in de zomer 's avonds langer licht was, want de bezetter voerde onmiddellijk de Duitse zomertijd in.

Er kwamen uitvoerige campagnes om het belang van die verduistering te onderstrepen, in de bioscopen, in de dagbladen en op affiches die overal waren aangeplakt. 'Engelse vliegers kennen geen genade voor vreedzame burgers; daarom blijf in huis', was een van de teksten op die aanplakbiljetten. En ook (want we zijn een volk van dichters...): 'Reeds 't ontsnappen van één schijn, kan voor u noodlottig zijn.'

Ook de radio deed mee, er werden speciale verduisteringsliedjes op de plaat gezet, zoals door Wim Ibo, de cabaretier, die zelf ook deze meeslepende tekst had geschreven:

'We hebben de ramen en deuren verduisterd
Dat rekent nu eenmaal immers elkeen tot zijn plicht
Maar achter het zwart van die huiskamerramen
Brandt toch als vanouds nog gezellig het licht
De sfeer van 't gezin is dezelfde gebleven
Bij 't lamplicht stopt moeder geduldig een sok
De ketel fluit zachtjes een huiselijk deuntje
Ergens klinkt thuis nog een tikkende klok
De radio speelt nog en op het waxientje
Pruttelt de koffie een surrogaatlied
Maar echtheid aan sfeer heeft 't huis niet verloren
Al zie je dat dan aan de buitenkant niet...
Achter het zwarte papier
Achter rollen sluitgordijn
Ligt nog onze huislijkheid
Kan het toch gezellig zijn
Achter het zwarte papier
Dat het lamplicht binnenhoudt
In de warmte van ons eigen duister
Is 't gezellig en vertrouwd.'

Deze gezelligheid waarover Wim Ibo zong hield de mensen overwegend thuis. De bioscopen waren al snel weer open, tijdens de pinksterdagen (12 en 13 mei) van 1940 al, maar het bezoek daalde. Pas in 1942 begon het bioscoopbezoek weer toe te nemen. In die eerste weken na de inval waren er nog de gebruikelijke Engelse en Amerikaanse films te zien, maar dat veranderde snel. Vanaf 19 juli 1940 mochten er alleen films gedraaid worden die door de censuur waren goedgekeurd en gemaakt waren in het bezette Nederlandse gebied of elders in het Groot-Duitse Rijk. De films moesten ook de goedkeuring hebben van de censuur. Amerikaanse en Engelse films waren ten strengste verboden. Wel waren er veel Duitse films te zien, en ook producties uit bezette landen en bijvoorbeeld Italië. De meeste Nederlandse films van vóór de oorlog waren verboden.

Het filmjournaal in de bioscopen daarentegen draaide op volle toeren. Het bezong wekelijks de zegeningen die de bezetter over Nederland bracht en volgde de verrichtingen van de meest vooraanstaande NSB'ers op de voet. Dat lokte vanzelfsprekend reacties uit in de bioscoopzaal. In het najaar van 1940 noteerde de Sicherheitspolizei dat de weekjournaals van Polygoon, die aan de speelfilms voorafgingen, werden 'begroet met hilariteit, gefluit, getrappel en geklap'. Daarom kreeg de politie er een taak bij: agenten gingen regelmatig voorstellingen bijwonen, om subversief gedrag in de kiem te smoren. Een andere reactie van de bezetter op de onrust in de bioscopen kwam in januari 1941: het was allemaal de schuld van de Joden en dus mochten die niet meer naar de film. De Nederlandse Bioscoopbond kondigde in de kranten het verbod aan met als motivatie:

'Helaas heeft men moeten constateren dat de ordeverstoringen tijdens de filmvertoningen in de bioscopen grotendeels door Joodse bezoekers veroorzaakt werden.'

Mej. S. Spijker uit Delft, die gedurende de hele bezettingstijd in haar dagboek heeft genoteerd wat haar opviel, reageerde direct:

'Het nieuwste schandaal is nu dat het de Joden voortaan verboden is naar de bioscoop te gaan. Er schijnen nog al eens op- en aanmerkingen gemaakt te worden bij het nieuws, de heren beweren nu dat dit de schuld van de Joden is, vandaar dit verbod. Het is natuurlijk doodgewone pesterij, het is om te huilen.'[43]

Overigens zou het bioscoopbezoek vooral in 1943 spectaculair stijgen – er werden dat jaar 55 miljoen kaartjes verkocht, een stijging van meer dan 60 procent vergeleken met 1940. Er was kennelijk steeds meer behoefte aan afleiding.

Dezelfde trend zien we bij de sportbeoefening in Nederland. Daar nam bij de sportbonden het aantal leden sterk toe. In de jaren dertig had de georganiseerde sport al een explosieve groei doorgemaakt, en tussen 1940 en 1942 steeg het aantal actieve clubsporters van 490.000 tot 558.000. Er waren clubs die een ledenstop moesten invoeren. De sportbonden kregen steeds meer subsidies. Sportbevordering was in het Duitse belang: het paste aan de ene kant in de opvoeding in nationaal-socialistische geest en bevorderde anderzijds de rust en stabiliteit onder de Nederlandse bevolking. En in de groei zat zeker een element van 'vlucht uit de realiteit', die zich ook weerspiegelde in een sterke toename van de toeschouwersaantallen, vooral in de eerste klassen van het voetbal. Het aantal verkochte kaartjes voor sportwedstrijden steeg tussen 1940 en 1943 van vier naar acht (!) miljoen.

Behalve voetbal was ook boksen zeer in trek. Dat kwam doordat de bezetter het boksverbod, dat in alle Nederlandse steden behalve Rotterdam had bestaan, ophief. Ook de paardenraces trokken veel volk – daar mocht weer volop gegokt worden.[44]

Die opbloei van de sport paste precies in het patroon van hervatting van het dagelijkse leven, wat toch wel de dominante trend was in de eerste jaren na de Duitse inval. Het is moeilijk precies te bepalen wat mensen drijft, maar de bloei van amusement en sport had zeker te maken met pogingen zich even te onttrekken aan de harde wereld van alle dag. Sommige sportclubs kwamen daar ook rond voor uit, zoals de Amsterdamse zwemvereniging A Z 1870 het in het clubblad verwoordde:

'Het leven moet voortgang vinden en daartoe moeten wij allen meewerken. De beoefening van de zwemsport moet dus ook krachtig worden voortgezet. Hierdoor zal het mogelijk zijn de moeilijkheden in het dagelijks leven beter te overwinnen.'

Een prachtige bloeiperiode was ook aangebroken voor de schaatssport, met 130.000 georganiseerde leden toch al de tweede sport van Nederland bij het begin van de oorlog. De schaatsers hadden het weer mee. Eind januari 1940 was er al een Elfstedentocht gehouden, en de twee daaropvolgende winters waren zo streng dat er een unieke serie van drie ontstond. Die van 1941 bood mild weer en mooi ijs. Maar er waren wel problemen, vooral door de verduistering. Een groot deel van de tocht moest in het donker worden gereden, elke vorm van verlichting was verboden en dat bracht nogal wat schaatsers in de problemen. De Amsterdamse schaatsfanaat Wim Augustin was op de fiets naar Friesland vertrokken en werd een paar uur voor de start op de Afsluitdijk door Duitse wachtposten aangehouden omdat hij de spertijd overtreden had. In een interview deed hij later verslag van die curieuze aanhouding:

> *"'Ja," zei ik, "ich moet Schlittschuhlaufen. Schlittschuh." Ze wisten geloof ik niet eens wat dat was. Dus ik haal mijn tas van de rug, en laat m'n schaatsen zien. "Alstcblief." Hij pakt ze aan, en houdt ze tegen de hemel aan. "Jaja." En toen wat tegen elkaar praten, maar dat kon ik niet verstaan. Wat nou? Ze wisten geen raad met me, wat moesten ze met zo'n jongen doen, 's nachts op de Afsluitdijk? Ze zeiden zoiets van "Sodemieter maar op." Dat begreep ik meteen. Dus gauw die schaatsen terug in de tas, en ik meteen weer weg.'*[45]

Augustin fietste verder, door de zwarte Friese nacht, en was nog net op tijd voor de start. Hij reed zijn eerste Elfstedentocht uit, er zouden er voor hem (tot en met 1997) nog acht volgen. In totaal reden er in 1941 rond de 1.900 mensen mee, de Fries Auke Adama won de tocht.

In 1942 was er opnieuw een lange vorstperiode en opnieuw een Elfstedentocht, nu met nog veel meer deelnemers, meer dan 4.800 schaatsers, die een sublieme ijsvloer betraden. Onder hen een Joodse man, Fred Lobatto, die al vroeg in de oorlog besloten had om onder te duiken. Hij voltooide de toertocht en keerde weer terug naar zijn onderduikadres. Volgens de deelnemers was de sfeer rond de tocht heel bijzonder: al die Nederlanders waren daar in Friesland een dagje onder elkaar, los van Duitse verordeningen en bepalingen – ze waren een dag echt vrij. De Duitsers begrepen niets van dit onderdeel van de Nederlandse cultuur, ze hadden geen enkele greep op dit massa-evenement. Bij de finish is op filmverslagen een groepje Duitse soldaten te zien, maar verder hielden ze zich afzijdig. Sietze de Groot uit Weidum was de winnaar in een recordtijd: 8 uur en 44 minuten over 200 kilometer.

IN DE RIDDERZAAL

Wezenlijke veranderingen zijn er uiteraard vooral te melden op het terrein van bestuur en politiek. Woensdag 29 mei 1940 was daarbij een cruciale dag. Het centrum van Den Haag was afgezet, rond het Binnenhof heerste grote drukte, er was een bijzondere plechtigheid op komst. In de Ridderzaal werd die dag Arthur Seyss-Inquart geïnstalleerd als rijkscommissaris van Nederland. Hij was hier de plaatsbekleder van *Reichsführer* Adolf Hitler.

Het Polygoonjournaal, dan al onder volledige controle van de bezet-

Duitse uniformen in de Ridderzaal, op 29 mei 1940. Seyss-Inquart zit centraal, geflankeerd door generaals van de Wehrmacht. Rechts de Nederlandse secretarissen-generaal.

ter, heeft er een forse reportage aan gewijd. Te zien is dat allerlei legereenheden op het Binnenhof waren aangetreden. Seyss-Inquart inspecteerde de troepen, en kreeg, voordat hij de trappen van de Ridderzaal betrad, bloemen aangeboden. Hij gaf ze direct door aan een ordonnans en ging de zaal binnen.

De hele nazitop was aanwezig, evenals de top van de legeronderdelen en ook de Nederlandse ambtelijke top, die niet naar Engeland was uitgeweken. NSB-leider Mussert ontbrak, hij was tot zijn verdriet niet uitgenodigd. Op de voorste rij zaten de secretarissen-generaal, de hoogste ambtenaren aan wie, sinds het vertrek van de ministers naar Londen, de leiding van de departementen was toevertrouwd. De speech van Seyss-Inquart, waarmee hij zijn hoge functie aanvaardde, was bepaald niet polariserend van toon, de Oostenrijkse jurist koos vooralsnog voor de gematigde lijn. Hij prees de moed van de gevallen Nederlandse soldaten, en het gedrag van de Nederlandse bevolking, die zich tegenover de Duitse soldaten 'ordentelijk gedragen had'. Seyss-Inquart leek nerveus, onder de indruk van het moment, hij las zijn tekst van papier en legde geregeld een klemtoon verkeerd. Hij formuleerde zijn bedoelingen zo:

'Wij komen niet hier om een volkskarakter in het nauw te brengen en te vernietigen en om aan een land de vrijheid te ontnemen. Wij willen dit land

en zijn bevolking noch imperialistisch in het nauw drijven, noch aan dit
land en zijn volk onze politieke overtuiging opdringen.'[46]

Maar hij maakte er ook geen geheim van door wie hij in zijn nieuwe
functie het meest geïnspireerd werd. Dat bleek wel uit de laatste zin van
zijn speech:

> *'Het is voor ons, als thans levende Duitsers, ons grote geluk dat we de*
> *uitvoerders van de wil van de Führer, en daarmee van de geschiedenis*
> *mogen zijn.'*[47]

Daarop hief Seyss-Inquart een driewerf *'Sieg Heil'* aan. Drie keer *Sieg Heil*
in de Ridderzaal, dat moet voor de meeste niet-Duitse aanwezigen een
moeilijk weg te slikken moment zijn geweest. Onmiddellijk daarna begon het aanwezige muziekgezelschap het Duitse volkslied te spelen. Polygoon liet uitgebreid zien hoe Seyss-Inquart weer vertrok. En hoe daarna tientallen Duitse militairen gemoedelijk keuvelend de trappen van de
Ridderzaal vulden, onder de klanken van marsmuziek.

De plechtigheid in de Ridderzaal vond om twaalf uur plaats. Na de
lunch werden de secretarissen-generaal bij de rijkscommissaris op zijn
nieuwe kantoor ontboden, aan het Plein, in het departement van Buitenlandse Zaken (dat daarom moest verhuizen). Ze waren bij Seyss-Inquart
op de lunch gevraagd, maar die uitnodiging hadden ze niet aanvaard, op
advies van generaal Winkelman, die tot deze dag het Nederlandse staats-
gezag vertegenwoordigde. Winkelman had ze voorts op het hart gedrukt
om de zaal demonstratief te verlaten als Seyss-Inquart onaangename dingen over de koningin zou zeggen of als hij fabeltjes zou vertellen over
een Engels-Frans complot om Duitsland binnen te vallen. Seyss-Inquart
voorkwam met zijn gematigde speech een dergelijk incident.

Die middag was hij heel duidelijk tegen de hoogste Nederlandse ambtenaren. Hij, de rijkscommissaris, zou vanaf nu alle rechten overnemen
van regering én parlement zoals ze in de grondwet waren vermeld. Alle
maatregelen van de ministeries behoefden zijn goedkeuring. Aan de
rechtspraak zou hij niet tornen, al zou er voortaan niet in naam van de
koningin, maar 'in naam van het recht' rechtgesproken worden. Wie van
de secretarissen-generaal daarmee niet kon instemmen, kon beter direct
opstappen, zo zei hij, of, zoals een van hen, dr. H. M. Hirschfeld van Handel, Nijverheid en Scheepvaart, het later omschreef:

> *'Als u het niet met mij eens bent verwacht ik dat u dit zegt en eventueel uw*
> *ontslag neemt. Ik kan het niet aanvaarden dat u het niet met mij eens bent*

en gaat saboteren. Indien u ontslag neemt in een dergelijke situatie, zult u van mij geen last meer ondervinden.' [48]

De secretarissen-generaal deelden Seyss-Inquart mee dat ze over hun positie met generaal Winkelman wilden overleggen. Die adviseerde ze om aan te blijven, wanneer dat in het belang van het Nederlandse volk zou zijn. Dat was in overeenstemming met de overigens weinig bekende 'Aanwijzingen in geval van een bezetting', die door de regering in 1937 waren opgesteld. Toen de rijkscommissaris deze beslissing dezelfde avond nog vernam, was hij opgelucht – een collectieve weigering zou hem een probleem hebben opgeleverd. Nu kon hij zijn plan uitvoeren: een geleidelijke nazificatie van het bestuur. [49]

Daarvoor had hij een bestuursstructuur ontwikkeld, waarin vier *Generalkommissare* een eigen deelgebied beheerden. Dat waren Wimmer voor bestuur en justitie, Fischböck voor financiën en economie, Rauter voor openbare orde en veiligheid en Schmidt voor speciale aangelegenheden (waaronder de propaganda viel en alle nieuwe taken die zouden ontstaan). Behalve Schmidt waren het allemaal Oostenrijkers, net als Seyss-Inquart zelf. Hij had ze (op Rauter na, die kreeg hij toegewezen van Himmler) meegenomen op zijn missie naar Nederland. En dat gold ook voor zijn invloedrijke adviseur Kurt Rabl, een jonge jurist en historicus, die ook bij zijn vorige baan in Krakau al zijn directe medewerker was geweest. Die Rabl was het manusje-van-alles op het Rijkscommissariaat, hij regelde de meest uiteenlopende dingen. Hij zag ook al vroeg in dat het niet zou meevallen om Nederland in te lijven in de Duitse bestuurscultuur. Nederland had zoveel banden met Engeland en Frankrijk, en was zo gekwetst door de Duitse inval, dat hij de toekomst somber tegemoet zag. Met als lichtpuntje: de nieuwe rijkscommissaris, over wie hij in 1940 aan een vriend schreef:

'Ik ben inmiddels van één ding rotsvast overtuigd: als Seyss-Inquart het niet klaarspeelt met zijn voorzichtige, lichte en fijne hand, die daarbij echter onverbiddelijk en consequent toeslaat, dan kan niemand het.' [50]

SEYSS-INQUART

De plaatsbekleder van Hitler in Nederland is geboren als Artur Zajtich. Zijn vader was een Tsjech. Toen het gezin in 1910 naar Wenen was verhuisd, besloot vader Zajtich de familienaam te laten veranderen in het wat Duitser en wat deftiger klinkende Seyss-Inquart. Daar moest hij wel voor betalen. Zoon Arthur was een zeer intelligente jongen, die rechten ging studeren. In de Eerste Wereldoorlog vocht hij mee in het Oostenrijks-Hongaarse leger. Erna werkte hij op een advocatenkantoor en kwam hij terecht in de leiding van de Oostenrijks-Duitse Volksbond, een sterk antimarxistische organisatie die ernaar streefde dat Oostenrijk en Duitsland één groot rijk zouden gaan vormen. Seyss-Inquart was vanaf 1931 wel een begunstiger van de NSDAP van Hitler, maar echt lid werd hij pas in 1938, bij de Anschluss. In die operatie, waarbij Hitler Oostenrijk bij Duitsland voegde zonder dat de wereld daartegen in het geweer kwam, speelde Seyss-Inquart een voorname rol. Hij was al minister van Binnenlandse Zaken in het kabinet-Von Schussnigg, en moest voortdurend schipperen tussen die regering en de nazi-oppositie. Bij de val van dat kabinet werd Seyss-Inquart de nieuwe bondskanselier, maar niet voor lang: hij riep onmiddellijk de hulp van Duitsland in om orde en veiligheid te komen bevorderen. De Duitse legers trokken Oostenrijk binnen en daarmee was Hitlers droom een feit: een Groot-Duits rijk. Dat daarmee ook een droom van Seyss-Inquart werd vervuld, heeft hijzelf onder woorden gebracht in een redevoering ter gelegenheid van Hitlers komst naar Wenen, op 15 maart 1938. Daar eindigde Seyss-Inquart met:

'Waar in eeuwenlange Duitse geschiedenis naar gestreefd is, waar ontelbaar miljoenen van de beste Duitsers voor gebloed hebben en voor gestorven zijn, wat in verbeten worsteling het hoogste doel en in de bitterste uren de laatste troost was, is heden volbracht. De Ostmark is teruggekeerd. Het Rijk is herboren. Het volksduitse Rijk is geschapen.'[51]

Als beloning voor bewezen diensten werd Seyss-Inquart benoemd tot *Reichsminister* in Hitlers kabinet. Daar werd hij niet echt moe van: hij was minister zonder portefeuille en dat kabinet hoefde bovendien nooit bijeen te komen. Maar de functie gaf status en tal van voordelen op het gebied van geld en arbeidsvoorwaarden, zoals een nóg luxere dienstauto. Seyss-Inquart wilde vooruit, in Wenen was hij min of meer uitgekeken. Hij werd een tijdje plaatsvervanger van Hans Frank, de hoogste man in het *Generalgouvernement* – het grootste deel van Polen. Standplaats Krakau. In die functie was Seyss-Inquart geheel op de hoogte van het meedogenloze beleid tegen Polen die in verzet kwamen en ook van het begin van de anti-Joodse terreur.

Seyss-Inquart was zonder twijfel een toegewijd nationaal-socialist. Hij vereerde Hitler en geloofde heilig in diens politiek. Tijdens een toespraak in 1939, bij de beëdiging van een legeronderdeel, maakte hij dat overduidelijk:

'*Ons geloof wordt bekroond door de drieëenheid volk, rijk en Führer. En daarom mag er voor een nationaal-socialist geen sterkere binding zijn dan die aan zijn volk. Als deze laatste, beslissende opdracht wordt gegeven, moet alles wijken: ons eigen lot, onze familie, onze mening, ons geloof. Slechts wie bereid is, onder alle omstandigheden en tegen alle tegenstand in, deze volledige inzet te geven, is nationaal-socialist.*'[52]

In mei 1940 kwam voor Seyss-Inquart de hoogste post in Nederland beschikbaar. Een verrassing was het zeker, want het was aanvankelijk de bedoeling geweest om hier geen burgerlijk, maar een militair bewind te vestigen, zoals ook in andere landen gebeurde. Hitler had op het laatste moment een andere weg gekozen, tot verbijstering van de militaire autoriteiten, die volop bezig waren met hún voorbereidingen. De biograaf van Seyss-Inquart, H. J. Neuman, schrijft daarover:

'*Terwijl men in Düsseldorf, waar het hoofdkwartier van de in Nederland opererende troepen was gevestigd, nog ijverig doorwerkte aan de plannen voor het militair bestuur, sloeg daar op de avond van de 17de mei als een bliksemstraal het bevel in dat er de volgende dag geen ritten naar het bezette gebied mochten worden gemaakt. Bij informatie bleek dat besloten was tot de instelling van een civiel bestuur.*'[53]

De volgende dag kreeg Seyss-Inquart op Hitlers hoofdkwartier in de Eifel de benoemingsoorkonde uitgereikt. En hij kreeg instructies mee: hij moest van Nederland een onderdeel van het Groot-Duitse rijk maken. Daarvoor achtte Seyss-Inquart een geleidelijke nazificeringspolitiek de aangewezen route. Seyss-Inquart belde die dag zijn vrouw Gertrud in Wenen met een romantische codeboodschap:

'*Zeg Trude, de Führer wil dat ik tulpen ga planten.*'[54]

Seyss-Inquart koos in Nederland voor het landgoed Clingendael als zijn behuizing. Het ligt tegen Wassenaar aan, heeft een prachtige tuin en stelde de rijkscommissaris in staat volop gasten te ontvangen. Er was 's winters gelegenheid om te schaatsen op de vijvers, en ook om Seyss-Inquarts favoriete wintersport te beoefenen, het *Eisschiessen*. In de zomer ging zijn voorkeur uit naar tennis – er lag een baan op het landgoed. Omdat hij mank liep (het gevolg van een ongelukkige val in de bergen) had zijn Nederlandse tennisleraar de opdracht de ballen binnen bereik van zijn hooggeplaatste leerling te plaatsen. Er is een privéfilm van de familie waarop Seyss-Inquart een dubbel speelt met Heinrich Himmler, met als

Rijkscommissaris Seyss-Inquart had zijn intrek genomen op landgoed
Clingendael in Den Haag. Hij hield er geregeld tenniswedstrijden.
Ook zijn dochter Ingeborg (rechts) speelde haar partijtje mee.

tegenstander onder anderen Hanns Rauter. Seyss-Inquart moet ook ooit
tegen de minstens zo kreupele Joseph Goebbels gespeeld hebben, maar
die partij is nooit gefilmd. Er was ook volop gelegenheid voor diners in
het statige Clingendael, maar die hadden in de Duitse bureaucratie geen
goede naam. Biograaf Neuman weet te melden:

*'Er werd hooguit één glas wijn per persoon geschonken. En het menu
was uitermate sober. Het vlees werd eenmaal rondgediend, groenten en
aardappelen tweemaal. Tot slot was er pudding of fruit. Seyss vond dat de
mensen zo wel genoeg kregen. Maar "de mensen" dachten daar anders over.
Riesch, de kok, kwam op een avond zeer overstuur bij Gertrud binnenlopen:
een groep functionarissen uit Berlijn was kort na het avondmaal op
Clingendael wederom dinerend aangetroffen in Den Haag.'*[55]

Het kantoor van Seyss-Inquart was, zoals gezegd, op het Plein, vlak bij de
Tweede Kamer. Hij liet in dat gebouw aan de voorgevel een soort uitstul-
ping bouwen, die hem in staat stelde direct vanuit zijn kantoor in de ge-
reedstaande auto te stappen. Vaststaat dat Seyss-Inquart het hier niet een-

voudig had, ook in de interne verhoudingen niet. Verscheidene van zijn ondergeschikten waren in feite benoemd door in het Duitse Rijk rivaliserende instanties als de NSDAP, de SS en diverse departementen. Deze functionarissen waren dikwijls in de eerste plaats loyaal tegenover die instanties. Dat ondergroef zijn positie. Zo had veldmaarschalk Hermann Göring op het allerlaatste moment bij Hitler geregeld dat Seyss-Inquart op economisch gebied gehouden was Görings instructies op te volgen. En in het dagelijkse werk had hij vooral veel te stellen met Hanns Albin Rauter, de hoogste ss-functionaris inzake openbare veiligheid. Die stond als Generalkommissar natuurlijk onder Seyss-Inquart, maar vond zelf dat hij alleen aan ss-chef Heinrich Himmler verantwoording verschuldigd was.

Maar aanvankelijk was Seyss-Inquart heel optimistisch. Na twee maanden ervaring in Nederland schreef hij een rapport aan Hitler over de toestand hier, waarin hij opmerkte dat er al mensen en instanties waren die niets meer met de NSB te maken wilden hebben en liever direct met de Duitsers contact opnamen. En hij vervolgde:

'Reeds nu kan men met enige zekerheid zeggen dat het een kwestie van tijd is wanneer het Nederlandse volk, ook in zijn politieke wilsvorming, voor het programma van een onafhankelijk Nederland met Nederlands-Indië in nauwe verbinding met het Rijk kan worden gewonnen.'

BINNENLANDS BESTUUR

Het had allemaal een stuk erger gekund – dat was de gemiddelde reactie van de Nederlandse bestuurders en ambtenaren midden 1940. De gematigde toon van Seyss-Inquart in de Ridderzaal had zijn werk gedaan, er waren nog weinig feiten die op het tegengestelde wezen. De ambtenaren waren op hun post gebleven, net als de meeste bestuurders. Er veranderde vooralsnog weinig. Voor de gebeurtenissen rond het binnenlands bestuur is de burgemeester van het Achterhoekse dorp Wisch een belangrijke bron: J.J.G. Boot, die later nog zou opklimmen tot burgemeester van Hilversum, hield gedurende de hele bezettingstijd een dagboek bij. Op 19 juni 1940 noteerde hij daarin:

'De Duitse militairen zijn uit het bestuursbeleid verdwenen na de installatie van Seyss-Inquart. Het is, na alle sombere voorspellingen over een inlijving bij Duitsland, over een Duitse dwarskijker en een NSB-adviseur naast de burgemeester, een hele opluchting te vernemen dat de gemeente vrij blijft en

*in de provincies een Beauftragte is aangesteld om nauw samen te werken
met de Commissaris der Koningin, die voortaan Commissaris der provincie
wordt genoemd.'*[56]

Zo leek er weer wat rust te zijn ingetreden na de volkomen chaotische
meidagen waarin niemand wist waar hij aan toe was. Burgemeester Boot
schrijft dat iedereen op het gemeentehuis die 10e mei van het kastje naar
de muur liep. Hij verwachtte ieder ogenblik Duitse officieren, maar die
kwamen niet, die hadden kennelijk iets anders te doen. Hij kreeg telefoon
van zijn vrouw, die meldde dat de gemotoriseerde troepen langs zijn huis
het land in trokken. Citaat uit zijn dagboek van 10 mei 1940:

*'De dag was zo stralend mooi. Niemand deed iets. Vanzelfsprekend! Wat
zou men op zo'n uur kunnen doen?! De mensen brachten hun stoelen voor
hun huis. Lieten zich zonnen, terwijl de ene divisie na de andere aan hen
voorbij trok.'*[57]

Zoals meer burgemeesters was Boot er tamelijk gefrustreerd over dat er
geen richtlijnen waren uitgevaardigd aan gemeentebesturen over hoe te
handelen bij een vijandelijke inval. 'We staan wat verwezen met betrekking tot onze bevoegdheden,' omschrijft hij fraai zijn positie. Maar kort
daarna moet hij toegeven dat er wel degelijk richtlijnen waren verstrekt,
en wel drie jaar eerder, in 1937. Alleen... Boot had ze nooit gelezen. Hij
schrijft:

*'In een geheim vakje heeft de gemeentesecretaris een exemplaar gevonden.
Ik heb er, bij mijn weten, nooit van gehoord. We hebben de inhoud van het
boekje, daterend uit 1937, nimmer in een burgemeesterskring besproken.'*[58]

Het gaat om de 'Aanwijzingen van 1937', een nogal algemene set instructies, die vooral de militaire bezetting van België vanaf 1914 als voorbeeld
hadden genomen. De termen waren vaag, want er mocht in die tijd niet al
te duidelijk in staan dat er een invasie van Duitse kant werd voorzien –
dat zou een inbreuk op onze neutraliteit inhouden. En wat te doen als er
een vreemde mogendheid de baas werd die op autoritaire wijze rassendis-
criminatie zou gaan toepassen – op die vraag gaf het boekje al helemaal
geen antwoord. De strekking van de aanwijzingen was vooral dat het belang van de bevolking het richtsnoer moest zijn. Dat betekende: op je
post blijven zolang je op die positie nuttig kon zijn. Pas als blijven doorwerken meer nadelen dan voordelen voor de bevolking met zich meebracht, zou vertrek gerechtvaardigd zijn. Welnu, die boodschap heeft

duidelijk effect gehad. Dat bestuurders op enige wijze medewerking weigerden, is lange tijd een uitzondering geweest.

Burgemeester Boot had intussen ook nog andere sores. Hij raakte in conflict met de plaatselijke NSB-afdeling in zijn gemeente. Het ging om een niet al te grote, en bovendien oplosbare kwestie, maar de zaak draaide uit op een pure strijd om de lokale macht, zoals die in veel plaatsen die eerste maanden werd uitgevochten: wie was er in die eerste oorlogsmaanden de baas op straat, de politie of de NSB?

In Wisch was in juni 1940 een familie op straat gezet wegens huurschuld. De NSB eiste dat de familie het huis weer terug zou krijgen. De burgemeester antwoordde dat hij bereid was erover te praten, maar dat leidde tot niets. Hij kreeg daarna bericht dat er minstens vijftig geüniformeerde NSB'ers naar het betreffende huis waren gekomen. Daarop vroeg burgemeester Boot bijstand van de marechaussee, gelegerd in het nabije dorp Ulft.

Het werd een flinke oploop. De burgemeester ging er zelf ook naartoe. NSB-kringleider Borggreve speelde de zaak hoog op. Hij eiste dat het gezin de woning zou terugkrijgen en zette zijn woorden kracht bij met een papier dat afkomstig was van een Duitse *Feldkommandant*. Boot antwoordde dat er aan de uitzetting een gerechtelijk bevel ten grondslag lag en dat hij niets wist over een of andere overheidsfunctie van Borggreve. Het werd een flinke ruzie, maar uiteindelijk verdween Borggreve, richting 's Heerenberg, dreigend dat hij de Duitsers erbij zou halen. Er stonden intussen zo'n duizend belangstellenden op straat. Die kregen de sensatie waarop ze kennelijk wachtten: Duitse soldaten naderden in overvalwagens en hielden met geweren de politie en de marechaussee onder schot. Een pure strijd om de macht op straat – met duizend toeschouwers. De NSB won: burgemeester Boot werd gearresteerd en overgebracht naar het bureau van de Sicherheitsdienst in Arnhem. Bij wijze van pesterij liet Borggreve de burgemeester in een open auto een lange tijd wachten terwijl hijzelf met zijn Duitse vrienden uitgebreid ging eten.

Boot werd de volgende morgen in Arnhem verhoord. Daar liepen de zaken een stuk gunstiger voor hem. SD-*Hauptmann* Not zag al snel in dat het hier om een Nederlandse kwestie ging, waar de Duitsers buiten stonden. Hij liet Boot vrij, de zaak was opgelost. Boot kreeg een zenuwreactie die hem een paar dagen plaagde, maar daar stond veel sympathie en bijval tegenover, zo schreef hij in zijn dagboek:

'De warme belangstelling van de burgerij, vergezeld van een stroom van bloemstukken, fruit, sigaren en niet te vergeten van de slacht, bij mijn

terugkeer, waren een rijke vergoeding voor de angstgevoelens die ik een
etmaal had moeten verwerken.'[59]

In de Nederlandse gemeenten begonnen veel bestuurders zich zorgen te
maken of ze hun vrijheid nog lang zouden kunnen handhaven. Er werden in die eerste maanden van de bezetting al een paar burgemeesters
ontslagen, zoals Van Walsum in Zwolle. Er was, schrijft dr. P. Romijn in
zijn boek *Burgemeesters in oorlogstijd*, sprake van een bestuurlijk arrangement, waarin 'de rijkscommissaris bijzonder duidelijk maakte dat hij zou
ingrijpen als een burgemeester geen betrouwbare partner meer was in dat
arrangement'.[60]

Burgemeester Boot in het Achterhoekse Wisch vergaderde geregeld met
zijn collega's. Hij vond dat prettige bijeenkomsten, ze waren er onder elkaar, ze konden elkaar als klankbord gebruiken en er waren nog steeds
geen NSB-burgemeesters tot hun kring doorgedrongen. Zij konden zo
ook een steun zijn voor elkaar. Maar lang zou dat niet duren, vreesden ze
in voorjaar 1941. Velen verwachtten dat de Duitse bezetter op korte termijn Mussert naar voren zou schuiven, als leider van het land. Dan zou de
invloed van de NSB in het lokale bestuur snel toenemen. De voorbereidingen waren al gaande, noteerde Boot in zijn dagboek:

> *'Er is een opleidingsinstituut voor aspirant-NSB-burgemeesters in het leven*
> *geroepen. Het pleit voor het huidige burgemeesterskorps. Slechts enkelen*
> *zijn overgelopen. Het is om te lachen als men het programma leest. Drie*
> *maanden schriftelijke opleiding. Een week mondeling, plus een reisje naar*
> *Duitsland. Daarna volontairen op een secretarie waar NSB-gezinde*
> *burgemeesters zitten.'*[61]

Maar een paar maanden later, in augustus 1941, bleek de aanpak van de
bezetter veel radicaler te zijn dan verwacht: verordening 152 van rijkscommissaris Seyss-Inquart bepaalde dat per 1 september alle gemeente-
raden en colleges van burgemeester en wethouders werden ontbonden.
Ook Provinciale Staten werden opgeheven. De burgemeester werd de
enige bestuurder van de gemeente, de wethouders werden assistenten,
dus eigenlijk ambtenaren. Het was het einde van de lokale democratie, die
het nog een maand of zestien had uitgehouden. Burgemeester Boot was
woedend, en diep bedroefd, zo blijkt uit zijn dagboek:

> *'Met ontroering en verontwaardiging vernam ik de tijding van het buiten*
> *werking stellen der gemeenteraden. Door deze maatregel is het meespreken*

*van de bevolking uitgesloten. Dit is in flagrante strijd met het bezettings-
recht en met de uitspraak van Seyss-Inquart. Ons volk zal dit onrecht niet
verdragen.'*[62]

Boot liet het niet bij een passage in zijn dagboek. Samen met een bevriende arts schreef hij een woedend pamflet. Hij vond een lokale drukker bereid het te drukken en kreeg verschillende giften waardoor het ook kon
worden verspreid. Veel haalde het niet uit, maar de burgemeester van
Wisch had in ieder geval zijn hart kunnen luchten en menigeen die het
uitvoerige en principiële geschrift destijds heeft gelezen, zal er zich door
bevestigd hebben gevoeld. Opmerkelijk is wel dat Boot met geen woord
repte over de anti-Joodse maatregelen die toen overal al voelbaar waren,
ook in de Achterhoek.

TEGEN DE JODEN

Het was ongetwijfeld een van de noodlottigste verordeningen uit de bezettingsjaren – de verordening vo 6/1941, uitgevaardigd op 10 januari
1941. De elf artikelen van het decreet gingen over de aanmeldingsplicht
van 'personen van geheel of gedeeltelijk Joodse bloede'. De reden voor de
verordening werd in één enkel zinnetje toegelicht in de *Deutsche Zeitung
in den Niederlanden*:

*'De Joodse invloed op het Nederlandse leven in zijn geheel is ondraaglijk
geworden.'*[63]

Inmiddels weten we uit historisch onderzoek[64] dat deze verordening negen voorontwerpen heeft gekend, negen versies, waarin de Duitse bureaucratie steeds nieuwe, scherpere definities formuleerde voor dat ene
doel: de Joden van Nederland te registreren om hen te kunnen isoleren
en daarna te verwijderen.

Negen versies – dat betekent dat er al kort na de installatie van het
nazibewind in Nederland mee is begonnen. De anti-Joodse politiek had
vanaf het begin een zeer hoge prioriteit, al merkte de bevolking daar aanvankelijk nog weinig van. Maar achter de schermen draaiden de voorbereidingen al op volle toeren. Dat weten we ook omdat incidenteel de
notulen bewaard zijn gebleven van het wekelijkse Duitse topberaad in
ons land, de zogeheten Chefsitzung.[65] Rijkscommissaris Arthur Seyss-
Inquart besprak daar elke zaterdag het beleid met zijn naaste medewerkers. Op 24 augustus 1940 bracht Generalkommissar Fritz Schmidt in dit

beraad rapport uit over de voortgang inzake de anti-Joodse maatregelen. Hij meldde:

'De actie tegen de Joden is in voorbereiding en zal in de naaste toekomst worden uitgebreid, en wel tot de Arisering.'

'Arisering' was het beleid om de Joden uit het totale openbare leven te verwijderen: uit het bedrijfsleven, uit de overheid, uit het culturele leven. Schmidt deelde de collega's mee dat er al een flinke stapel verordeningen klaarlag. Zo waren de regels voor de naamsregistratie van alle Joden al op-gesteld. Uit de gedachtenwisseling tijdens de Chefsitzung blijkt duidelijk dat misleiding van het publiek een essentieel onderdeel van de strategie vormde. De maatregelen zouden heel geleidelijk worden doorgevoerd en de ontrechting zou sluipend gebeuren.

Dat is goed te zien aan de manier waarop de bezetter de Joden uit de overheidsdienst verwijderde. Het begon met een brief van algemeen commissaris dr. Friedrich Wimmer (Justitie en Bestuurlijke Zaken) aan de secretarissen-generaal: ze mochten geen Joden meer in dienst nemen en de Joden die al in dienst waren mochten ze niet meer bevorderen.[66] Het ANP, dat al lang onder Duitse controle stond, meldde dit nieuws in een bericht van acht regels. De secretarissen-generaal protesteerden wel, maar zwichtten uiteindelijk voor de Duitse druk. Ze gingen regelen dat aan sollicitanten voortaan zou worden gevraagd of ze van Joodse af-komst waren. De volgende stap kwam er snel achteraan: de secretarissen-generaal moesten alle Joodse ambtenaren en al de Joden die in dienst waren van gesubsidieerde instellingen registreren. Daartoe moesten alle ambtenaren een 'ariërverklaring' invullen, ze moesten dus aangeven hoe-veel Joodse grootouders ze hadden.[67] Wie weigerde het papier in te vul-len werd ontslagen. Terwijl de ambtelijke staven nog bezig waren deze gegevens te verzamelen, volgde in november het volgende Duitse bevel: alle Joodse ambtenaren – dat wil zeggen wie drie of vier Joodse groot-ouders had; dat waren er 2500 – moesten worden ontslagen.

De secretarissen-generaal aarzelden. Ze discussieerden lang en diep-gaand over de mogelijkheid om nu uit protest af te treden, maar ze deins-den uiteindelijk terug voor de chaos die daar het gevolg van zou kunnen zijn. Ze besloten de eis onder protest in te willigen, zeker toen Seyss-Inquart een soort concessie deed: de ambtenaren werden voorlopig alleen 'van de waarneming van hun functie ontheven'. Dat betekende dat ze nog enige tijd doorbetaald konden worden.

Tot weigering de ariërverklaring te tekenen kwam het in maar heel weinig gevallen en openlijke protesten waren schaars. Die laatste bleven nagenoeg beperkt tot de universitaire wereld. In Delft en Leiden ontstonden zelfs demonstratieve studentenstakingen. In Leiden gebeurde dat na een indrukwekkende redevoering van de hoogleraar Cleveringa uit protest tegen het ontslag van zijn befaamde collega en leermeester Meijers.

Burgemeester Boot, in Wisch in de Achterhoek, kreeg al die verordeningen ook op zijn bureau, maar hij had er weinig mee te maken. Hij noteerde in zijn dagboek:

'We hebben geen Joden die een functie bekleden. Het komt me voor dat dit ontslag niet in overeenstemming is met het bezettingsrecht.'[68]

Intussen werden ook de eerste anti-Joodse maatregelen tegen het bedrijfsleven afgekondigd. Op 22 oktober publiceerde de bezetter een verordening – Nederland werd sinds 10 mei in feite bij decreet geregeerd – die regelde dat alle Joodse bedrijven moesten worden aangemeld.[69] Daarbij was een hele serie bepalingen opgenomen die ervoor zorgden dat ook firma's met één Joodse commissaris of firma's die 'onder overwegend Joodse invloed staan' geregistreerd moesten worden. Vijf maanden later zouden al die bedrijven een *Verwalter* krijgen – een niet-Joodse beheerder – en daarmee stond het Joodse deel van het bedrijfsleven volledig onder nazicontrole.

Burgemeester J.J.G. Boot van het Achterhoekse Wisch kwam al kort na de bezetting in conflict met de plaatselijke NSB-leiding.

Op 10 januari 1941 volgde dan genoemde verordening V O 6/1941, over de registratie van de totale Joodse bevolking. Die registratie moest uiteraard schriftelijk gebeuren. Ongeveer 160.000 registratieformulieren (van één gulden per stuk) werden er ingeleverd – het aantal weigeraars was zeer gering. Elke gemeente kreeg voor deze operatie vier weken de tijd. Alleen Amsterdam, waar ongeveer 80.000 Joden woonden, mocht er tien weken over doen. Over de medewerking van diverse overheidsorganen bij de registratie van de bevolking had de bezetter geen klagen. De registratie werd uit Duits gezichtspunt een eclatant succes. In de hele operatie was een hoofdrol weggelegd voor Jacob Lentz, het hoofd van de Rijksin-spectie der Bevolkingsregisters. Hij was bij uitstek de specialist op het ge-bied van de bevolkingsboekhoudkunde, en de bezetter volgde zijn advie-zen stipt op. Lentz pleitte voor een drievoudige registratie van de gehele bevolking: bij de gemeente, bij de Sicherheitsdienst en in een apart archief bij Binnenlandse Zaken – dat werd later gebouw Kleykamp in Den Haag.

Het grote levenswerk van Jacob Lentz zou echter het persoonsbewijs worden, een nieuw document dat iedereen voortaan bij zich moest heb-ben. Het kabinet-De Geer had zo'n verplichte legitimatie nog afgewezen, maar toen de Duitsers er in 1940 om vroegen en Lentz de opdracht kreeg om een ontwerp te maken, ging hij vol ambitie aan de slag. Hij ontwik-kelde een modern, technologisch vernuftig en dus niet goed te vervalsen persoonsbewijs. Zijn concept was ook in Duitse ogen buitengewoon ge-slaagd: het was eigenlijk niet na te maken, het was beter dan de Duitse *Kennkarte*, zo moesten ook de specialisten in Berlijn toegeven. Toen het ontwerp was goedgekeurd ging het snel. Al in december 1940 werden de eerste persoonsbewijzen gedrukt. Een jaar later waren er meer dan zeven miljoen uitgereikt. Daarmee had de bezetter een grote slag geslagen: van iedere inwoner van Nederland was de identiteit en de woonplaats be-kend. En in de persoonsbewijzen van Joodse inwoners was een grote J gestempeld, zodat iedereen van Joodse afkomst onmiddellijk opviel. De Joodse bevolkingsgroep zat daarmee collectief in de administratieve val. En het belangrijkste instrument was de bezetter door Jacob Lentz aange-leverd. L. de Jong typeert hem zo:

'*een dorre, eigenlijk van de wereld vervreemde, zijn ambtelijke idealen najagende perfectionist die elke hem door wie ook verstrekte opdracht met onbegrensde toewijding wenste uit te voeren.*'[70]

Het noodlottige effect van zijn inspanningen was tijdens de oorlog al be-kend bij het verzet. Lentz kreeg dreigbrieven, werd enige tijd bewaakt en

Een Joodse Nederlander beschermt een winkelruit tegen eventuele bomschade.
Al kort na de bezetting moesten Joden zich terugtrekken uit de organisaties
voor luchtbescherming.

stortte ten slotte mentaal helemaal in. Na de oorlog kwam bij voor het Bijzonder Gerechtshof te staan. Hij kreeg een gevangenisstraf van drie jaar.

Gaandeweg beginnen de anti-Joodse maatregelen voelbaar te worden, ook voor een Joods schoolmeisje in Den Haag, zoals Edith van Hessen. Ze begint in 1938 een dagboek, dat de ontwikkelingen gedetailleerd illustreert. Ze is dan dertien jaar. Onbezorgd schrijft ze over haar leven in Den Haag, over school, feestjes, jongens. Edith komt uit een intellectueel milieu, ze blinkt uit op school. Ze is vrolijk, optimistisch. Dat blijft ze in het begin van de oorlog. Op 2 juni 1940 noteert ze, bijvoorbeeld:

> *'We hadden een heerlijke avond. Vader las voor uit Heine. Moeder, Jules en ik ook. Nina en Paul kwamen langs. We maakten met z'n allen muziek. Het was echt leuk. Parijs is door de Duitsers ingenomen. Hier is alles weer rustig. Maar verder in de wereld...!'*[71]

In de paasvakantie van 1941 is Edith met een groep medeleerlingen een fietstocht gaan maken, zij is de enige Joodse van het gezelschap. Na terugkomst kijkt ze in haar dagboek terug op een mooie week:

> *'Ik zit op mijn bed met een rood verbrand gezicht van de zon en pijnlijke knieën. Afgezien daarvan is alles normaal... behalve mijn geestesgesteldheid. Ik heb behoefte aan een opkikkertje. Je zult moeten toegeven dat het nogal ontluisterend is als je een dorpje binnen rijdt en een bord ziet met: Joden hier niet gewenst. Er was een cafeetje in Wilnis, waar we de eerste dag binnen liepen. Alleraardigste mensen. Zij hadden ook zo'n bord maar dat hadden ze in een kast weggestopt.'*[72]

Voor de Joodse leraren op de school van Edith is het doek dan al gevallen, ze hebben eind 1940 te horen gekregen dat ze moesten stoppen. Een van hen heeft zijn ervaringen, net als Edith, in dagboekvorm genoteerd, dr. G. Italie, leraar klassieke talen. Hij schrijft, op 28 november 1940:

> *'Ontslagen! D.w.z. het briefje is nog niet in mijn bezit, maar Hoving deelde mij mede, dat het onderweg is en dus heb ik na de laatste lessen vanmiddag afscheid van Hoving genomen en met stille trom het gymnasium, waar ik ruim 20 jaar gewerkt heb, verlaten. Er is nog geen vervanger voor mij.'*[73]

De leerlingen zijn in meerderheid bedroefd, maar machteloos. Dr. Italie maakt, twee dagen na zijn vertrek van school, melding van een reactie:

'Verder had ik een brief van de vijfde klas, die ik in september nieuw heb gekregen. In deze brief drukken de leerlingen hun leedwezen uit, dat "U gedwongen bent ons Lyceum voor enige tijd te verlaten." Van de zestien leerlingen hebben er twee hier hun handtekening niet onder geplaatst.'[74]

De omstandigheden worden ook voor de Joodse leerlingen steeds moeilijker. In de zomer van 1941 komen er steeds meer beperkingen, ze mogen niet meer naar hun eigen school, er komen speciale Joodse scholen. Ook Edith krijgt dat te horen.

'En jawel hoor, vanavond stond het in de krant; we mogen niet meer naar school. Zie je nou wel. Met dit nieuws toog ik naar Dolfs huis. Maud was daar ook. Ze was reuze verontwaardigd. Ze vond het erg beroerd en zei dat alle leuke lui nu van school afgingen en dat er dan een soepzooitje overbleef. Enfin, we maakten een knalidee voor een fuif om het einde van de vakantie te vieren en besloten ons niet door de toestand van de wijs te laten brengen.'[75]

Maar de confrontaties worden steeds indringender. Ook bij Edith in de straat, voor haar eigen deur:

'Vandaag liggen de straten bezaaid met pamfletten met flutteksten als: Yankee, Engelsman, Chinees, Bolsjewiek dansen naar de pijpen van de hele Jodenkliek, en dat laatste woord in dikke rode letters. Op de lantaarnpaal voor ons huis zijn er ontzettend veel geplakt, op de andere palen in de straat veel minder.'[76]

Edith houdt contact met haar vriendinnen als ze op haar nieuwe, Joodse school zit. Soms gaat ze nog met hen op stap. Maar dat wordt steeds moeilijker.

'Om twee uur kwam Maud me afhalen en zijn we samen naar het strand gegaan. Maar in de duinen stonden weer nieuwe bordjes: "Verboden voor Joden" en "Beperkte bewegingsvrijheid". Daarom stelde Maud voor, als ik niet verder wilde, terug te gaan naar haar huis en daar thee te drinken.'[77]

Edith en haar familie houden het nog even uit. Als in juli 1942 de eerste deportatietreinen gaan rijden duiken ze onder. Edith komt in Breda terecht. Ze overleeft de oorlog, en vestigt zich daarna in het buitenland. De laatste decennia woonde ze in de Verenigde Staten, waar ze in 1997 haar dagboek uit de oorlogstijd publiceerde.

In Amsterdam was de spanning in het begin van 1941 hoog opgelopen.[78] Er was enerzijds sprake van sterke sociale tegenstellingen, die teruggingen op de gepolariseerde verhoudingen uit de crisistijd, en anderzijds was er een nieuwe, politieke strijd om de macht. In die explosieve situatie trok de positie van de Joden al snel de aandacht, juist in Amsterdam met een relatief grote Joodse bevolkingsgroep. Er laaide een soort stadsoorlog op, met een hoogst onoverzichtelijk karakter. Naast de discriminerende maatregelen tegen de Joden (inmiddels was er ook een bioscoopverbod afgekondigd) waren er voortdurend confrontaties tussen Joodse jongeren en provocerende leden van de WA, de geüniformeerde tak van de NSB. Dat was eind november 1940 al begonnen toen de NSB een mars door de Joodse wijk organiseerde. In december waren er acties rond de horeca: de WA wilde eigenaren van cafés en restaurants dwingen bordjes op te hangen met de tekst 'Joden niet gewenst'. Joodse jongeren organiseerden zich in knokploegen en gingen WA-mannen te lijf.

Het werd steeds onduidelijker wie er de baas was op straat: de politie, de WA, de knokploegen, de Duitsers? Er viel zelfs een dode: de WA-man H. Koot overleed aan zijn in een straatgevecht opgelopen verwondingen. Zijn begrafenis werd een NSB-demonstratie van formaat. De speciale vertegenwoordiger van Seyss-Inquart voor Amsterdam, dr. Hans Böhmcker, liet als represaille een deel van de Joodse wijk afsluiten.

Een week later was er een nieuw incident tussen een groep NSB'ers en een Joodse knokploeg en toen eiste de hoogste Duitse politieautoriteit in Nederland, Hanns Albin Rauter, dat er een harde maatregel zou worden genomen. Hij stelde de arrestatie van een grote groep Joodse mannen voor, en kreeg daarvoor toestemming van zijn hoogste chefs, in Duitsland Heinrich Himmler en in Nederland Arthur Seyss-Inquart. Op zaterdagmiddag 22 februari 1941, en op de volgende zondagochtend, voerden zeshonderd mannen van de Ordnungspolizei een actie uit in de Amsterdamse Jodenbuurt. Ze pakten rond de vierhonderd Joodse mannen op, tussen de 20 en 35 jaar.[79]

De Amsterdamse journalist Salomon de Vries noteerde die avond in zijn dagboek:

'Ze wonen in de Jodenhoek, in het ghetto, op het Daniël Meyerplein, de Weesper- en de Jodenbreestraat. Zij hebben vandaag met de handen omhoog voor de geweerlopen van de Grüne Polizei gestaan, ze zijn afgeranseld, en getrapt en neergeslagen en zij zijn bij tientallen op vrachtwagens geladen en weggevoerd. Waarheen weet niemand. Jonge Joden tussen de 25 en de 40. Want de Grüne Polizei werkte eerst samen met de WA van Mussert. En nu de WA het gevecht verloren heeft en zich niet meer intimiderend in de Jodenbuurt durft te vertonen, nu komt de Grüne Polizei deze affaire even opknappen.'[80]

De arrestanten gingen via Schoorl naar Duitse concentratiekampen, zoals Mauthausen, vanwaar al spoedig de eerste doodsberichten binnenkwamen. Mauthausen, het kamp waar vrijwel niemand levend uitkwam, kreeg toen al een onheilspellende reputatie.

Ondertussen waren ook de sociale spanningen opgelopen. De communisten, die in hun politieke strijd beperkt werden door het Molotov-Ribbentroppact tussen de Sovjet-Unie en nazi-Duitsland, waren zeer actief met sociale agitatie en vonden vooral gehoor in de werkverschaffingsprojecten. Voorbereidingen voor een grote staking, uit te roepen in de hoofdstad, vielen in dat weekend samen met de verontwaardiging over het in Nederland ongekende geweld tegen Joden. De CPN'ers Willem Kraan en Piet Nak zorgden ervoor dat het protest tegen dat anti-Joodse optreden, dat in brede kring grote verontwaardiging had gewekt, in de stakingsoproep werd opgenomen. Fabrieksarbeiders, kantoorbedienden en ambtenaren gaven gehoor aan de gestencilde oproep ('Deze Jodenpogroms zijn een aanval op het gehele werkende volk. Staakt, staakt, staakt!!!') en gingen de straat op. Toen Rauter van zijn verbijstering was bekomen (stakingen waren in het Derde Rijk onbekend) stuurde hij bataljons Ordnungspolizei naar Amsterdam om de onrust de kop in te drukken. Ze mochten met scherp schieten – en deden dat ook.

Er vielen negen doden in de straten van Amsterdam en twintig zwaargewonden. De staking sprong over naar de dichtstbijzijnde steden als Hilversum, Zaandam, Haarlem en Utrecht en duurde ook de volgende dag nog voort. Maar het geweld waarmee de ordetroepen optraden en de dreiging van nog veel scherpere represailles (massale arrestatie van Joden) maakten een einde aan de acties. De Duitsers arresteerden mensen die van een aandeel in de organisatie verdacht werden, en brachten er minstens twintig voor het vuurpeloton. Ze vervingen de burgemeesters van de meeste steden waar gestaakt was door pro-Duitse opvolgers. En ze legden miljoenen guldens boete op aan de gemeentebesturen die verantwoordelijk werden gehouden voor de staking van hun ambtenaren. De schrik zat er daarna in de hoofdstad wel in: toen twee jaar later in vrijwel het hele land op veel grotere schaal de april-meistakingen uitbraken, bleef Amsterdam erbuiten.

Toch is de Februaristaking van betekenis geweest, als symbool van actie en als verzetsimpuls – het was de enige antipogromstaking uit de hele Tweede Wereldoorlog.[81] Maar het blijft de vraag of de Joden ermee geholpen waren. Alle partijen waren van deze uitbarsting erg geschrokken. Bij de bezetter leidde dat tot de keuze openlijke gewelddadigheden zo veel mogelijk te vermijden en vooral op administratieve wijze en buiten het zicht van de bevolking te werk te gaan. Bij de Joden en de bevolking in het algemeen was de conclusie overwegend dat het kennelijk verstandig was de bezetter niet te provoceren. De doodsberichten maakten diepe indruk. Dat alles heeft er zeker toe bijgedragen dat de Februaristaking niet alleen de eerste, maar ook de laatste grootscheepse actie tegen de Jodenvervolging is geweest.

DE POLITIE

De Februaristaking speelde indirect ook een belangrijke rol in de reorganisatie van de Nederlandse politie die tijdens de bezetting werd doorgevoerd. Tot februari 1941 was de hoogste politieautoriteit, Rauter, nog wel bereid om suggesties uit de kringen van het Nederlands bestuur op dit punt aan te horen. Maar na de staking was zijn geduld op. Hij nam de reorganisatie met kracht ter hand en maakte daarmee in feite een einde aan een discussie die ook voor de oorlog al tot een impasse had geleid. Wat er, heel kort samengevat, gebeurde is dit: de Duitse bezetter rukte de Nederlandse politie uit haar traditionele en bestuurlijke kaders – waar de besluitvorming uiterst stroperig verliep – en maakte er een centraal geleide staatspolitie van, formeel onder het Nederlandse departement van Justitie, maar onder feitelijke leiding van Rauter.[82]

Om te beginnen ging de bezem door diverse rijkspolitiediensten: de Rijksveldwacht en het Korps Politietroepen voegde Rauter bij de enige politiedienst die hem wel aanstond, de marechaussee. Verder schafte hij in het overgrote deel van de gemeenten de plaatselijke politie af, versterkte hij de greep van de centrale overheid op de politie in de grote steden en richtte hij een Rijksrecherche op. Door het afschaffen van de plaatselijke politie ontnam hij de burgemeesters de feitelijke verantwoordelijkheid voor orde en veiligheid.

Wat overbleef, gemeentepolitie in sommige plaatsen, staatspolitie en marechaussee, kwam onder centraal toezicht van een directeur-generaal van politie en een inspecteur-generaal van politie. En ten slotte, niet on-belangrijk, won Rauter een zekere sympathie van veel politiemensen door de invoering van een technische dienst, van politiescholen en van een eigen ziekenfonds. Verder zorgde hij voor betere bewapening, een nieuw uniform en... een aanzienlijke loonsverhoging.

Hanns Albin Rauter – hij kreeg voor elkaar wat decennia niet gelukt was in de Nederlandse overlegdemocratie: de politie opnieuw in het gelid zetten. Hij was dan ook een bijzonder type, deze Oostenrijker. L. de Jong, die hem na de oorlog nog in zijn cel heeft geïnterviewd, vond hem een 'geboren bendehoofd', een rusteloze workaholic (hij nam in drie jaar in Nederland geen dag vakantie), wars van kunst en cultuur, fanatiek, bot. De Jong:

> 'Het beeld dat zijn achterdochtige geest zich van de wereld gevormd had, was even rechtlijnig als primitief. Relativering was hem vreemd, nuances en subtiliteiten ontgingen hem. Hij was ook te impulsief om zich tijd te gunnen voor het rustig overdenken van gecompliceerde situaties: elke Gordiaanse knoop moest onmiddellijk doorgehakt worden, zijn zwaard was er goed voor.'[83]

Aanvankelijk had de bezetter overigens weinig reden gehad om te twijfe-len aan de loyaliteit van de Nederlandse politie. Het blad van de Bond van Christelijke Politie-ambtenaren had in mei 1938 tijdens een discussie over gezag al een duidelijk standpunt ingenomen:

> 'Wij zijn – dit weten de gedragsdragers zo goed – gehoorzaamheid verschuldigd aan hen die over ons gesteld zijn, aan onze superieuren. En of die superieuren ons bevallen of niet, of wij ze willen erkennen of niet: wij hebben hun te gehoorzamen.'[84]

En toen de Duitsers hier eenmaal binnen waren huldigde, bijvoorbeeld, de Haagse hoofdcommissaris Van der Meij, in een mededeling aan zijn agenten, nog exact hetzelfde standpunt:

> 'Voortdurend zal, op de meest correcte wijze, aan alle Duitse autoriteiten en bezettingstroepen, de grootst mogelijke medewerking worden verleend.'[85]

Vreemd is dat natuurlijk niet. Het optreden van de overgrote meerder-heid van de politiebeambten was in lijn met het algemene beleid van de secretarissen-generaal: verzet was zinloos en nutteloos en zou de noodza-kelijke en nuttige samenwerking tussen bezetter en binnenlands bestuur alleen maar kunnen schaden. Maar toch was dat in de praktijk van alledag niet eenvoudig. Ook de politieagenten op straat kwamen voor moeilijke dilemma's te staan. Anjerdag was daar een vroeg voorbeeld van, later volgden de incidenten met WA en NSB rond het colporteren. Maar spoedig zouden heel wat indringender dilemma's opdoemen, vooral rond het ophalen van Joden voor deportatie.

NAAR HET OOSTEN

Zo veranderde er in die eerste oorlogsjaren, bij alle voortgezette routine, heel veel. Dat hing nauw samen met de gebeurtenissen buiten Nederland. Halverwege 1941 was de situatie in de wereld ingrijpend gewijzigd: Duitsland was Rusland binnengevallen, schond daarbij het Molotov-Ribbentroppact en verried zijn tijdelijke bondgenoot Stalin. In Operatie-Barbarossa (zoals de veldtocht tegen de Sovjet-Unie heette) gaf Hitler uiting aan twee diepe gevoelens: aan de wens om in het oosten *Lebensraum* te creëren en aan zijn diepe afkeer van het communisme. Op 22 juni 1941 viel Duitsland aan, de aanval op het communisme was een beslissende fase ingegaan.

Dat was ook in Nederland te merken. Er volgde een golf van arrestaties onder Nederlandse communisten. Hun adressen waren bekend: de Nederlandse inlichtingendiensten hadden daar voor de oorlog al lijsten van aangelegd en daarover kon de Sicherheitsdienst beschikken. Dat waren vaak oude, onvolledige lijsten, waardoor er veel mensen zijn gearresteerd die de banden met hun communistische verleden allang hadden doorgesneden, maar het resultaat was er niet minder tragisch om. Dr L. de Jong schat dat de actie, waaraan veel Nederlandse autoriteiten hun medewerking verleenden, in totaal meer dan 250 mensen het leven heeft gekost.[86]

Vanzelfsprekend reageerde de NSB blij verrast op het begin van de oorlog met de Sovjet-Unie. Anton Mussert gaf blijk van zijn anticommunisme door Adolf Hitler in een telegram te feliciteren met deze actie. Dat deed hij

'namens duizenden strijdende kameraden, die zich door niemand in trouw zullen laten overtreffen. God bescherme u en geve aan uwe strijd om het voortbestaan van Europa Zijn onmisbare zegen.'[87]

Mussert was de enige Nederlander die mocht spreken op een bijzondere manifestatie die Seyss-Inquart ter ere van de aanval in het oosten had laten organiseren. Op het IJsclubterrein in Amsterdam, tegenwoordig bekend

Arthur Seyss-Inquart spreekt op de manifestatie op het Amsterdamse
IJsclubterrein, kort na de Duitse inval in de Sovjet-Unie. Hij draait er Nederland
een uur lang de duimschroeven aan.

als het Museumplein, kwamen duizenden nationaal-socialisten bijeen. Er waren Duitse en Nederlandse erewachten van Wehrmacht, WA en Nationale Jeugdstorm, de jeugdbeweging van de NSB. Iedereen luisterde naar een toespraak van Seyss-Inquart, die een uur duurde. Seyss-Inquart roerde in deze toespraak even de Februaristaking aan, die was opgezet *'in samenwerking van de communistische partij met de Engelse geheime dienst en het Jodendom in deze stad'*. Hij kondigde de volgende fase aan in de nazificering van Nederland: organisaties die zich niet vanzelf hadden gevoegd in de nazipolitiek zouden moeten verdwijnen. Hij zei het zo:

> *'Ikzelf beschouw deze betoging als het uitgangspunt van de nationaalsocialistische reorganisatie in Nederland, die thans, nu de beslissing in het oosten valt, ook hier moet worden aangepakt. Daarom zijn alle instellingen en politieke ideeën die reactionair een nieuwe ontwikkeling willen tegenhouden een beletsel voor een gelukkige toekomst. Wij zullen ze opruimen.'*[88]

Goedschiks of kwaadschiks – Nederland moest nu snel onderdeel worden van het Groot-Duitse Rijk. De tijd van de vriendelijke benadering was afgelopen, de 'fase van de wederzijdse welwillendheid' was definitief overgegaan in de volgende fase, die van de 'toenemende dwang en toenemende problemen'.[89]

Seyss-Inquart zette de toon voor de komende periode. *'Nederlanders,'* schalde zijn stem tussen Concertgebouw en Rijksmuseum, *'blikt naar het oosten!!!'*

3 Keuzes en dilemma's

'De Duitsers noemen ons fluitketels, omdat wij van buiten fluiten en van binnen koken.'[1]

Dat schrijft mevrouw N. Westerbeek van Eerten, echtgenote van een huisarts uit Hummelo in de Achterhoek, op 23 juni 1940 in haar dagboek, en daarmee vat ze de gevoelens van veel Nederlanders heel goed samen. In de reacties op de bezetting van het land was er veelal een groot verschil tussen wat mensen voelden en dachten, en wat ze deden. Verreweg de meeste Nederlanders probeerden in mei 1940 gewoon door te leven, buiten schot te blijven. Het percentage dat zich direct in woord en daad tegen de nieuwe bezettingsmacht keerde was gering, en het percentage dat direct voluit en openlijk steun verleende aan de bezetter eveneens. De meeste mensen pakten de draad van hun gewone leven zo snel mogelijk weer op en als dat niet helemaal kon, pasten zij zich aan, hielden zich gedeisd en hoopten vooral dat het gauw voorbij zou zijn. Dat laatste blijft tijdens de hele oorlog een factor van belang: hoewel het idee dat de Duitsers oppermachtig waren in Europa wijd verbreid was, voorzag vrijwel niemand dat de bezetting vijf volle jaren (voor het zuiden een half jaar korter) zou gaan duren. Heel veel Nederlanders dachten op allerlei momenten dat maatregelen en beperkingen maar van korte duur zouden zijn – dat gold later ook voor gedeporteerden. Ze dachten dat ze er wel doorheen zouden komen, omdat de bevrijding nu toch niet meer ver weg zou kunnen zijn.

Gevoelens van machteloosheid zijn tijdens de bezettingstijd ongetwijfeld ook sterk geweest. Door gebrek aan deugdelijke informatie, door de geruchtenvorming en door de angst voor represailles van de bezetter voelden veel mensen zich in toenemende mate onzeker. Van verzet was in die eerste periode weinig sprake, maar van een anti-Duitse sfeer des te meer. Uit onderzoek van historicus Bart van der Boom, die een ongekende hoeveelheid dagboeken heeft bestudeerd, blijkt dat de stemming in het land vanaf het begin uitgesproken anti-Duits en anti-NSB was en dat dat eigenlijk de hele oorlog zo bleef. De bezetter wist dat ook heel goed. In de rapporten van de Duitse instanties werd er geen enkele verbetering op dat punt bespeurd. In januari 1941 was er sprake van 'een niet te overtreffen dieptepunt in anti-Duitse stemming'. Volgens Van der Boom blijkt overigens evenzeer dat er in de bevolking weinig sympathie leefde voor het verzet. In dagboeken werden verzetslieden die aanslagen pleegden als een soort 'wildemannen' beschreven die onverantwoorde risico's namen.[2]

KEUZES

Gewoon doorleven en zich waar mogelijk aanpassen – dat was de overheersende trend. Maar soms konden de nieuwe omstandigheden dwingen tot nieuwe keuzes, vaak met ingrijpende gevolgen voor het eigen bestaan. Een keuze uit innerlijke overtuiging, maar vaak ook een keuze op grond van toevallige omstandigheden. Het kon te maken hebben met het milieu waaruit je kwam of met de invloed van je vriendenkring. En vaak was het ook een combinatie van factoren. De precieze motieven van beslissingen die mensen namen zijn vaak niet te achterhalen. Waarom kwam iemand bijvoorbeeld in het verzet terecht? Of waarom sloot iemand zich aan bij een pro-Duitse organisatie? Of juist bij de in het begin van de bezetting erg populaire Nederlandse Unie? Er was sprake van een uiterst grillig patroon.

Neem de familie Folmer. Neef Jan sloot zich aan bij de Waffen SS en vocht aan het Oostfront voor het Groot-Duitse Rijk. Zijn nicht Joke Folmer kwam in het verzet terecht, werd gearresteerd en belandde uiteindelijk via Vught in een Duitse gevangenis. Twee totaal verschillende verhalen, uit één familie. Peter Gerritse wijdde er een boek aan.[3]

Jan en Joke Folmer, neef en nicht: totaal verschillend terechtgekomen.

Jan Folmer woont tegenwoordig in Oostenrijk, hij heeft geheel met Nederland gebroken. De oorsprong van de beslissing die zijn leven ingrijpend zou veranderen ligt op school. Jans ouders woonden in voormalig Nederlands-Indië en vonden het beter dat hij zijn HBS-diploma in Nederland zou halen. Hij woonde in Haarlem in een gastgezin, dat positief tegenover de NSB stond. Tijdens de oorlog kwam in de HBS-klas waar Jan in zat, op een dag de NSB aan de orde. Een van de leerlingen betoogde dat alle NSB'ers landverraders waren. Jan Folmer stond op en sprak die stelling tegen, hij vond dat je dat in elk individueel geval zou moeten aantonen. Na de les kreeg hij van zijn klasgenoten te horen dat hij voortaan als NSB'er werd beschouwd. Dat bleek voluit vanaf medio 1941, toen hij steeds meer werd gepest, en uitgescholden. Folmer:

'En als je dan voortdurend voor "lafaard" wordt uitgemaakt en je weet dat je geen lafaard bent, dan denk je: vooruit, ik neem ook de consequentie, dan meld ik mij, dan ga ik ook vechten tegen het communisme. Bij de Waffen-ss.'[4]

Joke Folmer woonde in Zeist. Bij haar in de klas zat een Joods meisje, Rosette, haar hartsvriendin. Op een gegeven moment mocht die niet meer naar school, en Joke bood aan, toen een leraar daarom vroeg, om Rosette haar huiswerk te brengen. Dat was weliswaar tegen de regels, maar Joke vond het heel normaal. Op een gegeven moment bleek dat Rosette en haar familie waren vertrokken. Naar Zwitserland, zo werd gezegd, dus in veiligheid. Pas na de oorlog bleek dat niet het geval, ze waren tijdens een vluchtpoging naar Zweden opgepakt en via Westerbork naar Auschwitz gedeporteerd. Niemand van het gezin is teruggekeerd. Intussen kreeg Joke Folmer steeds vaker het verzoek om pakjes weg te brengen naar onbekende adressen. En zo werd ze, bijna ongemerkt, koerierster voor het verzet. Zelf zegt ze:

'Ik had altijd een mandje met een grote keukenwekker bij me, want horloges waren er niet in die tijd. Als het een licht pakje was, dat in mijn mandje zat, dan waren het meestal bonkaarten. En als het zwaar was, dan was het waarschijnlijk munitie of een pistool of zo, dat wist je niet. Het zat gewoon onder mijn schoolboeken, onder de wekker in dat mandje. Meisjes hadden het toch altijd al makkelijker, ik ben eigenlijk nooit aangehouden, nooit. Wat ik ook in mijn mandje had.'[5]

Joke kreeg steeds meer verzoeken om opdrachten uit te voeren voor het verzet. Na verloop van tijd ging ze neergeschoten geallieerde piloten helpen vluchten. Via allerlei pilotenlijnen naar het zuiden heeft ze in totaal naar schatting 120 vliegers op weg geholpen, en daarnaast nog zeker honderd anderen, Nederlanders vooral, die op de vlucht waren. Op een gegeven moment liep ze in de gaten bij de Duitse Sicherheitsdienst, die haar probeerde te vangen door haar moeder te gaan schaduwen. Dat is uiteindelijk gelukt, vertelt Joke:

> *'Ze hebben haar weken gevolgd, totdat ze een keer naar Amsterdam ging, om mij op te zoeken. Ik haalde haar af op het Centraal Station. Nou, we hadden elkaar nauwelijks omhelsd, of we hadden alle twee de boeien om. En toen is zij als gijzelaar voor mij naar Vught vervoerd.'[6]*

Joke werd ter dood veroordeeld, maar haar vonnis is niet voltrokken. In september 1944 werd kamp Vught in allerijl ontruimd omdat de geallieerden steeds dichterbij kwamen. De gevangenen werden naar Duitse kampen vervoerd, Joke kwam in een gevangenis in het oosten van Duitsland terecht waar ze uiteindelijk door de Russen is bevrijd.

Haar neef Jan was inmiddels na een militaire opleiding van zes weken in de Elzas en nog een paar weken in het Oostenrijke Klagenfurt aan het Oostfront beland, in de Viking Divisie van de Waffen ss. Hij raakte in de Kaukasus, in de buurt van Grozny, ernstig gewond aan beide benen. Na zijn herstel in Oostenrijk kreeg hij een baantje als ordonnans – ook hij bracht boodschappen rond, net als zijn nichtje eigenlijk, maar dan tussen Duitse officieren, rond de linies in de Sovjet-Unie. Jan Folmer was nooit betrokken bij acties waar oorlogsmisdaden zijn gepleegd, hij zegt volledig onbekend te zijn geweest met wat er achter het front gebeurde.

Na zijn arrestatie, na afloop van de oorlog, raakte hij in gesprek met de commandant van het krijgsgevangenkamp:

> *'Hij liet mij bij zich roepen en in een urenlang gesprek mijn verhaal vertellen. Daarna liet hij mij foto's zien van wat er áchter onze rug was gebeurd. En dat heb ik niet willen en kunnen geloven, tot ik de foto's zag. Foto's uit de concentratiekampen. Van mensen, die verhongerd waren, die gemarteld waren, die op de een of andere manier gestorven waren, lijkenhopen en dergelijke: verschrikkelijke foto's. En dat gebeurde allemaal áchter onze rug terwijl wij aan het front stonden.'[7]*

Terug in Nederland is Jan Folmer berecht voor zijn steun aan de vijand. In hoger beroep werd het vonnis uiteindelijk vastgesteld op drie jaar jeugdgevangenis. Die zat hij uit in Zutphen. Na zijn vrijlating en een paar jaar werk in Nederland, meldde hij zich als vrijwilliger aan voor de strijd in Korea.

'Toen heb ik gedacht: nu kan ik een tweede betaling verrichten. Ik heb de mij door de overheid opgelegde gevangenisstraf uitgezeten, en nu kon ik een tweede betaling doen door mijn krijgservaring ter beschikking te stellen van deze troep die daar naar Korea is gegaan, en die eigenlijk van oorlog nog geen benul had. Dat was weer vechten tegen het communisme.'[8]

Joke en Jan Folmer hebben weinig contact. Na de oorlog hebben ze elkaar een aantal keren gezien, ze waren erg op elkaar gesteld, maar over het verleden en over hun zo uiteenlopende belevenissen hebben ze het nooit uitvoerig gehad. Beiden stellen vast dat het toeval een grote rol heeft gespeeld in hun leven, ook Joke is daarvan overtuigd. Op de vraag wat er was gebeurd als zij in een NSB-gezin zou hebben geleefd, antwoordt ze:

'Dan was ik misschien ook de verkeerde kant opgegaan. Vast wel, want dan had ik alleen maar vanuit hun gezichtspunt gekeken naar de wereld. Want wat weet je er van? Hij was 16 jaar toen – en ik ook toen ik Rosette haar huiswerk bracht.'[9]

Joke en Jan Folmer, twee mensen uit één familie – zomaar een voorbeeld van hoe grillig het lot kon bepalen wat er met mensen in de Tweede Wereldoorlog kon gebeuren.

HET EERSTE VERZET

Al op de dag van de capitulatie van het Nederlandse leger besloot de onderwijzer, later leraar handenarbeid, Bernard IJzerdraat uit Schiedam, geschokt als hij was, iets te doen tegen de Duitse overheersing: hij kwam in verzet. Hij was een van de eerste verzetsmensen in Nederland, misschien wel de allereerste. Op 15 mei 1940 schreef hij een oproep onder de titel *Geuzenbericht nr. 1* – dat geschrift is niet bewaard. Het werd in Schiedam hier en daar in de bus brievenbus gestopt. Drie dagen later volgde nummer 2. Dat is wel bewaard gebleven en we kunnen er deze voorspelling in lezen:

'Onze jonge mannen zullen worden gedwongen elders te gaan werken voor de overweldiger. We krijgen stellig spoedig een nieuwe Alva met bloedraad en inquisitie (of een Quisling). Maar de Geuzenactie zal ons geleidelijk

organiseren en eenmaal zullen we, evenals in de tachtig jarige oorlog, onze vrijheid heroveren.'[10]

IJzerdraats initiatief breidde zich uit, eerst via een wandelvereniging in Vlaardingen, vervolgens in Haarlem en omgeving, waarheen hij later in 1940 verhuisde. En zo langzamerhand werden de Geuzen in het hele land actief, zij het zonder veel resultaat. Er was weinig organisatie, weinig samenhang en vooral weinig discipline op het punt van de geheimhouding. En daardoor kon in november via een van de Geuzen een verhaal uitlekken dat er in Schiedam al grote wapenvoorraden klaarlagen voor massaal gewapend verzet. Dat, overigens onjuiste, bericht bereikte de politie, en ook de Duitse Sicherheitspolizei, die een nummer van het Geuzenbericht ontdekte en binnen enkele weken de hele organisatie oprolde. Inclusief initiatiefnemer Bernard IJzerdraat. Het proces tegen de Geuzen werd eind februari 1941 gehouden, in Den Haag. De hoofdverdachten waren tevoren langdurig ondervraagd en zwaar gemarteld. Het werd een monsterproces, volgens de aanklacht had de verzetsorganisatie wel een half miljoen leden gehad – de bezetter kon soms enorm overdrijven.

De uitspraak, op 4 maart, omvatte achttien doodvonnissen; daarvan bleven er vijftien intact, drie mannen kregen gratie. Op 13 maart werden de vijftien veroordeelden uit hun cellen aan de Van Alkemadelaan in Den Haag gehaald en naar de Waalsdorpervlakte gebracht. Daar vielen ze voor een vuurpeloton – Bernhard IJzerdraat was één van hen.

De geuzenberichten behoorden tot de eerste illegale blaadjes, oorspronkelijk vaak onooglijke, zelf getypte papiertjes, in heel kleine aantallen verspreid in de directe omgeving. Die blaadjes zouden in de loop van de bezetting uitgroeien tot een enorm conglomeraat van vaak professioneel vervaardigde en ruim verspreide illegale bladen. Nederland heeft in de oorlog zo'n duizend illegale bladen en blaadjes gehad. Sommige bestaan nog altijd, zoals *Vrij Nederland, Trouw* en *Het Parool.* Het communistische blad *De Waarheid* heeft het decennialang uitgehouden. Een heel vroeg voorbeeld is het blad *Bulletin* van twee broers Voûte uit Maartensdijk. Het riep, zoals de meeste bladen, op tot verzet, tot actie. En wel zonder scrupules jegens de bezetter en zijn helpers, zoals uit dit citaat uit maart 1941 blijkt:

'Als ge voelt dat het moment daar is, val hem dan in de rug aan, zoals hij het met ons op 10 mei met zijn NSB heeft gedaan. Slaat toe en slaat hard. Vernietigt zijn transport- en communicatiemogelijkheden, steelt zijn wapens, doodt hem en zijn helpers, de NSB-verraders.'[11]

De gebroeders Voûte waren niet bang. Ze stuurden hun blad ook geregeld aan Duitse autoriteiten toe, zelfs aan Generalkommissar Schmidt, die de Sicherheitspolizei opdroeg de samenstellers te arresteren, maar dat is nooit gelukt.

OORLOG IN AMSTERDAM

We zagen in het vorige hoofdstuk al hoe in het dorpje Wisch in de Achterhoek een conflict ontstond over de vraag wie er in bezet Nederland nu eigenlijk de baas was op straat. In het grote Amsterdam, dat in de oorlog al 800.000 inwoners telde, was die vraag in het eerste oorlogsjaar nog veel moeilijker te beantwoorden. Er was natuurlijk de gemeentepolitie, formeel belast met de zorg voor rust en orde. Maar er dook ook geregeld Duitse politie op, en er waren NSB-organisaties die op straat hun rechten kwamen opeisen, zoals de WA, de Weerafdeling. En dan waren er nog de militante vertegenwoordigers van de arbeiders, in het bijzonder de communisten, die vooral in de eerste oorlogsmaanden met demonstraties probeerden hun eisen op sociaal gebied kracht bij te zetten. De zaak was uitermate onoverzichtelijk, de historici Friso Roest en Jos Scheren spreken zelfs van 'Oorlog in de stad'. Zij concluderen in hun boek:

'Niemand was werkelijk bij machte een stabiele positie te verkrijgen die overzicht en controle opleverde. Voor bijna alle betrokkenen – de gemeente, de verschillende Nederlandse nationaal-socialistische groeperingen, de Duitse autoriteiten, de werkverschaffingarbeiders – was het oorlog in de stad, met alle onverwachte mogelijkheden en onvoorspelbare, weinig duurzame resultaten van dien.'[12]

De situatie werd gecompliceerd door de huiver van de Duitse autoriteiten voor onrust onder de arbeiders. De bezetter zat daarmee niet helemaal op één lijn met de Nederlandse bestuurders. In Duitsland probeerde het Hitlerregime de arbeidersklasse tevreden te houden, door acceptabele lonen en goede voorzieningen – Hitler wist dat hij zijn doelstellingen nooit zou bereiken als hij óók strijd moest leveren met zijn eigen achterban. In de Nederlandse hoofdstad begonnen voor de bezetter de problemen eigenlijk al toen burgemeester en wethouders van Amsterdam op 14 mei 1940, een dag voor de capitulatie, te midden van chaos en oorlogsspanning, de tijd vonden om de overwerktoeslag voor het gemeentepersoneel 'tijdelijk' af te schaffen. Die maatregel was al sinds de mobilisatie van september 1939 een bron van strijd geweest tussen gemeente en ambtenarenorganisaties. In Duitsland waren zulke sociale regelingen juist gehandhaafd omdat het oorlog was en omdat een ontevreden arbeidersbevolking ten tijde van oorlog als een te grote risicofactor werd gezien. De conflicten die hierover in oktober en november '40 en in januari '41 in Amsterdam ontstonden, lieten een tactisch laverende bezetter zien, die begrip toonde voor de eisen van de arbeiders. De Nederlandse autoriteiten kregen opdracht om de arbeidsvoorwaarden te verbeteren. Die tegenstelling droeg in belangrijke mate bij aan de verwarring in de stad en was koren op de molen van de actievoerende arbeidersbeweging.

Eind augustus kwam er een nieuwe bron van onrust bij: rellen op de markt op het Amstelveld. Daar stonden in meerderheid Joodse kooplieden, en de rellen werden veroorzaakt door een felle NSB'er, de marktkoopman Gustaaf van Charante, verkoper van medicinale drop. Hij organiseerde aanvallen op Joodse kramen en elke keer draaide het op vechten uit. In september breidden de gevechten zich ook uit tot sommige delen van de binnenstad, waar ruiten sneuvelden van café Alcazar, dat als 'Jodencafé' werd aangemerkt. 's Avonds verzamelden zich zo'n driehonderd mensen achter een bord met de tekst '*De doodsklok is gaan luiden, jood, weet wat dat gaat beduiden*'.

In de strenge winter die op die roerige herfst volgde raakten tienduizenden arbeiders tijdelijk zonder werk (ze waren 'uitgevroren', heette dat toen), onder hen de 11.000 Amsterdammers die in de werkverschaffing actief waren. Ze waren aangewezen op de gemeentelijke steun en zagen hun inkomen tot 13 gulden in de week krimpen. Ze eisten iets extra's, een duurtetoeslag. En ze gingen, oorlog of geen oorlog, de straat op. Tussen 21 december en 29 januari werden in totaal negen demonstraties georganiseerd, op het hoogtepunt liepen er tweeduizend mensen mee. Tot veler verbazing stelde niet alleen de Amsterdamse politie, maar ook de Ordnungspolizei zich terughoudend op. En het werkte: op 31 januari besloot het ministerie van Sociale Zaken tot een extra winteruitkering aan alle steuntrekkers. Die extra uitkering was te danken aan Duits ingrijpen, schreef *Die Deutsche Zeitung in den Niederländen*. En dat is niet onwaarschijnlijk: het regime vreesde onrust onder arbeiders.

Het succes gaf de arbeiders moed. Gaandeweg leek de straat een beetje van hén te worden. De communisten, die als gevolg van het Molotov-Ribbentroppact geen toestemming hadden voor politieke agitatie, zagen in deze sociale strijd juist grote kansen. Hun blad *De Waarheid*, dé spreekbuis van de werkverschaffingarbeiders, schreef:

'De strijd van de Amsterdammers toont aan dat met succes eisen gesteld kunnen worden, dat men voor de massale kracht van de arbeiders wijkt.'[13]

Dat klinkt als retoriek, maar het klopte. Een paar weken later boekten stakende arbeiders nóg meer succes: ze gingen in verzet tegen verplichte afvoer van werklozen naar Duitsland. Op 10 februari maakten de werfdirecties in Amsterdam bekend dat op last van de Duitse autoriteiten zo nodig dwang zou worden toegepast om aan het vereiste aantal arbeiders te komen. Meer dan duizend arbeiders van de NSM besloten het werk op 13 februari neer te leggen, ze eisten dat de maatregel zou worden ingetrokken. Andere werven sloten zich aan. Uiteindelijk gingen op 17 februari ongeveer 2.200 arbeiders in staking. De volgende ochtend zag het op de Meeuwenlaan in Amsterdam-Noord zwart van de stakers, onder wie veel metaalarbeiders. Seyss-Inquart zat op dat moment in Oostenrijk en gaf bevel tot opheffing van de dwangmaatregelen en annulering van het transport. Het werd de volgende dag bekend, en de staking werd beëindigd. Het was een eclatant succes voor de arbeiders en voor de CPN. Temeer daar ze hun échte vijand, de NSB en de WA, op straat hadden afgetroefd in effectiviteit.

In die hectische omstandigheden vocht de WA intussen haar strijd uit met de Joodse bevolking. Bijna elke dag was er wel een straatgevecht waarbij het er hard en grof aan toe ging. De spanning was te snijden op straat. De Amsterdamse journalist Salomon de Vries hield het in zijn dagboek nauwgezet bij. Het begon, volgens hem, zo:

'Zondagavond is het begonnen. Een paar hysterische wijven, in gezelschap van enkele NSB-ers en, naar men zegt – een paar soldaten der Duitse weermacht – trokken door de Jodenbreestraat. De dames sloegen met bijlen alle ruiten in, die ze passeerden. Het was donker en stil op de Jodenbreestraat. Rinkelend vlogen de ruiten aan scherven, kletterend vielen ze op straat en in de etalages. Dat was de eerste aanslag op de Jodenbuurt, dat was een "demonstratie" tegenover het Joodse proletariaat, dat was de overrompeling. De wijven gillachten, de kerels schaterden.'

Op 11 februari 1941 viel daarbij een slachtoffer, de WA-man Koot, die was losgeraakt van zijn troep en daarna door een tegenstander hevig werd toegetakeld. In zijn rapport aan de rijkscommissaris maakte de Beauftragter Hans Böhmcker (Seyss-Inquarts vertegenwoordiger in Amsterdam) het allemaal nog veel spectaculairder:

'Een jood lag op Koot, hij had zich volkomen in het gezicht van Koot vastgebeten en gedroeg zich als een wild dier.'[14]

De patholoog-anatoom die het lijk van Koot had onderzocht, had geen verwondingen in het gezicht gevonden. De spanning in Amsterdam kwam door de dood van de WA-man tot een kookpunt. Tweeduizend NSB'ers begeleidden Koot naar zijn laatste rustplaats. De volgende vecht-partij volgde al twee dagen later, bij de ijssalon Koco in de Van Woustraat. Voor de Duitsers, en zeker voor politiechef Rauter was de maat vol. Na overleg met Himmler en Seyss-Inquart stuurde hij Haagse eenheden van de Ordnungspolizei naar Amsterdam. Daar voerden ze samen met manschappen van Bataljon 254 twee razzia's in de Jodenhoek uit. Rond de 400 Joodse mannen tussen de 20 en 35 jaar, werden op 22 en 23 februari opgepakt.

Van deze eerste grote en openlijke razzia uit de bezettingstijd is na de oorlog een serie indrukwekkende foto's opgedoken. Ze zijn gemaakt

Een van de fameuze foto's van de drijfjacht op Joodse mannen op het Jonas Daniël Meijerplein, op zaterdag 22 februari 1941. De eerste razzia in Amsterdam tijdens de oorlog.

door een Duitse militair of agent, die deel uitmaakte van de ploeg die de drijfjacht op de Joodse mannen uitvoerde. Hij bracht de foto's naar fotozaak Capi-Lux om ze te laten ontwikkelen. Een van de medewerkers daar zag wat er op de negatieven was afgebeeld en belde zijn broer, die er extra afdrukken van maakte. Die zijn tijdens de oorlog verstopt en pas na de bevrijding aan het Rijksinstituut voor Oorlogsdocumentatie overhandigd. Sindsdien zijn de foto's iconen geworden van de Jodenvervolging in Nederland. De man met de wapperende jaspanden, opgejaagd, met de doodsangst in de ogen, en met op de achtergrond een grijnzende Duitse militair. En ook het afranselen van een groep mannen die op de hurken moesten zitten met de armen omhoog. Beelden die, onbedoeld, voor altijd de grimmige kant van de Duitse bezetting documenteren.

Deze schokkende razzia's boden de CPN de aanleiding om de algemene staking uit te roepen, die de partij al eerder – en zeker na het succes van 17 februari – voor ogen stond. Verontwaardiging over en protest tegen het Duitse optreden tegen de Joden konden nu hand in hand gaan met de sociale strijd. Er was in de woorden van CPN-bestuurslid Griffioen immers aanleiding

'... om de gehele massa te mobiliseren, daar de gehele massa tegen deze antisemitische actie was. De razzia's vormden een grondig feit om een staking populair te maken.'[15]

Er zijn allerlei verhalen in omloop over de manier waarop de staking tot stand is gekomen, maar het komt er uiteindelijk op neer dat twee bij de gemeente werkzame CPN'ers, Willem Kraan van Publieke Werken en Piet Nak van de Stadsreiniging, het idee bij de districtsleiding deponeerden, toestemming kregen voor de organisatie en op zondag 23 februari collega's en bekenden mobiliseerden. Ze schreven ook een vergadering uit voor maandagavond, op de Noordermarkt. De staking op maandagochtend mislukte, maar op de avondvergadering waren genoeg mensen om het op dinsdag opnieuw te proberen. Nu lukte het wel, vooral omdat de initiatiefnemers erin slaagden de trams te blokkeren toen die de remises uitreden. Dat gaf een geweldige impuls aan de staking, iedereen in Amsterdam had direct door dat er iets aan de hand was. Een kantoormeisje van 18 schreef die avond in haar dagboek:

'Om 12 uur ging ik naar buiten, toen ik 'n geweldige volksoploop zag. Ik er hard naar toe gerend, daar waren 'n stel mannen en jongens een tram aan 't oplichten, ben er gauw tussen gegaan en ja hoor, heel langzaam ging die

tram omhoog en plof, daar lag die met conducteur en al, in nauw contact met
Moeder Aarde. Er ging 'n hoeraatje op.'[16]

De staking ging met zulk een elementaire kracht gepaard en kwam zo onverwacht opzetten dat sommigen werden meegezogen, zonder te weten waar de staking nu precies over ging. Al op de eerste dag, dinsdag 25 februari, waren er veel meer stakers op de been dan de CPN ooit had verwacht. Dat was een geweldig succes, maar vormde tegelijkertijd een probleem. De stakers gedroegen zich eigenzinniger dan de CPN, altijd uit op een strakke regie, lief was. 's Middags verschenen er vele duizenden mensen op de Noordermarkt. Ze werden uiteengejaagd door de Duitse politie, de Ordnungspolizei. Daarna moest de Amsterdamse politie de menigte verdrijven, maar dat viel niet mee: er gingen klinkers uit de straten en er ontstond een chaotische vechtpartij.

Van de staking zelf is geen enkel indrukwekkend beeld – er zijn wat vage kiekjes van samenscholingen die ook op een andere dag gemaakt hadden kunnen zijn. De fameuze persfotograaf Charles Breyer heeft er nog wel eens met spijt aan teruggedacht dat hij die dag zonder camera op pad is gegaan. Hij werkte destijds voor de Arbeiderspers, uitgever van *Het Volk*, een half jaar tevoren onder Duitse controle gebracht. In 1990 zei hij over die dinsdag:

> '*Kijk, wij werkten toen voor een Duits bedrijf. Die dag besloten we te staken. Ik dacht meteen: die camera laat ik maar op m'n werk, want die was eigendom van de baas. En mijn collega's en ik waren er zo vast van overtuigd dat we ontslagen zouden worden wegens die staking, dat we er niet over peinsden de camera mee te nemen. Want dan hadden ze ons ook nog gepakt voor diefstal. Vandaar. Maar toen ik op het Damrak liep, en ik zag al die duizenden stakers daar rondlopen, toen miste ik m'n camera natuurlijk wel.*'[17]

De bezetter was door de staking aanvankelijk totaal verrast. Seyss-Inquart was niet in het land. Rauter nam de leiding en dirigeerde troepen naar Amsterdam. Eerst marechaussee, daarna een regiment SS-Totenkopf-Infanterie en later ook nog een *Polizeibatallion* uit Assen. Ze kregen volmacht om alle vormen van geweld te gebruiken om de staking te breken. L. de Jong beschrijft de gebeurtenissen in Amsterdam zo:

> '*Overvalwagens en motorfietsen reden met ronkende motoren door de stad. Hoeken van straten werden door de Waffen-SS'ers bezet. Er werd geschoten, soms met machinegeweren. In alle delen van de stad, vooral in west, vielen doden en gewonden, meestal door verdwaalde kogels.*'[18]

Er zijn nooit actiefoto's van de Februaristaking aangetroffen. Deze afbeelding
is van de eerste stakingsdag: een samenscholing in de Sarphatistraat.

Het was duidelijk dat de CPN de greep op de gebeurtenissen begon te verliezen. De communisten hadden de staking gepland als een bedrijvensta-
king en niet als een soort straatrevolutie met demonstraties en ernstige
ongeregeldheden. De chaos was compleet. Over het algemeen trad de
Amsterdamse politie terughoudend op, tot woede van Rauter.

Burgemeester De Vlugt voelde er weinig voor om zijn mensen met
scherp te laten schieten op stakers. Niet elke politieman was blij met dat
beleid. Douwe Bakker, de Amsterdamse inspecteur die actief was in de
NSB en zijn belevenissen bijhield in een dagboek, noteerde wat hij zag en
hoorde vanuit een geheel ander perspectief dan de meeste andere dag-
boekschrijvers:

'Later in de morgen blijkt, dat de raddraaiers pogen de zaak te ontwrichten:
trams worden aangehouden, het publiek uitgenodigd en soms ook bedreigd
om niet met de tram te gaan rijden. Volksverzamelingen in verschillende
buurten, zodat de Duitse macht gaat optreden. In de Jordaan, Kinkerbuurt
en in de Alb. Cuypstraat en omgeving wordt ingegrepen en met handgranaten en geweervuur slachtoffers gemaakt. In de Van Woustraat zouden
een aantal van die lummelingen een tram aanhouden juist op het ogenblik
dat er een Duitse auto met militairen aankomt. Vier man worden gegrepen:
er is nog geschoten zonder slachtoffers te maken blijkbaar.'[19]

De staking breidde zich ook uit naar andere plaatsen, in het Gooi, langs het Noordzeekanaal en ook naar Zuilen en Utrecht. In de Domstad trokken stakers vanuit de metaalfabrieken naar het centrum, rijen dik, met op de stoeprand Duitse militairen met karabijnen. Een jonge CPN'er, Ries van der Steen, had in het weekend meevergaderd met zijn Amsterdamse partijgenoten en daarna met een groepje makkers een eigen pamflet gemaakt: '*Amsterdam staakt – wij ook.*' Het was begonnen bij Werkspoor, waar de arbeiders verdeeld waren over deelname, totdat een gehate directeur met NSB-sympathieën de arbeiders opriep aan het werk te gaan. Toen liep de fabriek snel leeg.[20]

In Amsterdam was de staking op de tweede dag minder massaal dan op de eerste. Dat kwam doordat er minder trampersoneel staakte. De top van het vervoerbedrijf had onder hevige Duitse druk de mannen opgeroepen weer aan het werk te gaan. Het geweld van de Duitse troepen, aangevuurd door Rauter zelf, deed de rest. De staking verliep en was op woensdagavond voorbij.

Over de werkelijke betekenis van de Februaristaking is het debat nog altijd niet afgelopen. De CPN heeft de staking altijd gecultiveerd als het massale protest van de arbeidersmassa tegen het onrecht dat de Joodse Amsterdammers was aangedaan. Het is duidelijk dat de staking in eerste instantie door de CPN als een werkstaking was opgezet, maar juist door de verbinding met de verontwaardiging over de razzia's veel massaler was geworden dan de CPN ooit had kunnen vermoeden. En zo zijn deze twee bijzondere dagen in de Amsterdamse geschiedenis al met al toch vooral van symbolische betekenis geweest: een indrukwekkend protest van de Amsterdamse bevolking tegen de eerste grote Jodenpogrom in Nederland. Het was voor velen ook een teken dat de Duitsers meedogenloos konden toeslaan tegen Nederlands verzet. En voor anderen ook een teken van hoop, omdat er wel degelijk fel verzet tegen het beleid van de bezetter mogelijk was gebleken. Of zoals mejuffrouw Spijker, een 35-jarige kantoorbediende uit Delft, uitgelaten in haar dagboek noteerde:

'*Nederland is niet dood, het is springlevend, het zit op hete kolen, straks ploft het en wee degene die dan in z'n handen komt.*'[21]

IN LEIDEN

Amsterdam was niet de enige of de eerste plaats waar Nederlanders op de een of andere manier in verzet kwamen tegen de nieuwe heersers. Maanden tevoren was er op de universiteiten al onrust ontstaan. De aanleiding waren de ariërverklaringen die eind oktober 1940 naar alle ambtenaren en dus ook naar de docenten en overige personeelsleden van de Nederlandse universiteiten werden gestuurd. In die verklaring moest iedereen vragen over zijn of haar ras beantwoorden. Wie weigerde zo'n verklaring in te vullen, zou worden ontslagen. Voor velen was dit het eerste moment dat ze voor een dilemma werden geplaatst, dat er een duidelijke keuze werd gevraagd. Nogal wat medewerkers van de universiteiten schreven woorden van protest op de formulieren, er was alom sprake van heftige debatten. Op 21 november werden, mede op grond van de ingevulde verklaringen, alle Joden die in dienst waren van de universiteiten uit hun functie gezet. Het leidde aan alle instellingen tot onrust. In Leiden betrof het tien docenten, onder wie twee hoogleraren. Een van hen was prof. dr. E.M. Meijers, de eminente hoogleraar internationaal privaatrecht, een geleerde van internationale faam. Zijn leerling en vriend prof. dr. Rudolph Cleveringa (hoogleraar handelsrecht en burgerlijk procesrecht) was woedend en vond de maatregel onverdraaglijk. Hij besloot om op 26 november een protestrede te houden in het Groot-Auditorium aan het Rapenburg, de dag waarop hij de colleges van Meijers overnam. De zaal was afgeladen en in een ernaast gelegen zaal konden belangstellenden de toespraak volgen via luidsprekers. Cleveringa had tevoren zijn vrouw op de hoogte gesteld van wat hij zou gaan zeggen, ze waren er beiden van overtuigd dat hij ervoor gearresteerd zou worden – zijn koffer stond al gepakt in de gang. In prachtige zinnen en met messcherpe juridische formuleringen tekende hij protest aan tegen de maatregelen van de bezetter, die hij in strijd met het volkerenrecht achtte. Hij had zich voorgenomen zonder emoties te spreken. Maar dat viel hem zwaar toen het over zijn vriend Meijers ging:

> 'Het is deze Nederlander, deze nobele en ware zoon van ons volk, deze mens, deze studentenvader, deze geleerde die de vreemdeling welke ons thans vijandiglijk overheerst, ontheft van zijn functie. Ik zeide u niet over mijn gevoelens te zullen spreken; ik zal mij eraan houden, al dreigen zij als kokende lava te barsten door al de spleten welke ik bij momenten de indruk heb dat zich, onder de aandrang daarvan, in mijn hoofd en hart zouden kunnen gaan openen.'[22]

Na zijn rede klonk er een langdurig applaus, een student zette het Wilhelmus in, bij veel aanwezigen stroomden de tranen over de wangen. Er brak onmiddellijk een staking uit onder de studenten, zoals er vrijwel tegelijk trouwens ook een stakingsbeweging in Delft op gang kwam. Cleveringa werd de volgende dag inderdaad gearresteerd en verhoord

Clandestien gemaakte foto uit Leiden, genomen direct na afloop van de rede van prof. Cleveringa in het Groot-Auditorium aan het Rapenburg.

door de Sicherheitspolizei. Hij werd overgebracht naar de gevangenis van Scheveningen, waar hij acht maanden heeft gezeten.

Op precies hetzelfde moment als waarop Cleveringa zijn rede uitsprak, trad elders in de Leidse binnenstad een andere hoogleraar in het strijdperk. Zijn optreden was minder spectaculair, en is veel onbekender gebleven, maar was minstens even dapper. Prof. dr. J. A. J. Barge, hoogleraar anatomie en embryologie, maakte in een openbaar college korte metten met de opvattingen van de nazi's over de rassenleer. Barge was een alom gerespecteerd man, lid van de Onderwijsraad en van de Rijksbeurzencommissie, curator van het Stedelijk Gymnasium en sinds 1937 lid van de Eerste Kamer voor de RKSP, de Rooms-Katholieke Staatspartij, de voorloper van de KVP. Op die 26e november maakte Barge in glasheldere bewoordingen duidelijk dat er geen sprake is van een Duits ras, alleen van een Duits volk. De Duitsers, betoogde Barge, waren een mengeling van Oost-Baltische, Scandinavische en Zuid-Duitse typen. Een expliciet Germaans type, uitzonderlijk groot, lang en blond, bestond niet. Je had verschillende typen onder de Duitsers, ook donkere. De echte Noord-Europese typen, lang met blonde haren en blauwe ogen, kwamen wel in Duitsland voor, maar procentueel niet meer dan in Nederland. Barge maakte hiermee duidelijk dat de 'reine ariër', niet bestond, de edelgermaan evenmin. Vervolgens zette Barge uiteen dat het Joodse ras evenmin bestaat – het is een vermenging van diverse, in hoofdzaak Aziatische rassen en verschilt in die zin niet van de andere volken van Europa. Daarmee ging Barge, op deze voor de universiteit van Leiden zo bewogen dag, lijnrecht in tegen de Duitse theorieën op dit punt. Het was voor de aanwezige studenten een onverwachte, en onvergetelijke gebeurtenis. Een van hen, W. Hijmans, herinnert zich:

> 'Je dacht geen moment: "Die man gaat buiten zijn boekje". Zijn boekje was erfelijkheid, anatomie, en daar hield hij zich aan. Hij hield een zuiver wetenschappelijk betoog, heel beslist. Als hij nou gesproken had over de ontwikkeling van de maag en de darm bij de mens of de mus, ja, dan was ik wel teleurgesteld geweest. Maar dit was precies zoals het moest zijn, zo voelde je dat ook. Het was een heel bijzondere prestatie.'[23]

Er was, volgens Hijmans, één student die met een boos gezicht de collegezaal van het Anatomisch Laboratorium aan de Wassenaarseweg verliet. Dat was een NSB'er.

De medisch studenten besloten zich bij de staking van de rechtenstudenten aan te sluiten. Professor Barge werd na zijn college niet gearresteerd. Dat gebeurde pas anderhalf jaar later. Toen werd hij als gijzelaar

opgepakt, en samen met circa 460 vooraanstaande Nederlanders afgevoerd naar het kleinseminarie Beekvliet te Sint-Michielsgestel.

DE NSB

Gedurende de eerste oorlogsjaren hebben vele Nederlanders verwacht
dat de NSB de leidende politieke factor in het land zou worden. Dat lag
voor de hand, het was in sommige andere landen ook gebeurd. En leider
Anton Mussert was er helemaal klaar voor. Maar toch gebeurde het almaar niet. Seyss-Inquart had geen vertrouwen in deze Nederlandse variant van de Führer, vond hem als persoon ongeschikt en zelfs min of meer
verachtelijk en constateerde ook dat de NSB bij lange na niet de aanhang
onder de bevolking had waarop in Duitsland de NSDAP kon bogen. Voor
de oorlog had het ledental van de NSB op z'n hoogst 60.000 bedragen, in
mei 1940 was dat aantal gezakt tot 35.000. Daarna begon het weer te stijgen. Het hoogtepunt tijdens de oorlog bedroeg 100.000 leden. Dat lijkt
heel wat – de partij had na mei 1940 veel opportunisten binnengekregen,
ze werden wel 'meikevers' genoemd – maar vergeleken met bijvoorbeeld
de aanhang van de Nederlandse Unie, die snel opliep tot 800.000 man,
was en bleef dat weinig.

De partij had bij de bevolking geen goede naam. Door zo aan te schur-
ken tegen de Duitse nationaal-socialisten was het voor velen de partij van
de landverraders geworden, en dat zou niet meer veranderen. Het was in
de oorlog ook geen onverdeeld genoegen om lid van de NSB te zijn. Dat
blijkt wel uit het interne geschift *Voorschriften voor den kringleider Hooi-
maand 1941*, waarin voor kaderleden diverse methoden van ledenwerving
worden behandeld. Op pagina 24 staat er onder de kop 'Praatavonden':

> *'Er zijn nog altijd lieden, die er niet toe te bewegen zijn een vergadering van
> ons te bezoeken voornamelijk omdat zij bang zijn "gesignaleerd" te zullen
> worden. Wel, en dit wijzen de resultaten op het platteland ten duidelijkste
> uit, zijn zij dikwijls bereid tezamen met anderen, bij één onzer leden thuis
> te komen praten.'*[24]

De haat tegen NSB'ers nam tijdens de oorlog, toen de NSB zich zeer nadrukkelijk met de bezetter vereenzelvigde, alleen maar in intensiteit toe
en bleef na de oorlog onverminderd fel. Er is wel eens geconstateerd dat
niets zozeer de eenheid in het Nederlandse volk heeft bevorderd als de
collectieve weerzin tegen de NSB en haar leden. De NSB is een Nederlandse metafoor voor de duivel geworden, de drie letters staan (net als die twee

van de ss) voor geweld, misdaad, massamoord en verraad. Dat beeld wordt gecompleteerd door de vaste overtuiging van velen dat de NSB zou zijn opgericht om al deze doelen in Nederland te verwezenlijken; NSB'ers zouden alleen maar lid zijn geworden uit gewelddadige, moordzuchtige en landverraderlijke motieven. Doordat die opvatting zo breed gedeeld werd is er nooit veel ruimte geweest voor serieuze aandacht voor de ideologie van de beweging, en de idealen van haar voorvechters. Heel voorzichtig komt de wetenschappelijke belangstelling daarvoor op gang. Zoals historicus Bart van der Boom schreef:

'De vraag wat er nu mooi en inspirerend was aan het fascisme, is blijven liggen. De NSB-ideologie – en het fascisme in het algemeen – moet geenszins worden afgeschilderd als nihilistisch of negatief. Het toekomstvisioen is eerder op het manische af optimistisch; het belooft niets minder dan een nieuwe wereld en een nieuwe mens.'[25]

Freule Julia op ten Oort was zo iemand die in de NSB een mogelijkheid zag de idealen omtrent een nieuwe wereld en een nieuwe mens te verwezenlijken. Ze was een bevlogen vrouw, die aansluiting zocht bij de Oxfordgroep, een internationaal gezelschap, veelal uit de hogere kringen en geïnspireerd door de Bergrede van Jezus, dat streefde naar onzelfzuchtigheid, eerlijkheid, reinheid en liefde. Dit was wat haar dreef:

'Nederland was zo verdeeld, iedereen bestreed elkaar en stond elkaar naar het leven. De maatschappij ging ten onder aan dogmatisme en verstarring. Wij wilden een nieuwe wereld, gebaseerd op een christendom zonder sektes. Wij zagen een nieuwe wereldgemeenschap.'[26]

Ze werd NSB-lid, kon heel goed overweg met een van de leiders, Rost van Tonningen, met wie 'ze zo fijn kon praten' en die net als zij een nieuwe wereld wilde waarin het materialisme werd uitgebannen. Julia op ten Oort zou met allerlei hoge nazi's een warme verstandhouding gaan onderhouden, tot aan Heinrich Himmler aan toe, en ze werd enige tijd leidster van de vrouwenorganisatie in de NSB, de Nationaal-Socialistische Vrouwen Organisatie. Die club had een eigen lied waarin de idealen plechtig waren omschreven:

'Wij vrouwen van Neêrland, wij zien reeds het licht,
Dat schemert door deez' donk're dagen.
Het licht van de vrijheid, het licht van de eer
Als toortsen door eenheid gedragen

Ons hartvuur zij heilig en veilig onz' haard,
Gelóóft in de zege, om 't vaandel geschaard.
Wij vrouwen van Neêrland, op ons rust de taak,
Het vaderland mee op te bouwen,
Door reinheid van zeden, door vroomheid van ziel
Door onwankelbaar Godsvertrouwen'

Het idealisme druipt ervan af.

In 1983 verscheen, nauwelijks opgemerkt, een boek waarin het levensverhaal van een NSB-gezin werd beschreven.[27] Het geeft een interessant
inkijkje in de wereld van de Nederlandse fascisten. Het was een vooroor-
logs gereformeerd gezin in de beste traditie van Abraham Kuyper. Vader
las op zondag bij de maaltijd zó lang uit de Bijbel voor, dat het eten koud
werd. Op 31 augustus, de verjaardag van koningin Wilhelmina, maakte
hij lichtbakken van vergulde rijst en stak het hele gezin, inclusief het
huis, in oranje. Op die dag werden er, uit eerbied voor het vorstenhuis,
geen wortels gegeten omdat die oranje waren. Moeder was actief lid van
de ARP. Op de kansel preekte de dominee veel en fel tegen het bolsjewisme, de personificatie van de antichrist. Vader, een zelfstandig ondernemer, was altijd politiek geïnteresseerd geweest. Die interesse nam toe
naarmate de crisis van de jaren dertig zich verscherpte. Hij verweet de
regering een veel te slap optreden en bovendien waren vooral de 'roden'
schuldig aan de malaise.

Eind 1932, een jaar na de oprichting van de NSB, werd vader lid van de
partij, die zo nadrukkelijk aan zijn gevoelens tegemoetkwam. Een opmerkelijke keuze, die door zijn vrouw niet werd gedeeld – ze was mordi-
cus tegen. Dat kwam de onderlinge verhoudingen niet ten goede. Ook op
straat ondervond vader weinig begrip voor zijn keuze voor de NSB. Het
gebeurde dat hij op straat begroet werd met de woorden 'Hou kippen!',
een persiflage op de NSB-groet 'Houzee!' Bij de verkiezingen van 1935 bereikten de echtelijke ruzies over politiek een climax. Vader nam een stuk
krijt en trok een streep dwars door de kamer, schreeuwend: 'Dit is mijn
kant, die is nu voor de NSB en dat is jouw kant, die is voor de AR of de
kerk of wat je wilt.' Aan zijn kant plakte vader het portret van Mussert
voor de ramen, aan haar kant moeder dat van Colijn. Vader begon zijn
oudste zoon mee te nemen naar NSB-bijeenkomsten in Rotterdam. Die
schrijft:

> *'De sprekers zeiden me niet veel, maar de omgeving imponeerde me geweldig*
> *door de vele vlaggen, de muziek en de mannen in de zwarte uniformen die*
> *zo keurig van achter naar voren opmarcheerden. Tijdens een redevoering*

*werden opeens vanuit de zaal eieren en tomaten naar het podium gesmeten.
Onmiddellijk kwamen die prachtige zwarte mannen – dat was de WA – in
het geweer en begonnen de ordeverstoorders de zaal uit te timmeren. Dat
ontaardde in een vechtpartij en binnen de kortste keren kwam er politie te
paard de hallen binnen. Een beetje gebutst, maar trots en fier kwamen we
die avond thuis.'*[28]

De zoon werd op zijn zesde lid van de NJS, de Nationale Jeugdstorm
('even fanatiek Oranjegezind als de Oranjegarde') en kreeg het uniform,
een blauw ketelpakje, aangemeten. Toen hij voor het eerst Mussert in de
Doelen hoorde spreken, bracht het Houzee-geroep hem in een roes: 'Ik
voelde me opgenomen in een massale extase en vergaf het Mussert dat hij
klein was.'

Begin 1940 wilde vader van moeder scheiden. De NSB, die het onge-
broken gezin als hoeksteen van de nieuwe samenleving beschouwde, probeerde te bemiddelen. Regelmatig kwam er een maatschappelijk werkster van de partij aan huis. Toen vader de scheiding toch doorzette, werd
hij als NSB-lid geroyeerd, 'want bij de NSB stond het gezin boven alles'.
Op 10 mei zag de oudste zoon vliegtuigen in de lucht: 'Ik zag een groot
Duits kruis op de vleugels. Zouden de Duitsers ons komen bevrijden?' In
1943, veertien jaar oud, werd de zoon lid van de Waffen-SS. Hij vocht in de
slag om Arnhem en in de Ardennen.

Deze geschiedenis, die kenmerkend is voor de polarisatie in de jaren
dertig, bevestigt het breed aanvaarde beeld dat de kern van de NSB bestond uit ontevreden middenstanders. Maar dat beeld is eenzijdig. De
NSB, zo blijkt uit onderzoek, vond juist aanhang in uiteenlopende sociale
groepen, vaak ook op uiteenlopende gronden. In zijn onderzoek van dagboeken tijdens de oorlog vond ook Bart van der Boom dat de NSB leden
uit alle geledingen van de bevolking telde.

'Een oud en ingeburgerd idee is dat fascisten vooral bange middenstanders waren, bevreesd voor enerzijds de boze bezitslozen, anderzijds
het grootkapitaal. Dit is onjuist; de grote fascistische bewegingen waren
in verrassende mate klassenoverschrijdend, conform het fascistische ideaal. Dat gold ook voor de NSB, al waren arbeiders ondervertegenwoor-
digd. Ze bracht, lijkt het, twee verschillende groepen samen: werklozen,
bedreigde kleine middenstanders en boeren enerzijds, conservatieve en
liberale gegoede burgers anderzijds – de hoogste NSB-scores vielen enerzijds in villadorpen als Wassenaar en Bloemendaal, anderzijds in arme
dorpen met veel werklozen.'[29]

Van al die NSB'ers was Anton Mussert (1894) de leider. Of beter, zoals het in een nationaal-socialistische beweging hoorde: Leider, met een hoofd-letter. De overgrote meerderheid in de NSB steunde zijn leiderschap en zag in hem de verpersoonlijking van het ware nationale Nederlander-schap. Die steun bleef bestaan, ook toen in de loop van de bezetting bleek dat er van die idealen weinig terechtkwam. Er was wel interne oppositie, die hem veel te weinig radicaal vond, te veel Nederlands nationaal ook en die juist een Germaanse koers voorstond en zich op de SS oriënteerde. Maar die groep bleef klein.

Mussert kwam uit Werkendam, was van beroep waterstaatkundig in-genieur. In augustus 1914 was hij een van de zeer weinigen die zich als vrijwilliger bij het Nederlandse leger meldden. Hij ambieerde scherp-schutter te worden en werd goedgekeurd voor de reservedienst, maar kort daarna geveld door een ernstige nierziekte. Een tante, Maria Witlam, verpleegde hem. De verpleging mondde uit in liefde. Met dispensatie van de koningin trouwde Anton Mussert in september 1917 met zijn tante. Hij was 23, zij 41. Hij richtte in 1931 de NSB op, en moest in 1934 kiezen tussen zijn baan en zijn partij, omdat ambtenaren toen niet langer lid mochten zijn van de NSB. In een open brief aan Provinciale Staten van de provincie Utrecht, waar hij als hoofdingenieur waterstaat in dienst was, lichtte hij zijn keuze toe:

'... omdat ik het in strijd met mijn eer en plicht zou vinden, indien ik anders zou handelen. Naar mijn vaste overtuiging geeft de NSB gestalte aan hetgeen in ons volk leeft. Zij is nodig voor de zedelijke, geestelijke en lichamelijke verheffing van ons volk. Ik heb niet het recht om dit grote belang op te offeren aan mijn persoonlijke welzijn; de liefde tot de natie blijkt eerst uit de offers, die men bereid is voor haar te brengen.'[30]

Die opoffering droeg vanzelfsprekend sterk bij aan de beeldvorming rond zijn leiderschap, ook al kwam hij in de praktijk materieel niets te kort. Na zijn arrestatie in 1945 is er in de tuin van de moeder van zijn ge-heime vriendinnetje een brandkast opgegraven waarin Mussert een flink vermogen aan aandelen had opgeborgen.[31] Daarnaast bezat hij vijf hui-zen, meestal voor weinig geld uit Joods bezit verkregen, en een grote hoeveelheid kostbaarheden. Mussert was, geheel onopgemerkt, in de oor-log een zeer vermogend man geworden, vooral doordat hij profiteerde van de winsten van de uitgeverij van de NSB, de Nenasu. En ook omdat hij door allerlei intriges en manipulaties grote aandelenpakketten had

Anton Mussert schaart zich op 22 juni 1940 tijdens een manifestatie in Lunteren nadrukkelijk aan de zijde van Hitler-Duitsland.

verworven in enige drukkerijen en in de krant *De Maasbode*. Bovendien slaagde hij er tijdens de oorlog steeds in aan de greep van de fiscus te ontkomen.

Mussert was een zware workaholic zonder hobby's. De avonduren werden besteed aan telefoneren of vergaderen, en ongetwijfeld aan het uitbreiden van zijn kapitaal. Af en toe maakte hij met zijn vrouw en herdershond Rex een autotochtje langs water- en wegenprojecten die hij had gerealiseerd. Hij was een verwoed nagelbijter en vermeed oogcontact tijdens een gesprek. Hij had een welhaast dwangneurotische neiging tot precisie en zindelijkheid. Zijn bureau maakte altijd een buitensporig opgeruimde indruk. Een oud-medewerker vertelde later:

'Zijn werkkamer leek net een postkantoor. Alles lag er keurig. Van tijd tot tijd inspecteerde hij op het hoofdkwartier de inhoud van de kasten. Bij mijn adjudant zei hij eens: "Je zou een tien gekregen hebben als daar onderaan niet een stukje papier scheef lag."'[32]

In gezelschap was zijn gedrag vaak harkerig, onhandig. Mensenkennis was niet zijn sterkste punt. Na de oorlog werd hem gevraagd of hij nooit getwijfeld had aan zijn geschiktheid als politiek leider omdat hij mensen altijd pas laat doorzag. Hij antwoordde:

'O nee, want mensen, die zo goed alles doorzien, die deugen niet. Ik kan beter honderdmaal bedrogen worden dan eenmaal te bedriegen. Ik heb inderdaad een zekere naïviteit, maar geloof dat dat goed is. Men wordt er niet beter van als men al dat bedrog en zo, zo gauw doorziet.'[33]

Zijn aanhangers kregen een nogal vertekend beeld te zien. Zij zagen vooral een hardwerkende, degelijke en zorgvuldige, oprechte en eerlijke man, die zich geheel dienstbaar maakte aan het hogere ideaal. Anton Mussert werd al in het begin van de zomer van 1940 onder hevige Duitse druk gezet. Hij kreeg het besluit van de Führer onder ogen waarin de oprichting van een Nederlandse ss-afdeling werd aangekondigd – de ss-Standarte Westland. Mussert gaf een verklaring van geen bezwaar en deed daarmee een eerste concessie. Op 22 juni 1940 was hij het middelpunt van een grote show op de heide van Lunteren, waar hij zichzelf en de NSB uitdrukkelijk aan de zijde van Duitsland schaarde. Ten bewijze daarvan schonk hij de drie ton wegende bronzen klok van de beweging aan Hermann Göring – om er kogels van te laten maken. De aanhang juichte, op het filmjournaal was dat allemaal uitvoerig te zien en daarmee was van een onafhankelijke houding van de NSB geen enkele sprake meer.

Het nazibewind speelde een spel met Mussert. Hij wilde heel graag toegang tot Hitler krijgen, en dat kon alleen via Seyss-Inquart. Die dwong hem de ene concessie na de andere af, zelfs dat hij trouw zwoer aan Adolf Hitler, zijn Führer. Mussert schreef zelf in zijn dagboek waarom:

'Er was om te bereiken wat mogelijk was in het belang van volk en vaderland maar één ding te doen, namelijk mij onvoorwaardelijk scharen achter Adolf Hitler, die absoluut het allerbeste met Nederland voorheeft en ook voor Indië zal doen wat mogelijk is.'[34]

Anton Mussert heeft Adolf Hitler in totaal vier keer ontmoet. De eerste keer op 23 september 1940. Hitler hield, zoals zo vaak, een lange monoloog. Toen er uiteindelijk een soort gesprek ontstond – er was een delegatie van vijf man uit Nederland gekomen, inclusief Seyss-Inquart – sprak Hitler de hoop uit dat Nederland zou toetreden tot een toekomstige statenbond met Duitsland, onder leiding van Mussert, maar dan moest Mussert wel het Nederlandse volk achter zich krijgen. De NSB-leider voelde zich bevestigd in zijn opvatting dat Hitler het beste met Nederland voorhad.

Dat zou zo blijven. Op 12 december 1941, in de week dat Japan door de aanval op Pearl Harbor de oorlog tot een ware wereldoorlog had gemaakt, legde Mussert, op vijf pas afstand van zijn Führer, deze eed af:

'Ich schwöre Dir, Adolf Hitler, als germanischer Führer Treue bis in den Tod, so wahr mir Gott helfe.'

Bij thuiskomst was het feest. Bij het tienjarig bestaan van de NSB, op zaterdag 13 december, paradeerden allerlei partijafdelingen langs de Leider, op de heilige avenue van de NSB, de Maliebaan in Utrecht, waar het hoofdkwartier stond. Op een massameeting in de groenteveiling aan de Croeselaan verhoogde Seyss-Inquart de feestvreugde met de mededeling dat de NSB voortaan de enige toegestane politieke partij in Nederland was. Alle concurrenten waren verslagen. Mussert was dicht bij zijn droom de machtigste man van Nederland te zijn. Maar het schoot niet erg op. Pas een jaar later mocht hij weer naar Berlijn, waar hij een nerveuze Führer trof, die geen directe toezeggingen deed. Hij erkende Mussert wel als 'leider van het Nederlandse volk' maar macht en invloed leverde dat niet op. Er was wel veel applaus toen Seyss-Inquart deze mededeling op de elfde verjaardag van de NSB openbaar maakte, maar in de praktijk moest Mussert zich tevreden stellen met een weinigzeggend instituut, de Secretarie van Staat van de NSB. Regeringsleider werd hij niet, en tegen-

Op 12 december 1941 legt Mussert, in de Reichskanzlei te Berlijn, de eed
op de Führer af. Seyss-Inquart (links) is er getuige van.

over Seyss-Inquart had hij in de praktijk niets in te brengen. Musserts invloed smolt helemaal weg toen de Duitsers erachter kwamen dat hij een
geheime liefdesrelatie met zijn 19-jarige achternichtje Marietje Mijnlieff
onderhield. Scheiden was geen optie, dat zou te veel schandaal verwek-
ken. Mussert werd langzamerhand politiek irrelevant. Hij mocht eind
1943 nog een keer bij Hitler op bezoek, maar daar boekte hij geen enkel
resultaat. Hij bleef waar hij was – veel in het bioscoopjournaal en in de
gelijkgeschakelde pers, maar ver van de macht.

DE BEWEGING

Van veel van wat er zich rond Mussert afspeelde aan de top van de beweging en in het bestuur van het land hadden de gewone NSB'ers geen weet.
Ze hadden het al moeilijk genoeg om zich te handhaven in de vijandige
omgeving. Velen bleven heel actief, het leek wel of de leden steeds meer
op elkaar aangewezen waren nu ze door de rest van het land, inclusief hun
eigen familie, werden gehaat of genegeerd. Intern kon dat wel een samen-
bindend effect hebben, het gevoel tot een gideonsbende te behoren. In
veel afdelingen bleef er volop dynamiek. Er is een dagboek van een jonge
NSB'er uit Haarlem, die de hele oorlog door het vuur uit zijn sloffen bleef

lopen. In het begin marcheerde hij dapper mee met de Jeugdstorm (zoals de Nederlandse Hitlerjugend heette), maar nog zonder uniform:

'*Mars door Heemstede. Ben de enigste in burger, en dat is geen pretje.*'[35]

In maart 1942 moest hij met zijn club voor dag en dauw op om de trein van half zes te halen. Ze gingen naar Rhenen voor een belangrijk hoog-tepunt in het bestaan van een Jeugdstormer.

'*Wij gingen ditmaal naar de Grebbeberg om de streek Haarlem bij de kranslegging van Dr. Goebbels te vertegenwoordigen. De halve dag in de kou gestaan en daar kwam hij eindelijk aan, legde de krans neer, bracht de groet, inspecteerde de Duitse graven en verdween weer, en wij konden inrukken.*'[36]

Met dissidenten hadden ze weinig op, daar bij de jonge NSB-garde. Tij-dens een kampweek had een van de jongens aan de leiding een protest-brief geschreven: dat de leiders zo tegen de ondergeschikten tekeergingen en dat het eten zo slecht was. Maar dat liet het hiërarchie minnende kader niet over z'n kant gaan:

'*Voor straf heeft de gewestleider dit 's avonds op de zaal voorgelezen, na veel zoeken vonden wij de dader en voor straf hebben wij hem 's avonds spiernaakt uitgekleed en zijn hele lijf met schoensmeer en -vet ingesmeerd, hij zag er uit als een dolle neger!*'[37]

Deze Haarlemse jongen had geluk: hij was te jong voor dienst in de Ne-derlandse SS aan het Oostfront. Veel van zijn oudere partijgenoten gre-pen deze kans daarentegen met beide handen aan. Daar zat natuurlijk enige zin in avontuur achter, maar wat hen vooral inspireerde was hun af-keer van het communisme, hun angst voor een overheersing door de bol-sjewieken uit de Sovjet-Unie. Dat gevoel dreef ruim 22.000 Nederlanders ertoe zich te melden voor de Waffen SS, waarmee Nederland relatief veel Oostfrontstrijders leverde. Een van hen was C. Wenniger Mulder, die dienstdeed als oorlogsverslaggever, en verslagen schreef over wat hij met de troepen meemaakte. Hij was volop gemotiveerd voor deze taak, zo blijkt uit het dagboek dat hij in zijn tijd als Oostfrontreporter bijhield:

'*In alle landen van Europa treden de vrijwilligers aan om zich aan te sluiten bij het grote leger dat de opmars der bolsjewisten moet tegenhouden. Zij zullen vertrapt, uiteengereten worden. Pas dan zal het vuren zwijgen, als de Russische beer ontzield ter aarde zijgt. Dan zal de wereld kunnen he30ademen.'*[38]

Wenniger Mulder was trots op wat de Nederlandse frontsoldaten bereikten. In een tussentijds verslag jubelde hij:

> *'De duizenden gevangenen die gemaakt werden, de omvangrijke buit aan stukken geschut, auto's, tractoren en ander materieel dat in onze handen viel, waren de tastbare bewijzen van de prestaties van onze jongens. Ach, gij miljoenen in het vaderland, weet ge wel wat dat betekent, weet ge wel wat er schuilt achter die getallen, hoeveel moed, hoeveel onverschrokkenheid, doorzettingsvermogen, fanatisme en idealisme daarvoor nodig waren?'*[39]

Naar schatting is eenderde van de Nederlandse Oostfrontstrijders niet teruggekeerd. Zevenduizend mannen hebben voor hun keuze de hoogste prijs betaald, hun leven.

Tekening van C. A. Wenniger Mulder, de oorlogsverslaggever
aan het Oostfront die van zijn trots op wat de Nederlandse soldaten
daar presteerden geen geheim maakte.

Het hoofdkwartier van de NSB was gevestigd in Utrecht, aan de Maliebaan nummer 35, een straat die in de oorlog een bijzonder karakter had.
'Unter den Linden' werd de brede allee in het oosten van de stad wel genoemd – en dat had ermee te maken dat zowel de Duitse als de Nederlandse nationaal-socialisten er zich de grote, fraaie panden hadden toe-
geëigend om er de kantoren van hun talrijke organisaties in te vestigen.
Anton Mussert had er zijn werkkamer op de eerste verdieping. Er was een
balkon aan de voorkant waarvandaan hij parades kon afnemen en aanhangers kon toespreken.

De buren waren van dezelfde club. Op nummer 33 zat de afdeling
Volkscultuur en Sibbekunde van de NSB en daarnaast, op nummer 31, de
afdeling Propaganda onder leiding van ex-journalist Max Blokzijl.

Op dezelfde rij, een stukje verderop – we doen maar een greep – zat
op nummer 15 de Beauftragte voor de provincie Utrecht, de vertegenwoordiger van Seyss-Inquart. Dat was het grootste deel van de oorlog
Müller Reinert. Hij had zijn dienstwoning schuin aan de overkant, op
nummer 10. Daarnaast, op 12, zat het Utrechtse kantoor van de Grüne
Polizei. Een stuk verderop, op nummer 66, zat de Nederlandse SS, die later de Germaanse SS ging heten. Op 17 mei 1942 kwam hier de grote baas
op bezoek, Heinrich Himmler, de chef van de SS, op dienstreis in Nederland. Hij ging ook bij Mussert langs en liet zich op de Maliebaan uitvoerig filmen.

Iets verderop, op nummer 74, zat de Duitse Sicherheitsdienst. Dat was
in feite het centrum van terreur in Utrecht. In dat pand zijn veel verzetsmensen hardhandig verhoord en gemarteld. Er zijn schokkende verhalen
over bekend, vergelijkbaar met die uit andere SD-verhoorcentra in het
land zoals in de Amsterdamse Euterpestraat en het Scholtenshuis aan de
Groningse Grote Markt. Direct na de bevrijding betrad een Utrechtse
tolk in Canadese dienst het pand. Hij zei er later over:

*'In de kelder waren cellen, en er lag een grote plas bloed. Daar is het een en
ander gebeurd, je houdt het niet voor mogelijk. We stuitten op een deur, we
vonden een paar sleutels en wat we toen zagen: ik denk dat er veertien
kubieke meter munitie lag, opgestapeld om opgeblazen te worden. Er was
gelukkig geen boobytrap aan verbonden, want als de lading gesprongen was,
dan was een kwart van de Maliebaan verwoest.'*[40]

De vlag in top aan de gevel van een van de vele NSB-panden aan de Utrechtse Maliebaan.

Ernaast, op nummer 76 had de WA, de geüniformeerde tak van de NSB, haar uitvalsbasis. Aan de andere kant, op nummer 72bis, woonde – maar dat wist niemand – de leider van het verzet in Utrecht, verzetsnaam Dr. Max, werkelijke naam Marie-Anne Tellegen, die als adjunct-secretaris van de gemeente Utrecht ontslag had genomen en zich daarna volledig aan het illegale werk wijdde. Ze kon dat heel lang doen vanaf de Maliebaan, het hol van de leeuw, tot november 1944, toen ze elders in Utrecht onderdook. Daarna heeft ze in Amsterdam het einde van de oorlog mee-gemaakt. Er zat overigens nóg een centrum van verzet op de Maliebaan. Op nummer 71, in het grote pand van garage Grund, was een stencilcen-trale voor illegale bladen, zoals *De Vonk* en *De Waarheid*. Daar werden ook Joodse onderduikers gehuisvest. Aan de voorkant van het pand werden Duitse auto's volgetankt, aan de achterkant werden illegale kranten voor verspreiding weggebracht.

Op nummer 84 zat de Utrechtse commandant van de Wehrmacht en later de Landwacht, een soort hulppolitie van NSB'ers. Leden daarvan moesten eerst gekeurd worden en dat gebeurde op nummer 90, in het ge-bouw van de Nederlandse Volksdienst van de NSB. En dan was er op 92 nog een vestiging van de Abwehr, de Duitse spionagedienst, en op num-mer 108 de Luftwaffe Nachrichtenabteilung.

Op nummer 40 bleef gedurende de gehele oorlog het aartsbisschoppe-lijk paleis gevestigd, het centrum van de rooms-katholieke kerk in Ne-derland, waar de aartsbisschop, de latere kardinaal De Jong, meermalen zijn Duitse buren irriteerde met pastorale brieven waarin hij medewer-king met de bezetter ontraadde. Hij deed zijn best om contact met zijn nazistraatgenoten te vermijden. Toen op een keer toch twee Duitse offi-cieren hun opwachting maakten voor een kennismakingsbezoek en zij – naar rooms-katholiek gebruik – de bisschopsring wilden kussen, moet hij gezegd hebben: 'Als u mijn ring wilt kussen, hij ligt op het bureau.'

DE NEDERLANDSE UNIE

In de eerste oorlogsmaanden diende zich een voor velen aanlokkelijk alternatief voor de NSB en voor de bestaande politieke partijen aan: de Nederlandse Unie. Het was een initiatief van drie prominente mannen: Hans Linthorst Homan, de energieke commissaris der koningin in Gro-ningen, Jan de Quay, een Brabantse hoogleraar in de psychologie, en de Rotterdamse hoofdcommissaris van politie Louis Einthoven. Zij lanceer-den op 24 juli 1940 een oproep tot het Nederlandse volk, in de vorm van een manifest. Uitgangspunt van de Nederlandse Unie was om, met er-kenning van de nieuwe situatie, eensgezind te strijden voor het behoud van de Nederlandse waarden en voor vernieuwing van de maatschappij. Dat was een rijkelijk vaag uitgangspunt, maar het sloot wel aan bij al even vage, in de jaren dertig breed levende verlangens naar vernieuwing en naar meer eendracht in de samenleving. De Unie kwam zo ook tegemoet aan wensen om juist nu, na de nederlaag, zelf actief aan een beter Neder-land te werken, waar de traditionele politieke partijen zich vooralsnog

J. de Quay, hoogleraar, L. Einthoven, politiecommissaris, en J. Linthorst Homan, commissaris der koningin. Samen vormden zij het Driemanschap van de Nederlandse Unie.

zeer terughoudend opstelden. Bovendien voelde dit initiatief voor veel Nederlanders ook aan als een protest tegen de NSB, en daarmee tegen de Duitse bezetter. Vijf dagen na de oprichting van de Nederlandse Unie schreef Jeltje Eckert-Stroink, arts te Utrecht en overtuigd anti-Duits gezind, in haar dagboek:

'De Nederlandse Unie groeit. Reeds hebben 200.000 mensen hun adhesie betuigd. Het programma dat ze opstelden is tamelijk vaag, maar dat kan op het moment ook niet anders. De voornaamste bedoeling op het ogenblik is om niet alleen de NSB aan het woord te laten en alleen met de Duitsers te laten onderhandelen, terwijl de rest van het Nederlandse volk zwijgt en er zich schijnbaar bij neerlegt.'[41]

Dat cijfer van 200.000 sympathisanten in vijf dagen is vermoedelijk niet overdreven. Het leek wel of er met het manifest van de Unie een vlam in de pan sloeg. In het Haagse hoofdkantoor van de Unie aan de Alexanderstraat 11 ontstond een pandemonium. Daar moesten alle leden worden ingeschreven. Er werd uit alle hoeken personeel aangerukt om de aanmeldingen te verwerken, de organisatie werd overspoeld door enthousiaste reacties. Op het hoogtepunt heeft de Unie 800.000 leden gehad, de NSB kwam nooit verder dan 100.000. Voor de oorlog had geen enkele andere politieke partij ooit zulke ledentallen behaald.

Een van de 800.000 was Herman van Run, toen student in Nijmegen, na de oorlog een vooraanstaand journalist, en onder andere hoofdredacteur van dagblad *De Tijd*. Hij werd gevraagd als secretaris van een plaatselijke afdeling van de Unie, en voelde er wel wat voor, was blij dat hij ergens aan mee kon doen en kon meepraten over de toestand in het land. Terugkijkend zegt hij:

> *'Toen men mij dat vroeg, dacht ik: dat lijkt mij een goed idee, want de hoofddoelstellingen van de Nederlandse Unie kende ik natuurlijk. Die kwamen neer op een poging om het Nederlandse volk in zijn ellende "zoveel mogelijk bij elkaar te houden", om een uitdrukking van Job Cohen te gebruiken. Maar die past hier wel degelijk. En om tevens toe te werken, voor zover dat mogelijk was, naar een aantal vernieuwingen.'*[42]

Een belangrijk pluspunt van de nieuwe organisatie was dat er een aanzienlijk vertrouwen bestond in de leden van het Driemanschap. De vooroorlogse politici hadden, op Colijn na, om hun gebrek aan stevig optreden juist voortdurend onder vuur gelegen. De drie stonden bekend als daadkrachtig (zeker Linthorst Homan, de jongste commissaris der koningin uit de geschiedenis, een groot bestuurlijk talent) en ze durfden hun nek uit te steken. Van Run, terugkijkend:

> *'Dat driemanschap, De Quay, Linthorst Homan en Einthoven, dat was in de verte toch een soort van heilige drie-eenheid. Dat was veilig, dat was vertrouwd: die mensen zouden Nederland niet laten verkommeren, zonder iets te doen ten gunste van die bevolking, voor zover dat mogelijk was, in samenspraak met de Duitse overheden.'*[43]

Maar dat alleen verklaart dat ongekende succes in de zomer van 1940 niet. Er was méér aan de hand: de schok van de nederlaag had behalve neerslachtigheid en pessimisme ook een positieve en activistische reflex opgeroepen. Juist nu moest er aangepakt worden, een einde worden gemaakt aan de onhoudbare maatschappelijke kwalen van de crisisjaren. De Unie was zoals gezegd duidelijk anti-NSB, maar had wel een paar vergelijkbare uitgangspunten: nationalisme, saamhorigheid en het doorbreken van de verzuiling. In politiek opzicht kwam ze, net als de NSB, voort uit de tijdgeest van de turbulente jaren dertig. De jaren waarin de economische depressie en het onvermogen van het politieke systeem om de gevolgen effectief tegemoet te reden, van links tot rechts leidden tot het idee de zaak eens grondig op te schudden. Er was alom behoefte aan dat ene veelbelovende perspectief: vernieuwing. Dát was wat De Quay, Linthorst

Homan en Einthoven beoogden, net zoals ze dat in de jaren dertig al vurig wensten, een nieuwe maatschappij.

Jeltje Eckert-Stroink, niet bijster politiek onderlegd en geïnteresseerd, maar wel heel betrokken bij het vernieuwingsidee, schreef in haar dagboek op 4 augustus 1940 over de Unie:

> *'Sommige vooraanstaande mannen, als Colijn en prof. Telders hebben een waarschuwende stem ertegen verheven. Zij menen dat zij teveel grondbeginselen van de NSB hebben overgenomen. Inderdaad blijkt de Nederlandse Unie in haar program de corporatieve opbouw van de staat opgenomen te hebben. Inderdaad klinken dergelijke projecten verdacht, maar wie weet of niet werkelijk die corporatieve idee een veel betere economisch en staatsbeheer mogelijk maakt? Deze instellingen kunnen ongetwijfeld gemodificeerd worden naar Hollandse inzichten. Daarom geloof ik dat we beter doen ons aan te sluiten en zo de gelegenheid te hebben onze mening te uiten, dan afzijdig te blijven en tweedracht te zaaien.'* [44]

Op straat bleek overduidelijk dat de Nederlandse Unie succes had als tegenbeweging van de NSB. Er ontstonden relletjes tussen degenen die voor de NSB probeerden het blad *Volk en Vaderland* aan de man te brengen en de Uniepropagandisten die met het blad *De Unie* colporteerden.

De Duitsers hielden zich op de vlakte. Seyss-Inquart keek de kat uit de boom en wachtte af wat de organisatie ervan terecht zou brengen en hoe de NSB erop zou reageren. Er is volgens Wichert ten Have, die een diepgaande studie aan de Nederlandse Unie wijdde, nergens een officieel beleidsstuk van de Duitse bezetter over de Unie te vinden: een helder beleid was er dus niet. Niet onwaarschijnlijk is dat Seyss-Inquart de Unie het voordeel van de twijfel gaf en afwachtte of via pragmatische samenwerking een soort zelfnazificatie mogelijk zou zijn. In ieder geval probeerde de bezetter de Unie op allerlei gebieden in te schakelen. Bijvoorbeeld bij de organisatie van de Winterhulp, de collecte die bedoeld was om verarmde Nederlanders met voedsel en kleding door de winter te helpen. In het erecomité zaten ook enkele secretarissen-generaal, die geen lid van de NSB waren. Desalniettemin vond de bevolking, en de grote meerderheid van de Unieleden, het idee en de organisatie dermate Duits-geïnfecteerd dat het als uiting van nationale filantropie mislukte. De leiding van de Unie, het Driemanschap De Quay-Linthorst Homan-Einthoven, probeerde de leden de Winterhulp op tamelijk autoritaire wijze door de strot te duwen. Linthorst verscheen zelfs in het bioscoopjournaal om de collecte vol vuur in de belangstelling van de bevolking aan te bevelen. Ten

Have ontdekte dat veel afdelingen het toegezonden actiemateriaal eenvoudig retourneerden. De Unieleden wilden die Winterhulpcollecte niet. Herman van Run:

> *'De methode, de titulatuur en het bestaan van Winterhulp – dat was een puur Duits verschijnsel, en dat werd overgebracht naar Nederland. En daarvan zeiden de Nederlanders: aan dit soort van hulpbetoon hebben wij geen behoefte, daar hebben wij geen zin in.'*[45]

Het gedoe rond die Winterhulp was een belangrijke oorzaak van in de loop der tijd optredende spanningen tussen de top van de Unie en de basis. Na een paar maanden was het wel duidelijk dat de speelruimte voor de Unie beperkt zou zijn. De heer J. Kruisinga uit Vriezenveen, die vanaf 1923 al een dagboek bijhield en daar gedurende de hele oorlog liefst 3.600 pagina's in schreef, had dat eind oktober goed door. Hij had de gewoonte om de gewone Nederlander aan te duiden met 'de Vriezenvener' en schreef:

> *'De Unie heeft vele behoudende tegenstanders, zoals de Vriezenveners, die zich echter in hun strijdwijze (als men tenminste bij een stilstaand blok stopverf van een strijdwijze mag spreken) behoorlijk gedragen. "Kijk eens," zegt de Vriezenvener in en buiten Vriezenveen, "de Nederlandse Unie bestaat net zo lang als de Duitsers ze willen toelaten. Als ze in Duitse richting werkt, zullen ze haar steunen, maar als ze in het Nederlandse belang tegen Duitse belangen probeert te gaan werken, wordt ze direct verboden."'*[46]

Dat was geen slechte voorspelling. De spanningen in de Unietop liepen langzamerhand verder op. Binnen het Driemanschap bleek dat Linthorst Homan veel meer geneigdheid toonde om toenadering te zoeken met de Duitsers en met de NSB dan zijn twee collega's. En de bezetter draaide de Unie de duimschroeven aan door op 10 januari 1941 geheel onverwacht het hoofdkantoor aan de Haagse Alexanderstraat 11 binnen te vallen. Duitse agenten doorzochten het gebouw, namen een deel van de administratie en ander materiaal in beslag en arresteerden een aantal vooraanstaande medewerkers. Er waren, aldus de Duitse autoriteiten, aanwijzingen dat vanuit de kantoren van de Nederlandse Unie illegale activiteiten werden ondernomen. Bij de uitvoerige ondervragingen van de arrestanten bleek dat de Duitsers inderdaad op zoek waren naar bewijzen voor verzetsacties, maar ook dat ze de Unie wilden laten merken dat ze een andere, meer pro-Duitse koers moest gaan varen om haar bestaan zeker te stellen. Na een paar dagen mochten de gearresteerde Uniemedewerkers weer naar huis.[47]

Voor de meeste leden bleef de Unie, ondanks de aanvaring met het Drie-manschap, toch een ideale manier om een eigen weg te kiezen, buiten de Duitsers en hun handlangers om. Het Uniecontactorgaan *Werk aan den Winkel!* van het gewest Rotterdam concludeerde bij het éénjarig bestaan van de organisatie tevreden:

> *'Zij gaf ons het bewustzijn tot een onafhankelijk volk te behoren, een volk geroepen tot de handhaving en verdediging van menselijke waardigheid en gerechtigheid. Zij heeft vorm gegeven aan de sociale idealen, die in ons volk reeds sluimerden en die nu als lichtende sterren ons volk zullen voorgaan op zijn weg naar de toekomst, op onze NEDERLANDSE weg naar een NEDERLANDSE toekomst. De Nederlandse Unie heeft aan honderden het middel gegeven om stand te houden in de zenuwenoorlog van wantrouwen, uitzichtloosheid en leugen.'*[48]

Een tweede beweging van onderop waarvoor het Driemanschap moest buigen, bracht de ondergang van de beweging nabij. Het betrof de weige-ring van een groot deel van de Unieleden om in te stemmen met het voorstel van het Driemanschap om Joden uit te sluiten van het zoge-noemde 'werkend lidmaatschap' van de Unie, bestemd voor de meer ac-tieve leden. Ook daar had de bezetter druk uitgeoefend op het Drieman-schap, en ook daar weigerde de basis om mee te doen. Daarmee werd de positie van het Driemanschap langzamerhand onhoudbaar, het werd ver-malen tussen een kritische achterban en de pressie van de bezetter.

Dat kon niet lang goed gaan. Na de aanval van Duitsland op de Sovjet-Unie op 22 juni 1941 eiste Seyss-Inquart dat de Nederlandse Unie zich achter deze strijd tegen het bolsjewisme zou scharen. Hier bleek voor de Unieleiding een principiële grens te zijn bereikt, die niet kon worden overschreden. De Sovjet-Unie was een bondgenoot, een van de geallieer-den waartoe ook Nederland behoorde. Het Driemanschap weigerde. Toen was het voor de bezetter definitief duidelijk dat de Unie geen ge-schikt instrument was voor de beoogde zelfnazificatie van de Nederland-se samenleving. De weigering vormde de opmaat tot het verbod van de hele organisatie op 13 december 1941. Het avontuur was afgelopen. Her-man van Run, in een terugblik:

> *'Eigenlijk is de hele mislukking van de Unie au fond te wijten aan de woede van de Duitsers: dat ze niet voldoende aanpassingen van de Nederlanders*

hebben kunnen krijgen. De Nederlandse Unie was een gebeten hond
geworden, zeker toen de Nederlanders geen enkele solidariteit wilden
betuigen met de Duitsers, bij hun inval in de Sovjet-Unie. Als de
Nederlanders die inval massaal hadden toegejuicht, dan had de Nederlandse
Unie misschien nog een tijdje kunnen bestaan.'[49]

Vanaf 1 januari 1942 was de NSB de enige toegestane partij in het land.
Een half jaar daarna werden eerst Einthoven en later De Quay en Lint-
horst Homan opgepakt en als gijzelaar in Sint-Michielsgestel opgesloten.
Ten Have concludeert:

> 'Met haar idee van vernieuwing én aanpassing aan een bezetter, zat de
> Unie in een spagaat. Een spagaat is, zoals bekend, een pijnlijke houding
> voor de niet-geoefende. En het Driemanschap én de leden waren niet
> geoefend.'[50]

Maar een andere conclusie kan zijn dat de Nederlandse Unie wel een ander doel heeft bereikt: ze toonde aan dat de NSB in Nederland weinig aantrekkingskracht had en geen groeipotentieel. Ze hield de NSB in feite
klein, en dat gaf de bezetter des te minder reden om de NSB de leidende
rol in de Nederlandse samenleving te geven waar Mussert zo vurig naar
verlangde.

VERZET EN REPRESAILLE

Eind 1941 was het de Duitsers wel duidelijk dat Nederland zich niet zomaar liet nazificeren, laat staan dat het uit zichzelf daartoe over zou gaan.
De invoeging in het Groot-Germaanse Rijk zou dus geheel moeten
verlopen langs de weg van geboden en verboden. Er volgden nu allerlei
maatregelen om de Nederlandse samenleving op nationaal-socialistische
grondslagen te organiseren. Het duurde wat langer voor de Duitsers over-
gingen tot systematische terreur tegen de bevolking. Die begon in feite
in juli 1942 met de deportatie van de Joden. De voorbereidingen daarvan
waren sinds de zomer van 1940 in volle gang. Tot terreurdaden tegen de
gehéle bevolking hadden de Duitsers toen nog niet besloten, ze balan-
ceerden nog steeds tussen goedschiks en kwaadschiks. Maar op 4 mei
1942 nam de bezetter een maatregel die als een voorbereidingshandeling
voor een breder terreurbeleid kan worden gezien. Duitse agenten arresteerden, zonder enige waarschuwing vooraf, 460 Nederlanders – allemaal mannen, keurige heren, die geen van allen een flauw vermoeden

hadden wat de reden was van hun aanhouding. Het waren hoogleraren, politici, schrijvers, musici, advocaten, geestelijken, burgemeesters: een indrukwekkende doorsnede van de elite van Nederland. Met vrachtwagens werden ze vanuit het hele land samengebracht in een dorpje vlak bij Den Bosch, Sint-Michielsgestel. Tot eind 1944 zouden honderden notabele Nederlanders als gijzelaars vastzitten in het voormalige kleinseminarie van dat dorp, Beekvliet. Het waren mensen als Simon Vestdijk, Anton van Duinkerken, Johan Huizinga, Frits Philips, Jan de Quay, Willem Schermerhorn. Hun lot was niet te vergelijken met dat van 'gewone gevangenen'; de Duitsers beschouwden deze groep als onderpand. Zolang de Nederlandse bevolking zich netjes en coöperatief gedroeg, zou de gijzelaars geen haar worden gekrenkt. Was dit niet het geval, dan zouden ze de kans lopen zonder pardon te worden geëxecuteerd. Zo fungeerden de gijzelaars als een soort 'represailereserve'.

Het zou een maand of drie duren eer de bezetter voor het eerst uit dit reservoir ging putten. De aanleiding was een poging tot een gewapende aanslag op een trein met Wehrmachtsoldaten. Die actie was het werk van een sabotagegroep uit Rotterdam die voornamelijk bestond uit CPN'ers en die zich 'Nederlandse Volksmilitie' noemde. De leider was Samuel Dormits. Na overleg met CPN-topman Gerben Wagenaar, een van de kopstukken uit het verzet, besloot hij tot een spectaculaire aanslag in Rotterdam op het spoorwegviaduct tussen de stations Beurs en Delftse Poort. Doelwit was een trein met Duitse militairen die met verlof gingen. Dormits kreeg groen licht omdat een goed gelukte aanslag een diepe indruk zou kunnen maken op de burgerbevolking en vooral op de arbeiders, en daarmee de verzetsgeest zou kunnen aanwakkeren.

Op vrijdagochtend 7 augustus 1942, om ongeveer kwart voor zeven, brengt de groep van Dormits de explosieve lading aan op de uitgekozen plek. Maar de opzet mislukt. De trein met verlofgangers heeft enige vertraging. Een baanopzichter fietst om tien voor zeven langs de plek waar de lading ligt. Hij raakt per ongeluk met zijn wiel of met een trapper de draad die met de explosieven verbonden is. Een klein deel van de lading ontploft, de opzichter wordt zwaar verwond. De Sicherheitspolizei arriveert direct, verwijdert de rest van de lading en realiseert zich dat de trein met verlofgangers aan een groot gevaar is ontsnapt.

De Duitsers zijn razend, generaal Christiansen voorop. De bevelhebber van de Wehrmacht in Nederland had juist twee dagen tevoren een waarschuwing doen uitgaan dat de bevolking zich rustig moest houden. Hij voelt zijn gezag extra aangetast – hier moet de wraak meedogenloos zijn. Hij eist dat een aantal van de in Brabant vastgezette gijzelaars zal worden geëxecuteerd. Maar dat valt buiten zijn competentie, dat is de verant-woordelijkheid van Arthur Seyss-Inquart. Die aarzelt, zoals steeds, tussen de voordelen van streng straffen (afschrikwekkend voorbeeld) en de na-delen: een toename van de grimmige stemming in het land en van de an-ti-Duitse gevoelens. Seyss-Inquart neemt een tweeledig besluit. Hij eist dat de bevolking binnen een week (deadline 14 augustus) informatie ver-strekt waardoor de daders kunnen worden gepakt. Gebeurt dat niet, dan zullen er vijf gijzelaars worden gedood – Christiansen had ingezet op twintig gijzelaars.

In het gijzelaarskamp in Sint-Michielsgestel is de reactie voorlopig ge-matigd, althans volgens Robert Peereboom, die daar in de bossen dage-lijks nauwgezet noteert wat hij meemaakt:

'De tijding maakt indruk, maar wekt geen opwinding. Sommigen twijfelen aan de hele aanslag. Dit zal ook wel een leugen zijn. Alles is immers gelogen, wat van Duitsers komt. Anderen merken op dat als er niets gebeurd is, het voor ons des te bedenkelijker wordt. Want dan gebruiken zij voorwendsels om op ons te kunnen schieten. Dit is het begin van discussies, die lang voortgezet zullen worden. Diep onder de indruk is het kamp niet. Wij laten ons door die dreigementen van de Duitsers niet ontmoedigen.'[51]

Gijzelaars aan de studie: in het gijzelaarskamp Beekvliet in Sint-Michielsgestel konden prominente Nederlanders kiezen uit een omvangrijk pakket cursussen.

Inmiddels gaan de voorbereidingen aan Duitse kant verder. Omdat het om een aanslag in Rotterdam gaat, heeft de s D in totaal twintig min of meer Rotterdamse dossiers geselecteerd waaruit ss-chef Rauter er vijf heeft gekozen. Een van die vijf is nog op vrije voeten, hij wordt alsnog gearresteerd en naar Sint-Michielsgestel gebracht. Het is Alexander baron Schimmelpennick van der Oye, een landeigenaar op Schouwen van 28 jaar. Net getrouwd, zijn echtgenote is zwanger. Inmiddels is er nog geen spoor van de dader. In het gijzelaarskamp probeert iedereen rustig te blijven, en waardig – dat is de stijl van wat de Duitsers een *Herrengefängnis* noemen. Robert Peereboom noteert op maandag 10 augustus:

'In de gesprekken blijft optimisme overwegen. Ook in ons groepje in de eetzaal. Van Limburg Stirum, de Arnhemse substituut-officier van Justitie, vat het bijzonder blijmoedig op en is ervan overtuigd, dat het met een dreigement zal aflopen. Hij is een man die steeds de neiging toont van zijn medemensen het beste te verwachten. Een merkwaardige mentaliteit in zo'n beroep. Er zijn ook zwartgallige uitlatingen, maar ze geven de toon niet aan.'[52]

Otto Ernst Gelder graaf Van Limburg Stirum (49) weet dan nog niet dat hij ook op de lijst staat. Ook mr. Robert Baelde (35) is geselecteerd. Hij is een vooraanstaand vrijzinnig-protestant, zeer actief op sociaal-pedagogisch gebied en bovendien is hij kaderlid geweest van de Nederlandse Unie. Daarnaast ligt het dossier klaar van Christoffel Bennekers (48), hoofdinspecteur van de Rotterdamse politie. En tot slot van Willem Ruys (48) een van de directeuren van de Rotterdamse Lloyd. Er komen uit de bevolking geen tips die de Sicherheitsdienst dichter bij de daders brengen. En daarom wordt het dreigement uitgevoerd. Robert Peereboom schrijft later over die vrijdag 14 augustus in zijn memoires. Hij is 's nachts wakker geworden en heeft iemand gezien die met een zaklantaarn door de slaapzaal scheen. Op het stapelbed boven hem zit een lotgenoot, die De Graaf heet:

'Het is een heldere, maanlichte nacht en ik zie De Graaf zitten op het bovenbed, in het bleke licht dat door het raam naar binnen valt. "Ben je daar", zegt hij, "de Dood waart hier rond." Zijn toon ontstelt mij. "Je droomt", zeg ik dan. "Neen, ik droom niet. Deed ik het maar. De Dood waart hier rond, zeg ik je. Hij is vlak langs je gegaan. Zij hebben Otto van Stirum gehaald om hem te fusilleren. Zij hebben anderen meegenomen. Baelde ook. Jij moet wakker geworden zijn omdat zij Constant van Stirum hebben weggeroepen; die is afscheid van zijn broer gaan nemen. Misschien halen ze er nog meer."'[53]

Het zijn er uiteindelijk vijf. De ontspannen sfeer onder de gijzelaars is ineens verdwenen. Een van de actiefste mannen in het gijzelaarskamp is de advocaat Piet Sanders, ook uit de regio Rotterdam. Hij organiseert allerlei lezingen en culturele activiteiten in Sint-Michielsgestel. Ook hij vreest een moment dat zijn laatste uur geslagen heeft, vertelde hij in 2002:

> '*Er kwam een militair in de nacht met zijn zaklantaarn in onze kamer, waar we met zijn vierentwintigen lagen. Hij begon met zijn lantaarn te schijnen, juist in de hoek waar ik lag. Die ging dan verder en dan wist je: ik ben het dus niet. Maar hij bleef wel staan bij Schimmelpenninck van der Oye, die pas de avond daarvoor was binnengebracht en op onze kamer was ingekwartierd. En hij werd er wél uitgehaald.*'[54]

De vijf ongelukkigen worden die ochtend naar de bossen in de buurt van Goirle gebracht en door een vuurpeloton doodgeschoten. De schok is groot, ook in kamp Michielsgestel, waar een ss-officier tijdens het appèl de gijzelaars informeert. Robert Peereboom staat ook op dat appèl en schrijft 's avonds in zijn dagboek:

> '*Er heerst doodse stilte. De ss-er leest namens de bendeleiders in Den Haag een communiqué van de terechtstelling van deze morgen voor. Er wordt oprecht leedwezen over het gebeurde in uitgesproken. Oprecht! Het hele begrip is hun vreemd. De nazi's hebben vannacht een lafhartig misdrijf gepleegd. Zij hebben vijf onschuldigen in koelen bloede vermoord.*'[55]

Vanuit Londen reageert minister-president Gerbrandy al korte tijd later. In een toespraak voor Radio Oranje noemt hij de executies een bewijs van de onmacht van de bezetter om Nederland in zijn greep te krijgen:

> '*Het is juist het besef van machteloosheid dat de tiran doet grijpen naar dit verachtelijk middel dat wel binnen zijn bereik is: het vermoorden van onschuldige gijzelaars. Deze praktijk zal voor de toekomst de schandplek blijven van het Duitse volk.*'[56]

Na deze dag was het leven in gijzelaarskamp Sint-Michielsgestel nooit meer zoals tevoren. Het bleef er zo op het oog aangenaam, in een relatief luxe atmosfeer en een zeldzaam intellectueel, cultureel klimaat. Maar iedereen besefte dat er elke dag overal in het land iets kon gebeuren, wat een fataal gevolg voor een of meer gijzelaars kon hebben. Dat is nadien nog één keer gebeurd; er zijn in oktober 1942 drie gijzelaars weggehaald en doodgeschoten.

Het dagelijks leven in het gijzelaarskamp was volstrekt niet te vergelijken met de situatie in andere Duitse kampen.[57] De gevangenen hoefden geen dwangarbeid te verrichten, sterker nog, ze kregen alle vrijheid zolang ze maar binnen het kamp bleven. Ze hadden dankzij de pakketten van thuis zoveel te eten, dat een enkeling klaagde dat hij te dik werd. De Duitse en Nederlandse bewakers lieten de gijzelaars met rust zolang ze zich niet misdroegen. In de loop van de oorlog werden nieuwe groepen gijzelaars toegevoegd, andere mochten vervroegd weer naar huis. Het aantal gevangenen wisselde, op een gegeven moment zaten er bijna zevenhonderd gijzelaars tegelijk vast. In het kamp bestond een uiterst drukbezet systeem van cursussen, lezingen en discussiegroepjes. Er waren cursussen over de meest uiteenlopende onderwerpen: vaderlandse geschiedenis, tekenen, filosofie, talen, economie, etc. En dan waren er nog zo'n twintig gegijzelde dominees, die alle twintig hun eigen bijbelcursus gaven. De meeste gijzelaars hadden een agenda nodig om bij te houden naar welke cursus of discussiebijeenkomst ze moesten. Dankzij een microfoonsysteem, gedoneerd door gijzelaar Frits Philips, kon organisator Piet Sanders de verste uithoeken van het voormalig seminarie bereiken. Hij zei in 2002:

'Elke ochtend om acht uur kondigde ik aan: "Mijne heren, vandaag staat het volgende te gebeuren." Dan volgde er een waslijst van namen, lokaalnummers en tijden. Het was de enige periode in mijn leven dat ik bijna overwerkt ben geraakt.'[58]

DE MANAGER VAN HET VERZET

Het is praktisch onmogelijk hier een compleet overzicht te geven van de acties van het Nederlands verzet. Eigenlijk kan ook niet van hét verzet worden gesproken. Daarvoor waren de activiteiten te uiteenlopend van aard. Het liep van individueel uitgevoerde uitingen van openlijk protest (een leuze op een muur bijvoorbeeld) tot strak georganiseerde, in volledige illegaliteit uitgevoerde paramilitaire strijd. De grootste omvang en reikwijdte had de zeer geschakeerde en al vroeg begonnen illegale pers. Daarnaast ontwikkelden zich hulporganisaties voor het vinden van onderduikplaatsen en de zorg voor die onderduikers. In andere groepen werden voorbereidingen getroffen voor de naoorlogse samenleving. En er was paramilitair verzet, deels bestaande uit het verzamelen van inlichtingen ten behoeve van de geallieerden, maar deels ook uit gewapende activiteiten in Nederland. Moordaanslagen op Duitsers of NSB'ers kwamen niet vaak voor, zeker niet in het begin van de oorlog. Het gewapende verzet concentreerde zich vooral op nuttig geachte acties, zoals overvallen op gemeentehuizen (om persoonsbewijzen te bemachtigen) of distributiekantoren (gericht op bonkaarten en bonnen voor het verzet). De meeste acties kwamen op naam van Knokploegen, groepjes verzetsmensen die voor allerlei projecten inzetbaar waren. Er was ook een landelijke organisatie, de LO/LKP, die probeerde enige coördinatie aan te brengen in het gewapende verzet en in de hulp aan onderduikers. De leiding van die organisatie trok vanaf eind 1942 door het land om te coördineren, te adviseren en logistieke hulp te bieden. Aan het hoofd stond een vrouw uit Winterswijk, Helena Kuipers-Rietberg, die samen met dominee Frits Slomp de organisatie had opgericht. Mevrouw Kuipers had zelf Joodse onderduikers in huis genomen, en samen met haar man bracht ze in de Achterhoek steeds meer bedreigde mensen in veiligheid, Joden vooral maar ook geallieerde piloten. De SD kwam haar op het spoor en probeerde haar op verschillende treinstations te onderscheppen door haar te laten omroepen: in verband met een (door de SD verzonnen) dodelijk ongeval van een van haar kinderen werd ze verzocht zich bij het loket te melden. In die val liep ze niet, maar door verraad werd ze uiteindelijk toch, met haar man, gearresteerd. Ze nam alle schuld op zich en kreeg zo haar man vrij. Die dook onder; zelf is mevrouw Kuipers via Vught in het Duitse concentratiekamp Ravensbrück beland, waar ze eind 1944 overleed.

Mevrouw H.T. Kuipers-Rietberg, bijnaam in het verzet Tante Riek.
Ze leidde de verzetsorganisatie LO/LKP, maar slaagde er niet in uit handen van de SD te blijven.

Helena Kuipers-Rietberg is de meest prominente vrouw in het verzet, maar lang niet de enige. In Utrecht kwamen we Marie-Anne Tellegen al tegen, die als Dr. Max een centrale rol speelde. Over het algemeen hadden vrouwen in het illegale werk een dienende functie, als koerierster of in de verzorging. Maar toen er vanaf 1943 een enorme stroom onderduikers op gang kwam, veranderde de rol van de vrouw aanzienlijk. Ze werd, zou je kunnen zeggen, de manager van het verzet – ze regelde de onderduikadressen, ze deed de administratie van de bonnen en de aanvoer van het voedsel.[59] Gaandeweg nam ze ook steeds meer operationele taken over van de man, niet bij wijze van revolutionaire doorbreking van het rollenpatroon, maar eenvoudig omdat de mannen de straat niet meer op konden en de 'legale' wereld (inclusief de Duitse bezetter) niet van vrouwen verwachtte dat ze wapens en buit vervoerden.

Vrouwen waren op voet van gelijkwaardigheid vertegenwoordigd in de verzetsgroep CS6, die van alle organisaties de meeste aanslagen pleegde. De naam CS6 was afgeleid van het adres waar de groep ontstond: Corellistraat 6 in Amsterdam. De leden kwamen uit intellectuele en culturele kringen, en in politieke zin uit liberale en communistische milieus, waar vrouwen van oudsher al een meer gelijkwaardige positie innamen. In de zomer van 1943 werd het grootste deel van de groep door verraad opgerold. Op 1 oktober van dat jaar werden negentien leden van de groep gefusilleerd, op 22 oktober werden er nog zeven doodgeschoten. Reina Prinsen Geerlings, Truus van Lier en Nel den Brink werden naar Duitsland gevoerd en daar gedood.[60]

NOG EEN STAKING

In het verloop van de oorlog trad rond de jaarwisseling 1942-1943 een belangrijke wending op. De Duitse opmars werd tijdens de slag bij Stalingrad tot staan gebracht, de Duitse legers kwamen, voor het eerst deze oorlog, in het nauw. Dat had direct zijn weerslag op de verhoudingen in Nederland. De situatie in het land en de positie van het verzet veranderden in aanzienlijke mate, in het bijzonder vanaf het einde van april 1943. Op de 29ste verscheen in de dagbladen een proclamatie van de bevelhebber van de Wehrmacht Friedrich Christiansen. Hij kondigde af dat alle bijna 300.000 Nederlandse militairen die in mei 1940 hadden gevochten of althans gemobiliseerd waren geweest, weer als krijgsgevangenen werden beschouwd. Ze waren kort na de capitulatie weer naar huis gestuurd, maar nu moesten ze zich melden. Ze zouden in Duitsland worden tewerkgesteld. Die maatregel had alles te maken met de behoefte aan arbeidskrachten in Hitler-Duitsland waarvoor al eerder op allerlei manieren arbeiders uit Nederland waren weggehaald. Er waren steeds meer soldaten nodig aan het Oostfront, en de opengevallen plekken in de fabrieken moesten worden opgevuld met mensen uit de bezette gebieden, ook uit Nederland.

De mededeling kwam voor veel Nederlandse mannen als een schok – werken in Duitsland was een uiterst onaangenaam vooruitzicht. De irritatie over de steeds verdergaande pogingen van de Duitsers om Nederland in het gareel te dwingen overschreed nu een grens. Nederland accepteerde het niet meer, er brak een proteststaking uit. Het begon in Hengelo bij de machinefabriek Stork. Daar kwam het gerucht over de nieuwe Duitse maatregel binnen via een nabijgelegen drukkerij, waar *De Nieuwe Hengelosche Courant* werd gedrukt, met op de voorpagina de proclamatie van Christiansen. Een groepje Storkarbeiders ging bij de drukkerij kijken en zag dat het klopte, dat het menens was. Er was weinig tijd nodig voor een eenstemmig besluit van de werkvloer bij Stork: iedereen liep de poort uit. In de telefooncentrale bleef mevrouw F. Hoogenboom-Eftink zitten, maar ze was het wel geheel eens met de staking. En ze gaf er ruchtbaarheid aan, via alle twintig lijnen die ze onder haar beheer had – zo zei ze in 1993:

Ook van de april-meistakingen zijn vrijwel geen beelden. Deze foto is gemaakt in Vriezenveen, waar op 30 april 1942 de bakkers op de Rondweg bespreken of ze meestaken.

'Iedere vestiging die belde uit het hele land vertelde ik dat we aan het staken waren. En ik zei erachteraan: doet u mee, want nu is de tijd rijp. Ik kon alleen in de regio zelf de nummers draaien, buiten de regio moest het via een centrale. Maar binnen de regio heb ik zoveel mogelijk bedrijven gebeld, gewoon uit het telefoonboek. Om ze op te roepen om mee te doen.'[61]

Die telefoonactie werd een doorslaand succes. Binnen een dag wist heel Nederland dat er gestaakt werd, en bijna heel Nederland deed ook mee. Alleen in de grote steden was de respons klein. Amsterdam, kennelijk nog diep onder de indruk van de gevolgen van de Februaristaking, werkte door. De april-meistaking was een staking van de regio. Ze wordt ook wel de 'melkstaking' genoemd – omdat er zoveel zuivelfabrieken aan meededen. In Friesland lag de zuivelsector helemaal plat. Johannes Walinga, een Friese turfsteker die heel actief was in het verzet, had pamfletten verspreid en zijn dorp Oudega opgeroepen in staking te gaan tegen de Duitse plannen.

'Het hele dorp stond 's middags voor de fabriek, de arbeiders wilden wel doorwerken maar het dorp hield ze tegen. Vooral de jonge mensen. Toen de melkwagens eraan kwamen, laat in de middag, ging alle melk de sloot in. We hadden de meeste melkrijders tevoren gewaarschuwd, maar ze kwamen toch. Nou, jammer dan. De sloten waren wit, het was begin mei, de top van de melk, de periode dat er het meest werd geproduceerd, maar het ging allemaal de sloot in.'[62]

De Duitse bezetter had wel rekening gehouden met onrust over de maatregel tegen de Nederlandse mannen, maar dacht in het algemeen toch dat het wel mee zou vallen. Seyss-Inquart was naar Zuid-Duitsland vertrokken, hij had de 28e een afspraak met Göring, Himmler en Hitler – en hij zat dus nog op de Obersalzberg toen hier de vlam in de pan sloeg. Het beleid aan Duitse kant werd nu bepaald door ss-chef Hanns Albin Rauter, en dat betekende dat het meedogenloos zou zijn. Rauter wilde onmiddellijk het standrecht afkondigen. Eigenlijk had hij daar de toestemming van Seyss-Inquart voor nodig, maar die kon hij in Berchtesgaden niet bereiken. Hij belde voortdurend met Himmler, en zelfs enige tijd met de over de ontwikkelingen flink bezorgde Hitler. Rauter liet daarop het standrecht afkondigen in elke provincie waar stakingen waren uitgebroken. Pas op zaterdag 1 mei – twee dagen na het begin van de onrust – werd dat standrecht geldig voor het hele land. De Nederlandse politie had opdracht met scherp te schieten op samenscholingen, maar heeft dat, voorzover bekend, nergens gedaan. Er verschenen daarnaast Duitse politietroepen in de straten, en die schoten wél gericht. Geheel volgens de wil van Rauter, die daar uitgesproken opvattingen over had. Tijdens een lezing voor N S B-leiders zei hij:

'In crisissituaties kan de Polizeiführer slechts optreden volgens het principe: eerst hard ingrijpen en dan ontspannen, opdat met weinig doden voldoende bereikt wordt. Het komt er niet op aan dat de juiste man wordt neergeschoten, het komt er eerder op aan dat er op het juiste moment doden vallen.'[63]

Wel, het ging er in alle windstreken hard aan toe. Het standrecht werd bekendgemaakt via plakkaten die overal werden opgehangen. De Landsdrukkerij moest er personeelsleden voor uit bed trommelen. Rauter wilde de plakkaten per vliegtuig over het land laten verspreiden maar daar was het te mistig voor. Uiteindelijk kwamen ze in het hele land te hangen, en er viel op te lezen dat er op samenscholingen zou worden geschoten. Dat is volop gebeurd. In totaal zijn er tijdens en na de april-meistakingen 175 stakers doodgeschoten. Er zijn 400 gewonden gevallen.

Vrijwel het hele land staakte, ook de mijnstreek in Limburg. Piet Jonker was nog jong toen, hij werkte als mijnwerker in de mijn Julia in Eygelshoven, te midden van veel Duitsers en N S B'ers. In 1993 zei hij over zijn ervaringen:

'Bij ons zaten een hoop jongens die zich behoorlijk veilig voelden, want de mijnwerkers waren toch wel een beetje beschermd, de Duitsers hadden kolen nodig. Maar toen ze zagen dat de ambtenaren, dat waren dus de mensen bovengronds, allemaal de deur uitliepen, dat ze staakten, toen hebben wij gezegd: dan doen we allemaal mee. Maar de Duitsers zaaiden paniek. Ze arresteerden stakers om angst in te boezemen. Er zijn er ook zeven gefusilleerd bij ons in de buurt.'[64]

Het leek er even op dat ook de Nederlandse Spoorwegen zouden meestaken. Die indruk was gerechtvaardigd, omdat op vrijdagmiddag alle stations een telex van het hoofdkantoor in Utrecht kregen met de mededeling dat er vanaf twee uur niet meer gereden zou worden. Veel districtschefs begrepen de telex niet en belden naar Utrecht. Daar bleek toen dat de telex een persoonlijke actie was van secretaresse Gerda Hekket; de leiding van de spoorwegen maakte direct bekend dat de treinen gewoon bleven rijden. De stations waar het personeel al was weggelopen kwamen weer in dienst – er kwam géén spoorwegstaking. Gerda Hekket werd vijf dagen verhoord door de Sicherheitsdienst en daarna berecht. De eis was de doodstraf, maar de uitspraak was een tuchthuisstraf, die ze in Duitsland heeft uitgezeten.

TRAGEDIE IN MARUM

Het keiharde optreden van de Duitse ordetroepen had resultaat. Op de meeste plaatsen in het land verliep de staking na een paar dagen. In Friesland hielden de stakers het het langste vol, op sommige plekken wel een week. Ook in delen van Groningen gingen de acties lang door. Soms met dramatische gevolgen.

Zoals in Marum, een dorp aan de Groningse kant van de grens met Friesland. Daar lagen op maandag 3 mei een paar bomen op de weg in het buurtschap Trimunt, toen er een Duitse patrouille naderde. De mannen in de auto beschouwden dat als de hoogste graad van sabotage, hoewel er in Trimunt en ook in Marum eigenlijk heel weinig gebeurde en er zeker geen sprake was van grootscheepse ordeverstoringen. De Duitse patrouille zag reden voor harde maatregelen, geheel in de geest van Rauter. De mannen gingen naar de dichtstbijzijnde boerderij en arresteerden daar op en rond het erf van boer Andries Hartholt (63) tien mannen. Onder hen Hartholt zelf en drie van zijn zoons, Dirk (27), Albert (26) en Hendrik (17).[65] Berend Assies was er ook bij, de aanstaande schoonzoon van Hartholt, hij had verkering met zijn dochter Luikina. Toen Berend werd opgepakt was Luikina nog voor de loop van het Duitse geweer gesprongen, maar dat had de arrestatie niet kunnen verhinderen. Daarna trok de patrouille verder, in totaal namen de Duitsers zestien man mee. Er waren nóg drie broers bij, Uitze, Jelle en Steven van der Wier. Steven was 13. In het boekje *Storm over Marum* staat er over hem:

> '*Steven zat aan tafel aardappelen te schillen. Hij had een overall aan. Een paar werkschoenen van zolder gehaald. Ze zouden aardappelen poten. Maar die dag kwam er niets van werken. Niemand deed wat. De grote broers gingen eens op de weg kijken. Steven vroeg moeder of hij even mee mocht. Hij ging het erf af, zijn broers achterna.*'[66]

Daarmee liep hij in de val, en werd hij, dertien jaar oud, ook opgepakt. En dan was er nog Eeuwe de Jong, een 42-jarige boer, die in Doezum geboren was, maar na wat omzwervingen in 1939 een eigen bedrijf was begonnen in Marum. Ook hij werd meegenomen door de Duitse patrouille, net als zijn beide zoons. Een van hen was de toen 13-jarige Foppe. Maar Eeuwe slaagde erin zijn zoons weg te moffelen, hij fluisterde ze toe zich uit de voeten te maken en weg te duiken, toen de mannen in een naburige schuur werden gedreven. Eeuwe heeft daarmee het leven van zijn beide zoons gered. Foppe heeft maar sporadisch over die bijzondere redding in het openbaar gesproken:

'Ik wilde niet, maar toen zei mijn vader nog een keer: jonkje, loop weg. En ik had een strenge vader, en als pa twee keer wat zei, dan had je niet het lef, om het niét te doen. En zo ben ik weggelopen, naar de buren. Nou toen kwamen die andere Duitsers weer, en toen zijn die mannen twee uur later doodgeschoten.'[67]

De zestien overgebleven mannen uit Marum zaten enige uren in de schuur. De Duitse patrouille had overlegd met de beruchte *Aussenstelle* van de Sicherheitsdienst in Groningen, die een schrikbewind uitoefende over het noorden van het land. Deze vorm van extreme sabotage – een paar bomen over de weg in stakingstijd – was aanleiding voor een bikkelhard antwoord. Een troep agenten van de Sicherheitspolizei kwam met een overvalwagen uit Groningen voor bijstand. De Duitse agenten kenden geen genade. Zonder enig onderzoek, zonder enige vorm van proces schoten ze alle zestien gevangenen dezelfde avond dood – zestien man wegens een paar bomen op de weg.

De bevolking van Marum kreeg niet te horen wat er gebeurd was. Iedereen dacht dat de mannen naar Groningen zouden zijn gebracht, voor verhoor. Pas na een week werd duidelijk dat ze elders in de provincie, bij de buurtschap Appelbergen, in een massagraf waren gegooid. Foppe de Jong:

'Wij hoorden later dat ze in een auto gekwakt zijn, en dat die auto voor het gemeentehuis stond, en dat het bloed gewoon over de weg stroomde. De Duitsers hebben toen op het gemeentehuis gezegd: er zijn mensen doodgeschoten. Toen wij dat hoorden, wisten we: dat móét wel waar zijn. Daarna zijn ze weggevoerd, en in Appelbergen begraven, toevallig heeft een boswachter het gezien. Daardoor konden ze na de oorlog opgegraven worden. Ze waren gewoon in een massagraf gekwakt: hier een klomp, daar een bril. En zo zijn ze weer opgegraven, na twee jaar. En herbegraven, hier in Marum.'[68]

Rauter maakte in de avondbladen bekend dat het bij de ongeregeldheden in Marum om marxistische elementen ging, die actief verzet hadden geboden en daarom, volgens de bepalingen van het standrecht, waren neergeschoten.

Het belang van de april-meistaking moet niet onderschat worden. De algemene staking had een veel grotere reikwijdte dan de Februaristaking van ruim twee jaar eerder. Vanuit Duits oogpunt is er stellig sprake geweest van een ernstige fout – de proclamatie van Christiansen was een provocatie en leidde tot een algehele uitbarsting van woede onder de Nederlanders. Seyss-Inquart vond de tekst ervan ook veel te bot en te onhandig, maar hij had het kennelijk te druk met andere dingen om die woorden nog verzacht te krijgen. Ook in het vervolg is Seyss-Inquart, die in Zuid-Duitsland zat en voortdurend onbereikbaar was, er niet aan te pas gekomen. De regie aan Duitse kant was in handen van Hanns Albin Rauter, en dat was aan de gevolgen te merken: de april-meistaking is in bloed gesmoord. Rauters directe chef, Heinrich Himmler, was heel tevreden. Hij schreef naar Nederland:

> 'Beste Rauter, ik spreek jegens u en uw mannen voor het beleidvolle en energieke optreden bij de door een misdadige emigrantenregering op touw gezette algemene staking en voor het snelle neerslaan ervan mijn grote waardering uit.'[69]

Rauter heeft aan dit hardhandige bewijs van crisisbestendigheid zelfs een promotie te danken – Hitler bevorderde hem tot ss-Obergruppenführer.

Maar veel belangrijker dan deze hogere rang was het effect van de april-meistakingen op de stemming in Nederland. De stakingen markeerden een nieuwe fase in de bezettingsperiode. De deelnemers aan verzetsactiviteiten konden in de massale deelname aan de stakingen het bewijs zien dat ze er niet alleen voor stonden, en dat er onder de bevolking een diepe haat tegen de Duitsers leefde. Praktisch kwam het erop neer dat er opeens een veel grotere bereidheid was om onderduikers op te nemen of anderszins het illegale werk te ondersteunen.

Er kwam, door de omstreden maatregel ex-soldaten naar Duitsland af te voeren om te werken, een onafzienbare stroom onderduikers op gang, die beter dan tevoren terechtkon in de provincie. Een van de voormannen van de Landelijke Organisatie voor Hulp aan Onderduikers, Henk van Randwijk, zei: 'Het platteland was ontwaakt.'

In die nieuwe fase van de bezettingstijd kwamen bevolking en bezetter veel scherper tegenover elkaar te staan. Er trad een duidelijke verharding op: verzet van allerlei soort nam toe, de bestrijding ervan werd intensiever en gewelddadiger. De noodzaak keuzes te maken drong zich aan steeds meer mensen op.

4 Welvaart, beroving, honger

PHILIPS

Op de avond van 9 mei 1940, toen Nederland nietsvermoedend naar bed ging, heerste in Eindhoven, op het terrein van gloeilampen- en radio-fabrikant Philips, grote bedrijvigheid. Er was van alle kanten personeel opgetrommeld om een groot deel van het machinepark af te breken, in te pakken en in vrachtwagens te laden. Op het naburige station stond een speciale trein klaar voor het personeel. Philips ging, met een deel van zijn spullen en een deel van zijn mensen, verhuizen, naar het westen.

Wie en wat er allemaal mee moest, en hoe dat allemaal moest worden geregeld stond in de RBV, de Regeling Buitengewoon Vervoer, die al in november 1936 was opgesteld. Bedrijfsjurist mr. J. Hamming en financieel directeur Frans Otten (schoonzoon van Anton Philips) hadden er lang aan gewerkt. Philips was al jaren voorbereid op een eventuele oorlog. In dat geval wilde het een deel van zijn productie overbrengen naar de Vesting Holland, het gebied achter de Hollandse Waterlinie, dat zo lang mogelijk stand zou moeten houden bij een overval door een vreemde indringer. De avond voor de inval wist Philips zeker dat het tijd was voor actie, directeur Frans Otten was getipt en na overleg met Frits Philips viel het besluit om te evacueren.[1]

Een maand eerder was een deel van het personeel ook al eens overgebracht naar het westen van het land, op het moment dat Duitsland de aanval had ingezet op Noorwegen en Denemarken. Na twee weken waren de mensen weer teruggehaald, het gevaar voor een inval in Nederland was weer even geweken. Nu was het dan definitief, de Duitsers waren onderweg. De Philipstop besloot niet te wachten op het afgesproken sein van het departement van Defensie, maar zelf al in actie te komen.

In het begin van de nacht vertrokken de eerste vrachtwagens. Voor de productie-installaties was een fabriekscomplex op het terrein van Wilton Feijenoord in Rotterdam aangewezen. Om vier uur in de ochtend zette de trein met personeel zich in beweging, precies toen de eerste Duitse troepen de Nederlandse grens overschreden. De meeste personeelsleden zouden naar Noord- en Zuid Holland gaan. Een klein deel van de staf zou zich gereedmaken voor vertrek naar Engeland. Daar zou de bedrijfsleiding de internationale belangen van de firma behartigen. Er was speciaal een landgoed voor aangekocht – Snowdenham Hall bij Londen.

Het wegtransport moest langs Gilze-Rijen, Zevenbergschen Hoek en de Moerdijkbrug. Dat was die nacht geen gemakkelijke route. De gevolgen van de Duitse aanval bleken spoedig, er was geen doorkomen aan, overal waren er omleidingen en opstoppingen. Ook de Philipstrein kon al gauw niet meer verder – het was die ochtend écht oorlog in het land. De trein strandde, en de meeste vrachtwagens ook. Pas op zondag 12 mei kwam een groep Philipsmensen, onder wie ook leden van de directie, aan op de bestemming, Den Haag.

De directie belegde een vergadering in Hotel De Witte Brug, onder leiding van Anton Philips. Later ging deze naar een ministerie om meer te horen over de militaire situatie. De volgende dag, 13 mei, Tweede Pinksterdag, kreeg de Philipsleiding het aanbod van de regering om naar Engeland te vertrekken – dan moesten de betrokkenen direct naar Hoek van Holland om daar aan boord te gaan van Britse oorlogsschepen.

Dat was eigenlijk niet de bedoeling geweest, maar de Philipstop zag dat er van de plannen van de Regeling Buitengewoon Vervoer weinig terechtkwam. De Vesting Holland bleek niet zo moeilijk in te nemen als was gedacht. De leiding van Philips vertrok, mét de ministers, maar zonder Frits Philips (de zoon van topman Anton), naar Engeland, en enige tijd later naar Amerika. Het overige personeel dat uiteindelijk het westen van het land had bereikt, keerde snel weer terug naar Eindhoven. Het evacuatieplan was een mislukking geworden.

Philips had nog wél op tijd een juridische operatie kunnen volbrengen. De juridische zetel van het bedrijf was overgeplaatst naar Willemstad op Curaçao, en een belangrijk deel van het vermogen was ondergebracht bij Britse en Amerikaanse banken. In Nederland was in juridische zin alleen nog een exploitatiemaatschappij overgebleven, die, onder directie van Frits Philips, het bedrijf hier zou gaan runnen – de internationale tak kon buiten Europa blijven bestaan.

Zo kon Philips de oorlog doorkomen. In Nederland onder moeilijke oorlogsomstandigheden, en na verloop van tijd onder Duitse leiding, maar in de Verenigde Staten kon het opeens zijn vleugels uitslaan en grote successen boeken.

Het beeld dat Nederland vanaf 10 mei 1940 stelselmatig is uitgebuit en leeggeroofd is tamelijk hardnekkig, maar wel onjuist. Onderzoek van de laatste jaren[2] toont aan dat het vooral in het begin van de oorlog voortreffelijk ging met de Nederlandse economie, er was sprake van een groei die sinds de jaren twintig niet was vertoond. In feite maakte de Duitse bezetting binnen een half jaar een einde aan de diepe economische crisis, en aan de massale werkloosheid.

De belangrijkste oorzaak daarvan was dat Duitsland op ongekende schaal orders plaatste bij het Nederlandse bedrijfsleven, en dat de Nederlandse bedrijven die nagenoeg zonder uitzondering uitvoerden. Daarmee werd het verlies van export over zee ruimschoots gecompenseerd, al bleef er een grondstoffenprobleem. Er was hoe dan ook sprake van een algemene welvaartsstijging van betekenis.

Dat was geen toeval, dat was beleid. Zo was het een prioriteit van het naziregime, ook en vooral in eigen land, om de bevolking tevreden te houden – rust aan het thuisfront maakte het bestaan wel zo overzichtelijk. Maar in het geval van Nederland was er speciaal over nagedacht, zo blijkt, onder andere, uit een uitspraak van een Duitse ambtenaar die al op 12 juni tegenover medewerkers van het Duitse ministerie van Buitenlandse Zaken de strategie uiteenzette:

> *'Holland moet als politieke en economische eenheid behouden blijven zodat het kan fungeren als toegangspoort tot de wereld, vooral met betrekking tot Nederlands-Indië, en als verbindingsbrug voor de zich na de oorlog voordoende mogelijkheden'.*[3]

Er heeft achter de schermen een felle strijd gewoed om de macht over de Nederlandse economie. Het leek er sterk op dat Hitlers tweede man, Hermann Göring, die belast was met de economische planning, ook hier de lakens zou gaan uitdelen. Göring wilde meteen alle voorraden uit de nieuw veroverde gebieden, Nederland, België en Frankrijk, in beslag nemen en daarmee de Duitse productie stimuleren. Göring had weinig scrupules, hij heeft wel eens verzucht dat het vroeger allemaal veel gemakkelijker ging: toen kon de overwinnaar het overwonnen land nog gewoon leegplunderen. In België en Frankrijk, waar militaire regimes waren geïnstalleerd, lukte hem dat gedurende enige tijd, maar in Nederland had hij minder succes. Daar durfde Arthur Seyss-Inquart zich tegen de lijn-Göring te verzetten. De rijkscommissaris had heel andere belangen: hij wilde Hitlers instructies uitvoeren, dus Nederland nazificeren en inschakelen in de Duitse oorlogseconomie, maar wél geleidelijk, en zoveel mogelijk rekening houdend met de belangen van de bevolking. Seyss-Inquart wilde rust, en geen chaos. Het lukte hem een groot deel van de zeggenschap over het Nederlandse bedrijfsleven naar zich toe te halen door een meesterzet: hij richtte de Zentralstelle für öffentliche Aufträge op, later de ZAST geheten, de Zentralauftragstelle, het bureau voor de centrale administratie en behandeling van Duitse orders bij het bedrijfsleven in de bezette gebieden. Seyss-Inquart moest enerzijds toestaan dat ook hiervandaan een groot deel van de voorraden naar Duitsland verdween, maar tegelijkertijd kon hij heel veel orders die in Duitsland niet goed uitvoerbaar bleken naar Nederland halen, en zo Nederlandse bedrijven aan de gang houden. Dat werkte. Eind september 1940 had de Nederlandse industrie al voor 740 miljoen gulden aan Duitse orders genoteerd – een enorme impuls voor de economie, die in de maanden mei en juni totaal was stilgevallen. En dat had meteen ook effecten op de werkloosheid. Die was hoog bij de Duitse inval, tegen de 400.000 man, en werd de maanden daarna door de demobilisatie eerst nog aanzienlijk hoger. Volgens geheime cijfers van het CBS[4] stond de teller in juni op 740.000, dat was 26 (!) procent van de toenmalige beroepsbevolking.

De stroom orders uit Duitsland bracht een zeer snelle ommekeer teweeg. De industriële productie schoot omhoog en er waren opeens duizenden extra arbeiders nodig. Bovendien dreigde voor werklozen verplichte tewerkstelling in Duitsland. Het resultaat was spectaculair. Seyss-Inquart liet zich in december interviewen door het nazipartijblad in Duitsland, de *Völkische Beobachter*, en zei daar:

'Het probleem van de werkloosheid is opgelost. In sommige sectoren zijn er nog nooit zo weinig werklozen geweest als nu.'[5]

Daar was geen speld tussen te krijgen. Om die werkloosheid af te schaffen waren er slechts 80.000 mannen in Duitsland te werk gesteld – relatief een beperkt aantal.

De verkoop van Nederlandse producten aan Duitsland groeide snel. Vooral de uitvoer van leren schoenen, rubberlaarzen, textiel, gloeilampen en elektromotoren bereikte een enorme hoogte. Zo groeide het exportaandeel van de schoenenindustrie van 359.000 paar schoenen in 1939 tot 1.842.900 paar in 1942, ruim vijf keer zoveel. Van het voor Duitsland bestemde schoeisel bestond ongeveer een derde deel uit speciale laarzen voor de Wehrmacht.[6] In de zomer van 1941 had Nederland al voor 2,25 miljard gulden aan Duitsland geleverd en was 70 procent van de industriearbeiders voor de bezetter aan het werk.

De belangstelling voor werk in Duitsland is groot. In het centrum van
Amsterdam komen tientallen Nederlanders zich melden.

De vraag is natuurlijk of dat wel mocht, of dat wel kón. Tijdens de bezetting heeft die vraag maar korte tijd een rol van betekenis gespeeld. Direct
na de Duitse inval vroeg een groep metaalwerkgevers zich af of ze niet
het risico liepen om bij aanvaarding van Duits werk na de oorlog te worden gestraft voor collaboratie met de bezetter; dat was des te gecompli-
ceerder omdat het voor een deel ging om het voltooien van Nederlandse
militaire orders. Toen ze die vraag voorlegden aan diverse autoriteiten en
deskundigen, kregen ze van de meeste kanten te horen dat dit, ook vol-
kenrechtelijk, toegestaan zou zijn. En zo kon het gebeuren dat de Nederlandse industrie massaal voor de Duitse economie werd ingezet. De secretarissen-generaal, die het binnenlands bestuur vormden, waren erg bang
voor massale werkloosheid in Nederland, een verschijnsel dat ze nog
kenden van enige jaren tevoren en dat in de oorlog dreigde terug te keren.
Dit zou betekenen dat honderdduizenden werkloze mannen naar Duitsland zouden worden afgevoerd, en dat wilden ze voorkomen. Vandaar dat
ze op vragen van ondernemers of ze Duitse bestellingen wel mochten
honoreren bevestigend antwoordden – dat betekende werkgelegenheid
en dus minder werkloosheid en dus minder arbeiders die naar Duitsland
moesten. Het scheppen van werk stond voorop, zo liet de nieuwe Regeringscommissaris voor de Wederopbouw, ir. J. A. Ringers, iedereen weten

die ernaar vroeg.[7] De bezetter kon een enkele weigerachtige ondernemer vrij gemakkelijk aanpakken, en in het gareel dwingen – van een massale boycot was absoluut geen sprake.

In de talloze dagboeken van Nederlandse burgers is de kwestie van werken voor de Duitsers ook geen belangrijk punt. Volgens historicus Bart van der Boom, die daar veel onderzoek naar deed, zijn er nogal wat mensen die constateren dat de Nederlanders in het algemeen hun onderdrukkers nogal ruimhartig van dienst zijn. Notaris Kruisinga uit Vriezenveen, die eerst schrijft dat hij zich een zakelijke samenwerking met de Duitsers goed kan voorstellen, blijkt zich later nogal te verbazen als eind 1940 de plaatselijke bevolking zonder enig morren werk accepteert bij de aanleg van een landingsbaan. Zelf vindt hij dat niet 'eervol'. Maar ja: 'De Nederlander is en blijft koopman en kruidenier.' Begin 1942 schrijft hij:

'Samenwerken in het belang van Nederland zelf – goed. Maar hoe bepaalt een leek op dit gebied, als hij eenmaal gevangen is in samenwerking, waar dat Nederlandse belang ophoudt en het Duitse begint?'[8]

DROSTECHOCOLADE

De Nederlandse bedrijven vertonen in de bezettingsperiode net zo'n patroon als de Nederlandse burgers. Het merendeel probeert zo goed en zo kwaad als het gaat de moeilijke tijden door te komen. Een beetje geven en nemen, een beetje schipperen en hopen dat het allemaal snel voorbij zal zijn. Neem Droste Chocoladefabrieken in Haarlem. Zomaar een middelgroot Nederlands bedrijf waarvan de oorlogsgeschiedenis model kan staan voor die van heel veel andere.

In 1863 begon Gerardus Johannes Droste zijn banket- en koekbakkerij. Hij verkocht er onder andere zijn specialiteit, chocoladepastilles, officieel 'Pastilles Droste' geheten. In 1890 opende Droste zijn eigen chocoladefabriek, gelegen aan het Spaarne. Dat was gunstig, omdat de grondstoffen vanuit de schepen direct op het fabrieksterrein konden worden gelost. In 1937 nam de weduwe Droste de leiding over, ze werd president-directeur. Ze hield tijdens de bezetting een dagboek bij, zodat we een interessant beeld krijgen van de gang van zaken in het bedrijf. Een andere bron is het personeelsblad *WIDO*, *Wat In Droste Omgaat*. Dat blad probeerde in mei 1940 de moed erin te houden:

'De dagen van 10 tot 15 mei zijn onvergetelijke dagen geworden in de geschiedenis van ons land. De bij het begin van de oorlog onderbroken arbeid

werd op dinsdag 21 mei weder hervat. En dan: niet wanhopen! Wanhoop ondermijnt de kracht en juist nu moeten we onze krachten met alle macht inzetten tot herstel en hernieuwing. Doet uw plicht en wanhoop niet!'⁹

Droste had in mei 1940 grote voorraden aangelegd, dat had de overheid sterk gestimuleerd. De bedoeling van het beleid was dat het bedrijfsleven, in geval van een vijandelijke aanval, geruime tijd zou kunnen doordraaien. In 1939 lag er in Haarlem nog voor 171.000 gulden aan cacaobonen, in 1940 was de voorraad gestegen tot een waarde van 578.000 gulden. Droste leek even vooruit te kunnen. Maar dat viel tegen, want de bezetter eiste van allerlei bedrijven de voorraden op, ook van Droste. Er werd een flink deel, gedwongen maar wel voor een goede prijs, verkocht aan Duitse firma's. Daardoor werden Drostes mogelijkheden enigszins beperkt, maar het leven ging door – en in 1940 stond de viering van het vijftigjarig bestaan op het programma. Het personeelsblad schreef in augustus 1940:

'Terwijl de wereld brandt en smeult en wij allen dagelijks ondervinden welk een leed een moderne oorlog met zich brengt, gedenken wij over enige dagen

De Drostefabrieken in Haarlem draaiden in het begin van de oorlog, ondanks gebrek aan grondstoffen, nog volop. Later ontstond een ernstig gebrek aan personeel.

het feit, dat het vijftig jaar geleden is, dat de naam "Droste" bekend ging worden en na verloop van zekere tijd zelfs een wereldnaam werd'.[10]

Het viel niet mee die wereldnaam vast te houden – de banden met de rest van de wereld waren grotendeels verbroken. Droste was voor een belangrijk deel afhankelijk van cacao en die werd niet meer aangevoerd. Bedrijfsleider Bob Visser, de rechterhand van de weduwe Droste, maakte zich dan ook grote zorgen over de toekomst, en gaf daar uiting aan in een interview met de *Oprechte Haarlemsche Courant*:

> 'De toekomst van Droste staat en valt met de import van grondstoffen. Blijft in de toekomst de mogelijkheid tot import onverzwakt bestaan, dan zal dit bedrijf er zelf wel voor zorgen, dat de producten vervaardigd worden en er een afzetgebied voor wordt gevonden. Voor Droste is dus de duur van de oorlog, afgezien van alles, een factor van belang. Is die van niet al te lange duur, dan is de kans uiteraard groot, dat wij zullen kunnen blijven draaien.'[11]

Maar de import viel stil en Droste moest iets anders verzinnen – innovatie uit nood geboren. Er was nog wel volop suiker te krijgen, en ook van suiker kun je vulling van bonbons maken. Droste schakelde bovendien over op melkchocolade. Het bedrijf maakte op grote schaal bonbons voor de Wehrmacht en speciale plakken tropenchocolade voor de Duitse soldaten in Afrika. Droste had ervaring met de lastige combinatie van chocolade en tropische temperaturen, omdat het al jaren chocolade voor Nederlands-Indië produceerde, een soort tropenbestendige chocola dus. Voor de omschakeling op de nieuwe producten was een flinke investering nodig, een nieuwe fondantmachine, en die kwam er ook, in 1941. Dat was typerend voor de situatie in Nederland: ondanks de oorlog investeerden de bedrijven op aanzienlijke schaal in machines. In 1938 en 1939 had Droste slechts 32.500 gulden in nieuwe machines gestoken, in 1940, 1941 en 1942 was dat in totaal 136.000 gulden.

Naarmate de oorlog vorderde ging alles moeizamer, en werd het steeds moeilijker om de investeringen terug te verdienen. Op allerlei onderdelen van de bedrijfsvoering deden zich problemen voor, vooral vanaf 1942. In de notulen van de raad van commissarissen staat in april van dat jaar:

> 'Een order voor de Wehrmacht van de ca. 100.000 kg., uit te voeren in "tropenfeste" verpakking kwam door moeilijkheden die de toevoeging van verpakkingsmateriaal opleverde, nog niet geheel tot uitvoering.'[12]

De productie begon vast te lopen. Omdat er geen onderdelen van machines te krijgen waren, of geen grondstoffen, of door andere tegenslag. In het dagboek van de weduwe Droste valt een steeds zorgelijker toon te lezen. Over het stilleggen van de productie en over de vrees dat dat voor het personeel zeer nadelige gevolgen zal hebben:

'Met Bob Visser door de fabriek gelopen. Alles ligt stil, het is een akelig gezicht die koude machines zo werkeloos te zien. Nu ze koud zijn slaat er nog wat cacaoboter uit, dat maakt alles nog verlatener. Er is een verordening gekomen, dat iedereen zowel man als vrouw tussen de 18 en 40 jaar die geen werk heeft zich moet melden. Moeten ze soms in Duitsland werken?'[13]

De ommekeer in de economie kondigde zich aan. Vanaf het begin van 1942 was de tijdelijke hoogconjunctuur voorbij, die was ontstaan door de gigantische hoeveelheid Duitse orders voor het Nederlandse bedrijfsleven en door de soepele manier waarop het Nederlandse productieapparaat zich aanpaste en aan de vraag bleek te kunnen voldoen. De machine ging vast lopen, de gouden tijden waren voorbij.

HET LEEGSLEPEN

Toen die gouden tijden aanbraken, in mei 1940, had Droste één groot voordeel: Duitse soldaten waren dol op Nederlandse chocola en kochten zoveel als ze konden krijgen. En dat gold ook voor tal van andere producten. De Duitse militairen consumeerden voorbeeldig in ons land. En al ging dat maar om een paar procentjes van de nationale economie, het was veel Nederlanders een doorn in het oog. De schrijfster Ina Boudier-Bakker, die in de Utrechtse binnenstad woonde en de hele oorlog haar dagboek bijhield, schreef op enig moment:

'De Duitsers zwoegen met grote tassen en zware pakken, er blijft niets in ons land, als het nog even duurt.'[14]

We weten ook van een van de Duitse betrokkenen dat hij zich af en toe geneerde voor zijn koopgedrag. Dat was de latere winnaar van de Nobelprijs voor de literatuur Heinrich Böll, die als soldaat van de Wehrmacht enige tijd in Nederland was en hier flink meedeed aan het leegkopen van de winkels. Later ging het in Frankrijk precies zo. Maar soms knaagde dat gedrag aan het geweten, zo schreef Böll naar huis:

'De winkels worden door de soldaten leeggekocht. Ik vind het lastig om
ook te gaan hamsteren; hoewel alles betaald wordt, komt het mij bijna als
lijkenpikkerij over. Het enige waar ik scherp naar uitkijk is koffie.'[15]

Een belangrijke reden voor die koopwoede was dat de Duitse soldaat meer
geld tot zijn beschikking had dan strikt nodig. Heinrich Böll schreef het
zelf; in brieven aan het thuisfront bleek hij enthousiast én verbaasd over
het binnenstromende geld:

'Eergisteren hebben we het fantastische bedrag van vijfentwintig mark soldij
gekregen. Ik zou het het liefst naar huis sturen, wat moet ik er anders mee,
want over een week krijgen we weer tien mark.'[16]

Het welzijn en de tevredenheid van de Duitse soldaat stonden, naast de
verovering van Europa, hoog op Hitlers prioriteitenlijst. Op 1 november
1940 verhoogde Duitsland de soldij voor zijn soldaten in Noorwegen en
Nederland. In het desbetreffende besluit staat de reden er duidelijk bij:
'Het personeel van de Wehrmacht in staat stellen hun koopbehoefte in
hogere mate te bevredigen.' En dan waren er ook nog mogelijkheden

Duitse soldaten rusten uit op een terras – velen van hen vonden hun diensttijd
in Nederland bijzonder aangenaam.

voor het thuisfront om extra geld naar de soldaten te velde over te maken. Eerst 50 rijksmark per maand, later 100, en ter gelegenheid van de kerstdagen zelfs 200. Tegen dat smijten met geld rezen ook wel bezwaren. Een commissaris van de Duitse Bank waarschuwde voor ongewenste valuta-effecten, als er zoveel Duits geld naar Nederland werd overgemaakt. Hoe dan ook, voor de Nederlandse middenstand was het een welkome injectie: de zaken gingen goed.

Buiten deze officiële mogelijkheid hadden de Duitse soldaten ook nog hun gewone soldij, plus de mogelijkheid bij terugkeer van verlof geld van huis mee te nemen. De Duitse militairen in Nederland mochten zeer geregeld naar huis en kwamen dan met goed gevulde portefeuilles weer terug. In de herfst van 1940 berichtte het wisselkantoor van het treinstation Herzogenrath, ten westen van Aken, dat de kas 'door het op doorreis zijnde Wehrmachtspersoneel bijzonder sterk belast is'. De beambten van het wisselkantoor hadden de richtlijn gekregen 'ieder aan de grens gevraagd bedrag om te wisselen'. Vanaf januari 1941 werd dit een richtlijn voor de douane in het hele Rijk. Controle vertraagde de reis en irriteerde de soldaten, aldus de redenering. De Duitse historicus Götz Aly, die allerlei aspecten van de oorlogseconomie heeft bestudeerd, concludeert:

'Duitse soldaten kochten de landen van Europa letterlijk leeg. Ze stuurden miljoenen postpakketten van het front naar de Heimat. Schoenen uit Noord-Afrika, luxe-artikelen uit Frankrijk, likeur, koffie en tabak uit Griekenland, honing en spek uit Rusland, haring uit Nederland en Noorwegen.'[17]

In oktober vaardigde rijksmaarschalk Hermann Göring, die als vriend van de soldaten de geschiedenis wilde ingaan, een curieuze verordening uit, die bekendstaat als het 'Schlepperlass', de sleepvergunning. Daar stond in:

'Iedere Duitse soldaat die voor verlof naar de Heimat reist, mag, zoveel hij dragen en slepen kan, mee naar huis nemen.'[18]

Er stond uitdrukkelijk bij vermeld dat hij daarvoor geen invoerrechten hoefde te betalen en dat de hulp van draagriemen en gordels was toegestaan. Er zijn foto's van ter illustratie: een soldaat als een menselijke pakezel, gebukt onder een idiote hoeveelheid consumptiegoederen. Na enige tijd werd er toch een maximum aan gesteld van vijftig kilo, maar van controle op dat gewicht is niets bekend. Een Duitse beambte uit Bohemen (tegenwoordig Tsjechië) schreef in een rapport:

*'De bagagenetten in de sneltreinen naar het Rijk zijn op dit moment
onafgebroken tot aan het dak gevuld met zware koffers, wanstaltige
pakketten en overvolle tassen.'*

Ook Heinrich Böll kreeg de smaak te pakken. In brieven vanuit zijn
standplaats Parijs schreef hij druk bezig te zijn om zeep in te pakken ter
verzending, maar ook een mooie ets van Parijs, cosmetica, damesschoe-
nen, en altijd weer boter. De volksmond in Frankrijk betitelde de Duitse
soldaten als *doryphores* (aardappel- of coloradokevers). En in Nederland
werd er niet veel positiever gedacht over de koopwoede van de Duitse
soldaten, en over hun veronderstelde kieskeurigheid. Ina Boudier-Bakker kon er giftige zinnen over schrijven, in haar dagboek:

*'Je barst haast van woede, als je weet hoe elke moffensoldaat vier eieren voor
zijn ontbijt krijgt en wij één in de week! Zij gooien in de ziekenhuizen het
goede eten, als dat niet naar hun zin is, over de vloer, trappen een pond
boter dat ze laten vallen in de modder – het is geen wonder dat de haat bij
't ogenblik stijgt.'*[19]

De financiering van al die aankopen bevatte nog een ander element, dat al
in 1939 tijdens de veldtocht tegen Polen was beproefd. Liefhebbers van
economische criminaliteit kunnen genieten van de macabere schoonheid

Duitse soldaten kochten volop, en ze mochten zoveel als ze konden dragen
mee naar huis nemen.

van dit systeem. Duitse soldaten kregen zogenaamde *Reichskreditkassenscheine* (RKKS) mee. Dat waren een soort cheques waarmee ze in Polen konden betalen. De Poolse winkeliers konden die zonder problemen bij de bank inwisselen voor zloty's. Zo gebeurde het in Nederland ook. Bij de capitulatieovereenkomst van mei 1940 was bepaald dat die Reichskreditkassenscheine in Nederland als wettig betaalmiddel golden en dat de Nederlandse bank ze moest innemen en ze moest financieren: de Duitse soldaten kochten dus taartjes op kosten van de Nederlandse schatkist.

Concreet gevolg van de invoering van dit schijngeld: door deze ogenschijnlijke win-winsituatie – de soldaat was tevreden en de middenstander ook – draaide Nederland zelf op voor de uitgaven van de Duitse militairen en hield Duitsland het inflatiegevaar als gevolg van de kosten van de oorlog buiten de eigen grenzen. Voor de inflatie – de centrale bank moest almaar guldens bijdrukken – mochten de Nederlanders ook opdraaien. Het concept van het schijngeld was een doorslaand succes, eerst in Polen, later in de andere bezette gebieden. Heinrich Böll scheef, op enig moment, aan zijn vrouw:

'Zeg ze thuis dat ze Kreditscheine moeten verzamelen.'[20]

Het was een uitgekiend systeem, dat de bezette landen ongemerkt uitkneep en de soldaten een aangename diensttijd bezorgde, althans in de landen waar veel te krijgen was en waar ze weinig van oorlogsgeweld te duchten hadden – Nederland dus bijvoorbeeld. En door het tekenen van de capitulatievoorwaarden waren de bezette landen machteloos, zo schrijft de Nederlandse econoom Hein Klemann, die dit systeem diepgaand onderzocht:

'Onafhankelijk van de monetaire autoriteiten kon de Wehrmacht in onbeperkte mate bankbiljetten in omloop brengen die als wettig betaalmiddel golden. In de bezette gebieden werd in totaal voor ruim drie miljard Rijksmark aan dit soort biljetten in omloop gebracht. Het betekende dat de Wehrmacht voor een soortgelijk bedrag aan goederen en diensten verwierf, zonder dat er een andere betaling tegenover stond dan deze onbruikbare bankbiljetten.'[21]

BUNKERBOUWERS

De Duitse soldaten in Nederland konden hier flink de gebraden haan uithangen met hun Reichskreditkassenscheine, maar belangrijker was dat die papieren, dat 'monopolygeld', vooral gebruikt werden voor allerlei orders die de Wehrmacht plaatste bij het Nederlands bedrijfsleven. Ook die werden vaak met die cheques betaald, en die kwamen dus ten laste van de Nederlands schatkist. In de eerste maanden na de bezetting gold dat bijvoorbeeld de aanleg en uitbreiding van vliegvelden. De Duitsers hadden grote plannen voor een luchtoorlog tegen of zelfs een invasie in Groot-Brittannië, en voor dat doel zouden vliegvelden in Nederland de ideale springplank zijn. In die eerste maanden hebben meer dan 100.000 Nederlanders aan die vliegvelden gewerkt, zoals in Leeuwarden, Eelde en Deurne.

Een andere, enorm hoge post waren de kosten van Duitse verdedigingswerken, vooral aan de Nederlandse kust. Duitsland bouwde aan de 'Atlantikwall', de betonnen muur die een geallieerde aanval via de Atlantische Oceaan en de Noordzee onmogelijk moest maken. Langs de hele kust van Frankrijk, België en Nederland kwamen enorme betonnen gevaarten waarin Duitse verdedigingstroepen zich konden verschansen en van waaruit op aanvallers zou kunnen worden geschoten. Daar waren veel bouwvakkers voor nodig en veel bouwbedrijven om die kolossale blokken aan te leggen. De coördinatie van dat werk was in handen van Organisation Todt, een soort staatsbouwbedrijf dat ook actief was bij de aanleg van concentratiekampen. Hitler was trots op de enorme omvang van de bouwactiviteiten en reageerde verheugd op alle nieuwe records, bijvoorbeeld op het gebied van door de organisatie verwerkte kubieke meters beton. De Atlantikwall zou in totaal 14.000 bunkers bevatten, waarin 17 miljoen ton beton was verwerkt en 1,2 miljoen ton staal – het was een van de grootste verdedigingslijnen uit de wereldgeschiedenis. Alles moest wijken voor de voortgang van dit megaproject, er kwam in de loop van de oorlog een bouwstop voor alle niet-militaire projecten, en op het eind van de oorlog ging 90 procent van de cementproductie in Nederland naar de Wehrmacht.

Overal aan de Nederlandse kust waren Nederlandse aannemers voor de Duitsers in touw om bunkers neer te zetten. Zoals op Schiermonnikoog. Daar verrees een bijzonder exemplaar, de 'Wassermann', een nog betrekkelijk gave, ruim 27 meter lange bunker. Het is de enige bunker die nog op Schiermonnikoog te vinden is. De Wassermann was onderdeel van een heel bunkerdorp dat op het eiland werd neergezet ten behoeve van de luchtverdediging. Dat 'Schleidorp', zoals het werd genoemd, zou worden volgestouwd met radar- en afluisterapparatuur en zou een belangrijke functie krijgen in de bestrijding van de geallieerde luchtmacht. Het dorp op Schiermonnikoog zou onderdeel worden van een keten van radarstations in heel Europa, waarmee vijandelijke vliegtuigen zouden

Overal aan de kust bouwde Organisation Todt betonnen verdedigingswerken, als onderdeel van de Atlantikwall, zoals hier in Camperduin.

kunnen worden waargenomen en zo mogelijk, door het inzetten van jachtvliegtuigen, onderschept. Het dorp had een eigen stroom- en telefoonnet. Voor buitenstaanders was het streng verboden gebied. Bij de ingang stond een slagboom met een zwaarbewapende schildwacht.

Het Schleidorp was het werk van de aannemersfirma Kool & Wildeboer uit Hoogkerk in Groningen. Zij maakten gebruik van een speciaal aangelegd smalspoor van ruim vijf kilometer van de voormalige veerdam naar het bouwterrein. Daarover voerde een werktreintje de bouwmaterialen aan, zand, grind, klei, stenen. Het spoor had één wissel ten behoeve van een kleine aftakking naar de Wasserman. Die enorme bunker was zodanig gecamoufleerd dat hij, uit de lucht gezien, leek op een kathedraal. Aan de Wassermann is negen maanden gewerkt. De bunker moest als basis dienen voor een enorme antenne, geconstrueerd in een ongeveer 40 meter hoge stalen cilinder, die een bereik van 300 kilometer zou moeten hebben. Van die antenne is niet veel terechtgekomen. Of het door sabotage of door constructiefouten kwam is nooit helemaal duidelijk geworden, maar de antenne paste niet op zijn voetstuk en heeft nooit overeind gestaan. En mede daardoor heeft de Wassermann geen enkele rol gespeeld in de Duitse luchtverdediging.

Maar voor Schiermonnikoog bleef het een megaproject. Er werkten lange tijd tweehonderd bouwvakkers, afkomstig van de vaste wal. De meesten verbleven in zomerhuizen en bij particulieren, een deel woonde in kindertehuis St. Egbert. Daar was ook de *Kommandantur* van Schiermonnikoog ondergebracht.

De uitvoerder van het enorme complex was Henderikus Wildeboer, de zoon van aannemer Jan Remke Wildeboer. Naast hem opereerde bedrijfsleider Draaisma, die vooral opviel door zijn goede contacten met de Duitse opdrachtgevers. Aannemer Wildeboer stond helemaal niet als pro-Duits bekend. Hij was jarenlang raadslid en wethouder in Hoogkerk, en had zelfs geweigerd een NSB-burgemeester te installeren. Maar toen hij door de Duitse instanties werd benaderd om de bunkers op Schier te bouwen, ging hij direct onderhandelen en kwam hij met de opdracht uit Leeuwarden terug. Na de oorlog heeft een tribunaal de zaak tegen het bouwbedrijf diepgaand behandeld. Er werden ook getuigen geraadpleegd, die licht probeerden te brengen in de motieven van de verdachten. Een vriend van Wildeboer sr. schreef aan diens advocaat:

> '*Hij was 23 jaar raadslid en wethouder van de* A R-*partij, 30 jaar voorzitter van het gereformeerde schoolbestuur, maar hij probeerde als zakenman wel zoveel mogelijk aan de Wehrmacht te verdienen.*'[22]

Uit het dossier tegen deze bunkerbouwer blijkt dat het met de verdiensten eigenlijk nogal meeviel. Het hoofd van de Politieke Economische Opsporingsdienst heeft dat allemaal berekend ten behoeve van het proces. Hij kwam tot de conclusie dat de totale kosten van het project bijna 2,5 miljoen gulden bedroegen, waarvan na aftrek van alle kosten en belastingen ruim 90.000 gulden winst overbleef. En dat kwam, volgens het dossier, zo:

> '*Het betrekkelijk geringe winstcijfer wordt veroorzaakt door de zeer hoge belastingen, waaraan de winsten zijn onderworpen.*'[23]

Vooral 1943 was een topjaar voor de aannemer, althans qua omzet. Hij bracht in die periode, op een paar duizend gulden na, één miljoen in rekening bij zijn opdrachtgever, het Feldbauamt 2, onderdeel van de Organisation Todt in Luftgau Holland. Uit overgebleven papieren blijkt dat aannemer Kool en Wildeboer, die voor deze klus de firma had omgedoopt tot 'N V Betonbouw', ruim 30.000 gulden rekende voor een zespersoonsbunker, '*mit Tagesraum*', dus inclusief een verblijfsruimte met daglicht. Een twaalfpersoons exemplaar was relatief veel goedkoper – die kostte ruim 37 mille.

Uit de dagvaarding is af te leiden dat het er op Schiermonnikoog tamelijk gezellig aan toe is gegaan. De aannemer moest zich verantwoorden voor een groot aantal werkzaamheden die hij zonder dwang voor de vijand had verricht, maar ook 'voor feestavonden met Duitsers', die allemaal plaatsvonden in het fameuze hotel Van der Werff. Volgens het *Groninger Dagblad* van december 1946 kwamen ook de dames van de directie en de uitvoerders geregeld over naar het eiland en waren 'feestjes daar aan de orde van de dag'. Vooral aan de orde van de zaterdag – dan was het *party time* op Schiermonnikoog, zo blijkt ook uit de dagvaarding. Wildeboer jr werd volgens artikel f van dat document ervan verdacht dat hij

'tezamen met zijn echtgenote bijeenkomsten met enige leden van de Duitse Weermacht heeft bijgewoond, onder meer met een zekere Henning, een zekere Schah, een zekere Sandomir en toen aldaar tezamen met die Duitsers borrels heeft gedronken, welke verteringen alle uit de kas van de N V Betonbouw, vh firma Kool & Wildeboer werden betaald.'[24]

Wildeboer jr. demonstreerde tijdens de rechtszitting een helder inzicht in wat hem was overkomen. Hij zei, volgens het *Groninger Dagblad*, tegen de president van het tribunaal in Groningen:

'"Het is moeilijk, mijnheer de president, een principieel standpunt in te nemen, wanneer men éénmaal een verkeerde weg heeft ingeslagen." De president: "Zo gauw je de weg naar de hel opgaat, zit je op een glijbaan, ingesmeerd met groene zeep."'[25]

Vader Wildeboer, die de deal met de Duitsers had gesloten, kreeg wegens zijn aandeel in het werk op het eiland Schiermonnikoog de volgende straf: verbeurdverklaring van 90.000 gulden (de winst dus), ontzetting uit het recht om in het bouwbedrijf werkzaam te zijn en een kampstraf die gelijk was aan het voorarrest. Zoon Henderikus moest 2.000 gulden van zijn inkomsten afstaan en kreeg een kampstraf van acht maanden, zonder aftrek van voorarrest.

Dat lijken gematigde straffen, maar relatief waren ze toch aan de zware kant. Want er zijn na de oorlog weinig ondernemers gestraft voor het werken voor de Duitsers. De bunkerbouwers werden naar verhouding hard aangepakt. Hun werk stond symbool voor dienstbaarheid aan de vijand, was ook uiterst zichtbaar en viel daarom, ook letterlijk, niet uit te vlakken.

Tweehonderd arbeiders op Schiermonnikoog, voor de bouw van de Wassermann en alles eromheen. Veel méér Nederlandse mannen werden voor de oorlogsproductie in Duitsland te werk gesteld, een deel vrijwillig, het merendeel na verloop van tijd onder dwang. Hun aantal liep sterk op, naarmate de oorlog vorderde. De Blitzkrieg van de Duitsers tegen de landen in West-Europa was een groot succes. Het aantal soldaten van het normale Duitse leger was daarvoor toereikend. Dat werd heel anders toen Duitsland in juni 1941 de aanval op de Sovjet-Unie opende en de voorgenomen Blitzkrieg daar al snel verzandde in een taaie, lange strijd met aanvoerlijnen van honderden kilometers. Zoiets vergde enorme aantallen verse Duitse soldaten. Alleen al tussen mei 1941 en mei 1942 kwamen er 1.800.000 nieuwe Duitse soldaten onder de wapenen. Die waren voordien productief geweest in de Duitse economie. Nu gingen ze als soldaat in hoog tempo de producten van de Duitse oorlogsindustrie verslijten: tanks, vliegtuigen, bommen, geweren, munitie. Met veel minder Duitsers werkzaam in de industrie, maar ook in de landbouw, moest er een kolossale hoeveelheid extra oorlogsmaterieel geproduceerd worden. Dat kon alleen met het inzetten van miljoenen buitenlandse arbeidskrachten, afkomstig uit de overwonnen landen. Aanvankelijk bepaalden de Duitsers dat Nederlandse werklozen die weigerden werk in Duitsland aan te nemen het recht op een uitkering verloren. Dat leverde, aangevuld met vrijwilligers die zich voelden aangetrokken door het relatief hoge loon, en met de min of meer gebruikelijke grensarbeid, in '40-'41 183.000 Nederlandse arbeidskrachten op. Deze tewerkstelling bleek tegelijk een effectief middel tegen het laatste restant werkloosheid in Nederland. Niet iedereen had het naar zijn zin in de Heimat. Een derde van hen ging na het eerste verlof niet terug.[26]

Maar deze getallen zetten te weinig zoden aan de dijk. Duitsland had miljoenen arbeiders nodig en greep dus naar een beproefd middel: dwang. Een nieuwe functionaris – een *Generalbevollmächtigte für den Arbeitseinsatz* – kreeg de bevoegdheid om in de bezette landen mensen op te eisen. Hij vorderde bij de eerste *Holland-Aktion* 30.000 Nederlandse metaalarbeiders. Later volgde de Holland-Aktion nummer twee, nog eens 40.000, toen de *Stahl- und Eisen*-Aktion met 22.000 en daarbij nog 78.000 ongeschoolden. Voorjaar 1943 – de honger naar arbeidskrachten was nog lang niet gestild – volgde de oproep van generaal Christiansen aan de bijna 300.000 Nederlandse militairen van mei 1940 dat ze zich moesten melden om als krijgsgevangenen naar Duitsland te gaan. Om er te werken, uiteraard. Het leidde, zoals we zagen in hoofdstuk 3, tot de april-meistakingen, en tot een aanzienlijke verharding van de verhoudingen in Nederland. Deze oproep liep op zichzelf wel op een fiasco uit, maar dat stond een grootscheeps vertrek van Nederlandse mannen naar de Duitse fabrieken uiteindelijk niet in de weg. Rond juni 1943 werkten er al meer dan 250.000 Nederlanders voor de *Arbeitseinsatz* in Duitsland. Die getallen vallen uiteraard bijna in het niet vergeleken met de aantallen Polen, Russen en Fransen die in Duitsland tewerk werden gesteld. Dat waren er bijna vijf miljoen, van wie bijna een derde deel krijgsgevangen was.

In Nederland werd weigeren streng gestraft. De gelijkgeschakelde kranten maakten melding van celstraffen voor weigeraars. De argumentatie was simpel:

> *'Het is niet aan de Nederlandse arbeider om te beoordelen, of zijn werken in Duitsland nuttig of nodig is.'*

Het massaal afvoeren van arbeidskrachten was in feite de zwaarste aanslag op de Nederlandse economie van de hele oorlog. De Arbeitseinsatz leidde tot de sluiting van ruim vierduizend industriële ondernemingen in Nederland met in totaal 157.000 arbeidsplaatsen. Zelfs de NSB-burgemeester van Utrecht, Van Ravenswaay, begon te protesteren. Begin 1944 klaagde hij dat zijn stad niet meer aan voldoende geschoold personeel kon komen. Utrecht had in '42-'43 18 procent van zijn personeel verloren. 58 procent van de bedrijven kampte begin 1944 met een personeelstekort. De problemen werden verergerd door een andere factor: de massale onderduik. Precieze cijfers ontbreken, maar de meest voorkomende schatting is dat er op den duur ongeveer 300.000 Nederlandse mannen kozen voor een illegaal bestaan om aan werken in Duitsland te ontkomen. De mogelijkheden voor onderduik waren opeens sterk toegenomen na de april-meistakingen, de bereidheid om onderduikers op te nemen was plotseling veel groter dan voorheen. Het is een curieuze paradox. Onderzoeker Klemann concludeert dat het beleid van de bezetter de onderduik sterk heeft bevorderd en daardoor contraproductief was:

> *'Deze politiek leverde vermoedelijk ook voor de bezetter in Nederland veel meer schade op dan Duitsland er ooit in de vorm van extra arbeidskrachten voor heeft teruggekregen'.*[27]

De lotgevallen van de in totaal meer dan 500.000 jonge mannen die in die jaren in Duitsland moesten gaan werken zijn niet onder één noemer te brengen. De een werd ober in het nauwelijks gebombardeerde Heidelberg of postbode op het Oost-Duitse platteland, de ander goot staal van elfhonderd graden midden in het Ruhrgebied, had gebrek aan eten en dreigde ook nog eens het leven te verliezen door bombardementen van de geallieerden. Weer een ander werkte als knecht bij een christelijke, anti-Hitlergezinde boer in het mooie landschap van Westfalen, haalde er zijn bruid vandaan en nam haar mee naar de Betuwe.

Er zijn duizenden verhalen over wat ze hebben meegemaakt. Veel staan er in het boek van Karel Volder, *Van Riga tot Rheinfelden*, meer dan 900 bladzijden vol wederwaardigheden van Nederlandse mannen in Duitsland. Soms zaten ze met een groep bij elkaar, en haalden ze onderling geintjes uit, als een schoolklas in een jeugdherberg:

'Als je toevallig eens een keer laat thuis kwam vond je je bed veranderd in een uitdragerij en had je een half uur nodig om alle potten, pannen, koffers, bankjes, schoenen, kleren enz. van je bed te halen en als je dan eindelijk dacht dat je klaar was en in je bed stapte, bleek onder daverend gelach dat er als verrassing onder de dekens nog een paar zware stenen lagen.'[28]

Maar de mannen maakten ook dingen mee die ze hun leven lang zouden meedragen, en vaak in nachtmerries zouden terugzien. Zoals de verschrikkingen van de bombardementen op de Duitse steden. Het relaas van een man die in de Berlijnse wijk Stettin in een schuilkelder zat:

'Een bommentapijt: brand- en brisantprojectielen annex luchtmijnen werd in de late avonduren over ons uitgestrooid. Gezeten tussen biertonnen en moffen hebben wij een spektakel – donderend geraas, schuddende muren en angstige kreten rondom ons – ineengedoken ervaren: "Dit is het einde". Met geen pen te beschrijven was wat we ná het veilig-signaal buiten de schuilkelder hebben waargenomen. De hel was opengebarsten, een orkaan raasde door de straten, links en rechts brandende huizenblokken, bomtrechters, rennende vrouwen met kinderen, bejaarden, karren meeslepend, eenieder de ogen beschermend voor rondvliegend vuur.'[29]

Die ervaring komt steeds terug: mensen die in de schuilkelders doodsbang zijn geweest dat hun laatste uur geslagen had, en die dan weer boven komen en zien wat de bommen uit de geallieerde vliegtuigen hebben aangericht. Een jonge sportverslaggever meldt dat ook in het boek van Volder, hij was bij een bombardement ingesloten geweest in een puinhoop maar omdat iemand met een houweel een gat in een muur had gehakt kon hij weer buiten komen:

'*We stonden in een onvoorstelbare ruïne. Er was niets meer heel. Er stond geen muur meer overeind. Om ons heen de ene brand na de andere. Kruipend over de ruïne bereikten we een grote poort of iets wat daar op leek. De poort lag half in elkaar, maar we konden erdoor en stonden eindelijk op straat. Het was verschrikkelijk. Er was geen onderscheid meer tussen de ruïnes en de straat, alleen aan de uitgebrande tramwagens kon ik zien wat eens straat was.*'[30]

Sommigen hielden hun belevenissen bij in dagboeken. Er was er ook een die van alles wat hij beleefde een gedicht maakte, waarbij hij de concentratie kon opbrengen om al die regels in kloppend metrum te vatten. De dichter was onder andere, vanuit zijn schuilkelder, getuige van het bombardement op het kamp (*Lager*) waar hij maanden in gezeten had:

'*Zo is dan ten langen leste*
ook ons Lager heengegaan.
Boze Britse bommen hieven
er hun kille doodszang aan.
In de tijd van twee minuten,
zolang duurde 't hele feest,
ging ons schoolgebouw ter ziele
en was er voorgoed geweest.'[31]

Eerder had hij al een gedicht gewijd aan de wreedheid van de Duitse bewakers in het kamp, waar het eten slecht was en geen enkel menswaardig bestaan mogelijk leek. Dat gedicht begon zo:

'*Als je in het Duitse Lager*
eens iets onvertogens doet
word je aanstonds kaal geschoren
en met het A Z beboet.
Arbeitszucht is concentratie
en wat dat daarginder is
kunnen velen niet meer zeggen,
doodgegaan in droefenis.'[32]

Het dagelijks leven van de arbeiders in Duitsland liep, zoals gezegd, sterk uiteen. Waar de een voortdurend in angst voor een fataal bombardement op de rand van de uitputting zweefde, had de ander een relatief onbezorgd bestaan met sport, drank, vriendinnen en veel plezier met de maten. En alle varianten daartussenin kwamen ook voor. Maar het overheersende beeld was toch vooral dat van verslechtering naarmate de oorlog vorderde. Alles werd minder: het contact met het thuisfront, de voedselvoorziening, de veiligheid, de gezondheidszorg. Ook voor de mannen die het relatief goed getroffen hadden werden de tijden almaar moeilijker.

Zoals voor Ernst Kossmann (1922-2003), die later een vooraanstaand hoogleraar geschiedenis in Groningen zou worden. Hij werd in februari 1943 gearresteerd en afgevoerd naar het concentratiekamp Vught. De reden was de aanslag op de zeventigjarige oud-generaal H.A. Seyffardt. Een lid van een Amsterdamse verzetsgroep schoot hem dood en de Duitse reactie kwam erop neer dat er ruim 1.800 kinderen van welgestelde Nederlanders werden gearresteerd, voornamelijk studenten, wonend in de duurdere wijken van het land. Kossmann was een van hen. Hij belandde, vanuit Vught, op 23 april in Straatsburg, waar hij aan het werk werd gezet; om te beginnen moest hij paden aanleggen. Maar hij genoot vooral van zijn bevrijding uit kamp Vught:

'Nog geen week later zag ik vanuit de engelenbak van de Straatsburgse opera Glucks Orpheus en Euridice. Het was het eerste operabezoek in mijn leven. Zo vierde ik na bijna drie maanden gevangenschap mijn vrijheid als dwangarbeider.'[33]

Kossmann moest zijn werk in de open lucht al snel voor iets anders verruilen, hij 'klungelde vervolgens hulpeloos aan een revolverbank in een vliegtuigfabriek', zoals hij het noemde, en hij kwam daarna in de buurt van Heidelberg terecht, op een kleine metaalfabriek in Rohrbach. Er werkten een stuk of tien Fransen, wat Walen, een Pool, een Roemeen en wat Russen, allemaal arbeiders. Bij gebrek aan 'studenten, kantoorbedienden en meer van dat slag in Vught en Straatsburg' moest Kossmann zijn conversatie aanpassen. Hij vond het interessant om met mensen uit andere landen om te gaan, leerde zo mondjesmaat andere culturen kennen. Gaandeweg merkte hij dat zijn geest zich aanpaste aan de beperkingen, hij schreef er een bespiegelende brief over naar huis:

'Men gaat bij de wonderlijke ervaringen die wij opdoen, op een afstand leven, op een afstand van de gebeurtenissen en derhalve op een afstand van zichzelf. Het is geen onverschilligheid, maar een soort reflex, een vanzelfsprekend verweer. Ik leef niet meer in de volle betekenis van het woord. Ik heb wel eens het idee, dat een deel – het levende deel – van ons nog ergens in ons woont, en alleen de bovenkant van ons wezen hier in de Elsass bivakkeert.'[34]

Ernst Kossmann, rechts, gefotografeerd in een barak in de buurt van Straatsburg.

Twee jaar lang woonde Kossmann in wrakke barakken tussen 'luidruchtige jonge mannen', deed nederig werk zonder een dag verlof of vakantie. Tijdens het werk – 'geestdodend, vaak zwaar geploeter en rommelige herrie' – hield hij de geest scherp en het gemoed opgewekt met het luid declameren of zingen van gedichten of liederen van Roland Holst, Nijhoff, Rilke, Heine en vele anderen, door het lawaai van de machines heen. Met het schrijven van brieven 's avonds probeerde hij 'om intellectueel enigszins in stand te blijven'. Maar in die brieven liet hij een enkele keer merken dat het leven hem zwaar viel, zoals op 14 december 1943:

185

'Ik ben erg down en moe zonder veel veerkracht. Bij iedere stap die je doet, word je bedreigd met einsperren en verhaften, met Erziehungslager en erschossen worden. Dat is natuurlijk voor het grootste deel maar waanzin, maar het typeert de sfeer waarin we hier leven overduidelijk. Ik moet er eigenlijk altijd hartelijk om lachen, tot ontsteltenis van mijn baas.'[35]

Toen hij na zijn bevrijding in mei 1945 terugkeek op het laatste half jaar, tekende hij scherp de volstrekte chaos waarin Duitsland was vervallen toen daar niets meer functioneerde:

'Zo ging de winter voorbij. Kou, sneeuw, verveling. En van januari af de ondergang van Duitsland. Het begon met constant stroomgebrek. Als we vijf minuten gedraaid hadden, stonden we een half uur stil. Werk was er trouwens allang niet meer. Als slaaf moesten we echter onze rol tot het eind toe spelen. We werkten dan maar in de tuin. Tot de dag van de bevrijding hebben we ons daar bezig gehouden met het graven van kuilen de ene dag en het dichtgooien ervan de volgende, zwaar werk nog altijd, nu ook het eten zo karig werd.'[36]

Na de oorlog heeft Kossmann zich altijd verzet tegen het beeld dat de in Duitsland tewerkgestelden het allemaal jarenlang heel erg moeilijk hebben gehad. Hij wilde het beeld vooral nuanceren, schreef dat zijn tijd onder Duits regime ervoor zorgde dat hij gevoelens heeft gekend 'waar ik anders waarschijnlijk overheen geleefd zou zijn'. Er was ellende, er was honger, er was volop narigheid, maar er was ook, soms, een merkwaardige vrijheid:

'Ik heb nooit zoveel in cafés, eethuizen en bioscopen rondgehangen als toen.'[37]

Totaal tegenovergesteld zijn de ervaringen van een groep jongens uit de Betuwe, gedetailleerd beschreven in *Bloesem en staal*, door Chris van Esterik. Het gaat om een groep van 21 jongens, allemaal tussen de 18 en 22 jaar oud. De meesten waren nooit verder geweest dan Tiel toen ze in juni 1943 in het kader van de Arbeitseinsatz naar Hattingen werden vervoerd, een stadje in het Ruhrgebied. Wat er aan tastbaars rest van hun ervaringen is een pakketje brieven van een van hen, Joop van Kalkeren. Hij schreef elke week een brief naar huis, 83 weken achter elkaar. De brieven bleven tot na zijn dood opgeborgen in een sigarendoos ('Super Bolknak, van 55 voor 40 ct') op zolder. De brieven gingen over het leven in Hattingen, maar eigenlijk ook weer niet. Want zoals bijna alle briefschrijvers uit de Duitse fabrieken stond één doel voorop: het thuisfront niet ongerust maken.

Het ging dus altijd goed met de mannen, het eten was heel behoorlijk, en het werk goed te doen. Maar toen ze tientallen jaren na hun terugkeer eindelijk begonnen te praten, werd pas duidelijk hoe het er echt aan toeging. Het eten bijvoorbeeld – het werd steeds minder en slechter. Het brood was klef en allesbehalve voedzaam. De soep werd steeds dunner, en was op het laatst alleen nog maar warm water. De sterke mannen uit de Betuwe, die tot aan hun vertrek naar Duitsland goed te eten hadden gekregen, werden steeds magerder, ze dreigden te bezwijken. En het werk werd ook almaar zwaarder. Zoals voor Goos van Esterik. Hij had de pech dat hij nogal lang was en daardoor was geselecteerd voor het zware werk bij oven nummer negen in de staalfabriek. Zijn maat, Roet van Zetten, beschreef dat werk later zo:

'Als de deuren van de oven opengingen, dan stond hij vlak bij het vloeibare staal, dat een temperatuur had van elfhonderd graden. In zijn handen had hij een dikke stang van viereneenhalf meter lang, met aan het einde een heel dikke soeplepel, zeg maar. Die lepel moest hij in het kokende staal steken, om er een monster uit te halen. Een ander werk wat hij deed was het

Deze foto, van brooduitdeling aan Nederlandse arbeiders in Duitsland, werd in Nederland gepubliceerd om te laten zien dat zij goed te eten kregen.

zogenaamde slakken trekken. Die slakken ontstonden omdat er kalk aan het proces werd toegevoegd, ze vormden een soort gloeiende schuimkraag en die moest Van Esterik verwijderen. De bak met het staal moest daartoe iets gekanteld worden om de slakken eraf te trekken. Dat gebeurde pneumatisch. Het was een slag, die je te pakken moest hebben. Want als de bak iets te ver kantelde, dan stroomde de kalk over en stond je met je voeten in de gloeiende slakken. Zo verbrandde hij een keer zijn voeten. Het was zwaar, vermoeiend en gruwelijk gevaarlijk werk. Ik zou het lichamelijk niet gekund hebben.'[38]

Goos van Esterik verzwakte door dit werk zienderogen, en zou zonder twijfel bezweken zijn, als niet een Duitse voorman zich zijn lot had aangetrokken. Hij nodigde de gesloopte Betuwenaar bij zich thuis uit en liet hem daar extra eten. En toen Van Esterik een zware pleuritis opliep, regelde deze Duitser, door het omkopen van een arts, een *Krankenschein* – een medische verklaring op grond waarvan hij naar huis mocht, naar Nederland. Zijn maat Roet van Zetten deed hem uitgeleide:

Betuwenaar Joop van Kalkeren, een van de 550.000 Nederlanders die tijdens de oorlog enige tijd in Duitsland tewerkgesteld waren.

'Hij was lang en zo mager. Hij liep als een dronkeman, zwalkend over het perron. Zo verzwakt was hij. Ik moest het koffertje van hem overnemen. Dat kon hij niet meer dragen. Ik heb hem tot aan de grens bij Emmerich gebracht. Verder mocht ik niet.'

Van Esterik, 1.90 lang, woog nog 45 kilo. Toen hij in Nijmegen bij zijn oom aanbelde, werd hij niet herkend. In Nederland kwam hij weer op krachten en kon hij de oorlog overleven.

Met duizenden anderen liep het slechter af, zij hadden niet het geluk een toegewijde Duitse beschermheer te treffen. Van Esterik en zijn Duitse weldoener hebben trouwens na de oorlog altijd intensief contact met elkaar onderhouden.

Er zijn weinig betrouwbare cijfers over de gevolgen van de tewerkstelling in Duitsland. Het Rode Kruis komt op een getal van 29.000 overleden tewerkgestelden[39] uit Nederland tijdens de Tweede Wereldoorlog, maar er is geen materiaal beschikbaar waaruit blijkt hoeveel van hen gedood zijn door bombardementen, door uitputting of door slechte arbeidsomstandigheden. En van het aantal lichamelijk en geestelijk gewonden zijn al helemaal geen cijfers.

HET LEEGSLEPEN (2)

De exploitatie van de bezette gebieden ten behoeve van de Duitse oorlogvoering, goedschiks of kwaadschiks en op den duur overgaand in rechtstreekse beroving – dat was zonder twijfel een van de bepalende kenmerken van de nazipolitiek in de Tweede Wereldoorlog. Die exploitatie en beroving kenden vele facetten. We zagen al het fenomeen van de Reichskreditkassenscheine, het nepgeld dat ervoor zorgde dat Nederland de ene na de andere sigaar uit eigen doos kreeg aangeboden. Er zijn veel meer van dit soort verschijnselen – het massaal importeren van onderbetaalde of zelfs niet-betaalde arbeidskrachten uit de bezette gebieden hoort er ook bij. De nazitop was eropuit om de eigen bevolking tevreden te houden en dus in financieel opzicht te ontzien. De onderworpen landen, vooral in West-Europa, moesten voor de kosten opdraaien, al wilde Hitler oorspronkelijk dat het levenspeil in Nederland niet onder dat in Duitsland zou dalen. Alle Duitsers herinnerden zich nog de gierende inflatie van de jaren twintig, herhaling daarvan moest ten koste van alles worden voorkomen. Het was het uitgangspunt van Göring: inflatie in de omringende landen vond hij prima, zolang het Duitsland zelf maar niet overkwam.

De belangrijkste én ingewikkeldste truc die de Duitsers in Nederland en andere landen toepasten betrof de 'clearing', of preciezer: de opbouw van grote achterstanden daarbij. Clearing is de verrekening van de kosten van invoer en uitvoer tussen landen. Die clearing geschiedt door een instantie die onder normale omstandigheden quitte speelt. Maar de Duitsers manipuleerden dat systeem zodanig dat er bij het Nederlandse clearinginstituut gigantische tekorten ontstonden, die uit de Nederlandse staatskas aangevuld moesten worden. Daartoe werd Nederland gedwongen, en dat kostte in bezettingstijd miljarden guldens. Duitsland was in feite een slechte, onbetrouwbare debiteur die vrijwel nooit betaalde. En die de Nederlandse staat dwong de rekeningen te voldoen. Volgens econoom Hein Klemann heeft het naziregime in de oorlog 13,4 miljard gulden aan Nederland onttrokken, door die clearingtruc, door het nepgeld, en ook door eenvoudig een greep in de kas te doen.[40] Die miljardenroof ontwrichtte de Nederlandse economie totaal, waardoor er na de oorlog een ingrijpende sanering van het geldwezen nodig was, de operatie die bekend werd als het 'tientje van Lieftinck'.

Die greep in de kas kwam er onder meer op neer dat Nederland net als andere bezette landen 'bezettingskosten' moest betalen. Er bestaat een eenvoudig document uit 1944 waarop is aangegeven hoeveel dat per maand kostte. In januari en februari 1944 bijvoorbeeld moest Nederland 100 miljoen gulden per maand bijdragen aan de bezettingskosten, de maanden erna werd dat 130 miljoen per maand. En dat was niet de enige rekening die werd gepresenteerd. Toen de oorlog met de Sovjet-Unie was losgebarsten werd direct een nieuwe heffing geïntroduceerd, een bijdrage aan de strijd van Duitsland tegen het bolsjewisme. Daarvoor diende Nederland elke maand een bedrag van 56 miljoen gulden op tafel te leggen.

Zo verhaalde Hitler-Duitsland de kosten van de oorlog voor een groot deel op de bevolking van de overwonnen landen. Voor welk percentage dat nu precies is gebeurd is heel moeilijk vast te stellen – dat ligt aan de berekeningsmethode en dus aan de vraag wat je wel en niet meetelt. De Duitse historicus Götz Aly heeft zich veel kritiek op de hals gehaald met zijn berekeningen, waarbij hij tot de uitkomst komt dat de bezette gebieden 70 procent van de kosten van de oorlog hebben betaald. De meeste economen komen veel lager uit, maar ze betwisten niet dat de beroving van de onderworpen landen een hoeksteen van Hitlers politiek is geweest. Götz Aly formuleert het zo:

'De eenheid tussen het Duitse volk en de nazileiding bleef opvallend stabiel, maar dat kwam niet in de eerste plaats door een geraffineerde ideologische propaganda; die eenheid werd vooral gesmeed met de middelen van de roof

en met de sociaal-politiek gerechtvaardigde verdeling van de buit onder het Duitse volk.'[41]

Het is achteraf opvallend dat die massale roof, met al die duizelingwekkende cijfers, zo weinig protest heeft uitgelokt. Er waren wel wat slimme ambtenaren op de departementen die doorhadden wat er gebeurde en hun best deden om de schade nog enigszins te beperken, maar daar bleef het bij. Op economisch terrein was de macht van de bezetter vrijwel compleet, hij kon optreden als een middeleeuwse roofridder, die zijn buit vergaarde zonder tegenstand te hoeven verwachten.

DROSTECHOCOLADE (2)

Bij Droste Chocoladefabrieken in Haarlem gingen de zaken vanaf 1942 aanzienlijk slechter. Net als bij de rest van het bedrijfsleven. Typerend is een brief, te vinden in het bedrijfsarchief van Droste, afkomstig van de sigarenfabriek Willem ii in Tilburg, gericht aan de directie van Droste. De sigarenmakers deden een origineel voorstel: konden ze niet een partij oude sigaren naar Haarlem sturen, in ruil voor een partij oude chocolade – dan konden beide bedrijven de directievergaderingen iets aangenamer maken? De ruil ging niet door, weduwe Droste, die de directie voerde in Haarlem, schreef terug dat er in haar directie niet gerookt werd.

Er werd ook niet veel meer gereden. De bezetter had alle vrachtwagens en auto's van Droste gevorderd, op een kleine Ford na. De productie was fors ingekrompen, een aantal werknemers zat thuis, met wachtgeld. In het voorjaar van 1942 werden de dienstroosters aangepast. De fabriek sloot op zaterdag. Later ook op maandag en op dinsdag. Uit de notulen van de raad van commissarissen, november 1942, sprak alleen maar somberheid – 'spreker hoopt dat de betere omstandigheden spoedig zullen komen.' De directie deed haar best om te voorkomen dat Drostewerknemers naar Duitsland moesten om daar te werken, ze probeerde ze zoveel mogelijk bij andere Haarlemse bedrijven onder te brengen. In het Drostegebouw werd een distributiecentrum van het Rode Kruis ingericht, waar een aantal werknemers zolang actief kon zijn. Alleen de suikerafdeling in de fabriek kon nog produceren. In drie ploegen werkte het personeel daar aan Wehrmachtbonbons.[42]

In het bedrijfsarchief zit een brief van een werknemer die niet aan de arbeidsinzet was ontkomen. Hij werkte in een ijzergieterij in Duitsland en schreef naar zijn kameraden in Haarlem dat hij bij een oven van 1.400 graden Celsius zijn dagen sleet:

'Dat is zwaar werk, zo twee uur achter mekeer met een emmer in je handen,
en dan zo 1.400 graden warm, maar ja, om kwart over vier ben ik klaar,
's morgens om zes uur aanvangen. Nu nog is het hier niet verduisterd,
tenminste de fabriek niet, de huizen natuurlijk wel. Het is hier wel niet
groot, zo'n 1.100 inwoners, maar een prachtomgeving, schitterend om je
vakantie door te brengen hier.'43

De dreiging naar Duitsland te moeten werd steeds sterker, voor steeds
meer werknemers. De bezetter kwam ze opeisen en zette daarbij de bedrijfsleiding onder zware druk. Mevrouw Droste klonk in haar dagboek
wanhopig – bijvoorbeeld op 20 mei 1942:

'''s Avonds kwam Tinus, hij vertelde dat er 20 ongehuwde mannen en
10 meisjes van de fabriek gevorderd zijn om naar Duitsland te gaan.
Morgen moet er geloot worden. Wie zal het treffen? Afschuwelijk.'44

In Haarlem deed Droste al het mogelijke voor zijn overgebleven werknemers, het voorzag ze van klompen en levensmiddelen als vis, uien, win-
terpeen maar ook van zeep en vitamine c. Het personeelsblad gaf 'voor
de huisvrouw in dezen tijd' tips voor het besparen van brandstof, en publiceerde oorlogsrecepten en adviezen over hygiëne. Vanaf september
1941 kon het personeel, tegen inlevering van bonnen, tijdens schafttijd
warme maaltijden verkrijgen uit de Centrale Keuken, die in het Haarlemse schafthuis was gevestigd. WIDO nummer 129, februari 1942, beschreef deze Centrale Keuken:

'Om enig idee te geven van de capaciteit van de keuken mogen de volgende
cijfers dienen: de gehele installatie bestaat uit 23 ketels, waarvan 6 van 600
liter voor aardappelen, 8 van 400 liter voor groenten, 6 van 600 liter voor de
gemengde massa, en 3 van 500 liter voor jus en soep. Er is een bunker voor
het bewaren van aardappelen, die 1500 kg kan bevatten.'45

Er was vaak luchtalarm. De bedrijfsleider, de heer Zwart, en het hoofd
van het laboratorium, mevrouw Doppler, waren verantwoordelijk voor
de inrichting van de schuilkelders. Zij zagen erop toe dat bij een luchtalarm iedereen naar de dichtstbijzijnde schuilkelder ging. Elke werknemer was bij een schuilkelder ingeschreven. Wie door omstandigheden
naar een andere schuilkelder ging, moest zich bij binnenkomst melden;
een soort koeriersdienst zorgde ervoor dat dit aan de eigen schuilkelder
werd gemeld. Mevrouw Doppler hield in de schuilkelder onder de chocoladefabriek tijdens het luchtalarm voordrachten over culturele onder-

werpen. Soms liet zij anderen, bij toerbeurt, voorlezen uit een boek over het leven van beroemde componisten.[46]

Op 8 december 1942 werd Droste getroffen door een Engelse bom, die waarschijnlijk bestemd was voor de spoorbrug of de nabijgelegen werkplaats van de spoorwegen. Mevrouw Droste schreef:

'Aan de koffietafel werd ik opgebeld door Bets, dat er een bom op onze fabriek was gevallen. Ik ging er dadelijk heen. Kartonnage-afdeling getroffen. Lifttoren geheel verdwenen. Reusachtige ravage. Gelukkig geen ernstige gewonden.'[47]

Begin 1943 zakte de stemming nog verder. Van het bedrijf, dat tot voor kort zo fantastisch draaide en een goudmijn leek, is weinig over. Mevrouw Droste:

'Bob komt koffie drinken. Hij is heel somber gestemd. Geen wonder trouwens, want de toestand wordt nijpend. In Amsterdam worden alle magazijnen in beslag genomen door de moffen, zelfs de vemen. Alles wordt verzegeld en de mensen kunnen naar huis gaan. In mei is alle chocolade op. Misschien krijgen wij nog een toewijzing voor suikerwerken?'[48]

Personeel was er bijna niet meer – mevrouw Droste verzuchtte op 2 september 1943 in haar dagboek:

''s Morgens op de tandem met Piet naar de fabriek. Het wordt er steeds doodser en leger. Er werken nog maar 52 meisjes en vroeger 200. Nu zitten ze zelfs nog te handwerken.'[49]

Begin 1944 adviseerde de directie aan haar werknemers om naar een andere baan uit te kijken. Via het arbeidsbureau hadden ze kans dat ze in een bevriend bedrijf kwamen te werken. Dan werkten ze weliswaar voor de Wehrmacht, maar dat deden ze waarschijnlijk ook als ze naar Duitsland werden gestuurd, dus dat was voor de meesten geen overweging meer. De directie ging ervan uit dat de fabriek op 1 april gesloten zou moeten worden. Een week voor die datum kwam er toch weer een order binnen, afkomstig van het zogeheten 'cacaobureau'. 100.000 repen moesten er komen, voor de mijnwerkers in Zuid-Limburg. Droste hield het hoofd nog even boven water. Er kwam zelfs nog een aanvullende order, het ging nu in totaal om 500.000 repen. Maar die konden niet worden geleverd.

Mevrouw Droste noteerde op zaterdag 13 mei 1944 dat het voorbij was.

'Op de fabriek zijn de laatste 30 man weggehaald om voor de Wehrmacht te gaan werken. Er kan op de fabriek dus niet meer gewerkt worden.'[50]

Daarmee trof Droste hetzelfde lot als duizenden andere Nederlandse bedrijven. Gebrek aan personeel en grondstoffen dwong ertoe alles stil te leggen. De Duitse behoefte aan mankracht voor de oorlogsproductie maakte een einde aan de bedrijvigheid in Nederland.

DE BEROVING VAN DE JODEN

In het leegslepen van Nederland nam de beroving van de Joodse bevolkingsgroep een bijzondere plaats in. Met de opbrengst van deze plunderactie kon het naziregime de kosten van de Jodendeportaties gemakkelijk financieren – de Joden hebben daarmee hun eigen ondergang betaald.

De roof van Joodse bedrijven, omschreven als arisering van het bedrijfsleven, begon al in oktober 1940. Toen moesten alle Joodse bedrijven zich aanmelden bij de Wirtschaftsprüfstelle. Die instantie registreerde binnen korte tijd 22.000 firma's, de meeste heel klein. De helft van deze ondernemingen kreeg toestemming om door te gaan nadat een Joods lid van de directie of van de raad van commissarissen was vervangen. Kleine Joodse bedrijfjes, eenmanszaken vooral, werden zonder pardon geliquideerd. Bij de grotere bedrijven ging de nazi-instantie per geval bekijken wat er moest gebeuren. Als er geld te verdienen was aan de liquidatie van een bedrijf, koos de Wirtschaftsprüfstelle voor die oplossing. Als het gunstiger was een Joodse eigenaar te vervangen door een Duitsgezinde *Verwalter*, kwam er zo'n Verwalter. Veel NSB'ers konden zich op die manier aan het hoofd van een onderneming stellen. De hele operatie werd geleid door Hans Fischböck, een Oostenrijkse relatie van Seyss-Inquart, die eerder, als minister van Handel en Verkeer al de Joodse gemeenschap in zijn geboorteland op deze manier onder handen had genomen. Fischböck kon na de oorlog naar Argentinië ontsnappen. Toen hij eind jaren vijftig naar Europa terugkeerde werden zijn activiteiten ter beroving van de Nederlandse Joden als verjaard beschouwd, zodat hij zonder enige straf tot 1967 kon doorleven.

Misleiding is een belangrijk kenmerk van de hele operatie geweest. Vanaf het begin zijn de maatregelen tegen het Joodse bezit gekenmerkt door vormen van list en bedrog. Dat begon al met de centrale factor in de berovingsactie, de roofbank. In de Nieuwe Spiegelstraat te Amsterdam bevond zich sinds jaar en dag de respectabele Joodse bank Lippmann, Rosenthal & Co. Die bank werd een ideaal instrument in nazihanden. De

Rijkscommissaris Seyss-Inquart en zijn financiële man Fischböck nemen deel aan een massale kerstmaaltijd, december 1940, in Den Haag.

bank werd gesplitst, en kreeg een filiaal aan de Sarphatistraat in Amsterdam. Het filiaal, dat geen échte bank was maar een schijnvertoning, viel onder direct toezicht van het Rijkscommissariaat. Het had als taak het te gelde maken, de *Verwertung*, van Joods eigendom. Rond die roofbank werden maatregelen genomen die de ware aard van de operatie moesten verdoezelen en er een quasi legaal karakter aan moesten geven. Het doel was om paniek onder de vermogende Joden te voorkomen, want bij paniek zouden ze hun geld en hun waardevolle bezittingen proberen te verbergen, en dat wilde de bezetter voorkomen – het zou de taak alleen maar ingewikkelder maken.

Op 8 augustus 1941 begon de berovingsoperatie met de eerste LiRo-verordening. Die kwam erop neer dat de Joden hun geld moesten overboeken naar een rekening bij Lippmann-Rosenthal, filiaal Sarphatistraat. De historicus die de beroving van de Joodse bevolking tot in detail heeft bestudeerd, Gerard Aalders, zei daarover bij de verschijning van zijn boek *Roof*:

'*Dat is heel bewust gedaan, zodat de Joden zouden denken: het is niet leuk dat we alles moeten inleveren, maar het is bij een goede bank van naam en faam, dus het zal wel loslopen.*'[51]

Iedereen mocht duizend gulden in eigen beheer houden. Het gestorte geld leek voor de cliënten te zijn vastgezet, maar was in de praktijk onbereikbaar geworden. Er was wel een theoretische mogelijkheid om geld op te nemen, maar dat vereiste een enorme administratieve operatie en kostte een hoge provisie. In totaal leverde de eerste LiRo-verordening ergens rond de 400 miljoen gulden op in cash, cheques en bank- en girosaldi.

Op 21 mei 1942 vaardigde Seyss-Inquart de tweede LiRo-verordening uit. Die eiste van de Joden dat ze al hun bezittingen zouden overdragen aan de bank. In de verordening staat een opsomming van wat er allemaal zou moeten worden ingeleverd:

'*collecties van alle soorten kunstvoorwerpen, voorwerpen van goud, platina of zilver alsmede bewerkte en onbewerkte edelstenen, halfedelstenen en parels, postzegel-, boeken-, munt en porceleinverzamelingen, enz. Als kunstvoorwerpen zijn onder meer ook schilderijen, beeldhouwwerken, enz. te beschouwen. De hier bedoelde voorwerpen moeten worden ingeleverd.*'[52]

Verder moesten Joden al hun vorderingen aan de bank aanmelden. Dat ging om huren, pachten, renten, pensioenen en buitenlandse vorderingen. Dat aanmelden was weer een eufemisme: in de praktijk droegen de

De 'roofbank' Lippmann-Rosenthal had ook een filiaal in doorgangskamp
Westerbork. Het personeel van deze bank legt in zijn eigen barak in het kamp
een kaartje.

betrokkenen hun rechten over aan de bank en waren ze hun bezittingen
kwijt. In deze verordening werd het vrije bedrag van duizend gulden per
persoon teruggeschroefd naar 250 gulden per gezin, geheel volgens de
beproefde nazimethode: eerst een ontsnappingsruimte bieden, waardoor
de maatregel draaglijk lijkt, en vervolgens die ruimte verkleinen en ten
slotte afsluiten.

Dit keer betrof de uitzondering een 'zilveren horloge voor persoonlijk
gebruik', alsmede een trouwring en een mes, vork, soeplepel en dessert-
lepel voor ieder gezinslid. Theelepeltjes vielen niet onder de uitzondering-
gen, die moesten allemaal worden ingeleverd. De tweede LiRo-verordening bracht een gigantische stroom goederen naar Amsterdam op gang.
De LiRo moest er extra opslagruimte voor huren, zoals het gebouw van
de Handwerkersvriendenkring aan de Roeterstraat (nu bioscoop Kriteri-
on) en de Diamantbeurs aan het Weesperplein. In juni 1943 was de toe-
vloed zo uit de hand gelopen dat op grond van een nieuwe instructie alleen kostbare voorwerpen (kunst, goud, zilver, etc.) nog werden geaccepteerd. De rest werd geweigerd.

In het doorgangskamp Westerbork, waar de Joodse bevolkingsgroep
in meerderheid zou worden ondergebracht in afwachting van de deporta-

tie naar Polen, voltooiden zes LiRo-medewerkers de berovingsoperatie –
bij hun zoektocht in de bagage van te deporteren Joden haalden ze aan
verborgen geld en juwelen voor 825.000 gulden tevoorschijn.

De oude bank Lippmann, Rosenthal & Co aan de Nieuwe Spiegelstaat
was lid van de Vereniging voor de Effectenhandel. Op die manier wist het
zogenaamde filiaal aan de Sarphatistaat ook toegang tot de beurs te krijgen. Dat was nodig om de effecten die in Joods bezit waren te gelde te
kunnen maken. Wettelijk had dat nogal wat voeten in aarde, maar uiteindelijk stortte de schijnbank zich vol overgave in het beursgewoel. Vooral
vanaf maart 1942. In die maand viel Japan Nederlands-Indië binnen. Dat
veroorzaakte een flinke daling van de beurskoersen. LiRo besloot op grote schaal effecten te gaan dumpen. Dat gebeurde in zulke hoeveelheden
dat ze later bekend werden als 'smijtdagen'. *De Telegraaf* van 6 maart 1942
schreef over 'opgewonden en ongekende tonelen' bij de verkoop van
Koninklijke Olie:

> *'De affaire werd zo wild, dat zich twee grote hoeken vormden, waarin*
> *uiteenlopende koersen tot stand kwamen. Tegen de slotping bereikte de*
> *opwinding haar hoogtepunt. De hoek in Olies zwiepte over de gehele*
> *beurs en de handel was ontwricht.'*[53]

De waarde van de effectentransacties van LiRo is moeilijk te schatten.
Volgens econoom Hein Klemann lopen de schattingen uiteen van 110
miljoen tot 146 miljoen gulden.[54]

En dan was er nog het huisraad van de gedeporteerde Joden – ook dat
zagen de nazi's tijdens hun rooftocht niet over het hoofd. Er was een
speciale organisatie voor in het leven geroepen, de Hausraterfassungsstelle, een onderafdeling van de Zentralstelle für jüdische Auswanderung
(het Joods 'emigratiebureau' – altijd weer nieuwe misleidende termen).
Die instantie heeft alleen al in Amsterdam de woningen van 29.000 Joodse gezinnen geïnventariseerd én laten leeghalen. Elke stoel, elke tafel, elke
schemerlamp en elk kopje kwam op een lijst te staan – dat moest de verdreven inwoners de indruk geven dat alles werd genoteerd, zodat ze het
later zouden terugkrijgen. Maar meestal waren de spullen al onvindbaar
wanneer de oorspronkelijke eigenaren zich nog op Nederlandse bodem
bevonden. Twee instanties vochten tot op het hoogste niveau (Hitler
zelf) om het bezit van al die meubels uit Nederlandse (en ook Belgische
en Franse) woningen. De Einsatzstab Reichsleiter Rosenberg zamelde
huisraad in voor huizen en kantoren voor Duitse soldaten en ambtenaren

in Polen, het Generalgouvernement, waar niets behoorlijks te krijgen was. Maar de Gauleiter van de Duitse steden, vooral in het Ruhrgebied, eisten meubilair uit Nederland voor hun uit hun huizen gebombardeerde onderdanen. De strijd eindigde onbeslist, iedereen kreeg een beetje zijn zin. Erg veel meubilair haalde de bestemming niet. In de keten van organisaties die zich ermee bezighielden was één factor dominant: diefstal. Alles van waarde werd onderweg achterover gedrukt, ondanks alle perfecte registratiemaatregelen. En het inferieure spul werd verramsjt, veelal opgekocht door de firma Adoc Amsterdam-Wenen van een zekere Herman Olij. Er is een rekening van LiRo voor Olij die aangeeft wat er zoal in één partij werd verkocht:

> 'Klokken, spiegels, kandelaars, potjes, schaaltjes, pullen, poppen, schelpen, een buste van Goethe, gedenkborden, een stenen kip, 1 vaas (kapot), stoommachines, een schapenvacht, 1 harkje, 1 tafeltennisbat, een houten hondje, een spaarpot, een radiolampje, 1 baksteen en een eierdop.'[55]

Van Goethes buste tot een baksteen – alles was handel. De Hausraterfassungstelle hield er een flinke eigen rechercheafdeling op na, die op zoek moest naar goederen die niet waren ingeleverd. Vooral op bont, goud, edelstenen en schilderijen maakten de leden van deze civiele recherchedienst jacht. De meeste employees waren NSB'ers die werkloos waren geraakt en door het Arbeidsbureau naar de Hausraterfassungsstelle waren gestuurd. Ze kregen hun salaris van de LiRo, dus ze konden thuis met recht vertellen dat ze bij een bank werkten. Het waren geen fijnbesnaarde types – vanaf februari 1943 gingen ze flink bijverdienen door niet langer op verborgen spullen maar vooral op verborgen *Joden* te jagen.

De eerste chef van de rechercheafdeling bleek na verloop van tijd niet over de voor dit werk vereiste integriteit te beschikken. Harmans heette hij, en hij betrapte in het najaar van 1942, met twee assistenten, een vermogende Joodse projectontwikkelaar uit Amsterdam op het bezit van gouden munten. Dan gebeurt er dit[56]: Harmans toont zich bereid van arrestatie af te zien, maar vraagt daar, onder vier ogen, 10.000 gulden voor. De wanhopige projectontwikkelaar wil voor geen geld de cel in en geeft toe. Harmans krijgt 10.000 gulden uitbetaald – dat zou tegenwoordig 50.000 euro waard zijn... Tegen zijn maten zegt hij dat hij 5.000 gulden heeft gekregen. Hij laat ze delen in de buit en geeft ze ieder 1.666 gulden – ook al een vermogen in die tijd. Het slachtoffer wordt de volgende dagen almaar kwader, hij gaat uiteindelijk naar een bevriende officier van justitie en vertelt wat hem is overkomen. De officier schakelt rechercheur Posthuma in. Dat is een vakman die na twee dagen intensief speurwerk de zaak rond heeft, en op het kantoor van de Hausraterfassungsstelle een confrontatie organiseert waarbij chef Harmans voor het oog van zijn ondergeschikten door de mand valt. In zijn prachtige huis in Naarden (de chef heeft een bliksemcarrière achter de rug) vindt de politie de gouden munten terug ('vergeten in te leveren') en meer dan 10.000 gulden in contanten – Harmans ving wel vaker geld in ruil voor gunsten. Hij werd ontslagen, want Willy Lages, de sd-chef die ook de hoogste man van de Zentralstelle was, had een broertje dood aan corrupte ondergeschikten en kende geen genade.

De finale beroving van de Joden vond in de vernietigingskampen plaats. De kleding in de ruimte voor de doucheruimte werd onderzocht op waardevolle zaken. Er werd, in kleren genaaid, goud, zilver, geld en soms ook effecten, gevonden. Na de vergassing werden gouden kiezen en zilveren vullingen uit de kaken van de doden getrokken. Het Nederlandse aandeel in die laatste buit is niet meer te berekenen. In totaal vervoerde de ss 76 wagonladingen aan buit uit de concentratiekampen, met een waarde van ongeveer 36 miljoen rijksmark.[57]

HUISVROUW IN OORLOGSTIJD

Voor de meeste gewone Nederlanders was de verarming van het land in de oorlog toch vooral merkbaar in de keuken. De beschikbaarheid van voedsel en brandstof nam gaandeweg sterk af, tot vrijwel nihil tijdens de Hongerwinter 1944-1945 in de grote steden in het westen van het land. Honger en kou vormen voor veel Nederlanders, vooral in de noordelijke helft, de sterkste herinneringen aan de bezettingstijd.

Dat er zich, behalve dan in de Hongerwinter, geen echte hongersnood in Nederland heeft voorgedaan kan voor een deel worden toegeschreven aan de ongekende inspanningen en inventiviteit van de Nederlandse huisvrouw om, ondanks alle beperkingen, iets voedzaams op tafel te zetten. De andere bepalende factor is zeker het distributiesysteem geweest – door velen gehaat, maar volgens wetenschappelijk onderzoek van groot belang voor een eerlijke verdeling van de schaarste onder de bevolking.

De Nederlandse huisvrouw werd al vóór de Duitse inval gewaarschuwd voor wat er komen zou. Ze kon in haar lijfblad *Margriet* al op 22 september 1939 deze aansporing lezen:

'De grootste plicht van iedere vrouw in Nederland is: werken, in geen geval toegeven aan aanvallen van moedeloosheid, maar zo mogelijk trachten de huishoudmachine op gang te houden. Dus werken maar, werken... en

zuinigheid betrachten, zuinigheid in ons huishouden... en zuinigheid in onze woorden.'[58]

Het Nederlandse distributiesysteem dateert van ongeveer dezelfde periode. Het was allemaal bedacht door ir. Stefan Louwes, een op het departement werkzame landbouwdeskundige met een enorm organisatietalent. Hij maakte zich al in 1934 zorgen over de beschikbaarheid van voedsel bij een vijandelijke bezetting. Ervaringen uit de Eerste Wereldoorlog, vooral in het buitenland, speelden daarbij een grote rol. Hij ijverde voor een dis-

Het ingewikkelde bonnensysteem leidde vaak tot discussies aan de balie van het distributiekantoor.

tributiewet, die in 1938 tot stand kwam. Een jaar later had hij op basis van die wet een compleet systeem gebruiksklaar, met kantoren, met stamkaarten, met bonnen, met verzamelvellen, met alle rimram die bij zo'n systeem komt kijken. En met, uiteraard, allerlei voorschriften en regels. Kort na de Duitse aanval op Polen en het feitelijke begin van de Tweede Wereldoorlog mocht Louwes gaan proefdraaien. Op 12 oktober 1939 ging de suiker op de bon en op 5 november volgden (tijdelijk) de peulvruchten. Die maatregelen waren niet strikt nodig – er was genoeg suiker, er waren genoeg peulvruchten. Ze waren bedoeld als... oefening met het distributiesysteem, al werd dat er niet bij vermeld. Na het vertrek van de regering werd Louwes als directeur-generaal op het ministerie van Landbouw de centrale figuur in de distributie. Hij besloot, zoals zoveel ambtenaren, tot samenwerking met de Duitse autoriteiten, zolang dat in het belang was van de burgerbevolking. Die samenwerking liep over het algemeen redelijk, omdat de belangen van Louwes en de bezetter parallel liepen: ook Seyss-Inquart wilde dat er in Nederland geen honger zou heersen en Louwes bleek in staat zoveel te laten produceren dat aan de Duitse verlangens voor levering kon worden voldaan en er toch voldoende voor Nederland over bleef.

Maar Louwes moest wel vaak hard onderhandelen. Zo heeft hij zich heftig verzet toen in mei 1943 werd afgekondigd dat burgers alleen nieuwe distributiebescheiden zouden krijgen op vertoon van een stamkaart die bij het arbeidsbureau was afgestempeld. Toen de oude stamkaarten versleten waren, bepaalde Rauter dat er politiecontrole zou plaatsvinden bij de uitreiking van een nieuwe. Op die manier zouden onderduikers tegen de lamp lopen wanneer hun familie de kaart kwam ophalen. Dankzij het verzet van Louwes ging dit niet door. Louwes en zijn ambtenaren hebben er vervolgens (in samenwerking met het verzet) voor gezorgd dat er tóch distributiekaarten en bonnen bij de onderduikers terecht konden komen. Seyss-Inquart wist dit blijkbaar, want hij heeft Louwes bij een ontmoeting eens aangesproken met *'der legale Führer der Illegalität'*.

Eenvoudig was het systeem van Louwes bepaald niet. Het vereiste van de burger veel tijd, precisie en concentratie om alle voorschriften na te leven. Het systeem kwam hier op neer: eerst moest je naar het distributiekantoor om je bonkaarten op te halen. De distributiekantoren tekenden op een 'stamkaart', die je bij elke nieuwe verstrekking moest laten zien, nauwkeurig aan wat je inmiddels had ontvangen. Vervolgens moest je de krant bijhouden om te zien welke nummers er in een bepaalde week werden aangewezen. Daarna moest je bekijken hoe je ze besteden zou en tot slot in de winkel maar afwachten of het allemaal klopte. Voor alle duidelijkheid: je moest niet alleen bonnen inleveren, je moest ook gewoon betálen. De bonnen regelden alleen de verdeling, niet de prijs – die stelde de overheid vast.

Veel oudere mensen hadden het er moeilijk mee en waren afhankelijk van de betrouwbaarheid van hun winkelier. Bij een product als melk leverde je vooraf voor een bepaalde termijn de bonnen in bij de melkboer, die daarop dagelijks leverde. Als hij om welke reden dan ook onvoldoende melk had, was je toch je bonnen kwijt. De bonnenadministratie was een complexe en dagelijkse zorg voor de huisvrouw in de oorlog. Eerst was er nog maar een klein aantal levensmiddelen op de bon, maar dat nam snel toe. Er werd regelmatig een nieuwe bon of serie bonnen geldig verklaard voor een bepaalde periode. Bij de toenemende schaarste aan artikelen kon de overheid de geldigheidsduur van de bonnen verlengen. Ook voor de winkeliers was de bonnenadministratie een zware last. Zij konden hun voorraden slechts aanvullen door zelf weer de opgeplakte bonnen in te leveren en in ruil daarvoor kregen zij weer nieuwe toewijzingen. Kinderen van winkeliers moesten natuurlijk helpen bij deze administratieve rijstebrijberg.

Geregeld ging er iets mis. Een Amsterdamse huisvrouw schreef eens in haar dagboek:

'*Deze week hadden we toch zo'n vreselijke tegenvaller, toen was bon 7 van de boter aan de beurt, en moest een week te voren bij de kruidenier ingeleverd worden om die boter te krijgen. Ik wist daar niets van omdat ik geen courant had gelezen, dus toen ik met bon 7 om boter kwam kreeg ik niets, dat was me een ramp, we hadden toch al drie dagen zonder iets gezeten, en alsof dat nog niet erg genoeg was had ik bon 5, die ze eerst overgeslagen hadden, weggedaan, en dus kon ik ook voor de volgende periode geen boterbonnen inleveren, waardoor we zodoende 24 dagen zonder boter moesten doen. Nu, ik heb eerste een deuntje gehuild toen ik thuis kwam en de hele nacht liggen piekeren.*'[59]

Het gedoe met de bonnen en de jacht op fatsoenlijk eten domineerden het leven van velen, vooral van vrouwen. 'De voedselvraag overheerst alles,' verzucht een Amsterdamse onderwijzer al in augustus 1941 in zijn dagboek. En mevrouw A. Huizinga-Sannes, echtgenote van een dominee uit Den Haag, schrijft:

'*We doen ons best het een niet al te grote plaats te geven, maar werkelijk, het houdt je, vooral als huisvrouw, heel erg bezig.*'[60]

Mevrouw Boekholt-Nieuwenhuis uit Den Haag schrijft er ook voortdurend over in haar dagboek. Haar geschrift, en dat van tientallen anderen, geeft heel goed weer wat het dagelijks leven inhield, hoe de wereld zich dreigde te verkleinen tot eten, tot de sport om af en toe iets lekkers te bemachtigen, en tot wachten, vooral veel wachten:

> *'Vanmiddag een uur in de rij gestaan voor kaakjes, ijskoude voeten had ik*
> *en ik ben gauw naar de tantes gegaan om mij te warmen. Heel gedwee staan*
> *de mensen, meest vrouwen te wachten. Telkens worden er tien binnengelaten*
> *en eerst afgeholpen, dan weer de volgende tien. Ik voelde pas later hoe*
> *verkleumd ik was geworden, maar we hebben weer wat bij de thee.'*[61]

Wanneer producten 'op de bon' waren, betekende dat niet automatisch dat ze dan ook echt in de winkels lagen. Het systeem verdeelde de schaarste, maar kon de schaarste niet voorkomen. De lange rijen die mevrouw Boekholt-Nieuwenhuis beschreef waren voortdurend overal te zien. In juni 1943 kondigde het gemeentebestuur van Hilversum een verordening af, die verbood om 's ochtends vóór acht uur in de rij te staan voor de levensmiddelenwinkels. Al vanaf vier uur in de ochtend stonden er geregeld vrouwen te wachten voor de groentewinkels en slagerijen. Daardoor ontstond er volgens het gemeentebestuur een onhoudbare toestand, omdat al deze moeders 'aan het huisgezin waren onttrokken'.

Naast het formele circuit van het distributiesysteem groeide in de oorlog ook de zwarte handel. De bestrijding daarvan was een van de moeilijkste taken van topambtenaar Louwes en zijn mensen. Over de omvang van de sluikhandel gingen ook in nazi-Duitsland sterke verhalen rond. In oktober 1942 zei Hermann Göring tijdens een rede in Berlijn dat het officiële rantsoen in Nederland slechts een aanvulling was op wat er allemaal op de zwarte markt te koop was. Seyss-Inquart probeerde dat beeld te bestrijden. Louwes (op een persconferentie van 20 oktober 1943) riep het Nederlandse volk op zich er niet aan te bezondigen. Hij wees erop dat de Centrale Crisis Controle Dienst (CCCD) dag en nacht in de weer was om de naleving van de distributievoorschriften te controleren en om illegale handel te bestrijden.

Maar dat hielp allemaal niet. Fabrikanten, handelaren, ambtenaren – iedereen probeerde bepaalde voorraden en partijen buiten het distributiesysteem te houden en daardoor voordeeltjes te behalen. Prijsopdrijving bij schaarste, hamsteren – het kwam allemaal voor. In zijn dagboek beschreef een Amsterdammer de zoektocht naar kleren voor zijn vrouw.

'Geen jurk of japon te krijgen. Ook niet in de Bijenkorf. Zelfs geen blouse.
Dan maar naar Peek en Cloppenburg. Besluit een andere weg te volgen.
Vraag naar een chef. Beloof een mand met kersen en daar wordt ons een
mantel getoond voor fl. 16.'[62]

De ontevredenheid groeide sterk. Nederland begon, onder deze omstandigheden, op grote schaal te mopperen. We zien dat voortdurend terugkomen in het dagboek dat de schrijfster Ina Boudier-Bakker de hele oorlog bijhield. Ze woonde in de Utrechtse binnenstad en hield alles bij, de ontwikkelingen op de fronten, de narigheid in stad en land en ook de huiselijke beslommeringen. Niet echt een opgeruimd type; ze schreef, zoals de flaptekst van haar boek met dagboeknotities het noemt, 'met al het grimmige venijn, alle verontwaardiging van haar hevig meelevend hart'. Eind april 1941, als ze juist heeft vastgesteld dat er geen pannen meer zijn te krijgen om te koken, begint ze over het weer:

'Het is nog altijd zo abnormaal koud. De bloesems schieten niet op, de
bomen zijn nog kaal. Op die manier zullen we ook geen vruchtenoogst
hebben. Enfin, de Moffen eten toch alles op. Appelen kosten fl. 1,50 het kilo
– we zijn ermee uitgescheiden voor ons dieet, nadat we in vijf dagen voor
fl. 7,- aan vruchten hadden uitgegeven. Maar de Moffen lopen op straat te
eten, in elke hand een appel. Kost niets. Is het een wonder dat de haat tot
barstens toe groeit?'[63]

Dezelfde maandag gaat ze de deur uit om een paraplu te kopen, en ze beschrijft de binnenstad van haar geliefde Utrecht, nauwelijks herkenbaar:

'Ik ging de Oude Gracht op, daar was het zo leeg en rustig als vroeger
op zondagmorgen. Ik kwam in de Lijnmarkt, waar 't altijd vol is met
winkelbezoekers – daar liep niemand; de straat leeg, de winkels leeg. In de
Choorstraat niemand. Niemand gaat meer uit om iets te kopen, want er
is niets meer. Utrecht is een verlaten, doodstille stad geworden. Ik kwam
ontdaan thuis. Nu pas heb ik begrepen wat er in elf maanden van ons arme
land geworden is. Een uitgeplunderd, leeggestolen, vernield en vertrapt
land.'[64]

Naarmate de jaren verstrijken klaagt mevrouw Boudier-Bakker ook steeds vaker over de prijzen van levensmiddelen. Dat brengt haar in maart 1944 tot een curieuze verzuchting:

'Gisteren een pond boter voor achtentwintig gulden. Te denken, dat we vroeger veertig eieren met ons drieën in de week gebruikten, en vier á vijf pond boter. Hoe lang moeten we nu schrapen met dat ene pond boter?'

Veertig eieren en vier pond boter, met z'n drieën in de week – daarmee roerde ze ongewild een verrassend aspect aan: veel Nederlanders aten voor de oorlog ongezond veel en vet. Vandaar dat de historicus Gerard Trienekens in zijn studie *Voedsel en honger in oorlogstijd* tot de conclusie kwam dat de Nederlander in de eerste oorlogsjaren (de Hongerwinter uitdrukkelijk uitgezonderd) gezonder at dan de jaren ervoor. Dat werd, behalve door de eerlijker verdeling via distributie, ook veroorzaakt door een verschuiving van de productie van grasland naar akkerbouw en dus van vlees naar granen. Die conclusie is Trienekens bij het verschijnen van zijn boek in 1995 niet in dank afgenomen. Maar hij kon wijzen op harde cijfers. De calorische waarde van de dagelijkse voeding was tijdens de eerste bezettingsjaren gemiddeld van ongeveer 3.000 naar ongeveer 2.700 gedaald. Dat was voldoende. De hoeveelheid geconsumeerde vitamines was behoorlijk toegenomen. Door de ingrijpende wijzigingen was de samenstelling van het voedselpakket zelfs vrij ideaal geworden, aldus Trienekens.[65] Dat wil niet zeggen dat er tot de Hongerwinter in het geheel geen problemen waren. Uit recenter onderzoek van Ralf Futselaar[66] is gebleken dat de kindersterfte in de oorlog toch wel beduidend hoger lag dan in de jaren ervoor. Dat moet worden toegeschreven aan het tekort aan dierlijke vetten, die kinderen in de groei nodig hebben voor hun afweersysteem. Die zaten onvoldoende in het distributiepakket dat de overheid – Louwes en zijn mannen – had samengesteld op grond van de toen heersende opvattingen. Die kennis was destijds nog niet beschikbaar.

Voor de mensen die het aan den lijve ondervonden was niet alleen de schaarste een probleem, maar ook de smaak. Ze kregen over het algemeen veel onaangenaams te eten. 'Het brood is haast oneetbaar,' schreef Ina Boudier-Bakker in oktober 1941. Winkelier Miedema uit Leeuwarden kondigde aan dat de bakkers erwten en bonen als grondstof voor brood moesten gaan gebruiken, en er een soort veekoeken van bakten. De overheid zette alle zeilen bij om de mensen in deze tijden van schaarste en gebrek van nuttige informatie te voorzien. Er verschenen brochures met tips over eten en besparen op olie en gas. *Margriet* gaf informatie over hoe bevroren aardappels weer eetbaar konden worden gemaakt en zure melk weer drinkbaar. Uit april 1941 stamt dit recept:

'Spinazie zonder spinazie. Ook dat is mogelijk. U bewaart het groen van radijsjes en het groen van worteltjes. Klaargemaakt als spinazie (denk om het fijnhakken) en opgediend met een hard gekookt ei en wat croutons van oudbakken brood, vormt dit een pittige voorjaarsgroente, waarvan de smaak het midden houdt tussen die van stengeltjes en van spinazie.'[67]

Maar het ging niet alleen om eten. Het tekort aan brandstof werd ook al snel voelbaar. Twee uiterst strenge winters in het begin van de oorlog maakten het bestaan zwaar en onaangenaam. Een scholiere uit Hilversum, Meta Groenewegen, noteerde met vooruitziende blik in haar dagboek:

''t Nageslacht zal ons nog eens benijden om deze twee beroerde winters!'

Al in de eerste oorlogswinter hadden de mensen het koud. Behalve eten ging ook de kou het leven domineren, schreef de scholiere:

'Nu is de grootste ellende gas- en electriciteitsdistributie. We sparen zoveel mogelijk licht om 't electrisch kacheltje aan te kunnen hebben – werken 's avonds in één kamer, laten nergens meer licht aan. 't Ganglicht mag niet op, op de trap staat 's avonds en 's morgens een waxinelichtje. Thuis wordt je hele leven er eigenlijk door beheerst: staat die deur wel open, is die deur wel dicht, is het licht wel uit, brandt er niet te veel?'[68]

Zeep was er ook steeds minder. Het was te merken in de trams, waar het soms enorm kon stinken. Wassen werd almaar moeilijker. De vader van Egbert van de Haar uit Glanerbrug knutselde zelf zeep in elkaar:

'Tjalkvet met water en kaliumloog en haliumloog of zoiets. Het was goed spul in de houten Miele wasmachine. Alleen het schuimde nogal. Zo erg zelfs dat de vlokken zeepsop boven het dak van het huis uit kwamen. Vader maakte zelf ook stukjes zeep, mogelijk van dezelfde grondstoffen. Alleen nu kwam er, om er wat stevigheid in te krijgen, wat klei uit de beek bij in. In een groot raamwerk met vierkante vakjes werd de zeep bij ons thuis op de overloop te drogen gelegd. Maar oh, wat kraste die zeep. Maar we werden er wel schoon van. Het hielp goed tegen de vlooien en luizen. Daar kon geen luizenkam tegen op.'[69]

Tot op de dag van vandaag hebben talloze vrouwen die de oorlog meemaakten voorraden zeep in de kelder of de klerenkast liggen – zeepgebrek werd een alledaags oorlogstrauma.

De schaarste leidde tot allerlei acties. In 1944 konden huisvrouwen huishoudzeep krijgen als ze soepbeentjes inleverden. De actie heette 'Zeep voor been'.

Ook de kleding werd schaars. Al vanaf augustus 1940 ging textiel op de bon. De productie leed sterk onder het tekort aan grondstoffen. Huisvrouwen moesten steeds creatiever worden om de kinderen redelijk gekleed naar school te kunnen sturen. In vrouwentijdschriften verschenen tips voor het maken en vermaken van allerlei kledingstukken voor het hele gezin. Katoen en wol waren bijna niet meer te krijgen. Bij wijze van innovatie bracht de oorlogstijd de zogenaamde kunstzijde. Het gaf weinig warmte en het kromp snel. Het Rijksbureau voor Textiel kwam met stofbesparende voorschriften. Er mochten geen kostuums met tweerijig vest worden geproduceerd, geen plooien in de broeken, geen capuchons, geen lange tennisbroeken en geen overbodige zakken.[70] Kleding werd vermaakt, geruild, versteld, geverfd en gekeerd. Truien werden uitgehaald en opnieuw gebreid. Ook werd er kleding gemaakt van jutezakken of gaas.

Schaarste, gebrek – dat is het bepalende beeld van de oorlogsjaren voor de doorsnee Nederlander. De Hongerwinter zou er in de grote steden van het westen een beeld van ontreddering, lijden en dood aan toevoegen, maar dat was pas in het laatste half jaar van de oorlog. Tot die tijd waren er altijd nog mensen die in zo'n zware periode lichtpuntjes zagen. Zoals de mevrouw uit Winterswijk die in het poëzie-album van haar nichtje dit gedichtje schreef:

'Als je eenmaal, jaren later
Klaagt: "wat is dat vleesch weer vet"
En je soms de thee te sterk vindt
Die je moeder heeft gezet,
Denk dan nog eens aan de tijden
Toen er bijna niets meer was
Rantsoenering van al 't eten,
Electriciteit en gas.
Als je dan niet langer moppert
En je, wat je hebt, waardeert
Hebben deze donkere tijden
Je een goede les geleerd!'[71]

Zo blijft er een paradoxaal beeld over. Het gebrek aan kleding, brandstof en vooral voedsel heeft de oorlog voor de meerderheid van de bevolking tot een rampzalige periode gemaakt, die een diepe indruk heeft nagelaten, een leven lang. Het distributiesysteem, met z'n bonnen, z'n kaarten, z'n gedoe werd door iedereen verafschuwd. Het stond voor schaarste, gebrek, armoe. Maar wetenschappers hebben achteraf vastgesteld dat juist die distributie ervoor gezorgd heeft dat de schaarste, die oorspronkelijk niet zo groot was, eerlijk werd verdeeld. Zo bleven de zwaksten in de samenleving, zeker in de eerste oorlogsjaren, overeind. In de eerste vier jaar van de oorlog is hongersnood uitgebleven, en dat is aan de distributie te danken. Gemiddeld kregen de Nederlanders 22 procent meer calorieën dan de Belgen – dankzij die gehate distributie. Onderzoekers die vaststelden dat er in de eerste oorlogsjaren gezonder werd gegeten dan in de jaren voor de oorlog werden eerst weggehoond, maar het bleef toch een moeilijk te weerleggen waarheid. Er is een diepe kloof tussen de objectieve cijfers en de subjectieve beleving. Er zijn over de economie van de oorlog, kortom, twee waarheden.

PHILIPS (2)

En hoe verging het Philips intussen?

De top van het bedrijf, die via Londen naar de Verenigde Staten was uitgeweken, slaagde er daar in het bedrijf tot grote bloei te brengen. De oorlog maakte de grote sprong naar de nieuwe wereld mogelijk. Philips zette er fabrieken op voor radiobuizen, vooral voor het Amerikaanse leger. Het opbouwen van de Amerikaanse Philipstak ging niet zonder slag of stoot. Niet alleen kreeg Philips tot twee keer toe een boete wegens het overtreden van de antitrustwetten, ook besloot de Amerikaanse Senaat tot een onderzoek naar de handelwijze van de Eindhovense Philipsfabrieken gedurende de oorlog. De Senaatssubcommissie aangaande de oorlogsmobilisatie onder leiding van senator Corwin D. Edwards beschuldigde de Philipsleiding ervan van twee walletjes te eten. Want naast een 'onafhankelijke Engelse en Amerikaanse trust' had Philips ook een soortgelijke Duitse trust in het leven geroepen: de Allgemeine Deutsche Philips AG, die de Europese Philipsondernemingen beheerde. Edwards beschuldigde de Amerikaanse Philipstak van directe contacten met de Nederlandse en Duitse tak. Philips zette op het diplomatieke front de tegenaanval in. Uiteindelijk werd het onderzoek van de Senaatscommissie na een vertrouwelijke behandeling door het State Department zonder verdere gevolgen voor Philips afgesloten. Philips was duidelijk een internationaal concern met vérgaande invloed geworden.

In Eindhoven fabriceerde Philips, zoals zoveel Nederlandse bedrijven, voor de bezetter – ook hier ging het mede om radio's voor vliegtuigen en duikboten. Philips kreeg een Duitse Verwalter aan de top, die de controle had over de nog bestaande bedrijven, het personeel en de machines. Tegelijkertijd staat na uitvoerig onderzoek inmiddels wel vast dat Philips in de oorlog voor veel mensen een goede werkgever was, zeker ook voor Joden. In het concentratiekamp Vught was een speciale barak waar Joodse werknemers heel lang beschermd hebben kunnen werken, in het 'Philips-Kommando'. Zij werden goed gevoed, want ze kregen de dagelijkse 'Phili-prak' – een van bedrijfswege verstrekte warme maaltijd. Toen ze uiteindelijk toch werden gedeporteerd bleken de 'Philips-Joden' een aanzienlijk grotere overlevingskans te hebben dan de andere lotgenoten. Dat is voor een deel aan het toeval, maar voor een deel ook aan acties van

Philips achter de schermen te danken geweest. Verscheidenen werden als 'experts' bij Siemens te werk gesteld.

Vandaar dat er, zoals zo vaak, een gemengd beeld overblijft. Philips is door het splitsen van het bedrijf sterk uit de oorlog gekomen. De Nederlandse tak kon zich, ondanks een vernietigend geallieerd bombardement in september 1944, snel weer oprichten. De internationale tak had in de oorlog z'n kans gegrepen. Over de morele kant van het optreden van Philips in de oorlog zijn de meningen achteraf uiteen blijven lopen. Waar de een de nadruk legt op de bijdrage van Philips aan de Duitse oorlogsinspanning, vindt de ander dat het beleid ten aanzien van het Philips-Kommando juist van grote wijsheid en menslievendheid getuigt.

5 Hoe de Joden
uit Nederland verdwenen

De cijfers zijn niet helemaal meer na te gaan, de schattingen lopen uiteen. Maar vaststaat dat er ongeveer tweehonderd Joodse inwoners van Nederland in de meidagen van 1940 een eind aan hun leven hebben gemaakt.[1] Zij vreesden het ergste van de Duitse bezetting en trokken daaruit de uiterste consequentie. De overgrote meerderheid deed dat niet, al zijn er aanwijzingen te over voor extreme bezorgdheid in Joodse kring. De meeste Joden wisten dat ze een bijzonder moeilijke tijd tegemoet zouden gaan, maar dat de nazi's hen massaal, georganiseerd, fabrieksmatig zouden gaan uitroeien, dat kon niemand zich voorstellen. En dat stond in 1940 ook nog niet vast, dat rigoureuze besluit was nog niet genomen.

Naar de beslissing om tot de uitroeiing van de Europese Joden over te gaan is veel onderzoek verricht, maar nergens is ooit een schriftelijk besluit opgedoken. Het is zelfs niet zeker of Hitler persoonlijk die beslissing genomen heeft. De meeste historici geloven dat wel, maar aantonen kunnen ze het niet. Er is wel een passage over te vinden in de uitvoerige dagboeken van Joseph Goebbels, Hitlers minister van Propaganda. Op 12 december 1941, kort na de entree van de Amerikanen in de oorlog en op een moment dat de veldtocht in de Sovjet-Unie in modder en sneeuw was vastgelopen, noteerde hij:

'Wat de Joodse kwestie betreft is de Führer vast besloten schoon schip te maken. De vernietiging van de Joden moet de logische consequentie zijn. In deze kwestie moeten we niet sentimenteel zijn. We zijn er niet om medelijden met de Joden te hebben, maar alleen medelijden met ons Duitse volk. Nu het Duitse volk weer 160.000 levens heeft geofferd in de campagne in het oosten, moeten de veroorzakers van dit bloedige conflict dat met hun leven betalen.'[2]

Een dag later, 13 december 1941 hield de plaatsvervanger van Hitler in Polen, Hans Frank, een toespraak waarvan een kopie bewaard is gebleven.

Op een stafvergadering van het Generalgouvernement, waarvan hij de leiding had, zei hij volgens dat document:

'Die 3,5 miljoen Joden, we kunnen ze niet doodschieten, we kunnen ze niet vergiftigen, maar we zullen stappen moeten ondernemen om ze op de een of andere manier uit de weg te ruimen, en dat in samenhang met de te bespreken maatregelen in het Reich.'[3]

Beide documenten wijzen erop dat het proces van verdere radicalisering in de Jodenvervolging, dat midden 1941 was begonnen, aan het einde van dat jaar was uitgelopen op het vaste voornemen de Joden niet alleen te verwijderen uit Europa, maar ook werkelijk te doden. In de zomer van 1941 ruimden de *Einsatzgruppen* van de ss, die in het kielzog van de Wehrmacht de Sovjet-Unie binnentrokken, zoveel mogelijk communistische functionarissen uit de weg. Gaandeweg maakten ze geen onderscheid meer tussen communisten en Joden – duizenden en duizenden werden er zonder enige vorm van proces geëxecuteerd. Sommigen van degenen die dit gruwelijke werk uitvoerden, protesteerden aanvankelijk, maar door de groepsdwang, door extra privileges (vooral drank) en ook door gewenning hielden ze vol, soms maanden achtereen.[4] Vanaf dat moment was er sprake van een glijdende schaal, waarbij zonder expliciete bevelen van de Führer de moord op de Joden steeds massaler en steeds systematischer werd. Het was algemeen bekend dat het uitroeien van de Joden de grote wens was van Hitler en velen gingen zich daarnaar gedragen. De Britse historicus Ian Kershaw introduceerde hiervoor de term '*Hitler entgegenarbeiten*', Hitler 'tegemoetwerken' – datgene doen waarvan je mocht aannemen dat het strookte met de wil van de Führer, en de wil van de Führer was voor veel nazi's het hoogste gebod. In het najaar werd steeds duidelijker dat het doodschieten van alle tegenstanders van het regime, en vooral van alle Joden van Europa, onbegonnen werk was, dat er naar andere, massalere middelen moest worden gezocht. Tussen 18 september en 25 oktober, zo ontdekte de historicus Christopher Browning, moeten de plaatsen zijn aangewezen waar de kampen kwamen om de Joden door middel van gas om te brengen. Daarna kwamen de voorbereidingen snel op gang. Voor 9 december was er een conferentie voorzien waarop leidende figuren van de partij en van de diverse departementen allerlei logistieke afspraken zouden maken om dit gigantische project soepel te laten verlopen. De convocatie voor de bijeenkomst in Berlijn werd achterhaald door de geschiedenis. Op 7 december vielen de Japanners de Amerikaanse vloot in Pearl Harbor aan, en vervolgens maakten de Amerikanen hun entree op het oorlogstoneel. Er was crisis in Berlijn, geen geschikt moment voor technisch-organisatorische conferenties. De bijeenkomst over de moord op de Joden werd uitgesteld tot 20 januari 1942. In Berlijn, in een statige villa aan de lieflijke Wannsee, werd die bespreking gehouden, met als doel de *'Parallellisierung der Linienführung'* – iedereen moest op dezelfde lijn komen. Het moet haast wel deze conferentie zijn geweest waarop Hans Frank in bovengenoemde toespraak duidde. Vanaf dat moment was de operatie niet meer te stoppen en was het lot van de Europese Joden bezegeld.

AMSTERDAM

Midden 1941, toen de massamoord op de Russische Joden begon, was de bezetter in Nederland juist klaar met de registratie van de Joodse bevolking. 160.820 Joden waren er in ons land geteld, van wie 15.549 half-Joden (die hadden twee Joodse grootouders) en 5.719 kwart-Joden (één Joodse grootouder). De voorbereidingen, die een jaar geleden al van start waren gegaan met de eerste ontwerpen voor verordeningen, lagen op schema. De geleidelijke isolering van de Joodse bevolking kon systematisch worden voortgezet, net als de beroving.

In organisatorische zin was een belangrijke maatregel van de bezetter de instelling van Joodse Raden. Aanvankelijk, in februari 1941, kwam er alleen een Joodse Raad voor Amsterdam, maar later zijn ze ook in andere regio's opgericht. De directe aanleiding voor de oprichting was de onrust in Amsterdam in februari 1941. De vertegenwoordiger van Seyss-Inquart in de hoofdstad, dr. Hans Böhmcker, eiste dat er een Joodse instantie kwam die hij mede verantwoordelijk kon stellen voor de uitvoering van maatregelen van de bezetter. De eerste maatregel was het verbod op het bezit van wapens, waarmee Böhmcker het geweld in de stad wilde beteugelen.

Twee vooraanstaande leden van de Joodse gemeenschap, de diamantair Abraham Asscher en de hoogleraar klassieke talen David Cohen, namen samen het voorzitterschap op zich, zestien andere notabelen traden tot de Raad toe. Uit het verslag van de eerste vergadering, gehouden in de fabriek van voorzitter Asscher, blijkt grote verwarring over taken en bevoegdheden van de raad. Spoedig bleek dat het er vooral op neer kwam dat de Joodse Raad een belangrijke rol kreeg toebedeeld in de uitvoering van de vele maatregelen van de bezetter om 'het Joodse vraagstuk' in Nederland op te lossen. Asscher riep de Joodse gemeenschap van Amsterdam op om bijeen te komen in de Beurs voor de Diamanthandel op het Weesperplein. Het liep storm, er kwamen, op 13 februari 1941, rond de vijfduizcnd bewoners van de Jodenbuurt luisteren naar de redevoering van Asscher. Hij moest die tweemaal houden wegens de grote toeloop.

De meeste leden van de net ingestelde Joodse Raad waren aanwezig, ook vertegenwoordigers van de Sicherheitspolizei zaten in de zaal. Een oproep van Asscher om de wapens in te leveren had niet veel resultaat. Een week of zes later verscheen het eerste nummer van het *Joods Weekblad*, het orgaan van de Joodse Raad, dat al spoedig vooral een mededelingenblad werd, waarin de maatregelen van de bezetter werden bekendgemaakt.

Vanzelfsprekend werd de Joodse Raad niet tevoren ingelicht over de in hoofdstuk 3 al genoemde razzia's op en om het Jonas Daniël Meijerplein, op 22 en 23 februari, waarbij rond de vierhonderd mannen werden opgepakt. De mannen werden afgevoerd naar een kamp in Schoorl en vervolgens, met uitzondering van een aantal zieken, per trein overgebracht naar het concentratiekamp Buchenwald, vlak bij Weimar. Vandaar kwamen ze in Mauthausen terecht, in Oostenrijk, een gruwelijk kamp waar bijna niemand levend uitkwam – de meeste gevangenen daar stierven aan uitputting. Ook de Joodse Nederlanders die bij de razzia waren meegenomen, belandden in dit kamp: talloze overlijdensadvertenties verschenen er in het *Joods Weekblad* waarin Mauthausen als plaats van overlijden werd genoemd. Dat vestigde de overtuiging bij de Joodse ge-

Op de hoek van Amstel en Nieuwe Kerkstraat komt het bord
'Judenstrasse/Joodschestraat' te staan.

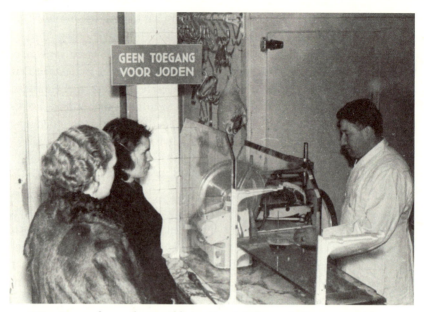

Een Amsterdamse slager wilde in zijn winkel geen Joden meer en hing uit eigen beweging een bordje op. Dat gebeurde al vóór de nazi's dit soort beperkingen afkondigden.

meenschap in Amsterdam: zorg dat je wegblijft uit Mauthausen, dat is een oord des doods.

Dreigen met Mauthausen was daarmee een effectief drukmiddel geworden van de bezetter. Het was een onderdeel van een scala aan chantagetechnieken waarmee vooral Hans Böhmcker, de *Beauftragte für die Stadt Amsterdam* de meest vernederende maatregelen begon door te voeren. Hij gaf de Joodse Raad voortdurend de mogelijkheid om maatregelen af te kondigen en voor de uitvoering zorg te dragen. Bij weigering zou hij het zelf doen, maar dan meedogenloos.

En zo ontstond een patroon waarin de leiding van de Joodse Raad er niet aan ontkwam zélf de protesten in de kiem te smoren en soms zelfs een rol te spelen in het aanwijzen van de slachtoffers van de volgende maatregel. Het *Joods Weekblad* kondigde wekelijks nieuw onheil af. Joden moesten hun radio's inleveren, ze mochten niet meer in een zwembad komen, en niet meer in parken, cafés en restaurants, in musea en schouwburgen. Joodse kinderen moesten naar aparte scholen, Joden moesten de verenigingen verlaten waar ze lid van waren. En zo ging het door, de Joden werden steeds verder in een isolement gedwongen.

Over de Joodse Raad en zijn voorzitters is veel gedebatteerd, toen, tijdens de bezetting, en ook later, na de oorlog. Ze zijn vaak afgeschilderd als een willoos werktuig in handen van de bezetters. Bij vrijwel alle dilemma's waar ze voor kwamen te staan, kozen ze ervoor de Duitse bevelen op te volgen, omdat de gevolgen voor de Joodse gemeenschap anders nóg ernstiger zouden zijn – zie de doodsberichten uit Mauthausen. In andere landen werden weigerachtige of tegenstribbelende leiders van Joodse Raden steeds direct vervangen door anderen – op dat punt kenden de nazi's geen scrupules. In die houding van de leiders van de Joodse Raad speelde bovendien een traditioneel verantwoordelijkheidsbesef van de Joodse elite tegenover de Joodse bevolkingsgroep als geheel een rol. Je kon die arme mensen toch niet zomaar zonder leiding laten, zeker in deze tijd niet. Bovendien poogde de Joodse Raad, in de hoop op een spoedig einde van de oorlog, door conflicten te voorkomen vooral wat tijd te winnen.

ENSCHEDE

Toch is er een Joodse Raad geweest die een andere koers volgde: die van Enschede. Voorzover mogelijk hebben de leden van die Joodse Raad minder nauwgezet de Duitse orders opgevolgd en ze hebben vaker leden van de plaatselijke Joodse gemeenschap geadviseerd om onder te duiken en zich aan deportatie te onttrekken. Toevalligerwijze is er juist ook in Enschede sprake geweest van een razzia onder Joodse mannen, lang voor de deportaties begonnen. De aanleiding was een sabotageactie door het verzet in Twente, in september 1941. Als represaille werden 102 Joodse mannen van hun bed gelicht. Een van hen was Martin, de zoon van mevrouw Theresa Wertheim en haar man Ernst. Zij noteerde op 14 september in haar dagboek:

's Morgens om 5.40 uur. De bel gaat. We schrikken wakker en kijken uit het raam. Een politieagent met motorwagen vraagt open te doen. Ernst en ik gaan naar beneden en laten de agent binnen. Hij moet Martin hebben. "Wat is er aan de hand?" Hij weet van niets. Martin kleedt zich aan en we laten hem gaan zonder er echt bij na te denken.'[5]

Later hoorden Theresa en haar man Ernst dat het om een grootscheepse razzia ging en dat hun zoon op het politiebureau werd vastgehouden. Ze maakten zich niet zoveel zorgen. Martin slaagde erin via een politieagent briefjes naar buiten te smokkelen. Een agent liet weten dat hij en de anderen binnen twee à drie weken weer thuis zouden zijn. Maar dat viel tegen.

Na een paar dagen ging het bericht rond dat de Joodse mannen zouden worden afgevoerd. Theresa Wertheim ging naar kennissen die vlak bij het politiebureau woonden, op 16 september.

'Een grote gesloten verhuiswagen reed zó voor dat niemand iets kon zien. De auto vertrok onder bewaking van de Gestapo en wij bleven terug. De weg naar huis was moeilijk, maar hoeveel vreemde mensen mij moed toespraken en mij de hand schudden, dat kan ik nauwelijks beschrijven.'[6]

Vanaf 1 oktober druppelden de overlijdensberichten in Enschede en Hengelo binnen. Ze kwamen uit Mauthausen. Ook de familie Wertheim kreeg de boodschap omtrent Martin. In haar verslag schrijft Theresa:

'Op 21 oktober moest Ernst persoonlijk naar de Gestapo om de officiële mededeling in ontvangst te nemen. De duivels wilden zich met het leed van de Joden vermaken, maar zij hebben er geen plezier van gehad omdat de familieleden gewaarschuwd waren en zich zeer goed beheerst hebben. Zo zijn tot eind november van al die 102 mensen overlijdensberichten aangekomen. Alle berichten kwamen uit Mauthausen, een plaats in Oostenrijk.'[7]

Er woonden in Enschede en omgeving ongeveer 1.500 Joden. De razzia en de gevolgen daarvan troffen relatief een heel groot deel van die groep en dat leidde tot extra waakzaamheid en extra activiteit. Vanaf dat moment begon dominee Leendert Overduin voor Joodse gezinnen onderduikadressen te zoeken. Hij zette een organisatie op die honderden Twentse Joden aan schuilplaatsen heeft geholpen. Overduin is een aantal keren gearresteerd en ook gevangengezet. Hij kwam er bij verhoren rond voor uit dat hij Joden hielp, omdat hij het onrecht dat hun werd aangedaan onverdraaglijk vond. Overduin werkte nauw samen met het driemanschap dat de leiding had over de Joodse Raad in Enschede, Sanders, Van Dam en Menko. Door die samenwerking en vooral door het effectieve optreden van de groep rond dominee Overduin is het percentage Joden uit Enschede dat de oorlog overleefde een stuk hoger dan elders in Nederland – ongeveer de helft.[8]

DE WANNSEECONFERENTIE

Terug naar de plannen van het naziregime. De uitgestelde conferentie van december over de grote lijnen van de deportatie en de vernietiging –

Het huis Am Grossen Wannsee 56-58 in Berlijn. Hier bespraken nazifunctionarissen van partij en regering de uitvoeringsmaatregelen van de Jodendeportaties in Europa.

over de logistiek van de vervolging dus eigenlijk – was opnieuw bijeengeroepen voor 20 januari. Alle belangrijke departementen en instanties waren aanwezig, meestal op het niveau van staatssecretaris: Binnenlandse Zaken, Buitenlandse Zaken, Justitie, de partijkanselarij, de Rijkskanselarij, de sd en de ss. Ze kwamen bijeen in de villa Am Grossen Wannsee 56-58 in Berlijn, tegenwoordig een museum dat aan die fameuze vergadering is gewijd, destijds een gastenverblijf voor hooggeplaatste functionarissen van de sd of de Sicherheitspolizei die in Berlijn moesten zijn. Een fraaie locatie met een informele ambiance, of, zoals de brochure beloofde:

'compleet gerenoveerde gastenvertrekken, een muziekkamer, een speelzaal (biljart), een grote vergaderzaal, een serre, een terras dat uitkijkt over de Wannsee, centrale verwarming, warm en koud stromend water en alle comfort. Het huis heeft een goede menukaart en biedt mogelijkheden om te lunchen en te dineren. Wijn, bier en sigaretten zijn voorhanden.'[9]

Vijftien man waren aanwezig in de vergaderzaal van de villa, die koude dinsdagochtend. Ze waren hoogopgeleid, de meesten aan de universiteit, er waren nogal wat juristen onder. Het valt op dat ze vrij jong waren[10], de helft nog onder de veertig, slechts twee boven de vijftig. Reinhard Heydrich had de leiding. Hij was toen 37 jaar. Veel ouder zou hij niet worden, want nauwelijks vier maanden later werd er in Praag een handgranaat in zijn open auto gegooid – hij stierf aan de gevolgen van die aanslag. Heydrich, rechterhand en plaatsvervanger van Heinrich Himmler, was op de toppen van zijn macht. Hij had de vergadering laten voorbereiden door een toen nog totaal onbekende man die in het Reichssicherheitshauptambt afdeling IVB4 leidde. Dat leek een ondergeschikte positie van een ondergeschikt bureau, maar dat was schijn. Dat bureau IVB4 was de motor van de Jodenvervolging, de plek waar alle lijnen samenkwamen: de schrijftafel van Adolf Eichmann. Natuurlijk was Eichmann, toen pas 35 jaar, ook aanwezig, hij schreef het zogenaamde protocol, een uit de (niet bewaarde) notulen samengesteld verslag. Eichmann, die in 1960 uit Argentinië werd ontvoerd en daarna in Israël berecht, is uitvoerig ondervraagd over de gang van zaken op de vergadering in de villa aan de Wannsee. Uit dat verhoor werd uiteindelijk wel duidelijk dat daar inhoudelijker en concreter over het vermoorden van Joden is gesproken dan uit het protocol blijkt. Dat verslag is in de gebruikelijke versluierende nazitaal geschreven, maar het is in een aantal opzichten toch wel onthullend. Zo was er op de vergadering geen enkele twijfel over de vraag onder wie het hele project eigenlijk viel:

'De organisatorische leiding bij het realiseren van de definitieve oplossing van het Jodenvraagstuk moet, ongeacht geografische grenzen, centraal berusten bij de Reichsführer SS en de chef van de Duitse politie (Chef van de Sicherheitspolizei en de Sicherheitsdienst).'[11]

Een veelzeggende zin. Organisatorische leiding is hier de vertaling van *Federführung*, je zou ook kunnen zeggen: regie. Heydrich legde hiermee vast dat Himmler en hij het voor het zeggen zouden hebben inzake de Jodenvervolging en niemand anders. 'Ongeacht geografische grenzen' – dat betekent dat ze zich niets hoefden aan te trekken van regionale of lokale instanties of nazibonzen.

In het vervolg van zijn uiteenzetting legde Heydrich uit dat het tot dusver gevoerde beleid vooral neerkwam op Joodse emigratie. Vanaf nu zou het, met speciale toestemming van de Führer (Heydrich vermeldde het er nadrukkelijk bij), anders gaan, er kwam verplichte evacuatie naar het oosten. In de opsomming van aantallen Joden per land – in totaal wel

11 miljoen – werd Nederland aangeslagen voor 160.800 Joden. Voor de Sovjet-Unie stond een aantal van 5 miljoen genoteerd, voor Oekraïne bijna 3 miljoen en voor het Generalgouvernement (grootste deel van Polen) ongeveer 2,3 miljoen. Vanuit de optimistische visie van de nazitop was het te verklaren dat in die 11 miljoen ook de Joden uit Engeland, Zweden en Zwitserland waren opgenomen; die landen zouden ooit wel veroverd worden. Wat ging er met al die mensen gebeuren? In Eichmanns weergave van Heydrichs woorden stond het zo:

> *'Onder daarvoor geschikte leiding moeten nu de Joden in het kader van de definitieve oplossing op passende wijze in het oosten te werk worden gesteld. In grote arbeidscolonnes, de geslachten gescheiden, zullen de Joden die tot werken in staat zijn, onder het aanleggen van wegen naar deze gebieden worden gevoerd, waarbij zonder twijfel een belangrijk deel op natuurlijke wijze zal uitvallen.'*[12]

En dan bleven er natuurlijk mensen over. Wat daarmee moest gebeuren is op de Wannseeconferentie ongetwijfeld concreet genoemd, en zelfs inhoudelijk besproken maar in de taal van de nazidocumenten werden daar altijd versluierende termen voor gebruikt. Aan de betekenis kan geen redelijk mens twijfelen:

> *'Het tenslotte eventueel overblijvende gedeelte moet – daar het hier ongetwijfeld om het deel met de meeste weerstand gaat – dienovereenkomstig worden behandeld, daar dit, een natuurlijke selectie vertegenwoordigend, bij vrijlating als de kiem van een nieuwe Joodse opbouw dient te worden beschouwd (zie de ervaring van de geschiedenis).'*[13]

Een groot deel van de tijd is in de villa aan de Wannsee opgegaan aan kwesties waarover de nazi's al jaren steggelden en waardoor ze gebiologeerd leken: wat te doen met mensen die gedeeltelijk van Joodsen bloede waren? In principe zouden de uitgangspunten van de Neurenberger wetten gelden, maar ook daarover was altijd onduidelijkheid. Het gezelschap in Berlijn ging er weer helemaal doorheen: *Mischlinge* (mensen met gemengd bloed dus) van de eerste graad, van de tweede graad, gemengd gehuwden, kinderen van gemengd gehuwden, Mischlinge van de eerste graad die getrouwd zijn met Mischlinge van de tweede graad – het zijn allemaal kwesties die geregeld moesten worden, net als de uitzonderingen daarop en de uitzonderingen dáár weer op. Een deel van de besproken groepen moest, voorzover vrijgesteld van deportatie, verplicht worden gesteriliseerd, zo luidde de afspraak volgens het protocol.

Er was ook nog enige ruimte voor behandeling van de eigen interesses en belangen. Namens Hans Frank van het Generalgouvernement zat in Berlijn staatssecretaris dr. Joseph Bühler aan tafel. Deze notoire antisemiet, tevens gepromoveerd jurist, drong aan op voorrang voor de afvoer van de Poolse Joden, en hij had daar ook argumenten voor:

> 'Joden zouden zo snel mogelijk uit het gebied van het Generalgouvernement moeten worden verwijderd, daar juist hier de Jood als bacillendrager een allesovertreffend gevaar betekent en hij bovendien door voortdurende sluikhandel de economische structuur van het land blijvend in de war brengt. Van de in aanmerking komende ca. 2,5 miljoen Joden zou bovendien het merendeel der gevallen niet tot werken in staat zijn.'[14]

Heydrich heeft aan het eind de deelnemers bedankt voor hun inbreng. Ze hebben, zo weten we uit de verklaringen van Eichmann, nog even nagepraat, bij de kachel, en daar heeft een ordonnans nog een cognacje aangereikt, en daarna zijn ze allemaal weer naar hun eigen kantoor gegaan. De conferentie is de maanden erna gevolgd door allerlei praktische werkbesprekingen. Daarbij zijn ook organisatorische problemen aan het licht gekomen. Het steriliseren van groepen half-Joden of kwart-Joden zou bijvoorbeeld een te groot beslag op de ziekenhuiscapaciteit leggen (wel 700.000 ziekenhuisdagen), die hard nodig was voor de behandeling van oorlogsgewonden. Die maatregel zou daarom beter kunnen worden opgeschort tot na de oorlog, zo schreef 'Jodenreferent' (dat was een ambtelijke functie) Franz Rademacher aan zijn staatssecretaris van Buitenlandse Zaken.[15] Eichmann handelde dat allemaal af, en hij was streng. Als hij om opgaven vroeg van aantallen Joden, dan moesten die cijfers er binnen een week zijn, en uitstel kon niet worden verleend. Alleen met een ijzeren bureaucratische discipline kon het regime dit gigantische project realiseren.

DE STER

Op 29 april 1942 stond er weer een nieuwe verordening in de Nederlandse kranten, verordening nr. 138/1941. Het betrof een maatregel die als de kroon op de isoleringspolitiek kan worden gezien: Joden van zes jaar en ouder moesten vanaf zondag 3 mei een gele zespuntige ster gaan dragen. Die ster was in andere landen al eerder ingevoerd, in Polen eind 1939, in Duitsland juni 1941. De voorzitters van de Joodse Raad in Amsterdam kregen de mededeling als eerste te horen van Ferdinand Aus der Fünten, de chef van de Zentralstelle für jüdische Auswanderung. Ze moeten erg geschrokken zijn, toen ze van Aus der Fünten een paar balen gele stof kregen overhandigd, waar de sterren al op voorgedrukt waren. Protesten hadden geen zin, de Joodse Raad werd belast met de distributie van de sterren. Het personeel maakte overuren om de voorraad sterren te verpakken. Het waren er in totaal 569.355. Ze moesten in afgetelde porties worden verzonden naar de diverse bureaus van de Joodse Raad, binnen en buiten Amsterdam. Alle Joodse burgers waren verplicht vier sterren te kopen, à 4 cent per stuk. Ze moesten er ook een distributiebon voor inleveren, een textielpunt. De Joodse Raad, zo meldde het *Joods Weekblad*, had nuttige tips tegen slijtage en verkleuring:

> '*Het is gewenst de Jodensterren omwille van de kleurechtheid vóór deze op de kleren te bevestigen te wassen in aluin- of azijnwater. Voorts verdient het om dezelfde reden aanbeveling de sterren van een voering te voorzien.*'[16]

Waar die lappen stof vandaan kwamen is heel lang onbekend gebleven. In de oorlog wist de Joodse Raad zelf de herkomst niet. L. de Jong ging er nog van uit dat ze uit Polen kwamen, uit het getto van Lodz. Pas in 1997 heeft historicus Johannes Houwink ten Cate de herkomst ontdekt:

Op een hoek van de Lekstraat in de Amsterdamse Rivierenbuurt zijn Joodse inwoners bijeengebracht voor vertrek. De foto is illegaal genomen uit een huis aan de overkant.

Twente. De textielfabriek De Nijverheid, altijd in bezit geweest van de vooraanstaande Joodse familie Van Gelderen, had onder een Duitse Verwalter de opdracht voor de Jodensterren gekregen. Henk van Gelderen, die later directeur werd van de fabriek, heeft na de oorlog in het archief een soort proefdruk van de ster gevonden.[17]

De plicht met een ster op de kleding te lopen was natuurlijk het toppunt van isolering en vernedering. Veel Joden besloten niettemin de ster met trots te dragen, en er waren ook wel niet-Joden die uit protest een ster gingen dragen (daarvoor zijn verschillende arrestaties verricht) of die zich anderszins begaan toonden met het lot van hun medeburgers. Zoals blijkt uit het dagboek van mevrouw N. Westerbeek van Eerten, echtgenote van een huisarts in Hummelo:

'Die ster is natuurlijk bedoeld om hen dadelijk te onderscheiden en daardoor te voorkomen dat er Joden hotels, pensions, bioscopen en andere publieke gelegenheden zullen binnenkomen. De reactie van ons volk is natuurlijk precies het tegenovergestelde van wat ermee bedoeld is. Van nu af aan worden alle Joden met grote egards behandeld.'[18]

Een Joodse ziekenverzorgster begeleidt vrijwillig een groep opgepakte patiënten. De groep vertrekt in juni 1943 vanaf het Olympiaplein in Amsterdam naar Westerbork.

Dat laatste was geen juiste inschatting. Hier en daar ondervonden Joodse burgers ongetwijfeld medelijden of zelfs steun, maar ze stonden er de komende tijd meestal alleen voor. Want twee maanden na de invoering van de Jodenster kwamen in Nederland de deportaties op gang.

Een verder geheel onopgemerkt gebleven bezoek van Adolf Eichmann vormde de inleiding. In april kwam hij naar Nederland, de enige keer voorzover bekend. Nederland stond op dat moment bij hem in de boeken voor het afvoeren van 15.000 Joden naar Polen in het kalenderjaar 1942. Dat was een streefgetal waar de verantwoordelijke afdeling IVB4 in Den Haag niet zenuwachtig van werd: het getal kon zelfs worden gehaald met het uitsluitend deporteren van Joodse immigranten, van buitenlanders dus. Dat had – met het oog op eventuele onrust in het land

Mei 1942: een Joods centrum meldt via een bordje op de deur
dat de sterren zijn uitverkocht.

– de voorkeur van Seyss-Inquart. De dag na Eichmanns bezoek eiste de Zentralstelle een lijst van namen en adressen van alle Joden van buitenlandse afkomst in Amsterdam. De burgemeester gaf de order door aan het Bevolkingsregister, dat voor een stipte uitvoering zorgdroeg.

Maar de plannen veranderden in het begin van de zomer, toen bekend werd dat Frankrijk, dat in 1942 100.000 Joden zou deporteren, ernstig in gebreke zou blijven. De Franse bureaucratie werkte wel, moeizaam, mee met de deportatie van buitenlandse Joden, maar saboteerde het wegvoeren van de 'eigen', Franse Joden. Nederland moest daarom méér doen, het quotum Joden werd voor 1942 opgevoerd naar 40.000.[19] Dus moesten er ook namen en adressen van Joden van Nederlandse afkomst beschikbaar komen. Op 19 juni 1942 eiste de Zentralstelle deze lijst. Weer een klus voor het Amsterdamse Bevolkingsregister.

DE DEPORTATIES

Precies een week later wordt de leiding van de Joodse Raad ontboden in het kantoor van Aus der Fünten.[20] Bij de delegatie van de Joodse Raad ontbreekt Asscher, hij heeft even rust genomen. Het is vrijdagavond 26 juni 1942, tien uur 's avonds. De Sabbath is begonnen; dat moment kiezen de Duitsers bijna steeds uit voor belangrijke boodschappen. Aus der Fünten deelt mee dat er voor de Joden een *polizeilicher Arbeitseinsatz* in Duitsland komt, dus verplichte tewerkstelling onder politiebegeleiding. De Joodse vertegenwoordigers zijn verbijsterd. David Cohen zegt dat zo'n arbeidsinzet ingaat tegen de bepalingen van het volkenrecht. '*Wir bestimmen das Völkerrecht*,' antwoordt Ferdinand Aus der Fünten. Cohen verneemt dat zijn Joodse Raad een belangrijke stem heeft in de keuze wie er worden vrijgesteld. Voor de transporten zijn eenvoudige formulieren ontworpen, de Zentralstelle wil dat er achthonderd gevallen per dag worden afgehandeld.

De Joodse Raad staat voor een duivels dilemma: weigeren betekent dat de bezetter de slachtoffers zelf via razzia's zal oppakken. Na indringende vergaderingen en pogingen bij de Duitse autoriteiten concessies los te krijgen, besluit de Joodse Raad mee te werken. Personeel van de Joodse Raad wordt, *bis auf weiteres*, voorlopig, vrijgesteld. De organisatie breidt het aantal eigen medewerkers aanzienlijk uit, om daarmee meer mensen uitstel te bezorgen. Bij de Joden die wél weggaan, wordt de reputatie van de Raad er daardoor niet beter op. Op 5 juli vallen de eerste oproepen in de bus. Het is de bedoeling dat er zich op 15 juli vierduizend Joden melden, op het Centraal Station, met als bestemming Westerbork.

Totaal onverwacht pakken de Duitsers in een razzia de dag tevoren ze-venhonderd Joden op. Ze worden als gijzelaar vastgezet. Het *Joods Week-blad* meldt in een extra editie dat ze alle zevenhonderd naar een concen-tratiekamp worden overgebracht (dat betekent in veler ogen Mauthausen en dus een zekere dood), als de vierduizend daartoe aangewezen Joden zich niet op tijd zullen melden. De Joodse Raad is dan al in zó'n afhanke-lijke positie gebracht dat hij zich verplicht voelt de opgeroepenen

'te wijzen op de ernst dezer waarschuwing. Overweegt haar goed. Zij betreft het lot van 700 uwer mede-Joden.'[21]

Het resultaat valt de Duitsers niet mee: er melden zich 962 Joden bij het Centraal Station. In twee treinen gaan ze naar Hooghalen, in Drenthe. Vandaar moeten ze lopen naar kamp Westerbork. Er is nog geen aftak-king van het spoor naar dat kamp. Dat stukje spoor is door de Duitse autoriteiten inmiddels wél besteld bij de Nederlandse Spoorwegen. Het zal spoedig gereed zijn en de komende tijd intensief gebruikt worden.

Recentelijk opgedoken foto: s d-chef Reinhardt Heydrich (tweede van links) is op bezoek in Nederland. Naast hem generaal Christiansen, uiterst rechts politiechef Hanns Rauter.

Op diezelfde 15e juli vertrekt de eerste trein met Joden uit Drenthe naar Auschwitz. De dagen erna gaan er meteen drie, met in totaal 2.030 Joden aan boord, voor iets minder dan de helft zojuist aangevoerd uit Amsterdam, voor iets méér dan de helft aangevuld met Joden die al enige tijd in Westerbork zitten. Vanaf half juli is dat kamp, die lap grond op de hei, het voorportaal van de dood. Westerbork wordt een stad waar het leven draait om de wekelijks vertrekkende deportatietrein, die giftige slang, zoals Westerborkchroniqueur Philip Mechanicus hem noemt in zijn dagboek dat hij kan schrijven tot hij zelf mee moet.[22]

In heel juli 1942 vertrekken er daarna nog zeven transporten van Amsterdam naar Westerbork. En er worden nog bijna vierduizend Joden van Westerbork naar Auschwitz gedeporteerd. Nederland gaat aan de eisen van IVB4 Berlijn, waar Eichmann de regels stelt, voldoen. In Nederland verloopt de deportatie relatief soepel. Omdat de woon- en verblijfplaats van alle Joden bekend is; omdat de politie van Amsterdam een tijd lang intensief meewerkt, net als groepen agenten in andere regio's. Binnen de Joodse Raad voltrekt zich een belangrijke verandering in beleid als duidelijk wordt dat de medewerkers in aanmerking komen voor dispensatie van transport naar Westerbork: ze krijgen een *Sperr*, worden *gesperrt*.[23] De Joodse Raad zet hoog in en vraagt 35.000 van die Sperren, de Duitsers geven er 17.500 af, en dan ontstaat er in de Joodse gemeenschap een run op de begeerde stempels die een voorlopig recht op verblijf in Amsterdam geven. Voorlopig, *bis auf weiteres*. L. de Jong zal daar veel later over schrijven:

'Sluw gezien van de bezetter! Wie een volksgroep wil deporteren moet nooit zeggen: allen gaan weg. Zegt hij dat een deel hier mag blijven, voorlopig, dan ontstaat er een onderling gevecht wie blijven mag.'[24]

Mirjam Bolle, secretaresse van de Joodse Raad, schreef destijds al in haar dagboek bittere woorden over de manier waarop de Joodse bevolking zich liet manipuleren:

'Deze Sperre-geschiedenis is een zeer zwart hoofdstuk. De Duitsers hebben ons een been toegeworpen en hebben met veel plezier gekeken, hoe de Joden onder elkaar erom gevochten hebben.'[25]

Dat gevecht verloopt in het voordeel van de maatschappelijke elite. Degenen die van grote waarde worden geacht voor de Joodse gemeenschap krijgen eerder een vrijstelling van transport dan de eenvoudige 'sinaasappeljood'. Wie kennissen heeft in de top van de Joodse Raad maakt meer kans dan een ander. De beschuldigingen van vriendjespolitiek en corruptie nemen snel toe, terecht of niet. De discussie over het morele gedrag van de Joodse Raad zal nooit verstommen, en nooit zal kunnen worden uitgemaakt wat er zou zijn gebeurd als de Joodse Raad zijn medewerking aan de deportaties zou hebben geweigerd.[26]

De top van de Zentralstelle wilde het deportatiesysteem gaandeweg verfijnen. Zo werd het gebouw van de Hollandse Schouwburg aan de Plantage Middenlaan ingericht als depot voor twee groepen: voor de arbeidsinzet opgeroepen Joden moesten zich daar melden en opgepakte Joden werden er vastgehouden tot ze per trein naar Drente konden worden afgevoerd.

Vervolgens kwam een nieuwe politie-eenheid in actie, het Politiebataljon Amsterdam.[27] Het waren door de nazi's in Schalkhaar opgeleide agenten van wie geen sabotage of tegenwerking hoefde te worden gevreesd: ze waren steeds inzetbaar bij razzia's. De gewone Amsterdamse agent was daarbij na verloop van tijd geen stabiele factor meer. Wel kwam er een Bureau Joodse Zaken binnen het gemeentelijke korps, voornamelijk bestaande uit NSB'ers, onder leiding van de fanatieke nazi R. Dahmen von Buchholz. Het werd een willig instrument in de gigantische operatie die Amsterdam te wachten stond: de deportatie van rond 10 procent van de bevolking.[28]

Begin augustus 1942 is er een nieuwe razzia, die 1.600 Joden in de macht van Aus der Fünten brengt. Drie dagen later volgt nog een razzia, de paniek onder de bevolking wordt snel groter. Omdat er ook kinderen en bejaarden worden opgepakt, verliest het verhaal van de arbeidsinzet aan geloofwaardigheid: bij de Zentralstelle heet het dat de Duitsers graag het familieverband bij de Joden intact laten. Maar geheel los van hun familie worden oude mensen uit bejaardenhuizen gesleept, en kinderen uit weeshuizen. Er telt nog maar één wet: die van de door Berlijn opgelegde quota. Als een oorlogsinvalide, die een been mist, een verzoek schrijft, wordt het afgewezen met als motief: '*Jood is Jood, met of zonder benen.*'[29]

Rauter schrijft eind september naar Berlijn dat hij inmiddels 7.000 Joodse mannen in Nederlandse werkkampen heeft zitten, die hij gemakkelijk kan laten afvoeren.[30] En ze hebben 22.000 familieleden die ook zonder veel moeite op transport gesteld kunnen worden. '*Sehr gut,*' krabbelt de verantwoordelijke voor de Jodenmoord Heinrich Himmler in de kantlijn – dat zijn cijfers die aantikken. Op 2 en 3 oktober 1942 zetten de Duitsers alle mogelijke manschappen plus het voltallige Amsterdamse

De voorzitter van de Joodse Raad in Amsterdam, prof. dr. David Cohen,
is aanwezig op het Olympiaplein, waar na een razzia Joodse Amsterdammers
zijn bijeengebracht.

politiekorps in voor de grootste razzia tot dan toe. In een paar dagen worden, onder andere in de werkkampen in het noorden en het oosten van
het land tussen de 13.000 en 15.000 Joden aangehouden, ze gaan vrijwel
direct door naar Westerbork, waar de drukte in de barakken en de chaos
meteen onbeschrijflijk wordt.

Het beleid van de Joodse Raad van Amsterdam riep in Joodse kring al
tijdens de oorlog heftige discussie op, ook binnen de Joodse Raad zelf.
Voorzitter David Cohen, een vooraanstaand hoogleraar klassieke talen
die voor de oorlog actief was geweest in de Zionistenbond, correspon-
deerde er eind 1941 over met zijn vriend mr. L. Visser, die president was
geweest van de Hoge Raad (ontslagen wegens zijn ras), een van de meest
gerespecteerde juristen in die dagen. Visser was het niet met hem eens. Hij
schreef aan Cohen wat zijn medewerking aan de nazi's feitelijk betekende:

'Gij zijt daarvoor in zekere zin in dienst van de bezetter getreden en hebt u moeten getroosten de uitvoerder van zijn bevelen te zijn. En daarbij is het zelfs niet gebleven. Erger nog, gij moet optreden als gangmaker voor die onderdrukkingspolitiek. Gij moet hem met uw weekblad helpen bij zijn geheime en illegale pogingen ons te scheiden uit het nationaal verband en ons in de "mededelingen van de Joodse Raad" zijn onwettige bedreigingen en vreesaanjagingen overbrengen.'[31]

Cohen bracht daar voortdurend tegenin dat er geen alternatief was: als de Joodse Raad zou weigeren mee te werken zouden de nazi's hun maatregelen zelf uitvoeren, en dan veel harder en meedogenlozer, en zonder dat er mensen gespaard zouden kunnen worden. Het belang van de betrokkenen vereiste medewerking. En op de achtergrond speelde de overtuiging van Asscher en Cohen (en van zoveel anderen) dat de oorlog spoedig voorbij zou zijn – de hele oorlog door dachten velen dat het nog maar een paar maanden zou duren. Tijdwinst was belangrijk. Maar voor mr. Visser waren dat allemaal geen argumenten van betekenis. Hij schreef aan Cohen:

'Is de prijs niet te hoog voor hetgeen verkregen is, ja zelfs, had hij wel ooit, voor wat ook, betaald mogen zijn? Het komt alles tóch, zegt gij. Als dat zo is, waartoe dan al uw pogen? Laat het echter zo zijn, maar laat dan ook het volgens u onvermijdelijke ergste ons aantreffen schuldeloos en met een zuiver geweten.'[32]

Het is niet in alle opzichten mogelijk de Joodse Raad in Enschede met die in Amsterdam te vergelijken. De impact van de razzia daar (ongeveer 100 slachtoffers op een Joodse bevolkingsgroep van 1.500) was vele malen groter dan die in Amsterdam kan zijn geweest. Maar het verschil moet ook wel in de persoonlijkheden in de top van de Enschedese Joodse Raad gezocht worden. Sig Menko, de voorzitter in Enschede, was een krachtige, eigenwijze man. In zijn functie reisde hij geregeld naar Amsterdam voor overleg met de Joodse Raad daar. Menko was verbijsterd toen hij constateerde dat de Joodse Raad van Amsterdam zeer negatief stond tegenover onderduiken. Dat was voor hem het sein de vergaderingen verder te mijden en zijn eigen plan te trekken. De Joodse Raad van Enschede adviseerde na die eerste razzia in september 1941 iedereen zoveel mogelijk onder te duiken en zich aan deportatie te onttrekken. Door de intensieve samenwerking met de groep van dominee Overduin en het effectieve optreden van die groep, konden veel Joden uit Enschede en omgeving de oorlog overleven.

Een element in het beleid van de Joodse Raad was ook de wens om de zo in het nauw gedreven Joodse bevolking te steunen in moeilijke tijden, en de helpende hand toe te steken bij tal van praktische vragen die zich voordeden. Dat zou paniek kunnen voorkomen. Er kwam een speciale afdeling Hulp aan Vertrekkenden. Die afdeling had meer dan vierhonderd mensen in dienst om de vertrekkers met van alles en nog wat bij te staan. Dankzij inzamelingen kregen ze, indien nodig, stevige schoenen, en een stevige rugzak. Als het gewenst was kregen ze ook hulp bij het inpakken en bij het regelen van de formaliteiten bij vertrek. De Joodse Raad regelde de hulp aan de achterblijvenden, van maatschappelijk werk tot blindenzorg en buitenschoolse jeugdzorg voor kinderen van Joodse paupers. En verder was de Joodse Raad voortdurend bezig met Sperren, dus met verzoeken om uitstel van deportatie. Niet alleen voor de eigen werknemers, maar ook voor allerlei groepen die meenden, hoopten voor een uitzonderingspositie in aanmerking te komen. Soms lukte dat ook. De afdeling Expositur van de Joodse Raad, die de contacten met de Duitsers onderhield, onderhandelde geregeld over het aantal Sperren dat beschikbaar was voor de mensen die in de Hollandse Schouwburg op vertrek naar Westerbork wachtten. Het aantal uitzonderingen kon daar flink oplopen. Het was onder andere afhankelijk van het humeur van de mensen aan de top van de Zentralstelle, vooral van Aus der Fünten. In een rapport dat kort na de oorlog over de situatie in de Schouwburg werd opgemaakt staat dat zo beschreven:

'*Het aantal vrijstellingen hing af van de vangst. Nadat de arrestanten waren geteld, kwam de lijst ter tafel en na loven en bieden werd men het eens. Meestal was het getal der vrijgestelden vijftig tot tachtig personen per avond, ongeveer tien procent van het totaal, doch het hing ook wel af van de stemming van de heren Aus der Fünten of Streich en de hoeveelheid alcohol welke zij tevoren naar binnen hadden gewerkt.*'[33]

DE HOLLANDSE SCHOUWBURG

De Hollandse Schouwburg is sinds midden juli 1942 de plek waar de te deporteren Joden bijeengebracht worden. Aanvankelijk blijven ze hier maar een paar uur of hooguit een dag. Met de tram worden ze dan naar het station of naar de Panamakade gebracht, en vandaar met de trein naar Westerbork. Later, vanaf het eind van 1942 tot eind september 1943, blijven ze langer in de schouwburg, en wordt het daar ook veel voller. Het is er vaak niet te harden van de warmte en de stank. De mensen hebben dorst, ze hebben last van luizen. Veel getuigenissen zijn er niet over de Schouwburg. De meeste mensen hebben het niet overleefd, en degenen die wél terugkwamen hadden nadien zoveel gruwelijks meegemaakt dat de herinnering aan de Hollandse Schouwburg vervaagd was. Er is een geschreven getuigenis bewaard van een freelancejournalist, S. Santcroos, die medewerker van de Joodse Raad was en wiens verhaal in een koker begraven is geweest in een tuin in de buurt. Hij voert onder anderen een vrouw op, die hij hoort uitroepen:

'Het is hier niet uit te houden. Ik stik haast. Ruik je die stank dan niet als de wc-deur opengaat? Wij zijn toch geen beesten? De matrassen hebben ze zo op de vloerbedekking gesmeten. De kinderen zitten vol onder de tapijtvlooien. Is er dan niet één man die het gordijn in de brand durft te steken? Als er brand is moeten ze ons er toch uitlaten? We zijn toch geen beesten?'[34]

Op de binnenplaats van de Hollandse Schouwburg aan de Plantage Middenlaan in Amsterdam wachten Joodse gedeporteerden de verdere gebeurtenissen af.

Overigens is er, volgens L. de Jong, wel ooit een poging gedaan het gebouw in brand te steken. In april 1943, toen het gebouw even leegstond
wegens schoonmaakwerkzaamheden, heeft een verzetsgroep spullen
voor brandstichting naar binnen gesmokkeld, maar verder dan een klein
vuurtje is het toen niet gekomen.[35]

Sinds kort is er een nieuwe authentieke bron beschikbaar voor informatie over hoe het er in de Hollandse Schouwburg aan toeging. Aan het
Joods Historisch Museum is een dagboek geschonken dat weliswaar
anoniem is, maar waarvan we nu weten dat het geschreven is door de
toen 32-jarige mevrouw Klaartje de Zwarte-Walvisch. Zij heeft vanaf
de dag van haar arrestatie tot aan haar deportatie naar Sobibor uitvoerig
opgeschreven wat ze zag, hoorde en voelde, in een heldere, rauwe stijl.
Ze verbleef in de laatste week van maart 1943 samen met haar man in
de Hollandse Schouwburg. Mevrouw De Zwarte, naaister van beroep,
had voortdurend last van kramp in haar slokdarm en was afhankelijk van medische hulp. Haar aankomst in de Schouwburg beschrijft ze
zo:

> 'Massa's en massa's mensen werden tegen elkaar opgeduwd en we werden
> van de ene kant naar de andere geslingerd. Onmiddellijk begaf ik mij naar
> het ziekenzaaltje en probeerde of ik daar één van de doktoren te spreken kon
> krijgen, maar ik moest wachten tot drie uur. Niet eerder zou er een dokter
> aanwezig zijn. Alles liep me tegen en een atmosfeer om in te stikken. Men
> kon zich nauwelijks wenden of keren.'[36]

Mevrouw De Zwarte weet, net als al die anderen duizenden, niet wat er
met haar en haar man zal gebeuren – maar veel goeds kan het niet zijn.
Ze wantrouwt de bedoelingen van de bezetter en schrijft:

> 'Steeds werden er meer transporten binnengebracht en ik vroeg me af
> wat er toch met al die mensen gebeuren zou. Van jonge mensen kon ik
> verklaren dat ze konden werken, maar wat ik binnen zag komen was
> afschrikwekkend. Oude, kreupele, lamme en blinde mensen om en nabij in
> de leeftijd van negentig jaar. De één nog hulpbehoevender dan de ander.
> Waren dit tewerkgestelden? Zo heette het toch immers? Het smerige en
> misdadige lag er dik bovenop en de stemming had haar laagste punt bereikt.
> Oudjes zag ik huilen van angst voor datgene wat hun te wachten stond.
> Jonge mensen waren flink en deden alsof de hele beweging hen niet raakte.'[37]

In het dagboek van mevrouw De Zwarte valt op hoe scherp ze observeert,
alsof ze het als een taak ziet vast te leggen wat er allemaal gebeurt, en

wat de slachtoffers van deze massale ramp in hun moeilijkste uren bezighoudt:

*'Twee oudjes begonnen heftig met elkaar te kibbelen en ik die erbij stond
hoorde waarover het ging. De vrouw maakte haar man een verwijt dat ze
naar de schouwburg waren gegaan terwijl thuis hun kinderen alleen lagen.
En of de man al zijn best deed om zijn vrouw te overtuigen dat de politie
ze had gehaald en hij hier geen schuld aan had, het gaf alles niets. Ze bleef
haar man beschuldigen van onredelijke dingen. Het was om medelijden mee
te krijgen.'*[38]

Mevrouw De Zwarte maakt eind maart 1943 een periode van topdrukte
mee in de Hollandse Schouwburg. De aantallen wisselen sterk per periode. Ze zijn af te lezen aan de voortdurend wisselende kosten voor voedsel
die de Joodse Raad in de boekhouding heeft opgenomen. Maart en april
1943 zijn de drukste perioden. Klaartje de Zwarte:

*'Wat een wanhoopstoestand. Oudjes die bijna niet konden lopen. Iemand
met een hout been viel languit in de gang. Er werd slecht voor deze oudjes
gezorgd en hier maak ik de Joodse Raad een verwijt van, want er waren er
onder deze die absoluut niet voor hun taak berekend waren. Ik zag dat mijn
man iemand van de Joodse Raad bij de arm greep en hem toesnauwde dat
hij moest helpen en niet staan te suffen of gekheid te maken met elkaar. In
de gang voor de deur van het ziekenzaaltje zat een oud moedertje te huilen.
Ze had geen mantel aan en was op haar huispantoffels. De helden die haar
gehaald hadden gunden haar geen tijd om wat kleren mee te nemen. Ik kon
dit beeld niet langer aanzien en liep weer het ziekenzaaltje binnen, waar het
net zo tragisch toeging als daar buiten.'*[39]

CONCENTRATIEKAMP VUGHT

Klaartje de Zwarte krijgt het advies om te proberen in Vught terecht te
komen, in plaats van in Westerbork. Ze hoort dat het leven in Vught beter
is vol te houden. Uiteindelijk lukt dat, begin april betreedt ze het Kon-
zentrationslager Herzogenbusch, een door de ss geleid kamp met een gemengde functie. Het is een strafkamp voor verzetslieden en voor mensen
die onderduikers hebben gehuisvest; het heeft ook een vrouwenkamp én
er is ook een afdeling voor Joden. Er zijn zelfs enige transporten rechtstreeks vanuit Vught naar de vernietigingskampen gegaan. Vught was
voor de Joden een soort overloopkamp, te gebruiken als Westerbork te

vol dreigde te worden. Klaartje de Zwarte slaagt erin gedurende de drie maanden dat ze er gevangenzit nauwgezet haar aantekeningen bij te houden. Ze kan er haar verbazing en woede in kwijt, over het gedrag van haar medemensen, vooral de Nederlandse kampleidsters onder wie ze zwaar te lijden had:

> *'Deze meiden die in het dagelijks leven doodgewone dienstboden waren geweest voelden zich in het kamp koning. Zagen er niets in om een vrouw een klap te geven en hadden de mensen in de barre kou met hun gezicht in het zand laten liggen en een paar uur de onmogelijkste dingen laten doen. Deze mensen zorgden voor de beschaving der maatschappij. Zij zorgden mee voor een nieuw Europa. Ze imiteerden in alles de Duitse leidsters en maakten zich zeer bespottelijk.'*

Het is opvallend hoe vaak mevrouw De Zwarte in haar dagboek uit Vught schrijft over het geweld dat tegen de gevangenen werd gebruikt. Ze beschrijft hoe vrouwen, na hun zware dagelijkse arbeid, 's avonds opdracht kregen om urenlang stenen te sjouwen, terwijl bewakers en ssofficieren lachend toekeken. Veel vrouwen vielen bewusteloos neer. Op een andere avond was Klaartje de Zwarte er getuige van hoe kampcommandant Karl Chmielewski opeens mannelijke gevangenen te lijf ging en in het gezicht sloeg. Ze vervolgt:

> *'Kaarsrecht moesten de mannen blijven staan om de slagen in ontvangst te nemen. Verbluft stond ik toe te kijken. Ik had de commandant niet zien aankomen. Een gevoel van walging ging door me heen toen ik dat zag en het niet langer kunnende aanzien draaide ik me om. Onder de gevangenen bevonden zich vele intellectuelen zoals doctoren, studenten en zo. Wat ging er in deze mensen om als ze zo afgerost werden? O, wat was het toch een misdaad om als Jood geboren te zijn. Hebben wij daar inderdaad zo'n zonde aan begaan? Waar blijft onze redding? Hoe lang moeten we nog in dit pesthol blijven?'*

Een dieptepunt in Vught deed zich voor op zondag en maandag 6 en 7 juni 1943. In een pamflet dat in het kamp werd verspreid stond de aankondiging dat alle Joodse kinderen op transport moesten. Vught was oorspronkelijk niet bedoeld voor kinderen, maar zo langzamerhand waren er steeds meer binnengekomen, uiteindelijk wel ruim over de duizend. In één grote actie besloot de kampleiding ze allemaal te deporteren. De kleintjes tot vier jaar vergezeld van hun moeder, de kinderen tussen vier en zestien vergezeld van één van de ouders. De andere ouder moest blijven. De taferelen die zich rond dat transport hebben afgespeeld zijn hartverscheurend – ze waren al bekend uit diverse getuigenissen, onder andere uit het dagboek van de Joodse student David Koker. Ook Klaartje de Zwarte was erbij, ze schreef op wat ze zag aan menselijke tragedies.

'Zoals men wel eens onwillekeurig een stukje papier versnippert, zo werden harten en zielen verscheurd en uit elkaar gerukt. Alles ging aan flarden. Alles werd vertrapt. Elk hartje onverschillig of het klein of groot was, werd vertrapt, besmeurd en onherstelbaar verwoest. Dit was beschaving. Dit was cultuur. Dit was het nieuwe Europa. Wanneer zal voor ons de verlossing komen? Waar blijft onze redding? Moeten we dan eerst allemaal ten onder zijn gegaan? Dit leed wat nu geleden wordt is toch al niet meer goed te maken?'

De transporten gingen via Westerbork (waar vijftig zieke kinderen enige tijd mochten verblijven) naar Sobibor – vandaar keerde niemand terug. Veel Joodse mannen hoorden pas later dat hun vrouw en kinderen waren weggevoerd; ze zaten in een van de *Aussenkommandos*, waar ze hard moesten werken, en hadden dus geen contact met Vught. Ook de echtgenoot van Klaartje de Zwarte was het kamp uit, hij moest graafwerk doen in de buurt van Moerdijk, met honderden anderen. Zijn vrouw bleef aantekeningen maken. Bijna altijd kwaad, rauw, scherp. Soms zag ze een straaltje licht, zoals op 13 mei:

'Achter mij sliepen twee zusjes wier ouders een paar dagen geleden naar Polen waren doorgestuurd. Een van hun zusters was hier met een kindje dat een paar dagen geleden was gestorven. De zusjes hadden vreselijk gehuild en niemand heeft ze kunnen troosten. Maar ze schenen zoveel energie te bezitten dat ze zich met geweld over hun ellende heenzetten. Samen zongen ze dan een paar liedjes, zo lief en zo gevoelig, dat ik bij me zelf de opmerking maakte dat we werkelijk van een taai ras moesten zijn. Met een tevreden gevoel en de overtuiging dat er toch nog wel iets goeds op de wereld was, sliep ik eindelijk in.'

Zonder haar man, die nog in Moerdijk werkte, werd Klaartje de Zwarte begin juli 1943 op transport gesteld naar Westerbork. In het kamp kreeg ze nog een grote schrik te verwerken, toen bij aankomst haar tas nauwgezet werd doorzocht. In een zijvak waren haar dagboekaantekeningen verstopt, maar de dienstdoende functionaris vond ze niet. Opluchting alom, want al haar kennissen wisten van haar schrijfwerk:

'Buiten stonden mijn kennissen waarmee ik uit Vught gekomen was en allen vlogen op mij af. Ze wisten wat ik in mijn tas geborgen had en stonden in angstige spanning te wachten. Ze waren blij voor mij dat het zo goed afgeloopen was.'

Het zijn de laatste woorden van haar dagboek. Haar naam komt voor op de transportlijst naar Sobibor van 13 juli 1943. Volgens mededelingen van het Rode Kruis is ze op 16 juli vergast. Vanuit Westerbork is haar dagboek naar buiten gesmokkeld, en later is het aan het Joods Historisch Museum beschikbaar gesteld.

ONDERDUIK

Enkele tienduizenden Joodse Nederlanders probeerden aan internering en deportatie te ontsnappen door onder te duiken, door zich onzichtbaar te maken. Eenvoudig was dat niet. Duitsers en Nederlandse handlangers van de bezetter loerden op alles wat ze verdacht vonden; mensen met een uitgesproken Joods uiterlijk moesten daarom ook totaal onzichtbaar blijven. Anderen waagden zich geregeld wel op straat, met een vals persoonsbewijs bijvoorbeeld, maar dan liepen ze in de streng gecontroleerde samenleving die Nederland tijdens de oorlog was toch wel erg veel gevaar. Voor onderduik had je vooral veel geld nodig, want er waren vrijwel geen adressen beschikbaar waar de onderduikgevers in staat en bereid waren je geheel te onderhouden. En probeer, bijvoorbeeld, maar eens een adres voor een gezin met acht kinderen te vinden. Verder was het vervoer een groot probleem; auto's waren er haast niet en reizen met het openbaar vervoer was door de intensieve controles vrijwel onmogelijk. Ouders gingen er vaak toe over hun kleine kinderen mee te geven aan onderduikorganisaties, waardoor ze in een permanente staat van ongerustheid kwamen te leven. Soms haalden ze hun kinderen toch weer terug, soms stelden ze als voorwaarde dat ze bij deportatie hun kinderen per se wilde meenemen. Maar de beslissing onder te duiken was in alle gevallen bijzonder moeilijk. In het dagboek dat de toen 62-jarige Juliette Binger uit Den Haag tijdens de oorlogsjaren bijhield is dat helder omschreven:

'Onderduiken? Een vals persoonsbewijs ligt voor mij klaar: ik heb geld om er een paar jaar van te leven. Maar dan moet ik mij in een kamer opsluiten om niet gezien te worden, instrueert men mij; dan ben ik mijn vrijheid geheel kwijt! Als ik gevonden word, dan word ik zwaar gestraft; ik loop gevaar van het ene asyl naar het andere gejaagd te worden als een stuk wild;

*ik beteken ook een gevaar voor degenen die mij helpen willen! En de moed
ontbreekt mij ook daarvoor.'[40]*

Het was de afweging die velen hebben gemaakt. Ze weigerden zich vrijwillig te melden, en leefden dóór zonder weg te duiken. Na weken, maanden, of soms zelfs meer dan een jaar werden ze dan uiteindelijk opgehaald, of verraden, en daarna gedeporteerd – duizenden hebben op die manier hun leven maar heel even gerekt.

Voor de niet-Joodse burgers gold bovendien nog dat onderduikers in huis halen bepaald riskant was. Niet alleen omdat je betrapt kon worden, en daarna gestraft, maar ook omdat het zo'n zenuwslopend avontuur was. Mevrouw Huizinga-Sannes, echtgenote van een dominee in Den Haag, schreef in haar dagboek over haar eigen afwegingen:

> *'Wij hebben moeite gedaan om in ons huis een schuilplaats te vinden, maar het is uiterst moeilijk, omdat er zo'n groot gevaar voor je zelf aan verbonden is. Want wie een Jood verbergt, is zelf strafbaar. Niemand zou het dus mogen weten; er moeten geen kinderen in huis zijn, die in hun onschuld het verraden; geen dienstbode die kletst; bij bezoek, zelfs als er maar aan de voordeur gebeld wordt, moet de vluchteling zich opsluiten; hij mag nooit op straat komen! En hoe lang kan dit duren? Is dit niet iets, wat je zenuwen niet uithouden? Ik geloof, dat ik nooit meer in slaap zou komen, als ik zo'n vervolgde in huis had.'[41]*

De meest perfect georganiseerde onderduik is tevens de beroemdste ter wereld: de manier waarop Otto Frank de indruk vestigde dat hij met zijn gezin was vertrokken, terwijl hij in een goed gekozen schuilplaats, omringd door de zorg van trouwe medewerkers, het einde van de oorlog hoopte te halen. Door het wereldbekende dagboek van zijn dochter Anne weten miljoenen mensen hoe het er in het Achterhuis toeging – de voorzorgen, de spanningen, de oplevende en weer afnemende hoop op een goede afloop. Het ging heel lang goed, maar op de valreep mis – de familie Frank zat in het laatste treintransport dat van Westerbork naar Auschwitz reed.

Door het verborgen karakter van de onderduik is er geen exact getal bekend. De nieuwste schattingen zitten rond de 28.000 onderduikers, van wie mogelijk tweederde de oorlog heeft overleefd. Zeker is dat de ervaringen van de onderduikers enorm uiteenlopen, en dat alle vormen van geluk en pech – en alles daartussenin – zijn voorgekomen.

Er zijn indrukwekkende staaltjes van moed bekend en van medemenselijkheid – de organisaties bijvoorbeeld die Joodse kinderen uit handen van de bezetter haalden en naar onderduikadressen in Friesland (vooral blonde kinderen) en Limburg (vooral donkerharige) brachten, hebben heldendaden verricht. Honderden kinderen zijn uit de crèche gehaald aan de overkant van de Hollandse Schouwburg, altijd met toestemming van de ouders. Daarbij zijn alle denkbare trucs gebruikt, vooral bij wandelingen. Een Duitse bewaker was belast met het tellen van de kinderen bij vertrek en terugkeer, maar hij werd voortdurend misleid. Soms was een kind onder een cape meegesmokkeld, soms werd er onderweg een kind via het raam aan het gezelschap toegevoegd, zodat er weer één ongemerkt kon worden weggewerkt.

Er stond onder normale omstandigheden geen bewaker voor de crèche, wel aan de overkant voor de Hollandse Schouwburg. Daartussendoor reed de hele dag een tram. Het kwam geregeld voor dat een illegaal werker met een kind op de arm de crèche uitkwam bij het passeren van een tram, onder dekking van de tram meesprintte en dan met het ontvoerde kind bij de volgende halte instapte. Vrijwel altijd ingespannen gadegeslagen door de andere passagiers. Een van de kinderredders zei na de oorlog:

'De hele tram begon te lachen, ze hadden allemaal gezien waar we vandaan kwamen, maar niemand heeft ons verraden.'[42]

Verschillende verzetsorganisaties werkten de kinderen snel weg naar adressen overal in het land, vooral in Limburg en Friesland, waar de kinderen vaak naar school gingen en de oorlog ongedeerd doorkwamen.

Voor oudere kinderen was dat onmogelijk, zij moesten echt verdwijnen. Zoals Rose Jakobs, een Duits meisje geboren in 1925, dat met haar ouders naar Nederland was gevlucht en in de zomer van 1942 onderdook in Nijmegen. De rest van het gezin zat elders, in de buurt, zij zat bij een oom, tante en neefje. Ze werden welwillend opgevangen door een onderduikgezin, en moesten op de bovenverdieping van het grote huis volkomen onopvallend zijn. Rose heeft gedurende de hele periode aantekeningen gemaakt, die pas 55 jaar na de bevrijding door haar zus zijn vrijgegeven. Haar beschrijvingen geven een goed beeld van wat een onderduiker zoal kon meemaken. Een Duitse soldaat in huis, bijvoorbeeld, op 6 oktober 1942:

'We hebben weer visitie: een Duitse soldaat. Ja werkelijk, een echte Duitse soldaat. Daar sta je paf van, hè? Het is één van die mannen die hier de leiding gelegd hebben, die komt eens plauderen. Gezellig. Maar niet voor ons. Wij zitten of liggen op zolder. Wat een situatie. Die Duitser moest eens weten.'[43]

Stil zijn, altijd maar stil zijn – dat is de basisvoorwaarde voor onderduikers. Altijd is er de angst voor ontdekking. Rose schrijft, op 28 januari
1943:

'We zitten hier op 't ogenblik in onze kamer, terwijl hier voor onze deur een
nietsvermoedende werkster schoonmaakt. Natuurlijk zijn we muisstil en
spreken of fluisteren geen woord. Ja, Oom Sam kijkt zelfs al, als ik maar
even met de krant ritsel. En ik moet hoognodig mijn keel schrapen.'[44]

Het ontbreken van vrijheid, de hele dag op elkaars lip zitten, steeds minder te eten hebben – het leven in de onderduik wordt almaar moeilijker
en treuriger. Zelfs voor de immer optimistische Rose Jakobs, achttien
jaar inmiddels. Op 20 mei 1943 peinst ze:

'Ik denk er dikwijls aan dat wij toch eigenlijk maar een betrekkelijk geringe
kans hebben om levend uit deze hel van verschrikkingen te komen. Ten
eerste is er voor ons steeds het gevaar dat alles ontdekt wordt. En dan de
bommen. En de Moffen. Maar dan denk ik steeds weer aan die ene zin uit
het nachtgebed: "De Eeuwige is met mij en ik vrees niets."'[45]

Het lot neemt voor Rose een bizarre wending. Ondanks hevige gevechten en allerlei bombardementen haalt ze met 'haar liefsten', zoals ze haar
familie steeds noemt, ongedeerd het einde. Op 27 september 1944 ontmoeten ze een Amerikaanse soldaat, een bevrijder. Hij is Jood, het is Jom
Kippoer. Bevrijders en bevrijden vallen elkaar huilend in de armen. Er
wordt nog wel steeds gevochten rond Nijmegen. Op 1 oktober zit Rose,
zoals ze in haar laatste aantekening meldt, in de kelder te schuilen voor
Duitse granaten. Over 2 oktober is slechts een bericht van haar zusje
Esther beschikbaar:

'Wij staken over naar de Eerste Hulp-post, toen ineens een splinterbom uit
een overvliegend vliegtuig op ons viel. Rose werd dodelijk getroffen, een
splinter in haar hart maakte een einde aan haar veelbelovende leven. Ik was
slechts licht gewond. Ik heb de hele nacht naast haar gezeten en gewaakt en
aldoor maar "Sjema Jisrael" gezegd, hopend en biddende dat zij misschien
haar ogen zou opslaan.'[46]

Esther heeft haar zusje de volgende dag begraven in een bos. Na de oorlog
is Rose herbegraven in Nijmegen op de Joodse begraafplaats. Haar dagboek is uitgegeven onder de titel *De Roos die nooit bloeide*.

Alle denkbare vormen van tragiek hebben zich in de onderduik voorgedaan. Er kon zich soms zo'n spanning ontwikkelen tussen al die mensen in die veel te kleine ruimten, dat onderduikers bij de Duitsers werden aangegeven door hun eigen, aanvankelijke redders. In Amsterdam is een pension geweest, aan de Weteringschans, dat bij de s D bekendstond als de 'Jodenval'. Joodse gezinnen die daar ten einde raad voor veel geld, dat ze vooruit moesten betalen, hun intrek namen, werden na een paar dagen overvallen en gearresteerd – de pensionhouder is na de oorlog veroordeeld omdat hij van de s D tipgeld had gevraagd én gekregen.[47]

Frieda Menco-Brommet (1925) dook met haar vader en moeder onder in Warmond, ergens boven een fietsenwinkel. Daar bleken ze het bijzonder slecht getroffen te hebben. Ze moesten extreem veel huur betalen en kregen bijna geen eten. Het gezin verhongerde bijna, en bedelde de onderduikgevers soms zelfs om een stukje brood. De onderduikgever bemiddelde bij pogingen van vader Brommet om naar Zwitserland te ontkomen. Dat heeft Brommet vele duizenden guldens gekost – elke keer bleek het om oplichting te gaan. Uiteindelijk werden de onderduikers nog verraden ook, ze werden het slachtoffer van een crimineel echtpaar dat met hun onderduikgevers bevriend was. De man die de oplichting pleegde kreeg na de oorlog vijftien jaar, de vrouw die ze verried bleek een vaste medewerkster van de Amsterdamse s D te zijn. Ze werd na de oorlog ter dood veroordeeld, maar kreeg gratie. Toen Frieda via de gevangenis met haar ouders in augustus 1944 in Westerbork terechtkwam, vond ze dat kamp een verademing in vergelijking met haar onderduikadres: ze kreeg eindelijk genoeg te eten.[48]

JODENJACHT

In de eerste maanden van 1943 begonnen de deportaties in Nederland enigszins te stagneren. De eis van Adolf Eichmann om op 1 januari 40.000 Joden te hebben afgevoerd was gehaald, maar nu zakte het tempo wat terug. Om de gang er weer in te krijgen nam de nazitop in Den Haag, tijdens een van de Chefsitzungen, een bijzonder besluit. Sommige groepen medewerkers van de Sicherheitsdienst en de Sicherheitspolizei konden een premie krijgen voor elke Jood die ze opspoorden en arresteerden. In de grote steden kwamen speciale afdelingen van de politie ervoor in aanmerking, en in Amsterdam daarnaast nog de rechercheafdeling van de Hausraterfassungsstelle, de club mannen die tot dan toe op jacht ging naar niet aangegeven Joodse goederen, vooral edelmetaal, bont en kunst. Vanaf nu mochten ze op ménsen jagen. Het tarief werd vastgesteld op

Willem Henneicke: chef van de Colonne-Henneicke, de actieve groep Jodenjagers. Hij leidde zijn troep met ijzeren hand en dat leverde duizenden arrestaties op.

7,50 gulden per arrestant, als er een strafgeval werd gearresteerd kon dat bedrag worden verdubbeld.

De politieagenten die deze speciale bevoegdheid kregen, hebben deze bijverdienste behouden tot de herfst van 1944, de premies waren toen inmiddels opgelopen tot veertig gulden per Jood. Dat bedrag moet ook, per arrestant, betaald zijn voor de leden van de familie Frank op 4 augustus 1944, aan de Prinsengracht.

De medewerkers van Hausraterfassung, ook wel Colonne-Henneicke genoemd, naar hun chef, zijn een half jaar actief geweest. Zij hebben hard en effectief gewerkt. Tussen maart en september 1943 hebben ze tussen de 8.000 en de 9.000 Joden gearresteerd en bij de Hollandse Schouwburg ingeleverd. Ze moesten daar een handtekening van een Duitse bewaker zien te krijgen onder een bewijs van inlevering van een of meer Joden. Op vertoon daarvan konden ze later bij hun chef, Willem Henneicke, een statenloze zoon van een Duitse immigrant, de premie incasseren. Henneicke schreef daarvoor een kwitantie uit, waarop namen, adressen en geboortedata van arrestanten waren vermeld, plus het uitbetaalde bedrag. Daarvan zijn er na de oorlog een paar teruggevonden.

Henneicke hield kantoor bij de Zentralstelle, in een gevorderde school aan het Adama van Scheltemaplein in Amsterdam-Zuid. Daar gebruikte hij de gymnastiekzaal om arrestanten zolang op te bergen. In verschillende lokalen konden Joodse mensen worden verhoord. De leden van de Colonne Henneicke – ongeveer dertig op contractbasis, en ruim twintig als een soort freelancers daaromheen – hadden daarbij maar één doel: uit de gearresteerde Joden zoveel mogelijk nieuwe namen en adressen te peuren. Daarbij gebruikten ze vaak grof geweld. In juni 1943 trok een deel van de afdeling naar een pand aan de Noorder Amstellaan, waar dezelfde praktijken werden toegepast.

Heel goed gedocumenteerd is het verhaal van de familie Sanders.[49] David en zijn vrouw Clara (allebei 41 jaar in 1943) hadden hun drie kinderen laten onderduiken, op twee verschillende adressen. Zelf weigerden ze te verdwijnen, ze begaven zich zonder ster op straat, met valse persoonsbewijzen. Toen ze werden gearresteerd probeerde Jodenjager Engelbert K. achter de adressen te komen waar hun kinderen ondergedoken zaten. Hij sloeg de vader net zo lang en net zo hard tot hij geen tand of kies meer in zijn mond had. Uiteindelijk gaf Sanders de adressen. K. ging zelf naar het ene adres, in Sliedrecht. Daar zaten de twee jongste kinderen, Marleentje (8) en Bertje (4). Ze woonden al geruime tijd bij de familie Hollebrands, die voor ze zorgde alsof het eigen kinderen waren. Mevrouw Hollebrands beweerde vruchteloos dat het logés waren, kinderen van kennissen. K. had de persoonsbewijzen van de ouders in zijn handen. Na de oorlog zei mevrouw Hollebrands tegen de politie:

> 'We hadden de kleinen ruim een jaar in huis gehad en ik was zeer aan hen gehecht. Met grote angstogen stond Marleentje bij mij toen ik de koffer pakte en vroeg mij of die man een NSB'er was en of het waar was dat haar broertje en zij met die man mee moesten. Ik stelde haar gerust en zei dat zij naar hun ouders zouden worden gebracht. Mijn hart brak bij al die ellende, want ik begreep wat die kinderen te wachten stond.'[50]

Ook Elly van 10 is gearresteerd. Daartoe hebben twee leden van de Colonne-Henneicke, Van K. en S., een lange reis gemaakt, naar Barchem, bij Lochem, aan de Duitse grens. Vanaf het station in Lochem was het twee uur lopen. Ze konden niet eens dezelfde dag terug. Ze vroegen of ze bij de onderduikgever mochten blijven slapen. Boer Johan Eggink, de onderduikgever, stemde daarin toe en praatte een avond lang op de twee Jodenjagers in om ze op andere gedachten te brengen. Tevergeefs: de volgende dag gingen ze met Elly Sanders (10) naar Amsterdam terug.

De onderduikgever in Sliedrecht, Johan Hollebrands, een landmeter die actief was in het verzet, werd zo woedend nadat ze die twee kleintjes bij zijn gezin hadden weggehaald, dat hij naar Amsterdam reisde en probeerde de Joodse familie te redden. Hij drong door tot de Hollandse Schouwburg, sprak daar met de in elkaar geslagen vader David Sanders en bedacht van alles om ze vrij te krijgen – tot omkoping aan toe. In de crèche zag hij ook de drie kinderen, inmiddels weer verenigd:

'De koffer met kleren van Marleentje en Bertje was reeds gestolen, terwijl Bertje, die een zwakke gezondheid had, in ijlende koorts lag.'[51]

Hij deed nog een uiterste poging, op zondag 5 september. Hij kreeg vader en moeder Sanders heelhuids uit de Hollandse Schouwburg, en twee van de drie kinderen uit de crèche, maar de derde niet. Op het opvangadres werden de vier binnen een paar uur alweer gepakt, en toen waren alle kansen verkeken. David, Clara, Elly, Marleentje en Bertje Sanders gingen direct op straftransport en werden op 10 september in Auschwitz vermoord.

Wat waren dat voor Nederlanders, die hun eigen landgenoten achtervolgden, mishandelden, arresteerden en aan de Duitsers uitleverden, in ruil voor geld? Er is tamelijk veel over ze bekend, omdat er vrij lang na de oorlog, in november 1947, een groot aantal papieren opdook die afkomstig waren van de administratie van de Zentralstelle. Daaruit hebben rechercheurs zich een beeld kunnen vormen van de groep en van de organisatie, en daardoor is in een lange reeks rechtszaken een lange reeks doodvonnissen uitgesproken. Die zijn op twee na weliswaar omgezet in vrijheidsstraffen, meestal door gratie, maar deze groep Jodenjagers die zich per opgespoorde Jood lieten betalen is toch wel de zwaarst aangepakte groep uit de oorlog.

Het waren sowieso allemaal Nederlanders – het is opvallend met hoe weinig eigen mensen de Duitse instanties de Jodenvervolging in Nederland hebben kunnen organiseren; bij het uitvoeren van maatregelen waren vaak uitsluitend Nederlanders betrokken. Het waren geen jonge jongens, de gemiddelde leeftijd van de groep was midden 1943 ruim 40 jaar. Liefst 85 procent van hen was lid van de NSB. Dat was geen toeval: de meesten waren voordat ze in dienst traden van de Hausraterfassungsstelle werkloos geweest. Het Arbeidsbureau wist dat bij die afdeling van de Zentralstelle vanaf najaar 1942 veel personeel nodig was, en het lag voor de hand dat ze daar geen communistische arbeiders heen stuurden, maar vooral werklozen die zich tot de NSB aangetrokken voelden. Ze waren over het algemeen laag opgeleid, en de meesten hadden een lange geschiedenis van steuntrekken en tijdelijke baantjes achter de rug. Ze kregen hun loon van de Lippmann-Rosenthalbank, dus ze konden thuis met recht vertellen dat ze een betrekking bij een bank bekleedden. In het begin hielden ze zich vooral met het inventariseren van inboedels bezig. Uit getuigenissen blijkt wel dat de meesten er moeite mee hadden om vanaf maart 1943 ook mensen te gaan opsporen en meenemen, maar dat wende snel. En er stond een flinke druk op: Colonnechef Henneicke en diens superieur Willem Briedé hadden de wind er flink onder. Wie aarzelde werd bedreigd met tewerkstelling in Duitsland. En verder was een gemeenschappelijk kenmerk van deze groep Jodenjagers dat ze gek waren op geld. Ze inden gretig de premies, ze droegen lang niet al het geld af dat ze bij hun slachtoffers in beslag namen, ze persten af, ze verduisterden – ze schuwden geen enkel middel om zich te verrijken.

Sera de C. was daar de grote uitblinker in. Deze nog vrij jonge Jodenjager bemachtigde een fraaie etage vlak bij het Concertgebouw, waar een door hem gedeporteerde Joodse familie had gewoond. Hij had nu de beschikking over een gotisch ameublement, met wapens in de stoelen, fraai tafelzilver en Perzische tapijten. Zijn schoonzus Anna werd er na de oorlog over verhoord. Ze meldde:

'Hij verdiende toen veel geld. Hij ontving tien procent van het kapitaal en de sieraden van de door hem aangehouden Joden. Voorts ontving hij vijf of tien gulden "kopgeld" voor elke door hem gepakte Jood. Van zijn moeder hoorde ik eens dat hij weer zo'n goede week had gehad. Hij heeft deze week zeker duizend gulden extra verdiend, zei zijn moeder. Er vonden in dat huis dikwijls grote braspartijen plaats, waarbij op een avond soms honderden guldens werden opgemaakt.'[52]

Een gulden van 1943 staat gelijk aan ruim vijf euro in 2009.

Wim Henneicke, de almachtige chef van de rechercheafdeling, runde zijn club met ijzeren vuist. Hij beheerde de informatie die er binnenkwam, hij noteerde de adressen die door tipgevers werden aangemeld. Hij plukte persoonlijk een Joodse vrouw van de straat die geen ster op had. Hij beloofde haar dat ze op vrije voeten mocht blijven op voorwaarde dat ze onderduikadressen van Joden aan hem doorgaf. Dat deed ze buitengewoon ijverig, het leverde in vijf weken tijd liefst tachtig Joodse arrestanten op. Toen ze daarop zelf werd aangehouden omdat ze opnieuw zonder Jodenster op straat liep en ze een beroep deed op haar tipgeverschap voor Henneicke, bleek de chef meedogenloos: hij liet haar deporteren, binnen twee weken was ze in Sobibor vergast.

Ander geval: twee doorgewinterde Jodenjagers, B. en V., een voormalig tabakswerker en een voormalig boekhouder, gingen op 8 juli 1943 vanuit Amsterdam op reis naar Eindhoven om een meisje van drie jaar op te sporen, Floortje Citroen. Ze hadden haar onderduikadres gevonden op een briefje in de jaszak van haar moeder, die ze hadden opgepakt. Haar moeder slaagde er vanuit de Hollandse Schouwburg in om via via de onderduikmoeder te waarschuwen. Toen B. en V. in Eindhoven aan de deur stonden, bleek het meisje al weg. Ze bedreigden de onderduikmoeder zo ernstig, dat zij doorsloeg en het adres van een vriendin opgaf, waar het meisje heen gebracht was. V. ging daarheen, met een te hulp geroepen SD'er, en belde aan. Toen de deur werd geopend stond het driejarige meisje in de gang. Het noodlot sloeg vervolgens nog harder toe. Direct daarna werd er weer gebeld, het was de illegaal werker die was gecharterd om Floortje naar het volgende adres te brengen. Hij wilde vluchten, maar zijn fiets stond op slot en hij werd gepakt. In zijn huis troffen de Jodenjagers daarna negen Joodse onderduikers aan, die allen werden gedeporteerd.

Voor de rechtbank verklaarde, zes jaar na dato, Marcus Citroen, de alleen overgebleven vader van Floortje:

'Ik heb nog bericht gehad dat mijn dochtertje in Westerbork bij mijn vrouw was. Verder heb ik nooit meer iets van mijn vrouw of dochtertje vernomen.'[53]

Jodenjagers V. en B. kregen allebei de doodstraf, maar door gratie werd die omgezet in levenslang. Dat gebeurde met de meeste hoofdverdachten uit de Colonne Henneicke. Twee zijn er werkelijk ter dood gebracht – die hadden de pech dat hun zaak veel eerder behandeld werd en dat hun straf daarom ook al veel eerder voltrokken kon worden. Toen de zware jongens uit de rechercheafdeling aan de beurt waren – er vielen in deze groep in totaal vijfentwintig doodvonnissen – kregen ze gratie; de meeste hebben ongeveer vijftien jaar in de gevangenis gezeten.

De chef van de Hausraterfassungsstelle Willem Briedé, die hoogstpersoonlijk Joodse onderduikers heeft gearresteerd, is nooit bestraft, hij vluchtte naar Duitsland, waar hij tot zijn dood in 1960 in vrijheid heeft geleefd. Wim Henneicke haalde het eind van de oorlog niet. Hij werd door het verzet geliquideerd, op 8 december 1944, op de Linnaeuspark-weg, 300 meter van zijn huis. Twee gewapende mannen schoten hem van zijn fiets, toen hij 's ochtends naar zijn werk ging, het kantoor van de Sicherheitsdienst.

WESTERBORK

De slachtoffers van de Jodenjagers kwamen via de Hollandse Schouw-burg vrijwel allemaal in Westerbork terecht. Daar, op de Drentse hei, in een verlaten uithoek van het land, was een complete stad ontstaan, met een bevolking die razendsnel doorstroomde. Bijna elke week vertrok er een trein naar de vernietigingskampen, 93 treinen in totaal, vrijwel steeds op dinsdag. Voor degenen die niet op de wekelijkse transportlijst stonden betekende dat nog een week uitstel, en vaak ook een week werk. In de keukens, in de wasserij, op het land, en in een aantal loodsen waar van al-les werd gefabriceerd of uit elkaar gehaald. Berucht was de batterijen-afdeling – daar werden batterijen gesloopt, zodat sommige onderdelen opnieuw gebruikt konden worden. Janny Brillenslijper, die Auschwitz zou overleven, werkte er samen met Anne, Margot en hun moeder Edith Frank, en schreef er later op de website van het Anne Frank Huis over:

'We moesten batterijen met een beitel en een hamer openhakken en dan de teer in de ene mand gooien en het koolstaafje dat je eruit haalde in de andere mand; het metalen hoedje moest je er met een metalen schroevendraaier aftikken en dat ging weer in het derde mandje. Behalve dat je er ontzettend smerig van werd, raakten we allen aan het hoesten omdat het een bepaalde stof afscheidt. Het prettige van het werken was dat je met elkaar kon praten.' [54]

Commandant Albert Gemmeker, een kalme Duitse ss-officier, vond het van groot belang dat zijn kamp ordelijk functioneerde en dat er veel werk werd verricht. Dat gaf niet alleen rust, het bood ook de mogelijkheid dat het kamp tijdens de hele oorlog zou mogen blijven bestaan, wat hemzelf en zijn personeel in staat zou stellen weg te blijven van het gevreesde Oostfront. Hij wordt over het algemeen beschreven als een gentleman, die niet gauw uit zijn rol viel, al zijn er wel merkwaardige trekjes van hem bekend. Zo heeft hij alle honden in het kamp laten doden toen zijn eigen hond een keer werd aangevallen door een kamphond. En toen hij eens met zijn secretaresse-vriendin Frau Hassel door het kamp wandelde heeft hij een gevangene, die naar de zin van Frau Hassel te dicht bij het hek liep, met een buks in zijn rug geschoten. Maar normaal maakte hij een correcte indruk. Hij was altijd van de partij als er op dinsdag een transport naar Polen vertrok. Etty Hillesum, de vrouw die een aantal indringende brieven vanuit het kamp naar buiten wist te krijgen, was bij een van de transporten op het perron aanwezig:

> 'Een stem achter me zegt: "We hadden vroeger een commandant die trapte de mensen naar Polen, deze lacht ze naar Polen."'[55]

Gemmeker had het laatste woord bij het samenstellen van de wekelijkse transportlijst. Meestal moesten er duizend namen op komen te staan. De selectie werd in de praktijk gedaan door de kampoudsten. Dat waren allemaal Duitse of Oostenrijkse vluchtelingen, Joden dus, die als eerste bewoners van het kamp een vooraanstaande positie hadden gekregen en bereid waren dit werk voor de SS op te knappen. Hun macht werd er alleen maar door vergroot, want menigeen probeerde door het omkopen of

Ferdinand Aus der Fünten is met zijn secretaresse op bezoek in Westerbork, bij kampcommandant Gemmeker (rechts) en diens vriendin Elisabeth Hassel (tweede van rechts).

anderszins behagen van een kampoudste aan deportatie te ontkomen. Gemmeker resideerde in de ruime houten woning aan de ingang van het kampterrein. Hij had er Joods personeel, en ontving er geregeld hoge Duitse gasten uit Den Haag of Amsterdam. Af en toe richtte hij er ook een feest aan, bijvoorbeeld vlak voor kerstmis 1942. Er is wel gezegd dat dit was om te vieren dat de 40.000e Jood was gedeporteerd en dat daarmee dus de eis van Eichmann was gehaald. Maar dat staat niet vast. Het was hoe dan ook een grote partij, waarbij stevig werd gedronken en waarbij veertig jonge Joodse meisjes met de bediening waren belast.

Zo'n feest stond in groot contrast met het dagelijks leven in het kamp, dat naargeestig en armoedig was en werd beheerst door de angst voor het onbekende lot in Polen. Over de sfeer en het leven in Westerbork is vooral zoveel bekend omdat een gerenommeerd journalist er meer dan een jaar een dagboek van heeft bijgehouden, elke dag weer. Dat was Philip Mechanicus, een van de beste verslaggevers van zijn tijd, voor zijn arrestatie redacteur van het *Algemeen Handelsblad*. Zijn werk als chroniqueur van de Joodse ondergang (hij voelde zich 'een drenkeling die zijn eigen schipbreuk verslaat') werd gedoogd, en de meeste van zijn aantekeningen zijn bewaard gebleven. Voortdurend beschrijft hij de neerdrukkende armoede van al die duizenden die daar op dat ellendige stuk hei waren bijeengedreven:

'De Joden zitten hier in Westerbork als Job op de mesthoop: haveloos. Een kostuum en wat onderkleren om bij dag, een deken om 's nachts de schamele leden te bedekken, een paar schoenen, een pet, een mes, een lepel en vork, een beker maakt hun hele bezit uit. (...) De denkende Jood stelt de vraag: waarom ben ik in deze vernederende, onterende toestand geplaatst? Er moet toch een diepere grond zijn waarom hij zo hard wordt getroffen; het enkele feit dat hij Jood is kan hem niet bevredigen als de oorzaak van zijn ellende, zijn onteigening, zijn isolering, zijn verbanning.'[56]

De vraag is niet te beantwoorden. Mechanicus stelt vast dat onder deze omstandigheden die schamele bezittingen alsmaar belangrijker worden. Het leven verengt zich tot het allernoodzakelijkste:

'Men kan hier in een dag geruïneerd zijn. Gisteren zijn in één familie de volgende rampen voorgekomen: de heer des huizes zijn zijn schoenen ontfutseld, het enige paar dat hij had, de vrouw des huizes heeft haar thermosfles gebroken, de zoon des huizes heeft een deken verloren. Ja, dat zijn hier rampen: de heer des huizes, een man van middelbare leeftijd, liggende in het ziekenhuis, kan nu zijn middagwandeling niet meer maken,

de vrouw des huizes kan haar man geen thee meer brengen, en hij leeft op dieet, de zoon des huizes heeft het 's nachts nu koud.'[57]

Mechanicus had in het kamp geregeld contact met Etty Hillesum, die eveneens in dagboek en brieven vastlegde wat ze meemaakte. Ze kon beklemmend mooi schrijven:

'De grote, ten hemelschreiende nood van Westerbork begint eigenlijk pas in de kolossale, in der haast gebouwde barakken, in die volgepakte mensenloodsen van tochtig latwerk, waar, onder een laaghangende hemel van het drogend wasgoed van honderden mensen, de ijzeren britsen driehoog opgestapeld staan.'[58]

En het kan zo krankzinnig druk zijn in Westerbork. Er zijn hevige pieken, vooral in perioden dat er in de steden razzia's worden gehouden. Het duurt dan weken voor er weer wat ruimte komt in de barakken waar de mensen opeengeperst moeten wonen en slapen. In juni 1943 zijn er een paar grote razzia's in Amsterdam waarbij duizenden Joden worden opgepakt. Mechanicus beschrijft de gevolgen, een paar dagen later, in kamp Westerbork. De bagage van de gedeporteerden is in een aparte wagon meegekomen en ergens langs de spoorbaan in de modder neergegooid. Mechanicus noteert:

'Duizenden mannen en vrouwen hebben, na een lange afmattende wachttijd, hun bagage bemodderd teruggekregen. In dichte troepen zijn zij de barakken ingedreven: drie, vier, soms vijf mensen in twee bedden, mét hun bagage. De bedden staan drie verdiepingen hoog, gescheiden door gangetjes van een halve meter breedte op zijn hoogst, zonder één enkele tafel, bank of stoel. Tot duizend, elfhonderd mensen in één barak, zonder elleboogruimte, zonder behoorlijke berging voor kleren, kriskras dooreen. Als mieren gaan zij langs en over elkaar, als kleine onbetekenende mieren. De opeengepakte mensenlijven stralen een hitte uit als in een oven. Zij verspreiden een walm als een brandende fakkel.'[59]

En Etty Hillesum bleef eveneens verbijsterd om zich heen kijken, en zich verbazen over alles wat ze zag en hoorde:

'Hoewel het een kamp is van één verdieping hoog, hoort men er een veelheid van accenten, alsof de toren van Babel in ons midden is opgetrokken: Beiers en Gronings, Saksisch en Limburgs, Haags en Oost-Fries, Duits met een Pools en Duits met een Russisch accent, Waterloopleins en Berlinerisch – en

dan wil ik U er meteen even op attent maken, dat het hier gaat om een gebied van ruim een halve vierkante kilometer.'[60]

De wekelijkse transporten zorgen voor doorstroming. Maar ze maken het leven tegelijk ondraaglijk. Het hele kamp leeft met angst en vrees naar de maandagavond toe, als bekend wordt gemaakt wie er op de lijsten staan. Dan doen zich de grote drama's voor in al die gezinnen. Mechanicus beschrijft dat meermalen op hartverscheurende wijze. In juli 1943 is hij zelf aan de beurt, zijn naam staat op de lijst. Het dagboek van 6 juli 1943:

'Schreiende vrouwen. Schoonmaaksters hanteren snikkend de bezem, aan de open vensters staan vrouwen, badend in tranen. Vanmorgen zijn broers of zusters, vaders of moeders op transport gegaan. Mannen wordt het te machtig, zij slikken tranen weg. De trein gilt: de giftige slang begint te schuifelen. Twee aparte wagons met s-gevallen. Ikzelf ben door het oog van een naald gekropen. Vanmorgen om vier uur werd bekend dat ik van de lijst was geschrapt. Felicitaties links en rechts; handjes van mijn naaste buren. Ik neem de uitingen van medeleven glimlachend in ontvangst. Inwendig voel ik pijn; overal worden andere mannen uit hun bedden geroepen om zich gereed te maken voor het duistere transport. De gelukwensen moeten evenzovele zweepslagen zijn in het gelaat van hen die gaan.'[61]

Na elk transport herademt het kamp. Op dinsdagavond is er vaak een cabaretavond gepland. Gemmeker en zijn medewerkers zitten op de eerste rij te genieten. Het peil is hoog, de beste artiesten van Nederland zijn Joods en treden er op. Er zijn soms ook bokswedstrijden, er wordt gevoetbald in het kamp, aan gymnastiek gedaan. Alles voor de ontspanning, de afleiding. Want het is weer gauw maandagavond, en dinsdagochtend, en dan vertrekt er opnieuw een trein naar het oosten:

'De transporten blijven walging wekken. Zij geschieden in werkelijkheid in beestenwagens, die bestemd zijn voor het vervoer van paarden. De gedeporteerden liggen ook niet meer op stro, maar tussen hun eetzakken en kleine bagage in op de blote vloer, nu óók de zieken, die vorige week nog een matras meekregen. De trein: een lange schurftige slang, van oude, smerige wagens, die het kamp in tweeën scheidt. De bannelingen: schunnige landverhuizers, die niet anders bezitten dan wat zij aan hebben. Mannen, stil, strakke gezichten, vrouwen, vaak snikkend. Ouden van dagen: strompelend, vooruit vallend onder de last over de slechte weg, soms door modderpoelen.'[62]

Op het perron van Westerbork stappen Joodse Nederlanders in de trein naar een van de vernietigingskampen.

Er zijn in totaal 107.000 Joden en enige honderden Sinti en Roma, op wie de nazi's eveneens jacht maakten, uit Nederland naar de vernietigingskampen vervoerd. Vanuit Auschwitz en Bergen-Belsen zijn in totaal ongeveer 5.000 gedeporteerden teruggekeerd. Vanuit Sobibor, waar 34.000 Nederlanders zijn vermoord, vrijwel niemand. Voor verreweg de meesten van die mensen was het perron in kamp Westerbork het laatste stukje Nederland dat hun voeten hebben aangeraakt. Overlevende Ida Vos schreef over het vertrek een heel sober gedichtje:

'De trein vertrekt,
neem afscheid nu
en ga naar vreemde landen
waar men met je illusies
ook je lichaam zal verbranden.'[63]

In Auschwitz worden de nieuw aangekomen gevangenen op het perron geselecteerd. Hier wordt beslist wie er moet werken en wie naar de gaskamer gaat.

Philip Mechanicus was uiteindelijk ook een van die bannelingen. Op 28 februari 1944 stopt zijn dagboek, hij moest op transport, zijn deportatie was niet langer te voorkomen. In oktober 1944 werd hij van Bergen-Belsen, waar hij ruim een half jaar gevangen heeft gezeten, naar Auschwitz-Birkenau vervoerd, en daar gedood.

VERNIETIGINGSKAMPEN

Eenderde van de uit Nederland gedeporteerde Joden kwam in Sobibor terecht. Het lag tachtig kilometer van Lublin, tegen de grens met Oekraine. Naar het totaal verlaten gebied werden de slachtoffers per trein aangevoerd. Sobibor was uitsluitend een vernietigingskamp. Er waren geen verblijfsruimten voor gevangenen en geen werkplaatsen, alleen wat barakken voor het personeel dat er werkte en voor de groep gevangenen die moesten helpen bij het sorteren van kleren, bij de vergassing en in het crematorium. Eigenlijk had Sobibor altijd geheim moeten blijven. De nazi's hebben het in oktober 1943 grotendeels gesloopt en geprobeerd alle sporen uit te wissen. Er waren toen inmiddels ongeveer een kwart miljoen

Joden vergast, precieze aantallen zijn niet bekend. Op 17 oktober van dat jaar kwam de groep Joden die bij de massamoorden moesten assisteren in opstand. Sommigen van hen konden wapens bemachtigen en organiseerden daarmee een opstand: een Joodse krijgsgevangene uit de Sovjet-Unie en een Pools-Joodse gevangene slaagden erin elf s s'ers en een aantal kampbewakers te doden. Van de zeshonderd werkgevangenen konden er ongeveer driehonderd ontsnappen, de meesten van hen werden achterhaald en gedood. Ze liepen door een mijnenveld onder een spervuur van kogels. Slechts zevenenveertig hebben de rest van de oorlog overleefd, onder hen de Nederlandse Selma Wijnberg. Ook zijn er in de maanden ervoor enige Nederlanders aan de dood ontkomen doordat ze in een groep belandden, die vanuit Sobibor werd doorgeleid naar fabrieken en werkkampen. Onder hen was de Amsterdammer Jules Schelvis, die op intuïtie besliste dat hij moest proberen zich bij zo'n groep mensen aan te sluiten. Hij slaagde daarin en overleefde de oorlog, ondanks een heel zware periode in vele kampen, ook in Auschwitz. Schelvis verloor zijn jonge Poolse vrouw Rachel en zijn schoonfamilie in Sobibor. Na de oorlog verdiepte hij zich intensief in het kamp Sobibor, er is vrijwel niemand die er zo'n veelomvattende kennis van heeft als hij.[64] Het duurde, na zijn vertrek uit Sobibor, lang voor tot Schelvis doordrong dat zijn vrouw en zijn schoonfamilie inmiddels al vermoord en gecremeerd waren.

'Er kwam in het kamp waar ik was heengebracht een jongeman op mij af en die vertelde mij heel voorzichtig wat er gebeurd was. Je zult het niet geloven, zei hij, maar je zult het wel móeten geloven. Iedereen op dat veld, die zich daar aan het uitkleden was, is binnen een paar uur vergast en verbrand. Iedereen. Ik kon het niet geloven, je kunt je niet voorstellen dat zoiets kan gebeuren.'[65]

In Auschwitz was de kans op overleving een fractie hoger, maar nog altijd heel klein.

Er zijn tal van beschrijvingen van de aankomst van de treinen op het emplacement in het kamp Birkenau, het grootste buitenkamp van Auschwitz, een paar kilometer van het hoofdkamp. Een van de meest beknopte staat in een brief die Rebecca Brommet schreef, aan haar broer in Amerika, in september 1945. Ze beschreef wat zij, haar man Jo en haar dochter Frieda tijdens de oorlog meegemaakt hadden. Over de aankomst in Auschwitz:

'Wij kwamen allen aan in Birkenau bij Auschwitz. Daar werden oude mensen en moeders met kinderen direct apart gezet om vergast te worden.

Wij werden van de mannen gescheiden. Jo vloog op mij af om mij te zoenen. Het was helaas voor het laatst.'[66]

De familie Brommet had in dezelfde trein gezeten als de familie Frank. Het waren oppervlakkige kennissen uit Amsterdam-Zuid. Beide families waren pas diep in 1944 gesnapt op hun onderduikadres en in Westerbork aangekomen. Veertien dagen na hun reis naar Auschwitz brak in Nederland de spoorwegstaking uit en werden er geen transporten meer uitgevoerd. Op het perron van Birkenau moesten de gevangenen, nog daas van drie dagen en twee nachten in een veewagen, vier rijen vormen – twee van mannen, twee van vrouwen. Uit de kampadministratie blijkt dat er die keer 549 mensen in de rijen zijn gezet die direct naar de gaskamers werden gevoerd. In de 'goede' rij kwamen 470 mensen terecht, 258 mannen en 212 vrouwen.

De rij van Frieda en haar moeder ging naar een grote zaal waar iedereen een nummer in de arm kreeg getatoeëerd. Daarna moesten ze zich uitkleden. Schaamhaar en okselhaar werden afgeschoren, het hoofdhaar kort geknipt. Daarna moest iedereen onder de douche, en zonder afdrogen in de rij voor kleding. Frieda kreeg alleen een zomerjurkje toegeworpen, en twee niet passende linkerschoenen. Ze kwam met haar moeder Rebecca terecht in *Frauenblock* 29, ze moesten er liggen in houten kooien, op kromme planken, zonder matras maar met een beetje stro en een harde onaangename deken. Frieda zei daar later over:

> *'Met z'n negenen in één kooi: acht naast en tegen elkaar, de negende dwars aan het voeteneind. Als één zich omdraaide, moesten ze allemaal omdraaien. Die aan het voeteneind had geen leven.'*[67]

De kou en het gebrek aan eten vormden voor de vrouwen de grootste bedreiging. Ze moesten heel hard werken, stenen sjouwen. Rebecca deed er alles aan om haar dochter zoveel mogelijk te beschermen tegen alle gevaren, en had daar alles voor over. Aan haar broer in Amerika schreef ze kort na de oorlog:

> *'Ik scheurde stukken van de deken af om onze longen te bedekken, want het klimaat is daar erg. Na een paar dagen merkte zo'n Pools wijf, dat die stukken onze rug onder mijn en Frieda's japon hadden bedekt. Toen ben ik ontzettend afgeranseld. Alles deed mij pijn.'*[68]

Frieda dreigde te bezwijken, ze kreeg de ene ernstige ziekte na de andere. Ze belandde in de ziekenbarak, en later in het *Krätzeblock*, de barak waar gevangenen met schurft werden opgesloten. Daar lag Frieda met haar vriendin Ronnie van Cleef in hetzelfde bed, vlak naast twee andere meisjes uit Amsterdam-Zuid, Anne en Margot Frank. Aan de nachtmerrie van hun moeders kwam geen einde. Rebecca Brommet en Edith Frank deden het uiterste om hun kinderen moed in te spreken, en waar mogelijk af en toe iets extra's toe te spelen. Maar ze mochten niet op bezoek in de barak. Ze groeven een kuil onder de wand van de ziekenbarak, waardoor ze hun dochters konden toespreken en hun een stukje brood konden geven. Ronnie van Cleef heeft er later in een tv-interview een beschrijving van gegeven:

'Ze zwierven als moederdieren rond de barak, ze probeerden ons zoveel mogelijk voedsel te bezorgen. Dat is ook gelukt. Rebecca riep mij steeds omdat ik als eerste in de barak was gegaan en er dus fysiek het beste aan toe was. Nou, dan ging ik naar dat gat en dan gaf ze me brood of iets extra's dat ze ergens georganiseerd hadden.'[69]

Frieda vond het vooral frappant dat haar moeder en Edith Frank, die als roofdieren door het kamp zwierven om iets extra's voor hun kinderen te vinden, tegenover elkaar hun decorum behielden en elkaar met 'u' bleven aanspreken. Uiteindelijk zijn Edith en haar beide dochters Margot en Anne, toen Auschwitz werd ontruimd, bij de nadering van de Russische bevrijders, naar Bergen-Belsen afgevoerd en daar gecrepeerd. Otto overleefde in Auschwitz. Ook Frieda en haar moeder bleven daar uitgeput achter, maar haalden het op het uiterste nippertje en kwamen erdoorheen. Frieda zei daar later over:

'Alleen had ik het niet overleefd. Alleen kón je het niet overleven. Mijn moeder heeft mij fysiek helpen overleven, en ik heb haar mentaal laten overleven. Omdat ik haar nodig had, heeft zij alle ellende doorstaan.'[70]

Verreweg de meeste mensen die naar Auschwitz-Birkenau zijn gedeporteerd kwamen niet verder dan de gaskamer, waar ze direct na aankomst werden ingedreven. Bij honderdduizenden werden ze vermoord, met behulp van Zyklon B, het dodelijke gas dat door de firma IG Farben werd geleverd. De lichamen werden direct naar crematoria vervoerd en daar verbrand. De omgeving van het kamp lag altijd onder een vette walm met een weeë geur, veroorzaakt door het onafgebroken verbranden van lijken.

Dat merkte ook Jaap van Duijn, een tuindersknecht uit Hengelo. Hij was in de zomer van 1940 in Duitsland gaan werken, bij het hoveniersbedrijf Konrad Fabritzius, vlak over de grens. In de loop van 1942 kreeg hij van zijn baas het verzoek mee te werken aan een opdracht in Polen. De firma Fabritzius moest tuinen gaan aanleggen bij kantoren en personeels-woningen van IG Farben in de stad Oscwieczim, Auschwitz. Van Duijn stemde toe, had geen idee waar hij terechtkwam. Zijn vader, die tot over zijn oren in het illegale werk zat en onderduikers in huis hield, vond het een prima idee: een zoon die voor Duitsers werkte zou een goede dek-mantel voor zijn illegale activiteiten kunnen zijn.

Van Duijn had na aankomst vrij snel door wat er in Auschwitz aan de hand was. De enorme stank zorgde ervoor dat iedereen 's avonds de ra-men moest dichthouden. Hij en zijn collega's hadden contact met de me-dewerkers van IG Farben en soms ook wel met gevangenen. Toen hij eind 1942 op verlof naar huis mocht, vertelde hij de Joodse onderduikers in zijn vaders huis wat hij had gehoord en ontdekt. Hij kreeg het advies dat verhaal in Amsterdam te gaan vertellen, bij de Joodse Raad. Dat heeft Jaap van Duijn gedaan, samen met zijn collega Jaap de Snoo, die ook te-rug was voor verlof. Ze zijn naar Amsterdam gereisd, zo heeft hij in 1970 tegen L. de Jong verteld. Daar hebben ze een delegatie van de Joodse Raad meegedeeld wat ze wisten over wat er in Auschwitz gebeurde. Ze hadden de indruk dat hun verhaal veel indruk maakte en dat hun ge-sprekspartners diep geschokt waren. Maar de Joodse Raad van Amster-dam heeft met die informatie niets gedaan, en het beleid van medewer-king aan de deportaties niet aangepast.[71]

WIE WIST WAT WANNEER?

De vraag wie wat wanneer wist (en hoorde, en geloofde en tot zich liet doordringen) over het lot van de Joden in Polen is buitengewoon com-plex. Er is eigenlijk vanaf 1945 discussie over geweest: waarom zijn signa-len van georganiseerde massamoord niet serieus genomen, waarom zijn ze geen aanleiding geweest voor geallieerde acties? Die aanwijzingen wá-ren er – en niet alleen via de melding van Jaap van Duijn en zijn maat Jaap de Snoo. Ook koningin Wilhelmina had aanwijzingen, anders zou zij in oktober 1942 tijdens een toespraak voor Radio Oranje niet haar af-schuw uitgesproken hebben over

'de onmenselijke behandeling, ja het stelselmatig uitroeien van deze landgenoten'.[72]

In de maanden daarvoor waren er al allerlei onheilspellende berichten over de wereld verspreid. Op 2 juni 1942 maakte de BBC melding van berichten uit Polen dat daar al 700.000 mensen waren vermoord. Een maand later, op 29 juli 1942, gebruikte Radio Oranje voor het eerst het woord 'gaskamers'. In december waren nieuwe berichten uit Polen aanleiding voor een persconferentie van de internationale Joodse gemeenschap over massale slachtingen. De geallieerde landen bevestigden de berichten in een verklaring. Op 17 december zond Radio Oranje deze geallieerde verklaring uit, met daarin, over de Joodse gedeporteerden, de volgende tekst:

'De krachtigen onder hen, worden langzamerhand doodgewerkt in arbeidskampen. De zwakken laat men sterven van koude of honger, of zij worden bewust door massa-executies afgeslacht.'[73]

Maar deze berichten leidden niet tot algemeen gedeelde wetenschap. Ten eerste omdat berichtgeving tijdens de oorlog niet betrouwbaar was – alle berichten konden propaganda bevatten, niemand wist wanneer dat wel of juist niet het geval was. En verder: bijna niemand kon het geloven. De meldingen gingen het voorstellingsvermogen te boven. Jules Schelvis, die met vrouw en schoonfamilie werd gedeporteerd:

'We waren jong, we waren sterk. We geloofden al die verhalen gewoon niet. We wisten dat we het niet gemakkelijk zouden krijgen, maar we dachten dat we er wel door zouden komen. Ik heb mijn gitaar meegenomen, naar Westerbork, en later ook in de trein naar Sobibor. Ik dacht; er zal daar toch wel ergens een mogelijkheid zijn om bij het kampvuur wat liedjes te zingen?'[74]

Dat klinkt nu ongekend naïef, maar zoals Schelvis dachten er velen – hij was een nuchtere, redelijke, verstandige man vol ambities, vol zelfvertrouwen. De ongeveer even oude Ivo Schöffer, later hoogleraar geschiedenis, zat in de oorlog in het studentenverzet, hij hielp Joodse onderduikers. Over de kwestie van wat de mensen wel of niet geloofden, schreef hij in 1970 aan Oorlogsdocumentatie:

'In kringen van studenten en leeftijdsgenoten, betrokken bij het verzet, waarin ik gewoonlijk verkeerde sinds 1942, was het dodelijk lot van de gedeporteerden een absolute zekerheid. Wat wij echter niet wisten en waar we ons ook niet mee bezighielden was hoe die vernietiging plaatsvond. Misschien hebben we ons ook niet te veel willen verdiepen in de wijze

waarop de gedeporteerden vernietigd zouden worden, omdat dit eenvoudigweg in die omstandigheden psychisch niet gewenst was om ons voor te stellen hoe dit allemaal precies in zijn werk zou gaan. Ook hier was een verdringingsmechanisme aan het werk.'[75]

En Etty Hillesum, die voor de Joodse Raad werkte en geregeld in Wester-bork was om te helpen waar ze kon, hoorde daar ook volop geruchten, die onder Joodse gevangenen circuleerden. In haar brieven en haar dag-boek gaf ze er voortdurend blijk van dat ze besefte wat haar en haar lot-genoten wachtte: 'Het gaat om onze ondergang en onze vernietiging.' Maar vaak ook sloot ze zich er voor af:

'De Joden hier vertellen elkaar aardige dingen: dat ze in Duitsland worden ingemetseld of met gifgassen uitgeroeid. Het is niet zo verstandig elkaar dergelijke verhaaltjes te vertellen, en bovendien: àls dat gebeurt, in een of andere vorm, welnu, dat is nu toch niet onze verantwoording.'[76]

De waarheid was letterlijk onvoorstelbaar. Zelfs na de oorlog konden veel mensen niet geloven wat er in de vernietigingskampen was gebeurd. Er komt nóg iets bij: voor zeer velen, zowel aan geallieerde zijde als in bezet gebied, was de Jodenvervolging niet het belangrijkste onderwerp. Het verloop van de militaire oorlogvoering en de moeilijkheden om tijdens de bezetting het hoofd boven water te houden – dát waren de kwesties die de meeste mensen vooral bezighielden.

Het blijft in dit verband heel moeilijk te verklaren en te begrijpen waar-om er uit Nederland vergelijkenderwijs zoveel meer Joden zijn gedepor-teerd dan uit de andere bezette landen in West-Europa: ongeveer 75 pro-cent van de hele Joodse gemeenschap, terwijl dat voor België ongeveer 40 procent was en voor Frankrijk omstreeks 25 procent. Ook tussen de cijfers op lokaal niveau vallen grote verschillen op. Zulke vergelijkingen zijn ui-termate moeilijk omdat er tijdens de verschillende fasen van de bezetting heel veel factoren in verschillende mate en in wisselende onderlinge ver-bindingen een rol speelden.

Zo was het in het kleine en dichtbevolkte Nederland moeilijker om je te verbergen dan bijvoorbeeld in het uitgestrekte Frankrijk met enkele uitermate onherbergzame gebieden. Dat land kende bovendien directe grenzen met neutraal gebied: uit Frankrijk wisten ongeveer 30.000 Joden te ontkomen, uit Nederland hooguit enkele honderden. Ook kan van be-lang zijn geweest dat Nederland een civiel bestuur kende dat ideologi-scher van aard was dan het militaire bewind in België en Frankrijk. In ieder geval bestond de nazitop in Nederland, voor een flink deel afkomstig uit Oostenrijk, uit fanatieke antisemieten, die de Jodenvervolging snel en effectief ter hand namen. Aansluitend bij Nederlandse bureaucratische tradities en ambities slaagden zij erin – via vele verordeningen en een strikte uitvoering daarvan – deze vervolging perfect te organiseren. Zo konden de Duitsers in Nederland bijna onbelemmerd hun politiek tegen de Joden doorzetten.

Volgens de historici Pim Griffioen en Ron Zeller, die recentelijk een grondig gedocumenteerde en diepgaande vergelijking tussen Nederland, België en Frankrijk maakten, lag daar ook de crux van het verschil tussen Nederland en Frankrijk. In Frankrijk besloot de bezetter om politieke redenen een tijd lang juist terughoudend te zijn met eigen ingrijpen en het Franse Vichybewind, dat zelf een antisemitische politiek voerde, veel ruimte te gunnen. In de praktijk leidde dat toch tot allerlei barrières in de uitvoering van het nazibeleid. Opvallend is dat het juist de ss-top in Frankrijk was die dit beleid bepaalde en niet in de eerste plaats de militairen. Het verschil tussen Nederland en België wordt daarentegen vooral verklaard door de gewelddadige aanpak van de bezetter bij de deportaties in België. Dat stimuleerde de vlucht van de overgebleven Joden in de illegaliteit, terwijl in Nederland, door de naar verhouding minder gewelddadige werkwijze (althans in het openbaar), lange tijd de neiging bestond om gebruik te maken van de legale, schijnbare ontsnappingsmogelijkheden die geboden leken te worden. In België ontstond ook eerder een georganiseerd verzet dat onderduik en ontsnappingsmogelijkheden bood.

In Nederland verliep de Jodenvervolging in een razend tempo. Minder dan vijftien maanden na het vertrek van de eerste deportatietreinen uit Westerbork werd – eind september 1943 – Amsterdam al *judenrein* verklaard. Het verzet tegen die deportaties is zwak geweest en gering. Er hebben zich wel veel mensen ingezet om individuele Joden te redden, maar in de machinerie van de vervolging is niet veel zand gegooid. In Nederland kwam het verzet pas écht op gang na de april-meistakingen van 1943 en de bikkelharde reactie van de bezetter daarop. Toen begon Nederland dwars te liggen. Maar toen waren verreweg de meeste Joden al opgepakt.[77]

HEINRICH HIMMLER

Op 30 september 1943 werd Amsterdam dus judenrein verklaard, vier dagen later was er in Poznan in het westen van Polen een bijzondere bijeenkomst. De ss herdacht daar de gevallenen en Heinrich Himmler had daar-

voor de hele nazitop uitgenodigd, inclusief alle Gauleiter, de regionale bestuurders. Hij greep deze gelegenheid aan voor een lange en uitvoerige
speech, waarin een tactische meesterzet was verpakt: hij sprak heel open-
hartig over de moord op de Europese Joden, en legde uit hoe moeilijk deze
klus voor de mannen van de ss op de 'werkvloer' was geweest. Daarmee
committeerde hij alle topnazi's aan deze genocide: niemand zou meer
kunnen zeggen dat hij er niet van wist en dat de ss alles op eigen houtje
had gedaan. Himmler begon dit deel van zijn speech zo:

> *'Ik wil hier voor u in alle openheid nog een heel zwaar onderwerp*
> *behandelen. Onder elkaar moeten we het maar eens ronduit uitspreken,*
> *maar toch zullen we er in de openbaarheid nooit een woord over kunnen*
> *zeggen. Ik doel op de evacuatie van de Joden, de uitroeiing van het Joodse*
> *volk.'*[78]

Himmler zette uiteen hoe moeilijk die opdracht was. De verwijdering
van de Joden uit de samenleving stond weliswaar in het partijprogram-
ma, maar als het erop aankwam had natuurlijk iedereen wel een aardige
Jood in zijn kennissenkring, die gespaard moest worden. Ja, de rest deug-
de natuurlijk niet, maar die ene, daar was toch niks mis mee. Himmler
wees dit soort slapte vol overtuiging van de hand. Hij zei dat de ss-man-
nen al het moeilijke werk hadden opgeknapt en daarbij fier overeind gebleven waren:

> *'Dit is een roemrijke bladzijde in onze geschiedenis, een bladzijde die nooit*
> *eerder geschreven is en nooit meer geschreven zal worden. Want wij weten*
> *hoe moeilijk we het gehad zouden hebben als nu nog in onze steden – bij*
> *bombardementen en bij de ontberingen van de oorlog – Joden rondliepen, als*
> *saboteurs, als agitatoren en ophitsers. We zouden waarschijnlijk dezelfde*
> *toestand gehad hebben als in het jaar 1916-1917, toen de Joden nog in het*
> *Duitse volk genesteld zaten.'*

Himmler was er vooral trots op dat zijn mannen alle rijkdommen van de
Joden in beslag hadden genomen ten behoeve van de staat. Niemand had
een cent in zijn eigen zak gestoken, en als iemand dat toch had gedaan,
was hij daarvoor ter dood gebracht. Want integriteit stond centraal in deze unieke opgave, zo zei Himmler daar tegen al die ss'ers en topnazi's:

> *'We hadden het morele recht, we hadden de plicht tegenover ons eigen volk*
> *om de Joden, die ons uit de weg wilden ruimen, zélf uit de weg te ruimen.*
> *Maar we hadden niet het recht ons met een bontjas, een horloge, een enkele*

Reichsführer ss Heinrich Himmler. In zijn toespraak in Poznan, in Polen, begin oktober 1943, committeerde hij de aanwezige nazikopstukken aan de uitroeiing van de Europese Joden.

mark of een enkele sigaret of met wat dan ook te verrijken. Als wij een bacil
vernietigen, dan willen we niet door die bacil worden aangestoken en
daaraan bezwijken.'

Het was een bijzondere toespraak. Na de oorlog heeft Hitlers minister
van bewapening Albert Speer altijd ontkend dat hij aanwezig was – hij
bleef volhouden niets van de Jodenmoord geweten te hebben. Curieus,
want Himmler noemde Speer zelfs bij naam in de speech, hij sprak hem
aan. Speer antwoordde daarop (tegen de journaliste Gitta Sereny, die zijn
biografie schreef[79]) dat het donker was in de zaal en dat Himmler dus niet
kon zien dat zijn stoel leeg was omdat hij na de ochtendzitting was vertrokken. Speer zou dus ook Himmlers laatste woorden in de speech over
de Jodenmoord niet gehoord hebben. Die waren:

'Alles bijeen kunnen we zeggen dat we deze allerzwaarste opdracht
uitgevoerd hebben, vervuld van liefde voor ons volk. En we hebben daarbij
geen schade opgelopen, niet in ons hart, niet in onze ziel, niet in ons
karakter.'[80]

6 Oorlog voor iedereen

Jaren was ernaar uitgekeken, er was eindeloos over gespeculeerd, maar op 6 juni 1944 was het dan eindelijk zover: de geallieerden landden op de kusten van Normandië. Dezelfde ochtend had het bericht Nederland al bereikt. De 52-jarige adviseur Jan Kruisinga uit Vriezenveen hield het die dag per minuut bij. Hij noteerde:

'9.32: Telefoon van een onbekende. Volgens een telexbericht, dat zojuist ergens ontvangen was, zouden de Britten en Amerikanen met sterke strijdkrachten zowel bij Cherbourg als bij Le Havre aan land zijn gegaan. Als er iets bijzonders gebeurt, sta ik me altijd net te scheren, en zo dus ook nu.'[1]

Een huisgenoot ging poolshoogte nemen op straat. Daar stonden overal groepjes mensen te discussiëren, maar er waren nergens vliegtuigen, dus tastbare bewijzen van een invasie ontbraken. Het was bovendien slecht weer, en dat maakte een landing onwaarschijnlijk. Maar na een half uur kwam de huisgenoot al met het verlossende bericht:

'10.03: Pieter terug. Het is inderdaad invasie. De echte invasie – wacht U voor namaak! De BBC zou gezegd hebben: "rustig blijven!" Eisenhower zou in alle talen hebben gesproken, en minister Gerbrandy in het Nederlands.'[2]

Wat er nu precies gebeurd was en wat er de gevolgen van zouden zijn, bleef nog lange tijd onduidelijk. Ook voor de Duitsers. In een van de duizenden soldatenbrieven die uit Nederland zijn gestuurd schreef, op 6 juni, de dag van de invasie, een zekere Walter naar huis:

'We horen dat de Engelsen afgelopen nacht op de kust van het Kanaal zijn geland. In de komende dagen zullen we er wel meer van horen. Die zullen

*er direct wel weer uitgeslagen worden. Er zal hier niet veel te lachen zijn
voor ze. Is er nog nieuws bij jullie? Bloeien de bloemen in de tuin al?'³*

Maar het was ernst, bloedige ernst. Opperbevelhebber Dwight Eisenhower had meer dan 6.000 schepen tot zijn beschikking, en 11.600 vliegtuigen en 3,9 miljoen soldaten. Het zou maanden gaan duren voor die allemaal overgezet waren, en het was een ongehoord ingewikkelde operatie omdat alle troepen voorlopig moesten worden bevoorraad via de havens van Normandië. Maar er was anderhalf jaar aan de voorbereiding gewerkt en het belangrijkste doel werd bereikt: de Duitsers waren verrast.

Al zou je dat niet zeggen als je in juni 1944 naar de *Wochenschau* ging kijken in de Duitse bioscopen. Daar was een filmverslag van 8 minuten en 58 seconden te zien, waarin duidelijk werd aangetoond hoe de waakzame Duitse kustverdediging de aanval van de Engelsen, Amerikanen en Canadezen manmoedig had afgeslagen. Er is een soort speelfilm van gemaakt. Je ziet de Duitse militairen razendsnel reageren op het eerste alarm. Je ziet ze hun geweer uit het rek halen en fris gewassen in perfecte discipline door de bunkergangen naar hun posten rennen. Een loeiende commentaarstem geeft een toelichting op de beelden waarin lichtflitsen en explosies te zien zijn in een verder geheel duistere nacht:

> *'Zware en lichtere luchtafweerbatterijen beschieten de bommenwerpers
> en andere luchtformaties. Het geflits van kanonnen en explosies brengt
> licht in de nacht. Nu komen de zwaardere kanonnen in stelling. Het hele
> verdedigingsfront is in alarmtoestand. Snelle eenheden van de Duitse marine
> plaatsen machtige tegenaanvallen.'⁴*

Er zijn beelden van een zeeslag te zien, die nooit is gehouden. In de verte weer een explosie. '*Alweer een voltreffer,*' juicht de commentator.

Rijksminister Goebbels had besloten dat het zo moest. Het thuisfront moest niet ongerust gemaakt worden met zorgwekkende berichten uit het westen. Dat er kennelijk een westelijk front was ontstaan was al onheilspellend genoeg. Maar de algehele lijn in de berichtgeving was: dappere Duitsers drijven de aanvallers terug de zee in. In werkelijkheid was Duitsland verrast. Eén dag voor de invasie had de opperbevelhebber in het westen, generaal Von Rundstedt, nog opgeschreven dat er geen tekenen waren van een onmiddellijke invasie.

De geallieerden wilden naar Berlijn, liefst zo snel mogelijk. Die weg liep via Parijs. Maar eerst moest de voorhoede van de invasiemacht zich door Normandië heen vechten. Na de eerste schrik verzamelden de Duitsers zoveel mogelijk troepen in het noordwesten van Frankrijk en daar leverden beide partijen een zeer intensieve en bloedige slag. Zeven weken lang hielden de Duitsers stand in Normandië. Op 24 juli waren er bijna 117.000 Duitsers gesneuveld, tegen ongeveer 122.000 geallieerden – het was een massaslachting in evenwicht.

In augustus komt er opeens schot in 'Operatie Overlord', zoals de invasie in codetaal heet. De Duitsers moeten zich geleidelijk terugtrekken. Ze gaan zich concentreren op de verdediging van de eigen westgrens. De verliezen zijn enorm opgelopen, eind augustus zijn er al meer dan 330.000 manschappen gesneuveld, het aantal verloren gegane tanks en kanonnen loopt ook al in de duizenden. De invasiemacht komt op snelheid en komt zelfs vóór te liggen op de uitgestippelde schema's. Op 25 augustus is Parijs bevrijd, bijna twee weken eerder dan gepland. In Normandië zijn inmiddels, met behulp van caissons, kunstmatige havens aangelegd en daardoor stromen onafgebroken rijen soldaten en voorraden Europa binnen. De logistieke operatie is van een nooit vertoonde schaal. Op elke frontsoldaat zijn gemiddeld vijf à zes ondersteuners nodig, voor de techniek, het voedsel, de verpleging, de planning etc. De Normandiëroute is voorlopig de enige, daarover rijden vrachtwagens permanent af en aan, Amerikanen spreken van de 'Red Ball Express.'

De Britten, met hun Second British Army, en de Canadezen, met hun First Canadian Army, nemen de noordflank voor hun rekening, en gaan als een warm mes door de boter. Op 3 september bevrijden ze Brussel, de volgende dag al Antwerpen, maar nog niet de haven – die is van levensbelang voor de geallieerden en daar bieden de Duitse troepen dan ook meer tegenstand.

Op 4 september zijn de invasietroepen dus al heel dicht bij Nederland. Dat heeft hier gevolgen. Arthur Seyss-Inquart roept de uitzonderingstoestand uit. Onder Nederlanders ontstaat een bevrijdingskoorts. Radio Oranje meldt om kwart over acht 's avonds:

'... wij delen de vreugde van onze Belgische bondgenoten. De bevrijding van België is een belofte van de spoedige bevrijding van Nederland.'

Later op de avond neemt minister-president Gerbrandy plaats achter de microfoon van Radio Oranje. Hij spreekt zijn volk toe, de stem is nog gedragener dan anders:

'Nu de geallieerde legers in hun onweerstaanbare opmars de Nederlandse grens overschreden hebben, wil ik u, uit naam van ons allen, hartelijk welkom toeroepen op onze vaderlandse bodem.'[5]

In Londen kijkt radioredacteur H. J. van den Broek hoogst verbaasd naar zijn premier. Die heeft zojuist de eerste zin veranderd, in de tekst stond 'naderen' en niet dat de geallieerde legers de grens al hadden overschreden. Hij spreekt Gerbrandy er na afloop van zijn praatje op aan, maar die weet het zeker. Hij heeft inlichtingen uit bezet gebied, de troepen zijn inderdaad de grens over. Kort daarna neemt de BBC het bericht over, het was tenslotte de Nederlandse premier zelf die het nieuws heeft gebracht:[6]

'This is BBC Home service. Another good news, the allies have just crossed the Dutch frontier...'

Klein probleem: het is niet waar. Er moet een misverstand zijn ontstaan – vermoedelijk omdat een Britse tankcommandant op een straatnaambordje 'Bredasebaan' zag staan en bovendien een café dat 'Café Breda' heette. Hij trok de conclusie dat hij in Breda was, en gaf dat door aan de legerleiding. Maar hij zat nog in België...[7]

DOLLE DINSDAG

's Avonds meldt premier Gerbrandy via Radio Oranje zelfs dat Breda bevrijd is. De volgende dag, op 5 september breekt er overal in het land paniek uit. Onder de Duitsers welteverstaan, en onder hun bondgenoten, de NSB'ers. Zij vrezen voor hun leven als de geallieerden in dit tempo doorgaan en, wie weet, in een paar dagen heel Nederland komen bevrijden. Ze trekken massaal weg, naar Duitsland, of althans naar Oost-Nederland, of zeker toch zo ver mogelijk weg van de Belgische grens. Onder Nederlanders is de vreugde enorm. Mensen gaan op zoek naar vlaggen, naar oranje wimpels. Er bestaat een foto uit Den Haag waar een hele sliert mensen op het Rijswijkseplein klaarstaat om de bevrijders, die er ongetwijfeld snel aan zullen komen, te begroeten.

Duizenden NSB'ers zijn dan al op de vlucht. Onder hen is Walter Janssens, een muzikant die tot op het laatst in de idealen van de NSB bleef geloven. Hij was leider van de muziekafdeling van de Jeugdstorm, de jongerenafdeling van de NSB. Hij hield de hele oorlogsperiode een dagboek bij. Over de avond van 4 september, als de berichten over naderende geallieerden aanzwellen, schrijft hij:

'Op het stafkwartier werden de archieven verbrand. In een bedenkelijke stemming leidde ik die avond de zang. De diensten moesten gestaakt worden, verordende de staf. Dus beschouwde ik de zangrepetitie op maandag

268

Op het Rijswijkseplein in Den Haag staan de mensen op 5 september 1944 de bevrijders al op te wachten. Sommigen met de vlag in de hand. Ze zijn te vroeg, acht maanden te vroeg.

4 september als een afscheidsavond. We zongen het gehele repertoire door en ik sprak mijn trouwe kameraden toe. Daarna werd het "Wilt heden nu treden" gezongen, waarbij we akelig van ontroering werden en de meesten in snikken uitbarstten. Maar we komen terug – hamerde mijn stem en verbeten zongen we allen ons lijflied "Er dreunen trommels door heel het land." Diezelfde nacht werden we van ons bed gehaald en hebben we Amsterdam als bannelingen verlaten.'[8]

In alle hoeken van het land sloegen de NSB'ers op de vlucht. Het spreekt vanzelf dat ze de hoon van de andere Nederlanders te verduren kregen. Er bestaan enige verslagen over, zoals dat van een NSB-functionaris uit Oudewater (op de grens van Utrecht en Zuid-Holland), die schrijft:

'Onze reis begon op 5 september 1944 des namiddags omstreeks half zes door onze gemeente te verlaten met gejoel en gefluit, nagestaard door lachende volksgenoten. Mijn kameraad die met zijn gezin met mij ging, beging de fout zich tot een opgeschoten individu te wenden met verzoek te blijven staan, wat een vloed van allerhande scheldwoorden ten gevolge had.

*Onze wagen waarmee wij zouden vertrekken, stond 10 minuten gaans
buiten onze gemeente op ons te wachten, bespannen met een paard..., terwijl
achter de wagen een aantal koeien waren gebonden, wat natuurlijk de
lachlust van vele omstanders opwekte.'*[9]

Een deel van de NSB'ers, onder wie orkestleider Walter Janssens, vluchtte
in de richting van Drenthe, en daar werd opvang voor ze geregeld in wat
wel als de meest onvoorstelbare plek van allemaal kan worden beschouwd: kamp Westerbork. Daar waren die week nog twee transporten
van gedeporteerde Joden vertrokken, op 3 september (het achteraf laatste)
naar Auschwitz en op 4 september naar Theresienstadt, ten noorden van
Praag. In dat transport naar Auschwitz zaten onder anderen Otto en
Esther Frank en hun dochters Margot en Anne. Hans Bial, een Duitse
vluchteling, was in Westerbork achtergebleven. Hij noteerde elke dag wat
hij meemaakte. Op woensdag 6 september was dat de komst van een
stroom aanhangers van de Nationaal-Socialistische Beweging:

*'De eerste NSB'ers zijn gekomen, de meesten in particuliere auto's
volgestouwd met koffers, kinderwagens, kisten en dekens. De stroom
NSB-vluchtelingen golft door het kamp. Te voet, in auto's, op fietsen en
boerenwagens, en op het laatst ook in goederen- en personentreinen komen
ze aan. Iedereen staart elkaar aan, we staan maar wat in het kantoor van
de afdeling Statistiek en kijken onze ogen uit. Nu zijn jullie aan de beurt,
dat zeggen alle blikken.'*[10]

Bial maakte melding van ruzies en antisemitische scheldpartijen in het
kamp. Daar stond nog een laatste Jodentransport op de agenda, maar dat
werd uitgesteld – eerst moesten de NSB'ers weggeleid zijn. In het kamp
was de toestand chaotisch, opeens liepen er weer vierduizend mensen
over de Boulevard des Misères. Op 10 en 11 september leverden de Nederlandse Spoorwegen extra treinen om de kortstondige Westerborkbewo-
ners weer af te voeren. Ze konden terecht in de regio Hannover, waar ze
provisorisch werden ondergebracht. Bial vond het wel een goed teken dat
alle NSB'ers naar Duitsland werden gebracht: het betekende dat het ernst
werd met de bevrijding van Nederland. De toestand in Westerbork werd
weer, min of meer, normaal. Op 13 september ging het allerlaatste transport van 280 Joden alsnog naar het oosten, met bestemming Bergen-
Belsen.

De NSB'ers die waren doorgereisd naar Duitsland waren daar niet
erg welkom. De Duitsers hadden zelf al problemen genoeg. Een NSB'er
schreef over zijn bezoek aan Lüneburg:

'In schoollokalen of op tochtige dorpsverenigingszalen lagen met tientallen tezamen de Nederlanders van alle leeftijden en klassen dooreen, echtparen op leeftijd, halfvolwassen jongens en meisjes, kleine kinderen en moeders met zuigelingen, terwijl zij zich overdag moesten ophouden in slecht verwarmde lokaliteiten, waar ze midden op de dag éénpansmaaltijden kregen. We werden in de kampen bestormd door onze landgenoten, die in verbittering vaderland, Duitsland, beweging en mensheid verwensten.'[11]

De reis naar het oosten begon voor veel NSB'ers uiterst moeilijk. Op de stations in Nederland heerste overal chaos op Dolle Dinsdag en de dagen erna. Er zat weinig lijn in de dienstregeling en bovendien werden er nogal wat treinen beschoten. Voor die aanvallen door geallieerde vliegtuigen, die geen enkele hinder meer ondervonden van afweergeschut en dus heel laag konden vliegen en de treinen met mitrailleurs onder vuur konden nemen, is nooit enige aandacht geweest. Vaststaat dat er vele tientallen doden zijn gevallen, onder andere bij Diemen, en ook in de buurt van Voorthuizen.[12] Een brandbom raakte daar de bagagewagen en het perso-nenrijtuig daarachter. Er vielen zeker twaalf doden en tweeëntwintig ge-

Een NSB'er te Vriezenveen verlaat begin september 1944, met al zijn bagage, zijn woonplaats en zoekt een goed heenkomen in Duitsland.

wonden. De volgende middag, toen de trein via een andere route verder-
ging was er weer een aanval. Een van de inzittenden, de echtgenote van
een NSB'er, schreef een verslag over haar ervaringen:

*'s Nachts ongeveer half een zagen we lichtkogels hangen en na een half uur
werd onze trein driemaal beschoten. We moesten allen de trein uit, gelukkig
was Henk dit alles niet vreemd, als transportbegeleider heeft hij reeds
menigmaal zoiets meegemaakt. Hij gaf de raad de dekens die we in de trein
over ons hadden, mee te nemen. We vluchtten dus de trein uit en Henk
nam ons mee naar een greppel. Hier hebben we een hele nacht gelegen. De
Tommy's kwamen nog acht keer over ons heen gevlogen en schoten op de
mensen die zich onder bomen gelegd hadden. 25 Doden en 18 zwaar
gewonden hadden we. Daar lag een hoofd, daar een arm, daar een romp.
Oh, 't was vreselijk. Blitzmädel waren geheel verkoold. De bagagewagen is
helemaal uitgebrand en al onze bagage is verloren gegaan.'*[13]

Hoe massaal de vlucht van NSB'ers naar het oosten is geweest, is nooit
precies vastgesteld, maar 60.000 van de ongeveer 100.000 leden lijkt een
redelijke schatting. Ook Mussert verliet de Utrechtse Maliebaan, hij verhuisde naar Almelo, naar het landhuis Bellinckhof. Seyss-Inquart vertrok
eveneens oostwaarts, hij ging, in gezelschap van collega-commissaris
Wimmer, in Beekbergen wonen, in het Spelderholt, een kasteel waar een
fokstation voor kippen gehuisvest was geweest. Seyss-Inquarts werkplek
werd Apeldoorn, waar, aan de Loolaan, bomvrije werkruimtes beschikbaar waren. De vlucht van Duitsers en NSB'ers leidde vanzelfsprekend tot
grote voldoening bij de achterblijvende Nederlanders. De bevrijding kon
nu toch niet lang meer op zich laten wachten. In allerlei dagboeken lees je
sarcastische opmerkingen over de chaos waarin de NSB-leden hun vaderland verlieten, met alles wat rijden kon, handkarren, volgeladen fietsen,
kinderwagens. Voor velen was Dolle Dinsdag (de term dook pas half september op in het fascistische blaadje *De Gil*) de eerste vrolijke dag sinds
jaren. Ze noemden de weg Utrecht-Arnhem nog heel lang 'Het Hazen-
pad'.

Uitgesproken nerveus was de stemming in concentratiekamp Vught.
Ook daar kwamen de geruchten binnen over de vluchtplannen van de
Duitsers en de nadering van de geallieerden. De spanning was vooral te
snijden op maandagavond 4 september. In de verte was gedreun van kanonnen te horen, een geluid dat de meeste gevangenen als muziek in de
oren klonk. Van buiten het kamp kwamen de verhalen over die enorme
stoet Duitse voertuigen die naar het oosten moesten, maar vast kwamen

te staan in en om het dorp Vught. Op het spoor stonden allemaal treinen in de file. Wat ging er met het kamp en zijn bevolking gebeuren? Voorlopig niet veel goeds. Het was al weken volstrekt chaotisch, de kampleiding had het aantal executies van gevangenen sterk opgevoerd, en op de avond van 4 september was dat niet anders. Een oud-gevangene schreef zijn herinneringen aan die avond op:

'Op maandag 4 september moesten 76 mannen zich opstellen op de binnenplaats van de "Bunker". Enkelen onder hen huilden. Ze werden in groepen van elf afgevoerd naar de fusilladeplaats. De gevangenen op de binnenplaats konden de salvo's goed horen. De moordenaars (meest Nederlanders) kwamen lachend en luidruchtig terug. Zij waren weer wat sigaretten rijker.'[14]

Ook de volgende ochtend, bij het appèl van zeven uur, werden gevangenen uit de rijen gehaald en naar de fusilladeplaats gebracht, een paar honderd meter van het kamp vandaan – de vaste plek waar de ss zijn vonnissen voltrok. In totaal zijn er die twee dagen 117 mensen gefusilleerd. Voor de anderen bleef de spanning. In de loop van de dag bleek dat een groep mannen die als gijzelaar in het kamp zaten, een stuk verderop moesten helpen om bezittingen van de Duitse kampleiding en de ss in goederenwagens te laden. Alles ging naar Duitsland. En later die dag verscheen er op het station van Vught opeens een andere trein. Het ondenkbare gebeurde: met de bevrijders in aantocht en het kanongebulder op de achtergrond, moesten de mannelijke gevangenen van kamp Vught op transport. Het waren er 2.221 – alle gevangenen uit het *Schutzhaftlager*. De trein vertrok op Dolle Dinsdag met bestemming Sachsenhausen, een concentratiekamp op ongeveer 35 kilometer van Berlijn.

De volgende morgen stond er in Vught opnieuw een trein klaar. Die was bestemd voor alle ongeveer zeshonderd vrouwelijke gevangenen, en daarnaast voor de ongeveer zeshonderd mannen die als *Untersuchungshäftlinge* werden beschouwd – gevangenen dus die in een soort voorarrest zaten. Voor ze instapten hebben ze een halve dag op appèl gestaan – aan het tellen kwam geen eind. Ook zieken moesten op appèl en op transport. Aan het eind van de middag vertrok de goederentrein uit Vught. De mannen kwamen in Sachsenhausen terecht, de vrouwen in Ravensbrück, een speciaal vrouwenkamp, ongeveer honderd kilometer boven Berlijn. Het was een gruwelijke tocht. Corrie ten Boom, een van de gevangenen, schreef erover:

'*Twee dagen en twee nachten werden we, onder omstandigheden die we niet voor mogelijk hadden gehouden, steeds dieper het gevreesde Duitsland in gebracht. Zo nu en dan werden er broden doorgegeven. Maar zelfs de gewoonste sanitaire voorzieningen ontbraken en door de walgelijke stank in de wagen konden maar weinigen iets eten.*'[15]

De gevangenen kwamen in de Duitse kampen aan op de ongelukkigst denkbare tijd. Er heerste een volkomen chaos, er was tekort aan alles, zeker aan voedsel en medische verzorging. De sterftecijfers zijn heel hoog geweest. En dat bij een groep mensen die zo dicht bij de bevrijding waren en bij hun vertrek de geallieerden al konden horen naderen.

MARKET GARDEN

Met de bevrijding van Nederland liep het allemaal niet zo snel en soepel als de bevolking hoopte. De geallieerde opmars begon te stokken en bovendien had de bevrijding van Nederland voor de geallieerde legers helemaal geen prioriteit. Het centrale doel van de invasiemacht was Berlijn. Wat op de weg naar Berlijn lag, zou, toevallig, direct bevrijd worden, de rest zou later vanzelf wel volgen. De opmars was al moeilijk genoeg, de aanvoerlijnen werden almaar langer en het geallieerde opperbevel wilde daarom geen enkele soldaat opofferen aan neventaken.

Dat op 12 september Maastricht als eerste grote stad van Nederland werd bevrijd kwam dan ook alleen maar omdat het op de weg lag die het 19e Amerikaanse Legerkorps voor zich had uitgestippeld: naar Aken en vandaar verder het Ruhrgebied in. Op 11 september bereikten de Amerikanen de dorpjes Eijsden, Mesch, Mheer en Noorbeek – de eerste Nederlandse plaatsen die de vrijheid terugkregen. De twee dagen erna was er nog even een felle strijd om Maastricht. De Duitsers bliezen de Sint Servaasbrug op, Amerikaanse soldaten staken met bootjes de Maas over. Op 14 september waren alle Duitsers verdreven of gevangengenomen. Een Maastrichtenaar noteerde in zijn dagboek:

'*De menigte zingt het Wilhelmus. De moffen weg! De nachtmerrie is voorbij! Maastricht, de eerste grote stad van Nederland die bevrijd is. Nooit zal ik deze dag weer vergeten. Het is heerlijk al die blijde gezichten. Die feestkleur. Het rood, wit, blauw. Te mogen zeggen wat je wilt! Mensen die elkaar nooit gezien hebben schudden elkaar de hand. Waar komt al dat oranje ineens vandaan?*'[16]

Voor Radio Oranje maakte Robert Kiek een meeslepend ooggetuigen-verslag. Kiek was een Nederlandse verslaggever die meegekomen was met de invasietroepen en al eerder berichtte over de bevrijding van Parijs, van Brussel en van Antwerpen. Vanuit Maastricht meldde hij:

> 'Begon van Alkmaar de victorie, van Maastricht begint de bevrijding. Vier jaar, vier maanden en vier dagen nadat de Duitsers ons land waren binnengerukt, stroomden eenheden van het Amerikaanse leger onze oudste stad binnen. En de Yankees zijn er ontvangen door een burgerij, die zich soms nog moest bezinnen tussen tranen van vreugde en een laaiend enthousiasme, zoals ik nog nooit eerder heb gezien.'[17]

Zoals het een vakbekwaam journalist betaamt beperkte Robert Kiek zich niet alleen tot de zichtbare vreugde op straat, maar ging hij ook op zoek naar de andere kant. En hij vond in Eijsden de eerste politieke delin-quenten, Limburgers die verdacht werden van steun aan de vijand. Frag-ment uit zijn radioverslag:

> 'In het gemeentehuis van Eijsden vond ik de eerste ladingen NSB'ers achter de tralies. De heren verzekerden me allemaal, dat ze lid van de NSB waren

Op 12 september 1944 bereikten de eerste soldaten van het 19e Amerikaanse Legerkorps Maastricht, zij werden verwelkomd door een groep spoormannen.

geweest alleen met het doel voor de ondergrondse beweging te spioneren.
De vrouwen die nu met kaalgeschoren hoofden in de cellen zaten – bij
sommigen was het haar in de vorm van een swastika geknipt – jammerden,
dat zij nog nooit een Duitser bij zich in huis hadden gehad. Het edele
gezelschap kon waarlijk van geluk spreken, dat het zo veilig achter de tralies
is gezet. Want deze bijltjesdag is in volmaakte rust verlopen.'[18]

De bevrijding van de rest van Zuid-Limburg was in een paar dagen voltooid, op 17 september was daar de laatste Duitser verdwenen.

Op precies dezelfde dag, zondag 17 september, lanceerden de geallieerden een van hun grootste offensieven uit de gehele oorlog, 'Operatie
Market Garden'. Het was een gecombineerde aanval: 'Market' was de
codenaam van een grootschalige luchtlanding, 'Garden' stond voor een
grondoffensief vanuit België. De luchtlandingstroepen zouden de bruggen over de Brabantse kanalen, de Maas, het Maas-Waalkanaal, de Waal
(Nijmegen) en de Rijn (Arnhem) moeten veroveren, waarna grondtroe-
pen door de Duitse verdediging moesten breken en over de door de parachutisten vrijgemaakte corridor naar Arnhem moesten oprukken. Als de
troepen Arnhem zouden hebben bereikt, lag de route naar het Ruhrgebied en Berlijn open. Het voordeel van deze route was dat deze om de
met 18.000 bunkers zwaar verdedigde Duitse Siegfriedlinie (of Westwall)
heen ging.

Het was een plan van de Britse commandant van de 21e Legergroep,
veldmaarschalk Montgomery. Het was een zeer ongebruikelijk en riskant plan: de geallieerde troepen zouden immers midden in door de
vijand bezet gebied landen. Montgomery slaagde erin het door te zetten,
ondanks aarzelingen van zijn Amerikaanse collega Eisenhower, die vooral bang was dat de aanvoerlijnen van de troepen te lang zouden worden.
Montgomery liet de operatie van start gaan op zondagochtend – toen
stegen, van tweeëntwintig bases in Engeland, honderden vliegtuigen op
om parachutisten te droppen. Met gliders, zweefvliegtuigen, moesten ze
wapens en voorraden overbrengen naar de landingsterreinen tussen
Eindhoven en Arnhem.

In Oosterbeek woonde een 15-jarig meisje, Marie-Anne[19], dat tijdens
de spannende dagen van Market Garden voortdurend in haar dagboek
heeft geschreven. De woning van haar ouders was gedeeltelijk gevorderd
door Duitse soldaten, die er zelf hun eten kookten. Daarvoor schoten ze
klein wild (hazen, konijnen, fazanten) in de omgeving, dat ze in de tuin
roosterden. Op zondagmiddag 17 september moesten ze in dekking omdat Arnhem opeens werd gebombardeerd. Er ontstond een chaotische
toestand. Marie-Anne schreef:

Oorlogsverslaggever Robert Kiek vergezelde de geallieerde troepen op hun
bevrijdingstochten door Europa.

'Er komen opeens twee Duitse soldaten de Weverstraat afhollen die tegen
collega's roepen: "Die Engländer, die Engländer!" Met z'n vieren zetten ze
het op een lopen, de kant van Arnhem op. We gaan allemaal naar binnen.
Ik sta in de gang en ineens hoor ik stemmen. Ik kijk voorzichtig door de
deur en daar zie ik allemaal soldaten. Ik hol naar achteren en daar hoor ik
dat het Engelsen zijn. Ze zijn erg moe en hebben dorst. We hebben ze gauw
water gegeven. Ze zijn toen verder getrokken. Direct komen er troepen

*Engelsen aan. Ze worden met gejuich ontvangen. Ze zijn ontzettend goed
uitgerust, allemaal. Er zijn ook auto's tussen en wagens op rupsbanden.
Allemaal met radio. De lange antennes zwiepen er achteraan.'*[20]

Er is nog een ander ooggetuigenverslag, van de andere kant, van de Duitser Hans Ertl namelijk. Hij was cameraman bij de Duitse Wehrmacht (hij
had ook voor de befaamde regisseuse Leni Riefenstahl gewerkt) en hij
was in de omgeving van Arnhem, toen hij op zondagmiddag een ongekend tafereel meemaakte. Hij moest eveneens een schuilplaats zoeken
voor de geallieerde bombardementen. Toen hij weer naar de lucht kon
kijken, zag hij grote aantallen bommenwerpers, die enorme zweefvliegtuigen achter zich aan sleepten:

*'Het is een onwaarschijnlijk schouwspel dat zich voor mij ontplooit: de
zweefvliegtuigen maken zich los en landen links van me, op het open veld.
Als bijen die uit hun korven komen, stromen gewapende soldaten uit de
vliegtuigen en formeren zich, alsof het een oefening is, onder het commando
van hun officieren. Uit een ander zweefvliegtuig rijden soldaten met jeeps
en motoren naar buiten. Verderop worden kanonnen en andere wapens
uitgeladen. Ik sta er verbijsterd naar te kijken.'*[21]

De geallieerden maakten in het begin snelle vorderingen. Ze waren op de
eerste dag al tot aan de Rijn gekomen. Maar ze hadden meer mensen nodig, meer spullen. De volgende dag, maandag, duurde het erg lang voor er
versterkingen in Arnhem aankwamen. Oosterbeekse Marie-Anne nam
de situatie in ogenschouw. En schreef 's avonds:

*'Eindelijk, ongeveer om vier uur, misschien wat later, komen er een paar
vliegtuigen aan. Steeds komen er meer. Eindelijk de lang verwachte
versterking. Er worden parachutes uitgegooid. Alle Engelse soldaten zijn
erg blij. We zijn nog achter naar het landen wezen kijken. Het is een
groots gezicht, die grote zweefvliegtuigen te zien dalen als de kabel tussen
de bommenwerpers en het zweefvliegtuig is losgelaten. Het uitgooien van de
parachutes is ook een prachtig gezicht. Allerlei kleuren. Rood, wit, blauw
en groen. Het zijn niet allemaal manschappen, maar ook veel munitie en
eten.'*[22]

Maar het liep al snel allemaal niet erg voorspoedig meer voor de geallieerden. De Duitsers bleken allesbehalve overrompeld. Ze improviseerden
heel goed, en ze hadden op een aantal punten veel geluk, zo blijkt uit het
dagboek van de Wehrmachtcameraman Hans Ertl:

'Bij de staf krijg ik van kapitein Lang een kort overzicht van de algemene
situatie. Hij zei daarbij gnuivend dat ze in een neergeschoten zweefvliegtuig
een spoorboekje hadden gevonden van deze grootste luchtlandingsoperatie
uit de geschiedenis. Omdat we ook over de code van de Anglo-amerikanen
beschikken, weten we alles over alle plannen van de tegenstander en kunnen
we gepaste maatregelen nemen. "Tegen vier uur verwachten we dat er
noordelijk van Oosterbeek en Wolfheeze goederen voor de Eerste Engelse
Luchtlandingsdivisie worden uitgeworpen. Er is ook een Poolse lucht-
landingsbrigade aangekondigd, ten zuiden van Arnhem. Neem alle spullen
mee die je voor je werk met de camera nodig hebt." Aldus onze zeer nuttige
informant kapitein Lang.'[23]

De Duitsers wisten dus precies wat er wanneer naar beneden zou komen.
Door deze en andere tegenslag werd de toestand voor de geallieerden
steeds moeilijker. De Engelsen die bij de Rijnbrug bij Arnhem vastzaten,
bleven verstoken van hulp. Er werden hevige gevechten gemeld vanuit
Nijmegen en ook vanuit Oosterbeek. De Duitsers leken steeds beter
stand te houden. Voor het geallieerde opperbevel was dat een grote verrassing, maar de generaals hadden het kunnen weten. Als ze de situatie
beter hadden verkend, hadden ze gemerkt dat er ten noorden van Arnhem ten tijde van de luchtlandingen twee Duitse tankdivisies lagen uit te
rusten, puur toevallig dáár. Een kwestie van geluk, erkent ook cameraman Hans Ertl in zijn dagboek:

'Het toeval wilde dat vlak bij de landingszones van Arnhem een
ss-Pantsergrenadierbataljon onder Hauptsturmführer Kraft zijn
intrek had genomen. En daar vlakbij lagen twee divisies van het Tweede
ss-Pantserkorps van generaal Bittrich uit te rusten. Het geluk dat je in
een oorlog nodig hebt, had dit keer onze zijde gekozen.'[24]

De geallieerden raakten nu overal in de knel. Ze moesten hun positie bij
de Rijnbrug opgeven. In Oosterbeek barstte een huis-aan-huisgevecht
los, waarbij ook de woning van Marie-Anne en haar familie in de front-
linie kwam te liggen. De 15-jarige Oosterbeekse was de hele dag in de
weer met de verzorging van gewonden en de begeleiding van soldaten.
's Avonds noteerde ze:

'We hebben nu dertig soldaten in huis. Ze hebben achter in de tuin allemaal
loopgraven gemaakt. Alle soldaten zitten meestal in de achterkamer. Om een
uur of zes krijgen we de boodschap, dat er Duitse tanks in aantocht zijn. We
moeten allemaal de kelder in. Ze dragen wat eetbare waar naar beneden en

koffers met kleren. Ik blijf boven, want er komen veel Engelse soldaten om
water te halen. Hoeveel kruikjes ik die nacht niet gevuld heb, weet ik niet.'[25]

De situatie was inmiddels hopeloos. De inspanningen van de geallieerden
waren er, een week na het begin van Market Garden, alleen nog maar op
gericht de parachutisten levend uit het gebied te krijgen. Een deel was al
via de Rijn bij Driel ontkomen. In de nacht van 25 op 26 september waren de para's aan de beurt die in Oosterbeek opgesloten zaten, onder andere in het huis van Marie-Anne. Het was 'Operatie Berlijn': er werden
ongeveer tweeduizend soldaten in veiligheid gebracht, dankzij de Polen,
want het derde Poolse parabataljon dekte de aftocht.

Daarmee was Operatie Market Garden geëindigd in een mislukking.
De doorstoot naar Berlijn bleef daardoor uit, en dus ook de verdere bevrijding van Nederland en van de concentratiekampen in Duitsland.
Voor de bevolking van de regio had de slag om Arnhem diepgaande gevolgen. Op 23 september gaven de Duitsers het bevel dat heel Arnhem,
Oosterbeek, Renkum, Heelsum en Wageningen geëvacueerd moesten
worden. In totaal 150.000 mensen moesten zeer snel hun huis verlaten, te
voet of op de fiets. De Veluwe werd één groot opvangkamp, velen kwa-

Hevige gevechten op 18 september 1944 bij Arnhem. Jimmy Cooke en Ray Evans
van een Britse verkenningseenheid in actie bij de Duitse Kampweg in Wolfheze.

men in en om Apeldoorn terecht, een grote groep evacuees ging in het Openluchtmuseum wonen.

Operatie Market Garden had nóg een ingrijpend gevolg: opeens was Nederland frontgebied geworden, en daarmee was het geweld van de oorlog opeens heel dichtbij gekomen. Voor velen, vooral in het zuidwesten en zuiden van het land, speelde de oorlog zich opeens voor de deur af. Er was geen ontkomen aan. Eindhoven was dankzij Market Garden overigens al direct bevrijd, al kreeg de stad de dag erna nog een vernietigend Duits bombardement te verwerken. Direct na de mislukking van Market Garden begon de strijd in het zuidwesten van het land. Het doel van het 1e Canadese Legerkorps, dat de linkerflank van de invasiemacht vormde, was opnieuw niet om (delen van) Nederland te bevrijden, maar om, na de bevrijding van Antwerpen, de Schelde bevaarbaar maken, de aanvoerroute over zee naar die stad. Daardoor zou de haven van Antwerpen weer kunnen functioneren en dat was voor de geallieerde opmars van zeer groot belang. Aanvoer vanuit Antwerpen zou de verbindingslijnen drastisch bekorten. De Duitsers snapten dat ook wel en verdedigden de Westerschelde-oevers met man en macht. De strijd werd er ongekend heftig. Nederland is met zijn vele waterwegen een ideaal terrein voor een verdediger en een nachtmerrie voor een leger dat aanvalt. Voor het 1e Canadese Legerkorps werd Nederland in 1944 en 1945 een bloedig slagveld, en dat gold vooral voor Zeeland.

De strijd in Zeeuws-Vlaanderen was hevig en duurde bijna twee maanden. De bevolking kwam de schuilkelders bijna niet meer uit. Uit het dagboek van J. de Clerq uit Aardenburg komt deze notitie van 7 oktober:

'*Van de vliegtuigen zijn we toch zo bang! De bevolking is radeloos. Er zijn kelders die zo vol zijn dat de mensen moeten staan. En nog steeds zijn we niet bevrijd. De nacht van zaterdag op zondag vanaf half negen tot 's morgens was een ware hel. Al het Engelse granaatvuur was op het dorp gericht en het Duitse geschut staat maar steeds voort te blaffen. Aardenburg is nu helemaal gehavend. Je kunt niet eens meer zien of het veel erger is geworden. O Vader van liefde, sta ons toch bij. We hebben het zo moeilijk...*'[26]

In het naburige Biervliet was de situatie even uitzichtloos. De oorlog, die al meer dan vier jaar bijna abstract was geweest en vooral op grote afstand,

was nu tot het eigen dorp doorgedrongen, tot de eigen straat. Corrie van
Schaik schreef dagelijks op wat ze meemaakte, daar in Zeeuws-Vlaanderen:

> 'Het is niet houdbaar meer. De granaten vallen reeds bij onze woning. In
> allerijl hebben mijn vader en mijn verloofde vanmorgen heel vroeg de duiker
> onder de weg in orde gemaakt. Met ons allen zijn we daarin gevlucht. Het
> is een erg primitief verblijf. We zitten gewoon op een brede plank boven
> de modder. Moeder heeft een petroleumtoestel en een pan bruine bonen
> meegebracht om zodoende voor mondvoorraad te zorgen. Alles wat boven
> de grond leeft wordt doodgeschoten.'27

De hele dag hoorden ze aanhoudend geronk in de verte. Later begrepen
ze dat het de Canadezen waren, die met amfibievoertuigen aan land waren gegaan, vier kilometer van ze verwijderd. Maar ze bleven eindeloos in
de vuurlinie. En vader Van Schaik, die smid van beroep was, werd geregeld door de Duitsers uit zijn schuilplaats gehaald – hij moest klussen
voor ze doen:

> 'Vader heeft de hele dag voor de Duitsers moeten werken onder vallende
> granaten. Ze haalden hem gewoon onder de duiker vandaan om hun
> paarden te beslaan of hun wapens te maken.'28

Er kwam geen einde aan het beleg. Beide partijen beseften het belang van
de haven van Antwerpen voor de geallieerde oorlogsvoering en gingen
dus tot het uiterste. De worsteling op dat smalle stukje Nederland werd
voor de bevolking een hel. Op 12 oktober, na een week felle strijd, schreef
Corrie van Schaik:

> 'Er zijn vandaag, naar ons werd medegedeeld, 4.500 granaten in drie
> kwartier in onze omgeving afgeschoten. Vanavond telden ze veertien
> brandende boerenschuren. Het granaatvuur is nu zo hevig dat je elkaar
> niet meer kunt verstaan. Op enkele meters afstand blaft de hele dag een
> granaatwerper waar de vliegers naar schieten. Bovendien staan overal in
> onze nabijheid kanonnen te schieten. We hebben mijn grootmoeder, die
> 86 jaar is, bij ons. Vanwege het hels kabaal is ze totaal buiten haar zinnen
> geraakt en weet ze niet meer wat ze doet. We moeten haar dag en nacht in
> de duiker vasthouden.'29

Toen de strijd enigszins was geluwd en de Duitsers uit Zeeuws-Vlaanderen waren verdreven, kon de familie Van Schaik, na een korte evacuatie,

naar huis terug. Dat huis bleek eerst zwaar beschadigd – en later kwamen er dertig Canadezen in te wonen. Na enig soebatten mocht de familie Van Schaik met vijf personen in één klein kamertje van het eigen huis slapen. Er verdwenen veel spullen uit de smederij, want de Canadezen konden alles gebruiken. En de kleren van vader Van Schaik, die in een koffer zaten, verdwenen ook – de vuile kleren van de Canadezen waren achtergebleven toen ze begin november verder getrokken waren. Corrie van Schaik verzuchtte, aan het eind van haar Latijn:

'Nu we weer alles kunnen nasnuffelen nadat de Canadezen weg zijn blijkt er ontzettend veel gestolen te zijn. Alle sieraden, zoals armbanden, gouden colliers, ringen, broches, horloges en fototoestellen enz. Verder koppen en schotels, bordjes, messen, vorken en lepels, alle foto's van mijn zus.'[30]

Dat is de tol van de oorlog. De Canadezen trokken verder, ze hadden, ver van huis, nog heel veel zwaar werk te doen: ze moesten helpen de Duitsers ook van de andere Schelde-oever te verdrijven, van Walcheren dus. Dat leek een enorm karwei te worden, want Walcheren telde op dat moment, naast de ongeveer 34.000 inwoners, liefst 45.000 Duitse soldaten.

Zo moesten de Zeeuwen erdoorheen zien te komen: mevrouw Van de Putte uit Middelburg gaat via een provisorische steiger weer terug haar woning in.

Vandaar de keuze voor een zeer ongebruikelijke methode: het geallieerd oppercommando wilde het hele eiland onder water zetten door de zeedijk bij Westkapelle te bombarderen. De Nederlandse regering in Londen werd buiten de besluitvorming gehouden.

De bevolking kreeg in pamfletten de boodschap om zich in veiligheid te stellen, maar ze kon het eiland niet af: de Sloedam was zwaar gebombardeerd en de Duitsers hadden alle evacuaties verboden. De bommen op Westkapelle, afgeworpen door de Royal Air Force op 3 oktober 1944, hadden een tragische uitwerking: er kwamen 158 mensen door om het leven. De bres in de dijk was 30 meter breed en sleet later uit tot 125 meter. Toch wilde Walcheren maar niet onderlopen, bij eb trok het water zich steeds weer terug. Er waren meer bombardementen voor nodig, op andere plekken op de dijk, ook bij Vlissingen en tussen Veere en Vrouwenpolder. Uiteindelijk was de inundatie van Walcheren rond 25 oktober een feit. Voor de bewoners was het een rampzalige situatie, van hen werd een groot offer gevraagd – ze moesten naar de hoger gelegen gedeelten van Walcheren, naar de steden, maar nergens waren ze echt veilig voor het water. Middelburger J. van Belle schreef in zijn dagboek hoe hij naar Vlissingen reisde om de spullen van zijn ouders in veiligheid te brengen:

'De achtste oktober ben ik naar Vlissingen gegaan om de inboedel van mijn ouders boven te zetten. Het was voorwaar geen pretje, want aanhoudend belden de sirenes alarm en bombardeerden de Tommies de stellingen der moffen. De keukentafel, stoelen, enz. liet ik staan, want het water stond al in de tuin en het werd juist vloed, dus moest ik weg zien te komen! De andere dag stond het water reeds een halve meter in de kamers! Het was wel een erg groot offer dat de Walcherse bevolking moet brengen voor Europa's bevrijding, maar het offer wordt met grimmig opeengeklemde kaken gebracht, de mof moet eruit!'[31]

Op 1 november begonnen de geallieerde troepen hun aanval, bedoeld om de Duiters van het eiland te verjagen. De opzet slaagde, al kostte het veel mensenlevens, vooral op de Sloedam, waar de Canadezen onbeschermd moesten optrekken en een ideaal doelwit vormden voor Duitse schutters. Op 8 november waren de Duitsers verdreven. Na een paar weken was de Schelde vrijgemaakt van mijnen en kon de haven van Antwerpen voluit worden gebruikt voor de bevoorrading van de geallieerde troepen, die hun weg in de richting van Berlijn wilden vervolgen.

Zich zeer bewust van de rampspoed die de bewoners van Zuidwest-Nederland overkwam, richtte koningin Wilhelmina zich via Radio Herrijzend Nederland, de zender in bevrijd gebied, speciaal tot hen:

'In de eerste plaats richt ik mij tot u, bewoners van Walcheren, en van West-Zeeuws-Vlaanderen, die land en vee en haardsteden, ja alles kwijt zijt, en nu worstelt tegen de binnenstromende golven, Zeelands geduchte en oude vijand. Ondanks het onheil dat u getroffen heeft, ik weet het, laat gij de moed niet zakken, en beraamt gij zich nu reeds, hoe de ramp is te boven te komen. Alles wordt in het werk gesteld, om materialen te verkrijgen, teneinde spoedig een krachtig begin te kunnen maken met het herstel van dijken, en de drooglegging van het land. Walcheren, West-Zeeuws-Vlaanderen, zij zullen herrijzen!'[32]

De geallieerden waren inmiddels alweer verder getrokken, naar het oosten. Bij hun nadering sloegen de Duitsers vaak op de vlucht, maar hier en daar moesten ze zwaar slag leveren om verder te komen. In Heusden deed zich een rampzalig incident voor. De Duitse bezetter besloot de toren van het stadhuis en twee kerktorens op te blazen, omdat die als uitkijkpost voor de geallieerden zouden kunnen dienen. Op de begane grond van het stadhuis bevond zich echter een schuilplaats, waar de plaatselijke bevolking haar toevlucht had genomen voor het oorlogsgeweld. Het opblazen van de toren, door het tot ontploffing brengen van het ondermijnde gebouw, leidde tot een catastrofe: het hele stadhuis stortte in en 134 mensen bezweken onder het puin – dat was destijds 10 procent van de bevolking van het vestingstadje. Nog geen vier uur later reden Schotse tanks Heusden binnen. De verantwoordelijken voor het opblazen van het stadhuis werden nooit gevonden.

De geallieerde troepen rukten uiteindelijk op naar Nijmegen, dat al sinds Operatie Market Garden bevrijd was. Frontstad Nijmegen werd tevens een garnizoensstad. Duizenden militairen zaten er ingekwartierd bij burgers. Er lagen voorraden en wapens opgeslagen voor 'Operatie Veritable', de inval in Duitsland, die in februari 1945 zou beginnen.

Op een gegeven moment telde Nijmegen ongeveer 150.000 geallieerde soldaten, op 80.000 eigen inwoners. Nijmegen werd een 'leave-center', de plek om militair verlof door te brengen. Er zijn volop foto's en films van soldaten die er met Nijmeegse kinderen in de sneeuw spelen en meehelpen bij het sinterklaasfeest. Nijmegen was toen ook dé stad om uit te gaan. In de winter van 1944-1945 hebben onder andere Vera Lynn en Bob Hope er opgetreden.

Garnizoensstad Nijmegen was overigens ook een geschonden stad, al sinds 22 februari 1944, dus al vóór het geweld dat er tijdens Operatie Market Garden was ontketend. Op die 22e februari was de stad getroffen door een ramp van groot formaat: een bombardement door Amerikaanse vliegtuigen – *friendly fire*, om een eigenaardige term uit de krijgskunde te gebruiken.

De Amerikaanse toestellen waren op weg naar Gotha, diep in Duitsland, in het kader van een actie om de Duitse luchtmacht zoveel mogelijk schade toe te brengen. Ook andere centra van de Duitse vliegtuigindustrie stonden die week op het programma. De Amerikanen werden verrast door een aanval van Duitse jagers en raakten in totale verwarring. De hele missie werd op een gegeven moment afgeblazen, en de meeste bommenwerpers gingen toen op zoek naar een geschikt doel in de buurt om hun bommen op af te werpen. Dat deden ze vooral omdat het landen met bommen aan boord tot ernstige ongelukken zou kunnen leiden. Maar veel navigatoren aan boord van de Amerikaanse toestellen waren door allerlei redenen de draad kwijtgeraakt. Ze moeten Nijmegen hebben aangezien voor een Duitse stad. Volgens sommige theorieën wisten ze wél dat ze boven Nijmegen vlogen en probeerden ze het spoorwegemplacement te treffen. Op de grond ging er ook iets mis: er was juist een luchtalarm geweest in de stad omdat er bommenwerpers richting Duitsland overkwamen. Toen er kort na dat alarm weer toestellen overkwamen, die dit keer de andere kant op vlogen, is er geen luchtalarm gegeven – dat kan mede de oorzaak zijn van het grote aantal doden bij dit bombardement.

De ravage na afloop was onbeschrijfelijk De oude binnenstad lag in puin. Veel van de karakteristieke kerktorens van de stad waren verdwenen, het station en stationsplein waren weggevaagd en grote delen van het getroffen gebied stonden in brand. De centrale waterleiding was geraakt; om te blussen moest er water uit de Waal gepompt worden. De waterdruk was te laag, dus net als bij de grote brand in Rotterdam duurde het blussen veel te lang. Drie dagen heeft de stad gebrand. Het totale aantal geïdentificeerde doden staat op 771. Dat getal kan nog wel hoger zijn, want er moeten veel onderduikers in Nijmegen hebben gewoond van wie de identiteit onbekend was. Daarmee benadert de brand in omvang die van Rotterdam, bijna vier jaar eerder.

De NSB probeerde vrijwel direct om propagandistische munt te slaan uit de ramp in Nijmegen. Burgemeester Van Lokhorst, een NSB'er die niet meer actief was en vrijwel al zijn taken had overgedragen aan een loco, slaagde erin om tijdens de herdenkingsdienst, tegen de afspraken in, toch even het woord te voeren. Hij sprak van een 'georganiseerde massasluipmoord' en trok in zaal De Vereeniging deze conclusie over de Engelsen en de Amerikanen:

'Tot nu toe hadden vele goede Nederlanders in hen hun beschermers gezien, maar in Nijmegen kan men deze mening niet meer delen.'[33]

De Duitse bezetter heeft via plakkaten als *'Van je vrienden moet je het maar hebben'*, en *'Anglo-Amerikaanse Terreur'* geprobeerd de gebeurtenissen uit te buiten. Dat is niet echt gelukt. Juist omdat hier de geallieerden de 'daders' waren, is dit bombardement op Nijmegen (net als verscheidene andere soortgelijke geallieerde bombardementen op Nederland) na de oorlog lange tijd maar weinig in het openbaar besproken, in zekere zin verdrongen. Pas de laatste jaren is er weer aandacht voor. In Nijmegen wordt het tegenwoordig uitvoerig herdacht en is er nieuw onderzoek naar gedaan.[34]

Door de geallieerde invasie is in het najaar het oorlogsbeeld in Nederland opeens totaal gewijzigd. Van een plek waar Duitse soldaten het liefst heen werden gestuurd omdat het er zo rustig en ongevaarlijk was, veranderde Nederland in frontgebied, en bleef het op sommige plekken tot het einde van de oorlog het decor van hevige gevechten, vaak man-tegen-man. In Zeeland en delen van Noord-Brabant was na hevige strijd de beslissing gevallen – de Duitsers verdreven, de burgers bevrijd. Dat gebeurde in vrijwel elke streek op een andere manier.

Soms was er sprake van enorme vreugde en werden de bevrijders binnengehaald, zoals we dat van de grote steden in het westen kennen, uit mei 1945. Maar op andere plekken was er zo zwaar gevochten en waren er zoveel slachtoffers gevallen, dat niemand in de stemming was voor bevrijdingsfeesten. Hier en daar was de bevolking geëvacueerd, zoals in Groesbeek en Venlo. Het dorp Groesbeek, vlak bij Nijmegen, werd in het kader van Market Garden op 17 september bevrijd, maar moest 1 oktober worden ontruimd. Venlo en omgeving zijn ook geëvacueerd en zwaar beschadigd, de bevolking is vaak op grote afstand terechtgekomen. Venlo werd op 1 maart 1945 bevrijd, maar de bevrijdingsfeesten konden pas op 1 en 2 september 1945 losbarsten, want toen waren de bewoners pas terug.

Waar de Duitsers verdreven waren, nam het Militair Gezag de touwtjes in handen – onder leiding van generaal Kruls waren militairen belast met het voorlopig bestuur, zolang het burgerlijk bestuur nog niet was teruggekeerd. Op 25 november 1944 kwamen vijf ministers, onder wie premier Gerbrandy, als kwartiermakers (wegbereiders) naar het bevrijde Zuiden. Op het vliegveld lieten ze zich fotograferen en filmen – het was natuurlijk ook een bijzonder moment, maar al op hun eerste autoritje bleek hoe gecompliceerd de situatie was: ze werden aangehouden door een overijverige bewaker die het verdacht vond dat ze niet over een geldig persoonsbewijs beschikten.

Op de grens van Limburg en Noord-Brabant was de rust inmiddels ook weergekeerd nadat daar een paar weken tevoren een hevige slag had

Soldaten in de loopgraven tijdens de eindeloze slag om Overloon, die achteraf betrekkelijk nutteloos bleek te zijn geweest.

plaatsgevonden tussen de Duitsers en Amerikaanse en Britse tankeenheden. Het was de slag bij Overloon, de enige tankslag die er tijdens de oorlog in Nederland is uitgevochten. Het ging in feite om het Maasfront, een stuk grond tussen Venlo en Sambeek, waar de Duitsers een verdedigingslinie hadden opgeworpen die moest voorkomen dat de geallieerden, na hun falen bij Arnhem en Nijmegen, op een zuidelijker plek zouden doorstoten. Het hele dorp Overloon plus nog wat plaatsen in de omgeving werden ontruimd – de bevolking werd ondergebracht in Venray. De tankslag brandde los op 30 september en zou ongeveer twee weken duren, waarbij de partijen elkaar lang in evenwicht hielden. Op 12 oktober – de strijd speelde zich af in verschrikkelijk weer en de tanks liepen bijna vast in de blubber – werd het dorp Overloon door 25.000 geallieerde granaten totaal in puin geschoten. Na hevige gevechten slaagden de geallieerden erin de Duitsers te verdrijven. De opmars naar Venray ging maar heel moeizaam, door de modder en doordat de tanks niet over de Loobeek konden komen: ze zakten met brug en al het water in.

Toen ze dan uiteindelijk Venray hadden bereikt, stootten de geallieerden niet door naar Venlo, zoals aanvankelijk de bedoeling was. De troepen waren opeens harder nodig in Zeeland en op andere plekken waar hevig gevochten werd. De enige tankslag in Nederland blijkt zo achteraf overbodig te zijn geweest. Hij eiste wel 450 Amerikaanse, 1.425 Britse en ongeveer 600 Duitse levens.

Inmiddels was boven de rivieren de situatie eveneens drastisch veranderd. Ook daar werd de oorlog met de dag tastbaarder. Er reden geen treinen meer omdat de Nederlandse regering vanuit Londen met succes een spoorwegstaking had afgekondigd. Die staking moest Operatie Market Garden ondersteunen en voorkomen dat de Duitsers troepenversterkingen per spoor zouden kunnen aanvoeren. Het stakingsbesluit had grote gevolgen voor het leven in bezet gebied, ook door de manier waarop de bezettingsautoriteiten erop reageerden. Onder de zeven miljoen Nederlanders die nog niet bevrijd waren, werd de stemming ten opzichte van de bezetter uitgesproken grimmig. Het proces van verharding in de verhouding tussen bevolking en bezetter kwam tot een climax.

De Nederlandse Spoorwegen maakten in de oorlog een ongekende groei van het reizigersvervoer mee. De treinen reden tijdens de bezetting gewoon door – zoals ook in andere sectoren van de samenleving, in overeenstemming met de wensen van alle betrokken autoriteiten, de gewone gang van zaken was hervat. Al op 20 mei 1940 had de NS-directie per dienstorder bekendgemaakt dat het personeel moest samenwerken met de nieuwe machthebbers om de dienstverlening aan het publiek en het bedrijfsleven op peil te houden. Door het tekort aan benzine was de concurrentie van de auto te verwaarlozen en het aantal treinreizigers schoot omhoog: van 85 miljoen in 1940 naar 232 miljoen in 1943. De Spoorwegen hadden zich gedurende de oorlog wel voorbereid op een algemene staking, die tegen de bezetter gericht zou zijn. Directeur Willem Hupkes toonde zich daartoe bereid als de oorlogssituatie daarom zou vragen. Wel, bij het begin van Operatie Market Garden was dat duidelijk het geval. Door de hectiek van de situatie is er toen vanuit Londen geen contact geweest met de spoorwegdirectie, daarvoor ging het allemaal te snel. De regering kondigde de staking af buiten de spoorwegdirectie om.

De gang van zaken in Londen valt op de voet te volgen aan de hand van het dagboek dat de minister van Oorlog in het kabinet-Gerbrandy, Otto van Lidth de Jeude, in Londen bijhield. Al in augustus had hij een seintje gekregen dat hij en zijn collega's er rekening mee moesten houden dat ze binnen een maand naar het vaderland zouden kunnen vertrekken. Op donderdag 14 september schreef hij over de naderende luchtlandingen bij Arnhem en Nijmegen. Op zaterdag, zo blijkt uit zijn geschriften, waren de ministers vooral bang dat koningin Wilhelmina op eigen houtje de overtocht naar Nederland zou gaan maken, zonder ministers: ze stond volgens Van Lidth de Jeude al 'gepakt en gezakt'. Op zondag was het dan zover: de luchtlandingen begonnen, de strijd rond de bruggen ontbrandde. Van Lidth de Jeude noteerde:

'Herhaalde telefoongesprekken met Gerbrandy, terwijl 's middags Fock van de Binnenlandse Inlichtingendienst mij komt bezoeken om mij te raadplegen of thans een algemene spoorwegstaking moet worden gelast. Het is naar mijne mening nu of nooit.'[35]

Uit het relaas van Van Lidth de Jeude blijkt dat er van enig overleg met de andere kabinetsleden over deze gewichtige beslissing geen sprake was. Hij dicteerde een bericht aan Fock, dat bestemd was voor publicatie en dat dan ook spoedig op de radio te horen zou zijn. Met als kernzin:

'Naar aanleiding van een uit Nederland ontvangen vraag en na overleg met het opperbevel, mede in verband met de operaties die heden in Nederland zijn aangevangen, acht de regering thans het ogenblik aangebroken de instructie te geven tot een algemene staking van het spoorwegpersoneel, teneinde het vijandelijk vervoer en troepenconcentraties zoveel mogelijk te beletten.'[36]

Op Radio Oranje was de oproep aan de spoorwegmensen gedaan in de afgesproken codeboodschap: *'De kinderen van Versteeg moeten onder de wol.'* Het werkte, ook zonder direct contact tussen Londen en de NS-directie, wonderbaarlijk goed. Het stakingsparool werd razendsnel van station naar station doorgegeven, alle 30.000 medewerkers van NS legden het werk neer, de meesten troffen voorbereidingen om onder te duiken. Ze gingen ervan uit dat dat maar voor heel korte tijd zou zijn: de geallieerden waren al in het land, en ze hadden al een massale aanval op Arnhem en omgeving ingezet, dus de oorlog was nog maar een kwestie van hooguit een paar dagen – dat was de algemene overtuiging. Het stakingsbesluit kwam voor de spoorwegmensen als een verrassing. De heer Nijmeijer uit Zaandam:

'Ik was brugwachter op de Hembrug. Ik had vroeg dienst en van Radio Oranje niets gehoord. Ik ging naar de brug, maar het viel mij wel op dat ik nog geen trein had gezien. De man die ik moest aflossen was al weg. Er was nog iemand in Amsterdam en die vertelde van de staking. Ik zei: dan maak ik rechtsomkeert. Ik heb nog eerst een paar posten gebeld maar kreeg alleen gehoor in Amsterdam. Overal in het land werd het bericht verspreid: de spoorwegen staken.'[37]

Vooral voor de machinisten was het stakingsparool een enorme opluchting. Zij hadden een heel moeilijke periode achter de rug, waarin voortdurend treinen vanuit de lucht werden aangevallen, zoals eerder beschreven in dit hoofdstuk. Machinist Van Gurp uit Boxtel verwoordde dat zo:

'Weg waren de gevoelens van angst voor bombardementen en treinbeschietingen. Niet langer machines omwisselen van weermachts- of Rode Kruistreinen, waarin je de gewonden kon zien liggen, dikwijls kermend van pijn. Geen treinen meer ophalen in Duitsland, of doorbrengen naar Roosendaal.'[38]

De bezetter werd wel degelijk getroffen door de spoorwegstaking, maar reageerde snel en haalde mensen en materieel uit Duitsland om het vervoer van troepen en wapens te kunnen laten doorgaan. Binnen een dag of tien was er weer volop troepenvervoer over het Nederlandse spoorwegnet. Bovendien werden er nogal wat stakende spoorwegmensen opgepakt. Dat hoorde ook minister Van Lidth de Jeude, die er, zeker door de tegenvallende ontwikkelingen rond Market Garden, niet vrolijker van werd:

'Het kan niet ellendiger. Wat moet er geschieden met de spoorwegstaking? Hoe wordt die weder opgeheven zonder grote schade voor betrokkenen? De moffen stoppen de voedselvoorziening in de grote steden, indien het spoorwegverkeer niet hersteld wordt. Nog nimmer was ik zo "down" als in deze moeilijke dagen.'[39]

Het Duitse militair apparaat probeerde het vervoer ook via de binnenscheepvaart te laten verlopen. Alle mogelijke schepen werden gevorderd. Nederlandse schippers voelden daar weinig voor en probeerden onder te duiken en hun schepen op stille plaatsen af te meren. De Duitsers spraken al van een 'staking van de binnenvaart'. Ze gingen links en rechts allerlei vervoermiddelen vorderen, karren, paard-en-wagens, en fietsen. Daarop volgde een belangrijk besluit van Seyss-Inquart, als tegenmaatregel tegen de spoorwegstaking: het transport van voedsel en brandstof naar het westen mocht niet per schip plaatsvinden zolang de staking voortduurde. Dat beloofde niet veel goeds, daardoor kon de toestand in de steden in het westen nog aanzienlijk verslechteren. In een *Lage- und Stimmungsbericht* (rapportage over de stemming onder de bevolking) van de Duitse Wehrmacht stond het zo:

> '*Zowel de spoorwegstaking als het ontbreken van andere transportmiddelen, tengevolge van de inbeslagneming van vrachtwagens, paarden en wagens, maken de aanvoer van voldoende levensmiddelen en vooral steenkool onmogelijk. De bevolking van de steden ziet daarom vol bange zorgen de winter tegemoet.*'[40]

Van Lidth de Jeude voelde zich in Londen verantwoordelijk, en dus ellendig. Hij was heel gelukkig toen uit de tekst van een radiorede van premier Gerbrandy van 6 oktober bleek dat de hele regering achter hem stond en dat er aan de spoorwegstaking niet werd getornd. Gerbrandy zei onder meer...

> '*dat met het opheffen van de spoorwegstaking 's lands belang in genen dele gediend zou zijn. Het parool is dus: ondanks alle moeilijkheden volhouden over de gehele linie, tot de vijand met Gods hulp uit ons land is geworpen!*'[41]

De staking heeft geduurd tot de bevrijding van het westen van Nederland, in mei 1945.

HET WORDT GRIMMIGER

In de herfst van 1944, na Dolle Dinsdag en na het begin van de spoorwegstaking, werden de verhoudingen tussen bevolking en bezetter in de noordelijke helft van Nederland steeds grimmiger. Het verzet werd feller en gewelddadiger, de represailles van de Duitsers steeds harder en omvangrijker. Het liep in deze fase van de bezetting uit op een totale confrontatie in een steeds chaotischer situatie.

Die verharding van de verhoudingen was al eerder begonnen. Protesten tegen de nieuwe machthebbers en hun maatregelen waren er van het begin af geweest. Meestal was dat spontaan en incidenteel. Maar ook georganiseerd illegaal verzet was op geringe schaal al direct van start gegaan, vooral in de vorm van de illegale pers. Geleidelijk aan kreeg 'het verzet' – een term die een zeer uiteenlopend scala aan niet direct met elkaar verbonden activiteiten aanduidt – een grotere omvang. Gewelddadig verzet bleef lange tijd zeldzaam. De bezetter trad er vanaf het begin krachtig tegen op. Dat ging aanvankelijk vooral langs de weg van het strafproces, met veel doodstraffen als gevolg. Later bleven die processen dikwijls achterwege en werden mensen die waren opgepakt zonder vorm van proces gevangengehouden, naar kampen gestuurd of geëxecuteerd. Vanaf de zomer van 1942 begonnen de illegale organisaties in omvang toe te nemen en kwam het vaker tot confrontaties, ook soms gewelddadige. Met de april-meistakingen van 1943 zette een volgende fase van de bezetting in met een spiraal van toenemend wederzijds geweld.

Het verzet in Nederland groeide niet alleen, het kreeg onder de bevolking ook steeds meer aanhang en steun. In het bijzonder de zorg voor onderduikers werd een omvangrijke onderneming met vele betrokkenen. Het gewapend verzet ging vaker over tot de liquidatie van verraders en van mensen die van verraad verdacht werden. De nazitop besloot daarop in de late zomer van 1943 tot speciale maatregelen: het executeren van burgers die met die aanslagen niets te maken hadden. Die acties staan bekend als 'Operatie Silbertanne'. De precieze reden voor die naam is onduidelijk, wel weten we dat op de lijsten met kandidaat-slachtoffers de liquidatie niet werd aangegeven met een kruisje, maar met een denneboompje.

Hanns Albin Rauter, de ss-chef in Nederland, had de operatie gelast. Hij had daarvoor een afspraak gemaakt met Henk Feldmeijer, de voorman van de Germaanse ss in Nederland. Feldmeijer zou voor de uitvoering zorgen van het plan: bij elke aanslag op een 'nationaal-socialistisch persoon' (Duitser of Nederlander) zouden drie als anti-Duits bekendstaande mensen uit de regio worden geliquideerd. Geheime Nederlandse ss-commando's zouden dat werk uitvoeren. In totaal zijn ruim vijftig Nederlanders het slachtoffer geworden van deze 'sluipmoorden' – de eerste vonden plaats in de buurt van Meppel.

Daar was in augustus 1943 verzetsman Jan Toet opgepakt. Hij was met een aantal leden van een verzetsgroep op pad gegaan om officieren van de Grüne Polizei te liquideren, maar hij was kennelijk verraden. Daarvan werd een boer uit De Wijk verdacht, een NSB'er. Eerst werd zijn boerderij in brand gestoken en enige tijd later werd de boer doodgeschoten, zijn vrouw raakte gewond. De boer werd met partij-eer begraven. Deze liquidatie werd uiteraard druk besproken in de omgeving van Meppel. Ook Jacob van Esso hoorde ervan, een Joodse onderduiker, die zich in Meppel schuilhield en die dagelijks in zijn dagboek noteerde wat hem ter ore kwam. Zoals op 28 september 1943:

'Zondag is in De Wijk een NSB-boer in z'n huis neergeschoten, z'n vrouw kreeg een schampschot. Volgens zeggen waren een paar lui bij hem gekomen als NSB'ers en hadden hem uitgehoord over Toet, die de vorige week ter dood is veroordeeld en gebracht. Hieruit zou gebleken zijn dat die boer 't zou hebben verraden. Dit is dezelfde boer, van wie enige tijd geleden de boel is afgebrand. Ja, als 't allemaal waar is wat er gezegd word, dan is 't oog om oog en tand om tand, en kan men zoiets niet veroordelen. Wat brengen deze tijden toch een ruwheid van zeden voort.'[42]

De Sicherheitsdienst besloot de dood van de boer te wreken volgens de juist ontworpen richtlijnen van Operatie Silbertanne. Drie mannen werden als slachtoffer aangewezen: de Meppeler garagehouder E. Dijkstra, als tweede dr. Roelfsema, chirurg te Meppel en ten slotte onderwijzer Boldewijn uit Staphorst. Het daarvoor opgeroepen team SS'ers ging in de nacht van 28 op 29 september op pad. Van de drie slachtoffers was E. J. Roelfsema de bekendste. Hij was 38 jaar, een graag geziene man. Hij was in 1937 te Leiden in de geneeskunde gepromoveerd en in de chirurgie, verloskunde en orthopedie afgestudeerd. Toen Roelfsema zich in 1937 als chirurg in Meppel vestigde was hij al een soort bekende Nederlander. In zijn studententijd won hij als roeier met Njord de Varsity. In diezelfde jaren gold hij ook als een van de beste bergbeklimmers die Nederland ooit heeft gehad. Zijn grootste naamsbekendheid kreeg hij als schaatsenrijder. Jarenlang zat hij in de nationale selectie, hij won een aantal langebaanwedstrijden en voltooide vijfmaal de Elfstedentocht. Eenmaal – in 1929 – werd hij zelfs dertiende.[43]

Roelfsema vond de dood in een greppel in Ruinen. Onderduiker Jacob van Esso hoorde de toedracht en schreef erover in zijn dagboek:

'Over Dr. R. word verteld, dat hij midden in de nacht uit z'n bed werd geroepen, met de mededeling dat hij naar Zwolle moest, naar de Duitse autoriteiten. Daarna hebben ze hem in de auto genomen en doodgeschoten. 't Lijk hebben ze aan de weg neergegooid, in de buurt van Ruinen.'[44]

Roelfsema heeft nooit geweten dat zijn vrouw van hun eerste kind in verwachting was. Zoon Roeli werd in 1944 geboren. Hij heeft, zo vertelde hij op een herdenkingsbijeenkomst voor zijn vader, een keer aangebeld bij degene die zijn vader heeft vermoord. Toen die man opendeed zei hij: '*Ik ben Roeli Roelfsema, dus dan weet u wel wie ik ben*', en is toen weer weggegaan.

Garagehouder Dijkstra en onderwijzer Boldewijn zijn voor hun huis doodgeschoten, op dezelfde avond. De volgende dag stond er een berichtje in de krant met als strekking dat er drie moorden waren gepleegd: 'over de mogelijke aanleiding tast de politie in het duister'.

Roelfsema, Dijkstra en Boldewijn waren dus de eerste van ruim vijftig slachtoffers van de Silbertannemoorden in Nederland. Een ander is Anje Lok, hoofd van het dorpsschooltje in het gehucht Ravenswoud, bij Appelscha. Hij stierf in de nacht van 19 op 20 mei 1944. In de buurt was een aanslag gepleegd op twee NSB'ers. Schoolhoofd Lok was actief in de illegaliteit, maar hij weigerde onder te duiken, hoewel zijn vrouw daar meermalen op aandrong. 'Als ze mij dan zoeken, pakken ze jullie,' zei hij dan – Lok en zijn vrouw hadden twee kinderen. Lok was een idealist, principieel geweldloos en actief in de anti-alcoholbeweging. Het onderwijs aan de kansarme kinderen van het Friese platteland was zijn lust en zijn leven. Tot die 20e mei 1944. Zijn dochter, toen 11 jaar, herinnert zich dat er die nacht werd aangebeld:

'*Mijn moeder deed open. Er stonden twee mannen. "Is uw man thuis," vroegen ze. Hij moest mee naar Assen voor een verhoor. Mijn vader kleedde zich aan. Inmiddels waren Jaap en ik ook wakker geworden en naar beneden gekomen. Mijn moeder vroeg of ze hem niet wat brood mee zou geven. Dat was niet nodig, luidde het antwoord, want het zou niet lang duren. Mijn vader verliet het huis. Enkele meters verderop werd hij doodgeschoten. We zijn met z'n drieën bij hem gaan zitten. Het geluid van mijn huilende broertje kan ik zo oproepen; het blijft me mijn hele verdere leven bij.*'[45]

Anje Lok werd in een kilometerslange stoet van Ravenswoud naar Assen vervoerd, en vandaar, per trein, naar het enige crematorium dat Nederland toen kende, in Driehuis-Westerveld bij Velsen. Lok was bij leven een fervent voorstander van crematie.

Zo waren deze gerichte Silbertannemoorden het gevolg van de verharding van de verhoudingen vanaf 1943. Maar het ging nog verder. Naar aanleiding van de aanslag van de groep-Stauffenberg op Hitler, vaardigde de Führer in de zomer van 1944 het zogenaamde *Niedermachingsbefehl* uit dat de bezettingsautoriteiten ook in Nederland een vrijbrief gaf om elke verzetstrijder (of wie ze daar voor aanzagen) direct neer te schieten. De toepassing daarvan en de steeds scherpere represailles als antwoord op verzetsdaden voerden de geweldspiraal nog verder op.

De bekendste en schokkendste represaillemaatregel uit de oorlog is ongetwijfeld de actie tegen het Veluwse dorp Putten, begin oktober 1944. Na een aanslag is een groot deel van de mannelijke bevolking weggevoerd naar dwangarbeiderskampen in Duitsland, en een deel van het dorp is in brand gestoken. In totaal hebben ruim 550 Puttenaren het leven verloren als gevolg van de Duitse represailles – het dorp is de gebeurtenissen nooit echt te boven gekomen.

Het in brand steken van huizen was kort tevoren door de SD-chef Schöngarth aanbevolen in een notitie over de manier waarop 'terroristen en saboteurs' zouden moeten worden bestreden. Het wegvoeren van weerbare mannen paste eveneens in het beleid van de bezetter in die fase van de oorlog. Het begon in Putten met een aanslag op een Duits militair voertuig, op de Oldenallersebrug, aan de Nijkerkerstraat, op 30 september 1944.[46] Een helder omschreven doel was er niet, de verzetsgroep gaf gehoor aan een algemene oproep van de Binnenlandse Strijdkrachten (een pas opgerichte fusie-organisatie van het verzet) om de sabotage en de acties tegen Wehrmachtinstellingen op te voeren. De groep die bij Putten in actie kwam bestond uit acht man, onder wie Keith Banwell, een Britse parachutist die had deelgenomen aan de landingen bij Arnhem en die een geroutineerd brenschutter was. Hij was de enige die zou schieten, de anderen zouden hun wapen alleen gebruiken als er Duitsers uit de aan te houden auto zouden ontsnappen. De auto die uiteindelijk werd beschoten had vier inzittenden. De aanslag verliep chaotisch: eerst deed de bren het niet, daarna wel, de auto reed tegen een telefoonpaal en de inzittenden probeerden weg te rennen, hoewel twee van hen gewond waren. De daders vlogen aanvankelijk alle kanten op. Uiteindelijk verzamelde zich een groepje bij de auto, waar ze de aan zijn buik gewonde *Oberleutnant* Eggert in een greppel aantroffen. De twee ongedeerde inzittenden waarschuwden de Wehrmacht per telefoon. De vierde inzittende, kolonel Sommer, kon zich nog wel door een vrachtauto naar het ziekenhuis laten brengen, maar hij overleed de volgende nacht.

De afhandeling van Duitse kant werd in handen gelegd van kolonel Fritz Fullriede, die juist die dag, 1 oktober, was aangetreden als de nieuwe commandant van het Hermann Göringregiment waartoe de beschoten Duitse militairen behoorden. Hij kreeg op zijn eerste dag in deze functie meteen al een ingrijpende instructie van de hoogste Wehrmachtgeneraal in Nederland, generaal Christiansen. Daarin stond:

— de schuldigen dienen te worden doodgeschoten

— de Puttense mannen tussen de achttien en vijftig jaar moeten worden afgevoerd

— Putten moet worden platgebrand, behalve het huis van de boer die de zwaargewonde Duitse officier heeft geholpen en de huizen van NSB'ers en Duitsgezinden.

Eerder op die dag waren al de eerste maatregelen genomen. Het dorp was afgezet door een troepenmacht van wel duizend soldaten. Honderden Puttenaren werden aangehouden en vastgezet in de kerk, mannen én vrouwen. Bewoners die na de zondagse kerkdienst naar huis wilden gaan werden ook opgesloten. Wie het dorp wilde verlaten liep het risico te worden neergeschoten. Dat overkwam zeven Puttenaren, onder wie een meisje van tien jaar. 's Avonds kwam Fullriede naar de kerk. Hij kondigde aan dat de vrouwen en meisjes naar huis mochten, de mannen moesten blijven. Een van de vrouwen herinnerde zich de woorden van Fullriede, vertaald door een tolk, nog goed:

'U komt morgen om tien uur allemaal terug. Denk erom, kom terug, het gaat om het behoud van uw mannen. Breng een pan eten mee, met een vork. Ga nu naar huis en naar bed, u hebt het allen nodig. Kom vannacht niet buiten, er wordt onherroepelijk geschoten.'[47]

De volgende dag, maandag werden alle mannen tussen de 18 en de 50 jaar, voorzover geen lid van de NSB, apart gezet en geteld. Het was duidelijk dat ze zouden worden afgevoerd. De oudere mannen en ook een groep vrouwen werden nog enige tijd in de kerk vastgehouden. Ze werden lange tijd in onzekerheid gelaten, tot Fullriede op een gegeven moment zei dat de beslissing was gevallen: het dorp zou in brand worden gestoken. Een verpleegster, zuster Heystek, verklaarde later:

'Het moment dat ik dit alles hoorde, zal ik nooit vergeten. Ik had het gevoel dat de grond onder me wegviel, het was zo verschrikkelijk ineens. De mannen weg, Putten verbrand, die angstige vrouwen en kinderen, ik dacht aan niets meer en wilde maar één ding, weg uit de kerk.'[48]

Die middag werden de geselecteerde mannen afgevoerd, naar het naburige kamp Amersfoort. In het dorp kregen de overige bewoners de tijd hun spullen te pakken en hun huizen te verlaten. Ouderen, zieken en vrouwen met kleine kinderen konden een wit laken uit hun raam hangen, dan zou hun huis worden gespaard. Ook kregen 250 mensen een papier om aan te plakken, waaruit bleek dat er een reden was hun huis ook ongemoeid te laten – NSB'ers, Duitsgezinden, politieagenten en mensen die iets hadden kunnen regelen. Vanaf half zes gingen ongeveer honderd huizen in brand, lang niet het hele dorp dat ongeveer tweeduizend huizen telde. Zuster Heystek had ook een plakkaat naast de deur, maar ze was er niet gerust op:

'Ze hebben echt om het huis gesprongen om het ook in brand te steken. Een politieagent heeft hen ervan weerhouden om alles te verbranden. Het was erg moeilijk, want de huizen met de briefjes stonden midden tussen de andere en de moffen waren half-dol. Ik heb zowat de hele avond op straat gestaan, de moffen kwamen joelend voorbij, ze hadden er zo'n plezier in. Ze deden wie het eerst elk vuur aan had, het was een heel gejoel, verschrikkelijk.'[49]

In kamp Amersfoort zijn van de 661 mannen uit Putten en omgeving er 59 vrijgelaten, vooral vaders van grote gezinnen. Op 11 oktober zijn de overigen per trein naar concentratiekamp Neuengamme getransporteerd, in Noord-Duitsland. Tijdens de reis zijn er dertien uit de trein gesprongen. Door dat risico te nemen voorkwamen ze, dat ze, net als hun plaatsgenoten, in een soort hel terechtkwamen. De situatie in de concentratiekampen en ook in de 'buitenkampen' die daaromheen lagen was in oktober 1944 heel slecht. De gevangenen werden verwaarloosd, er was veel te weinig te eten en van medische zorg was vrijwel geen sprake meer. Bovendien moesten de mannen in de buitenkampen zwaar werk doen, waardoor ze fysiek heel snel afknapten. Een van hen verklaarde na de oorlog:

'De hele dag graven was dat. En als je een halve meter diep was, stond je al in het water, dus elke dag kwam je nat thuis.'[50]

Een van de grote problemen was het gebrek aan goede schoenen. Daardoor kregen vrijwel alle mannen wondjes aan hun voeten, die niet meer genazen en tot infecties leidden, waar velen aan bezweken. Zo zijn er meer dan honderd Puttenaren overleden in het buitenkamp Ladelund, waar de omstandigheden gruwelijk waren. De barakken hadden er geen bedden, de omgeving was natter, kouder en winderiger dan in andere werkkampen, er was gebrek aan drinkwater. De gevangenen hadden alleen een broek aan en een hemd van papier. Van ziekenzorg was weinig te verwachten, want er waren te veel zieken, vooral dysenteriegevallen. Het kampregime was zeer hard en er vielen veel doden op het werk – zoveel dat het commando wel het 'spookcommando' of het 'dodencommando' werd genoemd. In het begin liepen de gevangenen naar het werk, later werden zij over het spoor vervoerd op volgeladen, platte wagens met een hekje. 's Avonds, op de terugtocht naar het kamp, moesten de doden worden meegedragen.

Van de Puttenaren die naar Duitse concentratiekampen zijn afgevoerd zijn er 540 omgekomen. Slechts negenenveertig hebben die periode overleefd, van wie er vijf kort na thuiskomst alsnog overleden aan de gevolgen van ziekte en ondervoeding.

De tragedie van Putten heeft al tijdens de bezettingstijd en ook daarna veelvuldig aanleiding gegeven tot de vraag of de aanslag van de verzetsgroep voldoende gerechtvaardigd was in het licht van de mogelijk te verwachten represailles. Die vraag is bij heel wat andere verzetsdaden waarop represailles volgden ook gesteld. Daarnaast is, vooral later, ook de vraag gesteld of de (bevindelijke) religieuze achtergrond van de meeste Puttenaren, die een zekere lijdelijkheid met zich mee zou brengen, een van de oorzaken is geweest voor de hoge sterfte in deze groep in Ladelund. Het zijn vragen waarop geen sluitend te bewijzen antwoorden mogelijk zijn, al staat wel vast dat de Puttenaren op een rampzalig moment onder rampzalige omstandigheden op een rampzalige plek zijn beland.

RAZZIA'S

In de herfst van 1944 kwam de beklemming van de oorlog zo mogelijk nog dichterbij, vooral in de grote steden in het westen. De Duitsers gingen ertoe over zoveel mogelijk mannen op te pakken en af te voeren, zonder aanziens des persoons. Bij deze operaties, die een ander aspect van de verharding van de verhoudingen toonden, speelden vooral twee factoren een rol. Ten eerste het inzetten van deze mannen in de Duitse industrie, in feite Arbeitseinsatz dus. Maar het Duitse leger was daarnaast ook bang dat een eventuele invasie in het noordelijke deel van Nederland op steun zou kunnen rekenen van duizenden burgers, en dat die mogelijk actief zouden gaan meevechten. Zo meldde de *Nieuwe Rotterdamsche Courant* in december 1944 'van bevoegde Duitse zijde' te hebben gehoord dat in België en Frankrijk de geallieerde tanks door de burgerbevolking waren geholpen bij hun opmars en dat daarom 'de bezetter in het westen des lands begonnen is de weerbare bevolking te verwijderen'.

Op 10 en 11 november leidde, in dit kader, een operatie van ongekende omvang tot het gedwongen vertrek van meer dan 50.000 Rotterdammers uit hun stad. Bij die actie zijn geen Nederlandse politieagenten betrokken geweest – die werden voor dat karwei niet vertrouwd. Ze werden overal buiten gehouden, de Duitse autoriteiten organiseerden deze actie, met de codenaam 'Rosenstock' geheel zelfstandig. Sterker nog, met een list werd de Rotterdamse politie kort voor de actie ontwapend. De agenten moesten op 8 november hun wapen laten controleren door de Ordnungspolizei, en tot hun verrassing moesten ze het daar achterlaten. De Rotterdamse burgemeester Müller, een NSB'er toch, werd de avond tevoren geïnformeerd, maar kreeg direct huisarrest.

In de nacht voor de razzia's werden de wijken in Rotterdam en Schiedam waar de acties waren gepland hermetisch afgesloten, bruggen werden opgehaald en Duitse wachtposten namen plaats op belangrijke punten. Om half zeven 's ochtends was dit alles – zo stil mogelijk – bijna overal voltooid. Mannen die zich op straat begaven naar hun werk, kregen de opdracht terug naar huis te gaan en daar te wachten. Vanaf zes uur

De razzia van Rotterdam, 'Operatie Rosenstock'. Meer dan vijftigduizend mannen werden opgepakt om tewerkgesteld te worden. Hier een groep die door de De Montignylaan loopt.

begonnen Duitse soldaten straat na straat af te zetten. Daarna belden of klopten ze aan de deuren en sommeerden de mannelijke bewoners tussen 17 en 40 jaar zich te melden voor de arbeidsinzet. Sommige mannen moesten direct meekomen, op andere plekken werden eerst pamfletten in de brievenbussen gestopt en reden er geluidswagens door de straten met dezelfde boodschap als het pamflet. Vrouwen en kinderen werden gesommeerd binnenshuis te blijven. Rotterdammer F. Haest, die de gebeurtenissen nauwgezet in zijn dagboek noteerde, had 's ochtends al een papier in de bus gekregen waarin stond dat iedereen uit de aangegeven leeftijdsgroep mee moest doen aan de arbeidsinzet, tegen een goed loon en met voldoende te roken. Hij noteert:

'*Inderdaad bleek het westen helemaal afgezet, geregeld werd geschoten, bruggen waren omhoog, niemand kan in of uit, ook de vrouwen niet. Mensen radeloos, ieder ging zijn spullen inpakken.*'[51]

Op de huis aan huis verspreide oproepbiljetten stond ook dat iedereen die voor de arbeidsinzet in aanmerking kwam voor zijn huis moest gaan staan, en dat vrouwen en kinderen binnen moesten blijven. Haest vervolgt:

'*Huiszoekingen gingen intussen verder, straat voor straat, drie man naar binnen, enkelen aan de deur – geweren, pistolen, handgranaten. Op de hoeken van de straten soldaten; soldaten die langzaam de straat doorfietsen, kinderen spelen op straat, een fietsende soldaat roept iets tegen hen, een der kinderen gaat midden op straat staan: Ik ben niet bang.*'[52]

De actie was massaal. Er waren allerlei verzamelplaatsen waar de opgepakte mannen bijeengedreven werden, een tramremise in Hilligersberg, de marinierskazerne in Kralingen en ook het Feyenoordstadion in Zuid. Een van de duizenden opgepakte mannen heeft zijn ervaringen anoniem genoteerd. Hij schreef:

'*Daar ga ik dan. Niemand weet waarheen. Bepakt en beladen, in de zonderlingste kledij, als oude doorgewinterde grondwerkers gaan anderen mij voor. Mannen lopen af en aan. Vrouwen en kinderen gluren door het venster. Overal betraande ogen, en hoogrode kleuren of fletsbleke gezichten. De wereld is anders dan anders. Droom ik of waak ik?*'[53]

In de straten van Rotterdam waren op allerlei plekken grote colonnes onderweg. Ze werden begeleid door Duitse soldaten met het geweer in de aanslag. Het was een luguber schouwspel dat overal angst inboezemde. Een achterblijvende vrouw schreef die avond in haar dagboek:

'Heel langzaam kwam de stoet dichter bij en je hoorde de stemmen. "Moed houden", "Oranje boven". Vrouwen huilden. Meisjes liepen mee met hun armen om hun jongens geslagen. Vrouwen met kinderwagens, oude mannen en vrouwen. Van alle kanten kwamen vrouwen aangerend met dekens, kleren en eetwaren. Anderen liepen weer terug om nog dingen te halen of vriendinnen te waarschuwen, snikkend, huilend.'[54]

De eerste dag, 10 november, waren vooral de buitenwijken aan de beurt – op 11 november volgde de binnenstad. Die dag werden om vijf uur 's middags de blokkades opgeheven. 's Avonds om elf uur verdwenen de Duitse legeronderdelen uit het straatbeeld. De Duitse coördinator kon 's avonds na elven aan Rauter melden:

'Actie-Rosenstock afgesloten. Het resultaat is hoger dan het verwachte aantal. Naar een voorlopige telling zijn in totaal 51.500 mensen opgepakt.'[55]

Van de bijna 52.000 mannen zijn er 40.000 in Duitsland tewerkgesteld, vooral in het Ruhrgebied, ze werden afgevoerd per trein, per rijnaak, maar ook minstens 15.000 lopend. Tienduizend mannen zijn in het oosten van Nederland aan het werk gezet. Tweeduizend zijn onderweg ontsnapt of mochten weer naar huis omdat ze te ziek waren om te werken.

De razzia in Rotterdam was met afstand de grootste van allemaal. Er zijn in bijna alle steden razzia's gehouden, veel daarvan al eerder dan die in Rotterdam. In Hengelo al op 22 september, in Utrecht op 7 oktober en in Enschede (waar vijfduizend mannen werden opgepakt) op 24 oktober. Den Haag was op 21 november aan de beurt, ook daar hoopten de Duitsers tegen de 50.000 mannen op te halen, maar daar viel de vangst erg tegen: het precieze aantal is nooit bekend geworden, maar het moet in de buurt van de 10.000 liggen. Het ging hier om de 'Operatie Sneeuwvlok'. Veel Hagenaars hebben zich schuil kunnen houden, en kennelijk is er ook niet overal even grondig gezocht. Dat gold in ieder geval voor de schrijver J.J.Voskuil, die net achttien was geworden en in een schuilplaats onder de grond hoorde hoe een Duitse soldaat het huis doorzocht, maar aan de plek waar Voskuil door een luik was gekropen voorbijging.[56]

Historicus Ben Sijes, die het standaardwerk over de arbeidsinzet heeft geschreven, komt tot de conclusie dat er eind december in de steden van het nog bezette gebied ongeveer 120.000 mannen zijn opgepakt en afgevoerd.[57]

De spoorwegstaking en de reactie van Seyss-Inquart daarop (geen toevoer van voedsel over het water naar de grote steden in het westen) leidden al snel tot grote problemen. Bovendien was de toevoer van steenkolen gestopt, want de verbindingen tussen het bevrijde zuiden en de noordelijke provincies waren afgekapt. West-Nederland stond aan de rand van de hongersnood en de moeilijkheden werden nog aanzienlijk vergroot doordat het heel slecht weer werd. De winter van 1944 op 1945 was extreem nat en de maand januari was zeer koud. De eerste sneeuw viel vlak voor de jaarwisseling en bijna alle dagen van januari vroor het; in de laatste week 's nachts zelfs 12 graden. Het sneeuwde in de tweede helft van januari voortdurend. In de maand februari, die in feite heel zacht weer te zien gaf, regende het anderhalf maal zoveel als normaal in die maand. Dat weer droeg bij aan de totale malaise in het westen van het land. De voorziening van gas en elektriciteit was al in oktober gestopt. De bewoners van de grote steden deden er alles aan om de kachel brandend te houden.

Woningen die tijdens de Hongerwinter in de Amsterdamse Jodenbreestraat werden gesloopt.

Ze sloopten alles wat los en vast zat, drempels, trapleuningen, keukenkastjes, zelfs hele trappen. En buiten gingen de houtblokjes van de tramrails de straat uit, en natuurlijk bomen, duizenden bomen werden er illegaal omgezaagd. Het *Nieuws van de Dag* schatte in maart 1945 dat er van de 34.000 bomen in de stad Amsterdam zo'n 20.000 in de kachels waren verdwenen. Uit leegstaande woningen – vaak van gedeporteerde Joden – werd al het hout gesloopt dat er maar te vinden was.

Voor andere doeleinden was er helemaal geen hout meer beschikbaar, zelfs niet voor doodskisten. Een meisje van 15 jaar uit Den Haag beschreef wat er bij haar thuis gebeurde:

'Op 3 maart 1945 ging mijn vader op bed liggen en stond niet meer op. Op 17 maart 1945 stierf hij de hongerdood. Normaal begraven was er niet bij. Er waren geen kisten. Mijn moeder heeft mijn vader zelf afgelegd. Het enige wat ik moest doen was helpen tillen. Hij lag op een bed in een klein slaapkamertje. We hadden hem zeker twee weken thuis en iedere dag zag je hem ouder worden. Hij was volkomen uitgeteerd. We kregen – als een geschenk – dat prachtige vroege voorjaar in 1945 en de zon scheen alsmaar op zijn lijk. Uiteindelijk is hij weggehaald en na verloop van tijd met lotgenoten in een massagraf begraven. Wij waren er niet bij. Wij waren te ziek en te zwak.'[58]

Het eten werd almaar slechter en kariger. De meeste mensen waren aangewezen op de gaarkeukens, en daar werden de porties steeds kleiner. Het is waar: soms zijn er suikerbieten en tulpenbollen in de maaltijden verwerkt. Rita van Gestel, een meisje van 14 dat in Wassenaar woonde en speciaal voor haar vader – een krijgsgevangen officier – de gebeurtenissen in een dagboek bijhield, schreef:

'Met de slee gaan we naar de gaarkeuken, het is te glad om met een pan eten te lopen. We hoeven vandaag maar een half uur te wachten. Het is stamppot van suikerbieten, tulpenbollen en bieten, niet erg lekker. Er zitten stukken tulpenbol in die nogal weeïg zoet en tegelijkertijd wrang smaken en de pulp van de suikerbieten is nogal hard en taai. Er zitten steeds grote stukken door, bah! Maar we moeten het wel eten, we hebben niets anders.'[59]

Een paar weken later, eind januari 1945, dezelfde scène, nu duurde het wachten vijf kwartier, en het resultaat was er niet beter op geworden:

'Het is een vloeibare stamp van andijvie met tulpenbollen. We eten tegenwoordig altijd in het donker, dan zie je tenminste niet wat je eet. Als *er een steentje of stukje stro in zit, proef je dat vanzelf en leg je het naast je bord.'*[60]

Het Voorlichtingsbureau voor de Voeding verspreidde blaadjes papier met tips voor de bereidingswijze van tulpenbollen, die als vervanging van aardappelen konden dienen. Je kon ze als stamppot eten, maar ook gebakken, en je kon er soep van koken en zelfs pannenkoeken van bakken ('de tulpen koken in water, afgieten, stampen en met meel tot beslag vermengen').

Het gebrek aan eten dreef de stedelingen naar het platteland, op hongertocht. Er zijn hartverscheurende verhalen over bekend, in bijna elke Nederlandse familie worden ze doorverteld. Moeders die voor melk van Utrecht naar de Achterhoek fietsten, kinderen die op hongertocht werden gestuurd. Er zijn veel verhalen van boeren van wie de linnenkasten uitpuilden (veel stedelingen namen hun linnengoed mee als ruilobject) en die iedereen hardvochtig wegstuurden, maar evenzoveel verhalen van roerende barmhartigheid en medemenselijkheid. Er is ook het verhaal van Harm Tijssen, een 15-jarige jongen uit Hattem die in zijn dagboek bijhield hoeveel westerlingen er langs de deur kwamen en hoe die wer-

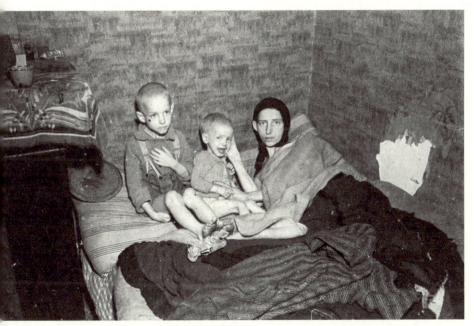

De Hongerwinter in één beeld getroffen. Een moeder met haar twee uitgemergelde kinderen in een woning in Den Haag.

den behandeld. Zoals steeds: wisselend. De een werd liefdevol opgenomen, de ander kwam niet verder dan het erf. Harm, die soms zijn bed
moest afstaan aan hongerige passanten, schrijft:

*'Al een paar nachten slaap ik nu op de twee Liberty-stoelen. Overigens
zonder wrok: waarom zou ik niet wat ongemak voor lief nemen om deze
zwerfsters voort te helpen? Toch worden ook wij harder. Ds. Jellema
stuurt ons vanmiddag nog twee meisjes, maar moeder heeft ze "ledig
heengezonden". Vermoedelijk omdat het uiterlijk haar niet aanstond.
Ook heeft ze vanmiddag het echtpaar Fafié laten vertrekken zonder
boterhammen mee te geven voor onderweg.'*

Het is een onafzienbare stoet meelijwekkende mensen, die alle decorum
verloren hebben en in volslagen wanhoop een levensgevaarlijke tocht on-
dernamen om een beetje eten te bemachtigen. Harm Tijssen heeft daar,
ondanks zijn 15 jaar, oog voor – hij beschrijft heel treffend wat hij ziet:

*'De hongertochten gaan onverminderd door. Onafzienbare stromen van
handwagens, sportkarren, kinderwagens en allerlei andere vehikels.
Vrouwen, die ervoor trekken, erachter duwen, ernaast lopen... of erin zitten,
omdat ze niet verder kunnen. Een werkelijk gevoelig mens piekert zich dood
over al deze voortstrompelende, oververmoeide medeburgers. Het is, zoals die
meneer vanmorgen tegen me zei, toen hij wat sigarettenpapier kocht: "Als
je er teveel over nadenkt, ga je er aan kapot."'*[61]

Een interessant beeld van de hongertochten rijst op uit een tot nu toe onbekende bron: in het Nederlands Instituut voor Oorlogsdocumentatie
ligt een grote stapel opstellen. Bij de eindexamens van de MULO uit 1946
was een van de keuzetitels: 'Mijn Hongertocht'. Honderden jongeren
schreven, zwoegend voor hun diploma, hun ervaringen op, soms houte-
rig, vaak glashelder. Een paar citaten.

*'Drie konijnen ruilden we voor een nieuwe fietslamp. Voor een binnenband
kregen we nog dertig pond rogge, zodat we een aardige lading hadden toen
we teruggingen.'*
(A. Elich)

*'En, of ik nu zo'n bedelaarsgezicht heb, of niet, het lukte me vrij dikwijls,
bij een boer wat los te krijgen.'*
(Hetty van Eijk)

'Toen we door Amsterdam liepen kwam er plotseling een troep Duitsers aan die overal mannen en jongens aanhielden en meenamen. Ook wij werden aangehouden en ook ik moest mee. We moesten ergens een karweitje voor ze opknappen. Wat mijn moeder ook zei en deed, het hielp niets. Ze zeiden dat ik binnen een paar uur weer terug zou zijn. Maar die paar uur zijn wel heel wat langer geworden, want toen we op de plaats aankwamen bleek dat er al genoeg mannen waren en werden wij gelijk doorgestuurd naar een trein die op het punt stond naar Duitsland te vertrekken. Gelukkig heb ik nog kans gezien om later toen de trein even voor Utrecht reed uit de trein te springen.'
(H. van de Meer)

'Een vrouw ligt uitgeput langs de weg. Ik kijk ernaar en ontdek met ontzetting ineens, hoe hard een mens wordt en hoe egoïstisch als het om zijn leven gaat, ik laat haar namelijk kalm liggen.'
(J. Duyvetter)

'Als vlees hadden we stekelbaarsje, door de molen gedraaid, en waarvan we dan ballen maakten. Om deze stekelbaarsjes te vangen, gingen we een halve meter in het water staan, gooiden een vierkant net van gaas waarboven een paar wormen hingen, in het water, en wachtten tot we iets voelden (want, wanneer er zo'n school stekelbaarsjes over je net ging, dan voelden we de trillingen ervan) en dan trokken we vlug het net naar boven.'
(W. de Waard)

Een verrassende vondst in de stapel opstellen is het eindexamen van de dan 16-jarige Bob den Uyl. Hij zou later een van de belangrijkste Nederlandse reisschrijvers van de 20e eeuw worden, en het eindexamenopstel voor de MULO kan in zekere zin als zijn debuut worden gezien. Het gaat, welbeschouwd, ook over een reis:

'Het was Maart 1945. De honger was op het ergst en een koude wind woei met kracht uit het westen. Op de 27ste Maart zou ik vijftien jaar worden en we hadden besloten, dat we deze dag eten moesten hebben. Daar ik de enige was, die nog in het bezit van een tamelijk goede fiets was, was ik de aangewezene, een strooptocht te ondernemen. Van een kennis hoorden we enorme verhalen over de gulheid en hartelijkheid der boeren in Drente, dus zou ik naar Drente tijgen, heen met lege zakken en dito maag, terug hopelijk alletwee goed gevuld. Ik vertrok 's morgens pas om negen uur omdat ik eerst nog de soep van de centrale keuken af moest wachten. De soep smaakte, als altijd, buitengewoon (vies). Toch at ik het altijd gulzig op, want

het was tenslotte het enige wat je kreeg. Maar nu over mijn tocht.
Onder een regenbui bereikte ik Gouda, waar ik voor de brug een kwartier
moest wachten, hetgeen zeer onprettig was met mijn versleten dunne
regenjas. Ik trok verder en bereikte die dag nog Zwolle, waar ik onderdak
zocht en vond bij vriendelijke burgermensen. Ik moest hen over alles
vertellen en zij gaven me zoveel mogelijk te eten. Ik zal hun altijd dankbaar
blijven. Op deze tocht heb ik vrij wat mensenkennis opgedaan en mijn
ondervinding was, dat mensen die het minst hadden, het meest gaven. Bij de
gegoede boeren kreeg je niets zonder ruilen. De volgende morgen reed ik
verder, na de mensen hartelijk bedankt te hebben. Zonder veel moeite kwam
ik over de IJssellinie. Bij Meppel had ik een avontuurtje. Controle door de
landwacht en de Groene! Mijn hart klopte voor mijn fiets, die nog tamelijk
goed was. Ik slipte een zijweggetje in en probeerde te ontkomen. Ik had nl
een brief bij me voor een onderduiker in Oude Pekela, een zoon van een
vriend van mijn vader. Zij schoten echter in de lucht en ik moest terugkeren,
wilde ik niet de kans lopen, een kogel in mijn rug te krijgen. Ik dus met
loden schoenen terug en liet me gewillig in een auto smijten. Mijn fiets werd
in een andere hoek gesmeten en we reden naar het bureau, waar ik
ondervraagd werd en tevens gefouilleerd. De brief had ik echter al in de wc
gedeponeerd. Dit hele avontuur liep uit op een geluk voor mij. Ik moest die
nacht in het bureau blijven slapen. In mijn cel sliep ook nog een boer die
gegrepen was voor het verbergen van onderduikers. De man had medelijden
met me en gaf me zijn adres, vlak in de buurt, waar ik wel terecht kon als ik
zijn naam noemde. Ik werd 's morgens vrij gelaten en zag buiten tegen de
muur mijn fiets staan met lege banden. Ik pakte de fiets weg en liep zo vlug
mogelijk naar het huis van die boer, waar ik mijn banden, die doorgestoken
waren, plakte en tevens tarwe en erwten kreeg. Ik ben toen nog met een
legerauto naar Oude Pekela geweest om de onderduiker gerust te stellen en
reed toen linea recta naar huis waar ik met vreugde ontvangen werd.
Het werd een gezellige verjaardag!'

Voor veel mensen in het westen van Nederland liep het allemaal een stuk
slechter af. De Hongerwinter, zoals de periode van oktober tot april is
gaan heten, heeft ongeveer 20.000 mensen het leven gekost – exacte cijfers zijn er niet. Het is in veel gevallen ook erg moeilijk te bepalen of
iemand direct gestorven is aan de gevolgen van de honger. Over het algemeen zijn de slachtoffers vooral mensen die niemand hadden die voor ze
op pad ging. Eenzame mensen, vaak ouderen, en mensen zonder sociaal
netwerk. En daarnaast ook degenen die door ziekte of verzwakking elke
weerstand verloren hadden.

Eind april pas kwam er aan de noodsituatie een einde doordat aan de rand van de grote steden uit geallieerde bommenwerpers voedsel naar beneden werd gegooid. Daaraan waren onderhandelingen voorafgegaan met de Duitse autoriteiten, die wel inzagen dat de geallieerden op het punt stonden ook het westen te bevrijden. De bezetter beloofde dat er niet op de overvliegende bommenwerpers zou worden geschoten. Op 29 april was de eerste missie: 242 zware bommenwerpers van het type Lancaster vlogen naar de Nederlandse kust, en vandaar naar de aangewezen terreinen. De eerste lading bevatte 535 ton voedsel, de actie heette 'Operatie Manna'. In negen dagen viel 11.000 ton voedsel uit de hemel. Na de Engelsen stuurden ook de Amerikanen en de Polen vliegtuigen naar West-Nederland om de hongerende bevolking uit de nood te helpen. Duizenden hulpkrachten waren er nodig om de voedselpakketten te verzamelen en onder de mensen te verspreiden. Dat was een grote klus, bij gebrek aan behoorlijke transportmiddelen. Maar het resultaat redde duizenden mensen van de hongerdood.

DE BEVRIJDING

Voorafgaand aan deze spectaculaire reddingsactie door de lucht, was er in de rest van Nederland hier en daar harde strijd nodig geweest om de niet door de hongersnood getroffen gebieden op de Duitser bezetter te heroveren. Die strijd was pas eind maart, begin april 1945 van start gegaan, want voor die tijd waren de Canadese en Britse divisies elders nodig: om het Duitse tegenoffensief in de Ardennen te weerstaan, en om de centrale aanval van de geallieerden te ondersteunen, in het Rijnland. Pas daarna kwam Nederland aan de beurt, want Nederland had, zoals eerder gezegd, geen prioriteit in de plannen van Eisenhower en Montgomery. En de pleidooien van koningin Wilhelmina, haar schoonzoon prins Bernhard en haar ministers bij het geallieerde opperbevel maakten weinig indruk. Nederland kwam pas heel laat aan de beurt.

Begin april eigenlijk pas, toen de Canadezen en de Britten opdracht kregen Oost- en Noord-Nederland te zuiveren. In de Achterhoek ondervonden ze hier en daar nog flinke weerstand, vooral in de steden met bruggen over de IJssel. Maar de overmacht was te groot en van het Duitse moreel was niet veel meer over. Het felst was de tegenstand in de stad Groningen, waar twee dagen hard gevochten werd en waar de Canadezen drieduizend Duitsers krijgsgevangen maakten. Daarna volgden nog hevige gevechten bij de monding van de Eems, maar uiteindelijk moesten de Duitsers zich overal overgeven.

Op 12 april waren de Canadese tanks het doorgangskamp voor gedeporteerde Joden in Westerbork binnengereden – ze troffen er nog ongeveer negenhonderd Joodse gevangenen aan. De bewakers waren gevlucht, inclusief commandant Albert Gemmeker. De meesten waren óf
naar Duitsland gegaan of naar het westen van het land, over de Afsluitdijk. Dat was een paar weken eerder ook de route van Mussert geweest,
die vanuit Almelo via Groningen toch maar in Den Haag was neergestre-
ken, op de Korte Vijverberg.

Op veel plaatsen is het dan al feest. In Harderwijk bijvoorbeeld rijden
de Canadezen op 18 april naar binnen. Een plaatselijke politieman schrijft
in zijn verslag:

*'De zon straalt aan de hemel op deze 18e april. De prunus bloeit al en aan
de tanks hangen bloeiende takken. Dol zijn we, dol, allemaal. In trossen
hangen de kinderen, grote en kleine aan de gevechtswagens en de soldaten
weten niet beter te doen dan goedmoedig te lachen en eten, chocolade en
sigaretten uit te delen.'*[62]

Die beelden zijn heel bekend, en ze zijn de iconen geworden van het feest
dat het oosten van Nederland in april en het westen in mei 1945 over-
spoelde. Juichende en hossende menigten, volgeladen tanks en pantservoertuigen, overal uitgelaten meiden rond de stralende bevrijders.

Voor het westen was het feest begonnen met het bericht van Radio
Herrijzend Nederland, de zender die vanuit Eindhoven berichten doorgaf. Daar had op 4 mei kapitein Van den Broek bericht gekregen van
de Duitse capitulatie in Noordwest-Europa, en hij was halsoverkop de
spreekcel ingerend om het nieuws de ether in te gooien. Later schreef hij
erover in zijn dagboek:

*'De microfoon ging open en daar kwam het grote nieuws eruit, hakkelend en
nauwelijks in correcte zinnen geformuleerd, uit het hoofd aan elkaar geregen.
Maar wat deed het ertoe? Nederland was vrij! Het bericht werd herhaald,
en nog eens en nog eens. Ik geloof dat we er tussendoor het Wilhelmus en
andere vaderlandse liederen speelden.'*[63]

Op 5 mei was de situatie in het westen verward. Op de Londense radio
was het bericht van de Duitse capitulatie al omgeroepen, maar op straat
was er niets van te zien. Nergens waren er geallieerde militairen te bekennen. In Wageningen, in hotel De Wereld, werd een bijeenkomst gehouden tussen Canadese generaals en de bevelhebbers van de Wehrmacht in
Nederland, in aanwezigheid van prins Bernhard, maar dat had niet tot

Duitse militairen openen het vuur op de menigte op de Dam in Amsterdam, op 7 mei 1945. Wat een feest van de bevrijding moest worden, werd een bloedige tragedie.

ondertekening van de capitulatie-overeenkomst geleid. Generaal Blasko-witz vond het dictaat dat hem werd voorgelegd veel te gedetailleerd en te omvangrijk, dus hij weigerde en eiste bedenktijd. Pas de volgende dag te-kende hij, op een bijeenkomst in de aula van de Landbouwhogeschool, ook in Wageningen. Maar nog altijd waren er geen geallieerde militairen in de steden in het westen. Die kwamen pas op maandag 7 mei – tot die tijd hadden de mensen hun vreugde over de bevrijding moeten bedwin-gen. En het voormalig verzet, verenigd in de Binnenlandse Strijdkrach-ten, had zich eveneens moeten inhouden. Na de Duitse capitulatie zou de BS een rol krijgen in het bewaren van rust en orde, maar de voormalige verzetsmensen zouden géén Duitsers mogen ontwapenen, die taak was exclusief aan de geallieerden voorbehouden. Dat frustreerde velen zeer en er zijn dan ook ernstige ongelukken van gekomen.

Terwijl op 7 mei de vreugde overal in het westen de vrije loop kreeg en de straten zich vulden met uitgelaten mensen, die blij waren dat ze het einde hadden gehaald, deed zich ook een aantal bloedige incidenten voor. Het bekendste is de schietpartij op de Dam, waar op maandagmiddag twintig doden vielen. De mensen stonden massaal te wachten op de Canadese bevrijders, toen een groep Duitsers, vanuit het gebouw van de Grote Club, het vuur op hen openden. Ze waren geïrriteerd geraakt doordat er her en der Duitse militairen, tegen de regels in, door BS'ers waren aangehouden en ontwapend. Daarbij zijn incidenten ontstaan en schoten gevallen en dat moet de reden zijn geweest dat leden van de Kriegsmarine het vuur openden op de verzamelde burgers. Twintig doden onder de mensen die op hun bevrijders stonden te wachten – de schietpartij wierp een zware schaduw over de feestvreugde.

Zulke gebeurtenissen zijn er meer geweest. In Utrecht bijvoorbeeld. Vlak bij het woonhuis van Mussert raakte op 7 mei een groep jonge BS'ers, vooral studenten, in gevecht met Duitse soldaten, die zich niet wensten te laten ontwapenen. Toen er een schot was gevallen, kregen de Duitsers hulp van verschillende kanten en ontstond er een vuurgevecht. De BS'ers probeerden zich schuil te houden, maar vanaf het balkon van Musserts voormalige huis gaf een onbekend gebleven vrouw aanwijzingen waar ze te vinden waren. Tien BS'ers werden gedood door kogels en handgranaten.[64]

Een paar kilometer verderop, in het dorp Jutphaas, ten zuiden van Utrecht, vielen zes doden. Een aangeschoten Duitse militair reed daar op een motor rond en de BS-commandant besloot dat hij ontwapend zou moeten worden. Toen de Duitser zijn op de grond gevallen wapen probeerde te pakken, werd hij neergeschoten. Daarop kwamen Duitse militairen uit de omgeving revanche nemen. Ze schoten op de omstanders en achtervolgden de BS'ers tot in het gemeentehuis en de panden in de buurt. Vijf Nederlanders werden doodgeschoten. De Duitsers werden pas ontwapend toen er uit Utrecht een Canadese tank te hulp kwam om aan het incident een eind te maken.

De volgende dag, op 8 mei, vielen er nog acht doden in Bolnes, onder Rotterdam. Er was daar al een gespannen situatie ontstaan omdat de BS opdracht had gekregen vrouwen te arresteren die met Duitsers waren omgegaan. Er was een Duitse officier bij betrokken, die zijn Nederlandse vriendin bij zich in de auto had. Toen ook zij gearresteerd dreigde te worden, gooide een Duitse soldaat een handgranaat in de groep opgewonden mensen. Daarop ontstond een vuurgevecht tussen de BS en Duitse soldaten. Daarbij zijn geen dodelijke slachtoffers gevallen, maar de Duitsers omsingelden wel een huis waarin BS'ers en omstanders gevlucht waren. De mannen die zich daar hadden verschanst werden gedwongen naar buiten te komen, voor een garagedeur opgesteld en neergeschoten. Zeven werden er gedood, en verder is er nog een meisje doodgeschoten dat in de buurt liep te wandelen en door een Duitse kogel werd getroffen. De drie verantwoordelijken aan Duitse kant zijn met naam en toenaam bekend, maar ze konden direct naar Duitsland terugkeren en zijn, voorzover bekend, nooit gestraft.

Een andere schaduw over de feestvreugde van de bevrijding was de openbare vernedering van 'moffenmeiden', zoals meisjes en vrouwen werden genoemd die met Duitsers waren omgegaan. Overal in bevrijd gebied werden ze opgepakt en vastgezet. Op veel plaatsen zijn ze in het openbaar kaalgeknipt en soms met pek of menie besmeurd. Op talloze foto's en filmbeelden is te zien hoe ze werden uitgejouwd. Wraaklustige menigten koelden zo hun woede. In Haarlem, op 6 mei, was er zo'n festiviteit op de Grote Markt. Tot de ooggetuigen behoorde Corrie ten Boom, die in september 1944 vanuit Vught naar Ravensbrück was gedeporteerd en inmiddels weer thuis was. Ze zag hoe een kennelijk achterlijk meisje werd kaalgeschoren en met oranje verf ingesmeerd. En ze schreef:

Overal in het land werden tijdens bevrijdingsfeesten vrouwen en meisjes mishandeld die van omgang met Duitsers werden verdacht. Hier het kaalknippen van een vrouw in Hilversum.

'*Een oudere vrouw wordt nu naar voren getrokken. Zij verweert zich, zij is woest. Fel kijken haar donkere ogen. Het volk om mij heen giert van het lachen. De vrouw kan niet tegen de overmacht op en haar hoofd wordt kaalgeschoren, evenals het keurig geonduleerde kopje van het volgende slachtoffer, een knap meisje, dat verbeten zich laat behandelen. Dan zet één uit het volk het Wilhelmus in en zij moet de maat slaan. Ik ga weg. Het Wilhelmus is mij zo heilig. Wat is dit erg.*'[65]

Maar alle schaduwen en alle ergernis vielen toch in het niet bij de alles-overheersende vreugde onder de Nederlandse bevolking na vijf jaar vreemde overheersing. Op de Amsterdamse Dam, waar op maandag nog twintig mensen sneuvelden, werd op woensdag een huldiging van de Canadezen georganiseerd waarbij alle sprekers, inclusief premier Gerbrandy, ovationeel werden toegejuicht. 'Nederlanders, Gij zijt vrij,' was de voor velen onvergetelijke openingszin van verzetsstrijder Henk van Randwijk daar. De Dam was stampvol en er heerste een grote, algemene blijdschap. 'Het was een grootse, aangrijpende gebeurtenis,' jubelde de boven water gekomen verzetskrant *Het Parool*. Er vielen daar op de Dam vijfhonderd Amsterdammers flauw.

7 Oorlog in Indië

Op 10 mei 1940, toen de Duitse legers Nederland binnenvielen, klonk in Nederlands-Indië door de radio een officiële bekendmaking: 'Berlijn, wij herhalen: Berlijn!' De Nederlandse bestuursambtenaren, die in alle uithoeken van dat uitgestrekte land die boodschap te horen kregen, wisten wat ermee bedoeld werd. De instructies waren een paar weken tevoren uit de hoofdstad Batavia gekomen, en de meeste bestuursambtenaren hadden ze gelezen, in hun hoofd geprent en in de brandkast opgeborgen: in heel Nederlands-Indië moesten alle Duitse staatsburgers worden opgepakt en ingesloten. Dat zou het Nederlands-Indische antwoord zijn op een Duitse aanval op Nederland.

Ambtenaar J.J. van de Velde, die bij het Tobameer op Sumatra was gestationeerd, had al ruim tevoren een arrestatieschema gemaakt. Hij ging op 10 mei met een assistent direct op pad om de in zijn gebied wonende Duitsers op te pakken en te interneren. Hij schreef later, in een brief:

'Er was Gundert, de anti-nazi, die van zijn thee-onderneming uit de bergen gehaald moest worden. Met hem en met sommige zendelingen, van wie ik wist dat ze niet veel van het fascisme moesten hebben, had ik wel te doen, maar we konden natuurlijk geen onderscheid maken. Met de twee nazi-doktoren had ik niet de minste moeite, die kregen hun verdiende loon.'[1]

Ambtenaar A. Visser wist dat er op het eiland Nias, dat voor Sumatra ligt, zo'n zeventien Duitsers zaten. De eerste die hij opzocht, een schoolbeheerder, reageerde verbijsterd, zo schreef Visser in zijn memoires:

'"Mein Gott, aber das ist ja unmöglich!" Hij zonk verslagen op een stoel neer. "Woher wissen Sie das?" "Een officieel radiobericht." Dit kon geen toneelspel zijn, de man was inderdaad totaal overstuur.'[2]

Na 10 mei 1940 moest Nederlands-Indië op slag zelf voor wapens en munitie zorgen. Veel mannen moesten aan het werk in munitiefabrieken.

Operatie Berlijn had een onverwacht grote omvang. In totaal werden er bijna 2.800 mensen gearresteerd en opgesloten. Onder hen ook staatsburgers van Polen, Denemarken, Hongarije, Tsjechoslowakije, België, Frankrijk en Joegoslavië. Onder de Duitsers bevonden zich niet alleen overtuigde nationaal-socialisten maar ook Duitse Joden, politieke vluchtelingen uit Duitse gebieden en zelfs genaturaliseerde ex-Duitsers. En dan waren er ook nog de bemanningen van de negentien Duitse koopvaardijschepen die sinds augustus 1939 hun toevlucht hadden gezocht in de toen nog neutrale Indische havens. Op Java werden bijna tweehonderd Duitse vrouwen met hun kinderen in een kamp opgesloten.

De betrokkenen waren verbijsterd – ze leefden in het vredige Nederlands-Indië, ver weg van het kolkende Europa, maar werden toch de dupe van wat daar gebeurde. De geïnterneerden kwamen over het algemeen onder een streng gevangenisregime te staan, maar excessen zijn in die eerste maanden niet gemeld. Er werden ook nog vijfhonderd leden van de NSB gearresteerd en opgesloten. Die beweging had in Indië een tamelijk bloeiende tak, zeker na het bezoek van leider Anton Mussert in 1935, die tot veler verbazing officieel was ontvangen door gouverneur-generaal De Jonge. Alle gearresteerden werden in kampen vastgehouden, tot nader order. Ze waren afhankelijk van wat er verder zou gebeuren en moesten afwachten. De meesten kwamen op Sumatra terecht en zouden anderhalf jaar later, bij de nadering van het oorlogsonheil, Nederlands-Indië moeten verlaten.

De Duitse inval in Nederland was voor Nederlands-Indië een grote schok. Opeens waren er geen directe verbindingen meer met het moederland, opeens was de kolonie op zichzelf aangewezen, voor het eerst in eeuwen. Dat betekende onder andere dat Nederlands-Indië zichzelf zou moeten verdedigen tegen gevaren van buitenaf, vooral tegen een te verwachten aanval uit Japan, het land dat in Oost-Azië al decennia had blijk gegeven van de wens zijn invloed uit te breiden. Indonesië diende dus zijn eigen wapens te fabriceren en zijn leger te versterken. Dat was een van de belangrijkste prioriteiten voor de Nederlands-Indische regering in Batavia, onder leiding van gouverneur-generaal Tjarda van Starkenborgh Stachouwer.

Moderne wapens fabriceren – dat was nieuw voor Nederlands-Indië. Het land had heel andere specialismen. Het had aan het eind van de negentiende eeuw en in de eerste decennia van de twintigste eeuw zijn landbouwproductie snel gemoderniseerd. Koffie was lange tijd het belangrijkste product geweest, vooral voor de export, maar suiker kwam daar direct na. En naarmate de wereld meer geïndustrialiseerd raakte kwamen er nieuwe behoeften: rubber, olie en tin. Nederlands-Indië kon eraan voldoen, want de bodem bevatte allerlei kostbare grondstoffen. De productiewijze werd steeds grootschaliger, de transportvoorzieningen (spoorwegen!) werden steeds beter en er was steeds meer kapitaal nodig: gespecialiseerde banken verschaften dat. Na de Eerste Wereldoorlog kwamen er ook steeds meer buitenlandse banken naar Indië, en zo was er geld om de economie moderner en flexibeler te maken. Indië werd een van de landbouwwetenschappelijke onderzoekcentra van de wereld.[3] Overal verschenen landbouwproefstations, en de hoogleraar sociologie J. A. A. van Doorn, dé deskundige op dit gebied, sprak dan ook van een 'hecht verstrengeld agrarisch-financieel-technologisch complex dat mondiaal gezien vrijwel uniek is'.

In de ontwikkeling van deze koloniale samenleving was de rol van de waterstaatingenieurs cruciaal. Delft leverde ze bij tientallen af aan de kolonie (in 1930 werkten er in heel Nederlands-Indië, in alle bedrijfstakken, in totaal 1.300 ingenieurs), waar tot de verbeelding sprekende projecten werden gerealiseerd, die de drinkwatervoorziening en de irrigatie van de landbouwgebieden naar een ongekend hoog peil brachten. Nederlands-Indië werd, in de woorden van socioloog Van Doorn, een 'technocratisch ingenieursproject', dat garant stond voor kwaliteit en volop werkgelegenheid. Topambtenaar Ott de Vries zag in 1920 tijdens een congres van ingenieurs volop kansen:

'...vooral voor de Nederlandse ingenieur, voor wie zulk een werkkring in het bijzonder zo aantrekkelijk is omdat hij weet dat zijn werk nimmer vernietigd of geschonden zal worden, want wie aan het werk van de ingenieur zijn schendende hand slaat, graaft daarmee wis en zeker zijn eigen graf.'[4]

En inderdaad, op talloze plekken in Indonesië zijn nog altijd de vruchten te zien van die ingenieursstaat die het land lang geweest is. Een paar jaar na zijn verhaal op het congres zei bovengenoemde topambtenaar het nog een keer, weer bij een feestrede, en nu met nog meer voorspellende kracht in zijn woorden:

'Mocht het verband tussen beide landen verbroken worden, dan zal de Indiër toch altijd dankbaar moeten blijven voor het vele goede werk dat de Nederlandse ingenieur in zijn land tot stand heeft gebracht.'

In dat technologisch hoog ontwikkelde Nederlands-Indië werden nauwelijks wapens gemaakt, en toen daar vanaf mei 1940 behoefte aan ontstond, viel het niet mee om zo'n nieuwe tak van industrie op te zetten. De

Nederlands-Indische regering probeerde geld vrij te maken om wapens aan te kopen in de Verenigde Staten. De contracten werden getekend, maar de leverantie schoot niet erg op en de meeste bestellingen zouden Java nooit bereiken. Nederland probeerde wel om Amerika bereid te vinden om een rol te spelen in de verdediging van Nederlands-Indië, maar de Amerikanen voelden daar vooralsnog weinig voor. Interventie in verre oorden – daar moesten de Amerikanen in de jaren dertig niet veel van hebben.

Maar de spanning steeg. Nederlands-Indië mocht dan in de regio een belangrijke factor zijn geworden, zeker door zijn economische ontwikkeling (die overigens de massa van de bevolking weinig profijt bood) – maar er waren méér machtscentra. Vooral Japan was in opkomst, en streefde naar een dominante rol in dit deel van de wereld.

JAPAN

Azië was in de eerste helft van de twintigste eeuw volop in beweging. Er voltrokken zich daar grote veranderingen in de economische en maatschappelijke verhoudingen en ook in de machtsverhoudingen tussen de staten. De koloniën leverden hun Europese moederlanden in de eerste decennia van de eeuw steeds meer profijt op, maar de interne spanningen namen geleidelijk toe en uiteindelijk leidden die zelfs tot een proces van dekolonisatie. Tezelfdertijd voltrok zich een strijd om de macht in Zuid- en Oost-Azië, waarin vooral Japan zich profileerde: het streefde nadrukkelijk naar expansie, in rivaliteit met de westerse koloniale mogendheden, maar ook met China en de nieuwe wereldmacht Amerika.

Ook in Japan had zich in de eerste decennia van de twintigste eeuw een snelle technologische ontwikkeling voorgedaan. Dichtbevolkt en zonder natuurlijke hulpbronnen, zocht het zijn heil vooral in de industrie. Het bouwde volop nieuwe fabrieken en zette volledig in op modernisering, het wachtwoord van de nieuwe tijdgeest. De eigendom van die fabrieken, en daarmee de macht in handel, industrie, transport en bankwezen, raakte geconcentreerd in een aantal familieconcerns, die door middel van familiebetrekkingen ook nauwe relaties met de politieke macht onderhielden. Meer dan de helft van Japans nationaal vermogen was in handen van acht families. Tot 1930 bepaalden zij, de zogeheten *zaibatsoe*, het beleid. Daarna verschoof het zwaartepunt van de macht naar een groep die al van oudsher grote reserves had tegen handel, handelslieden en industrie: de strijdkrachten.

Japan had, eerder en sneller dan de andere grootmachten, zijn vloot gemoderniseerd en had eind jaren twintig al een torpedo ontwikkeld, die vele malen effectiever was dan de Britse of Amerikaanse. De nieuwe, in 1926 aangetreden keizer Hirohito kreeg weinig greep op de legertop, die van maatschappelijke modernisering weinig moest hebben en juist wilde teruggrijpen op klassieke Japanse waarden, zoals een vurig nationalisme en de bereidheid voor het vaderland te sterven. Het leger liet zich door geen enkele tegenkracht afhouden van gebiedsuitbreiding. Begin jaren dertig viel het Mantsjoerije binnen, waar het een eigen regering installeerde – de burgerlijke Japanse regering had er geen enkele macht over, premier Inukai werd door marine-officieren uit de weg geruimd: ze schoten hem van dichtbij neer.

De hele Japanse samenleving werd doortrokken van het nationalistische militarisme. Vanaf 1926 kreeg elke stadswijk en elk dorp een centrum waar jongens vanaf hun twaalfde een militaire opleiding moesten volgen: vier jaar lang twee uur per week. In 1940 hadden zo 3,5 miljoen scholieren geoefend voor een rol in het leger. In een van de voorschriften die ten behoeve van de Japanse jeugd werden uitgevaardigd heette het dat:

'het slagveld in het bijzonder de plaats is waar de geestelijke inhoud van de gehoorzaamheid zich tot een praktisch ideaal ontwikkelt en waar als onze verantwoordelijkheid wordt ingescherpt dat een nederlaag onmogelijk moet zijn.'

Met deze gemotiveerde achterban en in een steeds agressievere sfeer, viel Japan in 1937 China aan, dat onder het bewind stond van de nationalist Tsjang Kai-Tsjek. Eind van dat jaar volgde de belegering, en later de verovering van de stad Nanking. Daar hebben Japanse soldaten een onbeschrijflijk bloedbad aangericht. Wekenlang pleegden ze gruwelijke misdaden in deze stad. Het aantal slachtoffers wordt op wel 300.000 geschat, geen vrouw of meisje was veilig. Een Amerikaanse inwoner van Nanking schreef naar huis:

'Het is een verschrikkelijk verhaal om te vertellen; ik weet niet waar ik moet beginnen of moet eindigen. Nooit heb ik gehoord van een dergelijke wreedheid. Verkrachting: we schatten tenminste 1.000 gevallen per nacht en vele per dag. Bij verzet of iets dat lijkt op afkeuring is er de bajonettensteek of de kogel.'[5]

Die verhalen verspreidden zich snel, in de Verenigde Staten, maar vooral in Oost-Azië. Geen wonder dat de angst voor een Japanse inval ook som-

Keizer Hirohito van Japan inspecteert de troepen vanaf zijn paard, in de buurt van Tokio.

mige bewoners van Nederlands-Indië in toenemende mate in de greep nam. De spanning liep verder op toen op 27 mei 1940 het Driemogendhedenpact werd gesloten tussen Duitsland, Japan en Italië. Wederzijds erkenden zij daarin elkaars leidende rol bij het realiseren van de 'Nieuwe Orde' in Europa en Azië. Voorts zegden ze elkaar wederzijdse hulp toe voor het geval één van de landen zou worden aangevallen door de Verenigde Staten. De dreiging van overslaan van de wereldbrand van Europa naar Azië werd almaar groter – de oorlog in Europa dreigde een *wereldoorlog* te worden.

NEDERLANDS-INDIË

Een van de meest bekroonde televisiedocumentaires uit de Nederlandse geschiedenis is *Moeder Dao, de schildpadgelijkende* van Vincent van Monnikendam, in 1995 voor het eerst uitgezonden. Daarin komt, aan het begin, een scène voor die veel aspecten van de koloniale samenleving in het voormalige Nederlands-Indië omvat. We zien een aanlokkelijke tropische omgeving, waar een ondiepe rivier stroomt. In het beeld verschijnt een blanke man in een wit pak – type bestuursambtenaar. Hij zit op een paard dat hij voorzichtig en vakkundig door het water leidt. Man en paard zijn zonder enige bepakking en wekken de indruk een pleziertochtje te maken. Dan verschijnt, een paar meter achter de ruiter, de inlander in beeld. Zonder paard waadt hij door de rivier, hij draagt de bepakking van de blanke man boven zijn hoofd om die niet nat te laten worden.

Later in de film tonen vele andere scènes dat vrijwel alle blanke mannen witte pakken dragen, als betrof het een uniform. Het witte pak is het symbool van de koloniale verhoudingen. Het wit beschermt niet alleen tegen de zon, maar toont ook dat het smetteloos te houden is, niet bezoedeld door lichamelijke arbeid of zware inspanning. Er waren overigens maar weinig mannen in zulke witte pakken in Nederlands-Indië. Op een bevolking van tegen de zeventig miljoen woonden er rond 1940 ongeveer 300.000 Europeanen. Daartoe werden ook de Indo-Europeanen gerekend, mensen van gemengd bloed, kinderen van blanken en inlanders, van wie de meesten zéker niet in die witte pakken liepen. Van die 300.000 waren er ruim 100.000 blank.

Nederlands-Indië maakte een duidelijk onderscheid tussen bevolkingsgroepen. Sommigen (zoals socioloog Van Doorn) spreken van se-

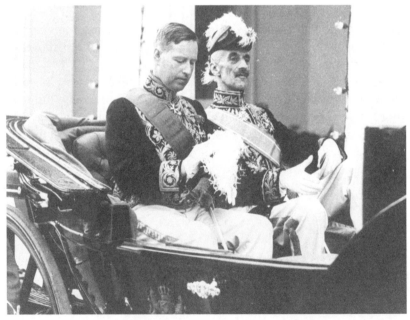

In gala, in de koets met het rijkswapen: gouverneur-generaal
van Nederlands-Indië jonkheer Tjarda van Starkenborgh Stachouwer.

gregatie, anderen zeggen gewoon: apartheid. De formele aanduiding in het jargon van het Binnenlands Bestuur was: 'indeling naar landaard'. De wet onderscheidde Europeanen, inlanders en 'vreemde oosterlingen' (voornamelijk Chinezen en Arabieren).

Er waren twee uiteenlopende redenen om het systeem van rangen en standen niet te veranderen. Indië had een zeer pluriforme bevolking: iedere groep had zijn eigen *adat*, zijn eigen stelsel van sociale leefregels, omgangsnormen en traditionele gebruiken. De meer progressief denkende bestuurders, de 'ethici', wilden die adat in stand houden omdat ze vernietiging ervan een onwenselijke europeanisering vonden. De veelvormige inheemse cultuur en haar instituties dienden geëerbiedigd te worden.[6]

De conservatieven in het Binnenlands Bestuur steunden dat beleid ook, maar met een ander motief: de ervaring had geleerd dat dit systeem de economische gang van zaken in Indië weinig in de weg legde. Van Doorn beklemtoont dat deze politiek niet berustte op discriminatie of racisme, maar 'logisch voortvloeide uit het aloude bestuurlijke principe dat de diverse bevolkingsgroepen hun eigen hoofden gunde en hun gebruiken en instellingen'.[7]

Er was één groep die buiten het inlandse adatsysteem viel en zijn eigen 'Europese adat' diende te gehoorzamen. Dat waren de Nederlanders en de Indische Nederlanders. De Wet houdende regeling van het Onderdaanschap uit 1910 zonderde deze laatstgenoemde groep uit van de status van de inlander, die werd omschreven als 'Nederlands onderdaan, geen Nederlander zijnde'.[8]

De bevolkingsgroepen leefden los van elkaar. De Indonesische nationalistenleider Soekarno schreef daarover in de jaren twintig:

'De blanke heeft in ons land zich zorgvuldig geïsoleerd. Hij heeft zich afgesloten van alles wat niet blank is; hij wijst iedere benadering van onze kant af. Hij heeft zich een samenleving opgebouwd, waarin hij geen contactpunten heeft met de inlander.'[9]

Die Indische variant van de apartheid deed zich in velerlei vormen voor: in aparte scholen, in segregatie in villawijken voor Europeanen en kampongs voor inlanders; in aparte sportclubs en zelfs in afzonderlijke sociëteiten. En ook in de leiding van het land. Zo bestond het bestuur uit het blanke Binnenlands Bestuur met de resident als centrale lokale figuur en het inheemse Inlands Bestuur, de *Pamong Pradja* met de regent als lokale machthebber. Een bruine resident was even ondenkbaar als een blanke regent. In de rechtspraak bestonden allerlei verschillen tussen blanke en inheemse rechtspleging.

323

Zelfs de meest verstokte conservatief wist wel dat deze machtsverdeling, net als deze maatschappelijke ordening, niet tot in de eeuwigheid kon duren. Ooit, in de heel verre toekomst, zou de kolonie op eigen benen moeten staan. Sommigen wilden daar haast mee maken, anderen absoluut niet. De algemene opinie was dat Nederland de voogd was van het kind Indië, dat 'opgevoed' moest worden en dat de toekomst zou leren welke vorm die voogdij zou aannemen. In 1880 had de voorman van de Anti-Revolutionaire Partij Abraham Kuyper het al opgeschreven:

'Alsnu is het zaak tegenover deze onmondige natiën de drieërlei zedelijke verplichting te aanvaarden, waaronder elke voogd, tegenover zijn pleegkind staat, te weten: a. om het zedelijk op te voeden; b. om zijn bezit ten zijnen meesten bate met overleg te beheren; en c. om het in de toekomst, zo God dit wil, het innemen van zelfstandiger positie mogelijk te maken.'[10]

NATIONALISME

Van oudsher waren er protesten en af en toe zelfs opstanden geweest tegen de Nederlandse overheersing. Over het algemeen hadden deze, hoe hevig en hardnekkig zij ook konden zijn (zoals de Atjeh-oorlogen), een traditionele en lokale of regionale achtergrond. Zij werden met harde hand onderdrukt. In de twintigste eeuw kwamen er ook nieuwe vormen van protest en verzet op, gebaseerd op typisch westerse (moderne) denkbeelden als nationalisme, democratie, sociale gelijkheid en socialisme. De bewegingen die zich op basis hiervan vormden bleven juist niet lokaal of regionaal bepaald, maar strekten zich over de hele kolonie uit en vele ervan waren gericht op nationale onafhankelijkheid en een sociale revolutie. Het regime bewoog maar heel weinig mee, en stelde daar niet meer dan zeer beperkte vormen van meepraten tegenover, zoals in de in 1917 opgerichte Volksraad, die leek op een parlement maar de meeste bevoegdheden van een westers parlement miste.

In de loop der tijd bleek het nationalisme de sterkste stroming die zich tegen het koloniale bewind keerde. Het communisme met zijn ideologie van gelijkheid van alle wereldburgers had ook flinke aanhang en was in 1926 de inspiratiebron voor de eerste grotere 'moderne' opstand op Java en kort daarna in 1927 op Sumatra. De Nederlands-Indische regering, onder leiding van de gouverneur-generaal, reageerde met massale arrestaties. Het ging uiteindelijk om een groep van 1.300 mannen, die niet strafrechtelijk vervolgd zouden worden, die ook niet de vrijheid kregen om naar het buitenland te vertrekken, maar die werden geconfronteerd met

een zogenaamd 'interneringsbesluit'. Dat kwam erop neer dat zij tot nader order zouden worden opgesloten in een kamp. Daarvoor viel het oog
van de Nederlands-Indische regering op een terrein in het zuiden van
Nieuw-Guinea, bij het dorpje Boven-Digoel. Van dat onherbergzame
oord zijn veel details bekend, want een van de gevangenen, de nationalist
Abdul Chalid Salim, zat er vijftien (!) jaar en schreef zijn ervaringen op.
Hij was aanvankelijk gedetineerd in de gevangenis van Medan op Sumatra. Na tien maanden kreeg hij daar het interneringsbesluit overhandigd,
door de betrokkenen 'ons diploma' genoemd. Daar was geen beroep tegen mogelijk – het was een regeringsbesluit. Salim schreef daarover:

> 'Ik werd dus niet in de gelegenheid gesteld mij voor een gerecht te verdedigen,
> maar moest zonder meer de veroordeling aanvaarden. Wél zag ik in dat dit
> nu eenmaal het lot van praktisch iedere politieke gevangene was, wáár ook
> ter wereld! Al begreep ik toen nog niet dat de uitreiking van dit "diploma"
> vijftien lange jaren van isolatie inhield.'[11]

De omstandigheden waren er ongelooflijk zwaar. De gevangenen leefden
er geïsoleerd in hun cel, hadden niets te doen, nauwelijks onderling contact, in een verzengend klimaat, zonder uitzondering lijdend aan malaria,
omringd door alleen de geluiden van het oerwoud. Ze werden er murw
gemaakt en wilden nog maar één ding: weg uit Boven-Digoel. Geslagen
of gemarteld is Salim niet. Hij schreef:

> 'Ik geef gaarne ten volle toe dat de geïnterneerden te Boven-Digoel niét
> getreiterd of mishandeld werden. De Hollanders distantieerden zich
> pijnlijk nauwkeurig van deze afkeurenswaardige methoden van het
> "fysiek tuchtigen" van gestraften, zoals die helaas elders in de wereld wél
> plaatsvonden. Maar zij maakten van nog véél efficiëntere middelen gebruik
> om ons op de lange duur "op de knieën" te krijgen. En deze "bondgenoten"
> van de koloniale machthebbers waren: 1. het moordende klimaat, 2. de
> chronische kwalen, 3. het langzaam doen "killen" door de jungle, 4. de
> verschrikkelijke eenzaamheid en 5. de heimwee.'[12]

Er is op enig moment, veertig kilometer verderop, een nóg erger kamp ingericht, Tanah-Tingii. Daarin zouden de 'gevaarlijkste' gevangenen worden vastgezet om ze nog verder van de samenleving af te zonderen. Aanvankelijk zaten daar 125 gevangenen maar door sterfte, malaria en mislukte ontvluchtingen (eindigend met de dood van de gevangenen in de
jungle) waren dat er snel minder. Ook in Boven-Digoel zijn ontvluchtingen voorgekomen, maar er is er nooit een gelukt. Het kamp was omgeven

door Papoeastammen, die geen genade kenden voor vreemdelingen. Wie uit Boven-Digoel wegvluchtte, had twee mogelijkheden: omkomen in het oerwoud of in handen vallen van koppensnellende Papoea's. Salim schreef daarover:

> 'Vaak hoorde ik op de nederzetting militairen of burgers lachen, wanneer zij vernamen dat onze vluchtelingen in het oerwoud waren omgekomen of door Papoea's aan het braadspit waren geregen.'[13]

Boven-Digoel was in Nederlands-Indië en ook in Nederland geen geheim. Bijna elke maand was er wel iets over te doen. Voortdurend informeerden leden van de Tweede Kamer naar de gebeurtenissen. Daarbij werd het verbanningsoord dikwijls omschreven als een concentratiekamp. Er mochten geregeld journalisten op bezoek, die dan lang niet alles te zien en lang niet iedereen te spreken kregen. In 1934 stuurde de Nederlands-Indische regering twee vooraanstaande nationalisten naar het helse oord in Nieuw-Guinea, Mohammed Hatta en Soetan Sjahrir. Salim had wel een idee waarom:

> 'De koloniale Nederlanders verwachtten blindelings van alle gerepatrieerde ballingen dat zij volkomen van hun politieke inzichten zouden zijn "genezen". Dit was natuurlijk een grote denkfout. Er is in de hele wereld nog nooit één politieke delinquent geweest die door gevangenisstraf of deportatie met bijbehorende terreur van zijn politieke idealen is genezen. Dit in het bijzonder als deze idealen niet alleen allerlei rechtvaardige sociale hervormingen maar vooral het verkrijgen van de onafhankelijkheid van zijn land inhouden.'[14]

Sjahrir en Hatta zijn inderdaad niet genezen. Zij kwamen strijdbaarder dan ooit uit Boven-Digoel terug. Ook Salim bleef nationalist, nadat hij in 1943 uit Boven-Digoel was weggehaald, en met de laatste ballingen naar Australië was overgebracht.

SOEKARNO

De belangrijkste leider van de Indonesische nationalisten, ir. Soekarno, heeft nooit op Boven-Digoel gezeten, hij is in de loop der jaren naar andere oorden verbannen geweest. Ook hij kon op weinig sympathie rekenen van het Nederlands gezag. In 1927 richtte hij, met anderen, de Partai Nasional Indonesia (PNI) op. Eind december 1929, tijdens een van de grote arrestatiegolven waarmee de Nederlands-Indische regering de op- komst van de nationalisten wilde keren, werd ook hij opgepakt. Wapens had de politie in zijn woning niet gevonden, wel heel veel papieren, brie- ven en boeken. De arrestaties hadden de hartelijke instemming van het merendeel van het Nederlands-Indische establishment. De hoofdredac- teur van het *Algemeen Indisch Dagblad-Preangerbode* gaf zijn commentaar van die dag de kop 'Het Keerpunt'. Hij schreef:

> *'Inderdaad hoopte de brandstof zich op, begon het ontvlambare materiaal reeds te smeulen en was maar een kleine vonk nodig geweest om de vlammen te doen uitslaan, te doen oplaaien in een verzengende gloed. De regering blééf lijdelijk toezien. Maar gelukkig: gisteren heeft de regering toegeslagen. Gisteren heeft de regering geregéérd!'*[15]

Soekarno werd vooralsnog niet verbannen, hij kreeg een proces, in Ban- doeng.

Soekarno was in 1901 in Soerabaja geboren. Zijn vader, een moslim, behoorde tot de lagere Javaanse adel, zijn moeder kwam van Bali. Soekar- no wilde Nederlands leren en ging daarom, de laatste klassen, naar een Nederlandse lagere school en daarna naar de vijfjarige HBS. Hij schreef zich vervolgens in op de Technische Hogeschool in Bandoeng. Niet om- dat hij per se een ingenieursloopbaan nastreefde, maar omdat de TH op dat moment de enige vorm van hoger onderwijs in Nederlands-Indië was. Toen hij in 1926 met uitstekende cijfers afstudeerde, had hij een groot po- litiek en sociaal bewustzijn ontwikkeld. Hij wilde een architectenbureau beginnen, maar hij werd al snel volledig in beslag genomen door de PNI,

Hij ontleende zijn gezag voor een belangrijk deel aan zijn welsprekendheid: de Indonesische nationalistenleider Soekarno.

de partij waarmee hij de emancipatie van de inlander wilde bevorderen en de weg naar onafhankelijkheid van zijn land wilde gaan verkennen. Zijn grootste kracht was zijn redenaarskunst. Hij liet soms opmerkelijke stiltes vallen in zijn betoog, zo schreef L. de Jong:

> *'Hij kon die stilte geruime tijd laten voortduren totdat de op hem geconcentreerde aandacht als het ware een geheimzinnige communicatie had doen ontstaan tussen zijn toehoorders en hem, de man op het spreekgestoelte. Dan pas verhief hij zijn stem, langzaam en nadrukkelijk eerst, sneller en meer bewogen later. Hij koos woorden die ook de eenvoudigsten konden begrijpen en vlocht in zijn betoog bij voorkeur gemakkelijk aansprekende beelden in, ontleend aan de wajang-verhalen die aan zijn gehoor van jongsaf bekend waren.'*[16]

Zijn reputatie als redenaar was hem vooruit gesneld: op 1 december 1930 was de rechtszaal van Bandoeng afgeladen, de aanhangers van Soekarno stonden buiten, op het pleintje. Het proces was al sinds augustus aan de gang, de publieke belangstelling was al flink teruggelopen. Maar nu zou Soekarno met zijn pleitrede beginnen, die twee volle dagen in beslag zou nemen. Soekarno was aangeklaagd op grond van de pas kort in de wet opgenomen 'haat-zaai-artikelen'. Die kwamen erop neer dat het verboden was op te roepen tot verstoring van de openbare orde of omverwerping van het gezag.

Al bijna een jaar in voorarrest, had Soekarno ruim de tijd gehad om zijn verdediging voor te bereiden en om te proberen er het hoogtepunt van het proces van te maken. Dat lukte. Het werd een pleitrede, in feite een aanklacht, die historisch mag worden genoemd. Het bijzondere van Soekarno's pleitrede was dat hij de emotie van de aanklacht onderbouwde met citaten van eerbiedwaardige Nederlandse en Europese hoogleraren, bestuursambtenaren, economen en politici, die allerminst de omverwerping van het koloniaal bewind voor ogen stond, toen zij de toestand van Nederlands-Indië beschreven. Tactisch en intellectueel gesproken een gouden vondst: Soekarno bestreed de gezeten macht niet in de eerste plaats met gloedvolle passages die de rechtbank zonder veel moeite als de emoties van een volksopruier kon afdoen, maar met citaten uit werken van de intellectuele pijlers van de gezeten macht zelf.

Soekarno vlocht ook volop economie door zijn betoog. Hij schilderde de waarde van de Indonesische uitvoer in ronde, en voor die tijd astronomische bedragen. Hij maakte melding van gigantische dividenden die de aandeelhouders van de in Indonesië actieve multinationals opstreken en citeerde Colijn, die met voldoening had geconstateerd dat buitenlandse

investeerders op Indonesië afkwamen 'als mieren op de suikerpot'. Soekarno:

'Kortom, elk jaar verlaten rijkdommen ter waarde van minstens
1.500.000.000 gulden Indonesia! Daaruit blijkt dat Indonesia een paradijs
is voor de imperialisten, dat zijn gelijke niet vindt in de gehele wereld.'[17]

Soekarno schilderde het schrille contrast van deze excessieve voorspoed
met de bittere armoe van de Javaan, die volgens zijn berekeningen acht
cent per dag verdiende, en dan nog vaak, na uren lopen naar het werk,
werd afgewezen omdat er al veel te veel werkkrachten aanwezig waren.
Dat contrast, dat onrecht ontwikkelt een 'stille kracht' in het Indonesisch
volk, en in meer onderdrukte volkeren, die niet in toom te houden is, aldus Soekarno:

'En inderdaad, die "stille kracht" is opgebliksemd! De wereld is er thans
getuige van hoe die "stille kracht" ontwaakt en in beweging komt! Een
ieder, die zich niet met opzet doof en blind houdt, begrijpt, dat deze "stille
kracht" geen mensenmaaksel is, doch een product van een maatschappij,
die zichzelf gaat genezen.'[18]

Er klonk in Soekarno's woorden een duidelijk dreigement door – het
zou onmogelijk zijn de revolutionaire krachten in het volk te beheersen,
als de machthebbers niet snel met maatregelen zouden komen om aan het
onrecht een eind te maken. Soekarno deed, aan het einde van de tweede
dag van zijn pleitrede in Bandoeng, deze oproep aan de Nederlandse kolonisator:

'Voordat het te laat is, houdt op met uw hels werk het volk nog meer naar de
ellende toe te drijven, schenkt ernstige aandacht aan de wensen van het volk,
want indien door uw blinde winstzucht het revolutiespook straks woeden
gaat, indien door uw helse daden de revolutie zichzelf schept, dan kan geen
mensenmacht haar meer tegenhouden.'[19]

Hij maakte ook nog melding van de rol die zijn partij, de PNI, in dat proces zou kunnen spelen. Die partij moest de weg wijzen, moest een bed-
ding zoeken voor de stroom die almaar breder en sterker zou worden.
Soekarno beloofde dat zo goed mogelijk te proberen en daarbij af te zien
van geweld. Geen bommen, geen dynamiet, maar openbare vergaderingen – daarvan zou zijn partij gebruik gaan maken om haar doelen te verwezenlijken:

'Wij van de Partai Nasional Indonesia, wij zijn wel revolutionairen, maar wij zijn geen opstandmakers. Wij zullen alles in het werk stellen om bloedvergieten te voorkomen! Maar gij, imperialisten, gij zijt het, die overal ellende verspreidt, gij zijt het die onze samenleving verstikt, gij zijt het die het zaad van de revolutie zaait.'[20]

Aan het einde van zijn betoog kwam Soekarno met een curieus verzoek aan de rechtbank. Als 'volksopruier' werden hij en zijn medestanders al jarenlang geschaduwd door leden van de Politieke Inlichtingen Dienst. De kwaliteit van deze lieden was zo bedroevend en leidde volgens Soekarno tot zulke volstrekt onjuiste rapporten, dat hij niet vroeg om geheel verschoond te blijven van de PID, maar *betere* spionnen eiste.

Voorlopig was dat niet nodig: Soekarno werd veroordeeld tot vier jaar gevangenisstraf. Hij werd opgesloten in de buurt van Bandoeng. Gouverneur-generaal De Graeff halveerde, kort voor zijn aftreden, Soekarno's straf, zodat hij eind 1931 vrijkwam, 'als een kris die pas is schoongemaakt en scherper is dan tevoren'.[21] In 1933 werd hij opnieuw opgepakt en nu zonder vorm van proces verbannen, naar het afgelegen eiland Flores. Daar bleef hij vijf jaar, in 1938 werd Zuid-Sumatra zijn verblijfplaats. Hij kwam pas weer vrij bij de komst van de Japanners.

Soekarno's rede legde op aansprekende en zeker achteraf inzichtelijke manier de spanningen bloot in de koloniale samenleving van Nederlands-Indië. Hoewel de regering vol overtuiging koos voor krachtige onderdrukking van het militante nationalisme, stond zij toch ook voor een ingewikkeld dilemma. Juist de toenemende dreiging van Japan noopte ertoe om in de Indische samenleving de krachten te bundelen, ook met de inheemse bevolking. Er zijn ook wel pogingen gedaan om met meer gematigde groepen uit die inheemse bevolking tot een coalitie te komen, maar al met al bleven de resultaten daarvan erg mager. De verdediging van Nederlands-Indië zou toch vooral van de koloniale regering en van de blanke bovenlaag moeten komen.

VAN MEI '40 TOT MAART '42

Nederlands-Indië gooide na mei 1940 veel, zo niet alles op de defensie. Van Nederland was geen hulp meer te verwachten, dus moest de regering in Batavia zelf in actie komen. Er kwam een burgerdienstplicht, voor mannen en vrouwen tussen de 16 en 45 jaar. Er kwamen een stadswacht en een landwacht, bedoeld om orde en rust te garanderen. Er werden wapenfabrieken opgezet en de regering stuurde gezanten naar Washington

Infanteristen van het KNIL tonen trots een op de Japanners buitgemaakte vlag. Het is februari 1942: de vreugde is van korte duur, het KNIL zal zich spoedig overgeven.

om in de Verenigde Staten wapens aan te kopen. Er werden, zoals eerder gemeld, orders afgesloten voor tanks, pantserwagens, vrachtauto's, jeeps, munitie en allerlei moderne vliegtuigen – tot aan vliegboten aan toe.[22] Op Koninginnedag, zowel in 1940 als in 1941, organiseerde de regering een grote militaire parade in Batavia. De bedoeling was tweeledig: op de tribune zat, samen met veel anderen, de Japanse militair attaché en die moest vooral worden overtuigd van de paraatheid van de Nederlands-Indische troepen. En datzelfde gold voor de inlandse bevolking: ook die moest gerustgesteld worden en onder de indruk raken. Het gezag liet zich niet in paniek brengen, het beschikte over een moderne legermacht, die elke agressie zou weerstaan – dat was de boodschap, luid en duidelijk uit-geroepen door de commentator van de bioscoopfilm die eraan werd ge-wijd en waarin de kracht van het Koninklijk Nederlands-Indisch Leger (KNIL) breed werd uitgemeten.

Maar ook buiten het defensieapparaat stond waakzaamheid voorop. Een bijzonder initiatief kwam van Rie Lulof-Mehrengs, echtgenote van een bankdirecteur. Ze richtte het Vrouwen Automobiel Corps (vac) op, een hulpleger van vrouwelijke chauffeurs, aan en achter het toekomstige front. Van de directeur van General Motors Batavia kreeg ze bedrijfs- en personenauto's, betaald door het bedrijf. De chauffeuses kregen behalve rijles met vrachtwagens ook schietles. Er was zoveel animo voor dat er afdelingen ontstonden in Bandoeng, Cheribon, Semarang, Djokjakarta, Madioen en Soerabaja. Deze tamelijk geëmancipeerde actie had repercussies. Tijdens een militaire oefening mochten de vac-vrouwen de vrachtwagens tot aan het oefengebied rijden, maar daarna namen – tot woede van de vrouwen – inlandse chauffeurs het stuur over. Wel werd van de vrouwen verwacht dat zij zich vertoonden op de zogenaamde soosavond die werd gehouden na terugkeer van het bataljon. In geklede jurken moesten ze meedoen aan het zogenoemde 'dienstendansen', uitsluitend met officieren. Vanaf het begin van de oorlog reden ze in inderhaast legergroen gespoten autobussen, keukenwagens en kantineauto's om afgelegen waarnemingsposten van het leger te bevoorraden. Andere vrouwen verrichtten koeriersdiensten per motor. Op 1 maart 1942 hief de resident van Batavia de vac op – hij vond oorlog te gevaarlijk voor vrouwen – en beval alle vac-spullen te vernietigen. Woedend verbrandden vele vrouwen hun legeruniform en een aantal nam op dezelfde dag nog vrijwillig dienst in het knil. Dat mocht dan weer wel. Lang zou het niet duren.

De Nederlands-Indische regering had het intussen steeds moeilijker met de Japanners, die meer eisen begonnen te stellen. Ze wensten vanaf het begin van 1940 al zeer ruime leveranties van bauxiet en olie. De Nederlandse delegatie op bezoek in Tokio, onder leiding van het hoofd van het departement van Economische Zaken dr. H.J. van Mook, probeerde de zaak te rekken. Uiteindelijk wilde Van Mook wel toezeggingen doen voor bauxiet, maar op het gebied van olieleveranties weigerde hij Japan zijn zin te geven. Japan maakte er geen geheim van dat het een leidende rol in de regio ambieerde en geen tegenspraak duldde. De zaak kwam extra op scherp te staan toen de tegenstellingen tussen Japan en de Verenigde Staten op economisch terrein steeds hoger opliepen. De dreiging van een gewapend conflict werd met de dag groter.

OORLOG!

Op 7 december 1941 was het zover. Japanse vliegtuigen, gestart vanaf Japanse vliegdekschepen, vielen op Hawaii de haven Pearl Harbor aan, waar een groot deel van de Amerikaanse vloot lag. De gevolgen waren desastreus – enorme verliezen aan manschappen en schepen, en het begin van de oorlog in Azië, die alles van de deelnemers zou vergen, en vooral veel mensenlevens zou kosten.

Dat Japan aanviel had alles te maken met de Japanse politiek, die gericht was op een leidende rol in dit deel van de wereld. En op het verwijderen van de westerse macht en invloed. De Engelsen, de Amerikanen, de Nederlanders, de Fransen – wat hadden ze te zoeken in Azië? Japan wilde daar een eind aan maken, met als leuze: 'Azië voor de Aziaten', onder leiding van Japan. Het streven was er al jaren op gericht geweest de bevolking achter dit ideaal te krijgen, en te bewegen tot solidariteit met de eigen staat – precies zoals dat in Italië en Duitsland was gelukt. Japan wilde ook het eigen succes op het gebied van onderwijs en industrialisatie naar de omringende landen exporteren. Zo raakten de strijd om de hegemonie in Zuid- en Oost-Azië en de strijd tussen kolonialisme en dekolonisatie onlosmakelijk met elkaar verstrengeld.

Een aanval op het machtige Amerika zou alleen kans van slagen hebben als bij verrassing een groot deel van de vloot zou worden uitgeschakeld. Dat was de kern van de Japanse tactiek. Het Amerikaanse besluit om Pearl Harbor, zo ongeveer op het midden tussen beide landen, te gebruiken als basis, speelde de Japanners enorm in de kaart. Intern was er in de Amerikaanse legertop ook voor gewaarschuwd. Admiraal Richardson stapte met zijn bedenkingen naar de president en werd prompt van zijn post ontheven. Opvallend veel signalen van een naderende Japanse aanval hebben de Amerikaanse verantwoordelijken gemist. Er zijn op verschillende momenten Japanse codeberichten onderschept, maar de betekenis ervan is steeds onderschat. Bovendien had de Japanse generaal Yamamoto, het brein achter het aanvalsplan, een dagenlange absolute radiostilte gelast tussen alle schepen die bij de operatie betrokken waren. Yamamoto wilde niet alleen op Pearl Harbor toeslaan, maar van de verwarring gebruik maken om direct de Amerikanen op de Filippijnen en de Engelsen op Malakka aan te vallen.

De aanval op Pearl Harbor werd een doorslaand succes. Op de ochtend van zondag 7 december om vijf voor acht lokale tijd, vielen de Japanse vliegtuigen de vloot aan vanuit het noordwesten. Rond negen uur volgde de tweede aanvalsgolf, vanuit het noordoosten. Chaos en vernietiging waren het gevolg. Van Amerikaanse afweer was vrijwel geen sprake. Van de 96 schepen in de haven waren er achttien niet meer bruikbaar: gezonken of zwaar beschadigd. Van de bijna 400 vliegtuigen werden er 188 vernietigd en 159 beschadigd. Het aantal slachtoffers was hoog: 2.403 doden, 1.178 gewonden. Bijna 1.200 van de doden waren opvarenden van het slagschip USS Arizona, dat de Japanners tot zinken brachten. De schok

De vernietigende kracht van de Japanse aanval in beeld: de Amerikaanse vloot
in Pearl Harbor wordt op 7 december 1941 totaal verwoest.

van Pearl Harbor verspreidde zich snel, naar Washington en naar de rest
van de wereld.

In Amerika kwam het Congres bijeen en president Roosevelt, die
sprak van een 'dag der schande', kreeg daar toestemming om Japan de
oorlog te verklaren. Nogal wat Amerikaanse leiders waren dat toch al van
plan geweest – ze wachtten slechts op het moment dat Japan het eerste
schot zou lossen, maar dat eerste schot viel aanzienlijk imposanter uit dan
verwacht. Ook Nederland verklaarde zich in oorlog met Japan. Dat
meldde gouverneur-generaal Tjarda van Starkenborgh Stachouwer via de
radio.

'Door de onverhoedse aanval op Amerikaans en Brits gebied heeft het
Japanse keizerrijk bewust gekozen voor een beleid van geweld. Deze
aanvallen, die wel haast aan waanzin doen denken, beogen de vestiging

van een Japanse heerschappij over heel Oost- en Zuidoost-Azië. Deze
veroveringszucht richt zich zeker niet in de laatste plaats ook op Nederland.
De Nederlandse regering aanvaardt deze uitdaging en neemt tegen het
Japanse keizerrijk de wapenen op.'[23]

Vanzelfsprekend moest op deze woorden de algemene mobilisatie volgen. De stemming was vastberaden – niet voor niets riep de legerleider,
luitenant-generaal H. ter Poorten, een paar weken later in een radiotoe-
spraak uit: *'Liever staande sterven dan knielend leven!'* De *Java-Bode* sprak
van één grote, eensgezinde, vastberaden natie van 70 miljoen Indonesiërs,
Nederlanders en Chinezen, 'onwrikbaar besloten tot gewapend verzet
tegen de indringer'.[24]

Nu moest de Nederlands-Indische regering, en allen die verantwoordelijkheid droegen, laten zien waar ze toe in staat was. Het *Soerabaiasch
Handelsblad* van 9 december schreef in een commentaar, getiteld 'Oorlog':

'Laten wij Nederlanders, eendrachtig samenwerkend met de Indonesische
intellectuelen, en met de intellectuelen der andere bevolkingsgroepen, terdege
beseffen dat er thans zeventig miljoen mensen naar ons opzien. Onze rust
en vastberadenheid zullen afstralen op een miljoenenbevolking en haar
sterken; onze nervositeit zou zich verveelvoudigen in de massa. Leiderschap
legt verplichtingen op. Wij hebben die nu te dragen, en wij zijn er ten volle
toe in staat.'[25]

Punt van zorg voor gouverneur-generaal Tjarda van Starkenborgh Stachouwer, de man van wie juist nu leiderschap werd verwacht, was natuurlijk de situatie van de Duitse en Duitsgezinde geïnterneerden. Er
volgde snel overleg met de regering in Londen, en naarmate de Japanners
meer successen boekten in de regio vielen er meer potentiële bestemmin-
gen voor deze groep af. Het werd uiteindelijk Brits-Indië (het gebied dat
tegenwoordig India, Pakistan en onder andere Bangladesh omvat). Op
Eerste Kerstdag nam premier Gerbrandy dat besluit. De geïnterneerden
zouden in schepen worden geladen om deze reis te maken.[26] Eind december ging het eerste schip op weg, de Ophir met 1.000 geïnterneerde Duitsers, een paar dagen later volgde de Plancius met 900 man. Er kwam ook
nog een derde schip achteraan, de Van Imhoff, met 84 bemanningsleden,
62 bewakers en 478 Duitse gevangenen. Dat vertrok pas op 18 januari uit
de Sumatraanse haven Sibolga, op een moment dat er al incidentele Japanse luchtaanvallen op Indonesische eilanden werden gemeld. De volgende dag werd de Van Imhoff op zee bestookt door een Japanse bom-
menwerper, die vijf duikvluchten uitvoerde en daarbij een aantal bom-

men afwierp, die het schip schampten en daardoor zwaar beschadigden. De Van Imhoff zonk niet direct, er was tijd voor reddingsmaatregelen. Die bleken er uitsluitend op gericht om Nederlanders te redden, de bemanningsleden, de soldaten en de bewakers. Die konden de reddingsboten en de sloepen in gebruik nemen, omdat de Duitse geïnterneerden in het ruim van het schip achter prikkeldraad zaten. Pas toen alle Nederlanders van boord waren kregen de Duitsers kniptangen om de omheining te openen en te proberen zich in veiligheid te brengen. Daarbij hebben zich onvoorstelbare taferelen afgespeeld. Een Duitser die toch via een touwladder een sloep met Nederlanders probeerde te bereiken werd door zijn pols geschoten. Uiteindelijk werd hij, gewond en al, toch in de sloep meegenomen. Er was onder de geïnterneerden een groepje geesteszieken voor wie totaal niet gezorgd werd. Andere Duitse opvarenden plunderden de drankkasten en werden, op het langzaam zinkende schip, stomdronken. Een van de Duitse overlevenden, J. Grasshoff, schreef in een verklaring wat hem overkwam toen hij uit het ruim tevoorschijn was gekropen:

'Ik zag alle boten met de Nederlanders bijna 500 meter van het schip verwijderd liggen. Zij wilden zeker kijken wat we zouden doen. Ik schat dat er ongeveer honderd man, inclusief de soldaten, in de boten zaten. Iedere boot had zeker vijftig man kunnen bevatten bij een kalme zee, dus ze hadden een groot deel van ons kunnen meenemen in de boten, maar die beesten wilden ons niet in de boten hebben, want ze waren zeker bang dat we ze dan overmand hadden, maar daar had toch niemand van ons aan gedacht?'[27]

Uiteindelijk lukte het een groep Duitse mannen, na twee uur ingespannen arbeid, alsnog een reddingsboot los te wrikken, die muurvast had gezeten. Daarin konden vijftig geïnterneerden – het werden er meer dan zestig. Anderen gooiden stoelen en meubels en kasten overboord in de hoop zich met dat hout zo lang mogelijk drijvende te houden. Veel opvarenden rekenden op hulp, want de Nederlandse kapitein had, alvorens zich met achterlating van zijn gevangenen in veiligheid te stellen, wél een noodsignaal uitgezonden. De Duitse geïnterneerde W. Schweikert, een pianobouwer, had het geluk in die ene reddingsboot terecht te komen (hij zag het als een 'vingerwijzing Gods' dat hij een plaatsje kon bemachtigen) en schreef later dat dat anderen niet was gegeven:

'Nog velen probeerden in de boot te komen. Ik zie er heden nog een voor me, met een krijtwit gezicht, in zijn geheven hand een aktentas, zich door de

kluwen mensen een weg banend. Hij was, toen de boot te water gelaten
werd, slechts één stap van de veilige plaats af geweest. Maar die ene stap
deed hij niet, omdat hij zijn tas, die hij op het dek had laten liggen, nog
wilde halen. Toen hij met de aktentas terugkwam, werd hem de weg versperd
en met zijn tas verdronk hij.'[28]

Een klein aantal Duitse geïnterneerden kon nog een roeiboot bemachtigen en sommigen vonden een reddingsvlot van bamboe om van het schip vandaan te komen. K. Seemann, een Duitse handelaar, had met twee vrienden een tafelblad uitgekozen en redde daarmee zijn leven, en daaraan vastgeknoopt dreef een bamboevlot met drie Duitse artsen. Seemann bereikte uiteindelijk toch nog een boot met Nederlanders en werd daar alsnog op toegelaten, zij het pas na, wat hij zelf in een verslag minzaam een 'emotionele uiteenzetting' noemde. De Van Imhoff begon heel langzaam te zinken en aan het begin van de avond was het schip volledig onder het wateroppervlak verdwenen. Op dat moment was meer dan de helft van de Duitse gevangenen nog aan boord, zij hadden geen kans gezien zich in veiligheid te brengen. Degenen die wel op zee dreven werden door een gealarmeerd Nederlands schip opgemerkt, maar de bemanning weigerde hulp te verlenen toen bleek dat het om allemaal Duitsers ging. Ze werden ook op zee aan hun lot overgelaten en bereikten vijf dagen later het eiland Nias. Er waren, door gebrek aan eten en drinkwater, nog slechts 67 overlevenden. De overige 411 Duitse gevangenen hebben het transport niet overleefd.

En de Japanners kwamen almaar dichterbij. Kort na de jaarwisseling vielen Japanse strijdkrachten Noord-Celebes en Noord-Borneo binnen. Op 14 februari begon de aanval op Sumatra. Het zenuwcentrum van het eilandenrijk, Java, raakte geïsoleerd. Het begon echt spannend te worden. De vrouw van een ambtenaar van de Regerings Publiciteits Dienst noteerde in haar dagboek:

'Je leert wel genieten van kleinigheden, als je het idee hebt, dat je het
misschien binnenkort allemaal zult moeten missen. Je lekker recht
uitstrekken in bed, een warme douche, je air-conditioning in de slaapkamer,
het feit dat je zoveel zeep en zoveel water (schoon water!) kunt gebruiken
als je wilt, het rijden met open kap in de auto, allemaal dingen waar ik op
het ogenblik intens van geniet.'[29]

Het is 27 februari 1942. Een Japanse invasievloot nadert het eiland Java. Een geallieerd commando onder leiding van schout-bij-nacht Karel

Doorman, bestaande uit 41 Nederlandse, Britse, Amerikaanse en Australische marineschepen, probeert de landing van de Japanners op Java te verhinderen. Op 27 en 28 februari 1942 volgt de Slag in de Javazee. De Japanse kruiser Haguro brengt de Nederlandse kruiser De Ruyter tot zinken, waarop zich schout-bij-nacht Doorman bevindt. Dat gebeurt door een torpedo die een enorme explosie tot gevolg heeft. Een van de opvarenden van de Perth, een kruiser die vlak achter de De Ruyter voer, zei daar later over:

> *'Ik dacht dat we gebraden werden. Het was zo dichtbij dat je de brandende verf kon ruiken en een afschuwelijke stank als van brandende lichamen.'*[30]

De opvarenden van de De Ruyter hebben maar een beperkte kans op overleven. Een van hen, een korporaal bij de marine, slaagt daarin, hij herinnert zich later:

> *'Het was alsof het schip uit het water gelicht werd. Alle lichten vielen uit. We maakten zware slagzij en er brak brand uit op het afweerdek. De commandant zei: "Nu is het afgelopen."'*[31]

De geallieerde vloot verliest alle vijf kruisers en vijf van de twaalf torpedobootjagers. Aan Japanse kant – qua sterkte ongeveer gelijk aan de geallieerde strijdmacht (ze hadden een kruiser minder en twee torpedobootjagers meer) – worden twee schepen beschadigd en vier transportschepen tot zinken gebracht. Aan geallieerde kant sneuvelen ruim duizend man, onder wie bijna negenhonderd Nederlanders. Er vallen slechts tien Japanse slachtoffers. De eclatante Japanse overwinning kan vooral worden toegeschreven aan het bezit van langeafstandstorpedo's – daar hadden de geallieerden geen weet van. Maar ook de communicatie was aan Japanse kant beter en de manschappen waren meer uitgerust en dus fitter, omdat ze niet, zoals de geallieerden, voortdurend hadden gepatrouilleerd.

In de nacht van 28 februari op 1 maart vindt er een ontsnappingspoging plaats van twee geallieerde kruisers in de Bantambaai. Ze stuiten daar weer op de Japanse invasievloot, die beide schepen binnen een uur naar de diepte schiet. Op dezelfde dag brengt de Japanse marine, sterk gesteund door de luchtmacht, nog een kruiser en twee torpedobootjagers tot zinken, die proberen naar Colombo te ontsnappen. Het totale dodenaantal tijdens de drie dagen bedraagt 2.300.

Met vrachtwagens en op fietsen nemen de Japanners in maart 1942 Indonesië in bezit. Een Japanse soldaat maakte deze foto bij het binnenrijden van Soerabaja.

Het is 1 maart. Er verschijnen 56 Japanse transportschepen voor de kust van Java. De stranden van Java zijn zo goed als onverdedigbaar vanwege hun lengte. En bovendien is de organisatie van de verdediging niet bepaald vlekkeloos. Neem als voorbeeld de ervaring van bestuursambtenaar Van der Plas, die in Eretan, waar de Japanners aan land komen, een week eerder poolshoogte had genomen. Hij vertelde na de oorlog aan een onderzoekscommissie:

'Ik vroeg aan het dorpshoofd in Eretan: "Wanneer er nu eens een vreemd schip komt, wat doe je dan? En wat doe je als er vreemde soldaten zouden komen?" Wel, dan stapt de politieagent van het dorp op de fiets, fietst dan naar de wedono – dat was 12 kilometer verderop – en deze probeert per telefoon contact te krijgen met de regent die de militaire autoriteiten moet waarschuwen.'[32]

De Japanse legereenheden gaan soepel aan wal en rukken snel op. In een mum van tijd wordt het vliegveld Kalidjati bij Bandoeng veroverd, waardoor de Indische luchtmacht in één klap wordt uitgeschakeld. Spoedig

339

zetten de Japanners de aanval in op de marinebasis te Soerabaja. Het Vernielingskorps maakt de installaties van de vlootbasis onklaar. Japanse vliegtuigen werpen in vrijwel foutloos Nederlands gestelde oproepen uit, waarin wordt opgeroepen met de Japanners samen te werken en tegenstand te staken. Er staat onder andere in:

> 'De strijdkrachten van de Japanse marine, het leger en de luchtmacht zijn overweldigend superieur en binnen een paar weken zal de gehele Indische Archipel bezet worden. Daarom is nu alle tegenstand nutteloos.'[33]

Dat is nu eens geen holle oorlogsretoriek, maar een conservatieve benadering van de werkelijkheid. De Japanners gaan als een warm mes door de boter, ze ondervinden eigenlijk geen tegenstand van betekenis. Op 5 maart trekken Japanse troepen zegevierend Batavia binnen, zonder dat er een schot is gelost – dat is conform een besluit van de Nederlands-Indische regering, die Batavia niet wil verdedigen en daarmee het Japanse pamflet dus letterlijk opvolgt. De volgende dag slagen de Japanners erin bij Bandoeng een doorbraak te forceren. Ze zijn zelf verbaasd over hun snelle opmars. Opperbevelhebber Hitoshi Imamura schrijft in zijn memoires:

> 'Veel Javanen stonden juichend langs de kant, met hun duimen omhoog. Sommige Japanse soldaten haalden hun Japans-Indonesische zakwoordenboekjes uit hun zak, die ze bij het aan land gaan hadden meegekregen, en begonnen gesprekken met volwassenen en kinderen, met behulp van gebarentaal. Ik vroeg me af: is dit echt een oorlog, is dit een slagveld?'[34]

Op 8 maart bezetten de aanvallers de havenstad Soerabaja. Java is in Japanse handen. Op 9 maart ondertekent generaal H. ter Poorten de capitulatie van het KNIL te Kalidjati bij Bandoeng. Om 7.45 uur stelt hij de bevolking via de radio op de hoogte. De vrouw van de publiciteitsambtenaar, die nog even van haar airco in de slaapkamer en haar auto met open kap had willen genieten, noteert na de val van Batavia:

> 'Zonder een schot te lossen worden we op een presenteerblaadje aangeboden. Bah! Je spuugt ervan! Ik heb de grootste moeite gehad om het aan de bedienden te vertellen.'[35]

De schok is groot. Het is allemaal zo snel gegaan en er is diepe ongerustheid over de toekomst. Maar de schok is misschien wel het grootst omdat het stoere KNIL, dat zo prachtig kon paraderen op Koninginnedag, zo snel onder de voet is gelopen, zich zo gemakkelijk gewonnen heeft gegeven. De pretentie dat het leger stand zou houden en het land tegen vreemde overheersing zou kunnen beschermen is totaal niet waargemaakt. Dat moet voor de Indonesische bevolking evenzeer een grote schok zijn geweest – ze had zich decennia, nee, eeuwen laten beschermen (en onder de duim laten houden) door een leger dat opeens bijzonder weinig bleek voor te stellen. De werkelijkheid was dat de gemiddelde soldaat van het KNIL sinds jaar en dag was opgeleid voor de handhaving van de interne orde en rust in de archipel en niet getraind was in offensieve en defensieve tactieken van de moderne oorlogvoering. Hij stond als het ware als een veldwachter met een gummiknuppel tegenover een hypermodern bewapende Japanse soldaat.

Het belang van de nederlaag kan moeilijk worden onderschat. Zeker achteraf is duidelijk dat het Koninkrijk der Nederlanden op 9 maart 1942 onomkeerbaar de positie van een middelgrote koloniale mogendheid verloor en tot een klein land aan de westkust van Europa werd gedegradeerd, alle naoorlogse heroveringspogingen ten spijt. Ook de koloniale verhoudingen zouden onherstelbaar blijken. Voor de blanke bovenlaag veranderde het leven van de ene dag op de andere op vernederende wijze: van heersende elite, gewend leiding te geven en gehoorzaamd te worden, tot gesmade en onderdrukte groep, die de greep op het eigen leven volkomen kwijt was.

DE MANNEN

Gouverneur-generaal Tjarda van Starkenborgh Stachouwer bleef op zijn post. Hij gaf aan zijn economisch topadviseur dr. H. J. van Mook, die tevens zijn plaatsvervanger was, opdracht om met een groep deskundigen in Australië de belangen van Nederlands-Indië te gaan behartigen. Van Mook wilde eerst zijn verantwoordelijkheden in Indië niet opgeven, maar liet zich uiteindelijk toch overtuigen: zijn vliegtuig steeg op 7 maart op vanaf een boulevard in Bandoeng, die als geïmproviseerde startbaan fungeerde. Tjarda werd uiteindelijk gearresteerd en in krijgsgevangenschap gevoerd. Dat overkwam alle militairen van het KNIL. En de Nederlandse burgers in Indië zouden de komende maanden eveneens worden vastgezet. Japan wilde van alle koloniale overheersers in Azië af, dus zeker van de Nederlanders.

Het ging in totaal om 65.000 krijgsgevangenen in Nederlands-Indië, tweederde van hen was Nederlands, eenderde Indonesisch. Tegelijk werden er ongeveer 100.000 burgers opgesloten. Dat ging iets geleidelijker.

De meeste mannen werden vrij snel in kampen gezet, de meeste vrouwen kwamen in Nederlandse wijken terecht, waar de huizen steeds voller werden en op het laatst zelfs helemaal volgepropt werden met mensen, tot slaapplaatsen voor kinderen in keukenkastjes aan toe. Jongens mochten tot hun tiende bij hun moeders wonen, daarna gingen ze naar de mannenkampen of soms naar speciale jongenskampen.

Opmerkelijk is dat de gevangenen hun eigen internering bekostigden: ze moesten al hun geld inleveren en de Japanners konden daarover beschikken, bijvoorbeeld door er voedsel van te kopen. Dat was tegen de internationale conventies over de behandeling van krijgsgevangenen en burgergeïnterneerden, maar daar trokken de Japanners zich nooit iets van aan. Ze hebben gevangenen ook op grote schaal als dwangarbeiders ingezet – ook dat was verboden.

Japanse interneringskampen waren géén vernietigingskampen. Er waren geen gaskamers, er was geen sprake van een georganiseerde moordmachine, zoals de ss die in Oost-Europa had ontwikkeld. Maar de dood was nooit ver weg en steeds waren er de vernedering en de onmacht. Er zijn in de Japanse internering veel slachtoffers gevallen. Van de krijgsgevangenen is ongeveer 20 procent omgekomen, en van de burgers in de kampen ruim 10 procent. Dat kwam meestal door ziekte en uitputting: de Japanners verwaarloosden hun gevangenen vaak, er was bijna altijd veel te weinig eten en van medische verzorging was geen sprake. Er zijn ook tal van verhalen over wreedheden en mishandeling.

De hoogleraar I. J. Brugmans werkte bij het ministerie van Onderwijs en Eredienst én bij de jonge universiteit van Batavia. Hij werd opgesloten in een kamp in Tjimahi. In sobere stijl hield hij bij wat hem overkwam, vanaf de dag dat hij werd opgepakt:

'*3.45 uur uit huis per vrachtauto opgehaald. Naar de Schouwburg (Pieterspark). Vandaar in colonne gemarcheerd naar Waringilaan. Krijgen tikar (een slaapmatje), verder niets. Bevriende oud-gasten lenen bord, vork, mes en kroes. Geen bagage. Geslapen in open galerij op tikar en onder regenjas.*'[36]

Hij miste in het kamp zijn vrouw en drie dochters, maar schreef er hooguit een enkel woord over. Hij leed honger en was geruime tijd erg ziek. Langzamerhand kreeg hij toestemming om in het kamp les te geven aan een paar jongens. Daarmee doodde hij de tijd. Op 27 februari 1943 schreef hij in zijn dagboek:

'Ik geef nu geregeld lessen. Er komen telkens belangstellenden bij. We zitten achter de barak, in een zeer rustieke omgeving van mesthoop, stinksloot, waslijnen met was en aanplantingen.'[37]

Brugmans nam een fors risico door een dagboek bij te houden: dat was ten strengste verboden, je kon er voor gearresteerd en hard aangepakt worden. Op een gegeven moment waren er in het kamp mannen betrapt op het schrijven van briefjes naar kennissen in andere sectoren van het kamp. Langzamerhand werd bekend wat ze, als straf, moesten doorstaan:

'Met zijn achttienen zitten ze in een donker lokaal van vier bij vier meter, met naakte muren en tegelvloer. Er staat niets, letterlijk niets. Britsen, matrassen, dekens enz. ontbreken. De gevangenen lopen op blote voeten; schoenen en kousen zijn hun afgenomen. Verschillenden vertoonden sporen van mishandeling. Allen waren ze met de bullepees geslagen; maar zij, die voor de belhamels doorgingen waren zo geranseld, dat ze er bewusteloos bij neervielen. Een geliefkoosde stand is ook: met de rug tegen de muur plaatsen en kaakslagen geven; mijn zegsman hoorde vanuit zijn cel de achterhoofden bij elke slag tegen de muur bonzen.'[38]

Kampong Makassar in Batavia, een interneringskamp voor vrouwen. De foto is van na de Japanse capitulatie, toen het er al een stuk lieflijker uitzag dan enige maanden tevoren.

Mevrouw Hoppe-Spanjaard, gefotografeerd in kamp Tjideng, met twee
van haar kinderen.

Brugmans overleefde het kamp. En zijn dagboek haalde ongeschonden de bevrijding, hij vond het zelf allemaal niet zo bijzonder – pas na zijn dood werd het uitgegeven.

Een uitgesproken tragische groep in de kampen vormden de jongens, die met hun tiende jaar volwassen genoeg werden geacht om bij hun moeder weg te gaan, naar het kamp van hun vader of naar speciale jongenskampen. Ook daar waren de omstandigheden slecht, al waren er grote verschillen tussen de kampen onderling. Soms werden jongens en mannen uit één familie bij elkaar gezet en was de organisatie van het kamp zo goed dat het er wel was uit te houden. In de buitengewesten bestonden de interneringskampen vaak uit arbeidersbarakken op afgelegen plantages. Zoals op Sumatra, waar ambtenaar Van de Velde, die eerder, in mei 1940, over de arrestatie van de Duitsers schreef, observeerde wat er voor jongetjes worden aangevoerd in het kamp waar hij zat. Dat was kamp Si Rengorengo:

> 'Een lange rij van tweehonderd kleine scharminkeltjes kwam de poort binnen, jongetjes van tien jaar die bij hun moeders in de vrouwenkampen waren weggehaald. Die kleine jongens zijn merkwaardig handig en zelfstandig, met hun kleine handjes graven ze in de holen van de talrijke veldmuizen en ik zag er laatst een paar rond een vuurtje zitten met een kleine wadjan. Daarin kokende palmolie en ze hielden om de beurten een veldmuisje bij de staart in de olie om daarna die lekker op te peuzelen. Zo'n bijvoeding hebben ze hard nodig. Ik hoorde dat ze ook de kat van de Japanse commandant al hebben opgegeten.'[39]

Maar in veel gevallen werden de jongens aan zwaar werk gezet, zoals bomen kappen in het oerwoud, en leden ze erg onder eenzaamheid. De latere landmachtgeneraal Govert Huyser heeft in een impressie een terugblik gegeven op de periode die hij doormaakte:

> 'De heiho ranselde met welgemikte slagen
> tienjarige jongens achter een legerwagen.
> Per onbegrijpelijk decreet waren zij
> verklaard tot man – en mannen
> horen niet meer bij hun moeder.
> Hij stond in de rij met in de ene hand zijn teddybeer
> vastgeklemd om de enige nog aanwezige poot
> in de andere hand een tasje met daarin
> het laatste restje suiker en wat malariapillen.
> Zijn moeder had dat er op het laatst ingestopt.
> Hij dwong zijn tranen terug,
> hij was nu toch man.'[40]

Honderdduizenden mannen in de door Japan bezette gebieden zijn aan het werk gezet als dwangarbeider – en dan vooral aan volstrekt zinloze, maar loodzware projecten. Het beruchtst zijn twee spoorlijnen door het oerwoud, die de Japanners lieten aanleggen, de Birmaspoorweg en de

Pakan Baroespoorweg. De Birmaspoorweg liep tussen Nong Pladuk in Thailand en Thanbyauzayat in Birma (tegenwoordig Myanmar). In zestien maanden legden dwangarbeiders daar een lijn aan van 415 kilometer lang, door zeer onherbergzaam terrein. De Japanners keken niet op een mensenleven – de schattingen over het aantal doden lopen uiteen van 100.000 tot 200.000. Het merendeel waren *romoesja's*, inheemse werksoldaten uit de bezette landen, dwangarbeiders dus ook. Daarnaast ook 15.000 krijgsgevangen westerlingen, onder wie 7.000 Britten en 3.000 Nederlanders. Het waren helse omstandigheden, de getuigenissen van overlevenden wijzen allemaal in de richting van extreme verwaarlozing. Jan Benschop, een luchtmachtofficier, kwam er wél door, hij zag de ellende van dichtbij:

'In kamp 100 stierven in zes weken 103 man. Daar was een barak met 530 man, die tropische zweren hadden. Buiten het kamp merkte je de stank al. Zulke zweren besloegen vaak een half been. Er vonden dagelijks beenamputaties plaats, gewoon met een handzaag en een scheermesje.'[41]

Benschop ondervond ook de verregaande wreedheid van de bewakers (Japanners, maar ook vaak Koreanen). De dwangarbeiders waren voor hen gebruiksvoorwerpen:

'Een arm stukslaan was geen uitzondering, trappen met hun schoenen op je gezicht of lichaam, nadat je op de grond gesmeten was, of tegen je edele delen trappen, vonden ze ook heel leuk.'[42]

De mannen moesten zich letterlijk doodwerken, hadden last van allerlei tropische ziekten waar geen medicijnen voor waren en waren ook anderszins hun leven niet zeker. Een Australische krijgsgevangene, George Aspinal, verklaarde later:

'Als een of andere stakker niet meer verder kon, werd hij door de Japanse bewakers met een zweep geslagen. Ik weet zeker dat een aantal mannen die niet meer konden opstaan, geslagen werden en in de jungle stervend werden achtergelaten. Er waren er heel wat die we nooit meer terugzagen, soms hoorden we dat er geschoten werd. Het kan zijn dat de bewakers op wilde dieren schoten, maar wij gingen ervan uit dat ze gewoon een paar van onze mannen doodschoten.'[43]

De Tilburger Ad Silvius, die zich in 1938 als beroepsmilitair had opgegeven voor dienst in Indië, overleefde het werk aan de spoorweg op het nippertje. In 1945 kreeg hij voor het eerst de kans een brief naar huis te schrijven. Daarin stond voor de goede verstaander, in uiterst sobere bewoordingen, wat hij had meegemaakt:

'De gebeurtenissen van het begin zal ik nog wel uitvoerig beschrijven. Alleen wilde ik nog zeggen dat ik zeer zwaar ziek ben geweest en net op het nippertje heb gelegen, maar nu ben ik weer volledig hersteld. Vorige week woog ik weer ongeveer 75 kilo, terwijl ik in het begin van 1943 slechts 42 kilo woog. Maar dat is gelukkig voorbij.'[44]

De Birmaspoorweg heeft voor het transport nauwelijks betekenis gehad. Het grootste deel is na de opening in 1943 twee jaar in gebruik geweest en daarna weer opgebroken, een ander deel, in Thailand, wordt nog gebruikt, maar vooral voor toeristen.[45]

Er was ook een vergelijkbaar project in Indonesië zelf, de Pakan Baroespoorlijn op Sumatra. Ook die heeft geen enkel nut gehad en alleen maar slachtoffers geëist.[46] Dat waren in meerderheid enige tienduizenden Indonesiërs die er tewerkgesteld waren; naar schatting zijn er 30.000 ingezet, van wie er 5.000 het werk hebben overleefd. Precieze cijfers zijn er niet, dat hielden de Japanners niet bij. Van de ruim 6.600 krijgsgevangenen die er tewerkgesteld zijn, kwamen er meer dan 2.300 om het leven, ruim 35 procent. Zij kregen een iets betere behandeling dan de inlanders, de romoesja's, maar menswaardig was hun bestaan zeker niet. De aanleg van de Pakan Baroespoorlijn was klaar op de dag dat Japan capituleerde. Op dat moment werd de laatste schroef in de spoorlijn gedraaid. De spoorlijn, die geen enkel doel diende, is nooit in gebruik genomen.

DE VROUWEN

In de loop van 1942 raakten de Europese vrouwen in Nederlands-Indië langzamerhand ook hun vrijheid kwijt. Ze werden geïnterneerd in woonwijken van de grote steden. Die wijken werden gaandeweg verkleind, volgens de Japanse verklaringen uit veiligheidsoverwegingen, en er kwamen steeds meer vrouwen en kinderen te wonen. Het kamp met de meeste Nederlandse vrouwen bijvoorbeeld, Tjideng in Batavia, groeide van 2.500 naar 10.000 inwoners, die op het laatst verdeeld waren over nog maar 280 huizen. In sommige grotere woningen verbleven wel 150 mensen. De chaos en vervuiling werden gaandeweg ondraaglijk.

Veel vrouwen maakten mee dat ze moesten verhuizen, de Japanners sleepten voortdurend hun geïnterneerden van hot naar her. Schrijfster Beb Vuyk, die tot de geïnterneerden behoorde, schreef in haar sobere, observerende stijl over een van die verhuispartijen. Een jonge vrouw was met haar zoontje van twee jaar in een transport beland en moest uren wachten, in de brandende zon:

> 'Na een poosje haalde ze een pakje rijst te voorschijn en begon het kind te voeren als een ijverige spreeuwenmoeder. Na iedere hap zei ze opgewekt: "Lekker hè, Sjeffie," met een Limburgs accent. Ze zette het kind naast zich neer, een handtas als steun in de rug. Ze zoende hem op beide wangen en knuffelde hem: "Leuk, hè, zo'n dag je uit met Nippon."'[47]

Vuyk was, zoals veel meer anderen, in de ban van de bizarre tegenstellingen in zo'n kamp. De pogingen te overleven, de pogingen decorum te bewaren, maar ook de vuile streken, de strijd om een handje rijst, de roddels, het verraad en de ongekende taaiheid en vechtlust van vrijwel alle moeders. Beb Vuyk observeert:

> 'Leunend tegen een boom zat een moeder met vijf kinderen; zes afgeschilferde emaille kroezen met de oren aan een touw geregen hingen haar als een potsierlijke ketting om de hals. Even verderop stond een dame. Het was een echte dame, want ze droeg een lange petit-gris bontjas. Een erg chique mantel die tot halverwege haar kuiten reikte. Daaronder waren blote benen zichtbaar met groene stinkende kampwonden vlak boven de enkels.'[48]

Ook voor de vrouwen gold dat ze geen dagboeken mochten bijhouden, maar net als Beb Vuyk deed de schrijfster Margaretha Ferguson dat in het geheim toch. Ze zat in Tjideng en schreef geregeld over de drukte en de pogingen enige orde in de chaos te scheppen. De vrouwen moesten twee keer per dag op appèl verschijnen, om half acht 's ochtends en zeven uur 's avonds. Er waren verschillende corveeploegen in het kamp, voor de verbouw van groenten, het schoonhouden van de goten, maar ook voor het regelen van lijkkisten voor de gestorvenen. Dat was hard nodig, want door het ontbreken van medische voorzieningen was de sterfte hoog. Ferguson schrijft:

> 'In de wijk is het soms wel moeilijk je levend te blijven voelen, dat kost inspanning, kracht, vitaliteit, zin voor humor; vooral in kleine dingen moet het levende gevonden worden, want globaal gezien is ons bestaan een sleurbestaan van huishouden, sloven, zwoegen, in eentonige hitte, met als

onderbreking eentonige druilerige regendagen, zonder de spanning van
omgang tussen mannen en vrouwen'[49]

Allesoverheersend is de jacht op eten. Er is veel te weinig voor veel te veel
mensen. Dat brengt allerlei spanningen met zich mee zoals diefstal en
wantrouwen. Er zijn, schrijft Ferguson al in november 1942, 'in deze weinige maanden al aardig wat vriendschappen kapotgegaan'. En de meest
elementaire voorzieningen ontbreken ook, zeep bijvoorbeeld. Margaretha Ferguson:

'Om de haverklap word je opgeschrikt: heb je gehoord, vanaf morgen komt
er geen zeep meer in de wijk, gauw kijken of er nog wat is! Ik ren naar
de pasar. Er staat een lange rij van vrouwen die twee eieren per persoon
kunnen kopen en wat suiker. Als ik aan de beurt ben krijg ik een heel klein
stukje zeep. Dat heeft me een uur staan gekost.'[50]

Een factor die het leven zwaar maakt is de onzekerheid over het lot van de
mannen en de oudere zoons. Communicatie is vrijwel onmogelijk voor
de Europeanen. Heel af en toe bereikt een briefje een ander kamp, heel af
en toe is er een flardje nieuws over het oorlogsverloop, maar veel vaker is
er ongerustheid en wanhoop. Maar sommigen blijven onder alle omstandigheden optimistisch en positief. Mevrouw A. Henkes-Rijsdijk, echtgenote van een ingenieur bij de Hollandse Beton Maatschappij, houdt in
Tjideng het hoofd hoog. Ze schrijft in haar illegale dagboek hoe ze zich
erdoor slaat:

'We hebben het nog goed na tweeëneenhalf jaar kampleven, zijn volkomen
gewend aan de rommel en de weinige ruimte. Het is gek, maar telkens
opnieuw krijg ik op deze momenten van spanning een plotseling innerlijke
rust en een vreugde, die rijk maakt. Het kan me dan op zo'n moment niet
meer schelen, hoe lang het nog duurt. M'n vertrouwen staat onwankel vast.'[51]

In de vrouwenkampen bestond voortdurend de angst dat jonge vrouwen
en meisjes zouden worden opgehaald om dienst te doen in de Japanse sol-
datenbordelen. Later zou voor hen het eufemisme 'troostmeisjes' worden
uitgevonden – de bordelen werden in het Engels als *comfort houses* aangeduid, huizen van troost. Het aantal vrouwen dat op deze manier gedwongen werd om verkrachtingen te ondergaan is moeilijk vast te stellen, maar
50.000 is wel de laagste schatting. Het aantal Nederlandse troostmeisjes
wordt op vierhonderd geschat. De Japanse legerleiding had dit systeem
onder andere opgezet om de verspreiding van geslachtsziekten onder sol-

daten te beperken en om te voorkomen dat zij zich, zoals eerder in Nanking, aan de burgerbevolking zouden vergrijpen. Adriana Modoo hield de gebeurtenissen in het vrouwenkamp Ambarawa 6 (bij Semarang) in haar dagboek bij. In februari 1944 maakte ze melding van het bezoek van een delegatie Japanners, twee auto's vol, aan het kamp. Alle meisjes en vrouwen tussen de 18 en 28 jaar moesten zich melden. Ze werden ondervraagd, hoe oud ze waren, of ze getrouwd waren en of ze kinderen hadden. Tegelijkertijd werden ze kritisch bekeken. 'We hebben afschuwelijke vermoedens,' schrijft Adriana Modoo. Vier dagen later staat er in haar dagboek:

> *'Gisteren kwam de aap uit de mouw: er verschenen vier Nippen met een lege autobus. Tien jonge meisjes, blijkbaar de uitverkorenen, moesten vlug een koffertje pakken en instappen, ondanks protesten en jammerklachten van de moeders, die als enige troost de verzekering kregen, dat hun dochters naar Semarang gebracht werden, dat haar niets kwaads zou overkomen en dat zij minstens een maand weg zouden blijven! Er worden natuurlijk allerlei veronderstellingen geopperd omtrent het doel van deze reis.'*[52]

In kamp Tjideng was de kampcommandant, de Japanse officier Sonei, een extra reden voor angst. Hij voerde, vanaf april 1944, een schrikbewind, was grof en gewelddadig en vooral gevreesd om zijn wispelturigheid. Hij was vermoedelijk maanziek – tijdens volle maan kon hij enorm te keer gaan en leek hij een aanleiding te zoeken om vrouwen te mishandelen en wreed te straffen. Het leverde hem de bijnaam 'de beul van Tjideng' op.[53] De meest huiveringwekkende herinnering betreft 21 juli 1945, die later door de vrouwen van Tjideng de 'Bartholomeusnacht' werd genoemd. Tientallen meisjes en vrouwen werden die nacht mishandeld en kaalgeknipt. Kitty Witteveen-van Leeuwen herinnert zich:

> *'Je hoorde afschuwelijk gejammer, dan stilte en dan weer gejammer. Het was ijzingwekkend. Maar de volgende morgen, op het appèl, hadden alle vrouwen die zo waren vernederd sjaaltjes om en van vriendinnen hadden ze lokjes haar geleend, die uit dat sjaaltje staken, zodat je niet kon zien dat ze kaal waren.'*[54]

Het wangedrag van Sonei maakte hem zelfs voor de Japanse leiding niet langer acceptabel als commandant van Tjideng. Kort erna werd hij overgeplaatst naar Bandoeng. Daar volgde in najaar 1945 zijn arrestatie. Voor identificatie werd hij nog een keer teruggebracht naar Tjideng, waar de meeste vrouwen nog altijd geïnterneerd waren. Mevrouw Lies Berkenfelder herinnert zich:

'Opeens was er enorm tumult. Vrouwen lieten hun emmers en teilen staan en renden naar die auto toe, en riepen: Sonei is terug, Sonei is terug, we vermoorden hem.'[55]

Maar dat is er niet van gekomen, Sonei werd beschermd en de vrouwen moesten zich tot een scheldpartij beperken. Een van hen, Ria Herni, viel naar eigen zeggen stil:

'Ik dacht opeens: ben ik voor dat mannetje nou zo bang geweest? Nu was het een ineengekrompen klein Japannertje, zo zonder zijn honden en zonder uniform, het was helemaal niks meer.'[56]

Sonei is na de oorlog in Singapore voor een internationaal oorlogstribunaal gebracht en eind 1946 ter dood veroordeeld, op de aanklacht van systematische terreur, slechte behandeling van geïnterneerde burgers en van krijgsgevangenen. Hij stierf voor een vuurpeloton in de Glodokgevangenis in Jakarta. Hij was niet de enige, er zijn in Indonesië meer dan tweehonderd Japanners wegens wreedheden geëxecuteerd.

DE INDISCHE EUROPEANEN

Een grote bevolkingsgroep (tussen de 120.000 en 200.000) vormden in Indonesië de Indo-Europeanen, gemengdbloedigen. Ze varieerden in huidskleur van bijna blank tot zeer bruin. De Japanners waren bereid hen als Aziaten te beschouwen en gingen ervan uit dat ze dan ook enthousiast en als ware Aziaten zouden meewerken aan de ontwikkeling van het nieuwe Azië en dus afstand zouden doen van hun banden met de kolonisator. Maar dat gebeurde niet of nauwelijks. De Japanners onderstreepten hun uitgangspunt in een waarschuwend artikel in het officiële orgaan van het Japanse bestuur, gericht aan de Indo-Europeanen:

'indien zij onvoorzichtig zijn en hun verkeerde houding en opvattingen niet wijzigen, of hun hartstochten niet kunnen beteugelen, zal het leger zijn edelmoedigheid laten varen en niet schromen om harde maatregelen te treffen als tegen een vijandig volk.'

Vooralsnog werden Indo-Europeanen niet geïnterneerd, maar ze moesten, buiten de kampen, wel erg op hun hoede zijn. Voor de Japanners, die een bedreiging voor hen vormden, maar ook voor de inlanders, die vaak niets met ze te maken wilden hebben. Mevrouw Hertha Hampel (1913), een Europees uitziende indovrouw, woonde vanaf 1942 bij haar ouders. Haar man was werktuigkundige bij een scheepvaartbedrijf, hij was opgepakt, ze zag hem in januari 1942 voor het laatst. Ze moest niets hebben van de Japanners en van hun propaganda. Ze hield een dagboek bij, waarin ze haar positie helder formuleerde:

'Wij zitten tussen de oosterling, die ons niet mag omdat we westers bloed hebben en de westerling die de pest aan ons heeft omdat we oosters bloed hebben. Wat kan mij dat schelen? Ik ga om met de mensen die ik aardig vind, westerling of oosterling.'[57]

De Japanners probeerden de indo's onder andere in het gareel te krijgen door een van hen als hun leider aan te stellen, P. F. Dahler. Hij had vóór de Japanse bezetting bij de regeringsvoorlichtingsdienst gewerkt, hij kwam voort uit een marginale politieke groepering van Indo-Europeanen die zich distantieerden van het Nederlands moederland en aanstuurden op een onafhankelijk Indonesië. Dahler riep in interviews de Indo-Europeanen op om 'zuivere Indonesiërs' worden. Degenen die dat niet wilden moesten als vreemdelingen in Indië worden beschouwd. Mevrouw Hertha Hampel begon het leven daardoor wel heel erg ingewikkeld te vinden. Ze sloeg zich er doorgaans dapper doorheen, maar soms had ze een zwak moment:

'Je kan soms opeens over alles schoon genoeg krijgen en ik verlang dan een hele dag niets dan te huilen. Maar tja, je moet sterk zijn en dragen wat je opgelegd wordt en dus gaan we weer verder. Maar als alles afgelopen is ga ik voor mijn plezier een hele dag huilen en gillen en als het gaat de hele boel kort en klein slaan.'[58]

Om de loyaliteitsgedachte een impuls te geven besloot het Japanse militair bestuur dat de indo's gelijkgeschakeld moesten worden met de Indonesische bevolking. Kinderen konden naar de Indonesische lagere scholen en Indische bankrekeninghouders zouden het recht krijgen een deel van hun tegoeden op te nemen. Ook zouden verzoeken om vrijlating van geïnterneerde Indische mannen gehonoreerd kunnen worden. Maar het haalde weinig uit.

Het overgrote deel van de Indo-Europeanen wees deze gelijkschakeling met de Aziaten af. De Japanse geheime politie constateerde in een rapport van begin 1944 dat er met de Indo-Europeanen geen land te bezeilen was:

'Hun uitlatingen en opvattingen tonen aan dat zij met hun anti-Japanse opvattingen niet van de Nederlanders verschillen. Het is noodzakelijk, deze tot ongehoorzaamheid neigende groep die de ware bedoelingen van ons zo welwillend militair bestuur niet begrijpt, streng te controleren. Niet minder noodzakelijk blijft het, de pro-geallieerde gevoelens met één slag te doen verdwijnen.'

Op bescheiden schaal is dat ook gebeurd. Er zijn duizenden jonge indo's opgepakt om voor de Japanners dwangarbeid te verrichten, maar het werkte allemaal averechts: de Japanners kregen ook op deze bevolkingsgroep geen vat.

Een eenheid van de Kenpeitai, de Japanse militaire politie, laat zich fotograferen. De Kenpeitai was berucht om de slechte omstandigheden in de gevangeniscellen.

Toen de Japanners in maart 1942 de Indonesische eilanden binnentrokken en er een militair bestuur vestigden, stonden de Indonesiërs, de inlanders in de koloniale terminologie, voor de keuze of ze deze nieuwe heerser zouden accepteren of niet. Natuurlijk keek de grote massa de kat uit de boom, zoals altijd en overal. Maar voor velen ging er van het ideaal 'Azië voor de Aziaten' wel degelijk een grote aantrekkingskracht uit. Logisch dat nationalisten kansen zagen voor hun streven naar een onafhankelijk Indonesië, een land waar de Indonesiërs het voor het zeggen zouden hebben. De Japanners speelden hier met hun propaganda op in en schermden met hun Grote Aziatische Welvaartssfeer, waarvan ook de Indonesiërs zouden profiteren. Er zijn filmbeelden van Japanse journaals waarin Indonesiërs massaal met vlaggetjes staan te zwaaien en voor een glorieuze entree zorgen – dat is op enige schaal ongetwijfeld gebeurd. Er is een dagboekfragment van een 15-jarig Nederlands meisje over de dag van de intocht, waar geen woord Frans bij is:

> *'Daar kwamen ze, de vuile spleetogen, op karren en auto's versierd met groen en bloemen, grijnzend en wuivend naar ons. De volgende dag had elke inlander een wit met rood vlaggetje hetzij op zijn fiets, hetzij in zijn hand, zo groot mogelijk natuurlijk. Ik haatte, ja haatte hen nog meer, dan al de Japs bij elkaar. Die schijnheilige smoelen waarmee ze met hun vlaggetjes zwaaiden!*[59]

Of dat het algemene beeld is valt heel moeilijk na te gaan. In ieder geval waren er mensen die perspectief zagen: de westerse overheerser was snel verslagen en verdreven, en zou vast nooit meer terugkomen. En de nieuwe heerser leek zich welwillend op te stellen. Er kwam een Japans-Indonesisch leger, er was voortaan nog maar één soort school, een volksschool voor iedereen, en opeens konden Indonesiërs op functies belanden die tot dan toe moeilijk bereikbaar waren geweest: posities in de journalistiek, de bureaucratie, het onderwijs. Maar tegelijkertijd was er ook terughoudendheid bij de Japanners ten aanzien van nationalistische verlangens. Het Indonesische volkslied en de vlag werden een paar weken na de bezetting alweer verboden.

Soekarno mocht na een paar maanden terugkomen op Java. Politieke partijen werden ontbonden, maar de nationalisten waren *back in town*. Al op de avond van zijn terugkeer, 9 juli 1942, vergaderde Soekarno met Hatta en Sjahrir over wat hun te doen stond. Over dat topberaad zijn allerlei interpretaties in omloop. Soekarno heeft later tegen zijn Ameri-

Soekarno streefde naar zelfstandigheid van zijn land en werkte daarom volop mee met de Japanners. Hier plant hij een boompje tijdens een Japanse plechtigheid.

kaanse biografe Cindy Adams gezegd dat ze met z'n drieën samen afspraken om naar onafhankelijkheid voor Indonesië te streven, en dat ze dat
zowel openlijk als ondergronds, illegaal, zouden doen. Maar er is ook een
theorie dat deze afspraak is gemaakt om, zoals het werd geformuleerd,
'collaboratie van Soekarno een respectabel aanzien te verschaffen'.[60] Want
het is onmiskenbaar dat Soekarno, in zijn streven om Indonesiës onafhankelijkheid dichterbij te brengen, koos voor intensieve samenwerking
met de Japanners. Veel Nederlanders, ook veel leidende politici, hebben
hem dat nooit vergeven.

Soekarno werd leider van de organisatie Putera, die zou helpen bij de
inschakeling van Java in de Japanse plannen, en die tevens Soekarno een
platform bood om aan de toekomst van het land te werken. Een jaar na de
Japanse inval was de oprichtingsbijeenkomst. Op het voormalige Waterlooplein ging het standbeeld van Jan Pieterszoon Coen van zijn voetstuk.
Batavia werd plechtig omgedoopt tot Jakarta. En Soekarno sprak de menigte toe:

*'Als een bandjir hebben jullie het plein overstroomd, zonder acht op de hitte
te slaan. Dit betekent dat het hele volk verlangt naar een beweging die
naast de Japanse regering het toekomstig lot van ons land zal bepalen.
Dit verlangen naar samenwerking bestond in feite reeds op de dag dat de
Japanse vlag op Indonesische bodem werd geplant.'[61]*

Zo ging Soekarno het doen: blijven streven naar onafhankelijkheid, nu
onder de paraplu van Japan. In november 1943 ging hij met Hatta op bezoek in Japan. Ze kregen een eigen suite in het keizerlijk hotel en ze werden overal rondgeleid, als belangrijke staatslieden. Volgens zijn Nederlandse biograaf, Lambert Giebels, was Soekarno diep onder de indruk,
Hatta iets minder, die was al eerder in het buitenland geweest. Voor de
audiëntie bij keizer Hirohito oefenden ze de rituele passen en buigingen
voor de spiegel. Hirohito reikte onverwacht hoge onderscheidingen uit.
Soekarno werd opgenomen in de orde van het Keizerlijk Juweel der
tweede klasse, Hatta kwam niet verder dan de derde klasse. Toezeggingen
omtrent een spoedige onafhankelijkheid zaten er niet in. Die kwamen
pas later, toen Japan zich steeds meer bedreigd ging voelen door de opmars van de Amerikaanse troepen in Azië. Op 8 september 1944 was het
zover. Soekarno moest bij de Japanse opperbevelhebber in het paleis van
de voormalige landvoogd te Jakarta verschijnen. Hij lichtte hem in over
een verklaring van premier Koiso, die luidde:

'dat het Japanse keizerrijk de toekomstige onafhankelijkheid van alle Indonesische volken bekendmaakt, opdat daarmee het geluk van deze volkeren voor altijd gewaarborgd zou worden'.[62]

De rood-witte vlag mocht voortaan weer wapperen en het 'Indonesia Raja' mocht weer gezongen worden. Voorwaarde was wel dat Japan de oorlog zou winnen en dus moesten alle Indonesiërs de Japanse inspanningen voluit ondersteunen. Soekarno maakte er geen probleem van: 'Samen met Japan zullen wij leven of sterven tot de overwinning is behaald,' antwoordde hij.

Ook al had Soekarno dan wel zijn eigen agenda, hij was tegelijkertijd een willig werktuig in Japanse hand. De Japanse militaire leiders verlangden van hem dat hij zoveel mogelijk jonge mannen zou leveren voor Japanse doeleinden. Het ging vooral om het werk aan de grote Japanse projecten, spoorwegen, vliegvelden en verdedigingswerken, maar ook kolenmijnen. Soekarno was daartoe bereid. Hij reisde stad en land af om zijn landgenoten op te roepen zich te melden als 'werksoldaten'. De Japanners hadden al eerder veel dwangarbeiders verzameld door razzia's te houden, maar door het inlands bestuur erbij te betrekken en zeker door de populaire nationalistenleider oproepen te laten doen ging het allemaal veel gemakkelijker. Soekarno trad zelfs in een propagandafilm op met zijn wervingsactiviteiten. Dat werd hem toen al door sommige aanhangers kwalijk genomen. Ze vonden dat hij daardoor honderdduizenden Javanen de dood heeft ingejaagd, want de Japanners behandelden de romoesja's als oud vuil. In 1964 heeft Soekarno een keer gereageerd op het verwijt dat hij zoveel Indonesiërs aan de Japanners heeft uitgeleverd. Hij zei toen:

'Als ik duizenden moet opofferen om miljoenen te redden, dan zal ik dat doen. Als leider van dit land kan ik mij de luxe van gevoeligheid niet veroorloven.'[63]

Het lot van de romoesja's raakte snel bekend op Java, en dat veroorzaakte een radicale kentering in de stemming. De positieve Indonesische waardering voor de Japanners (voor het nieuwe, het krachtige, het moderne en voor het trotseren van de westerlingen) heeft maar iets meer dan een jaar geduurd, daarna werden de Japanners steeds meer gehaat. Er was absoluut geen sprake van behoorlijk bestuur. Er was geen spoor van vrijheid, en vooral: er was honger. Java werd getroffen door ernstige hongersnoden, die in totaal vermoedelijk twee miljoen mensen het leven hebben gekost. De Indonesiërs wilden weer snel van hun nieuwe, hardvochtige

357

heersers af. Er kwam ook steeds meer kritiek op Soekarno, vooral uit de hoek van fanatieke jongeren, die waren verzameld in sinds kort door de Japanners toegestane radicale jeugdkorpsen. *Pemoeda's* werden die jongens genoemd, ze radicaliseerden snel, en ze vertoonden vooral een hevig ongeduld: de Japanners eruit, eisten ze, en totale vrijheid, *merdeka,* en wel nu meteen.

DE JUNYO MARU

De zwartste dag voor de Indonesische werksoldaten, de romoesja's, was 18 september 1944. Op die dag, puur toevallig ook de startdatum van Operatie Market Garden aan de andere kant van de aarde, kwamen er meer dan 4.000 tegelijk om het leven bij een scheepsramp van ongekende omvang, die niettemin nooit tot het Nederlandse collectieve geheugen is doorgedrongen. Het schip waarop zij voeren was twee dagen eerder vertrokken uit de haven van Jakarta, volgeladen met dwangarbeiders die aan de Pakan Baroespoorweg moesten gaan werken, in Sumatra. Aan boord waren in totaal ongeveer 6.500 mannen: 1.100 Nederlandse en 1.100 Britse en Amerikaanse krijgsgevangenen en daarnaast 4.200 Javaanse romoesja's. En verder nog ongeveer 100 Japanners voor de bewaking. Voor de kust van Sumatra werd het schip waar ze ingestouwd waren, de oude Japanse vrachtvaarder Junyo Maru, getorpedeerd. De Britse onderzeeër Tradewind had de schuit in het vizier gekregen en ging ervan uit dat er cement mee werd vervoerd, bestemd voor Japanse projecten. Aan niets was te zien dat er dwangarbeiders of 'werksoldaten' aan boord waren – laat staan een massa van 6.500 man. Dat kan als een Japanse fout worden aangemerkt. Volgens de Conventie van Genève moest een schip met krijgsgevangenen duidelijk gemarkeerd worden met een rood kruis. Het Internationale Rode Kruis had er in 1942 nog bij Japan op aangedrongen dat vooral te doen, maar Japan had dat voorschrift genegeerd.

De Britse onderzeebootkapitein S.L.C. Maydon was zich daar dan ook niet van bewust toen hij vier torpedo's liet afvuren, waarvan er twee raak waren. De gevolgen waren catastrofaal. Het schip brak in tweeën en zonk binnen een half uur. In die tijd hebben een kleine duizend mannen kans gezien van boord te komen. Maar voor de rest, grotendeels opeengepakt in de donkere, stinkende ruimen van het schip, was er geen redden meer aan. Een van de drenkelingen was Willem Punt, een Nederlandse zeeman, die zich op een soort vlot in veiligheid kon brengen. Hij herinnerde zich wat hij zag:

*'Als trossen mieren hingen de mensen aan het schip; bij duizenden zijn ze
in de zee gevallen. Het duurde iets van twintig minuten voor het hele schip
in zee verdwenen was. Overal hoorde je mensen om hulp roepen en om
hun moeder schreeuwen. Ook hoorde je: "Toeloeng Nippon" dat betekent:
Japanners, Help!'*[64]

Het aantal slachtoffers moet ongeveer 5.620 hebben bedragen, onder wie
1.000 Nederlanders en 4.200 Indonesiërs. Daarmee was de ondergang van
de Junyo Maru de grootste scheepsramp uit de geschiedenis tot dan toe.
Er zijn ongeveer 880 mensen levend de zee uitgekomen. Veel van die over
levenden kwamen alsnog om tijdens het slopende werk aan de spoorlijn
dwars door Sumatra.

OORLOGSVERLOOP

Ver weg, in Londen, was in de afgelopen jaren de Nederlandse regering,
die ervan uitging dat Japan de oorlog zou verliezen, druk geweest met de
vraag hoe het met Indië na de oorlog verder zou moeten. Daarbij deed
zich een cruciaal probleem voor: de bevrijding van de Indische Archipel
zou voor een belangrijk deel van de Verenigde Staten moeten komen,
en tegelijkertijd was van dat machtige, antikoloniale land geen steun te
verwachten voor een herstel van de Nederlandse positie in Indonesië.
Koningin Wilhelmina had een aantal gesprekken gevoerd met president
Roosevelt, en hoewel ze klaagde dat ze daarbij nauwelijks aan het woord
kwam, was het wel duidelijk dat in Amerika geen sympathie was voor het
koloniale stelsel. Ook van de ambassade in Washington kwamen geluiden dat Nederland iets zou moeten doen, een signaal zou moeten afgeven
om de Amerikanen tot steun te verleiden. Dat werd een taak voor dr H.J.
van Mook, die, overgekomen uit Australië, sinds mei 1942 als minister
van Koloniën in het kabinet-Gerbrandy was aangetreden. Hij schreef na
enig voorwerk de toespraak die koningin Wilhelmina op 7 december
1942 zou uitspreken, precies een jaar na Pearl Harbor en dus ook na het
begin van de oorlog in de Oost. Maar voor het zover was, moest er een hevige strijd worden uitgevochten over de precieze formuleringen waarin
de koningin aan de koloniën, en dus aan Indië, enig perspectief op een
onafhankelijke toekomst zou bieden. Minstens drie vergaderingen wijdde de ministerraad er in 1942 aan, want iedereen was zich ervan bewust
dat de formuleringen onder een loep zouden worden bekeken, zoals premier Gerbrandy het noemde. De opening van de toespraak leverde geen
probleem op, daar waren ze snel uit. De koningin zou op 7 december 1942
voor de radio zeggen:

'Het is heden een jaar geleden dat de Japanners zonder voorafgaande oorlogsverklaring onze bondgenoten verraderlijk overvielen. Wij hebben toen niet geaarzeld ons onmiddellijk in de strijd te werpen. Japan had zich reeds jaren voorbereid. Na een jaar is de vijand in de verdediging gedrongen.'[65]

Maar de kern van de boodschap kwam aanzienlijk moeizamer tot stand. Toen de ministers er eindelijk uit waren, bleek dat de koningin er weinig voor voelde om Van Mooks tekst uit te spreken; ze wilde een heel nieuwe versie en ze wilde daar eens uitgebreid met Van Mook over confereren. Dat weigerde het kabinet pertinent – ze moest de tekst, met hier en daar een kleine aanpassing, integraal uitspreken. En zo kwam dan de 7 decembertoespraak tot stand, met als kernpunt dat Nederland en Indonesië na de bevrijding op gelijkwaardige basis, samen in één koninkrijk, zouden verdergaan:

> 'Ik stel mij voor een rijksverband waarin Nederland, Indonesië, Suriname en Curaçao tesamen deel zullen hebben, terwijl zij ieder op zichzelf de eigen inwendige aangelegenheden in zelfstandigheid en steunend op eigen kracht, doch met de wil elkander bij te staan, zullen behartigen.'[66]

Van Mook was intussen nog naar Amerika vertrokken voor een media-offensief. Hij legde daar, tot schrik van de collega's in Londen, uit dat deze uitspraak een eerste stap op weg naar dekolonisatie van Indonesië betekende. Toen Gerbrandy hoorde wat Van Mook precies had gezegd, wilde hij hem onmiddellijk ontslaan, maar dat is er uiteindelijk niet van gekomen.

Inmiddels waren alle ogen gericht op Amerika, niet alleen die van de Nederlandse regering. Na Pearl Harbor was daar alles anders geworden. In recordtijd bouwden de Amerikanen de vredeseconomie om naar een economie die beter past bij een land in oorlog. Autofabrieken werden getransformeerd tot vliegtuigfabrieken, scheepswerven werden uitgebreid en fabrieken om munitie, parachutes of voedselrantsoenen te produceren schoten uit de grond. In eerste instantie werd het enorme leger werklozen ingezet, dat was ontstaan als gevolg van de recessie van de jaren dertig. Maar toen steeds meer mannen onder de wapenen werden geroepen, werden hun plaatsen in de fabrieken ingenomen door vrouwen. Aan het eind van de oorlog hadden 20 miljoen vrouwen op de een of andere manier hun bijdrage aan de oorlogsindustrie geleverd.[67] En zo kwam er een massief productieapparaat tot stand dat in staat was in een paar jaar tijd 300.000 vliegtuigen, honderdduizenden tanks, jeeps en schepen op te leveren.

Voorzien van al dat wapentuig trokken een paar miljoen soldaten ten strijde. In juni 1942 behaalden de Amerikanen een belangrijke eerste overwinning in een zeeslag met de Japanners bij het atol Midway, in de Stille Oceaan. Daarbij werden vier Japanse vliegdekschepen vernietigd en bijna 250 vliegtuigen – een klap waarvan de Japanse marine zich maar gedeeltelijk heeft kunnen herstellen. Kort erna begon een bittere slag tussen de Amerikanen en de Japanners om Guadalcanal, het grootste van de Salomonseilanden. Die strijd duurde zes maanden en eindigde ook in een Amerikaanse overwinning. Vanaf dat moment konden de Amerikanen een strategie van *island-hopping* tot uitvoer brengen: van eiland tot eiland springend de Japanners steeds verder terugdrijven, tot, uiteindelijk, in eigen land.

Die strategie werd een succes, maar vergde veel tijd en kostte onmetelijk veel bloed. De Japanners, die inzagen dat ze nooit tegen de Amerikaanse overmacht aan mensen en middelen op konden, kozen eind 1944 voor een wanhoopstactiek: ze stuurden zelfmoordeenheden de lucht in, kamikazepiloten, om hun met explosieven volgeladen vliegtuigjes op vijandelijke schepen te pletter te laten vliegen. Dat kostte de Amerikanen veertig schepen en de Japanners 3.800 manschappen. Veel kamikazepiloten hielden hun belevenissen bij in een dagboek, en daaruit is de geest van totale zelfopoffering goed af te lezen. Piloot Itabashi Yasuo schrijft op 8 april 1945 bijvoorbeeld:

'*Voorbereidingen voor de aanval. Deze keer zal ik zeker niet levend terugkeren. Nee, het is niet dat ik niet verwacht om levend terug te keren. Ik ben eenvoudig van plan om te body-crashen en dus is mijn dood niet te vermijden, niet? Ik maak mezelf klaar, schrijf mijn laatste brieven en regel de dingen die ik achter laat. Tenslotte zal mijn leven 22 jaar lang geweest zijn. Ik zal het dek van de vijand met bloed besmeuren, met teenagersbloed. Het zal schitterend zijn.*'[68]

En Shima Kiyomitsu, voormalig student, zoals velen, schrijft kort voor zijn laatste vlucht, ook in april 1945:

'*Mensen worden geboren uit het niets en keren terug naar het niets. Mensen streven niet naar een manier om te leven, maar naar een mooie wijze om te sterven. De dood beëindigt alles. Pijn, verdriet en eenzaamheid bestaan daar niet. Ik voel dat ik een wereld heb ontdekt van buitengewone schittering. Ik word vrolijk en die vrolijkheid maakt dat ik hartelijk lach.*'[69]

In de eerste maanden van 1945 naderden de Amerikanen Japan zelf. Ze veroverden na bloedige strijd de eilanden Iwo Jima en Okinawa. Naar schatting sneuvelden daar 20.000 Amerikanen en 130.000 Japanners. Sommige veroverde eilanden in de Stille Oceaan werden direct ingericht als bases voor de Amerikaanse militaire luchtvloot. Van daaruit werden steeds intensievere bombardementen mogelijk op Japanse steden, bedoeld om het keizerlijke bewind op de knieën te krijgen. Het allerhevigst waren de aanvallen op de hoofdstad Tokio. In de nacht van 9 op 10 maart 1945 lieten 325 B-29 toestellen daar 1.700 ton aan bommen vallen. Het grootste deel van de stad werd getroffen en een onblusbare vuurstorm deed de rest. Er vielen meer dan 83.000 doden. En nog capituleerde Japan niet.

De geallieerden, eind juli bijeen op een topconferentie in Potsdam, waarschuwden Japan voor het laatst: ze eisten onvoorwaardelijke overgave en dreigden met een totale vernietiging van het land. Toen Japan daar niet op reageerde, nam de nieuwe Amerikaanse president Harry Truman het besluit om zijn nieuwste en zwaarste wapen in te zetten: de atoombom. Hij hoopte daarmee de oorlog te bekorten en het aantal dodelijke slachtoffers aan Amerikaanse zijde te beperken.

Het vliegtuig dat op 6 augustus de eerste atoombom op de stad Hiroshima liet vallen heette de Enola Gay. De naam van de bom: Little Boy. De eerste klap en de erop volgende schokgolf kostten 78.000 mensen het leven. Twee dagen later, toen Japan zich nog steeds niet had overgegeven, volgde de tweede atoombom, Fat Man geheten, op de stad Nagasaki. Daar stierven die dag 27.000 mensen. De dagen, weken en maanden erna zouden er nog veel meer slachtoffers vallen, want de gevolgen van de atoombom bleken lange tijd dodelijk. Maar er waren ook overlevenden, die bij toeval de dans ontsprongen, zoals de Nederlandse krijgsgevangene W. Ardaseer, die aan het werk was in een fabriek in Nagasaki, een vliegtuig hoorde naderen en nog net op tijd een schuilplaats kon bereiken:

'In dat ene moment, van "ik moet dekking zoeken" kwam er een enorme lichtflits, warmte, hitte en een druk. Het geluid van een orkaan. Alles was donker, hoe lang dat heeft geduurd, niemand kan het zeggen, geen flauw idee van de tijd. En toen het licht was toen ontdekte ik dat de hele fabriek naast me volkomen plat lag.'[70]

Keizerlijk Japan capituleerde eindelijk op 15 augustus 1945. Daarmee was de Tweede Wereldoorlog militair geëindigd. De formele Japanse capitulatie werd pas op 2 september ondertekend, op het Amerikaanse vliegdekschip Missouri.

De Japanse capitulatie leidde in Indonesië niet tot de vreugdetaferelen die uit Nederland bekend zijn van de bevrijding. Dat kon ook moeilijk. Ten eerste was er vrijwel geen communicatie in het land; het bezit van een radio was verboden. Er was nergens betrouwbare informatie beschikbaar. Er waren geruchten, er was vooral onzekerheid. De geïnterneerden moesten op geallieerd bevel vooralsnog in de kampen blijven, nog altijd onder bewaking van de Japanners. En bovendien duurde het, vooral in sommige afgelegen gebieden, vele dagen voor de melding was doorgekomen. Zo tonen de enige tot nu toe opgedoken filmbeelden een viering van de capitulatie in een vrouwenkamp op 24 augustus. Het betreft het kamp Aik Paminke III, een voormalige rubberplantage op Sumatra. Een van de daar geïnterneerde vrouwen had een filmcamera verstopt en beschikte ook nog over een filmpje, waarop is vastgelegd hoe twee dames de vreugdevolle mededeling van de capitulatie doen en vervolgens proberen een soort vlag te hijsen. Een van de aanwezigen, mevrouw C. Hoogendoorn-Swart, herinnert zich:

'Er was een plechtigheid bij Japstra, zo noemden we het huisje waar de Japanse bewaking zat. Daar klommen twee dames op een kistje, en die zeiden tegen ons, de omstanders, dat we bevrijd waren. We hebben een vlag gehesen, maar we hadden geen stok of paal, dus dat moest allemaal geïmproviseerd worden.'[71]

Nog later drong het bericht van het einde van de oorlog door tot Kamp Banjoe Biroe, nr 10, een heel groot vrouwenkamp in de buurt van Ambarawa op Midden-Java. Daar zat, te midden van 4.000 vrouwen, mevr. Joop Verburg, die in een verslag noteerde dat op 25 augustus groot alarm werd geslagen. Iedereen moest bijeenkomen op de binnenplaats, de aanwezigen hadden geen idee wat hun boven het hoofd hing. Mevrouw Verburg beschrijft hoe de kampleidster op een tafel ging staan en het woord nam:

'"Mensen, het is voorbij. Japan heeft gecapituleerd. Wij zijn vrij." Het bleef doodstil. Totdat er plotseling iemand uit de menigte heel schuchter en bedeesd ons volkslied aanhief. Dat gaf een kettingreactie. Omhelzingen en tranen allerwegen, maar uitzinnig van vreugde, neen, we durfden het nog niet echt te geloven.'[72]

Schrijfster Beb Vuyk zat in een kamp (Kampong Makasar) aan de zuid-rand van Batavia en merkte op 23 augustus pas dat er iets aan de hand was. Ze noteerde in haar dagboek:

'Ons kamphoofd is bij de Japanse commandant geroepen. Daar wachtte een Japanse generaal, compleet met samoeraizwaard. Hij boog en zei in het Indonesisch: "De oorlog is voorbij". "Wie heeft er gewonnen?" vroegen de vrouwen. Hij herhaalde: "de oorlog is voorbij." Hij maakte een buiging, draaide zich om en liep weg.'[73]

Vlakbij, in het centrum van Batavia, dat eigenlijk al Jakarta heette, was de Japanse capitulatie al dagen eerder bekend. Het was voor de nationalis-tenleiders Soekarno en Hatta het moment om Japan te herinneren aan de belofte om Indonesië een soevereine staat te laten worden. De Japanners hadden daar intussen al een datum voor genoemd, 7 september 1945, en daar wilden Soekarno en Hatta hen aan houden. Maar dat viel ze niet gemakkelijk: er kwam een nieuwe kracht opzetten, de revolutionaire be-weging van de pemoeda's, de radicale voorhoede van de nationalistische jeugd. Hun eis was op 15 augustus heel overzichtelijk: 'Onafhankelijk-heid NU!' Soekarno en Hatta weigerden die eis in te willigen, ze wilden nog een paar weken tijd om althans iets van een bestuurlijke organisatie op te bouwen en daarmee de start van het nieuwe land iets soepeler te la-ten verlopen. Maar de pemoeda's namen daar geen genoegen mee en ont-voerden Soekarno en Hatta. De Japanse schout-bij-nacht Tadashi Maeda zocht en vond een oplossing: Soekarno en Hatta stelden in diens huis de onafhankelijkheidsverklaring op en Soekarno las die op 17 augustus voor, staande voor zijn eigen huis:

'Wij, het volk van Indonesië, roepen hierbij de onafhankelijkheid van Indonesië uit. Aangelegenheden betreffende de machtsoverdracht en andere kwesties zullen op ordelijke wijze en in zo kort mogelijke tijd worden geregeld. Namens het volk van Indonesië, Soekarno en Hatta.'

De republiek Indonesia was geboren, maar wel in volslagen wanorde. Het land bevond zich in een volledig gezagsvacuüm. Het oude Nederlandse gezag was weg, gezagsdragers zaten nog in de kampen. Ze hadden wel de ambitie om terug te keren, en het land weer in handen te nemen, maar de situatie was grondig veranderd. De verslagen Japanners waren nog niet weg – het zou nog wel even duren voor ze ontwapend en gedemobili-seerd konden worden. Sterker nog: omdat de geallieerde troepen op zich lieten wachten, waren de Japanners voorlopig zelfs hard nodig om de chaos te beteugelen: revolutionaire jongeren hadden het op hun wapens voorzien en wilden bovendien wraak nemen op de blanken in de kampen. En zo deed zich de bizarre situatie voor dat de Nederlanders in de kampen moesten blijven, en beschermd werden door de Japanners tegen het nieuwe gevaar: de gewelddadige Indonesische revolutionaire jeugd.

In die situatie moesten Soekarno en Hatta het gezag van hun republiek zien te vestigen. Ze hadden geen status, geen organisatie, geen plan, geen geld, niets. Er was alleen maar chaos.

8 Loodzware jaren

Na de capitulatie van het Duitse Rijk kwam er in Europa een ware volksverhuizing op gang. Miljoenen mensen waren door het oorlogsgeweld van hun woonplaats verdreven en probeerden weer in contact te komen met hun familie en de mensen in hun voormalige omgeving. De Nederlandse regering in Londense ballingschap had zich al vroeg gebogen over de problemen die zich zouden voordoen na de Duitse nederlaag. Maar de in 1941 ingestelde Commissie Terugkeer hield zich voornamelijk bezig met het herstel van de bestuurlijke organisatie. Latere speciale commissies die de repatriëring van gevangenen en gedeporteerden moesten begeleiden, verzandden vooral in de vraag of dat een militaire verantwoordelijkheid was of de zorg van het civiele bestuur. Heel veel steun hebben de Nederlanders in den vreemde niet ondervonden van hun autoriteiten, die overweldigd waren door alle problemen waarvoor zij in de chaos na de bevrijding kwamen te staan. De dichter Ed. Hoornik zat gevangen in concentratiekamp Dachau. Hij keerde op eigen gelegenheid terug naar Nederland, omdat hij en zijn lotgenoten in dat verdoemde Zuid-Duitse oord al weken niets uit Nederland hadden vernomen. Bitter schreef hij op 24 mei 1945:

> '*Drie dagen na de bevrijding – die geschiedde 29 april om half zes 's avonds – kwamen de eerste Franse en Belgische regeringsvertegenwoordigers; vier dagen later stond er een Russische missie voor het prikkeldraad. Na een week werden de eerste 500 Belgen gerepatrieerd. Van Nederland, van de Nederlandse regering, niets. Op 18 mei, dat is twintig dagen na de bevrijding was er nog geen levensteken of vertegenwoordiger van de regering geweest.*'[1]

Dan had koningin Wilhelmina het, op dinsdag 13 maart 1945, beter getroffen. Die dag zette ze rond half een 's middags voor het eerst weer voet op de vaderlandse bodem, die ze 58 maanden eerder had verlaten. Dat ge-

Vlak na haar terugkeer op Nederlandse bodem, in het Zeeuws-Vlaamse Eede, poseert koningin Wilhelmina met een groep vrouwen in Sluis.

beurde in Eede, een plaatsje op de Belgische grens in Zeeuws-Vlaanderen. Er was geen duidelijke grenslijn te zien en er was geen verf om er een te schilderen. Daarom kwam er een streep over de weg van meel, versgemalen in een nabijgelegen molen. Toen zij naderde in een van generaal Eisenhower gekregen legerjeep, werd de koningin verwelkomd door een batterij hoogwaardigheidsbekleders. Ze moest zoveel handen schudden van naast elkaar opgestelde autoriteiten dat ze zonder het te merken de meelstreep overschreed – voor de fotografen deed ze nog een stapje terug en zette ze opnieuw de eerste stap in bevrijd Nederland.[2] De koningin verbleef de eerste tijd uiteraard in Zuid-Nederland, ze moest nog bijna twee maanden wachten voor ze terug kon naar Den Haag.

Dat hing samen met het tempo van de opmars van de geallieerden naar Berlijn. Het duurde tot eind april voor die stad kon worden ingenomen, door de Russen vanuit het oosten en de Amerikanen vanuit het westen. Hitler pleegde op 30 april zelfmoord, toen hij, geïsoleerd in zijn Berlijnse bunker, geen uitweg meer zag. Goebbels volgde zijn voorbeeld, hij en zijn vrouw Magda doodden eerst hun zes kinderen (tussen de vier en de twaalf jaar) en daarna zichzelf.

In dat voorjaar ontdekten de geallieerde soldaten tot hun verbijstering wat er zich in Hitlers concentratiekampen had afgespeeld. De Russen als eersten, toen ze Polen bevrijdden. Eind januari hadden ze Auschwitz bereikt. Het kamp was zo goed als leeg. De Duitsers hadden de gevangenen afgevoerd, naar westelijker gelegen kampen, in vrachtwagens en vaak te voet. Bij deze dodenmarsen door de Poolse winter zijn duizenden gestorven. In Auschwitz waren er nog maar een paar over, stervende mensen, te ziek om mee te gaan. Frieda Brommet, nog geen negentien jaar, was een van hen. Ze was zo uitgeteerd dat ze niet meer kon lopen. Haar moeder

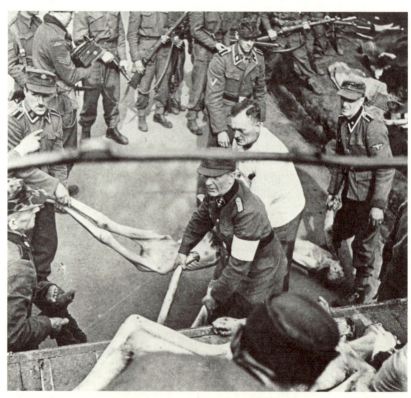

In het concentratiekamp Bergen-Belsen troffen de Engelse bevrijders duizenden onbegraven lijken aan. ss'ers werden gedwongen mee te helpen met het afvoeren ervan.

was bij haar gebleven; met een paar gevonden koolrapen en met handen sneeuw hadden ze zich negen dagen in leven gehouden, sinds de Duitsers en de meeste andere gevangenen waren vertrokken. Frieda beschreef haar herinnering in 1995 zo:

'27 januari 1945, namiddag: lawaai tegen de houten schotten die de muren vormden; dat bleken hun ski's te zijn. Ze kwamen binnen: de Russen, grote mannen in het wit met kaarsen in hun handen. Wat troffen ze aan? Vervuiling, lijken, nog net levende mannen en vrouwen. Eén Rus bleef voor mij staan en staarde mij aan. Nu pas, de laatste tijd, denk ik te begrijpen wat hij gezien heeft en gedacht moet hebben.'[3]

Op 15 april bevrijdden Engelse militairen Bergen-Belsen, in de buurt van Hannover. Ze kwamen in een hel. 60.000 gevangenen waren nog net in leven, zwaar ondervoed en verwaarloosd. In het volstrekt chaotische kamp, geteisterd door besmettelijke ziekten, vooral de fatale vlektyfus, lagen duizenden lijken verspreid, er waren verschillende verse massagraven. De weken erna zouden er nog 13.000 gevangenen van Bergen-Belsen overlijden, als gevolg van de verwaarlozing door de ss. vijfhonderd van hen zaten in het 'verloren transport' – een trein met 2.500 Joodse gevangenen, die in de chaotische dagen van eind april in de richting van Tsjechoslowakije vertrok, maar nergens aankwam. Dertien dagen reed de trein heen en weer, door bombardementen en beschietingen heen. Tot de inzittenden eind april in het dorpje Tröbitz door Russen werden bevrijd en opgevangen.

Bij de ontdekking van Bergen-Belsen was een Engelse cameraploeg aanwezig, die de uitgeputte gevangenen en de bergen lijken in beeld bracht, zodat de vrije wereld kon zien wat daar gebeurd was. Cameraman Mike Lewis heeft later nooit meer naar zijn film willen kijken. In een documentaire over die bevrijding beschreef hij de massagraven:

'Het was verschrikkelijk om die lijken te zien. Sommige waren groen. Het leken skeletten met alleen huid eroverheen, alle vlees was weg. Er lagen kinderlijkjes tussen de volwassenen. In andere delen van het kamp lagen lijken in het rond, soms vijf, zes hoog opgestapeld.'[4]

Tot de eerste bezoekers van de bevrijde concentratiekampen behoorde de Amerikaanse generaal Eisenhower. Hij ging naar Ohrdruf-Nord, een buitenkamp van Buchenwald en trof daar eveneens gruwelijke taferelen aan. In zijn memoires probeerde hij zijn gedachten van destijds te formuleren:

'Ik ben nooit in staat geweest mijn emotionele reactie onder woorden te brengen die ik had toen ik voor het eerst werd geconfronteerd met het onweerspreekbare bewijs van de wreedheden van de nazi's. En van hun totale gebrek aan respect voor de menselijke waardigheid. Ik weet één ding zeker: nooit in mijn hele leven heb ik zo'n schok ondergaan als toen.'[5]

Ook in Nederland werden na de bevrijding schokkende ontdekkingen gedaan. De Dienst Identificatie en Berging groef in de eerste tien maanden na de oorlog ongeveer vijfhonderd stoffelijke overschotten op van

Na de bevrijding zijn op verschillende plaatsen gefusilleerde verzetsstrijders opgegraven. Na onderzoek kregen zij een herbegrafenis.

door de Duitsers geëxecuteerde Nederlanders, meestal verzetsstrijders. Vooral in de duinen bij Overveen en bij Den Haag (de Waalsdorpervlakte) waren er veel begraven. In oktober werden er rond kamp Amersfoort allerlei graven ontdekt – daaruit kwamen tachtig lijken van slachtoffers tevoorschijn, onder wie Russische krijgsgevangenen die in dat kamp waren gecrepeerd.

TERUGKEER

Intussen kwamen er uit Duitsland en van nog verder weg duizenden mensen terug naar Nederland, allemaal met hun eigen geschiedenis. Dat de opvang van die gerepatrieerden bepaald niet vlekkeloos verliep heeft vooral recentelijk volop kritiek veroorzaakt. In de periode dat het gebeurde hielden de meeste mensen hun klachten voor zich – omdat ze dat in die tijd gewend waren maar ook omdat de problemen konden worden toegeschreven aan de totale chaos waarin Nederland na de bevrijding verkeerde. Er kon geen georganiseerde opvangmachine klaarstaan, *niets* was goed georganiseerd. Niets werkte meer, er was nauwelijks vervoer, nauwelijks communicatie en nauwelijks sprake van overheidsorganisatie. Dat viel sommigen die ternauwernood aan de vernietiging waren ontkomen, rauw op het dak. De schrijver G. J. Durlacher, overlevende van Auschwitz, schreef in zijn boek *Strepen aan de hemel* over zijn eerste indruk van Nederland:

'In Eindhoven zijn wij geen passagiers maar vrachtgoed. Op een zijspoor voor goederenwagons, naast een betonnen kolos met kleine ramen, stappen wij uit. Een groot bedreigend hek met prikkeldraad roept zwarte beelden op. Om mijn nek hangt een genummerd, groen label. In lange rijen staan wij voor de wagens en lopen, na bevel, met bundels of met lege handen naar de ingang van het Veemgebouw. Een kille kampsfeer hangt daar als een loden wolk.'[6]

Voor de 5.200 Joodse overlevenden van kampen als Auschwitz, Bergen-Belsen en Theresienstadt kwam die ontvangst extra hard aan. Een van hen was Coen Rood, die via Eindhoven in Amsterdam op het Centraal Station arriveerde en daar gretig op zoek ging naar bekenden. Maar dat was niet de bedoeling. Van een agent kreeg hij te horen: 'Jullie Joden hebben altijd wat. Blijf staan waar je staat. Stel je niet aan. Die flauwe smoesjes van jullie, iedereen moet wachten. Vooruit op je plaats.' Rood schreef in een terugblik:

371

'Ik ga maar terug. Misschien heeft hij wel gelijk, nou zijn wij weer gewoon.
Gewone burgers, en hij is de politieagent. En toch is er verschil tussen ons
oud-gevangenengroepje en de anderen, stevige flinke mensen meestal. Maar
ja, die agent is hier om de orde te bewaren, niet voor de flauwe smoesjes.
Twee volle uren wachten we in die tochtgang, flauw en opeens mismoedig.'[7]

Op het station van Breda kwam de familie Dasberg aan. Er was daar
sprake van een goed georganiseerde dienst, die controleerde, voedsel- en
kledingbonnen verstrekte en groepen indeelde voor verder transport. Eli
Dasberg werd er uitgepikt:

'De controlerende beambte, semi-militair gekleed, gelastte mij aan de kant te
gaan staan. "Een familie met man, vrouw, drie kinderen en een moeder, dat
moest een collaborateur zijn." Ik was niet in staat te praten en te weerleggen.
Ik had al mijn zelfbeheersing nodig de man niet aan te vliegen. Maar mijn
vrouw vocht met alle kracht der overtuiging tegen de vreselijke beschuldiging
en nadat hij, op haar eis, bij leden van onze groep naar mij gevraagd had
en inlichtingen kreeg, maakte hij zijn verontschuldiging. Een zo complete
familie was zeer ongewoon.'[8]

De dag erop ging de familie Dasberg verder. Ze kwam op een ongelukkig
gekozen plek terecht:

'In Amersfoort reden we prompt naar binnen in de poort van het voormalig
concentratiekamp Amersfoort. We dachten terug aan de verschrikkelijke
transporten van mishandelde mensen, die uit Amersfoort in Westerbork
kwamen. Het bevrijde Nederland verwelkomde zijn rest van terugkerende
ballingen op deze manier. Bep kreeg een woedeaanval en wilde beslist niet in
deze barakken overnachten. Ze ging demonstratief op een stoel zitten vóór
de barak en wilde haar hoofd niet buigen. Maar er was geen transport meer
naar Amsterdam en we moesten wel toegeven.'[9]

Ontelbaar zijn de negatieve ervaringen van teruggekeerde Joodse Nederlanders. De meesten voelden zich allesbehalve welkom en moesten veel
slikken, aan onbegrip, botheid en zelfs vijandigheid. Het treurigst waren
de ervaringen van mensen die moesten constateren dat hun huizen inmiddels door anderen waren bewoond, dat hun spullen door anderen
waren ingepikt, dat niemand meer op hun terugkeer had gerekend – dat
hun terugkeer soms zelfs als een tegenvaller werd ervaren.

Daar staan weliswaar ook heel veel andere ervaringen tegenover, van
warmte en menslievendheid, en van roerend altruïsme – maar over het

algemeen is de terugkeer in Nederland voor veel Joden geen bevrijdings-feest geworden. Dat kwam natuurlijk in de eerste plaats doordat het be-sef doordrong dat een groot deel van hun familie was uitgemoord in de vernietigingskampen. De ergste vermoedens werden maar al te vaak be-vestigd. De vraag wie er nog over waren en wat er met de verdwenen fa-milieleden precies was gebeurd overschaduwde het leven. Dat heeft veel mensen langdurig verlamd in hun functioneren.

Het contrast met de uitgelatenheid van Nederlanders over de bevrij-ding was meer dan velen konden verdragen. Sam Goudsmit, een Joodse Amsterdammer die de oorlog had overleefd, maar tevergeefs op zijn zoon wachtte, schreef in zijn dagboek, in juni 1945:

> *'De buurt viert feest. Gister en vandaag, dag en nacht. Dansmuziek schettert door de wijk, de bewoners van het straatje zingen luid mee, de vrolijke en de sentimentele liedjes. 95.000 onschuldige doden in Auschwitz. 95.000 van hun landgenoten, bijna al hun stadgenoten, die dit hadden willen meebeleven, keren niet weer naar hun stad en naar hun huizen – de gezinnen zijn vernietigd, verbrand – hun as ligt bij hopen in den vreemde waar zij zijn heengesleept.'*[10]

De eerdergenoemde Eli Dasberg schreef, terug in Amsterdam, in juni een gedicht waarin hij het gevoel van veel lotgenoten verwoordde:

> *'Ik dwaal door Amsterdam. Is dit het weerzien*
> *Dat in de jaren der verbanning ik mij dacht?*
> *Zijn dit de beelden van 't zo nabij verleden?*
> *Is dit de schoonheid van een zon beschenen gracht?*
>
> *Is dit de stad waar vroeger ied're straathoek*
> *Het blij begroeten van een vriend mij bracht?*
> *Waar is de zon, de vreugde van de terugkeer,*
> *Het lichte weerzien na de donk'ren nacht?*
>
> *Ik dwaal door Amsterdam. Het is gestorven,*
> *Mijn oude vrienden lopen niet met mij,*
> *Een donk're schaduw schuifelt somber mede,*
> *De doden lopen mee, in eindeloze rij.'*[11]

Er kwamen nog veel meer Nederlanders thuis na de Duitse capitulatie. Bijna 300.000 arbeiders konden terug naar huis – voor de meerderheid was dat een heel aangename ervaring. Soms liep zelfs de buurt uit en was er een welkomstfeest georganiseerd. Maar ook hun terugkeer en die van krijgsgevangenen verliep niet altijd even vlekkeloos. Een deel van die krijgsgevangenen werd eerst in Weert opgevangen. Het hoofd van het repatriëringsbureau schreef over die ontvangst aan zijn hoogste baas, generaal Kruls, de chef-staf van het Militair Gezag:

> '*Aanvankelijk nam een deel der Weertse bevolking een voor de krijgsgevangenen minder aangename houding aan, door de mensen, die dus juist voor het eerst weer op Nederlandse bodem waren aangekomen, als landverraders enz. uit te jouwen. Dit heeft heel wat beroering onder de soldaten verwekt.*'[12]

Het betrof zowel officieren, die vanaf het begin van de bezetting krijgsgevangen waren geweest en al die tijd in kampen hadden gezeten, als manschappen die vanaf voorjaar 1943 waren teruggeroepen in krijgsgevangenschap en in Duitsland waren tewerkgesteld. Toen besloten werd om de teruggekeerde krijgsgevangenen extra rantsoenen te geven, kwamen er protesten. Daar hadden die mannen, volgens velen, geen recht op, vond *Het Parool*:

> '*Dit betreft dus hen, die zich destijds vrijwillig voor de terugkeer in krijgsgevangenschap hebben gemeld, hetzij omdat ze toen niet durfden te duiken, hetzij omdat ze in de val zijn gelopen, toen de trouweloze Duitsers hen met valse berichten opriepen.*'[13]

Maar dit soort reacties was uitzonderlijk. Het merendeel van de krijgsgevangenen en tewerkgestelden die terugkeerden trof vooral blijdschap en opluchting aan – vaak werden huizen versierd en welkomstfeesten gehouden, er was volop reden om de thuiskomst uitbundig te vieren.

WEDEROPBOUW

Lang duurden de feesten niet. Het was tijd voor herstel, voor wederopbouw en – hoopten velen – voor het opbouwen van een nieuwe en betere samenleving. Tijdens de bezettingstijd waren in allerlei kringen gedachten ontwikkeld over politieke en maatschappelijke vernieuwing: er moest een Nederland komen dat niet alleen bevrijd zou zijn van de Duitse bezetter, maar ook van de vooroorlogse kwalen. Het nieuw aantredende kabinet-Schermerhorn-Drees koos niet toevallig als motto Herstel en Vernieuwing. Maar al snel bleek dat het voor vernieuwing, met hoeveel elan door sommigen ook nagestreefd, geen goede tijd was. Er drongen zich concrete en ernstige kwesties op en het was al moeilijk genoeg om die met de zich moeizaam herstellende oude instituties aan te pakken.

Nederland lag in puin, de ene stad meer dan de andere. Vooral Rotterdam, Arnhem en Nijmegen waren zwaar getroffen, net als de kleinere steden in Zeeland, Noord-Brabant en Limburg die enige tijd midden in het frontgebied hadden gelegen. In Arnhem was de situatie uitgesproken dramatisch. Van de 25.000 huizen bleken er bij een telling 145 onbeschadigd, de rest was gebombardeerd, in brand geschoten of geplunderd. Vooral het gebied rond de brug in de oude binnenstad was herschapen in een vlakte met puin. Arnhem moest 600.000 kubieke meter puin zien af te voeren, dat was een klus van vele maanden. Het bouwen van woningen was prioriteit nummer één. Snelheid ging voor kwaliteit of degelijkheid. Er kwamen allerlei noodgebouwen voor scholen, winkels en gemeentelijke instanties. Aan een nieuw stadsplan werd zeven jaar lang gewerkt, het lag er pas in 1953. De bewoners waren niet gelukkig met de traagheid van de besluitvorming. En ook niet met de uitvoering – de stad is er niet fraaier op geworden. Toen het stadsbestuur in 1959 een groot feest wilde houden om de oplevering van de tienduizendste woning te vieren, kwam er bijna geen Arnhemmer opdagen.

Uitgesproken langzaam ging ook het herstel van wegen en bruggen. Er was een ernstig gebrek aan bouwmateriaal, en daarbij ging het belang van de woningbouw voor. De brug over de Lek bij Vianen bijvoorbeeld, een vitale schakel tussen noord en zuid, was in januari 1945 door de geallieerden gebombardeerd en langzaam in de rivier gegleden. Na de oorlog moest het gevaarte van 4.000 ton uit het water worden getakeld en weer op zijn plaats gezet en passend gemaakt. Dat lukte pas in september 1948. Daarna duurde het werk aan de weg ook nog meer dan een half jaar, door een groot gebrek aan materialen, vooral betonijzer. Pas in mei 1949, vier jaar na de bevrijding konden de auto's weer over de herstelde brug.

Het herstel van de voedselvoorziening – voor de wederopbouw van groot belang – kwam naar verhouding redelijk snel weer op gang. Maar daarvoor moest eerst een levensgroot probleem worden opgelost: de landerijen moesten worden ontdaan van niet-ontplofte bommen, scherpe munitie en mijnen die er in de oorlog in terecht waren gekomen. Het ging om enorme aantallen: in 5500 mijnenvelden lagen naar schatting 1,8 miljoen mijnen. Na de bevrijding van het zuiden waren de Binnenlandse Strijdkrachten direct begonnen met het opruimen van dat gevaarlijke spul. Vanaf november 1944 nam de nieuw opgerichte Mijnopruimingsdienst het karwei over. Daar waren veel jonge militairen bij ingedeeld die zich hadden gemeld als o v w'er, oorlogsvrijwilliger. Voor enige tientallen duurde die carrière kort: zij kwamen om bij het levensgevaarlijke werk waarvoor ze onvoldoende waren geschoold. Na de Duitse capitulatie werd het werk uitgebreid naar de gebieden in het noorden, vooral in de kuststreek. Doordat er zoveel slachtoffers vielen bij het mijnenruimen, werd de roep steeds groter om er Duitse krijgsgevangenen voor in te zetten. Formeel mocht dat niet, volgens de Conventie van Genève is het verboden om krijgsgevangenen gevaarlijk werk te laten doen. Daarop besloot de Nederlandse overheid om de Duitsers niet langer als krijgsgevangenen te beschouwen (de oorlog was immers voorbij) maar als 'militair personeel dat zich heeft overgegeven' en daarover vermelden conventies niets. Hele bataljons werden de mijnenvelden ingestuurd, en nu ging het hard. Honderdduizenden mijnen werden opgeruimd. Maar ook het aantal slachtoffers steeg snel, er zijn na de oorlog zeker 210 Duitsers om het leven gekomen in de Nederlandse mijnenvelden. De Duitse infanterist Manfred Sobiella heeft het overleefd, hij werd wel gewond toen de man vóór hem door een mijn werd gedood. Terugkijkend zegt hij:

Het ruimen van mijnen in Nederland werd in veel gevallen
uitbesteed aan voormalige Duitse soldaten. Zij gebruikten
soms speciale schoenen, zogenoemde 'spinnenvoeten'.

'Het ergste was dat sommigen van ons hun ledematen of zelfs hun leven
verloren, terwijl de meesten van onze kameraden al thuis waren en hun
gewone leven weer konden oppakken.'[14]

Uiteindelijk kwam, dankzij het mijnenvrij maken van het platteland, de
landbouw relatief weer snel op gang – het productieapparaat had de oorlog goed doorstaan. Dat gold ook voor de industrie. Onderzoek van de
economisch historicus Klemann heeft aangetoond dat door de terugkeer
van personeel in de bedrijven de productie weer snel terugkwam op het
peil van voor de oorlog, en in veel sectoren ook daarboven. Wel bleef het
gebrek aan grondstoffen problematisch, evenals de stagnatie in het transport.[15]

Daarvoor kwam in 1948 de Marshallhulp als geroepen. Dankzij de
Amerikaanse dollars, in ruil voor politieke steun in de strijd tegen het
communisme, kon de Nederlandse industrie gemakkelijker aan grondstoffen komen en werd ook de voedselsituatie snel beter. Nederland kon
gaan werken aan zijn welvaart – al zou het nog zeker tien jaar duren voor
het gevoel van schaarste en (dreigende) armoede wegebde en de meerderheid van de bevolking écht het idee had dat het beter werd. Niet toevallig
kwam die eerste jaren na de oorlog een grote emigratiegolf op gang. In
1947 en 1948 gaf in enquêtes zelfs meer dan 30 procent van de bevolking
aan te willen emigreren.

BERSIAP

Uit Indonesië kwam voorlopig geen cent. De voor de Nederlandse economie zo belangrijke geachte 'Indische baten' bleven uit. De bedrijven
lagen er plat. De Nederlanders waren er tot augustus 1945 geïnterneerd en
konden daarna vrijwel geen stap verzetten, omdat er op straat revolutie
heerste. Nederlandse soldaten mochten het land niet in. De geallieerden
hadden Engeland voorlopig belast met de taak om in Indonesië voor rust
en orde te zorgen, en het weer toelaten van Nederlandse soldaten zou
daar bepaald niet toe bijdragen. Uit angst voor het revolutionaire geweld
bleven de Nederlanders voorlopig in de kampen, waar ze beveiligd werden door dezelfde Japanners die hen er eerst hadden onderdrukt. In de
straten hingen pamfletten die de Nederlanders waarschuwden zich rustig
te houden en zich nergens mee te bemoeien. Een van die pamfletten was
gericht aan alle Hollanders en indo's en luidde:

'Wij verzoeken U voor de laatste maal Uw houding
ten aanzien van het Indonesische volkswil tot zijne
onafhankelijkheid te corrigeren.
Uwe gangen worden steeds nagegaan!
Derhalve, indien U zoudt willen trachten de rust
en orde, geëist door het Engelse bezettingsleger,
te verstoren, zullen wij U allen vernietigen.
Dus weest gewaarschuwd!!!'[16]

En het bleef niet bij waarschuwingen. Er is een onafzienbare rij gewelddadigheden gepleegd tegen blanken, Indo-Europeanen en Chinezen,
maar ook tegen de gewone desabevolking. Redeloos geweld heerste op
straat. En totale chaos. De Indonesische architect en schrijver Y.N. Mangunwijaya noteerde:

> *'Deze Merdeka-tijd was een verschrikkelijk moeilijke tijd. Vroeger wist je*
> *zeker wie het dorpshoofd was en wie de assistent-wedana was, en wie van de*
> *veldpolitie en wie van het leger, klaar, afgelopen. Je wist waar je ze vinden*
> *kon en je wist of je ze om hulp kon vragen, voor dit of voor dat. Maar*
> *vandaag de dag liepen zelfs de kleine hummels al met een kapmes en*
> *exerceerden met bamboesperen. Als struikrovers!'*[17]

Er is een geval bekend van een transport van rond de driehonderd vrouwen en kinderen naar Soerabaja, van wie er meer dan honderd omkwa-
men doordat de vrachtauto's die hen vervoerden door pemoeda's in brand
gestoken werden. De Brits-Indische militairen die ze moesten beschermen werden eveneens allemaal gedood. En in het gedeelte van Bandoeng
dat buiten de Britse invloedssfeer viel, werden in één detentieoord minstens tachtig Nederlanders en Indische Nederlanders vermoord en in een
massagraf gestopt. Overal in het land hebben zich kloppartijen voorgedaan waarbij Nederlandse en Indisch-Nederlandse mannen gemarteld
zijn en vermoord. Ook werden hele gezinnen van Nederlanders, Indische
Nederlanders en Ambonezen om het leven gebracht – soms werden de
slachtoffers levend begraven. Van de Nederlandse, Indisch-Nederlandse
en Ambonese vrouwen en meisjes werden velen verkracht, sommige bovendien vermoord na op de meest sadistische manier te zijn gemarteld.[18]
De aanvallen op interneringskampen zorgden voor grote paniek onder de blanken en Indo-Europeanen in het op hol geslagen land. De Nederlands-Indische schrijfster Lin Scholte hield in die dagen een dagboek
bij. Ze schreef hoe ze met haar kinderen op weg was naar een vrouwenkamp om onderdak te zoeken tegen het geweld:

Een klein groepje Nederlandse matrozen hielp in september 1945 de Engelse
soldaten bij een operatie tegen jonge revolutionairen die in Batavia
interneringskampen aanvielen.

'We schrokken erg door een onverwachts luid geroep en klagend geschrei.
Ik keek om en zag iets ongelofelijks: een bètjak waarin een omaatje gezeten
was tussen een opgerolde kampmatras en een stel koffers. Notabene, we
mochten absoluut geen gebruik maken van openbare vervoermiddelen! De
bètjakman werd dan ook behoorlijk afgetuigd door de pemoeda's en het
omaatje werd uit het vehikel gesleurd, waarna het ding in de berm werd
geslingerd.'[19]

Lin Scholte liep snel door en slaagde er uiteindelijk in de omheining van
het kamp te bereiken:

'De poort kwam hoe langer hoe dichterbij. Ik zag hoe af en toe die poort van
binnenuit werd opengeduwd om mensen binnen te laten, die van de andere
kant van de boulevard waren gekomen. Eerst toen we een dertig meter
ervandaan waren, en ik de pemoeda's door een flauwe bocht niet meer kon
zien, zette ik er de spurt in en sleurde de kinderen mee. De poort stond al
een eindje open toen we erop af holden. De geweldige opluchting van dat
ogenblik toen we door de poort waren, vergeet ik nooit meer.'[20]

Soerabaja, de havenstad in het oosten van Java, vormde het middelpunt van het geweld, dat zich ook keerde tegen Engelse militairen, die midden in een kokend Soerabaja terechtgekomen waren. Daar ontbrandde in november 1945 een straatoorlog die aan 400 Engelsen en 16.000 Indonesische strijders het leven kostte. Eén van de doden was de Engelse generaal Mallaby, hij werd door een pemoeda van dichtbij neergeschoten. De inwoners, van welke etnische groep dan ook, zaten gevangen in het geweld. Een van hen, R. Klaessen, schreef zijn belevenissen op:

'Rond de plaatselijke kampongleiders verzamelde zich een brede volksmassa, die niet te stuiten was. Bereid om met bamboesperen, kapmessen, bijlen, krissen, knuppels en alles wat als wapen voorhanden lag, op de vijand, of wie voor vijand werd aangezien, los te trekken. De waanzin raasde door Soerabaja. Op de Simpangclub resideerde een gepassioneerd Volkstribunaal dat op huiveringwekkende manier het vonnis ten uitvoer bracht, waarbij velen werden omgebracht.'[21]

Blanken werden, bij wijze van straf, samengeperst in de toiletten, waarna de pemoeda's door de deuren schoten. Henk Huiskes was een van degenen die dat moesten meemaken. Hij overleefde en vertelde er later over:

'Ik had me al bij het eerste schot laten vallen, de rest bleef staan, en toen ging men door die deur heen schieten. Wat ik niet begrijp is dat degenen die niet getroffen waren, dat die bleven staan totdat zij ook neervielen. Dat begrijp ik nog steeds niet.'[22]

Het zou tot begin maart 1946 duren eer er verse troepen naar Soerabaja kwamen om rust en orde te helpen bewaren. Dat waren Nederlandse troepen, die na lang touwtrekken eindelijk werden toegelaten. Ze maakten deel uit van de Mariniersbrigade, een deel van de strijdmacht die Nederland in gereedheid had gebracht om de voormalige kolonie weer tot bedaren te brengen, en, als het kon, weer onder Nederlands beheer te krijgen.

Daar was een lange geschiedenis aan voorafgegaan. Al tijdens de oorlog had minister van Marine Johan Furstner tot de oprichting van een Mariniersbrigade besloten. Die moest uit zo'n 7.000 man bestaan en al in 1943 beginnen met het voorbereiden van de strijd tegen de Japanners, die Nederlands-Indië uitgejaagd dienden te worden. Furstner liet alle 400 Nederlandse mariniers die waar ook ter wereld beschikbaar waren naar Amerika gaan, naar Camp Lejeune in North Carolina, om de basis van de nieuwe brigade te vormen. Toen Zuid-Nederland in het najaar van 1944 bevrijd was, kwamen de eerste vrijwilligers uit Nederland erbij via Schotland. Het waren o v w'ers, oorlogsvrijwilligers, voor wie een massale wervingsactie op touw was gezet. Na mei 1945 waren er enkele duizenden op weg naar het trainingskamp in de Verenigde Staten. Dat Japan in augustus 1945 capituleerde en dus niet meer verjaagd hoefde te worden, speelde geen rol meer. De doelstelling werd soepel aangepast – de Mariniersbrigade zou goede diensten kunnen bewijzen bij het weer onder Nederlands gezag brengen van het inmiddels in een revolutionair proces verzeild geraakte Indonesië.

Maar de Mariniersbrigade was niet voor het geluk geboren. Toen eind 1945 duizenden mariniers werden aangevoerd, mochten ze Indonesië niet in, althans niet allemaal tegelijk. De Engelsen, die tijdelijk de macht in Indië toegewezen hadden gekregen, waren bang voor verhoging van de spanning. De dwarse marinetopman admiraal Helfrich gokte op tijdrekken: de op avontuur beluste mariniers mochten zich een tijd gaan zitten opvreten op een oude plantage in wat nu Maleisië is. Het zou tot begin maart 1946 duren eer ze in Soerabaja hun plek mochten innemen. Ongeveer dezelfde ervaring hadden de landmachtsoldaten die vanuit Nederland naar Indonesië werden verscheept. Ook zij moesten wachten voor ze naar binnen mochten.

Het besluit om troepen te sturen was genomen door het kabinet-Schermerhorn, het kabinet dat kort na de bevrijding, maar zonder verkiezingen, was aangetreden en waarin alle plannen tot vernieuwing en zelfs de andere acute problemen al snel werden overschaduwd door dat ene: Indië.

Uitgerekend op de dag dat Japan capituleert, 15 augustus 1945, zitten ze bijeen op het departement van Algemene Zaken aan het Plein 1813 in Den Haag: de leden van de Raad voor Oorlogvoering, een soort onderraad van het kabinet, aangevuld met topmilitairen. Generaal-majoor Dijkxhoorn rekent zijn collega's daar voor hoeveel militairen klaarstaan om naar Indië te worden verscheept en hoeveel schepen daarvoor nodig zijn. Hij komt voor de rest van het jaar 1945 tot ongeveer 15.000 man, in totaal 17 bataljons. Daarvoor zullen de Alcantara, de Nieuw Amsterdam en de Johan van Oldenbarneveldt worden vrijgemaakt, drie passagierschepen die geschikt zijn voor troepenvervoer.

In de notulen van de vergadering is geen woord te lezen over twijfels: heeft het wel zin om zo kort na de oorlog in Europa schepen vol soldaten te sturen naar een land aan de andere kant van de aarde? De vraag wordt niet gesteld. Iedereen lijkt maar één doel te hebben: zo snel mogelijk zoveel mogelijk soldaten die kant op dirigeren, terug naar Ons Indië. Dat die soldaten het land niet eens binnen mogen, zien de ministers als een

misplaatste pesterij van de geallieerde bondgenoten. Langdurige smeek-
beden bij de Engelse regering hebben eind februari 1946 eindelijk succes,
dan mogen de Nederlandse soldaten in Indonesië van boord, ze mogen
meehelpen in het roerige Indonesië recht en orde te handhaven.

WEER KAMPEN

Het moederland worstelde intussen ook met de andere naweeën van de
bezettingstijd en vooral met een van de ingewikkeldste problemen die
daaruit voortvloeiden: de berechting van de collaborateurs. Daartoe had
de regering in Londen al in 1943 wetgeving voorbereid, die erop neerkwam dat degenen die de vijand hadden geholpen of gesteund daarvoor
achteraf gestraft zouden kunnen worden. Juridisch zat daar een zwakke
plek in: op het moment dat iemand lid werd van de NSB was dat geen
strafbare activiteit, maar door wat er later allemaal gebeurd is, werd dat
lidmaatschap alsnog strafwaardig verklaard. De regering wilde met deze
vorm van rechtspraak twee doelen dienen: ze wilde voorkomen dat de
bevolking na de bevrijding het recht in eigen hand zou nemen en in een
soort 'bijltjesdag' tot het lynchen van gehate landverraders zou overgaan.
En ze wilde tegelijkertijd het anti-Nederlandse gedrag op een gereguleer-
de manier vergelden. In dit bijzondere strafrecht was plaats voor negentien tribunalen die de lichtere gevallen zouden afhandelen en vijf bijzondere gerechtshoven voor de zwaardere en complexere zaken. Daarnaast
was er nog een Bijzondere Raad van Cassatie, de beroepsinstantie voor
vonnissen van de gerechtshoven. De tribunalen konden een vrijheidsstraf
van maximaal tien jaar opleggen, de gerechtshoven kregen de doodstraf
als vergeldingsmiddel tot hun beschikking. De herinvoering daarvan
bleef beperkt tot het bijzonder strafrecht – de doodstraf zou daarna ook
weer direct worden afgeschaft.

De eerste krachtproef voor dit bijzondere rechtssysteem was de arrestatie en internering van de vele verdachten. Aanvankelijk was de aanhouding in de praktijk een taak voor de Binnenlandse Strijdkrachten, de
uit het verzet voortgekomen militaire organisatie onder leiding van prins
Bernhard. Talloze arrestaties vonden plaats op aanwijzing van burgers.
Daarbij is veel misgegaan. In de chaos van de bevrijding en de emoties
van het moment ging het er vaak niet erg fijnzinnig aan toe. Het kern-
probleem van deze hele operatie was de vraag of de normen van de Nederlandse rechtsstaat ook op de landverraders en collaborateurs van toepassing dienden te zijn. Niet iedereen was daarvan overtuigd – nogal wat
mensen vonden dat landverraders al hun rechten hadden verspeeld.

De gearresteerde NSB'ers en hun directe familieleden zijn over het algemeen terughoudend geweest zich daarover publiek te uiten. Aafje Spits, een dochter van een vrouw die NSB-lid was geweest, heeft, recentelijk, haar dagboek uit die dagen gepubliceerd. Ze beschrijft wat de gezinsleden doormaakten toen moeder door BS'ers uit huis werd gehaald:

'En toen moest ze mee. Ik heb niet aan de deur gestaan om afscheid te nemen. Oh, wat was dat erg. Al die mensen. Die vernedering om opgebracht te worden als een dief. De hele straat zal toegekeken hebben. 't Leek af en toe of ik gek werd. Ik wist niet wat ik moest doen. Ze zeiden tegen mijn vader dat ze haar niets zouden doen. Waarschijnlijk omdat hij zo stond te trillen dat ik ook bang was dat hij een hartverlamming zou krijgen. Daarna zaten we in diepe verslagenheid bij elkaar en wisten niet wat te zeggen of te doen.'[23]

Een van de weinige openbare optredens van een NSB-vrouw dateert van 2001, toen de 85-jarige Gré Brouwers, weduwe van een veroordeelde onderwijzer die in het noorden van het land een belangrijke rol had gespeeld in de organisatie van de Winterhulp, op de televisie haar verhaal deed.[24] Het verhaal van Gré Brouwers is later zó geboekstaafd:

'Gré Brouwers hoort die ochtend veel herrie in de stad. Als ze boven uit het raam kijkt ziet ze in de verte een joelende menigte, die ergens huisraad op straat gooit en zo de bevrijding viert. Het schiet dan door haar hoofd dat daar wel eens een partijgenoot zou kunnen wonen. Kort daarna heeft ze zekerheid: er wordt gebeld, de menigte komt, voorafgegaan door BS'ers, haar man halen. Twee BS'ers bellen aan, de revolver in de aanslag. Brouwers begrijpt er niets van, maar hij gaat gewillig en rustig mee. Gré raakt in paniek als ze ziet dat haar kinderen worden gevangen ("als konijntjes werden ze door die mannen gepakt"). Ze heeft nog een baby in de wieg van negen maanden en mag die boven gaan halen. Ze wordt, in haar herinnering, bijna van de trap af geduwd. De baby krijgt nog borstvoeding, maar dat is geen reden om de moeder niet mee te nemen. De kinderen worden overgelaten aan de zorgen van het kindermeisje, Hammie de Jong, dochter van een partijlid uit Joure. Jelle en Gré worden voortgedreven richting binnenstad. Bij het politiebureau, waar ze heen worden gebracht, staan de mensen rijen dik. "Pekel ze maar in," herinnert Gré zich dat de mensen schreeuwden, "sla ze maar dit en sla ze maar dat."'[25]

Gré Brouwers is niet kaalgeschoren. Dat lot trof honderden vrouwen die met Duitsers omgang hadden gehad wél. Het was een ritueel dat in verschillende regio's bekend was als een soort volksgericht voor overspelige vrouwen en dat ook bij de bevrijding van Frankrijk en België vaak was voorgekomen. Onderzoek van Monica Diederichs[26] heeft uitgewezen dat deze openbare vernederingen nogal eens opzettelijk door de plaatselijke autoriteiten zijn georganiseerd om de spanningen rond collaboratie te kanaliseren. In Hillegom moet dat het geval zijn geweest, getuige de herinnering van een inwoner:

'Zondagmiddag zag het dorp zwart van de mensen die genoegdoening wilden. Het kon gemakkelijk uit de hand lopen! De situatie werd daarom besproken door de politie en de BS met als uitkomst dat de moffenmeiden kaalgeschoren zouden worden. Voor alles gold echter dat er geen druppel bloed mocht vloeien. Daarom werden de meisjes van huis afgehaald en daar ook weer afgeleverd, Op die zondagmiddag werden vijf meisjes geknipt in de Hoftuin. De dag erna nog eens twintig.'[27]

Het openbare kaalkniprituееl is in veel gemeenten in Nederland toegepast. Het trok overal veel toeschouwers, die intens genoten van het schouwspel en weinig medelijden met de slachtoffers kenden. Maar al snel werden deze vertoningen als nogal beschamend beschouwd. Het gesprek erover in de Nederlandse samenleving is daarom lange tijd beperkt en moeizaam geweest. Pas recentelijk hebben ook enkele van de slachtoffers daarover in het openbaar verteld.

In 2006 sprak, in het tv-programma *Andere Tijden*, een van de vrouwen die door haar verkering met een Duitse militair na de bevrijding was aangepakt over haar ervaringen. Ze werd in een leegstaand gebouw, samen met lotgenoten, door de plaatselijke kapper kaalgeschoren en door een schoolarts op geslachtsziekten onderzocht:

'Onbeschrijflijk. Wat daar bij die schoolarts gebeurde... Maar het maakte dat ik alleen nog maar verachting voor die mensen daar voelde. Dat hielp. Naast de kapper stonden twee ouderlingen van de kerk die me elke zondag twee keer in de kerk hadden gezien. Ze zagen er op toe dat ik niet ontsnapte. Ik dacht: "Dit nekkie dat nu kaalgeschoren wordt, zal niet buigen. Nooit."'[28]

Exacte cijfers ontbreken er over de aantallen vrouwen die in het openbaar zijn vernederd vanwege hun omgang met Duitsers. In de meeste gevallen bleef het bij die voor velen traumatische ervaring. Slechts weinigen kwamen daarna in de interneringskampen terecht. Die zaten al overvol met ongeveer 130.000 van collaboratie verdachte Nederlanders, merendeels mannen. Vooral in de eerste maanden was de situatie in die kampen heel slecht. Precieze cijfers ontbreken ook hier, er is nog niet veel historisch onderzoek naar gedaan. Over kamp Westerbork is inmiddels bekend dat er in de eerste drie maanden negenentachtig mensen om het leven zijn gekomen – veel door ondervoeding en verwaarlozing.[29] Het is onmogelijk vast te stellen hoeveel van hen er *buiten* het kamp overleefd zouden hebben. Maar dat vele honderden verdachten de soms meedogenloze behandeling in het kamp niet hebben overleefd, is zeker.

Westerbork als interneringskamp was extra navrant, omdat de eerste NSB'ers daar al binnenkwamen toen de laatste, niet gedeporteerde Joden er nog verbleven. Er is een incident beschreven in de strafrechtdossiers waaruit blijkt dat er een confrontatie heeft plaatsgevonden. Martin H., een Amsterdammer die bij de Colonne Henneicke premies had gekregen voor het arresteren van Joden, was in april als verdachte in Westerbork beland en werd daar op 7 mei 1945 herkend door een Joodse man die een paar jaar eerder door hem was opgepakt. Er ontstond een ruzie, zo verklaarde een ooggetuige voor het Bijzonder Gerechtshof in 1949:

NSB'ers en SS'ers met de handen omhoog in een interneringskamp, bewaakt door de Binnenlandse Strijdkrachten. Daarbij hebben zich tal van incidenten voorgedaan.

'Ik zag dat hij apart stond en ik zag en hoorde dat vier Joden tegen
verdachte schreeuwden en gebaarden. Ik riep daarop verdachte toe: Jij hebt
7,50 premie ontvangen voor elke ondergedoken Jood die je aanbracht.'[30]

H. gaf dat toe en kreeg een pak slaag. Van de vier mannen om hem heen, en ook van de marechaussee die hem volgens getuigen met de gummiknuppel te lijf ging. Het is een hele oploop geworden, een surrealistisch beeld in de chaos van die naoorlogse dagen. Steeds meer getuigen herkenden H. – hij was een van de meest productieve leden van de Colonne Henneicke geweest – en uiteindelijk werd hij afgevoerd en beschermd tegen verdere klappen. H. legde in Westerbork een volledige bekentenis af, die hij later weer heeft herroepen toen bleek dat collega's van hem bij het Bijzonder Gerechtshof een doodvonnis hadden horen uitspreken. Ook H. werd ter dood veroordeeld, maar hij kreeg gratie, zijn vonnis werd omgezet in een langdurige celstraf.

Misstanden zijn er volop geweest in de bijna tweehonderd kampen waar politieke delinquenten werden vastgehouden, vooral in de eerste maanden na de bevrijding. De organisatie was aanvankelijk chaotisch, de voedselvoorziening slecht, de medische verzorging vaak afwezig. En er werden rekeningen vereffend – veel bewakers vielen meer op door hun rancune en haat jegens NSB'ers dan door hun empathie. Er kwamen al snel verhalen naar buiten over treiterpartijen, over mishandelingen, zelfs over vormen van marteling. De kranten schonken er aanvankelijk niet erg veel aandacht aan – onder het motto: waar gehakt wordt vallen spaanders. Maar toen, in 1948, de gereformeerde dominee Van der Vaart Smit met een schokkende brochure kwam, 'Kamptoestanden', vielen de misstanden niet meer te negeren. Van der Vaart Smit was weliswaar een vooraanstaand NSB'er geweest, en was daarom voor de meeste kranten onbetrouwbaar, maar de verhalen die hij opsomde konden onmogelijk allemáál verzonnen zijn. Hij schreef over het kamp aan de Amsterdamse Levantkade:

'In dit kamp waren zware mishandelingen aan de orde van de dag,
gewoonlijk zo dat degene die men "nemen" wilde, op handen en voeten
moest gaan zitten, het zitvlak omhoog en dan met een gummiknuppel, de
geweerkolf of een eind hout werd afgeranseld. Dit geschiedde nu met deze,
dan met gene, soms met velen tegelijk, de gehele dag door. Aan het gejammer
kwam nimmer een einde, en dan ging het vaak tot bloedens toe of totdat
men er bewusteloos bij neer lag.'[31]

In het huis van bewaring van Almelo, aldus nog steeds Van der Vaart Smit, was de zogenaamde 'moffentrap' berucht:

'Het slachtoffer kreeg dan bevel zich gebukt, de benen wijd van elkaar, op te stellen; de bewaker die de straf voltrok, nam van achteren zijn aanloop en gaf met zijn zware soldatenlaars de ongelukkige een geweldige trap tegen de geslachtsdelen. Dit doet een onduldbare pijn. Men beledigt de beesten wanneer men dit beestachtig noemt.'[32]

Een van de kampen voor politieke delinquenten was de Harskamp op de Veluwe. Hier waren ongeveer 4000 mannen ondergebracht in afwachting van hun berechting.

In de Harskamp, op de Veluwe, schoten bewakers op sommige avonden uit balorigheid dwars door de barakken heen. Meermalen met dodelijk resultaat. Toen er onder invloed van de publiciteit een storm van verontwaardiging opstak over de behandeling van politieke delinquenten, waarschuwde commandant Scholten van de Harskamp in *Elseviers Weekblad* tegen lichtvaardig medelijden:

> '*Wanneer ge weten zoudt, wàt zij op hun kerfstok hebben, zoudt ge van dit medelijden moeten terugkomen. Daar gaat een man die de burgemeester van een Brabants dorp naakt, met het hoofd naar beneden aan de zoldering heeft opgehangen met gespreide benen. En hij heeft hem net zo lang met een knuppel in het kruis geranseld, tot zijn slachtoffer bezweek.*'[33]

De voorbeelden zijn met honderden aan te vullen. Aanvankelijk won in de interneringskampen de wraak het van de menselijkheid, althans in veel gevallen. De behandeling van mensen die van steun aan de vijand werden verdacht heeft bij veel geïnterneerden tot grote bitterheid geleid. Een van hen schreef:

> '*Deze tijd was de somberste uit mijn leven. Nimmer hoorde ik grover vloeken, zag ik walgelijker optreden, ergerlijker onrecht bedrijven dan in mijn gevangenschap. Alleen het geloof in de rechtvaardigheid Gods heeft mij staande gehouden.*'[34]

Gaandeweg keerden de kranten zich toch tegen het barbaarse optreden van bewakers en commandanten in de kampen. In een hoofdartikel van de *Leeuwarder Courant* werd in november 1947 al een heel andere toon aangeslagen:

> '*Het moet ronduit worden erkend: tegenover de politieke delinquenten zijn de elementairste rechten van de mensen geschonden. Er zijn bladzijden aan het Nederlands geschiedboek toegevoegd, die het nageslacht niet met trots zal kunnen lezen.*'[35]

De enorme massa verdachten was te groot voor de zorgvuldige, individuele berechting die de regering in 1943 voor ogen had gestaan. Het juridische apparaat liep volkomen vast. Uiteindelijk is de meerderheid van de verdachten vrijgelaten zonder proces, maar wel na soms maanden voorarrest. Ongeveer 50.000 politieke delinquenten kregen een maatregel opgelegd door een van de speciale tribunalen: vaak was dat een straf gelijk aan het voorarrest, zodat de betrokkenen zonder veel onderzoek, soms na meer dan een jaar, naar huis werden gestuurd. En de zwaarste gevallen, een kleine 15.000, kwamen voor de bijzondere gerechtshoven te staan, waar hun zaak grondig moest worden behandeld voor er een vonnis kon worden opgelegd.

De eerste tegen wie aan het eind van een zitting de doodstraf werd geëist was Max Blokzijl, de befaamde propagandist van de NSB. In talloze radiopraatjes had hij tijdens de oorlog het Nederlandse volk proberen te overtuigen van de zegeningen van het Duitse rijk en van de verderfelijkheid van de geallieerden. Het was symbolisch dat hij als eerste aan de beurt kwam – hij was het uithangbord van de collaboratie geweest.

Blokzijl was op 9 mei gearresteerd, in de nabijheid van de plek in Den Haag waar hij in de laatste periode zijn radiopraatjes had verzorgd. Zijn rechtszaak zou het toonbeeld worden van overzichtelijkheid. Al zijn voor de radio uitgesproken teksten stonden op papier en waren in beslag genomen – ze vormden het enige bewijsstuk. Hij was tijdens zijn voorarrest meermalen verhoord door een rechercheur van de POD, de Politieke Opsporingsdienst. Die was ook de enige getuige in zijn proces. De hele zitting, op 11 september 1945, in het paleis aan de Kneuterdijk (dat als Haagse vestiging van de bijzondere rechtspraak fungeerde), duurde maar een halve dag. Het was bijzonder druk, de vertegenwoordigers van de pers hadden moeite om een plaatsje in de zaal te vinden. De procureur-fiscaal, mr. J. Zaaijer vond wat Blokzijl had gedaan op het gebied van propaganda 'duizendmaal erger dan het malle gedoe van de NSB':

> *'Temidden van de verschrikkingen, de beklemmingen en de duizend angsten die ons volk heeft moeten verduren, werd het staande gehouden door zijn geloof. En de stem van de duivel die het tot twijfel wilde brengen en die het zijn geloof wilde ontnemen, was de stem van Max Blokzijl.'*[36]

Veertien dagen na de zitting begon de president van het hof zijn uitspraak met de kernachtige zin: 'Het hof heeft u ter dood veroordeeld.' Blokzijl was aangeslagen, hij had zo'n uitspraak niet verwacht – in tegenstellingen tot de kranten, die geen enkele twijfel kenden en het met het vonnis roerend eens waren, omdat de verderfelijkheid van Blokzijls propaganda en de daaruit blijkende misdadige gezindheid geen andere straf mogelijk maakten. Blokzijl ging nog in cassatie – twee maanden later al werd die zaak, onder veel kleinere belangstelling, behandeld. De straf bleef overeind, er was kennelijk een snel en duidelijk symbool nodig voor de geest van de bijzondere rechtspleging. Blokzijl voelde zich het slachtoffer van het feit dat hij de allereerste was. Hij schreef in zijn cel in zijn dagboek:

Max Blokzijl was de eerste Nederlander die onder de bijzondere rechtspleging ter dood werd gebracht. Op 16 maart 1946 stond hij voor het vuurpeloton.

'Het is mijn pech geweest dat ik om zo te zeggen de eerste stoot moest opvangen. Mijn strafmaat werd in juli en augustus 1945 voorbereid, dus nog onder de onmiddellijke invloed van de bevrijdingskoorts. Was ik in september 1946 aan bod gekomen, in plaats van september 1945, dan zouden de dingen er wel anders hebben uitgezien.'[37]

Blokzijl was tot aan zijn dood verbaasd dat het lot deze wending had genomen. Hij had gedacht nog heel lang in de gevangenis te kunnen schrijven, 'liefst met een pijpje tabak erbij'. In zijn dagboek vermeldde hij voor het eerst dat hij geschokt was door de misdaden van het naziregime, waarvan hij altijd beweerde niets geweten te hebben. Op 10 maart 1946 schreef hij over de massamoord op de Joden in de gaskamers, waarvan hij inmiddels het een en ander gehoord had:

'Is dit letterlijk juist, dan is dat inderdaad vreselijk en maakt het mij onmogelijk zonder diepe schaamte te denken aan het feit dat ik zolang in Hitler heb geloofd. Want deze misdadige moordpartijen moet hij toch geweten en goedgekeurd hebben.'[38]

Op zaterdag 16 maart 1946 – de avond tevoren had hij in zijn cel nog bezoek gehad van Anton Mussert – reed Blokzijl in een auto van justitie naar de Waalsdorpervlakte. Daar is hij om vijf voor zeven in de ochtend geëxecuteerd, als allereerste. *De Volkskrant* schreef erover:

'Terwijl het peloton de voorbereidingen trof, stond Blokzijl met de handen vastgebonden en in de mond een zelfgerolde sigaret. Onmiddellijk werd door een dokter de dood geconstateerd. Een der soldaten bukte en raapte het shagpeukje op, dat hij even aandachtig bekeek en toen in zijn portefeuille weg borg.'[39]

Ook het proces tegen Anton Mussert stond hoog op de agenda en duurde niet erg lang. De eerste zittingsdag was dinsdag 27 november 1945. De aanklacht omvatte drie punten: poging het land onder vreemde heerschappij te brengen, poging om de grondwettige regeringsvorm te veranderen en hulpverlening aan de vijand. Om half een werd de zitting verdaagd tot de volgende dag. Aan het eind van zijn requisitoir eiste aanklager mr. Zaaijer ook tegen Mussert de doodstraf – hij omschreef de NSB-leider als een zwakke, ijdele figuur, een marionet in dienst van de vijand. Musserts verdediger, mr. Wijckerheld Bisdom, koos voor een juridische argumentatie, in de wetenschap dat Mussert zelf een urenlang betoog had voorbereid over politieke aspecten van zijn optreden. Mussert was op dreef; volgens zijn biograaf Jan Meijers stak hij de beste rede uit zijn hele loopbaan af, met allure en elan. Op de perstribune was het druk, voor de *Wereldkroniek* zat daar verslaggever Herman Kuiphof (die later een befaamd sportjournalist zou worden) die rapporteerde:

'De ex-leider gedraagt zich of hij op de hei van Lunteren staat. Van tijd tot tijd plaatst hij de armen in de zijden, een andermaal balt hij de vuist of strekt hij de arm. Zijn stem klinkt fors, beslist en zeer nadrukkelijk. Hij is niet bang.'[40]

Mussert verwierp de stelling van de aanklager dat hij uit ijdelheid had gehandeld. Hij had, zei hij, gemakkelijk hoofd van een Nederlandse regering kunnen worden. Dan had hij alleen maar de wensen van Himmler hoeven uitvoeren, dan was hij al in oktober hoofd van een regering-Mussert geweest, zo zei hij. Hij had zich altijd op Adolf Hitler verlaten, daarin had hij het volste vertrouwen. Mussert zei dat zo:

'Adolf Hitler droeg ons volk geen kwaad hart toe, hij had het beste met ons voor, maar hij werd systematisch tegengewerkt door zijn omgeving.'[41]

Mussert ging helemaal in zijn betoog op. In het vuur van zijn rede spreidde hij op een gegeven moment zijn armen en riep 'mijne getrouwen' – wat in de rechtszaal tot enige hilariteit leidde. Zijn verdediging en die van zijn raadsman hadden geen enkel effect op de uitspraak. Mr Wijckerheld Bisdom wist dat ook wel tevoren. Na de oorlog schreef hij aan Musserts biograaf dat de uitspraak in het proces tevoren vaststond omdat er

'in die dagen een communis opinio bestond dat de ergste NSB'ers – en in de eerste plaats Mussert die nu eenmaal als NSB'er bij uitstek gold – er niet met minder dan de doodstraf af mochten komen'.[42]

Natuurlijk hadden uitspraken van koningin Wilhelmina (bijvoorbeeld dat er 'voor een handjevol verraders in het bevrijde Nederland geen plaats meer zou zijn') aan dat klimaat bijgedragen. Het was dan ook voor niemand een verrassing, ook niet voor de beklaagde zelf, dat Mussert op 12 december 1945 de doodstraf tegen zich hoorde uitspreken. Hij hoorde het vonnis volkomen onbewogen aan. Hij ging wel in cassatie, maar de uitspraak bleef onveranderd. Mussert besloot geen gratie te vragen omdat hij daarmee alsnog schuld zou bekennen. Hij vroeg ook zijn vrouw om dat niet te doen. Daaraan gehoorzaamde zij, maar achter zijn rug om diende zijn zwager Willem Terpstra, zelf ook wegens activiteiten voor de NSB geïnterneerd, een gratieverzoek in – Mussert heeft hem daarvoor bij de eerstvolgende ontmoeting in zijn cel uitgefoeterd. Het duurde tot 5 mei 1946 voor bekend werd dat het verzoek was afgewezen. De executie werd bepaald op 7 mei, exact een jaar na zijn arrestatie. Zwager Terpstra was het enige familielid dat hem vergezelde en de laatste van wie hij afscheid nam. Anton Mussert gedroeg zich waardig, die laatste uren. Hij weigerde, oog in oog met het vuurpeloton, de blinddoek. Om half zeven 's ochtends was hij dood.

Er zijn in het kader van de bijzondere rechtspleging in totaal ongeveer honderdvijftig doodstraffen uitgesproken. Daarvan zijn er slechts veertig uitgevoerd. Er is menigmaal gesuggereerd dat die ruime gratiëring (meer dan 70 procent) te maken had met de opvolging van koningin Wilhelmina, de 'hardliner', door haar veel 'softere' dochter Juliana. Maar zo simpel

De arrestatie van Anton Mussert, op 7 mei 1945. Hij werd uit zijn kantoor aan de Vijverberg in Den Haag gehaald.

ligt het niet. Prof. mr. A.D. Belinfante wees er in zijn studie naar de bijzondere rechtspleging[43] op, dat het verschil in opvatting tussen beiden helemaal niet zo groot was als wel is verondersteld. Zo is er onder het bewind van Wilhelmina bijna vijftig keer gratie verleend aan terdoodveroordeelden. En onder Juliana zijn er nog altijd achttien doodstraffen voltrokken (van de veertig in totaal). Zo groot kan de invloed van de vorstinnen dus niet geweest zijn.[44] Volgens Belinfante zijn het de achtereenvolgende ministers van Justitie geweest die uit morele overwegingen het aantal dodelijke slachtoffers van de bijzondere rechtspleging beperkt wilden houden tot 'enige tientallen'. Dat deden ze op basis van een door minister Kolfschoten (KVP) opgestelde nota, die door het kabinet als uitgangspunt van het gratiebeleid werd goedgekeurd.

Het gevolg is goed te zien bij de Jodenjagers van de Colonne Henneicke, die door het Bijzonder Gerechtshof hard zijn aangepakt. Er vielen in deze categorie in totaal wel vijfentwintig doodvonnissen. Daarvan bleven er na cassatie zestien over, maar er zijn er slechts twee voltrokken. Dat betrof twee medewerkers van de carthotheek van de Zentralstelle, die door toeval al in 1946 waren veroordeeld. Alle andere doodvonnissen vielen veel later en ze werden allemaal wegens gratie omgezet in gevangenisstraffen (iedereen was in 1960 weer vrij), ook al betrof het Jodenjagers die veel meer slachtoffers hadden gemaakt dan die twee vroeg geëxecuteerden. Er was er één bij – een zwaar antisemitische voormalige bedrijfsleider die een paar honderd Joden had gearresteerd en daar duizenden guldens premie voor had geïnd – die justitie nog in een moeilijk parket bracht: hij weigerde gratie te vragen, hij wilde dood. Er volgde direct een psychiatrisch onderzoek, maar dat bracht geen psychische defecten aan het licht. Justitie zou nu de man dus alsnog moeten executeren, maar op het laatste moment meldde zich nog een achttien jaar oudere zus, die buiten haar broer om een gratieverzoek indiende en daarmee justitie de mogelijkheid gaf het vonnis om te zetten in gevangenisstraf.[45]

De bijzondere rechtspleging heeft grotendeels in vijf jaar haar beslag gekregen. Daarna is nog wel incidenteel een politieke delinquent gepakt en berecht, maar de grote massa was eind 1950 toch wel afgehandeld. Dat is achteraf voor het juridisch apparaat een ongekend zware periode geweest – 16.000 zaken voor het Bijzonder Gerechtshof, en 50.000 voor de tribunalen. Het is opmerkelijk dat de hele operatie in het verleden weinig waardering heeft ondervonden in het publieke debat. De nadruk viel lange tijd steeds op wat er fout ging, op de traagheid, of de onrechtvaardigheid – dat grote vissen door de mazen van het net zwommen en kleine krabbelaars hard werden aangepakt. Het heeft lang geduurd eer in dat beeld een kentering kwam. Tegenwoordig, met het overzicht over andere landen en andere pogingen tot berechting van misdrijven tijdens oorlog of dictatuur, is er in kringen van onderzoekers juist ook waardering voor het totale proces. Vooral historicus Peter Romijn trekt in zijn studie naar dit onderwerp[46] de conclusie dat het justitieapparaat, ondanks alle fouten en bedenkingen, in algemene zin de berechting adequaat heeft uitgevoerd en dat Nederland daarmee de vergelijking met de meeste andere landen goed kan doorstaan.

ZUIVERING

Het bleef na de oorlog niet bij de strafrechtelijke vervolging van degenen die de vijand hadden geholpen. Er zijn ook pogingen gedaan om verschillende sectoren van de samenleving te 'zuiveren' van mensen die zich door hun handelwijze in de oorlog op de een of andere manier dienstbaar aan de bezetter hadden opgesteld. Door op hun post te blijven zouden zij het aanzien en functioneren van overheidsinstellingen maar ook van het bedrijfsleven kunnen schaden. Dat zuiveren was een buitengewoon inge-

394

'Dit bureau is gezuiverd' staat er op het politiebureau aan het Leidseplein in Amsterdam. Bij de politie werd ongeveer 6 procent van het personeel na de bevrijding ontslagen.

wikkelde klus, waarbij het bijzonder moeilijk bleek om mensen in gelijke omstandigheden ook gelijk te beoordelen. Dat het onbegonnen werk
was zei de Leidse hoogleraar strafrecht Van Bemmelen, die belast was met
de organisatie van de bijzondere rechtspraak, al in december 1945 tegen
het *Elseviers Weekblad*. Hij vond dat de zuivering zich moest beperken tot
de zware gevallen:

> '*Het gros van de ambtenaren is op zijn post gebleven, terwijl de bezetter
> allerlei rechtsverkrachtende maatregelen nam. In industrie, handel en kunst
> is het al precies zo. Vrijwel alle grote bedrijven hebben in meer of mindere
> mate met de bezetter gewerkt. Aan het Nederlandse volk past een groot "Ik
> heb gezondigd". De consequentie daarvan is mijns inziens dat we ons bij de
> zuivering – evenals bij de rechtspraak – moeten beperken tot de werkelijke
> ernstige gevallen, die de grens van het strafrechtelijk vergrijp naderen, die
> dus bijna landverraad zijn.*'[47]

Maar dat is lang niet overal het uitgangspunt geworden. Bij de politie,
waar 18.000 mensen werkten, is 6 procent vrijwel direct na de bevrijding
ontslagen. In andere sectoren lagen die cijfers veel lager. In het bedrijfsleven is het werken voor de bezetter bijna nooit aanleiding geweest voor
maatregelen. Er zijn wel op allerlei terreinen zuiveringsraden ingesteld,
die in feite een soort tuchtrecht toepasten. Heel hard zijn de burgemeesters aangepakt. De vierhonderd NSB-burgemeesters werden opgepakt en
strafrechtelijk vervolgd – ze konden niet meer terugkeren. Maar van de
andere burgemeesters zijn er ook nog zevenhonderd ontslagen. De meesten werd verweten dat ze meehielpen om arbeiders te werven voor werk
voor de Duitsers, zoals graafwerk voor de verdediging van stellingen.
Medeplichtigheid aan het wegvoeren van Joden speelde bij die zuivering
vrijwel nergens een rol. Veel discussie was er over de zuivering van journalisten en kranten. Een aantal dagbladen kreeg een tijdelijk verschijningsverbod – onder andere *De Telegraaf* en *de Nieuwe Rotterdamse Courant*. *De Telegraaf* had zich vooral in het laatste oorlogsjaar, toen de SS'er
Hakkie Holdert als directeur aantrad, gehaat gemaakt. In de jaren ervoor
had *De Telegraaf* zich nauwelijks onderscheiden van de andere dagbladen,
die géén verschijningsverbod kregen.

HOE VERDER MET INDIË?

In de kranten die wél verschenen namen de berichten over de bijzondere
rechtspleging en de zuivering aanvankelijk een zeer belangrijke plaats in,

vooral die over de berechting van hoge nazi's en NSB-kopstukken. Maar dat werd snel minder. De ontwikkelingen in Indonesië daarentegen werden, naast de problemen van wederopbouw en woningnood, steeds belangrijker. Vooral de lijst met gesneuvelde Nederlandse soldaten werd in de vijf jaar na de bevrijding almaar langer, naarmate de strijd vorderde en bloediger werd.

Maar in het najaar van 1945 was het nog lang niet zover: Nederlandse soldaten mochten Indonesië niet eens in. De Britten, die het beheer over de archipel toegewezen hadden gekregen, waren gevoelig voor het Indonesische argument dat een terugkeer van Nederlandse troepen rampzalige gevolgen zou hebben. Op 2 oktober mocht wel de hoogste Nederlandse vertegenwoordiger, dr H.J. van Mook, in Batavia terugkeren. Hij kende het land goed, had er altijd gewoond en gewerkt, en schrok hevig, blijkens zijn memoires:

'Overal onvriendelijke opschriften die op meer of minder grove wijze duidelijk maakten dat wij niet welkom waren. Rood-witte vlaggen vrijwel overal om duidelijk te maken dat bestuur en openbare diensten geheel in republikeinse handen waren. Zelfs hadden enige optimisten op een groot deel van de stenen kantoorgebouwen en woningen rood-witte papiertjes geplakt met "milik repoeblik" (Republikeins eigendom), wel de eenvoudigste methode van nationalisering die tot dusverre in de wereld was vertoond.'[48]

Dr. Van Mook (tweede van rechts) in gesprek met Lord Killearn, die een belangrijke rol speelde als bemiddelaar in het conflict tussen Nederland en de Republik Indonesia.

Van Mook nam zijn intrek in het paleis van de gouverneur-generaal in Batavia. Hij kreeg de titel luitenant-gouverneur-generaal en werd ook wel aangeduid als landvoogd. Hij had uit Australië zijn medewerkers meegenomen, en ook zijn belangrijkste militaire adviseurs. Achter de schermen was de Nederlandse legertop al volop bezig met plannen maken. Het militair heroveren van de hele archipel zou ongeveer 100.000 soldaten vergen, en die zouden er pas diep in 1947 kunnen zijn. Van Mook kwam op iets lagere getallen uit, en verwachtte dat Java met 35.000 tot 40.000 manschappen weer onder controle te brengen zou zijn. Maar dat idee was praktisch onhaalbaar: daar was voorlopig geen scheepsruimte voor te krijgen. Van Mook wilde daarom goed luisteren naar de Britse wens dat er een vreedzame oplossing zou komen. Hij toonde zich bereid een gesprek aan te knopen met de Republik Indonesia, met Soekarno. Daarvoor kreeg hij van Den Haag geen toestemming; de politici daar, inclusief de van oudsher antikoloniale sociaal-democraten van de PvdA, wilden niets met Soekarno te maken hebben, ze zagen hem als een 'griezelige man', als een landverrader, die zijn eigen mensen aan de Japanners had uitgeleverd. Van Mook zat klem en besloot tot ongehoorzaamheid: op 28 oktober ontmoette hij een delegatie van de republiek, met aan het hoofd president Soekarno. Den Haag was des duivels, de ministerraad kwam in opgewonden stemming bijeen en besloot Van Mook op staande voet te ontslaan. Premier Schermerhorn en minister van Overzeese Gebiedsdelen Logemann (beiden PvdA) gingen naar de koningin om haar dat mee te delen, maar Wilhelmina weigerde botweg: zo'n besluit zou de Nederlandse positie bij de Britten zeer verzwakken. Beteuterd keerden de ministers terug naar het kabinet, dat het ontslagbesluit maar weer introk. Willem Drees zou later tegen zijn biografen zeggen:

'Koninginnen doen wel eens verstandige dingen tegenover ministers die soms meer politieke motieven hebben.'[49]

Het voortmodderen was begonnen. Vanaf dit moment ontstond er een uitermate ingewikkeld conflict waarin allerlei tegenstellingen door elkaar liepen: politieke, persoonlijke, economische en wat al niet meer. Den Haag botste voortdurend met Batavia, de Indische regering onder Van Mook botste met de republiek, de politici botsten met de militairen – en daartussendoor speelden allerlei persoonlijke kwesties, die ervoor zorgden dat er van een duidelijk en consequent beleid nooit sprake was, niet aan Nederlandse en niet aan Indonesische kant. Er ontrolde zich een tragedie waarin niemand meer in staat bleek om te voorkomen dat er bloed vergoten werd, veel bloed van militairen en van burgers.

De Britten hadden, na de slag om Soerabaja in november, steeds minder trek om in het Indonesische wespennest te blijven zitten. Ze vertrokken voorjaar 1946 en de Nederlandse soldaten namen, onder hevige protesten van de Republik Indonesia, de zorg voor rust en orde over. Daarbij traden ze veel actiever op dan de Britten, ze bestreden de Indonesische guerrillastrijders veel feller en ze probeerden het aan Nederland toegewezen gebied (stroken rond Soerabaja en Batavia) uit te breiden. Generaal Simon Spoor liet zijn rechterhand, Dirk Buurman van Vreeden, toekomstplannen maken. Daarin stond maar één doelstelling centraal: heel Indonesië gewapenderhand heroveren. Dat zou al in de loop van 1947 moeten lukken met Java en daarna zouden er genoeg troepen zijn om ook Sumatra en de andere landsdelen weer onder controle te brengen. De ware bedoeling was niet zozeer om de oude koloniale toestand weer te herstellen – dat wilde bijna niemand meer; koningin Wilhelmina had in haar rede van 7 december 1942 immers al nieuwe verhoudingen beloofd. Nee, het ging om het openleggen van de plantages, zodat die weer zouden kunnen produceren en zodat de staat weer miljoenen aan deviezen zou kunnen innen. Die stroom was door de republikeinse revolutie helemaal opgedroogd: het verarmde moederland zou de zware last van een groot leger in den vreemde niet lang kunnen dragen.

Op politiek gebied slaagde Van Mook erin om in het geheim met de republikeinse premier Sjahrir een akkoord te sluiten – ze spraken af om te gaan onderhandelen over een verdrag waarin Nederland de republiek de facto zou erkennen en de republiek de juridische zeggenschap van Nederland zou accepteren. Er zou een overgangsperiode komen tot de tijd rijp zou zijn voor de onafhankelijkheid van Indonesië in een nader te bepalen staatsverband met Nederland. Dat leek, ondanks kritiek uit eigen kring aan beide zijden, een goede basis voor onderhandelingen op regeringsniveau. Die kwamen er, tijdens een conferentie op de Hoge Veluwe in april 1946. Maar toen bleek dat Sjahrir en Van Mook, die premier Schermerhorn aan zijn zijde vond, allebei verder waren gegaan dan hun achterban kon aanvaarden. De conferentie mislukte. Zo zou het in de Indonesische kwestie vaker gaan. De tegenstellingen waren te groot om te overbruggen, dat lukte alleen de soepelste diplomaten, maar die kregen het resultaat dan niet goedgekeurd door het thuisfront.

In de zomer van 1946 kreeg Nederland weer een parlementair kabinet, dat vooral steunde op de twee grootste partijen bij de eerste naoorlogse verkiezingen, de KVP en de PvdA. KVP'er Louis Beel werd de nieuwe premier, met PvdA'er Willem Drees als vicepremier. Overzeese Gebiedsdelen ging naar de jurist J.A. Jonkman, die een kenner van Indië was. Hij trad toen pas toe tot de PvdA en maakte in zijn welkomswoord tot zijn ambtenaren al direct duidelijk dat hij niet bepaald tot de uiterste linkervleugel behoorde en Indië eigenlijk niet kwijt wilde:

> *'Nederland was altijd, was tot voor deze oorlog, en moet blijven: een wereldrijk. Welke fouten wij ook gemaakt hebben, wij hebben proefondervindelijk bewezen, traditioneel recht te hebben op een taak overzee. Daartoe behoeven wij een wereldrijk in die zin, dat wij vaste steunpunten hebben. Dus ook een arbeidsveld, waar wij een zeker monopolie hebben.'*[50]

Schermerhorn kreeg een nieuwe functie: hij kwam aan het hoofd van een speciale onderhandelingsdelegatie voor het Indonesisch conflict, de Commissie-Generaal. Die delegatie bereikte eerst een wapenstilstand tussen de republikeinen en het Nederlandse leger. En in het bergdorp Linggadjati, waar de beide delegaties zich hadden opgesloten, volgde ook een verdrag dat de toekomstige verhouding tussen Indonesië en Nederland regelde. Het was de ultieme triomf van topvergaderaars, ze hadden in een uitputtingsslag hun doel bereikt. Schermerhorn juichte in zijn dagboek:

> *'Het was volkomen duidelijk dat wij de Indonesische delegatie lichamelijk plat hadden vergaderd. Ook wij waren vrijwel lens, maar niet zo erg als Sjahrir en een aantal van zijn vrienden.'*[51]

Ook met dat verdrag van Linggadjati liep het slecht af. Het Nederlandse parlement verbond er allerlei voorwaarden aan, en ook de Indonesiërs hadden hun eigen interpretaties. Beide partijen aarzelden langdurig met het tekenen van de overeenkomst. Pas toen de partijen afgesproken hadden (op voorstel van Max van Poll, de K V P'er in de onderhandelingsdelegatie van Schermerhorn) dat ze alleen tekenden voor hun eigen interpretatie, werd het verdrag van Linggadjati een feit. Maar toen was de stemming tussen de betrokkenen al behoorlijk verziekt.

ZUID-CELEBES

Ook elders in het uitgestrekte Indonesië was de sfeer op vele plaatsen om te snijden. Het revolutionaire geweld bereikte een kookpunt in Zuid-Celebes, het meest oostelijke van de grote Indonesische eilanden. Daar was de onafhankelijkheidsbeweging versplinterd in fanatieke, gewelddadige groeperingen die, zoals het in een van de gevonden documenten heette, geweld als uitgangspunt hadden:

'Het doel van onze geheime strijd is door middel van moord naar vermogen verstoring te brengen in de strategie van veiligheid van de vijand.'[52]

Sluipmoorden waren het strijdmiddel, Nederlanders en hun Indo-Europese en Indonesische medewerkers waren de slachtoffers. Volgens verlieslijsten die door het plaatselijk bestuur zijn opgesteld zouden er in Zuid-Celebes tussen juni 1946 en juli 1947 meer dan 1.200 mensen zijn vermoord. Vaak werden ze gruwelijk toegetakeld. Een reactie kon niet uitblijven en in december 1946 kondigde Van Mook voor Zuid-Celebes de noodtoestand af. Bij de uitwerking van de bijbehorende maatregelen werd het Depot Speciale Troepen voor het eerst ingezet: deze elitesoldaten, onder leiding van de jeugdige luitenant Raymond Westerling, moesten het gebied zuiveren en ervoor zorgen dat er rust en orde weerkeerden. Westerling vroeg en kreeg van zijn superieur (kolonel De Vries) een bijzondere bevoegdheid: hij mocht verdachten standrechtelijk executeren.[53] Die extreme bevoegdheid is nooit door de hoogste militair (Spoor) of de hoogste civiele autoriteit (Van Mook) bevestigd, maar Westerling ging er wel mee aan de slag. Hij verzamelde eerst inlichtingen over de mannen die een streek terroriseerden, riep dan de burgerbevolking bij elkaar en liet ze de daders aanwijzen. Westerling gaf opdracht aan zijn mannen de verdachten na summier onderzoek voor het oog van de bevolking te executeren. Soms deed hij het zelf. Hij vroeg de mensen ten slotte om hem te waarschuwen als er opnieuw sprake zou zijn van moord of roof.

Er vielen de eerste weken vele tientallen slachtoffers. Het gebied was te groot voor de 123 man van Westerling, en vandaar dat hij besloot de troep op te splitsen en zijn rechterhand, onderluitenant J.B. Vermeulen, te belasten met de zuivering van het noordelijke operatiegebied. Vermeulen kreeg zestig man mee. Toen ging het mis. Vermeulen paste dezelfde methoden toe als Westerling, maar uit later onderzoek is gebleken dat zijn acties veel meer slachtoffers eisten – met als treurig dieptepunt een gebeurtenis in het dorpje Galoeng Lombok, op 1 februari 1947. Daar hield de troep van de onderluitenant een grootscheepse zuivering, waarin eerst negenentwintig voormalige gevangenen, ten overstaan van de gehele bevolking, een kogel door het hoofd kregen omdat ze lid zouden zijn van een verboden organisatie. Daarna ondergingen zestien gevangenen die daartoe uit de cel waren gehaald hetzelfde lot. Na deze executies begon pas de eigenlijke zuivering. Aan de dorpsoudste vroeg Vermeulen of er misdadigers onder de bijeengedreven dorpelingen waren. De aangewezenen werden direct doodgeschoten. Weigerde de dorpsoudste iets te zeggen, dan werden er willekeurige slachtoffers gekozen. Een kapitein van het KNIL assisteerde bij de executies. Binnen een uur werden ruim tweehonderd Indonesiërs neergeschoten. De rijstakker werd een dodenakker.

Op dat moment kreeg Vermeulen de boodschap dat drie van zijn mensen in een naburig dorp zouden zijn overvallen en gedood. Hij ging op onderzoek uit, en het verhaal bleek te kloppen. Ze waren in een hinderlaag gelokt en gruwelijk afgeslacht. Vermeulen was geschokt en witheet. Uit wraak liet hij alle mannen die uit dezelfde kampongs afkomstig waren als de overvallers apart zetten. Wat volgde, had alles van een wilde schietpartij, die minuten duurde. Van de ruim 200 mannen uit die streek lagen er na afloop 135 dood op de grond. Op de rijstakker lagen ook nog de lichamen van de mannen die vroeger in de ochtend al waren gefusilleerd. In totaal bleken er die dag 364 doden te zijn gevallen. De lichamen werden in een massagraf geworpen. Daarna werden verschillende kampongs in brand gestoken en met de grond gelijk gemaakt.

Volgens latere verklaringen van Vermeulen waren de mannen op de vlucht geslagen en was er daarna pas op hen gevuurd, in het wilde weg. Maar volgens een oude blinde man in Galoeng Lombok, die er in januari 2007 op de televisie over sprak, ging het precies andersom:

'Ze brachten alle mensen naar dit dorp en ze begonnen op iedereen te schieten. Toen ze begonnen te schieten, probeerde ik met tien andere mensen weg te lopen. We liepen zigzag, maar negen werden vermoord, alleen ik kon zigzaggend wegkomen. Er werden ook kinderen vermoord. Dat was per ongeluk... ze stonden ernaast.'[54]

Deze gebeurtenis is later onderzocht, door twee onderzoekscommissies. In hun rapporten heet de schietpartij 'de vuurpaniek van Galoeng Galoeng' – maar zestig jaar na dato bleek, op basis van verklaringen van ooggetuigen, dat de verkeerde plaats te zijn. Galoeng Lombok ligt vijftien kilometer verderop. De verantwoordelijken zijn nooit gestraft. Onderluitenant Vermeulen ook niet, hij is er in 1987 wel over geïnterviewd, maar vond de verhalen over de schietpartij sterk overdreven. Hij gaf wel vol overtuiging toe dat hij in Zuid-Celebes het standrecht had toegepast. Vermeulen, die tijdens de Tweede Wereldoorlog Joodse onderduikers had beschermd en tegen de nazi's in verzet was gekomen, zei:

'De Duitsers pasten ook standrecht toe, maar bij hen raakte het kant noch wal. Zij pakten er onschuldigen mee. In Celebes ging het om mensen die werden aangeklaagd door een heel volk. En als het volk ze schuldig vond, dan moest je ze opruimen. Dat eiste het volk van je. Ik heb er nooit spijt van gehad. Het was onze militaire taak om Celebes te zuiveren. Dat hebben

we gedaan, precies zoals ik mijn hele leven het vaderland trouw heb gediend.'[55]

In totaal heeft het Depot Speciale Troepen op Zuid-Celebes minstens 3.100 slachtoffers gemaakt, zo hebben onderzoekscommissies vastgesteld. Het optreden kwalificeerden ze als een vorm van 'contraterreur'. Toen landvoogd Van Mook hoorde over de gebeurtenissen in Zuid-Celebes gaf hij opdracht er direct mee op te houden, hij noemde de methoden 'ten nauwste verwant met de Duitse en Japanse'. KVP'er Max van Poll (lid van de Commissie-Generaal) schreef aan partijgenoot-premier Louis Beel dat het maar beter zou zijn als 'deze praktijken niet op het wereldtoneel bekend zouden worden'. Dat is goed gelukt, want de Nederlandse overheid heeft de feiten over de acties in Zuid-Celebes lang stil kunnen houden.

TEN OORLOG

De aanvoer van nieuwe soldaten is in het voorjaar van 1947 goed op gang gekomen. In april beschikken generaal Spoor en zijn collega van de marine, viceadmiraal Pinke, over 51.000 man van de Koninklijke Landmacht, 6.000 man van de marine en 32.000 man van het Koninklijk Nederlands-Indisch Leger, het KNIL. Bijna 90.000 man, van wie 79.000 operationeel inzetbaar zijn. Militair biedt dat volop mogelijkheden in de strijd tegen de Republik Indonesia, maar er is ook een schaduwkant: de troepenmacht is bijna niet te betalen. Op 18 april krijgt premier Beel van zijn minister van Financiën mr. Piet Lieftinck (PvdA) een brandbrief: de deviezenpositie van het land is 'zeer kritiek', de positie van Nederlands-Indië is 'nog veel erger'.[56] Hij becijfert een tekort van 100 miljoen per jaar. Het enige wat er nog rest is het goud van de staat. Als de regering zou besluiten de helft van de goudvoorraad te verkopen, kan ze het nog tweeënhalve maand uitzingen. Lieftinck suggereert om geen troepen in Indonesië meer af te lossen en uitermate zuinig met de middelen om te springen. Bovendien vindt hij dat Van Mook, die volgens hem toch nergens naar luistert en veel te veel geld uitgeeft, ontslagen moet worden. Als het kabinet hem niet volgt in zijn opvattingen, zo dreigt Lieftinck, dan kan hij de verantwoordelijkheid niet langer dragen.

Daarmee brengt Lieftinck de militaire optie dichterbij. Premier Beel en minister Jonkman van Overzeese Gebiedsdelen reizen naar Batavia om, onder andere, Van Mook zijn ontslag aan te zeggen, maar dat voornemen slikken ze haastig weer in – Van Mook beheerst het politiek-

De Nederlandse Mariniersbrigade in actie op Oost-Java. Daar landden
de mariniers in juli 1947 bij Pasir-Poetih.

diplomatieke spel als geen ander en is onder deze hectische omstandigheden onmisbaar. Maar ze merken wel dat ook de onderhandelaars in Batavia bereid zijn om de Indonesische republiek met geweld op de knieën te
krijgen, als die de Nederlandse eisen niet inwilligt en de guerrillastrijd
niet beëindigt.

De legertop heeft inmiddels concrete aanvalsplannen klaar, Operatie
Product en Operatie Amsterdam. Het eerste plan is erop gericht om in
een snelle veldtocht zoveel mogelijk bedrijven op Java te ontsluiten waardoor ze weer kunnen produceren en er weer buitenlandse deviezen gaan
stromen. Het tweede gaat over Djocja, het stadje in het binnenland waar
de republikeinse regering is gevestigd. Desgewenst kan het leger in een
bliksemactie het regeringscentrum aanvallen en de republikeinse top uit-
schakelen.

Eind juni is alles in gereedheid gebracht voor de aanval. De besluitvorming aan Nederlandse kant gaat niet erg soepel – de regering legt de definitieve beslissing voor een oorlog op het laatst toch maar in handen van
Van Mook. De ministers krijgen tijdens een nachtelijke vergadering van

hun vroegere collega van Buitenlandse Zaken en diplomatiek specialist Van Kleffens nog een welgemeend advies: praat nooit over oorlog of over militaire actie, maar altijd over politionele maatregelen. Indonesië is immers binnenland, en in een binnenlandse conflict gaat het om ordehandhaving door de politie, niet door militairen. De ministers nemen dat advies zo trouw ter harte dat deze visie het beeld in Nederland decennia is blijven beheersen. De term 'politionele acties' bleef heel lang de aanduiding voor de grotere operaties van de Nederlandse militairen in Indonesië. Pas de laatste jaren is daar verandering in gekomen en spreken de historici overwegend van militaire acties, of gewoon: 'oorlog'.[57]

In de nacht van 29 op 30 juni moet de aanval op de republiek van start gaan, maar op het allerlaatste moment slaat de situatie om. Er is een brief van de Verenigde Staten binnengekomen met een duidelijk aanbod voor financiële hulp als Nederland en Indonesië alsnog tot een akkoord komen. Schermerhorn, die een depressie nabij was, fleurt weer helemaal op van deze onverwachte wending. Hij noteert in zijn dagboek over de Amerikaanse brief:

'Dit was een document waarvan wij gerust kunnen zeggen dat het de eerste meevaller is van betekenis gedurende de periode na 15 augustus 1945 in het Indonesische probleem. Ik zal dit moment niet gauw vergeten. De internationale interventie werd ons hier thuis bezorgd zonder dat wij er zelf regelrecht op dit moment om hadden gevraagd.'[58]

Van Mook ziet in dat Nederland alle steun van Amerika zal verliezen als het dit aanbod direct naast zich neerlegt. Hij blaast de militaire operatie af. De marineschepen die in het geheim al waren uitgevaren worden teruggeroepen. Het balanceren tussen oorlog en vrede begint weer opnieuw. Elke dag is het beeld anders, maar op 15 juli om half zes ziet de wereld er in Batavia opeens heel zonnig uit. Er is een akkoord tussen de republikeinen en Van Mook over de nog resterende punten, vooral over de vraag hoe de handhaving van de openbare orde in de republiek de komende periode geregeld zal worden. De net aangetreden premier van de republiek, Amir Sjarifoeddin, en zijn vicepremier Soegondo Setyadit schudden de handen van Van Mook en Schermerhorn. De heren zijn eruit – het blijft vrede.

Als ruim een uur later generaal Spoor en viceadmiraal Pinke van Van Mooks plaatsvervanger Idenburg de resultaten te horen krijgen, ontploffen ze van woede. Ze zijn het helemaal niet eens met de afspraken en zien hun plannen om definitief af te rekenen met de Republik Indonesia in rook opgaan. Spoor schrijft een telegram aan premier Beel in Nederland dat zo begint:

'Heb zojuist van Idenburg kennis verkregen van aan Republiek gestelde eisen, alsmede formulering van met haar verkregen overeenstemming. Vind hierin aanleiding U aan te kondigen mijn ontslagaanvrage via Van Mook aan Koningin.'[59]

Powerplay van de generaal, en collega Pinke van de marine sluit zich erbij aan. De situatie is nu volstrekt onoverzichtelijk. De volgende morgen komt er duidelijkheid, uit Djocja. Sjarifoeddin heeft daar geen steun gekregen voor het akkoord dat hij heeft gesloten. Hij moet zijn toezeggingen intrekken, het akkoord is opgeblazen. Spoor en Pinke hoeven geen ontslag meer te nemen, niets kan een Nederlandse aanval nog tegenhouden.

Zelfs de partijraad van de PvdA niet, die op zaterdag 19 juli in Krasnapolsky op de Dam in Amsterdam bijeenkomt. De besloten bijeenkomst duurt tien uur. Voorzitter Vorrink en vicepremier Drees, die militair ingrijpen tegen de republiek verdedigen om een kabinetscrisis te voorkomen, kunnen een opstand in de partij uiteindelijk tegenhouden. Tegelijkertijd gaat in Utrecht ook de KVP akkoord. Op zondagavond houdt premier Beel een radiorede waarin hij de oorlog aankondigt en verdedigt door te zeggen:

'Landgenoten, er komt een punt waarop lankmoedigheid ophoudt een deugd te zijn.'[60]

Een paar uur later rollen de Nederlandse tanks en pantservoertuigen het gebied van de Republik Indonesia binnen. Het is oorlog. Dichter-schrijver Ed. Hoornik is vooral verbijsterd over de onverschilligheid die hij bij de mensen op straat aantreft. In *Vrij Nederland* schrijft hij, in een column:

'Dit is erger dan de inval van de Duitsers. Nu zijn wij het die een ander volk dit aandoen. Ik heb een uur lang de stad rondgefietst. Net als zeven jaar geleden. Toen stond het op ieders gezicht en nu trekt niemand zich er iets van aan.'[61]

In militair opzicht was Operatie Product een eclatant succes. Het professionele Nederlandse leger ging als een warm mes door de boter en bereikte vrijwel al zijn doelstellingen binnen de tijd die ervoor was gepland.

Maar Nederland had zich totaal verkeken op de buitenlandse reacties. De Veiligheidsraad van de nog jonge Verenigde Naties nam een resolutie aan met als strekking dat Nederland onmiddellijk met zijn aanval moest stoppen en een bestand met de republiek overeen moest komen. Den Haag wilde zich daar niets van aantrekken. De KVP-ministers in het kabinet wilden zelfs dat Operatie Amsterdam zou worden ingezet, de aanval op de hoofdstad Djocja. De PvdA-ministers waren daartegen, ook al zaten ze in hun maag met een telegram van partijgenoot Schermerhorn, die vanuit Batavia had meegedeeld dat een militaire actie, indien eenmaal begonnen, moest worden doorgezet tot de republikeinse top zou zijn uitgeschakeld – hij sprak zelfs van *de pesthaard Djocja*. Er ontstond een patstelling in het kabinet, dat almaar vergaderde en geen besluit kon nemen. Voor de PvdA was verder oprukken een nachtmerriescenario, want er waren inmiddels al zevenduizend opzeggingen binnen, de partij stond op springen. De druk werd nog verder opgevoerd toen premier Beel koningin Wilhelmina ging raadplegen. Blijkens zijn dagboek kreeg Beel van de vorstin de vraag of het niet mogelijk zou zijn de Verenigde Naties tijdelijk te verlaten en na verovering van Djocja weer lid te worden, maar dat ging de premier toch te ver. Hij noteerde wel in zijn pas veel later vrijgegeven formatiedagboek:

> '*Hare Majesteit meent dat de grens is bereikt en de order tot oprukken naar Djocja dient te worden gegeven.*'[62]

Zover kwam het niet. Nederland staakte onder internationale pressie de strijd, en kwam zelfs goed weg omdat het de veroverde gebieden, waar overigens vaak niet meer dan de hoofdwegen werden gecontroleerd, voorlopig mocht houden. Er volgde een nieuwe periode van intensief overleg met de republiek, ditmaal onder internationale leiding, maar dat ging uitermate stroef.

Intussen laaide de strijd overal in Indonesië op. Het ontwikkelde zich steeds meer tot een guerrilla-oorlog, waarin de Indonesiërs de onafhankelijkheid binnen bereik zagen komen en daardoor met steeds meer overtuiging doorvochten. Nederlanders werden ronduit gehaat. Dat geeft ook de zeer gematigde ex-generaal T. B. Simaputeng toe in zijn memoires. Hij verwijst naar de militair strateeg Von Clausewitz, die erop gewezen heeft dat bij het gewone volk en bij soldaten in de oorlog gevoelens van diepgewortelde haat en vijandschap domineren als een soort *blinder Naturtrieb*. Simaputeng vervolgt:

'Maar ik besefte ook dat ik niet vrij was van dat element van blinder Naturtrieb, het element van haat en vijandschap jegens de Nederlanders, waarvan ons volk en leger in die tijd doortrokken was.[63]

En aan de andere kant precies hetzelfde beeld: de oorlog was gruwelijk, en vrijwel niemand ontkwam daaraan. G.J. Schüssler, destijds onderofficier, later wegens zijn dapperheid in de strijd onderscheiden met de Militaire Willemsorde, zei het in een terugblik zo:

'Het was een pure oorlog, een smerige guerrilla. Daar is niets verheffends aan. Wij kwamen nietsvermoedend in Indië aan. Enthousiast waren we. Orde en vrede brengen. Ik vond het prachtig, een avontuur. Wisten wij veel. We wisten wel dat we er niet kwamen om het verkeer te regelen. We waren tenslotte opgeleid om te doden.'[64]

Veelzeggend is het verhaal van een Betuwse jongen, Arie van Ommeren uit Ingen, die wekelijks een brief naar huis schreef en zich angstvallig aan de censuur hield. Zijn brieven werden thuis met graagte gelezen, omdat hij, volgens zijn zuster, zoveel interessante details vermeldde, over wat hij op de markt had gekocht en wat voor films hij had gezien. Maar op een dag in 1947 was de toon heel anders. Hij had vernomen dat zijn broer (met de curieuze dubbele voornaam Jan Dit), die als dienstplichtige in Nederland in het leger zat, had getekend om als legerkok naar Indonesië te komen. Arie moet er erg van geschrokken zijn, want opeens liet hij alle voorzichtigheid varen in zijn brief naar huis, aldus zijn broer Jan Dit:

'Toen lag er opeens een brief van Arie thuis. "Kom niet!", schreef hij, "want we zijn er met open ogen ingelopen en we zijn belazerd! Het is een mooi land, maar niet om te vechten."'[65]

Jan Dit heeft de raad van zijn broer opgevolgd en geprobeerd zijn aanmelding voor Indonesië ongedaan te maken. Dat is hem gelukt.

WEIGERAARS

Het regeringsbeleid inzake Indonesië is steeds door een parlementaire meerderheid gesteund. En de overgrote meerderheid van de opgeroepen dienstplichtigen gaf, meer of minder enthousiast, aan die oproep gehoor. Maar er waren ook duizenden jongemannen die niet naar Indonesië wilden, in de jaren na de oorlog. De overheid trad daar streng tegen op, en beschouwde de weigeraars als deserteurs. Dat er duizenden soldaten weigerden naar Indonesië te gaan (de schattingen lopen uiteen van vier- tot zesduizend) werd zoveel mogelijk geheim gehouden: publiciteit erover zou de bereidheid nog verder kunnen doen teruglopen. De marechaussee maakte actief jacht op weigeraars: ze stonden gesignaleerd en gingen na arrestatie naar Schoonhoven, waar hun een zware tijd wachtte. In Schoonhoven was het Depot Nazending Indië gevestigd. Daar sloot het ministerie de van desertie beschuldigde jongemannen op. Ze kregen een bikkelharde militaire training, vol met stormbanen en exercitie. Het personeel van het Depot kneep ze flink af, met luitenant Koos van Kaam als de personificatie van die harde aanpak.

Van Kaam heeft jaren later zijn belevenissen in dienst nog eens opgeschreven in nooit gepubliceerde memoires (*Schuins marcheren* getiteld). Uit dat sterk anekdotische geschrift wordt duidelijk dat Van Kaam geen enkel begrip kon opbrengen voor al die jongemannen die zich aan inscheping naar Indonesië hadden onttrokken en daardoor voor zijn bureau kwamen te staan. Volgens hem waren er twee soorten weigeraars: communisten (vooral uit Amsterdam of Zaandam) én jongens die bang waren. Die waren nog nooit hun dorp uit geweest en durfden niet naar Indonesië. Tot die laatste categorie rekende Van Kaam Jan Friso (1925), uit Sneek. Die had zich aan de opkomstplicht onttrokken, en was aan het werk gegaan als vrachtrijder, tot hij door de militaire politie werd aangehouden en opgepakt. Hij ergerde zich in Schoonhoven vooral aan het feit dat hij, als weigeraar, voortdurend werd toegesproken door een psychiater en een predikant – de druk om tóch te gaan werd almaar opgevoerd. Friso, terugkijkend:

'*We mochten één keer per maand bezoek ontvangen. Tegen mijn bezoek heeft de legerpredikant toen gezegd: we zullen hem een flinke douw geven, want er is hier geen land met hem te bezeilen. Kun je nagaan, wat de taak van die mensen was, ze waren gewoon onderdeel van het systeem. Die predikant had veel meer op met het Koninkrijk der Nederlanden dan met het Koninkrijk Gods.*'[66]

Voor Friso speelde angst niet de belangrijkste rol, hij had ook geen speciaal politiek of ideologisch motief, maar hij kende absoluut geen twijfel:

'*Ik wilde gewoon niet meedoen aan een oorlog daar. We hadden net een oorlog achter de rug. Ik heb het waanzin gevonden, ik had geen bezwaar tegen militaire dienst, maar wel tegen deze oorlog. En als ik nee zeg, ja, dan is het echt nee, dat is altijd zo geweest.*'[67]

In 1949 brak er in Schoonhoven een opstand uit. Er was een nieuwe lijn bedacht: de weigeraars zouden op de boot gaan naar Indonesië, en na aankomst zouden ze voor de keus worden gesteld: dienstdoen of dáár voor de krijgsraad. Kort na die aankondiging sloeg een groep weigeraars het interieur van hun militaire barak kort en klein. Jan Maassen, een communist uit de Amsterdamse Spaarndammerbuurt, was een van de mannen die hielpen de potkachel door het raam te smijten. De bijna tweehonderd mannen die toen in Schoonhoven zaten werden enige tijd later in vrachtwagens naar de Rotterdamse haven gebracht. Daar moesten ze één voor één door een sluis, tot ze voor de loopplank van een troepenschip kwamen te staan. Ze kregen drie keer de opdracht om aan boord te gaan; 160 mannen namen die stap, 32 weigerden, onder wie Jan Maassen. Hij heeft in totaal drie jaar vastgezeten en dwangarbeid moeten verrichten. Hij zat nog in gevangenschap toen de oorlog in Indonesië al lang was afgelopen.[68]

EXCESSEN

Gedurende de hele onafhankelijkheidsstrijd van Indonesië is het optreden van het Nederlandse leger onderwerp van discussie geweest. Dat gebeurde vooral in de linkse pers, die tamelijk kritisch was over de oorlog in den vreemde en bovendien regelmatig gevoed werd door brieven van militairen en ook predikanten over wat er daar allemaal misging.

Maar wat er precies gebeurd is en hoe de Nederlandse troepen zich tijdens de soms extreem moeilijke omstandigheden hebben gedragen – daar is lange tijd weinig over bekend geworden. Er werd in 1969 wel een regeringsnota[69] geschreven over excessen en vermeende excessen, maar daarin ligt de nadruk sterk op individuele, incidentele misdragingen. Een officieel structureel onderzoek naar geweldstoepassing is er nooit gekomen – een motie die vroeg om een parlementaire enquête naar het onderwerp werd in 1969 door de Tweede Kamer afgewezen.

Maar de vooraanstaande socioloog J.A.A. van Doorn, zelf als dienstplichtige in Indonesië geweest, publiceerde met zijn collega W.J. Hendrix in 1970 wel een boek over het geweld in Indonesië op basis van aantekeningen die zij tijdens hun diensttijd maakten. Daarin werd voor het eerst een analyse van de structuur van de geweldpleging in Indonesië gegeven. Zij maakten ook duidelijk dat een officieel onderzoek naar de verantwoordelijkheid te dicht op de huid van de betrokken politici van destijds zou zijn gekomen.[70] En voor militairen rest er dan vrijwel geen andere oplossing dan zwijgen, en het koesteren van wat Van Doorn en Hendrix 'pelotonsgeheimen' noemen – overal gebeurt wel wat, meestal waar niemand bij is, en lang niet alles wordt gerapporteerd want dat levert alleen maar ellende op. Zo bleef er over het geweld in Indonesië lang een ernstig tekort aan kennis, en een overvloed aan opinie. De sociologen Van Doorn en Hendrix citeren met instemming de schrijver (en latere politicus) Aad Nuis, die noteerde:

'Door het officiële zwijgen en de verhalen in de huiskamers is de situatie ontstaan waarin de gemiddelde volwassen Nederlander over deze zaak tegelijk niets en van alles weet: een vage tussentoestand, die juist daardoor nog angstwekkender is, en liefst zo ver mogelijk uit de aandacht wordt gebannen.'[71]

Een van de schrijnendste gevallen uit de periode 1945-1949 is zonder twijfel de Bondowoso-affaire geweest. Dat ging om een transport van krijgsgevangenen, die van de overvolle gevangenis in het Oost-Javaanse dorp Bondowoso naar Soerabaja moesten worden overgebracht.[72] Daarbij ging, op 23 november 1947, alles mis. Door de slordige organisatie en het gebrek aan toezicht op de in drie afgesloten goederenwagons opgesloten gevangenen vielen er slachtoffers: toen de trein in Soerabaja na een reis van veertien uur openging, bleken zesenveertig van de honderd inzittenden te zijn bezweken. Ze hadden geen eten en geen drinken gehad, de deuren van de treinen waren niet open geweest, de trein had uren in de brandende zon gestaan en op het hulpgeroep had niemand gereageerd, ook de treinbegeleiders niet. Bij de rechtszaak, eind juli 1948, werd duidelijk dat de leiding over het transport was toevertrouwd aan een verlofganger, een administrateur. Hij had nooit eerder een operationele taak gehad, zijn dienst zat erop en hij had onvoorbereid de documenten over de groep gevangenen in zijn handen geduwd gekregen. Toen hij door de krijgsraad als enige schuldig werd bevonden (hij kreeg één maand celstraf), brak er in de kranten een golf van verontwaardiging los. In het hoger beroep waren de straffen strenger: toen kreeg de organisator van het transport acht maanden, en de transportleider vierenhalve maand. Tegen zes andere begeleiders werd een iets kortere straf uitgesproken. Voor de transportleider-tegen-wil-en-dank, Arie Douwe Jippes uit de kop van Noord-Holland, was het een traumatische ervaring die hij zijn leven lang niet kon vergeten. Hij deed na terugkeer zoveel mogelijk vrijwilligerswerk in zijn dorp, omdat hij hoopte dat hij daarmee iets van zijn schuld kon aflossen.

De verantwoordelijke commandant van het Tweede Infanteriebataljon van de Mariniersbrigade in Bondowoso, H. van der Hardt Aberson, is buiten schot gebleven; hij had zich niet met het transport bemoeid, had de hele kwestie aan ondergeschikten overgelaten. Hij was, vond de aanklager, wel verantwoordelijk maar strafrechtelijk niet te vervolgen. Na de catastrofe met de trein is er een regen van nieuwe voorschriften over de verschillende bataljons neergedaald – zoiets mocht nooit meer voorkomen.

Ruim twee weken na de tragedie met de goederentrein deed zich opnieuw een ernstig incident voor. In het dorpje Rawagedeh op Java richtten Nederlandse militairen, die vergeefs op jacht waren geweest naar een van aanslagen verdachte strijder, een bloedbad aan. Over het aantal slachtoffers is nooit duidelijkheid gekomen – het monument in het dorpje zelf spreekt van 431 doden, maar dat cijfer is altijd betwist, het is vermoedelijk aanzienlijk lager. Wel staat vast dat het optreden van de militairen buitensporig was, een onderzoekscommissie van de Veiligheidsraad noemde het Nederlandse militaire optreden 'opzettelijk en meedogenloos'. Meer dan zestig jaar na de actie van de militairen hebben de nabestaanden van de slachtoffers Nederland aansprakelijk gesteld – voor het eerst in de geschiedenis. Nederland heeft officieel spijt betuigd, maar het is nooit tot betaling van schadevergoeding overgegaan.

SOLDATEN

De onderhandelingen tussen Nederland en Indonesië liepen eind 1948 opnieuw vast. In Nederland was een nieuwe regering aangetreden, weliswaar met PvdA-leider Drees als premier maar met alle aan Indië gerelateerde portefeuilles in handen van KVP'ers. Bovendien was landvoogd Van Mook vervangen door ex-premier Beel. De KVP had een hardere lijn jegens de republiek in het vaandel staan, en het resultaat was een tweede militaire aanval op de republiek, en nu voluit gericht op Djocja, het regeringscentrum. Vlak voor het begin van de aanval ontving Nederland een verzoeningsgezinde brief van de Indonesische premier Hatta. Die brief gaf weer hoop bij de PvdA-ministers, die opnieuw lijnrecht tegenover de collega's van de KVP kwamen te staan. Uiteindelijk gaf Drees onder extreme druk zijn toestemming voor een aanval, te beginnen op 19 december, niet toevallig direct na het begin van het reces van de Veiligheidsraad: de Nederlandse regering had bedacht dat dat iets meer tijd voor ongestoorde actie zou geven. Het resultaat van deze aanval was vrijwel identiek aan dat van de vorige keer: een militair succes – althans op korte termijn – maar een politiek fiasco. Parachutisten namen het vliegveld van

Djocja in bezit, langs die weg werden versterkingen aangevoerd en binnen enkele uren was de stad in Nederlandse handen. De Indonesische leiders Soekarno en Hatta werden gearresteerd door de Nederlandse jurist (later rechter in Utrecht) K.S. Bieger. Hij vond zijn rol, als vertegenwoordiger van de procureur-generaal, een hele eer. Maar hij schrok wel van de anti-Nederlandse sfeer in de stad. De aanvallen op republikeins gebied in Java liepen iets stroever dan de vorige keer, maar de Nederlandse soldaten bereikten wel alle gestelde doelen. Het republikeinse leger trok zich overal terug en ging vanaf nu definitief over tot de guerrilla-oorlog. Op die guerrilla bleken de Nederlandse troepen in dat immense land geen adequaat antwoord te hebben. Militair historica Petra Groen noemt de situatie van begin 1949 een impasse, een militaire patstelling.[73]

In New York verloor Nederland de slag totaal. De Veiligheidsraad kwam direct terug van reces en sommeerde Nederland de strijd te staken en de Indonesische leiders vrij te laten. Dat eerste deed Nederland, schoorvoetend. De leiders bleven voorlopig vastzitten. Maar lang viel dat niet vol te houden. In februari 1949 gaf Nederland Djocja weer terug aan de republiek, de regering-Hatta trad weer aan. Nederland was totaal afgegaan. Allerlei landen weigerden Nederlandse vliegtuigen te laten landen, hier en daar ontstond een havenboycot van Nederlandse schepen – met zijn militaire aanval had de regering-Drees Nederland tot de paria van de internationale gemeenschap gemaakt.

In het veld werd de oorlog daarna nóg feller gevoerd. De guerrillatactiek van het republikeinse leger kostte honderden slachtoffers. Niet alleen op Nederlandse soldaten, maar ook op pro-Nederlandse bestuursambtenaren werden aanslagen gepleegd. De harde reacties van de kant van het Nederlandse leger leidden alleen maar tot verbittering. TNI-soldaat Esmet Sapari herinnert zich:

'Rijstmagazijnen in de kampong werden in brand gestoken. En dat betekende niet alleen lijden voor de guerrillastrijders, maar ook voor het volk. Want per slot van rekening leefden wij, de guerrillastrijders, van het volk. Ze hebben natuurlijk tot doel gehad dat wanneer ze de rijstvoorraden verbrandden, de guerrillastrijders niet met voedsel bevoorraad konden worden. Maar ze vergaten dat wanneer ze tegen het volk met terreur begonnen, dat ze dan de haat van het volk terugkregen. Dus niet alleen wij konden geen voedsel krijgen, maar het volk ook niet. Zodoende koos het volk sterker onze kant.'[74]

Gewone Hollandse jongens, die midden uit de wederopbouw van hun land waren weggerukt, en geen enkele militaire ambitie hadden, waren in een nachtmerrie beland. Ze kwamen, vaak verdwaasd, in een oorlog terecht waarin geen enkel middel geschuwd werd, waarin het gevaar van alle kanten kon komen, waarin redeloos geweld op ieder moment kon losbarsten. De lijsten slachtoffers in de kranten werden steeds langer. Vooral in de eerste helft van 1949 liep het aantal doden snel op, meer dan 160 per maand gemiddeld, ruim vijf per dag. Het thuisfront werd steeds ongeruster, al probeerden de meeste soldaten hun familie niet al te bang te maken. Zoals uit dit brieffragment blijkt, van zomaar een soldaat, gelegerd in Poerwokerto, op Midden-Java:

'*Deze week een paar zogenaamde "acties" meegemaakt. Ik wil, nee ik kan daar niet veel over vertellen. Beter van niet, later wel misschien. 't Is zo moeilijk om het op de juiste manier te beschrijven daar jullie niet weten onder welke omstandigheden dit alles gebeurt. Ik hoop niet dat jullie me nu allerlei lastige vragen gaan stellen. Ik kan je echter wel zeggen, dat ik m'n gezonde verstand erbij houd en me niet zal laten meeslepen door allerlei stom en redeloos gepraat en niet meer zal doen dan ik voor me zelf kan verantwoorden. De houding van verscheidene jongens valt me bar tegen. Van de jongens die hier al langer zitten en al veel hebben meegemaakt, gesneuvelden en gewonden onder hun kameraden hebben, en verbitterd en uit het lood geslagen zijn, dáárvan kan ik het begrijpen, maar van m'n eigen kameraden niet. Laten we hopen dat alles spoedig in orde komt, 't duurt al lang genoeg en Nederland is veel te klein om voldoende troepen bijeen te brengen om hier alles in handen te krijgen en te houden.*'[75]

Dat klopte precies, en het drong ook gaandeweg door tot de politieke top in Den Haag en Batavia. De situatie was onhoudbaar. Nederland moest zich neerleggen bij de realiteit: de onafhankelijkheid van Indonesië was niet langer tegen te houden. Op 29 december 1949 tekende koningin Juliana de soevereiniteitsoverdracht, in het Paleis op de Dam.

Daarmee kwam een einde aan meer dan driehonderd jaar Nederlandse dominantie in het Indonesisch eilandenrijk. De situatie tussen beide landen zou nog lang gespannen, en bij vlagen zelfs vijandig blijven, omdat Nederland aanspraken bleef maken op Nieuw-Guinea, het uitgestrekte en dunbevolkte gebied ten westen van de archipel. Het duurde nog een jaar of twaalf voor de rood-wit-blauwe vlag ook daar gestreken werd. Maar in feite was de rol van Nederland als vooraanstaande koloniale mogendheid, met tientallen miljoenen onderdanen en een onuitputtelijke rijkdom aan grondstoffen, op de helft van de twintigste eeuw uitgespeeld.

Met haar handtekening bezegelde de koningin de nieuwe positie van haar land: een bescheiden natie, die bescherming moest zoeken onder de vleugels van machtige bondgenoot Amerika.

TERUGBLIK

Achteraf is het niet moeilijk om vast te stellen dat de Nederlandse regering, gesteund door de meerderheid van het parlement en van de bevolking, zich op de situatie in Indonesië heeft verkeken. Ze zag niet hoe breed de steun voor de onafhankelijkheid in Indonesië was. Ze zag niet op hoe weinig steun van andere landen Nederland kon rekenen. Ze zag ook niet aankomen dat bondgenoot Amerika, toen het erop aankwam, Indonesië zou steunen. En ze zag evenmin dat de Nederlandse troepen uiteindelijk de oorlog militair niet zouden kunnen beslechten. Maar toen, in die naoorlogse jaren, was dat allemaal niet zo duidelijk als nu. De Nederlandse leiders, mannen als Beel, Romme en in iets mindere mate Drees, hadden door hun isolement in de jaren 1940-1945 een vertekend beeld van de nieuwe internationale verhoudingen. 'De Indonesische kwestie' werd bovenal gezien als een van de grote door de Tweede Wereldoorlog veroorzaakte problemen, die opgelost moesten worden. Daartoe moest de regering om te beginnen de vooroorlogse situatie herstellen en de erfenis van de bezetting opruimen. Wederopbouw, herstel van de economie en de berechting van collaborateurs – dát waren de vraagstukken waar alle aandacht naartoe ging.

Even leek dit herstel te kunnen samengaan met een fundamentele vernieuwing van politiek en maatschappij – daar lag een mooie kans om de problemen van de vooroorlogse samenleving op te lossen. Een nieuw, beter Nederland leek haalbaar. Maar dat was toch te veel gevraagd. De omvang van de direct op te lossen concrete problemen was zo groot – het waren loodzware jaren – dat alle energie dáárvoor nodig was. De mobiliserende kracht van de oude en vertrouwde zuilenorganisaties was hard nodig om de bevolking ertoe te brengen een sober leven te leiden, van hard werken en weinig consumeren. Zo'n leven was nodig om uit de diepe crisis te komen. En zo keerde de vooroorlogse samenleving in hoge mate terug. Van fundamentele vernieuwing was geen sprake, er was geen ruimte voor.

Het was ook in die verhoudingen dat de ervaringen van de Tweede Wereldoorlog, die natuurlijk niet vergeten of genegeerd konden worden, een plaats moesten krijgen. Nederland zou pas diepgaander veranderen, nadat het economisch herstel van na de oorlog zich had doorgezet en geleid had tot een nieuwe, ongekende welvaart. Die maakte in 'de jaren zestig' een vernieuwing in de samenleving mogelijk, maar dan wel op een geheel andere grondslag dan het vernieuwingsstreven van na de bezetting.

In die context kreeg ook 'de oorlog' een andere betekenis.

9 De oorlog na de oorlog

Tegen het einde van de zomer van 1945 liepen de feestelijkheden van de bevrijding op een einde. De bevolking zette zich écht aan de wederopbouw van het land en vaak ook van het eigen leven. Op dat moment vond de regering-Schermerhorn dat er een nationaal bevrijdingsfeest zou moeten worden georganiseerd. Dat vond plaats op 31 augustus, de verjaardag van Wilhelmina, de eerste Koninginnedag in het bevrijde land dus.

Qua vorm viel de keuze op een massaspel, en het decor was het Olympisch Stadion in Amsterdam. Er deden meer dan duizend mensen mee aan de theatrale manifestatie op de grasmat, waar de kaart van Nederland was uitgezet en waar de meer dan 50.000 toeschouwers de verschillende stadia van oorlog, bezetting en bevrijding aan zich voorbij zagen trekken. A. den Doolaard, terug van Radio Oranje, had de teksten geschreven voor *Het drama der bezetting*; Carel Briels, fameus om zijn massaspelen, had de artistieke leiding in handen. Hij schreef een bevlogen voorwoord in het programmaboekje, waarin de zin van zo'n massaspel stond samengevat:

> *'Wat deze herdenking juist haar schone en diepe zin geeft is de overtuiging, dat de strijd der Nederlanders voor hun vrijheid het kostbaarst onderpand is van de toekomstige herbloei van ons geteisterd volksbestaan en dat het bloed der martelaars voor de zaak der vrijheid het zaad is, waaruit een nieuw Nederland met een grote taak in de wereld zal ontspruiten.'*[1]

Veel van de deelnemers speelden zichzelf: militairen, spoorwegbeambten, verzetslieden en ook geallieerde militairen. In het programmaboekje staat dat scènes als 'De overrompeling door de Duitsers' en 'Roof der Nederlandse producten' zouden worden afgewisseld door koorzang. De strekking van het spel: dat kleine landje werd weliswaar door een onstuitbare vijand overrompeld, maar verzette zich fel en is geestelijk niet gebroken. Aan het einde van het stuk vlogen vliegtuigen van de RAF en de

417

In een afgeladen Olympisch Stadion wordt op 31 augustus 1945 de oorlog herdacht met een massaspel. Personeelsleden van de NS betreden het veld om de spoorlijnen te bezetten.

Nederlandse luchtstrijdkrachten over het stadion en strooiden bloemen. Daarna legden kroonprinses Juliana en prins Bernhard een krans bij een wit kruis dat de Grebbeberg moest verbeelden. Het spektakelstuk werd uitgezonden op de radio en gefilmd voor het bioscoopjournaal. Het oogstte veel lof in de kranten.

Aan de vooravond, op 30 augustus 1945, hadden leden van verzetsgroepen en nabestaanden van hun overleden collega's stille tochten gehouden naar verschillende fusilladeplaatsen, overal in het land. De Commissie Nationale Herdenking 1940-1945 vond dat zo indrukwekkend dat ze besloot er een nationale traditie van te maken, en wel aan de vooravond van

Bevrijdingsdag, dus op 4 mei. In 1946 gebeurde dat voor het eerst, en de traditie is sindsdien voortgezet.

Er verschenen ook steeds meer oorlogsmonumenten, overal in het land. Er was zelfs sprake van wildgroei, vond de regering, en vandaar dat er in oktober 1945 bij Koninklijk Besluit een 'monumentenstop' werd afgekondigd: nieuwe plannen voor herdenkingsmonumenten behoefden voortaan de goedkeuring van de minister van Onderwijs, Kunsten en Wetenschappen. De eerste gedenktekens – kruisen, gevelstenen, eenvoudige beelden – waren vooral uitingen van dodenverering, vooral voor doden die gevallen waren in de strijd tegen de bezetter: verzetslieden, Nederlandse en geallieerde soldaten, onschuldig gefusilleerde burgers en gijzelaars.

Later verschoof het accent naar een wat bredere boodschap: het herdenken van de strijd die een hoger doel diende, de strijd om de vrijheid, het lijden dat niet vergeefs was gebleken. Dit is ook terug te zien in de symboliek (veel kruisen, duiven, feniksen, leeuwen, handen, bloemen, brandende toortsen) en in de teksten ('standvastig is mijn hart gebleven in tegenspoed', 'den vaderlant ghetrouwe' en 'opdat wij niet vergeten'). De hier en daar gehoorde stelling, dat over de oorlog vanaf het begin al gezwegen werd, is dus zeker niet waar. Integendeel, er was in de eerste jaren na de oorlog juist veel aandacht voor de gebeurtenissen in het recente verleden, waarvan de effecten ook zo direct zichtbaar en voelbaar waren. Na een paar jaar ebde dat wel wat weg, omdat de wederopbouw en de zorg om de gebeurtenissen in Indonesië eveneens veel aandacht trokken. Maar aandacht voor de oorlog was er steeds.

Een van de mooiste voorbeelden van herdenken in nationale zin was het Bevrijdingsraam in Gouda.[2] Het werd aangebracht in de Grote of Sint-Janskerk, die al een zeldzame verzameling glas-in-loodramen bevatte, met taferelen uit de vroegere Nederlandse geschiedenis, die trouwens door onderduik de oorlog ongeschonden doorgekomen waren. De Limburgse schilder en glazenier Charles Eyck voegde daar in november 1945 een herdenkingsraam voor de Tweede Wereldoorlog aan toe. Acht meter hoog, met liefst zestig panelen. De centrale voorstelling is de bevrijding, daarboven en daaromheen de verschrikkingen van de oorlog, de watersnood van Walcheren, de brandende Eusebiuskerk in Arnhem. Verder een razzia, evacuatie van burgers, de deportatie van de Joden, gevangenen in een concentratiekamp. Het enorme kunstwerk was in een soort nationaal samenwerkingsverband tot stand gekomen – alle politieke, kerkelijke en maatschappelijke groeperingen hadden er een rol in gespeeld, samen hadden ze geld ingezameld, alles onder het motto: eenheid in verscheidenheid.

Hetzelfde motto had een groep vrouwen kort na de oorlog ertoe gebracht de Nationale Feestrok te introduceren: vrouwen werden uitgenodigd zelf een rok in elkaar te zetten, die uitdrukking moest geven aan persoonlijke herinneringen en gevoelens en die op Bevrijdingsdag het nationale idee van eenheid in verscheidenheid moest symboliseren. Vrouwen konden hun rok laten registreren op een centraal adres – er zijn vierduizend aanmeldingen binnengekomen. Bij het vijftigjarig regeringsjubileum van koningin Wilhelmina liepen duizenden vrouwen in nationale feestrok mee in een speciaal defilé.

ANNE FRANK

In de zomer van 1947 verscheen er in Nederland een boek dat de herinnering aan de Tweede Wereldoorlog op een totaal andere manier levend zou houden. Het dagboek dat Anne Frank tijdens haar onderduikperiode had geschreven: een Joods meisje dat in Duitsland geboren was maar met haar ouders voor de oorlog in Amsterdam een goed heenkomen gezocht had. De familie, was, met enige bekenden, in 1942 van de aardbodem verdwenen – en leefde verder op de bovenverdieping van het bedrijfspand van vader Otto Frank aan de Prinsengracht 263. Daar werden ze pas heel laat in de oorlog ontdekt, in augustus 1944. Ze werden gedeporteerd, naar Auschwitz. Vader Otto overleefde dat kamp, hij keerde in juni 1945 in Amsterdam terug. Hij had gehoord dat zijn vrouw Esther was gestorven, maar hij hoopte dat zijn twee dochters, Margot en Anne, nog zouden terugkeren. Hij ging op onderzoek uit, en zette allerlei opsporingsadvertenties, maar het duurde tot 18 juli 1945 eer hij van Janny en Rebecca Brillenslijper, twee vrouwen die in hetzelfde transport hadden gezeten, hoorde dat zijn beide dochters in Bergen-Belsen waren bezweken.

Als Otto het droeve nieuws aan zijn medewerkers en aan de helpers bij de onderduik vertelt, krijgt hij van een van hen, Miep Gies, de dagboeken, schriftjes en losse vellen waarin Anne haar ervaringen voor en tijdens de onderduik had opgeschreven. Mevrouw Gies had ze gevonden na de arrestatie van de familie Frank, en in haar bureaula bewaard. Otto Frank heeft later beschreven hoe hij reageerde op dit bijzondere aandenken aan zijn dochter:

'Het kostte mij erg veel tijd om alles te lezen. En ik moet zeggen dat ik erg verrast was door de diepe gedachten van Anne, door haar ernst en vooral door haar zelfkritiek. Het was een volkomen andere Anne dan de dochter die ik kende.'[3]

Anne Frank in 1941

Otto Frank maakt eind 1945 een bewerkt afschrift van Annes teksten. Hij laat 'persoonlijke observaties die anderen niets aangaan' weg en voegt verschillende dagboeken samen. Hij laat de tekst uittypen en aan vrienden lezen. Zij overtuigen hem ervan dat het bijzonder genoeg is om als boek te verschijnen. Eerst aarzelt Otto Frank, maar later wil hij dat toch ook. Een vriend biedt aan een uitgever te zoeken. Maar dat valt niet mee, verschillende uitgeverijen zien er niets in. Het manuscript komt dan bij Jan en Annie Romein terecht, beiden historicus, en samen nogal invloedrijk in het naoorlogs Amsterdam. Op beiden maakt het diepe indruk, Jan Romein kan het niet wegleggen en leest de hele nacht door. Op 3 april 1946 schrijft hij op de voorpagina van *Het Parool* een groot artikel, 'Kinderstem'.

'*Door een toeval heb ik een dagboek in handen gekregen, dat tijdens de oorlogsjaren geschreven is. Het Rijksinstituut voor Oorlogsdocumentatie bezit al omtrent 200 dergelijke dagboeken, maar het zou mij verbazen als er daar nog één bij was, zo zuiver, zo intelligent en toch zo menselijk. Voor mij is in dit schijnbaar onbetekende dagboek van een kind alle afzichtelijkheid van het fascisme belichaamd, méér dan in alle processtukken van Neurenberg bij elkaar*'.[4]

Het stuk van Jan Romein trekt de aandacht van uitgeverij Contact. De eindredacteur van de uitgeverij brengt nog een aantal wijzigingen aan en op 25 juni 1947 verschijnt Anne Franks *Het Achterhuis*. De eerste druk heeft een oplage van 1.500 exemplaren. Het boek wordt heel gunstig besproken en in december 1947 verschijnt er een tweede druk. Vanaf begin jaren vijftig komt het boek in vele landen uit en begin jaren vijftig volgt er een toneelbewerking. Weer later komt er een verfilming, het verhaal van Anne Frank maakt overal diepe indruk.

In 1953 koopt Otto Franks handelsfirma Opekta het pand aan de Prinsengracht. Er is een enorm bedrag nodig voor restauratie en dat heeft Frank niet, en Opekta evenmin. Hij kan niet anders dan het huis op 6 april 1954 verkopen aan de firma Berghaus, die veel panden in de buurt opkoopt en sloopt. Berghaus is van plan om ook Prinsengracht 263 af te breken. Het staat ook al als voldongen feit in dagblad *De Tijd* van 11 december 1954: 'Anne Frank's Achterhuis wordt afgebroken'.

Maar er komen protesten. In de loop van de jaren vijftig worden, door toneelstuk en film, het dagboek en de onderduikplek steeds belangrijker. Er komen voortdurend mensen bij het pand aankloppen die willen worden rondgeleid. In januari 1957 biedt de gemeente Amsterdam de firma Berghaus een alternatieve vestigingsplaats aan. De dreiging van de sloop is afgewend. In mei 1957 wordt de Anne Frank Stichting opgericht, met Otto Frank als bestuurslid. De stichting koopt het pand, op 3 mei 1960 gaat het Achterhuis open als museum. Er komen dat eerste jaar negenduizend mensen de plek bezoeken. Die komen er nu in drie dagen – tegenwoordig trekt het Anne Frank Huis ongeveer een miljoen bezoekers per jaar. De oplage waarin het dagboek overal in de wereld is uitgegeven is moeilijk precies te achterhalen – vermoedelijk gaat het om wel 35 miljoen exemplaren. Overal ter wereld raken mensen geroerd door de alledaagse beschrijvingen van een kind tijdens de onderduik. Alle lezers weten hoe het met haar zal aflopen, alleen dat sprankelende meisje, met dat bijzondere schrijftalent zélf niet. Daarin moet de verklaring liggen voor het precedentloze succes van Anne Franks dagboek en voor de onwaarschijnlijk grote belangstelling voor die bovenverdieping aan de Prinsengracht.

AUSCHWITZ

In de naoorlogse jaren had het kleine restant van de Joodse gemeenschap in Nederland nergens een plek om zijn meer dan 100.000 vermoorde leden te gedenken. Dat gemis bleek heel pijnlijk in 1952 – rond een urn met as uit Auschwitz.[5] Een Nederlandse delegatie van tien personen was kort tevoren in Auschwitz-Birkenau geweest bij de jaarlijkse herdenking van de Joodse slachtoffers van het naziregime. Ze hadden een urn mee naar huis genomen, gevuld met as van vermoorde Joden, met de bedoeling die in Nederland een geschikte plek te geven.

Het werd het startschot voor langdurig gesjouw met die urn. Er deden zich opeens tal van onverwachte problemen voor. Moest die urn op een Joodse begraafplaats worden bijgezet? Maar was het dan wel absoluut ze-

Duizenden mensen defileren in de P.C. Hooftstraat langs de urn die gevuld was met as uit Auschwitz – eindelijk was er een plek om verloren familieleden te herdenken.

ker dat er geen as van niet-Joodse slachtoffers in de urn zat? Was het dan niet beter de urn op een algemene begraafplaats bij te zetten? Tegen alle oplossingen rezen wel van een of andere zijde bezwaren. Bovendien bleken er opeens volop bezwaren tegen de mensen die bij de plechtigheid in Auschwitz aanwezig waren geweest: ze zouden te veel onder communistische invloed staan. En dat was in 1952 zeer verdacht. Nederland was in de ban van de Koude Oorlog, de strijd tussen Oost en West. Dat had gevolgen voor de herinnering aan en de herdenking ván de bezetting. Korte tijd leek die een onomstreden nationaal karakter te hebben, waarvan alleen de voormalig collaborateurs buitengesloten waren. Maar nu raakte die herinnering en dus ook de herdenking verdeeld en gepolitiseerd.

Het plan van het herdenkingscomité om de urn bij te zetten bij het voorlopige monument voor de Februaristaking, op het Jonas Daniël Meijerplein in Amsterdam, haalde de eindstreep ook niet. De urn was zolang gestald bij een van de delegatieleden thuis. Een breed samengestelde commissie moest een uitweg uit de impasse zien te vinden. Dat leek te lukken: de urn zou tijdelijk worden bijgezet op de Nieuwe Oosterbegraafplaats, tot het monument voor de Februaristaking klaar zou zijn, dan zou de urn daar, in de sokkel van de *Dokwerker*, worden ingemetseld.

De voorlopige bijzetting was gepland voor zaterdag 3 mei – op die dag zou de dodenherdenking plaatsvinden, op zaterdag, om de zondagsrust niet te verstoren. Het leek een oplossing waarmee iedereen kon leven. Burgemeester D'Ailly van Amsterdam was ook enthousiast. Maar toen de plannen in de kranten werden besproken, kwamen er nieuwe bezwaren. In Joodse kring keerden sommigen zich tegen het houden van zo'n gevoelige plechtigheid op een zaterdag. En het *Nieuw Israelitisch Weekblad* eiste dat de urn toch op een Joodse begraafplaats zou komen. Daar waren de leden van de delegatie die de urn uit Polen hadden meegenomen weer ontstemd over. Zij weigerden de urn uit handen te geven.

De zaak werd nu ook steeds politieker. Dagblad *De Waarheid*, orgaan van de CPN, zette de urn centraal in de verkiezingscampagne die op dat moment woedde, als symbool voor de strijd tegen herlevend fascisme. Het sociaal-democratische *Vrije Volk* schreef dat de urn inmiddels door *De Waarheid* was geannexeerd. *De Waarheid* besteedde vervolgens vele kolommen aan een plan om op 15 juni, tien dagen voor de verkiezingen, een plechtigheid te houden ter herdenking aan Auschwitz en ter bestrijding van het fascisme. Uiteindelijk kwam er een compromis uit: op zondag 15 juni zou er een defilé gehouden worden langs de urn, die zou worden opgesteld in een uitvaartcentrum aan de Amsterdamse P.C. Hooftstraat. De volgende dag zou de urn dan in stilte worden bijgezet op de Nieuwe Oosterbegraafplaats. *De Waarheid* riep partijleden uit het hele land op om in Amsterdam te komen defileren, langs de urn, maar ook tegen de kabinetspolitiek van de K V P en de PvdA.

Op zondag 15 juni 1952 stond de glazen urn op een tafel in het uitvaartcentrum. Tot veler verbazing was de toeloop massaal. Eindeloze rijen mensen defileerden langs de urn uit Auschwitz. Vooraanstaande C P N'ers Paul de Groot en Gerben Wagenaar liepen voorop. Ondanks de stromende regen kwamen er duizenden mensen achter hen aan. Er vormde zich een rij van vele honderden meters. Het waren lang niet allemaal trouwe partijgangers, het waren vooral nabestaanden van vermoorde Joden, familieleden en andere belangstellenden. Onder de aanwezigen was Max van den Berg, een van de organisatoren van de herdenking, die 'de boel in goede banen moest leiden'. Hij weet nog goed hoeveel indruk de bijeenkomst op hem maakte:

'Het was 1952, zeven jaar na de oorlog, dat heeft natuurlijk een enorme impact gehad. Er had een grauwsluier over de hele gebeurtenis in Auschwitz gelegen, en dat kwam toen eigenlijk explosief naar voren. Het was heel emotioneel, voor mezelf ook trouwens hoor. Ik was kapot. Dat mag ik wel zeggen, ik heb daar toen wel een potje staan te huilen.'[6]

De bloemen kwamen, aldus een van de deelnemers, 'meer dan een meter hoog te liggen'. Annetje Fels, de organisator van de reis naar Polen, zei over de plechtigheid:

'Rijen mensen, in de stromende regen. Ze hadden nooit een plek gehad waar ze hun dierbaren konden herdenken. En er was verder niks. Geen monument waar je naar toe kon.'[7]

Het liep al tegen de avond toen de laatste mensen langs de urn defileerden. De volgende dag kwam een kleine groep mensen, onder wie leden van de delegatie die in Polen was geweest, op de begraafplaats bijeen voor het bijzetten van de urn. Daarmee begroeven ze ook alle beroering rond de urn. Korte tijd later kwam er op die plek een steen te staan met de tekst: 'Nooit meer Auschwitz'.

FEBRUARISTAKING

Op 25 februari 1946 werd voor het eerst de Februaristaking herdacht (het hoorspel in februari 1942 op Radio Oranje even niet meegerekend). Het was een indrukwekkende manifestatie. Er zijn filmbeelden van, waarop

De eerste herdenking van de Februaristaking, in 1946, trok
wel vijftigduizend belangstellenden, van wie sommige een plek
zochten op de restanten van sloophuizen.

een propvol Waterlooplein te zien is. Er moeten wel vijftigduizend mensen geweest zijn.[8] Aanwezig was ook koningin Wilhelmina. Ze bleef in de
hofauto zitten, midden in de menigte, en luisterde door het open raampje
naar de toespraken. Ze hoorde daar, onder veel meer, burgemeester Feike
de Boer zeggen dat het de koningin had behaagd om naar aanleiding van
de herinnering aan de staking het devies 'Heldhaftig, Vastberaden, Barm-
hartig' aan het wapen van Amsterdam toe te voegen. Ze zou de stad bovendien een nieuwe vlag schenken met het aldus aangepaste stadswapen
erop. Voor de goede verstaander was toen al duidelijk dat er op die staking
verschillende visies mogelijk waren. Burgemeester De Boer wees in zijn
toespraak op de uniciteit van de staking. Hij zei:

*'Nooit is er in de geschiedenis iets gebeurd als hier, namelijk een staking
uit protest tegen een pogrom, en dan nog wel in bezettingstijd. Volkomen
spontaan gingen de Amsterdammers in staking.'*[9]

Maar de communisten van de CPN verwierpen die visie – het wás geen spontane actie geweest, er zat een weloverwogen organisatie achter. Trouwens, de communisten hadden twee dagen eerder, op zaterdag 23 februari, al hun eigen herdenking van de staking gehouden, in de Centrale Markthallen van Amsterdam, en daar waren ook al liefst 30.000 mensen op afgekomen. Aan de muren hingen spandoeken met de namen van vier partijgenoten die tijdens of vlak na de staking waren gearresteerd en gefusilleerd: Conradi, Eyl, Hellendoorn en Schijvenschuurder. Verzetsheld Gerben Wagenaar, die bij de voorbereiding van de staking betrokken was geweest, had daar, in zijn toespraak, gezegd:

> *'Ik ben er trots op om te kunnen zeggen dat het de communisten zijn geweest die de staking van februari 1941 hebben georganiseerd. Zij was niet het resultaat van een spontane actie, doch wel degelijk de vrucht van een organisatie.'*

Ziehier de kern van het conflict dat nog decennia zou voortduren. De eerste jaren bleek daar nog weinig van omdat de herdenking bleef plaatsvinden op het Waterlooplein. Het bleef er druk, ook omdat de gemeente Amsterdam haar personeel op de dag van de herdenking al om drie uur vrij gaf. De meeste deelnemers gingen direct uit hun werk naar de herdenking, velen waren aan hun bedrijfskleding herkenbaar, de mensen van de gemeentereiniging, van de waterleiding of van de tram. In 1951 was er een extra grote herdenkingsplechtigheid voorzien, tien jaar na de staking. De spanningen tussen de gemeente en het communistische herdenkingscomité liepen nu hoog op. Vooral over de sprekers konden ze het niet eens worden. In feite waren er die dag voor het eerst twee herdenkingen, maar je moest wel scherp opletten om dat in de gaten te hebben. Om één uur begon de gemeentelijke herdenking. Toen die afliep, verscheen er een tweede, langere stoet op het Waterlooplein, de stoet van de CPN, die vandaar naar de Nieuwe Oosterbegraafplaats liep, naar een monument voor achttien gevallen kameraden. Het was een stille tocht, zonder leuzen, zonder toespraken – alleen na afloop had de gemeente twee korte redevoeringen toegestaan. *De Waarheid* sprak in haar editie van de volgende dag van een 'nationale demonstratie tegen de Duitse herbewapening'.

Het jaar daarop weigerde burgemeester D'Ailly een optocht naar de Nieuwe Oosterbegraafplaats toe te staan, en volgens het partijblad van de CPN 'trad hij daarmee in een nazitraditie'. In *Het Parool* werd het verbod op 'de communistische schandaalvertoning' toegejuicht. Er kwamen dat jaar, 1952 dus, twee gescheiden herdenkingen, één vroeg in de morgen van de gemeente en een tweede, 's middags, van de CPN. Die laatste werd veel drukker bezocht. Zo bleef het vele jaren: twee aparte herdenkingen, vanaf 1953 bij het in december 1952 onthulde beeld van Mari Andriessen, de *Dokwerker*. Een duidelijker bewijs voor de verdeeldheid onder de herdenkers van de bezetting is nauwelijks denkbaar.

De onderlinge strijd werd alleen maar heviger. In 1953 was een oproep in *De Waarheid* om de staking te herdenken met een demonstratie ondertekend door een groep sympathisanten, onder wie de historicus Jacques Presser. Dat viel helemaal verkeerd bij *Het Vrije Volk*, de krant van de Partij van de Arbeid, waarin deze woedeaanval viel te lezen:

'Hoe is het mogelijk dat niet-communisten met communisten samen deze oproep hebben ondertekend, terwijl achter het IJzeren Gordijn de galgen voor de Joden worden opgericht? Hoe is het mogelijk dat Joden samen met communisten het verzet tegen de deportatie van Joden herdenken? Hoe durven communisten van verzet tegen antisemitisme spreken, terwijl de angst de Joden in Rusland en zijn satellietlanden doet sidderen? Hoe durven ze?'[10]

De tegenstelling tussen de communisten en de aanhangers van 'het vrije Westen', voor wie de parlementaire democratie – voor de oorlog nog zo problematisch – een centrale plaats innam, bleef niet de enige rond de herdenking van de Februaristaking. Later in de jaren vijftig kwamen daar ook nog felle conflicten binnen de communistische gelederen bij. Die escaleerden in 1958 toen de partijtop de eigen vakbond EVC (Eenheids Vak Centrale) wilde opheffen. Daar waren nogal wat prominente communisten fel tegen, onder wie Gerben Wagenaar, hét symbool van het verzet in de Tweede Wereldoorlog. Wagenaar en zijn medestanders werden uit het bestuur en uit de partij gezet, en *De Waarheid* ontketende een lastercampagne tegen ze. De gevolgen waren voelbaar bij de herdenking van de staking in 1959, en ook zichtbaar, volgens *Het Vrije Volk* van de volgende dag:

'Toen de nieuwe vijanden van de CPN, Wagenaar en Gortzak, aan het hoofd van hun groep bloemen aan de voet van het beeld neerlegden, draaide partijsecretaris Paul de Groot, die verbeten met de hoed diep op het hoofd gedrukt stond toe te kijken, zijn vroegere kameraden boos de rug toe.'[11]

Er moet, volgens ooggetuigen, bij die gelegenheid ook gescholden en zelfs gespuugd zijn. Volgens *De Waarheid* dienden ware communisten hun vroegere partijgenoten te vermijden 'als schurftige honden'. De argumentatie werd er niet subtieler op. Het jaar erna, in 1960, zag de *Dokwerker* ter herdenking van de Februaristaking zelfs vier verschillende stoeten aan zich voorbijtrekken – de versplintering was compleet.

In 1961, een kroonjaar, leidde een verzoeningspoging tot een eenmalige gezamenlijke herdenking, daarna ging het weer mis. In 1966 gebeurde na eindeloze onderhandelingen hetzelfde, ook weer voor precies één jaar. Het gedoe werd langzamerhand iets minder heftig, maar heeft in feite nog tot 1991 geduurd, tot de 50e verjaardag van de staking dus. Toen kwam koningin Beatrix naar de herdenking, zoals haar grootmoeder in 1946, en toen was er ook een gezamenlijke oproep van gemeentebestuur en herdenkingscomité. Het was erg druk dat jaar, het was de periode dat de Golfoorlog woedde. En het was hetzelfde jaar dat de CPN werd opgeheven en opging in GroenLinks. Daarna werd het rustiger op het Amsterdamse herdenkingsfront.

DRIE THEMA'S

Op 4 mei 1956 onthulde koningin Juliana op de Dam in Amsterdam het definitieve nationaal monument, van beeldhouwer John Raedecker en architect Oud, een marmeren poging om van de oorlog één nationale gebeurtenis te maken. Op die dag sprak ook jhr. dr. M.L. van Holthe tot Echten, voorzitter van de Nationale Monumenten Commissie voor Oorlogsgedenktekens:

> *'Het monument is tevens een belofte: een belofte om niet te vergeten wat ons in die bange tijd heeft bijeengebracht en om onwrikbaar vast te houden aan de waarden die ons volksbestaan een eigen stempel geven.'*

Voor de onthulling hadden 48 jongens en meisjes, die een of beide ouders verloren hadden in het verzet tegen de vijand, urnen met aarde in de nissen achter het monument geplaatst. De aarde kwam uit alle provincies, Indonesië, Suriname en de Antillen.

De meningen over het esthetisch gehalte van dat monument lopen sterk uiteen, maar het bouwwerk is interessant in zijn meervoudige symboliek. Het brengt drie belangrijke elementen van de publieke herinnering aan de oorlog in een nationaal verband samen: het leed, de vastberadenheid en het verlangen naar een betere wereld. Het ondergane leed wordt verbeeld door vier mannen in het centrum van het beeld: een gekruisigde met links één en rechts twee geketende personen. De vastberadenheid getoond tijdens de bezetting, wordt gesymboliseerd door twee naakte mannen aan weerszijden van deze Golgotha-opstelling. De linker bestrijdt de vijand en het leed met zijn geest, de rechter met zijn kracht. Het wenkend perspectief van een betere wereld is te vinden in een vrouw met kind, aangebracht tegen een hoog oprijzende zuil: hun blik is duidelijk op de toekomst gericht. Huilende honden, leeuwen en duiven, op en bij het monument gebeeldhouwd, dupliceren de symboliek nog eens. De wat plompe maar stevige zuil demonstreert vooral de waarschuwing, de vermaning: laat deze smartelijke en heroïsche episode uit het vaderlandse verleden niet voor niets zijn geweest.

De lessen die uit dat verleden te trekken waren, de waarschuwende boodschappen, konden zeer uiteenlopen, zoals uit de voorbeelden eerder in dit hoofdstuk bleek. Toch komen bij nadere beschouwing vooral drie thema's voortdurend terug. Het nationale thema, waarin de strijd tussen het kleine vredelievende Nederland en het grote agressieve buurland Duitsland centraal staat. Het politiek-ideologische thema, waarin de parlementaire democratie als norm van het vrije Westen wordt geproclameerd. De ervaring met het dictatoriale en totalitaire stelsel dat in Duitsland met de nazi's aan de macht was gekomen (maar dat inwisselbaar leek voor het communisme) had de superioriteit van de parlementaire democratie duidelijk genoeg aangetoond. En het thema van de vervolgingen, later vooral positief geformuleerd als mensenrechten: discriminatie is uit den boze, deportatie en massamoord al helemaal. Handhaving van de elementaire rechten van de mens is een dure plicht.

De drie kernthema's in de publieke discussie over het oorlogs- en bezettingsverleden legden de loper uit voor moralistische conclusies. Goed en kwaad hadden in die oorlog overduidelijk tegenover elkaar gestaan. Dat verschil moest helder blijven. Ofwel, zoals Van Holthe tot Echten op 4 mei 1956 had gezegd, 'de waarden, die ons volksbestaan een eigen stempel geven' moesten 'onwrikbaar' gehandhaafd worden. Daarom lopen discussies waarin standpunten in verbinding worden gebracht met het oorlogsverleden ook zo hoog op. En daarom is het ook zo verleidelijk om bij belangrijke kwesties het oorlogsverleden als kroongetuige op te roepen. Dat is dan ook bij herhaling gebeurd. De intensiteit kende zekere schommelingen, maar steeds was de oorlog dichtbij.

Nederland had na de Tweede Wereldoorlog een totaal andere positie in de wereld gekregen dan ervoor. Het was zijn belangrijkste kolonie kwijt, Indonesië, waarmee het eeuwenlang een grote invloed in Azië had kunnen uitoefenen en waaraan het welvaart en status had kunnen ontlenen. Het duurde weliswaar bijna vijf jaar voor het moest erkennen dat aan de onafhankelijkheid van Indonesië niet viel te ontkomen, maar vanaf 1950 was het werkelijk zover. Nederland was een bescheiden natie in West-Europa, verarmd door de oorlog, en niet in staat zich zelfstandig door woelige tijden heen te slaan.

In 1948 werd die afhankelijkheid zichtbaar door de Marshallhulp. De Amerikaanse minister van Buitenlandse Zaken George C. Marshall stelde in een toespraak aan de Harvarduniversiteit in Cambridge, Massachusetts, voor om de landen in West-Europa te helpen met geld. Dat plan had als bijkomend voordeel dat het Europa aan de Verenigde Staten zou binden in een periode dat de verhoudingen met de Sovjet-Unie snel verslechterden. Bovendien zou de wereldhandel er sneller door op gang komen. Marshall stelde als voorwaarde dat de deelnemende landen met een gemeenschappelijk Europees plan zouden komen. De Sovjet-Unie, die het voorstel als een 'bedreiging voor de soevereiniteit van de kleine Europese landen' zag, deed niet mee. In 1948 kwamen de eerste hulpgoederen in Rotterdam aan. Nederland kreeg relatief een groot percentage van de ca. 12,4 miljard dollar die de Verenigde Staten te besteden hadden en gebruikte de hulp vooral voor herstel van oorlogsschade en voor inkoop van graan, katoen, tractoren en andere landbouwmachines. Ook de andere Europese landen (inclusief Duitsland, dat ongeveer anderhalf miljard dollar kreeg) gebruikten het geld om hun economieën weer aan de gang te krijgen en daarmee tevens de armoede te bestrijden, die werd beschouwd als een mogelijke voedingsbodem voor het communisme. 80 procent van het geld was een gift, 20 procent moest worden terugbetaald.[12]

De Marshallhulp legde de basis voor Europese samenwerking. In de Organisatie voor Europese Economische Samenwerking (OEES) maakten de Europese landen een gezamenlijk plan voor verdeling en besteding van het Amerikaanse geld. Door dit soort contacten kwam ook het denken over militaire samenwerking op gang, waaruit in april 1949 de NAVO voortkwam, de Noord-Atlantische Verdragsorganisatie. Bij dit soort besprekingen zaten Frankrijk en Duitsland samen aan tafel, de landen die sinds 1870 drie keer met elkaar in oorlog waren geraakt, met eindeloos menselijk leed als gevolg. Een duurzame samenwerking zou kans op herhaling verkleinen, zo meenden verschillende Europese leiders aan het eind van de jaren veertig. Trouwens, de Britse premier Winston Churchill had in 1946 al een toespraak gewijd aan de Europese ziekte, het voortdurend voeren van vernietigende oorlogen. Hij zei toen:

'Er bestaat echter een geneesmiddel dat, als het algemeen werd aanvaard, als door een wonder de situatie totaal zou kunnen veranderen, waardoor geheel Europa, of minstens het grootste deel ervan, even vrij en gelukkig zou worden als de Zwitsers van onze dagen. Wat dat geneesmiddel is? Het bestaat uit het hervormen van de Europese familie, haar een nieuwe structuur te geven, die haar veroorlooft te leven en te geloven in vrede, veiligheid en vrijheid. Wij moeten een soort Verenigde Staten van Europa scheppen.'[13]

Naar Churchill is geluisterd, ook al ging het allemaal niet van de ene dag op de andere en ook al zijn die Verenigde Staten van Europa, naar het voorbeeld van de Verenigde Staten van Amerika, er nooit gekomen. De Europese samenwerking zocht haar eigen weg. Eerst, in maart 1948, kwam er een Verdrag van Brussel, waarin vijf landen tekenden voor samenwerking. In mei 1948 kwam in de Ridderzaal het Europees Congres bijeen. Ruim achthonderd afgevaardigden uit twintig Europese landen, onder voorzitterschap van Churchill, discussieerden over nieuwe samenwerkingsvormen in Europa en riepen op tot de oprichting van een speciale Europese Raad die de politieke en economische integratie van de Europese landen moest voorbereiden. Dit historische congres was een van de belangrijkste initiatieven die na de Tweede Wereldoorlog werden genomen om oorlog en verdeeldheid voorgoed uit het Europese continent te bannen en vrede, stabiliteit en samenwerking te waarborgen.

Die Raad van Europa kwam er en kreeg Straatsburg als zetel – een perfecte plek, midden in de Elzas, het gebied waar Duitsland en Frankrijk zo vaak zo heftig om gestreden hadden. Op 8 mei 1949 kwam de Raad van Europa voor het eerst bijeen, met voorlopig tien leden, Frankrijk, Groot-Brittannië, de Beneluxlanden, Italië, Ierland, Noorwegen, Zweden en Denemarken. Het jaar erop volgde nog een handvol landen, waaronder Duitsland.

Vanuit deze kringen ontstonden plannen voor verdere Europese samenwerking, geïnitieerd door Jean Monnet en Robert Schuman, en gericht op economische samenwerking tussen de Europese landen. Zo ontstond vanaf 1950 de Europese Gemeenschap voor Kolen en Staal. Uiteindelijk werd deze economische tak veruit de belangrijkste – daaruit ontstond in 1957 de Europese Economische gemeenschap (via het Verdrag van Rome) en daaruit kwam in 1993 (via het Verdrag van Maastricht) de Europese Unie voort, die, met vallen en opstaan, tot een economische wereldmacht uitgroeide, georganiseerd rond de as Frankrijk-Duitsland, de voormalige aartsvijanden. Zo ontstond het verenigd Europa, niet altijd even geliefd bij zijn eigen burgers, maar wel al decennialang een deugdelijke verzekeringspolis tegen gewapende conflicten en tegen een politiek stelsel dat de democratie bedreigde.

DE BEZETTING

Op 6 mei 1960 vertoonde het enige Nederlandse televisienet deel 1 van *De Bezetting*, een serie documentaires over de Tweede Wereldoorlog, geschreven en gepresenteerd door dr. L. de Jong, de directeur van het Rijksinstituut voor Oorlogsdocumentatie. Er zouden de komende vijf jaar nog twintig afleveringen volgen. In die eenentwintig delen vertelde De Jong het verhaal van de oorlog via het nieuwe medium televisie aan een zeer groot publiek. Hij maakte er een onuitwisbare indruk mee, dankzij hem was de oorlog in de jaren zestig weer helemaal terug.

Niet dat de oorlog in de jaren vijftig echt was weggeweest. Die, geregeld gehoorde, stelling is niet vol te houden. In de jaren vijftig kwamen

Loe de Jong bereidt zich voor op een van de afleveringen van 'De Bezetting', waarvan de eerste in mei 1960 werd uitgezonden.

er allerlei belangrijke boeken uit over gebeurtenissen uit 1940-1945, en was er veel te doen rond herdenkingen – vooral rond communisten en de Koude Oorlog. Bovendien kwam er het al eerdergenoemde nationaal monument op de Dam.

Het monument dat Dr. L. de Jong vanaf 6 mei 1960 oprichtte had een totaal ander karakter: het was verhalend van aard, het was voor heel veel mensen totaal onbekend, en het was te zien op het nieuwe medium tele-visie, dat in Nederland begon door te breken. Toen in 1956 het NTS-Journaal van start ging stonden er in Nederland 30.000 televisietoestellen, in 1960 waren dat er al tegen de miljoen, en toen De Jong op de helft was, in 1962, hadden twee miljoen gezinnen een apparaat in huis staan.[14]

Het idee om de Tweede Wereldoorlog uitvoerig te gaan behandelen op de televisie was trouwens ontstaan in kringen van de VARA.[15] Maar uiteindelijk werd het, vanwege het nationale karakter, toebedeeld aan de NTS, de Nederlandse Televisie Stichting, die de gezamenlijkheid verte-genwoordigde en dus boven de omroepen stond. Dat De Jong de serie zou presenteren, werd pas laat bepaald, zes weken voor de eerste uitzen-ding gepland stond. Hij liet zich, toen hij eenmaal had besloten deze klus op zich te nemen, bijstaan door deskundige mensen uit zijn vertrouwde omgeving van het Rijksinstituut voor Oorlogsdocumentatie. Regisseur was VARA-man Milo Anstadt, producer was NTS-medewerker Ben Klok-man. Voor de eerste uitzending had De Jong in een persbulletin de uit-gangspunten geformuleerd. Hij wilde het verleden laten herleven, voor de ouderen omdat die nooit geweten hadden wat er achter de schermen was gebeurd, hoe het écht gegaan was; voor de jongeren omdat zij slechts een vaag idee hadden van hoe er door velen gestreden was. De Jong wilde vooral de strijdende mens laten zien en horen; hij was van plan vele oog-getuigen aan het woord te laten over de bezettingsperiode. En hij wilde een groot publiek bereiken:

'Wanneer ik één hoop mag uiten, laat het deze zijn: dat in de gezinnen in den lande alom de ouders met de oudere kinderen om het televisietoestel geschaard zijn om zich samen te verdiepen in het begin van die grootse strijd die ik in de lange reeks programma's zal trachten uit te beelden.'[16]

Een voorproefje van die strijd deed zich al voor in de Irenestudio op de dag van de uitzending. Overdag zou De Jong repeteren, 's avonds zou hij, op eigen aandringen, live de zender op gaan. Maar bij die repetities ging alles mis – er kon amper gerepeteerd worden omdat een hinderlijk zoem-geluid van een noodzakelijke ventilator niet tot zwijgen kon worden ge-bracht. De Jong, toch al niet de vrolijkste als hij onder druk stond, was razend, en foeterde de hele dag op alles en iedereen. In de uitzending was daar niets van te merken, het programma werd over het algemeen heel lovend besproken, zo'n beetje tussen 'veelbelovend' (*Het Vrije Volk*) en 'meesterlijk' (*Het Parool*) in. Kijkcijfers werden destijds nog niet gemeten, maar vaststaat dat de NTS honderden brieven kreeg van enthousiaste, dankbare kijkers.

In de tweede aflevering, september 1960, bewees De Jong zijn onaf-hankelijkheid. Hij behandelde in deze uitzending de Nederlandse Unie, en dus het Driemanschap dat daaraan leidinggaf, en dus Jan de Quay, op dat moment minister-president van Nederland. De Quay weigerde zelf in het programma commentaar te geven en De Jong vroeg prof. dr. Geyl, een vooraanstaand historicus, om een oordeel. Dat was nogal negatief, hij noemde het Driemanschap, en dus de premier, 'naïef'. Er kwam veel commentaar op de uitzending, maar niet van De Quay en ook niet van verdedigers van de premier. Maar wel uit de hoek van *De Telegraaf*, waar columnist Jacques Gans zijn pen in vitriool doopte:

> *'Omdat kruiperigheid nu eenmaal zijn wezen is, heeft hij zich thans verdienstelijk menen te moeten maken door uit politieke motieven van het allerlaagste allooi, in samenwerking met dr. Drees en de verzuurde betweter prof. Geyl, het driemanschap De Quay nog eens te belasteren.'*[17]

De NTS-leiding overwoog op grond van alle reacties om voortaan de uit-zendingen tevoren te bekijken, maar zo'n vorm van preventieve censuur accepteerde De Jong niet. Hij eiste dat de NTS die wens publiekelijk zou intrekken – en dat gebeurde ook.

De Jong leverde ongeveer elke drie maanden een aflevering. Hij stuur-de de tekst naar zijn medewerkers, die er dan illustraties bij moesten zoe-ken en die de getuigen moesten interviewen. Soms deed De Jong dat zelf. Hij liet de geïnterviewden recht in de camera kijken, wilde dat ze, als het ware, 'het spreekgestoelte beklommen'. Het waren ook geen interviews, het waren vaak ellenlange verklaringen. Maar wel van bijzondere men-sen: prins Bernhard trad op, net als verzetsstrijders, militairen en andere ooggetuigen. Geen NSB'ers: De Jong vond het niet gepast en niet nodig om ze een podium te geven. Hij gebruikte wel volop beeldmateriaal van de NSB en besteedde een hele aflevering aan die organisatie. Als hij weer een aflevering gereed had, belde De Jong naar programmacommissaris Rengelink en dan kozen ze gezamenlijk een datum die De Jong schikte. En dan was het weer een avond tamelijk stil op straat. De bewondering groeide, soms tot ongekende proporties. Zoals uit dit citaat uit *Elseviers Weekblad* blijkt, naar aanleiding van aflevering drie:

'Die ontroering èn de adeldom van de steeds naar rechtvaardigheid strevende
behandeling èn de voorbeeldige beheersing waarmee De Jong de tekst leest:
zij evoqueren heel de omvang en de diepte van het treurspel dat, in al zijn
eenvoud, allengs de proporties erlangt van een Griekse tragedie. En het
bezweren van die grootheid, die epiek, uit de gebeurtenissen van wat toen de
daagse dag was, is veel meer dan een verdienste: het is een scheppend werk
van zeer hoge orde dat men als kijker met ontzag en eerbied ondergaat.'[18]

De meest dramatische aflevering van de serie werd uitgezonden op 3 mei
1962, en ging over de Jodenvervolging. De Jong maakte gebruik van de
film die kampcommandant Gemmeker had laten maken van het leven in
Westerbork, ook van het vertrek van een deportatietrein. Die beelden waren toen nog voor bijna iedereen onbekend. De Jong, die zijn ouders en
zijn tweelingbroer in de vernietigingskampen had verloren, had moeite
zich goed te houden. Op het eind van de uitzending verhief hij zijn stem
bij de tekst:

'Waar zijn de bommenwerpers van de RAF? Om die vervloekte
Nederlandse spoorlijn kapot te gooien. Is er dan geen verzetsgroep
die rails kan opblazen?'

Er volgde een lange stilte – De Jong moest zich herpakken. Dat lukte, en
Nederland keek met bonzend hart toe. Historicus Chris Vos, die een
proefschrift schreef over de oorlog op televisie, vatte de reacties zo samen:

'De indruk die De Jodenvervolging maakte was, als men de persreacties
beziet, overweldigend. Dit ging ver voorbij de normale herdenkingsretoriek,
hier werd in vaak realistische details een onvoorstelbare verschrikking uit de
doeken gedaan, waarvan men weliswaar wist dat het was gebeurd, maar
waarvan de precieze gang van zaken in Nederland voor een groter publiek
blijkbaar onbekend was gebleven.'[19]

Zelfs *De Telegraaf*, die maar zelden reageerde op oorlogsuitzendingen,
vond dat er 'een aangrijpende uitzending was toegevoegd aan de monumentale televisieserie over De Bezetting'. Na deze aflevering was de serie
definitief een monument geworden, een nationale geschiedschrijving.
Loe de Jong kreeg in 1962 de prijs van de televisiekritiek, de voorloper
van de Nipkowschijf. Hij was een instituut geworden, en het zou nog
heel lang duren voor er scheuren kwamen in zijn populariteit.

Op 23 mei 1960, ruim twee weken na de eerste uitzending van *De Bezetting* in Nederland, klom de Israëlische minister-president David Ben Goerion op het spreekgestoelte van het parlement, de Knesset. Hij legde onder doodse stilte deze verklaring af:

> '*Ik wil de Knesset vertellen, dat enige tijd geleden de Israëlische geheime dienst een van de grootste nazimisdadigers heeft gevonden, Adolf Eichmann, die tesamen met andere nazileiders, verantwoordelijk is voor het uitroeien van zes miljoen Europese Joden. Adolf Eichmann bevindt zich al in arrest in Israël om binnenkort terecht te staan volgens het strafrecht tegen nazi's en nazi-aanhangers.*'[20]

Na een korte stilte brak er een ovationeel applaus los: niemand had verwacht dat Eichmann, de meest beruchte schrijftafelmoordenaar van Hitler-Duitsland, ooit nog gevonden zou worden, laat staan berecht in Israël. Hij was twaalf dagen eerder ontvoerd in een voorstad van Buenos Aires, toen hij vlak bij zijn huis uit de bus stapte. Hij woonde al sinds juli 1950 in Argentinië, na een paar jaar waren ook zijn vrouw en kinderen overgekomen. Onder een valse identiteit, van de Italiaan Ricardo Clement, was hij, zogenaamd, de tweede echtgenote van de weduwe van Eichmann en dus de stiefvader van zijn eigen kinderen. Hij werkte in een fabriek van Mercedes-Benz.

Eichmann werd na zijn ontvoering, in het geheim en tegen alle diplomatieke regels in, overgebracht naar Israël, en gevangengezet in Kamp Iyar, een codenaam voor een politiebureau in Noord-Israël, waar de gewone gevangenen waren weggehaald. Hij zat in feite in een vesting met maar één cel. Hij kreeg een plastic bril, zodat hij geen zelfmoord kon plegen met de glazen. Het licht bleef altijd aan en het was Eichmann niet toegestaan de deken over zijn hoofd te trekken.

Op 29 mei 1960 begon de langdurige ondervraging door Avner Less, hoofdinspecteur van de nationale politie. Het verhoor leverde 275 uren geluidsband op, het transcript telde 3.564 pagina's en werd door Eichmann en Less woord voor woord nagekeken. Het proces begon een klein jaar later, in april 1961. De hele wereld volgde de gebeurtenissen. Ieder persmedium van enig belang stuurde een eigen verslaggever, bij het begin van het proces waren er zevenhonderd. Eichmann zat in een kogelvrije glazen kooi. Geregeld werden er filmbeelden van het proces over de wereld verspreid, zodat iedereen kon zien wie die gedienstige, beleefde, wat nerveuze boekhouder eigenlijk was. Voor *Elseviers Weekblad* ging Harry Mulisch naar het proces, hij was toen 33 jaar oud en had al naam gemaakt als een veelbelovend auteur. Hij schreef over de eerste procesdag, 11 april:

'De zaal wordt nauwelijks stiller. Bijna niemand heeft gezien, hoe hij uit de muur in zijn glazen kooi is verschenen. Zijn bewegingen, die tegelijk stram en soepel zijn, verraden dat hij zijn halve leven een officiersuniform heeft gedragen. Vergeleken met de laatste foto van vorig jaar is hij ouder geworden. Hij draagt een donker pak en een bril. Twee- of driemaal kijkt hij met een onbewogen gezicht de zaal in en dan gedurende de hele zitting niet meer.'[21]

Eichmann achtte zichzelf, in de zin van de aanklacht, niet schuldig. Hij beriep zich erop dat hij slechts bevelen van hogerhand had uitgevoerd, en dat hij slechts de verantwoordelijkheid droeg voor het transport van gedeporteerde Joden, niet voor hun lot. Mulisch, die Eichmann herhaaldelijk van dichtbij observeerde en hooguit kon constateren dat zijn handen trilden als hij zijn neus snoot, stond voor een raadsel: Eichmann zag er heel gewoon uit, niet als een satan.

'Hij blijkt een mens: een wat groezelige, verkouden man met een bril op. Om iets van zijn vroegere werking terug te vinden, moet een nieuwe onzichtbaarheid ontworpen worden: bijvoorbeeld, dat hij de intimus was van Himmler. Ik ben hier nog niemand tegengekomen, die zich niet bezighoudt met dit soort geestelijke oefeningen, die het Satansbeeld voor de wereld overeind moeten houden. Het is vergeefs, en het zal steeds vergeefser blijken.'[22]

Lang hield Mulisch het overigens niet uit bij het proces. Het was bijzonder juridisch-technisch van aard, en kwam heel langzaam op gang.

'Terwijl het proces als een eindeloze trein op gang begint te komen, ga ik de zaal uit. Met de transistor in mijn oren, waardoor ik alles kan blijven volgen, kijk ik naar buiten. Cameramannen filmen de bonte Joodse menigte achter de afzettingen. Politie te paard jaagt groepjes schreeuwende jongens uit elkaar. Ik overweeg, dat de verschrikkelijkste straf voor Eichmann zou zijn: onmiddellijke invrijheidstelling.'[23]

Dat gebeurde niet, het proces duurde alles bijeen een jaar. Aan het eind werd Eichmann schuldig bevonden aan oorlogsmisdaden en ter dood veroordeeld. Zijn verzoek om gratie werd afgewezen. Op 31 mei 1962, een paar minuten voor middernacht, werd Adolf Eichmann opgehangen. Zijn lichaam werd gecremeerd, de as werd uitgestrooid boven de Middellandse Zee.

Adolf Eichmann, in 1960 in Buenos Aires ontvoerd, gefotografeerd in zijn cel, tijdens het schrijven van zijn memoires.

Eichmann heeft tijdens zijn proces steeds gedaan of de Jodenvervolging zich geheel buiten hem om afspeelde. Hij vervulde slechts een beperkte rol, voerde bevelen uit. Lang na zijn dood werd duidelijk dat hij tijdens het proces toneel speelde, dat de werkelijkheid totaal anders was. In Argentinië had Eichmann veel contact gehad met een voormalige ss'er van Nederlandse afkomst, Willem Sassen. Die wilde een boek over hem schrijven, dat zou moeten uitkomen na Eichmanns dood. Sassen heeft lange gesprekken met hem gevoerd, en op band opgenomen. Na de arrestatie van Eichmann verkocht Sassen een aantal transcripties van die gesprekken aan tijdschriften als *Time-Life* en *Stern*. Ze gingen daardoor, zeer tegen de wil van Eichmann in, een rol spelen in het proces. Zo heeft Eichmann, op enig moment in die gesprekken, volgens die transcriptie gezegd:

'U moet me begrijpen als ik u zeg dat we onze opgave pas vervuld hadden als we 10,3 miljoen van deze tegenstanders hadden gedood. Nu dat niet gebeurd is, moet ik toegeven dat we het leed en het ongemak van toekomstige generaties op onze schouders hebben gehaald. Ze zullen ons misschien wel vervloeken. Maar we hebben gedaan wat we konden doen.'[24]

Dat is dus nogal een andere Eichmann dan die van het proces in Israël, het is een gemotiveerde antisemiet die vindt dat zijn grote opdracht, de Jodenvervolging, in feite niet is uitgevoerd.

Het proces tegen hem had de aandacht van de wereld opnieuw, en intensiever dan ooit, gevestigd op de moord op zes miljoen Joden. Dat was er de belangrijkste betekenis van, en dat had ook Harry Mulisch ontdekt. Hij had het nagevraagd aan Avner Less, de politieman die Eichmann zo langdurig had verhoord. Mulisch:

> *'Ik vroeg hem, waarom doen jullie dit nu, je had hem toch in Argentinië een nekschot kunnen geven, dan was je er vanaf geweest, nu moet je hem opsluiten en berechten, dat kost weer zoveel honderdduizend shekel per week. En toen zei hij: dit doen we voor onze jeugd, die óók niet weet wat er gebeurd is in de oorlog en nu krijgen ze te horen van een van de mensen die het echt weet, hoe het was, van Eichmann. Dáárvoor voeren we dat proces.'*[25]

ONDERGANG

In 1965, toen Eichmann al drie jaar dood was en de serie van Loe de Jong eindigde, verscheen in Nederland een boek dat de herinnering aan de Jodenvervolging nóg indringender onder de aandacht bracht: *Ondergang* van Jacques Presser. De eerste twee zinnen van het negenhonderd bladzijden tellende boek, dat in twee delen uitkwam, gaven de aard, de stijl en de impact direct al perfect weer:

> *'Dit boek behelst de geschiedenis van een moord. Een moord, tevens massamoord, op nimmer gekende schaal, met voorbedachten rade en in koelen bloede gepleegd.'*

Jacques Presser, hoogleraar geschiedenis in Amsterdam, was zelf een overlevende van de holocaust. Hij was behouden uit de onderduik teruggekeerd. Zijn echtgenote niet – zij werd met een vals persoonsbewijs gepakt en direct als strafgeval naar Westerbork en vandaar naar Sobibor gebracht, waar ze werd vergast. Presser bracht later zijn gevoel daarover onder woorden als

> *'het onontkoombaar schuldgevoel dat een overlevende of de overlevende ten enenmale moet hebben. Dat gevoel dat je dan al direct krijgt van: kind, hoe heb ik je kunnen laten gaan met dat persoonsbewijs? Hoe is het godsmogelijk dat ik het heb gedaan?'*[26]

Eind 1949 kreeg Presser van RIOD-directeur De Jong het verzoek om de ondergang van de Joden in Nederland te boek te stellen. Hij accepteerde het en begon aan een jarenlang onderzoek naar feiten, documenten en ooggetuigen van dat veelomvattende onderwerp. Rond 1956 wilde hij met schrijven beginnen, maar hij bleef steken na precies één zin – hij kon daarna lange tijd niet meer verder. Presser besloot daarop mee te doen aan een prijsvraag, voor het schrijven van een novelle. Het werd *De nacht der Girondijnen*, het ging over Westerbork en het werd bekroond, en uitgekozen tot Boekenweekgeschenk 1957.

Presser voelde zich direct genezen van zijn writers block en ging aan de slag. Hij nam zich vóór elke dag minstens één bladzijde te produceren. Zijn discipline was fameus: na 938 dagen had hij 955 vellen manuscript af.[27] Het werken aan het boek was voor Presser een obsessie geworden. Hij kwam twee keer per week in het RIOD en de medewerkers daar maakten zich grote zorgen of Presser de opdracht wel aankon. De Jong en zijn medewerker Van der Leeuw vroegen zich geregeld af of ze hem dit wel hadden mogen aandoen. Presser zelf zei terugkijkend in een interview:

'Ik werd gek van dat boek. Ik was er geen uur echt los van. Ik heb bijvoorbeeld jaren lang geen Jood kunnen ontmoeten of ik begon erover. Dat was onafwendbaar.'[28]

Presser maakte er dan ook geen doorsnee geschiedenisboek van. Het werd een epos over een tragedie zonder weerga, waarin hij de lezer meesleepte en soms de spreekbuis werd van de miljoenen omgekomen. Beroemd – en berucht – is de passage waarin hij, namens de slachtoffers, de leden van de Joodse Raden aanklaagde:

'Gij zijt de werktuigen geweest van onze doodsvijanden. Gij hebt aan onze wegvoering medegewerkt. Gij dankt uw eigen leven aan deze onzedelijke activiteit. De bevelen van onze beulen uitvoerend, hebt gij uzelf kunnen redden, uw naaste verwanten en een aanzienlijk aantal uwer standgenoten. De organen, voor de leiding waarvan gij verantwoordelijk waart, hebben onze weerstand gebroken, onze angstige vermoedens overstemd, hebben ons niet zelden misleid, gekrenkt en vernederd, soms zelfs mishandeld. Gij zijt ermee voortgegaan onze doodsvijanden te dienen, toen zij zich al zonneklaar hadden onthuld als de moordenaars van onze jongemannen, als de toekomstige moordenaars van onszelf. Niet wij hebben u als onze leiders aangesteld, maar die moordenaars, niettemin hebt gij dat leiderschap niet neergelegd, erger, ons op grond van dat leiderschap overgehaald, ja, met dreigementen gedwongen om naar de slachtbank te gaan.'[29]

Toen het boek uitkwam, werd het direct een bestseller. Binnen vier dagen was de eerste druk van 11.000 exemplaren uitverkocht. De tweede druk van 10.000 vloog eveneens weg, bij de Staatsdrukkerij, die het boek uitgaf ontstond een chaos door de enorme vraag van de boekhandels. De grote betrokkenheid van Presser bij zijn onderwerp en de emotionele geladenheid van het boek die daarvan het gevolg was leidden vooral tot bewonderende reacties.

Pressers *Ondergang* was een monument – en volgens een van de critici, H.W. von der Dunk, reageerde Nederland ook dienovereenkomstig, namelijk alsof het de onthulling van een standbeeld betrof.

DE DRIE VAN BREDA

Op 9 juni 1966 werd de voormalige chef van de Sicherheitsdienst in Amsterdam, Willy Lages, naar Duitsland uitgewezen. Hij zat levenslang in de strafgevangenis van Breda, maar was ernstig ziek geworden. Minister Samkalden voerde humanitaire redenen aan voor zijn vrijlating. Dat besluit werd voor de talloze vervolgingsslachtoffers, die hem in het Amsterdamse SD-hoofdkwartier aan de Euterpestraat hadden meegemaakt, steeds moeilijker te verkroppen, naarmate hij in vrijheid langer bleef leven. Pas vijf jaar later overleed hij aan een hersentumor, in 1971, hij was toen 69 jaar oud.

Drie andere levenslang gestrafte Duitsers (net als Lages hadden ze ooit

Kotälla, Fischer en Aus der Fünten, de Drie van Breda. De discussie rond hun vrijlating in 1973 bracht een ongekende golf van emoties teweeg.

442

de doodstraf gekregen, die wegens gratie was omgezet in levenslang) zaten nog steeds in Breda: chef van de Zentralstelle Ferdinand Aus der Fünten, chef Jodenvervolging Franz Fischer en kampbeul te Amersfoort Joseph Kotälla. Ze waren de laatste Duitsers die na de wereldoorlog nog ergens in Europa gevangenzaten. Er waren wel mensen op het ministerie van Justitie en daarbuiten die zich afvroegen of het nog zin had deze mensen vast te houden, maar velen beseften ook dat vrijlating op verzet zou kunnen stuiten, zeker nu in de publieke aandacht voor de oorlog de vervolging van de Joden zoveel meer aandacht had gekregen. Tussen het nieuwe Duitsland en Nederland ging het op allerlei fronten in de jaren zestig steeds beter, maar de naweeën van de Tweede Wereldoorlog waren nog lang niet overwonnen. Er zaten ook nogal wat Nederlandse oorlogs-misdadigers in Duitsland, die niet werden uitgeleverd, omdat ze als Duits staatsburger werden aangemerkt. Juridische pogingen om ze hierheen te krijgen waren zonder uitzondering gestrand, vaak op lokale of regionale rechtbanken. Het loskrijgen van oorlogsmisdadigers bij de buren leek op het betreden van een mijnenveld.

In het begin van 1972 zette de toenmalige minister van Justitie, de als progressief bekendstaande strafrechtjurist mr. A.A.M. van Agt, wel-gemoed een eerste stap in dat veld. Hij had de vrijlating van de drie, ge-baseerd op humanitaire gronden en moderne, progressieve juridische inzichten, in het kabinet aan de orde gesteld en daar geen tegenstand on-dervonden. Het draaiboek voor de vrijlating was al klaar, de kloosterzus-ters die de gevangenen geregeld bezochten hadden voor alle drie al een koffer gekocht. Van Agt hoefde de beslissing alleen nog maar door het parlement te loodsen. Hij had op verzoek van het kabinet de fractievoor-zitters informeel gepolst en gemerkt dat hij op een ruime Kamermeerder-heid zou kunnen rekenen. Vervolgens schreef hij een brief aan de Tweede Kamer om zijn voornemen kenbaar te maken. Dit was de motivering:

'Verdere voortzetting van de straf van de Drie van Breda kon, na bijna 27 jaar geen in onze strafrechtspleging erkend doel meer dienen. Gratiëring was ook conform gelijkluidend rechtelijk advies.'[30]

De Kamer wilde twee weken later een debat wijden aan de zaak. In die twee weken stak er een ongekende storm op. Dagenlang hielden allerlei groeperingen van oud-verzetslieden en voormalige vervolgden, die nooit tevoren vereend waren opgetrokken, massale en emotionele betogingen op het Binnenhof. In de media woedde een felle strijd tussen voor- en te-genstanders. Bij de herdenking van de Februaristaking dat jaar maakte KRO-verslaggever Willibrord Frequin misschien wel de meest emotionele reportage uit zijn loopbaan. Voor zijn camera bleek de wanhoop van de nabestaanden:

> *'Daarom moet ons niet opnieuw het onrecht aangedaan worden met deze schurken onder één hemel te leven. Dat is onverdraaglijk voor ons. Ik haat niet. Ik ben veel te zwak om te haten.'* (vrouw met verstikte stem)

> *'Ik ben eenentachtig jaar. Als ze vrijkomen dan gaan ze eraan. Dan wil ik die laatste paar jaar van mijn leven wel gaan zitten.'* (echte Amsterdammer, met hoed)

> *'Ze mogen blij zijn dat ze bezocht mogen worden. Ik wou dat ik mijn vader en moeder nog kon bezoeken. Mijn vader, die uit elkaar getrokken is in Mauthausen door de honden van die beesten.'* (woedende vrouw met hoofddoek)[31]

De vaste commissie van Justitie besloot, geschrokken, een openbare hoorzitting te organiseren, die, gezien de commotie in het land, rechtstreeks op televisie uitgezonden zou worden. Het werd een zeer emotionele bijeenkomst. Van negenendertig organisaties kwamen vertegenwoordigers aan het woord. Joodse organisaties, verenigingen van overlevenden van concentratiekampen, organisaties van oud-verzetslieden, Pax Christi, reclasseringsverenigingen. Op de publieke tribune liepen de emoties vaak hoog op. De voorzitter van de commissie, Aart Geurtsen (v v d), begaf zich op een gegeven moment naar het balkon en probeerde de gemoederen tot bedaren te brengen. Later schreef hij hierover:

> *'Op de tribune trof ik een totaal gebroken man aan, die bleef herhalen: "Ze hebben mijn vrouw en kinderen vermoord." Op dat moment bezweek mijn geloof in de zuivere juridische ethiek. Ik realiseerde me, dat mijn juridisch geweten het niet kon rechtvaardigen de ellende van slachtoffers nog te vergroten.'*[32]

Geurtsen veranderde op slag in een tegenstander van vrijlating. Ook Frieda Menco-Brommet voerde het woord. De overlevende van Auschwitz, die als 18-jarige meer dood dan levend door de Russen was bevrijd, was inmiddels voorzitter geworden van de Vrouwengroep van de Liberaal Joodse Gemeente Amsterdam. Ze kwam, na een betoog waarin de gruwelen uit de kampen en het verdriet van de nabestaanden centraal stonden, met deze conclusie:

'Ik meen dat de regering NIMMER – zolang nog één persoon met een
ingebrand nummer uit de kampen bestaat – tot vrijlating mag besluiten;
en dat – hoe humaan tegenover de drie – de Kamer beslist moet weigeren
inhumaan te zijn tegenover de duizenden, die opnieuw zijn geschokt, nu,
naar ik hoop, voor het laatst.'[33]

Frieda Menco-Brommet eindigde haar spreekbeurt met een gedicht van
haar vriendin Ronnie van Cleef. Het was doodstil in 's lands vergaderzaal:

'Ik draag een hoed vol dode lijven,
onder mijn schedel blijven
de gezichten leven
van alle ooms en tantes, grootmoeder, nichten en neven
en vooraan, boven mijn ogen, mijn vader.

Als ik hem groet, dagelijks,
neem ik mijn hoed met dode lijven
en nader het raam.
Ik noem ze allen bij hun naam.
Ik houd appèl,
dagelijks, en tel weer op mijn vingers met hoevelen we waren.'[34]

Het Kamerdebat, dat volgde op 29 februari 1972, werd eveneens rechtstreeks uitgezonden.

Het Binnenhof stond intussen vol met demonstranten. Minister Van
Agt hield vast aan zijn pleidooi voor vrijlating. Levenslange gevangenschap zonder uitzicht op gratie noemde hij onmenselijk en in strijd met
de Nederlandse rechtsorde en het Nederlandse rechtsgevoel. Van Agt:

'In deze vergaderzaal klinken nog de woorden na die hier donderdag zijn
gesproken. Alle verschrikkingen van oorlog en bezetting zijn geleden om de
rechtstaat te herwinnen op een systeem van extreme rechteloosheid. Die, ten
koste van zoveel bevochten, rechtstaat eist dat een straf waarmee verder geen
redelijk doel meer te bereiken valt, wordt beëindigd.'[35]

In de discussie die daarop volgde bleek steeds weer het grote dilemma, dat
Jan Bank (later hoogleraar geschiedenis, toen nog journalist) in zijn televisiekritiek in *de Volkskrant* zo omschreef:

'dat de barmhartigheid jegens de Drie een onbarmhartigheid inhoudt jegens hun vele slachtoffers die soms nog dagen en nachten lijden onder het concentratiekamp'.[36]

Het debat werd intensief gevolgd, overal in het land, ook in de koepelgevangenis in Breda. Daar zaten de drie Duitse oorlogsmisdadigers in een speciaal zaaltje de hele dag naar de televisie te kijken. De gevangenbewaarder Ton Mink was erbij. Jaren later publiceerde hij delen uit het dagboek dat hij destijds bijhield, ook op de dag van het debat:

'Ingespannen volgen ze de stevige debatten die rechtstreeks worden uitgezonden. Joep volgt met zijn priemende ogen elke emotionele woordenwisseling, terwijl Franz een bepaalde ingetogenheid tentoonspreidt. Ferdi volgt ingespannen het gebeuren en laat alles op zich inwerken. Op zijn wangen verschijnt veel kleur; vooral op die momenten dat er minder vleiende opmerkingen over hen worden gezegd. Laat op de avond komt de stemming: 85 stemmen tegen gratie en 61 voor. Ik kijk naar Joseph, Ferdi en Franz en zie de totale ontreddering op hun asgrauwe gezichten. De directeur zegt: "Wel, dit was het dan. Laten we terugkeren naar onze dagelijkse bezigheden."'[37]

De vrijlating ging dus niet door – compassie met de gevoelens van het voormalig verzet en van de overlevenden en nabestaanden kreeg uiteindelijk de overhand. Aus der Fünten, Fischer en Kotälla moesten in de gevangenis blijven. De Duitse ambassade trok zich het lot van het drietal aan en zorgde een paar jaar later voor enige afleiding, zo blijkt uit de noties van bewaker Ton Mink:

'Tot grote verbazing van iedereen komt er op een namiddag een auto voorrijden waar de Duitse ambassadeur in Nederland uitstapt en zich aandient bij de voorportier. Al snel wordt ons duidelijk wat hier allemaal aan de hand is: als kerstgeschenk van de ambassade krijgen "De Drie" een televisietoestel en een videorecorder. Het slaat bij het personeel in als een bom. Kan dit zomaar? Deze "overval" van de Duitse ambassadeur is revolutionair. Het rommelt nog wekenlang na. We krijgen opmerkingen te horen van gedetineerden zoals: "Moet ik eerst een miljoen Joden de gaskamer injagen, voordat ik tv in mijn cel krijg?"'[38]

Joseph Kotälla heeft na het debat nog zeven jaar vastgezeten. Hij stierf in Breda in 1979. Het zou nog tien jaar langer duren, tot 27 januari 1989, eer de twee anderen, Fischer en Aus der Fünten, vrijgelaten en over de grens gezet werden. De uitvoering van deze maatregel was grondig voorbereid. Minister-president Lubbers en minister van Justitie Korthals Altes hadden ervoor gezorgd dat alle belangengroepen waren gehoord en dat niemand zich overvallen kon voelen. Er was geen sprake meer van openbaar, luidkeels verzet. Na drieënveertig jaar was het laten voortduren van de detentie volgens het kabinet ontoelaatbaar geworden. In een geblindeerde ambulance werden de twee naar Duitsland gereden. Aus der Fünten stierf na drie maanden, Fischer na acht maanden.

De discussies rond de Drie van Breda vormen het dramatisch hoogtepunt van een belangrijke omslag, die zich in relatief korte tijd voltrok in het denken en voelen over de oorlog en bezettingstijd in de Nederlandse samenleving. In de eerste helft van de jaren zestig plaatsten het Eichmannproces, *De Bezetting* en *Ondergang* de Jodenvervolging in het centrum van de aandacht – een plek die tot dan toe vooral door de nationale en de politiek-ideologische thematiek ingenomen was geweest. Tegelijk was er meer geld voor maatschappelijke zorg, dankzij de groeiende welvaart. En in de Koude Oorlog trad na de Cubacrisis van 1962 een zekere ontspanning op, zodat de binnenlandse ideologische tegenstellingen minder scherp werden. Zo ontstond er veel meer ruimte voor aandacht voor de slachtoffers van de Jodenvervolging, en, meer in het algemeen, ook voor de psychische gevolgen van de oorlogservaringen.

Na de politieke zingeving van de oorlog, van de eerste decennia na 1945, kwam nu het accent te liggen op een meer psychologiserende benadering. Het thema van de mensenrechten en de gevolgen van de schendingen daarvan kregen daarmee de overhand. En in dat klimaat begonnen verschillende groepen oorlogsslachtoffers, die tot dan toe op allerlei onderwerpen zo sterk verdeeld waren, elkaar weer te vinden. De ooit onoverbrugbare tegenstellingen tussen communistisch en niet-communistisch verzet verdwenen nagenoeg, net als het onderscheid tussen verzet en Joodse overlevenden. Nu was juist samen optrekken het devies. Tijdens de hoorzitting van februari 1972 zei een lid van het herdenkingscomité van de Februaristaking het openlijk :

'Minister Van Agt heeft al onze tegenstellingen weggevaagd.'[39]

Vanaf 1972 stond wat socioloog Jolande Withuis 'oorlogswelzijnbeleid' heeft genoemd met veel nadruk op de politieke agenda in een atmosfeer waarin dit onderwerp de dagelijkse politieke tegenstellingen oversteeg.[40] In de hoorzitting van 1972 was duidelijk naar buiten gekomen hoezeer ex-politieke gevangenen en vervolgden dertig jaar na dato leden onder wat ze in de kampen hadden meegemaakt. Het aantal psychische klachten nam sterk toe. Het werd maatschappelijk meer erkend, waardoor veel wat tot dan toe geen uitingsmogelijkheid had gehad nu naar buiten kon komen.

De term 'concentratiekampsyndroom' viel veelvuldig, later kwam daar de term 'trauma' voor in de plaats. De Tweede Kamerleden hadden al voor die hoorzitting, in een besloten voorstelling, kennisgenomen van de film *Begrijp je nu waarom ik huil?* van de cineast Louis van Gasteren. Kort daarna, maar vóór het Kamerdebat, zond de VARA die film ook op de televisie uit. Het was het verslag van de LSD-behandeling van een voormalig kampgevangene door dr. J. Bastiaans, psychiater. De film had op velen een diepe indruk gemaakt, zeker ook op een aantal weifelende Kamerleden. De CPN'er Joop Wolff verwees er in de Kamerdiscussie nog weinig subtiel naar:

'De minister heeft de film gezien, de minister weet dus waarom er gehuild wordt.'[41]

Bastiaans maakte van zijn faam als psychiater – hij werd door veel patiënten op handen gedragen – gebruik door te ijveren voor betere werkomstandigheden. Er kwamen, in de Jelgersmakliniek waar hij werkte, meer bedden beschikbaar voor getraumatiseerde patiënten, zodat 'helden niet langer tussen misdadigers en gekken hoefden te liggen'.[42] In mei 1973 opende koningin Juliana in Oegstgeest een gespecialiseerde kliniek voor de behandeling van oorlogsslachtoffers, Centrum 40-45. Bastiaans heeft lange tijd patiënten met een oorlogssyndroom behandeld met de drug LSD, maar gaandeweg kwam er uit wetenschappelijke kring steeds meer kritiek op zijn methoden. Hij voldeed niet aan de maatstaven die in zijn vak gelden voor verantwoording van behandelingen. Daarom besloot de kliniek, toen zijn pensionering eind jaren tachtig naderde, deze methode niet voort te zetten.

Maar de publicitaire activiteiten van Bastiaans in de jaren zeventig misten hun doel niet. De psychische schade van de oorlog werd alom aanvaard, er kwam meer respect voor overlevenden en slachtoffers, zij vonden in de openbaarheid volop gelegenheid hun ervaringen uit te dragen. Spreken, dat altijd zilver was geweest, werd goud. De overheid reageerde met begrip: uit een uitvoerig onderzoeksrapport trok ze de conclusie dat ze in het verleden had gefaald en een schuld had in te lossen jegens de vervolgingsslachtoffers. Het beleid zou voortaan worden gebaseerd op 'erkenning' van het oorlogsleed, en er kwamen ruime subsidies voor zogeheten lotgenotencomités. Lange tijd had alleen voor de verzetsstrijders en hun nabestaanden en zeelieden een wettelijk Buitengewoon Pensioen wegens nadelige gevolgen van de oorlog bestaan (1947). In 1973 kwam daar de Wet Uitkering Vervolgingsslachtoffers bij. De gestegen welvaart maakte het mogelijk dat de overheid daar veel geld aan spendeerde en daarmee een deel van haar morele schuld inloste, of, zoals het ook wel wordt geformuleerd, de 'bijzondere solidariteit' van de Nederlandse bevolking met de oorlogsslachtoffers vormgaf.

DE ZAAK-MENTEN

In het vervolg van de jaren zeventig was de Tweede Wereldoorlog niet meer weg te denken. Voortdurend ontstond er maatschappelijke opwinding over affaires die hun oorsprong in de periode '40-'45 vonden. Bij al die gelegenheden roerden zich de verzetsorganisaties en de vertegen-

Pieter Menten, de van oorlogsmisdaden verdachte kunsthandelaar. Hij ontkwam aanvankelijk aan arrestatie, maar werd later in Zwitserland toch opgepakt.

woordigers van de overlevenden – hun mening deed er intussen toe, hun gevoelens dienden ontzien te worden. En daardoor werden de affaires alleen maar pijnlijker. Een van de meest opvallende kwesties die het land bezighielden was de zaak-Menten. Het ging om een bejaarde, schatrijke kunsthandelaar uit 't Gooi, die ervan verdacht werd dat hij in 1941, als lid van de ss, in Polen had meegedaan aan het vermoorden van Joden. De journalist Hans Knoop van het weekblad *Accent* was dit verhaal op het spoor gekomen en liet niet meer los. Hij kwam voortdurend met nieuwe feiten en dwong daarmee het Openbaar Ministerie tot eigen onderzoek. Dat leidde in februari 1976 tot de beslissing dat Menten moest worden aangehouden. Maar Menten was getipt. Toen de rechercheurs bij zijn Blaricumse villa aankwamen was de verdachte vertrokken, met onbekende bestemming.

Dat werd een schandaal. Vooral omdat minister Van Agt het verwijt kreeg dat hij een notitie over de kwestie met de aantekening 'heden' erop op zijn bureau had laten liggen en voor een onduidelijk reisje naar een klooster in Roemenië was vertrokken. Mobiele telefoon was er nog niet, Van Agt was onvindbaar, maar de Tweede Kamer eiste zijn onmiddellijke aanwezigheid in 's lands vergaderzaal. Uiteindelijk werd de minister op het Roemeense platteland opgespoord, volgens hemzelf ging dat zo:

'Op een gegeven moment verscheen er aan de horizon een politieauto, of méér politieauto's zelfs, met blauwe zwaailichten. En die kwamen blijkbaar de minister van Justitie zoeken en ik was verbaasd. Ik had geen idee. Eerst niet dat ze mij zochten en vervolgens niet waarom dan wel. Nou ja, dat bleek wel gauw.'[43]

Er ontstond een politiek pandemonium, buiten en binnen het parlement, waarin naast Mentens handelwijze in de oorlog in Oost-Europa ook de vraag hoe hij na de oorlog de dans had kunnen ontspringen een grote rol speelde. Allerlei complottheorieën kwamen ter tafel, en een slecht voorbereide Van Agt stond in een urenlang, rechtstreeks uitgezonden Kamerdebat te schutteren als een beginneling. Vooral Aad Kosto (PvdA), een coalitiegenoot toch in het kabinet-Den Uyl, bestreed de minister met ongekende felheid. Van Agt voelde zich hulpeloos:

'Het was zeker zo dat een heel aantal leden van de Kamer op het bloed van de minister uit was. Dat was zelfs primair. Ik was de gewonde kip die in de ren lag en van alle kanten rende men toe om mij te pikken. Zo hard ze konden'.[44]

Van Agts redding kwam uit Zwitserland: daar werd Menten al vrij snel gearresteerd, door toedoen overigens van Hans Knoop, die een tip kreeg over Mentens verblijfplaats. Menten bezigde in de hal van het desbetreffende hotel een stortvloed van antisemitische scheldwoorden jegens Knoop. Minister Van Agt revancheerde zich door direct naar Zwitserland te vertrekken en daar van zijn Zwitserse collega gedaan te krijgen dat hij soepel meewerkte aan de uitlevering van Menten.[45]

Er volgde twee maanden later nog een afsluitend debat over de affaire. Opnieuw kwam Van Agt hevig onder vuur te liggen, de gemoederen in politiek en samenleving waren flink opgezweept. Hij kwam er niettemin zonder motie van afkeuring vanaf – de zaak had vooral een wig gedreven tussen de sociaal-democraten en de christen-democraten, die in het kabinet-Den Uyl totaal op elkaar waren uitgekeken.

Menten zou uiteindelijk na een jarenlange juridische strijd voor de rechtbanken van Amsterdam, Rotterdam en Den Haag veroordeeld worden voor medeplichtigheid aan de massamoord in Polen. Hij kreeg tien jaar gevangenisstraf met aftrek en een geldboete van honderdduizend gulden. Na het uitzitten van tweederde van zijn straf, kwam hij in 1985 vrij. Twee jaar later overleed hij.

DE ZAAK-AANTJES

Die oorlog, die maar niet voorbij wilde gaan, maakte eind jaren zeventig ook een einde aan de loopbaan van een van de meest vooraanstaande politici van zijn tijdvak, de fractievoorzitter van de Anti-Revolutionaire Partij, Wim Aantjes. Hij struikelde over twee letters, ss. Aantjes had tijdens de oorlog geprobeerd via het lidmaatschap van de ideologische tak van die organisatie aan tewerkstelling in Duitsland te ontsnappen. Toen dat uitlekte stak er een ongekende storm van verontwaardiging op.

Verantwoordelijk voor de onthulling over Aantjes was L. de Jong, de directeur van het Rijksinstituut voor Oorlogsdocumentatie. Hij had zich inmiddels, door zijn vele televisie-optredens, ontwikkeld tot het nationale geweten op het gebied van de Tweede Wereldoorlog. Hij onderzocht een serieus te nemen tip over Aantjes, maar verloor de regie over de bekendmaking van het oorlogsverleden van de vooraanstaande politicus door loslippigheid van zijn eigen echtgenote: die had het in de familiekring verklapt, en zo kwam het ter kennis van het *Nieuwsblad van het Noorden*, dat op 6 november 1978 tot een publicatie besloot die overal als een grote schok werd ervaren. De ethisch bevlogen Aantjes, die juist door zijn integere optreden een breed respect had verworven in Nederland, had over dit lidmaatschap altijd gezwegen. De zaak werd des te ernstiger toen De Jong dezelfde avond tijdens een persconferentie ongekend scherp van leer trok tegen Aantjes, en hem beschuldigde van vrijwillige dienstneming bij de Landstorm, een afdeling van de Waffen-ss. Daarmee zou Aantjes mogelijk zelfs zijn Nederlanderschap hebben verloren. Aantjes had in een onderhoud, een paar dagen eerder, geprobeerd De Jong dit verhaal uit het hoofd te praten. Hij had zich in werkelijkheid gemeld bij de Germaanse ss, toen hij in Duitsland tewerkgesteld was, om op die manier op verlof naar huis te mogen, om zich vervolgens aan verdere tewerkstelling te onttrekken. Meer niet. Maar De Jong interpreteerde de gegevens, die in diverse archieven gevonden waren, geheel anders en pakte daarover, gadegeslagen door miljoenen breed uit op de televisie, rechtstreeks, op primetime. Aantjes' biograaf Roelof Bouwman schreef:

'*Veel mensen weten nog precies waar ze waren toen ze het nieuws op die zesde november 1978 hoorden. Dieper én van groter hoogte was nog nooit een Nederlandse politicus gevallen.*'[46]

Aantjes verzuimde die avond direct te reageren met zijn eigen, aanzienlijk onschuldiger, versie van de gebeurtenissen. Zijn voorlichter Piet van Tellingen neemt het zichzelf nog altijd kwalijk dat hij zijn chef daar niet met geweld toe heeft gedwongen. Nu deed de professionele presentatie van De Jong haar werk. Hij sprak beheerst, met zijn vertrouwenwekkende stem en zijn nadrukkelijke dictie. Hij verloor alleen zijn kalmte toen een verslaggever hem vroeg of hij zijn conclusies niet al te zwaar had aangezet:

'*Wanneer je toch in alle redelijkheid de vraag moet opwerpen – en dat hebben wij moeten doen op grond van de stukken – of wellicht wij bijna twintig jaar als volksvertegenwoordiger in onze Tweede Kamer en nu, als politieke leider van de grootste regeringsfractie, een persoon hebben gehad die niet eens meer Nederlander is! Neemt u mij niet kwalijk, dat moet toch onmiddellijk aan de regering gerapporteerd worden?*'[47]

Aantjes gaf geen commentaar op het optreden van De Jong, dat door de publicist W.L. Brugsma 'een nummertje audiovisueel standrecht' werd genoemd. De volgende dag maakte hij, asgrauw, zijn aftreden bekend. Ruud Lubbers volgde hem op.

Uit later onderzoek is duidelijk geworden dat De Jong er grotendeels naast zat. Aantjes had geen dienst genomen in vreemde krijgsdienst en was zijn Nederlanderschap dus nooit kwijtgeraakt. Hij was inderdaad lid geworden van de Germaanse ss om uit Duitsland weg te komen. Na de oorlog had hij dat opzettelijk verzwegen om zijn carrièrekansen niet te verspelen. De kwestie-Aantjes heeft nog jarenlang nagedreund in de Nederlandse politiek. De polemiek over zijn gedrag is nooit geheel verstomd. Vermoedelijk was de associatie met die twee letters ss alleen al fataal, maar het feit dat hij gold als hét voorbeeld van integriteit in de politiek, terwijl hij zoiets wezenlijks jarenlang had verzwegen, telde voor velen eveneens zwaar. Aantjes heeft nooit meer de kans gekregen terug te keren in de actieve politiek of op een bestuurlijke post die paste bij zijn capaciteiten, hij werd afgescheept (volgens sommigen: vernederd) met het voorzitterschap van de Kampeerraad. Zijn opvolger Ruud Lubbers bracht het probleem in een persoonlijke brief duidelijk onder woorden:

'Naar mijn schatting is er in deze samenleving met haar gebrek aan heldere normen een volstrekt vertekend beeld van de oorlogsjaren. "Je was goed of je was fout." De realiteit van "grijs" wordt volstrekt genegeerd. Daarom kan men niet oordelen, maar slechts veroordelen. Of bejubelen.'[48]

Het zou nog behoorlijk lang duren voor de nuance een plaats kreeg in het Nederlandse publieke debat over de Tweede Wereldoorlog.

INDIË-MONUMENT

Kenmerkend voor de jaren tachtig is dat de golven van emoties iets minder heftig waren en dat de herinnering aan de oorlog steeds breder werd. Steeds meer verschillende groepen vestigden de aandacht op hun eigen verleden en deden dat vaak in de vorm van het oprichten van eigen monumenten. En dat gold niet alleen voor Roma en Sinti (al in 1978 kwam er op het Amsterdamse Museumplein een Zigeunermonument) en voor homoseksuelen (homomonument op de Amsterdamse Westermarkt, 1987), maar vooral ook voor de slachtoffers van de Tweede Wereldoorlog in Nederlands-Indië. Dat resulteerde uiteindelijk in het Indisch Monument aan de Teldersweg in Den Haag, dat op 15 augustus 1988 werd onthuld.

De slachtoffers van de oorlog in het Verre Oosten waren al vertegenwoordigd in de symboliek van het Nationaal Monument op de Dam. Door lobbywerk van de repatrianten was al kort na de bevrijding het besluit gevallen dat er in dat monument ook een urn zou worden opgenomen met aarde uit voormalig Indië. Het duurde jaren voor die urn er ook werkelijk kwam – de oorlog in Indië maakte dat de legertop en de Legergravendienst vooralsnog andere prioriteiten hadden. Uiteindelijk arriveerde de urn, gevuld met aarde van tweeëntwintig erebegraafplaatsen in Indonesië, op 24 december 1949 op Schiphol, voorzien van een oorkonde die meldde dat de urn

'symbool is van de opofferingsgezindheid van allen, zowel burgers als krijgslieden zonder onderscheid van ras of landaard, die vielen in de strijd tegen Japan en voor vrede en recht'.[49]

Daarmee was op subtiele wijze ook de nagedachtenis meegenomen aan degenen die tijdens de dekolonisatiestrijd waren gevallen. In 1956, toen het monument zijn definitieve vorm kreeg, behield de Indische urn zijn plek.

Het duurde heel lang voor de gebeurtenissen in Nederlands-Indië tijdens de Japanse bezetting brede belangstelling kregen. En zelfs voor de Indische gemeenschap zélf de bevrijding van Nederlands-Indië in augustus 1945 structureel ging herdenken. In de jaren zestig gebeurde het kleinschalig in Enschede, bij het monument dat daar ter herinnering van de gevallenen was opgericht. In 1970 was er voor het eerst een wat grotere, landelijke herdenking, in Den Haag, bij het Congresgebouw. Er kwamen liefst 10.000 mensen op af, ook de regering en het Koninklijk Huis waren vertegenwoordigd. Pas tien jaar later was de volgende herdenking, op 15 augustus 1980, in de Jaarbeurs in Utrecht – met 11.000 aanwezigen.

In het voorjaar van 1986 kwamen twee vooraanstaande Amsterdammers met het initiatief voor een Indiëonument: burgemeester Ivo Samkalden (die zelf in Japanse kampen had gezeten) en Harry Verheij, wethouder en voormalig verzetsstrijder, zonder speciale banden met de voormalige kolonie.[50] Het monument moest herkenbaar zijn voor vier groepen oorlogsgetroffenen: militairen, vrouwen en kinderen uit de kampen, krijgsgevangenen en Indo-Europeanen die in het algemeen niet in kampen hadden gezeten, de buitenkampers. Uit 33 inzendingen kwam in het najaar van 1987 het ontwerp van Bulgaarse beeldhouwster Jaroslawa Dankowa als het beste uit de bus. Het benodigde geld kwam bijeen, onder andere door een inzamelingsactie die de AVRO op touw zette, en op 15 augustus 1988 onthulde koningin Beatrix het indrukwekkende monument aan de Teldersweg in Den Haag. Het zijn zeventien bronzen gestalten van verschillende leeftijden rond een baar, voor een raster. De dood staat in het midden, de buitenste figuren symboliseren de bevrijding. Er is een beperkt aantal Indische kenmerken aan het monument toegevoegd: een kaart van Indonesië, de tekst 'de geest overwint' en een driehoekige pilaar waarop de verschillende groepen oorlogsslachtoffers zijn vermeld.

Sinds 1973 konden die slachtoffers een beroep doen op de Wet Uit-

454

kering Vervolgingsslachtoffers, en vanaf 1984 ook op de Wet Uitkering Burgeroorlogsslachtoffers. Opmerkelijk is dat in 1986 bovendien de speciale Wet Buitengewoon Pensioen Indisch Verzet van kracht werd, waar geruime tijd na de oorlog het bestaan van zoiets als Indisch verzet nauwelijks serieus was genomen.

Sinds 1988 komen elk jaar op 15 augustus duizenden mensen de Japanse capitulatie herdenken; elk kroonjaar is ook de koningin aanwezig. Sinds 1995 zendt de NOS de plechtigheid rechtstreeks uit en sinds 1999 wappert op 15 augustus vanaf alle rijksgebouwen de Nederlandse vlag: daarmee lijkt de capitulatiedag toch geheel erkend als het Indische alternatief van 4 en 5 mei, maar een écht nationale herdenking is de plechtigheid van 15 augustus nooit geworden. Daarvoor zijn de activiteiten, ondanks de aanwezigheid van allerlei autoriteiten, te veel beperkt gebleven tot de direct betrokkenen uit Indië.

Ook in 1988 kregen de deelnemers aan de naoorlogse militaire acties in Indonesië hun eigen gedenkteken. In Roermond verrees het eerste deel van dat monument, een fontein met karbauwen. Maar het was daarmee niet voltooid. Een paar maanden later volgden nog een monument voor de burgerslachtoffers en een galerij met herdenkingszuilen, met daarop de namen van de 6.200 Nederlandse militairen die in voormalig Nederlands-Indië of later in de schermutselingen rond Nieuw-Guinea zijn gesneuveld. Elk jaar komen hier vele duizenden veteranen de gebeurtenissen van na augustus 1945 in de Indische Archipel herdenken en ontstaat er, na de plechtigheid, een veelkleurige reünie van allerlei legeronderdelen en lichtingen, allemaal mensen die een paar jaar van hun leven aan dodelijke gevaren hebben blootgestaan. De massale belangstelling hiervoor ontstond toen de meeste veteranen gepensioneerd waren en de tijd kregen om de gebeurtenissen van 1945-1950 te overdenken. Velen van hen kregen enige tijd last van psychische problemen – en ook daarvoor kon het contact met lotgenoten nuttig zijn.

KLINKENDE MUNT

Aan het einde van de jaren negentig viel er opnieuw een opmerkelijke verschuiving te noteren in de nagedachtenis van de oorlog. Het begon allemaal met de spectaculaire vondst van een verloren gewaande kaartenbak met zogenaamde LiRo-kaarten, eind 1997. Dat was een klein deel van een grote cartotheek van de Lippmann-Rosenthalbank, die de bezetter gebruikt had om de beroving van Joden te administreren, en die eigenlijk allang vernietigd had moeten zijn. Die kaarten waren na de oorlog gebruikt bij de pogingen de beroofde Joden hun bezit terug te geven. Rechtsherstel heette dat. Uit die kaarten bleek hoe tot in de kleinste bijzonderheden van de 'ingeleverde' bezittingen van de Joden was bijgehouden wat ermee was gebeurd. Dat vestigde in hoogst emotionele sfeer de aandacht op de manier waarop de terugkerende Joden en andere gevangenen waren behandeld. In brede kring werd die terugkeer en opvang, met terugwerkende kracht, als schandelijk gekwalificeerd. Nederland, de samenleving als geheel en de overheid in het bijzonder, hadden de terugkerenden een kille, onverschillige thuiskomst bereid – dat was nu wel duidelijk. Het proces van rechtsherstel uit de eerste jaren na de oorlog was ook bepaald geen hoogtepunt geweest: door de traagheid van de bureaucratie was niet alles teruggegeven en niet iedereen gecompenseerd. Ter illustratie daarvan waren vele schrijnende voorbeelden beschikbaar – vaak verhalen die al in de jaren veertig als schandalen aan de orde waren geweest.

De opwinding speelde ook elders in de wereld: de slepende kwestie van Joodse banktegoeden op Zwitserse rekeningen en de trage afwikkeling van goudroof door de Duitsers zorgden wereldwijd voor een golf van publiciteit.

De overheid reageerde, zoals zo vaak, op twee manieren. Ze gaf ten eerste opdracht tot onderzoek. De speciaal vanuit het NIOD opgerichte Stichting Onderzoek Terugkeer en Opvang dook in de archieven. De resultaten daarvan werden in 2001 gepubliceerd in het boek *De Meelstreep* van Martin Bossenbroek en in een drietal bundels artikelen waarin allerlei aspecten gedetailleerder werden uitgewerkt. Uiteraard leverde dit wetenschappelijk-historisch onderzoek een heel wat genuanceerder beeld op dan de opgewonden en verontwaardigde publiciteit van enkele jaren daarvoor. De nadruk lag ook veel meer op de pogingen te verklaren wat er gebeurd was dan op de veroordeling ervan. Maar ook nu werd duidelijk dat er na de oorlog veel was misgegaan, en niet alleen naar de maatstaven van de jaren rond 2000, maar ook in toenmalig perspectief. Daarmee werd de woede van veel overlevenden en nabestaanden begrijpelijk, al blijft het de vraag of er voor een samenleving eigenlijk wel een bevredigende manier bestaat om op zulke ingrijpende en schokkende gebeurtenissen te reageren.

De tweede lijn van de overheid was: overleg. De regering begon gesprekken met vertegenwoordigers van de (nabestaanden van de) groepen die zich benadeeld wisten. In het bijzonder de vertegenwoordigers van de Joodse bevolkingsgroep, samenwerkend in het Centraal Joods Overleg, onderhandelden daarbij met opvallend zelfbewustzijn over de compensatie van geroofd bezit, dat in de eerdere operatie van rechtsherstel de eerste jaren na de oorlog niet volledig was vergoed. Er gingen allerlei commissies aan het werk om specialistische kwesties uit te zoeken en uiteindelijk kwam er overeenstemming over afdoening door betaling van 400 miljoen gulden. Daarnaast betaalde ook de bank- en verzekeringswereld nog een substantieel bedrag.

In de vorige decennia ging het nog om steun aan slachtoffers van vervolging – nu ging het om klinkende munt. De slachtoffers eisten datgene terug waar ze recht op hadden.

Voor andere groepen lag de zaak vaak nog moeilijker, omdat er veel minder gegevens beschikbaar waren. Maar ook hier kwam er gedetailleerd onderzoek, en kwamen er compensatiebetalingen. Zo kwam voor de Sinti en Roma, die op vergelijkbare wijze als de Joden vervolgd waren, 30 miljoen beschikbaar. Voor de homoseksuele organisaties was dat bedrag 3,5 miljoen, hoewel nieuw onderzoek later bevestigde dat in Nederland, anders dan in Duitsland, de nazi's, ondanks hun vijandige houding jegens homoseksualiteit, niet tot systematische vervolging van homoseksuelen waren overgegaan. De grootste groep waren de Indische Nederlanders, waar nog vele grieven bestonden, juist ook over achterstallige betalingen en uitblijven van rechtsherstel en schadevergoeding. Uiteindelijk werden de onderhandelingen afgesloten met Het Gebaar, een compensatie van 385 miljoen gulden.

MET DE DUITSERS

Het heeft lang geduurd eer de Nederlandse samenleving zich in alle opzichten hersteld had van het mislukte militaire avontuur in Indonesië, dat tot het einde van het koloniale rijk leidde. Nog veel ingewikkelder en moeizamer was het proces om weer tot normale omgang met buurland Duitsland te komen. Dat heeft decennia geduurd – logisch: de oorlog had diepe wonden geslagen die bij sommige bevolkingsgroepen en individuen nooit meer konden genezen.

De eerste periode na de oorlog werd de Nederlandse houding jegens Duitsers in hoge mate gekenmerkt door wraakzucht. Die zocht in de eerste plaats een uitweg via de kanalen van het bijzonder strafrecht, met een over het algemeen strenge berechting (circa 140 doodvonnissen) voor Duitsers en vooral voor hun Nederlandse handlangers. Maar er was meer. De Nederlandse overheid wilde eigenlijk helemáál van zijn Duitse inwoners af. Dat blijkt uit een nota van KVP-minister Kolfschoten (Justitie) uit augustus 1945, waarin hij voorstelde om alle Rijksduitsers die in

Nederland woonden uit te wijzen, in omgekeerde volgorde van binnenkomst.[51] Eerst dus degenen die na mei 1940 waren binnengekomen, daarna de mensen die zich vanaf 1933 in Nederland vestigden en ten slotte de rest. Velen van hen waren getrouwd met Nederlandse vrouwen en hun kinderen waren Nederlands opgevoed maar ze hadden wel de Duitse nationaliteit. In totaal ging het om 25.000 Rijksduitsers. Het idee viel slecht bij de geallieerden, die Duitsland beheerden: het door de oorlog berooide land had eindeloos veel problemen, en kon de opvang van duizenden remigranten er niet goed bij hebben. Maar Kolfschoten hield voet bij stuk. Hij paste de plannen enigszins aan, maar was in het najaar van 1946 vast van plan nog 17.000 mensen Nederland uit te zetten. Op 11 september 1946 ging de operatie van start, onder de codenaam Black Tulip. Politieagenten gingen in het holst van de nacht op pad, ze lichtten mannen, vrouwen en kinderen van hun bed. Die moesten direct meekomen, ze mochten een lepel, een vork en mes, een bord en een beker, een paar dekens, een stoel, wat kleding en niet meer dan vijftig gulden per volwassene meenemen, de rest werd overgedragen aan het Nederlands Beheersinstituut. Dat mocht de spullen verkopen, de opbrengst was voor de Staat der Nederlanden – een vorm van schadevergoeding. De aangehouden Duitsers werden vervoerd naar enkele kampen in de nabijheid van de Duitse grens. Het grootste kamp was kamp Mariënbosch bij Nijmegen, ook het voormalig ss-kamp Avegoor (bij Ellecom) werd ervoor ingericht.

Vanuit de opvangkampen ging de uitzetting naar Duitsland heel langzaam, voor velen duurde het maanden voor ze wisten waar ze aan toe waren. En wie inderdaad het land uit moest, ging vaak een nieuwe periode van onzekerheid tegemoet. Zo werd het gezin Hoppstein, dat al vanaf de jaren twintig in Nederland woonde (eerst in Schiedam, later in Haarlem), begin oktober 1947 uitgezet naar de geboorteplaats van vader Andreas, het dorpje Stolberg bij Aken. Zoon Joep, die toen 18 jaar was moest ook mee. Hij herinnert zich:

> 'We werden op een hoek van een straat afgezet. Ik zie het nog voor me. De meubels, de stoelen en wat we nog anders hadden werd er uit gezet. En daar stonden we dan.'[52]

Joep Hoppstein, die niet eens Duits sprak, is nog even illegaal teruggegaan maar vond dat leven te ingewikkeld en heeft daarna lang in Duitsland gewoond. In steeds meer gevallen ging de uitzetting niet door, vaak omdat de buurt zich er met succes tegen verzette. Het harde beleid kon aanvankelijk op veel sympathie rekenen: er kwamen woningen vrij waar

Nederlanders maar al te graag introkken. Maar langzamerhand doofde de collectieve woede, en werden de verhoudingen genormaliseerd: op 1 november 1948 werden de laatste nog in kamp Mariënbosch vastgehouden Rijksduitsers naar hun Nederlandse huis gestuurd. In totaal zijn er ongeveer 3.500 Duitsers het land uitgezet.

Nederland wilde dus in 1945 van zijn Duitsers af, en wilde bovendien ook wel graag enige gebiedsuitbreiding overhouden aan de ondergang van het naziregime. In de archieven van het Nederlands Instituut voor Oorlogsdocumentatie liggen tientallen brochures en pamfletten uit het eerste jaar na de bevrijding, die pleiten voor compensatie van het aangedane leed via flinke stukken Duits gebied.[53] Een citaat uit één van die brochures over de kans op nieuwe agressie van wat het Duitse monster werd genoemd:

'Over hoeveel jaren is het wéér zover? Niemand die het zeggen kan, maar zeker is het dat dit weer komen zal, tenzij hem zijn giftanden worden uitgetrokken. Dit is slechts op één manier mogelijk: door grensherziening. IJver dus voor grenswijziging opdat ons nageslacht rustig leven kan. Groter Nederland – groter veiligheid! Eis Duitse grond!'[54]

Al die brochures bevatten geharnaste pleidooien voor annexatie van Duits grondgebied, liefst zónder Duitse bewoners. De meeste zijn geschreven door zeer respectabele figuren: artsen, hoogleraren, politici en één zelfs door de toenmalige minister van Buitenlandse Zaken, Eelco van Kleffens. Op een kilometertje meer of minder werd niet gekeken: de één schoof de Nederlandse oostgrens op naar Oldenburg, de ander eiste 'slechts' het Ruhrgebied op, een derde verlegde de toekomstige grens zelfs tot voorbij Hamburg. De voorstanders van annexatie waren verenigd in het Nederlands Comité voor Gebiedsuitbreiding, dat intensief campagne voerde onder leiding van oud-minister van Financiën in het Londense kabinet in ballingschap J. van den Broek. In de 'Richtlijnen voor de propaganda' verdedigde het Comité zich bij voorbaat tegen mogelijke kritiek. Zo zouden tegenstanders kunnen beweren dat onschuldige Duitse grensbewoners niet gestraft mochten worden voor de misdaden van de nazi's. Maar er was geen reden tot twijfel:

'Een onderscheiding tussen nationaal-socialisten en Duitsers is onjuist. Daargelaten, dat de groep nazi's in de grensgebieden ten dele groot was, is het volk als geheel volgens het volkenrecht verantwoordelijk voor de daden van de staat.'[55]

Een Nederlands comité ijverde voor gebiedsuitbreiding, ten koste van Duitsland.
Duitse grond, dat zou 'ons recht en onze redding' zijn.

Voorstanders van annexatie van lappen Duitsland keken later zonder veel
genoegen op deze denkbeelden terug. PvdA-fractievoorzitter Van der
Goes van Naters bijvoorbeeld erkende in 2001 volmondig dat hij zo'n
vergoeding destijds heel terecht had gevonden, maar dat hij gaandeweg
het onmogelijke en het ongepaste er ook wel van was gaan inzien: kennelijk hoorde die wens tot compensatie bij het nationale verwerkingsproces
van de oorlog. Toch bleef het enige tijd een serieus punt in de Nederlandse politiek. Volgens het dagboek van Eerste Kamerlid Ernst Heldring had
dat aanvankelijk ook te maken met de opvatting van koningin Wilhelmina, die achter de schermen druk uitoefende om stukken Duitsland aan
het Nederlandse grondgebied toe te voegen.[56] In de zomer van 1946 eiste
de Nederlandse regering voor het eerst officieel 4.980 km² aan Duits
grondgebied; dit was nog maar de helft van de 10.000 km² die Van Kleffens graag had gezien. De geallieerden, die het beheer over Duitsland
voerden, reageerden weinig enthousiast: hun beleid was gericht op een zo
snel mogelijk herstel van het ineengestorte Duitsland. Annexatie door
Nederland zou daar bepaald niet toe bijdragen. Bovendien waren er in

1946 miljoenen mensen op drift in Duitsland en had niemand behoefte aan Duitse vluchtelingen uit de Nederlandse grensstreek.

In Nederland brak na enige tijd wat meer realisme door en de regering, die steeds meer inzag dat Nederland een groot belang had bij een economisch herstel van Duitsland, schroefde geleidelijk de eisen terug. Afzien van elke compensatie was een stap te ver, dat zou te veel gezichtsverlies opleveren. De geallieerden stemden uiteindelijk in 1948 in met enkele kleine grenscorrecties ten gunste van Nederland, om precies te zijn een uitbreiding met 69 km² en 10.000 Duitsers. De belangrijkste grenscorrectie betrof Elten en Tudderen (Tüdern), twee Duitse grensplaatjes die opeens bij Nederland moesten gaan behoren. Van de grootse annexatieplannen was niets overgebleven, maar de Nederlandse eer was gered, tot schaamte overigens van sommige betrokken diplomaten.[57]

Op 23 april 1949 waren de grenscorrecties een feit en marcheerde de Nederlandse marechaussee de grensplaatsjes Elten en Tudderen binnen. Vier maanden later werd de Bondsrepubliek Duitsland uitgeroepen en kwam een einde aan de staat van oorlog waarin Nederland en Duitsland officieel nog steeds verkeerden. Edmund Wellenstein was vanaf 1950 op het ministerie van Buitenlandse Zaken verantwoordelijk voor de nieuwe gebieden. Hij herinnert zich:

'Er kwamen allerlei wonderlijke problemen op, zoals welk strafrecht geldt daar, wie zorgt er voor hun paspoort? Het inzicht brak natuurlijk door: wat hebben we hier eigenlijk aan? Alleen maar alle mogelijke complicaties. Naarmate de verhoudingen met de nieuwe Duitse regering steeds normaler werden, werden die grenscorrecties steeds abnormaler.'[58]

De geannexeerde gebiedjes veranderden binnen korte tijd in een soort koopwaar. In opdracht van minister Stikker begon Wellenstein geheime onderhandelingen met Duitsland. De Nederlandse staat zou bereid zijn de geannexeerde gebieden terug te geven, maar daar moest wel iets tegenover staan. Al eeuwenlang betwistten Duitsland en Nederland elkaar de loop van de grens in de Eems-Dollard. Dit leek een ideale kans om die grens eindelijk vast te leggen in het voordeel van Nederland. Maar ook dat was een misvatting. Duitsland wachtte rustig af en kreeg uiteindelijk Elten en Tudderen weer terug. In 1963 werd de annexatie ongedaan gemaakt, zonder dat de kwestie van de Eems-Dollard was geregeld.

Nederland kreeg wel iets anders, namelijk 125 miljoen gulden schadevergoeding voor Nederlandse nazislachtoffers: de *Wiedergutmachung*. Die uitkering paste in de politiek van het naoorlogse Duitsland en vooral van bondskanselier Konrad Adenauer, die hard werkte aan betere verhoudingen met andere landen. Hij had in 1952 al een verdrag met Israël gesloten waarin het ging om drie miljard Duitse mark voor de staat en 450 miljoen voor Joodse hulporganisaties. Daarna kwamen er verdragen met andere landen, en in 1963 dus ook met Nederland.

Adenauer koos er welbewust voor dat West-Duitsland onderdeel zou worden van de verschillende samenwerkingsverbanden in de westelijke wereld. De deling van Duitsland, met een oostelijk deel in de invloedssfeer van de Sovjet-Unie, beschouwde hij als onvermijdelijk. Hij zocht aansluiting bij het Westen en deed nagenoeg vanaf het begin mee aan alle initiatieven voor samenwerking in Europa. Duitslands integratie in Europa zou de sleutel moeten zijn tot vreedzaam samenleven in dit deel van de wereld. Het onderling vertrouwen tussen de voormalige aartsvijanden groeide langzaam, maar in 1963 ondertekenden Adenauer en de Franse president De Gaulle het Verdrag van Parijs, een vriendschapsverdrag waarin beide landen beloofden hun buitenlandse politiek op elkaar af te stemmen en voortdurend met elkaar te overleggen.

Ook de verhouding tussen Nederland en Duitsland werd steeds normaler. De vijandschap van '40-'45 verschoof heel langzaam in de richting van rivaliteit die tussen buurlanden normaal kan worden geacht. Nederland en Duitsland werden elkaars voornaamste handelspartner, en later ook elkaars belangrijkste vakantiebestemming. In de jaren zeventig en tachtig waren ze ook geregeld elkaars belangrijkste concurrenten in het internationale voetbal – het terrein waarop landen in vredestijd hun prestigeduels uitvechten. De Nederlandse nederlaag in de WK-finale van 1974 en de overwinning in de halve finale van het EK van 1988 zijn honderden malen beschreven in de beeldspraak van de oorlog, maar daar bleef het ook bij. De verhoudingen zijn genormaliseerd, al blijft er een groep Nederlanders die te veel geleden heeft om daaraan mee te doen.

De goede relaties tussen Duitsland en Nederland blijken tegenwoordig vooral in de grensstreek, waar het inmiddels gebruikelijk is dat Duitse vertegenwoordigers aanwezig zijn bij oorlogsherdenkingen. In het voormalig concentratiekamp Vught bijvoorbeeld legt de Duitse ambassadeur sinds 2006 officieel een krans tijdens de dodenherdenking van 4 mei. Tot die tijd was hij alleen aanwezig, tegenwoordig neemt hij actief deel aan de plechtigheid. Bij de nationale dodenherdenking op de Dam gebeurt dat niet. Het organiserende Nationaal Comité 4 en 5 mei wil de herdenking niet belasten met discussies die voor sommige mensen te pijnlijk zouden zijn. De voormalige Nederlandse ambassadeur in Berlijn N. van Dam heeft er in 2001 vol vuur voor gepleit om een Duitse vertegenwoordiger op de Dam uit te nodigen, maar daaraan is nooit gehoor gegeven: daar ligt vooralsnog de grens.

De Tweede Wereldoorlog heeft in de decennia erna in Nederland een vaste functie gehad als moreel ijkpunt in de meest uiteenlopende kwesties. Wie zich in een discussie beriep op de waarden die in de Tweede Wereldoorlog op het spel stonden, had bij voorbaat het gelijk aan zijn zijde. Wie de aandacht wilde trekken, of het publiek wilde choqueren greep al snel naar de symboliek van de oorlog. Een grove vloek of een uitgestoken middelvinger had slechts een beperkt effect, voor een hakenkruis of een Jodenster gold: altijd prijs. Het aantal spandoeken dat na de oorlog in demonstraties is meegezeuld met verwijzingen naar de oorlog, of elementen daaruit, is ontelbaar. Onvergetelijk is de demonstratie uit 1993 van woedende bezitters van vechthonden. Op het Binnenhof voerden ze actie tegen aangekondigde regeringsmaatregelen om beperkingen te stellen aan het bezit van pitbulls etc. Zij droegen namaakconcentratiekampkleding met daarop gele sterren, en hadden die ook aan hun lievelingsdieren bevestigd.

Aan de oorlog ontleende argumenten waren door hun morele lading vaak onweerlegbaar en dus doorslaggevend. Vooral de nagedachtenis aan Anne Frank, het bekendste en meest aandoenlijke symbool uit de bezettingstijd, werd voortdurend in de strijd geworpen. In 1970 was er, ter ere van de heropening van het Anne Frank Huis, in Amsterdam een toneelstuk te zien waarin het leven van Anne Frank langzaam veranderde in dat van een Griekse verzetsstrijder tegen het toenmalige kolonelsregime. Het stuk eindigde met de veroordeling van Nederlanders die naar Griekenland op vakantie gingen.

Een paar jaar eerder was de Tweede Wereldoorlog prominent aanwezig geweest in straatrellen in onrustig Amsterdam. Demonstranten vergeleken het hardhandig optreden van de Amsterdamse politie veelvuldig met dat van de WA, of van Duitse ordetroepen uit dezelfde periode. Op de televisie verscheen vervolgens een zwaar aangeslagen Amsterdamse burgemeester Van Hall die zei dat een Joodse agent, bij de uitoefening van zijn taak, was uitgescholden voor nazi – de oorlog was er destijds nog elke dag.

'NSB'er' is decennialang een diep beledigend scheldwoord geweest, en is dat eigenlijk nog. Hooligans in en om de voetbalstadions hebben de oorlogsterminologie al decennia geleden ontdekt als een open zenuw van de samenleving: nergens zijn provocaties zo effectief als waar ze over de Jodenmoord gaan. Overheidsmaatregelen en politie-optreden helpen nauwelijks, tegen massa's is weinig uit te richten en de maatschappij blijft op dit punt uiterst gevoelig.

Volgens datzelfde principe gaan sommige ontkenners van de holocaust te werk. Of het nu neonazi's of verknipte historici of extreem-rechtse bisschoppen zijn: wie de Jodenvervolging ontkent of bagatelliseert kan rekenen op massale aandacht in de media en op geschokte reacties. In sommige landen is de ontkenning van de holocaust bij wet strafbaar gesteld. In de Verenigde Staten niet, omdat in dat land de vrijheid van meningsuiting een absolute status heeft. Toen v v d-leider Mark Rutte in 2009 in een bijzin zei dat holocaustontkenning niet strafbaar moest zijn, vielen velen over hem heen: de gevoeligheid van de samenleving op dit punt blijft 65 jaar na de oorlog nog altijd geregeld opvlammen.

Een sterk voorbeeld deed zich voor op de Balkan, in 1992. De burgeroorlog tussen de voormalige onderdelen van de staat Joegoslavië sleepte zich voort en de betrokkenheid van Europa en de grootmachten in de wereld was beperkt. Tot die ene dag, waarop een filmploeg van i t n beelden verspreidde van wat een concentratiekamp leek, met in het midden een graatmagere, uitgehongerde man, achter prikkeldraad. Later ontstond er een hevige controverse over de vraag of die beelden wel echt waren en of die magere man wel echt uitgehongerd en mishandeld was. Maar dat was achteraf. Op het moment zelf ging het om de beeldvorming, die magere man achter het prikkeldraad. Opeens was er een symbool. Opeens werd duidelijk dat daar een oorlog aan de gang was die op DE OORLOG leek. Dat schudde de wereld wakker. 'BELSEN '92', schreeuwde de Daily Mirror op de voorpagina. Sindsdien raakte de we-

Massaal geuite vredesverlangens in Nederland, in de jaren tachtig.

464

reld betrokken bij de oorlog in Joegoslavië en kon het maatregelen nemen om er een eind aan te maken – al werd de genocide in Srebrenica niet voorkomen.

Zo is de Tweede Wereldoorlog eigenlijk nooit weg geweest. Harry Mulisch laat in zijn roman *Het Stenen Bruidsbed* uit 1959 (!) al iemand zeggen dat de Tweede Wereldoorlog pas voorbij is als de laatste mens die hem heeft meegemaakt gestorven is. Inmiddels heeft hij zijn mening licht bijgesteld:

> *'De Tweede Wereldoorlog is pas echt afgelopen als er een derde komt, pas dan stoppen we met praten over de tweede. Dus laten we hopen dat we voor eeuwig over de Tweede Wereldoorlog moeten praten.'*[59]

Noten

1 Kew Strachan, *De Eerste Wereldoorlog*, Amsterdam, 2004, pag. 311 e.v.

2 Idem, pag. 313

3 Hedda Kalshoven-Brester, *Ik denk zoveel aan jullie*, Amsterdam, 1991, pag. 43

4 Henk van Renssen, *De revolutieverzamelaar. George Nypels, reiscorrespondent tussen de wereldoorlogen*, Amsterdam, 2006, pag 222

5 Idem, pag. 220

6 Idem, pag. 64

7 Joachim Fest, *Adolf Hitler, eine Biographie*, Frankfurt, 1995, pag. 288

8 Idem

9 Viktor Reimann, *Joseph Goebbels*, Baarn, 1971

10 Hedda Kalshoven-Brester, *Ik denk zoveel aan jullie*, Amsterdam, 1991, pag. 86

11 Idem, pag. 103

12 Idem, pag. 104

13 Interview met Käthe Fettahoglu-Müller door Rob Trip, Neurenberg, augustus 2008

14 Idem

15 Idem

16 Hedda Kalshoven-Brester, *Ik denk zoveel aan jullie*, Amsterdam, 1991, pag. 138

17 Bella Fromm, *Bloed en Banketten*, Amsterdam, 1991, pag. 87

18 Mark Mazower, *Duister Continent*, Amsterdam, 2006

19 Inaugurele rede van Koen Koch, uitgesproken op 29 mei 2001, bij de officiële aanvaarding van het ambt van bijzonder hoogleraar aan de Faculteit der Rechtsgeleerdheid, Rijksuniversiteit Groningen

20 Programma NSB, Utrecht, 1932. Jan Meijers, *Anton Mussert, een politiek leven*, Amsterdam, 1984, pag. 62 e.v.

21 Citaat uit toespraak van Anton Mussert, zie dvd-box NSB, *De Nationaal-socialistische Beweging*, dvd 1, 'Beginjaren der Beweging'.

22 Hendrikus Colijn, geciteerd in special *Andere Tijden*, 4 juni 2006; uitspraak uit radiorede uit zomer 1935; J.C.H. Blom, *De muiterij op de Zeven Provinciën*, Amsterdam, 1975

23 Dat hij in zijn periode als officier in Indië weerloze inlanders had laten doodschieten was toen nog niet bekend, dat bleek pas uit het eerste deel van zijn biografie, dat in 1998 uitkwam.

24 Herman Langeveld, *Schipper naast God, Hendrikus Colijn, 1869-1944*, Amsterdam, 2004, pag. 33

25 Idem, pag. 32

26 Henk van Renssen, *De revolutieverzamelaar. George Nypels, reiscorrespondent tussen de wereldoorlogen*, Amsterdam, 2006, pag. 232-233

27 *Het Volk*, 6 mei 1933

28 Henk van Renssen, *De revolutieverzamelaar. George Nypels, reiscorrespondent tussen de wereldoorlogen*, Amsterdam, 2006, pag. 233-234

29 *Het Volk*, A. den Doolaard, 6 juli 1937

30 A. Fabre-Luce, *l'Histoire démaquillée*, Parijs 1967

31 Herman Amersfoort, 'Een harmonisch leger voor Nederland. Oorlogsbeeld, strategie en operationele planning van het Nederlandse leger in het Interbellum', oratie bij aanvaarding ambt hoogleraar Militaire Geschiedenis en Algemene Strategie, 7 november 2007

32 Idem

33 Hedda Kalshoven-Brester, *Ik denk zoveel aan jullie*, Amsterdam, 1991, pag. 175

34 Idem, pag. 175

35 Thomas Leeflang, *Leni Riefenstahl*, Baarn, 1991; Jürgen Trimborn, *Leni Riefenstahl, een Duitse carrière*, Amsterdam, 2008

36 Ad van Liempt, 'De nazi's hadden wél televisie', in: *Andere Tijden*, deel 1, Amsterdam, 2000, pag. 39. De televisieafdeling droeg de naam van Paul Nipkow, de toen al bejaarde grondlegger van de moderne televisie.

37 Interview met Käthe Fettahoglu-Müller door Rob Trip, Neurenberg, augustus 2008

38 Idem

39 Interview met de correspondent Baillie van United Press, geciteerd in N.H. Baynes, *The Speeches of Adolf Hitler*, Oxford University Press, 1942, Volume 1, pag. 732)

40 'De verzwegen schande van Pirna', in: *Andere Tijden*, deel 1, Amsterdam, 2000

41 Werner Bloch, *Confrontatie met het noodlot, Getuigen van Westerbork*, Westerbork, 2001, pag. 23

42 Interview met Fred Schwarz door Rob Trip, Amsterdam, september 2008

43 Idem

44 Harm van der Veen, *Westerbork 1939-1945, Het verhaal van vluchtelingenkamp en Durchgangslager Westerbork*, Westerbork, 2003, pag. 10

45 Idem, pag. 11

46 Idem, pag. 13

47 Interview met Fred Schwarz door Rob Trip, Amsterdam, september 2008

48 *Joseph Goebbels Tagebücher 1924-1945*, uitgegeven door Ralf Goerg Reuth, 2003.

49 Toespraak Hitler op 1 september 1939 in de Reichstag

50 *Algemeen Handelsblad*, 28 augustus 1939

51 L. de Jong, *Koninkrijk der Nederlanden in de Tweede Wereldoorlog*, 1970, deel 3, mei 1940, pag. 40

52 Verklaring Van Haalem, in: *Maandblad Ons leger* nr 5-6 mei juni 1946 pag 51 e.v.

53 Gevechtsverslag van J.H.G. de Kruif, geciteerd in: E.H. Brongers, *Opmars naar Rotterdam*, deel 2, Den Haag, 1982, pagina 185

54 E.H. Brongers, *Opmars naar Rotterdam*, deel 2, Den Haag, 1982, pagina 182

55 Verslag van de gemeentesecretaris van Mill de heer A.H. de Becker, geciteerd in: Brongers, deel 2, pag. 203

56 H.W. van den Doel, 'Geen brug te ver', in: *Mei 1940* (red. Herman Amersfoort en Piet Kamphuis), pag. 368

57 Idem, pag. 370

58 Aad Wagenaar, *Rotterdam mei '40*, pag. 340

59 Dagboek J.C.M. Knüppe, NIOD 244/872. Ook geciteerd in *Dagboekfragmenten 1940-1945*, Amsterdam, 1955, pag. 31

60 Idem

61 H.W. van den Doel, 'Geen brug te ver', in: *Mei 1940* (red. Herman Amersfoort en Piet Kamphuis), pag. 371-372

HOOFDSTUK 2

1 L. de Jong, *De Bezetting*, NTS 6 mei 1960

2 Aad Wagenaar, *Rotterdam mei '40*, Amsterdam 1970, pag. 372 en: Hans van der Pauw, *Rotterdam in de Tweede Wereldoorlog*, Rotterdam, 2006

3 *Andere Tijden*, 23 april 2006

4 *Andere Tijden* VII, *Nieuw licht op oude kwesties*, Amsterdam, 2006, pag. 240

5 NIOD doc 11 692, a-11, geciteerd in: Van der Pauw, Rotterdam, pag. 193, 194

6 Tessel Pollmann, *Van Waterstaat tot Wederopbouw, Het leven van dr. Ir. J.A. Ringers*, Amsterdam, 2007

7 J. Nieskens, A. Schreurs, *Het Vaderland spreekt tot de jeugd*, Utrecht/Antwerpen, 1947

8 *Nieuws van de Dag*, 21 mei 1940

9 Idem

10 René Vos, *Niet voor Publicatie, De legale Nederlandse pers tijdens de Duitse bezetting*, Amsterdam, 1988, pag. 59

11 Ida Boudier-Bakker, *Met de tanden op elkaar, Dagboeknotities '40-'45*, Amsterdam, 1975

12 Chris van der Heijden, *Grijs Verleden*, Amsterdam, 2001

13 *Tubantia*, 15 mei 1940

14 *Tubantia*, 16 mei 1940

15 *Tubantia*, 18 mei 1940

16 *Tubantia*, 25 mei 1940

17 *Haagsche Courant*, 15 mei 1940

18 *Weekblad Libelle*, 31 mei 1940

19 *De Telegraaf*, 21 mei 1940

20 Mariette Wolf, *Het geheim van De Telegraaf*, Amsterdam, 2009

21 Dagboek *Telegraaf*-redacteur Wijnand, 18 mei 1940

22 *De Telegraaf*, 22 juli 1940

23 Dagboek Wesselingh, gepubliceerd in *Oorlogsbrieven (1940-1945) van J. Wesselingh aan F.P. Wesselingh* (samenst. en red.: Anton Wesselingh ... et al), pag. 24

24 *Oorlogsdagboek* Jaap Burger, Amsterdam, 1995, pag. 61

25 *Andere Tijden*, 7 mei 2006; Carla Boos (red.), *Andere Tijden* VII, *Nieuw licht op oude kwesties*, pag. 204

26 Uitzending Radio Oranje, 24 mei 1940

27 Dagboek C. Schildmeijer, NIOD, 29 juni 1940, NIOD 244/473

28 Dagboek Douwe Bakker, NIOD, 29 juni 1940, NIOD 244/758

29 Dagboek A.J.G. Huizinga-Sannes, uit Den Haag, NIOD 244/825

30 Dagboek Douwe Bakker, 29 juni 1940, NIOD 244/758

31 Dagboek C. Schildmeijer, NIOD, 31 augustus 1940, NIOD 244/473

32 Dagboek Meta Groenewegen, 24 november 1940, NIOD 244/1332

33 *Andere Tijden*, 10 mei 2005, 'Duitse soldaten filmen Nederland'; zie ook: Carla Boos (red.), Andere Tijden deel VI, Amsterdam, 2005, pag. 173

34 Bart van der Boom, *'We leven nog'; de stemming in bezet Nederland*, Amsterdam, 2003, pag. 25

35 Tagesbefehl nr 15/41, van 11 mei 1941, geciteerd in: Aad Jongbloed, *Standort Holland*, Zutphen, 1995

36 Dutilh-Van Vollenhoven, *Oorlogsdagboek*, pag. 32

37 Idem, pag. 31

38 Christ Klep in *Andere Tijden*, 'Duitse soldaten filmen Nederland', 10 mei 2005

39 Idem

40 Idem

41 Heinz Roekker in *Andere Tijden*, 'Duitse soldaten filmen Nederland', 10 mei 2005, Carla Boos, *Andere Tijden*, deel VI, Amsterdam, 2005, pag. 177

42 Aad Jongbloed, *Standort Holland*, Zutphen, 1995, pag. 53

43 Dagboek mej. S. Spijker, NIOD 244/ 77

44 A. Swijtink, *In de pas. Sport en lichamelijke opvoeding in Nederland tijdens de Tweede Wereldoorlog*, Haarlem, 1992

45 Willem Augustin in interview met Jurryt van de Vooren en Marnix Koolhaas op www.sportgeschiedenis.nl

46 Seyss-Inquart in de Ridderzaal, 29 mei 1940; zie ook Polygoon, 30 mei 1940, 'Seyss-Inquart aanvaardt het Rijkscommissariaat over Nederland', archief Beeld en Geluid

47 Idem

48 H.M. Hischfeld, zie L. de Jong, *Koninkrijk der Nederlanden*, deel 4, pag. 39

49 H.J. Neumann, *Arthur Seyss-Inquart*, pag. 140-147

50 Kurt Rabl, geciteerd in: L. de Jong, *Koninkrijk der Nederlanden*, deel 4, pag. 59.

51 Geciteerd in: L. de Jong, *Koninkrijk der Nederlanden*, deel 4, pag. 49

52 Seyss-Inquart, augustus 1939, toespraak in Iglau, geciteerd in: L. de Jong, *Koninkrijk der Nederlanden*, deel 4, pag 52n

53 H.J. Neuman, *Arthur Seyss-Inquart*, pag. 132

54 L. de Jong, *Koninkrijk der Nederlanden*, deel 4, pag. 27

55 H.J. Neuman, *Arthur Seyss-Inquart*, pag. 152

56 J.J.G. Boot, *Burgemeester in bezettingstijd*, Apeldoorn, zj., pag. 39

57 Idem, pag. 29

58 Idem, pag. 53

59 Het verhaal over Boot en Borggreve in: J.J.G. Boot, *Burgemeester in bezettingstijd*, Apeldoorn, zj., pag. 39-45

60 Peter Romijn, *Burgemeester in oorlogstijd, Besturen onder Duitse bezetting*, Amsterdam 2006, pag. 157

61 J.J.G. Boot, *Burgemeester in bezettingstijd*, Apeldoorn, zj. pag. 74

62 Idem, pag. 82

63 J. Presser, *Ondergang*, Amsterdam, 1965, pag. 58

64 C. Stuhldreher, *De legale rest*, Amsterdam, 2007, met name hoofdstuk 2

65 L. de Jong, *De Bezetting na 50 jaar*, deel 1, Den Haag, 1990, pag. 69

66 Presser, *Ondergang*, pag. 30

67 Idem, pag. 31 e.v., waar Presser ook ingaat op de weinig talrijke protesten tegen de ariërverklaring

68 J.J.G. Boot, *Burgemeester in bezettingstijd*, Apeldoorn, zj. pag. 58

69 Gerard Aalders: *Roof, De ontvreemding van Joods bezit tijdens de Tweede Wereldoorlog*, Den Haag, 1999, pag. 127 e.v.

70 L. de Jong, *Het Koninkrijk der Nederlanden in de Tweede Wereldoorlog*, deel 5, eerste helft, pag. 432

71 Edith Velmans-van Hessen, *Het verhaal van Edith*, Amsterdam 1997, pag. 47

72 Idem, pag. 76

73 *Het oorlogsdagboek van Dr. G. Italie, Den Haag, Barneveld, Westerbork, Theresienstadt, Den Haag 1940-1945*, Amsterdam, 2009

74 Idem

75 Edith Velmans-van Hessen, *Het verhaal van Edith*, Amsterdam 1997, pag. 92-93

76 Idem, pag. 93

77 Idem, pag. 96

78 B. A. Sijes, *De Februaristaking*, Den Haag, 1954

79 Friso Roest, Jos Scheren, *Oorlog in de stad*, Amsterdam, 1998

80 Salomon de Vries, NIOD 244/174, ook: *Dagboekfragmenten 1940-1945*, Den Haag, 1954, pag. 67

81 L. de Jong, *De Bezetting na 50 jaar*, pag. 104

82 C. Fijnaut, *De geschiedenis van de Nederlandse politie*, Amsterdam, 2007; Guus Meershoek, *De geschiedenis van de Nederlandse politie. De gemeentepolitie in een veranderende samenleving*. Amsterdam, 2007

83 L. de Jong, *Het Koninkrijk der Nederlanden in de Tweede Wereldoorlog*, deel 4, eerste helft, pag. 73

84 *Blad van de Christelijke Politie-ambtenaren*, 1 mei 1938

85 Chris van der Heijden, *Grijs Verleden*, Amsterdam, 2001, pag. 158

86 L. de Jong. *Het Koninkrijk der Nederlanden in de Tweede Wereldoorlog*, deel 5, eerste helft, pag. 93-96

87 Idem, pag. 97

88 Arthur Seyss-Inquart, rede IJsclubterrein, 27 juni 1941

89 J.C.H. Blom, 'Exploitatie en nazificatie. De Nederlandse samenleving onder nationaal-socialistisch bestuur, 1940-1945', in: *In de ban van goed en fout*, Amsterdam 2007, pag. 36

HOOFDSTUK 3

1 Dagboek N.M.Westerbeek van Eerten-Faure uit Hummelo, NIOD 244/105, 23 juni 1940

2 Gesprek researchers Chris van Esterik en Suzanne Hendriks met Bart van der Boom, 12 november 2007; zie ook Bart van der Boom: *'We leven nog': de stemming in bezet Nederland*, Amsterdam, 2003

3 Peter Gerritse, *De verzetsvrouw en de ss'er*, Amsterdam, 2005

4 Interview Rob Trip met Jan Folmer, Oostenrijk, oktober 2008

5 Interview Rob Trip met Joke Folmer, Schiermonnikoog, oktober 2008

6 Idem

7 Interview Rob Trip met Jan Folmer, Oostenrijk, oktober 2008

8 Idem

9 Interview Rob Trip met Joke Folmer, Schiermonnikoog, oktober 2008

10 L. de Jong, *Het Koninkrijk der Nederlanden in de Tweede Wereldoorlog*, deel 4, tweede helft, pag. 639

11 Idem, pag. 662

12 Friso Roest en Jos Scheren, *Oorlog in de stad*, Amsterdam, 1998, pag. 18

13 *De Waarheid*, 18 februari 1941

14 L. de Jong, *Koninkrijk*, deel 4, tweede helft, pag. 619

15 Uitgesproken tegen RIOD-onderzoeker Ben Sijes; zie ook: Friso Roest en Jos Scheren, *Oorlog in de stad*, Amsterdam, 1998, pag. 261

16 Dagboek van I. Steur, NIOD 244/78

17 *Weekblad De Tijd*, 5 januari 1990

18 L. de Jong, *Koninkrijk*, deel 4, tweede helft, pag. 860

19 Dagboek Douwe Bakker, NIOD, dagboeknummer 758, 25 februari 1941

20 *Oud Utrecht*, februari 2009, artikel over Februaristaking in Utrecht

21 Dagboek mej. S. Spijker, NIOD 244/77

22 L. de Jong, *Het Koninkrijk der Nederlanden in de Tweede Wereldoorlog*, deel 4, tweede helft, pag. 740

23 Citaat W. Hijmans in: *NRC-Handelsblad*, 4 mei 1995, 'Een tweede Cleveringa'

24 Collectie Oorlogsdocumentatie, Archief Midden-Holland, Gouda

25 Bart van der Boom, 'De lokroep van de NSB'. In: *Historisch Nieuwsblad*, mei 2007 pag. 30-36

26 Interview met Hans Olink, *Elsevier*, 4 augustus 1990

27 *Onder de vleugels van de partij; kind van de Führer, levensverhaal van een Nederlandse ex-SS'er*. Opgetekend door Inge Spruit. Bussum, 1983. Op dit boek is de volgende episode gebaseerd.

28 Citaat uit *Onder de vleugels van de partij*, pag. 31-32

29 Bart van der Boom, 'De lokroep van de NSB'. In: *Historisch Nieuwsblad*, mei 2007 pag. 30-36

30 *Volk en Vaderland* van 24 februari 1934

31 Tessel Pollmanns naspeuringen in een artikel op tesselpollmannonderzoek.nl

32 Ronald Havenaar, *Anton Mussert, verrader voor het vaderland, een biografische schets*, Den Haag, 1984, pag. 50

33 Uit een gesprek met N.W. Posthumus op 27 maart 1946, een week na het uitspreken van het doodvonnis wegens landverraad, hoogverraad en hulpverlening aan de vijand.

34 Dagboek Mussert, 3 september 1940, geciteerd in: Jan Meyers, *Mussert, een politiek leven*, Amsterdam, 1984

35 Dagboek van J.L. van Sonsbeek over de Nationale Jeugdstorm afd. Haarlem (1941-1944), Noordhollands Archief, 5 sept 1942

36 Idem, 27 oktober 1942

37 Idem, 21 juni 1944

38 C. Wenniger Mulder, oorlogsverslaggever bij de Waffen SS, 'Van een Frontsoldaat', NIOD, 244/1068

39 Idem

40 Hans Rambonnet, ondervraagd door V. Laurentius, geciteerd in: Wout Buitelaar, *Panden die verhalen, een kleine oorlogsgeschiedenis van de Utrechtse Maliebaan*, Utrecht, 2008, pag. 24

41 Dagboek Jeltje Eckert-Stroink op 29 juli 1940, NIOD 244/ 1192

42 Interview Rob Trip met Herman van Run, oktober 2008

43 Idem

44 Dagboek Jeltje Eckert-Stroink op 4 augustus 1940, NIOD 244/ 1192

45 Interview Rob Trip met Herman van Run, oktober 2008
46 Dagboek Kruisinga op 31 oktober 1940, NIOD 244/335, deel I
47 Wichert ten Have, *De Nederlandse Unie, aanpassing, vernieuwing en confrontatie in bezettingstijd, 1940-1941*, Amsterdam, 1999, pag. 414 ev.
48 *Werk aan den Winkel!* Nr. 3; 17 juli 1941, Archief Engels (IISG)
49 Interview Rob Trip met Herman van Run, oktober 2008
50 Interview van researchers Chris van Esterik en Yfke Nijland met Wichert ten Have, 9 november 2007
51 Robert Peereboom, *Gijzelaar in Gestel*, Zwolle, 1945, pag. 58-59
52 Idem, pag. 60,
53 Idem, pag. 64-65
54 Piet Sanders in *Andere Tijden*, 7 mei 2002
55 Robert Peereboom, *Gijzelaar in Gestel*, Zwolle, 1945, pag. 64
56 Toespraak minister-president P.S. Gerbrandy, Radio Oranje, augustus 1942
57 Gegevens gijzelaarskamp ontleend aan: Laura van Hasselt en Godfried van Run, 'Sint-Michielsgestel, Hitlers Herrengefängnis' in: *Andere Tijden* deel III, Amsterdam, 2002, pag. 99
58 Piet Sanders in *Andere Tijden*, 7 mei 2002
59 Marjan Schwegman, *Het Stille Verzet vrouwen in illegale organisaties Nederland 1940-1945*. Amsterdam, 1979
60 Rob van Olm, *Recht, al barstte de wereld, Reina Prinsen Geerligs en de ondergang van CS-6*, Schoorl, 1998
61 Mevr. F. Hoogenboom-Eftink, in interview met Maartje van Weegen, 4 mei 1993, NOS-televisie
62 Johannes Walinga, in interview met Maartje van Weegen, 4 mei 1993, NOS-televisie
63 L. de Jong, *Het Koninkrijk der Nederlanden in de Tweede Wereldoorlog*, deel 6, tweede helft, pag. 772.
64 Piet Jonker, in interview met Maartje van Weegen, 4 mei 1993, NOS-televisie
65 J.J. Zijp, *Storm over Marum in de bezettingsjaren 1940-1945*, Marum, 1946.
66 Idem, pag. 22
67 Interview Rob Trip met Foppe de Jong, Marum, november 2008
68 Idem
69 L. de Jong, *Koninkrijk*, deel 6, tweede helft, pag. 813

HOOFDSTUK 4

1 I. Blanken, *Geschiedenis van Philips Electronics N.V. (1935-1950) / Onder Duits beheer*, Zaltbommel, 1997; Marcel Metze, *Anton Philips, 1874-1951, Ze zullen weten wie ze voor zich hebben*, Amsterdam, 2004
2 Gerhard Hirschfeld, *Bezetting en collaboratie, Nederland tijdens de oorlogsjaren 1940-1945*, Haarlem 1991; Hein Klemann, *Nederland 1938-1948, Economie en samenleving in jaren van oorlog en bezetting*, Amsterdam, 2002; Joggli Meihuizen, *Noodzakelijk kwaad. De bestraffing van economische collaboratie in Nederland na de Tweede Wereldoorlog*, Amsterdam, 2003
3 Gerhard Hirschfeld, *Bezetting en collaboratie*, pag. 30
4 Hein Klemann, *Nederland 1938-1948*, pag. 68

5   *Völkische Beobachter*, 1 december 1940; zie ook: Hein Klemann, *Nederland 1938-1948*, pag. 66

6   Gerhard Hirschfeld, *Bezetting en collaboratie*, pag. 166

7   Hein Klemann, *Nederland 1938-1948*, pag. 69

8   Notaris Kruisinga, NIOD 244/335, geciteerd in: Van der Boom, '*We leven nog*', pag. 82

9   Personeelsblad WIDO, mei 1940

10 Personeelsblad WIDO, augustus 1940

11 Interview in de *Oprechte Haarlemsche Courant* van 11 december 1940

12 Notulen raad van commissarissen Droste, 22 april 1942

13 Dagboek weduwe Droste, donderdag 26 februari 1942

14 Ina Boudier-Bakker, *Met de tanden op elkaar, Dagboeknotities '40-'45*, Amsterdam, 1975

15 Heinrich Böll, *Brieven uit de oorlog, 1939-1945*, Amsterdam, 2007, pag. 50

16 Idem, pag. 16

17 Götz Aly, *Hitlers Volksstaat*, pag. 115

18 Götz Aly, *Hitlers Beneficiaries*, Londen, 2006, pag. 104

19 Ina Boudier-Bakker, *Met de tanden op elkaar, Dagboeknotities '40-'45*, Amsterdam, 1975, pag. 47

20 Heinrich Böll, *Brieven uit de oorlog, 1939-1945*, Amsterdam, 2007

21 Hein Klemann, *Nederland 1938-1948*, pag. 130-131

22 Brief in strafdossier, Nationaal Archief, Centraal Archief Bijzondere Rechtspleging, inv. nr. 39358

23 Proces-verbaal in strafdossier, idem

24 Dagvaarding in strafdossier, idem

25 *Groninger Dagblad*, 12 december 1946

26 Hein Klemann, *Nederland 1938-1948*, pag. 268

27 Idem, pag. 571

28 Karel Volder, *Van Riga tot Rheinfelden*, Amsterdam, 1996, pag. 168

29 Idem, pag. 564

30 Idem, pag. 569

31 Idem, pag. 429

32 Idem, pag. 419

33 E. H. Kossmann, *Familiearchief, Notities over voorouders, tijdgenoten en mijzelf*, Amsterdam, 1998, pag. 94-95. Origineel in Bijzondere Collecties van de Universiteitsbibliotheek van Leiden, onder signatuur LTK 2268

34 Idem, pag. 96

35 Idem, pag. 97

36 Idem, pag. 99

37 Idem, pag. 100-101

38 Chris van Esterik, *Bloesem en staal*, Kesteren, 2006, pag. 21-22

39 Karel Volder, *Van Riga tot Rheinfelden*, Amsterdam, 1996, pag. 878

40 Hein Klemann, *Nederland 1938-1948*, pag. 114

41 Götz Aly, *Hitlers Volksstaat*, Frankfurt, 2006, pag. 324

42 A. Ebeling en W. Hering, *Droste. De geschiedenis van de Haarlemse cacao- en chocoladefabriek aan het Spaarne*, Haarlem, 1977, pag. 69

43 Idem, pag. 82

44 Dagboek weduwe Droste, 20 mei 1942

45 Personeelsblad WIDO van Droste, februari 1942

46 Ebeling, Hering, Droste, pag. 72

47 Dagboek weduwe Droste, 8 december 1942

48 Idem, 14 januari 1943

49 Idem, 2 september 1943

50 Idem, 13 mei 1944

51 *De Groene Amsterdammer*, 21 april 1999

52 Tweede LiRo-verordening, NIOD, archief Lippmann, Rosenthal en Co, doos 217, map D, geciteerd in Gerard Aalders, *Roof, De ontvreemding van Joods bezit tijdens de Tweede Wereldoorlog*, Den Haag, 1999, pag. 201

53 *De Telegraaf*, 6 maart 1942

54 Hein Klemann, *Nederland 1938-1948*, pag 98

55 Gerard Aalders, *Roof*, pag. 235

56 Ad van Liempt, *Kopgeld*, Amsterdam, 2002, pag. 39 e.v.

57 Gerard Aalders, *Roof*, pag. 203

58 *Margriet*, 22 september 1939

59 Werkman, De Keizer, Van Setten, *Dat kan ons niet gebeuren, Het dagelijks leven in de Tweede Wereldoorlog*, Amsterdam, 1980, pag 58. Origineel NIOD 244/246.

60 Bart van der Boom, *'We leven nog', De stemming in bezet Nederland*, Amsterdam, 2003, pag 74

61 Dagboek mevr. Boekholt-Nieuwenhuis in: A. Schulte, *De geschiedenis van WOII in meer dan 100 verhalen*, Amsterdam, 2005

62 Ellen ter Hofstede e.a., *Kleding op de bon, Kleding- en textielschaarste in Nederland 1939-1949*, Assen, 1995

63 Ina Boudier-Bakker, *Met de tanden op elkaar, Dagboeknotities '40-'45*, Amsterdam, 1975, pag. 45. Origineel manuscript bevindt zich in het Letterkundig Museum te Den Haag

64 Idem, pag. 46

65 Gerard Trienekens, *Voedsel en honger in oorlogstijd*, Amsterdam, 1985, pag. 24

66 Ralf Futselaar, *Lard, lice and longevity*, Amsterdam, 2008

67 C.J. Ooms-Vinckers, 'Ons dagelijks brood, goede maaltijden in oorlogstijd, wat elke huisvrouw in tijd van oorlog en distributie moet weten.'

68 Dagboek Meta Groenewegen, 18 januari 1941, NIOD 244/1332

69 Herinneringen Egbert van de Haar, tweede-wereldoorlog.org/egbertvande-haar

70 Ellen ter Hofstede e.a. *Kleding op de bon*, pag. 77

71 Idem

HOOFDSTUK 5

1 W.C. Ultee, R. Luyckx, 'De schaduw van een hand. Joods-gojse huwelijken en Joodse zelfdodingen in Nederland 1936-1943'. In: *De organisatie van de bezetting*, Amsterdam, 1997, pag. 55-76

2 Joseph Goebbels, *Tagebücher 1924-1945*, band 4. Reuth, 2003

3 Mark Roseman, *De Villa, Het meer, De conferentie, Wannsee, 20 januari 1942*, Amsterdam, 2002, pag. 86. Roseman citeert uit Christian Gerlach, *Krieg, Ernährung, Völkermord*, Zürich, München, 2001, pag. 122

4 Christopher Browning, *Ordinary Men*, New York, 1992
5 Zie voor de dagboeken van Theresa Wertheim de website Joodscheraadenschede.nl
6 Idem
7 Idem
8 M. Schenkel, 2003: 'De Twentse Paradox' en M. Croes & P. Tammes, *Gif laten wij niet voortbestaan. Een onderzoek naar de overlevingskansen van Joden in de Nederlandse gemeenten 1940-1945*, Amsterdam, 2003
9 Roseman, *De Villa* etc., pag. 91 en 92
10 Idem, pag. 93
11 Uit het protocol van de Wannseeconferentie, vertaald in het boek van Mark Roseman; ook te vinden op de website van het 'Huis van de Wannseeconferentie', www.ghwk.de
12 Idem
13 Idem
14 Idem
15 Memo van F. Rademacher aan onderstaatssecretaris Martin Luther, 7 maart 1942, zie website www.ghwk.de
16 *Joods Weekblad*, nr 5, 8 mei 1942
17 Mededeling van Henk van Gelderen in gesprek met Yfke Nijland en Suzanne Hendriks. Zie ook: F. de Haan, *Een eigen patroon. Geschiedenis van een Joodse familie en haar bedrijven, ca. 1800-1964*, Amsterdam, 2004
18 Dagboek N.M. Westerbeek van Eerten-Faure, NIOD 244/105.
19 G. Meershoek, *Dienaren van het gezag*, pag. 228
20 J. Presser, *Ondergang*, pag. 247
21 *Joods Weekblad*, 14 juli 1942
22 Ph. Mechanicus, *In Depot*, Amsterdam, 1964
23 Bob Moore, *Slachtoffers en overlevenden*, pag. 145 e.v.
24 L. de Jong, *De Bezetting na 50 jaar*, deel 2, Den Haag, 1990, pag. 197
25 M. Bolle, *Ik zal je beschrijven hoe een dag er hier uitziet. Dagboekbrieven uit Amsterdam, Westerbork en Bergen-Belsen*, Amsterdam, 2005
26 Voor de discussie over de Joodse Raad zie, behalve de al eerder genoemde boeken, ook: W. Lindwer, *Het fatale dilemma*, Den Haag, 1995 en H. Knoop, *De Joodse Raad, Het drama van Abraham Asscher en David Cohen*, Amsterdam, 1983
27 G. Meershoek, *Dienaren van het gezag*, pag. 218
28 Idem. Vanaf pag. 220 worden de werkzaamheden van Bureau Joodse Zaken beschreven.
29 L. de Jong, *De Bezetting na 50 jaar*, deel 2, pag. 194
30 J. Presser, *Ondergang*. Na pag. 280 staat de brief van Rauter aan Himmler integraal afgedrukt, inclusief Himmlers handgeschreven commentaar 'Sehr gut'.
31 Geciteerd in Abel J. Herzberg, *Kroniek der Jodenvervolging*, Amsterdam, vijfde herziene druk 1985, pag. 195
32 Idem
33 Johannes Houwink ten Cate, 'Het Zündler-rapport', pag. 25. In dit niet uitgegeven rapport, ter inzage bij het NIOD, wordt een verslag geciteerd van S. Troostwijk, opgesteld na de oorlog. NIOD, Doc II, 363
34 Verslag van Santcroos is een bijlage bij het Zündler-rapport, NIOD, Doc II, 361
35 L. de Jong, *Het Koninkrijk der Nederlanden in de Tweede Wereldoorlog*, deel 6, pag. 246

36 Klaartje de Zwarte, *Alles gaat aan flarden, Het oorlogsdagboek van Klaartje de Zwarte-Walvisch*, Amsterdam, 2009. Origineel in Joods Historisch Museum, Amsterdam

37 Idem

38 Idem

39 Idem

40 Dagboek van Juliette Binger, in bezit Joods Historisch Museum, document 03494

41 Dagboek A. J. G. Huizinga-Sannes, uit Den Haag, NIOD 244/825

42 Getuigenis van Semmy Woortman-Glasoog in: B. J. Flim, *Omdat hun hart sprak*, Kampen, 1996, pag. 134

43 Rose Jakobs, *De Roos die nooit bloeide, Dagboek van een onderduikster, 1942-1944*, Amsterdam, 1999, pag. 32

44 Idem, pag. 52

45 Idem, pag. 76

46 Idem, pag. 129

47 Ad van Liempt, *Kopgeld, Nederlandse premiejagers op zoek naar Joden*, Amsterdam, 2002, pag. 77-80

48 Ad van Liempt, *Frieda – verslag van een gelijmd leven*, Westerbork, 2007, pag. 46

49 *Kopgeld*, pag. 83-87; Dick Verkijk, *De tragische ondergang van de familie Sanders*, Soesterberg, 2007

50 *Kopgeld*, pag. 83 ev. Verklaring van mevrouw Hollebrands in dossier-K., Nationaal Archief, Centraal Archief Bijzondere Rechtspleging, CABR-nummer 642, dossiernummer BRC 11/49

51 Idem

52 *Kopgeld*, pag. 243; Verklaring van Anna de C. in het strafdossier van De C., Nationaal Archief, CABR, 191/49, inventarisnummer 386

53 *Kopgeld*, pag. 219

54 Website Anne Frank Huis; zie ook: Ad van Liempt, *Frieda, verslag van een gelijmd leven*

55 Etty Hillesum, *Het denkende hart van de barak, Brieven van Etty Hillesum*, Haarlem, 1982, brief uit augustus 1943, pag. 107; J. Presser, *Ondergang*, pag. 331

56 Philip Mechanicus, *In Depot*, Laren/Westerbork 2007, zondag 30 mei 1943

57 Idem, zaterdag 14 augustus 1943

58 Etty Hillesum, *Het denkende hart van de barak*, brief uit december 1942, pag. 34

59 Idem, maandag 21 juni 1943

60 Etty Hillesum, *Het denkende hart van de barak*, brief uit december 1942, pag. 22

61 Idem, dinsdag 6 juli 1943

62 Idem, dinsdag 1 juni 1943

63 Geciteerd in: Ad van Liempt, *Frieda, verslag van een gelijmd leven*, Westerbork, 2007

64 Jules Schelvis, *Sobibor*, Amsterdam, 2000; Jules Schelvis, *Binnen de poorten: een authentiek relaas van twee jaar Duitse concentratiekampen 1943-1945*, Amsterdam, 1982

65 Citaat uit dvd *Leven na de ondergang, acht portretten van holocaust-overlevenden*, Westerbork, 2007. Uitspraak gedaan in interview met auteur voor deze dvd

66 Brief Rebecca Brommet aan haar broer Jo, september 1945, geciteerd in: *Frieda, verslag van een gelijmd leven*, pag. 56

67 *Frieda, verslag van een gelijmd leven*, pag. 57

68 Brief Rebecca Brommet aan haar broer Jo, september 1945, geciteerd in: *Frieda, verslag van een gelijmd leven*, pag. 59

69 Geciteerd uit tv-interview met Willy Lindwer, zie: *Frieda, verslag van een gelijmd leven*, pag. 61

70 *Frieda, verslag van een gelijmd leven*, pag. 66

71 L. de Jong, *Koninkrijk*, deel 7, eerste helft, pag 331. Gegevens ontleend aan gesprek Yfke Nijland met Jaap van Duijn jr., 13 februari 2008

72 J. Schaap 2007: *Het recht om te waarschuwen. Over de Radio Oranje toespraken van koningin Wilhelmina*, Amsterdam, 2007

73 Bart van der Boom, *'We leven nog', De stemming in bezet Nederland*, Amsterdam, 2003

74 Interview Jules Schelvis, zie dvd: *Overleven na de ondergang*, uitgegeven door Herinneringscentrum Kamp Westerbork

75 Brief Ivo Schöffer aan RIOD, 1970

76 *Het verstoorde leven, Dagboek van Etty Hillesum, 1941-1943*, Haarlem, 1981. Van: 11 juli 1942, pag. 127

77 Pim Griffioen, Ron Zeller, *Vergelijking van Jodenvervolging in Frankrijk, België en Nederland, 1940-1945. Overeenkomsten, verschillen, oorzaken*, dissertatie Universiteit van Amsteredam, 2008

78 Speech van Heinrich Himmler in Poznan, 4 oktober 1943, zie voor volledige tekst website nationalsozialismus.de/dokumente

79 Gitta Sereny, *Verstrikt in de waarheid*, Amsterdam, 1995

80 Zie noot 75

HOOFDSTUK 6

1 Dagboek J.C.M. Kruisinga, uit Vriezenveen, NIOD 244/335

2 Idem

3 Publicatie van soldatenbrieven op internet, www.feldpost-archiv.de/feldpost

4 *Wochenschau* 14 juni 1944, Bundesarchiv, Berlijn; ook te zien op YouTube

5 Radio Oranje, 4 september 1944

6 Zie voor de toedracht: *Andere Tijden*, 31 augustus 2004, Beeld en Geluid, docid: 175739, bandnr TD 76762, en het artikel op de website van *Andere Tijden*

7 Idem

8 Dagboek Walter Janssens, NIOD, 244/591

9 L. de Jong, *Koninkrijk*, deel 10a, eerste helft, pag. 196.

10 Dagboek van Hans Bial in Joods Historisch Museum, onder nr 000005318, origineel in het Duits

11 Koos Groen *'Er heerst orde en rust', chaotisch Nederland tussen september 1944 en december 1945*, pag. 13

12 C. Huurman, *Het spoorwegbedrijf in oorlogstijd, 1939-'45*, pag. 315

13 *Dagboekfragmenten 1940-1945*, Den Haag, 1954, pag. 416. Origineel dagboek in het NIOD, 244/142

14 Brief van oud-gevangene J. van Herk, archief Nationaal Monument Kamp Vught, geciteerd in: Winanda de Vroe, *Kamp Vught, de laatste maanden*, Vught, 1994, pag. 24

15 Corrie ten Boom, *Gevangene en toch..., herinneringen uit Scheveningen, Vught en Ravensbrück*, Haarlem, 1945

16 Eijsden viert feest na bevrijding, *Reformatorisch Dagblad*, 9 september 2004

17 Robert Kiek voor Radio Oranje, 15 september 1944. Zie ook: Robert Kiek, *Pijlen van den Leeuw, een oorlogsreportage*, Amsterdam, 1945

18 Idem

19 Is een gefingeerde naam; de vrouw wil niet bij haar echte naam vermeld worden

20 *De Tommies Komen! Dagboek van een Oosterbeeks meisje. Septemberdagen 1944*, Oosterbeek, 2007, pag. 18

21 *Hans Ertl als Kriegsberichter*, Innsbrück, 1985, pag. 234

22 *De Tommies Komen! Dagboek van ven Oosterbeeks meisje. Septemberdagen 1944*, Oosterbeek, 2007, pag. 20

23 *Hans Ertl als Kriegsberichter*, Innsbrück, 1985, pag. 236

24 Idem, pag. 239

25 *De Tommies Komen! Dagboek van een Oosterbeeks meisje. Septemberdagen 1944*, Oosterbeek, 2007, pag. 25.

26 A.J.B. Goossens, *West-Zeeuws-Vlaanderen 1939-1946*, deel 2: 'Vlucht en bevrijding', pag. 342; fragment uit het dagboek van J.S. de Clercq, dagboekaantekeningen d.d. 07-10-1944

27 Dagboek mej. C.D. van Schaik, Biervliet, oorlogsherinneringen 1944-1945, NIOD 244/460

28 Idem

29 Idem

30 Idem

31 Zeeuws Archief, Toegangsnummer 396: Documentatie Zeeland 1940-45, inventarisnr 221, J. van Belle, Middelburg

32 Radio Herrijzend Nederland, 28-11-1944, Instituut Voor Beeld en Geluid, docid 12036, track 1

33 Carla Boos (red.), *Andere Tijden, Nieuw licht op oude kwesties*, Amsterdam, 2004, pag. 115; zie ook: *Andere Tijden*, 20 januari 2004, Beeld en Geluid, docid: 171922, band nummer TD73619

34 Bart Janssen, *De pijn die blijft: ooggetuigenverslagen van het bombardement van Nijmegen 22 februari 1944*, Nijmegen, 2005; Joost Rosendaal, *Nijmegen '44: verwoesting, verdriet en verwerking*, Nijmegen, 2009

35 Londense dagboeken van jhr. ir. O.C.A. van Lidth de Jeude 1940-1945, Den Haag, 2001, pag. 17 september 1944

36 Idem

37 H.J. van Lith, *De kinderen van Versteeg*, een bundel verhalen over de spoorwegen en spoormensen van Nederland voor, tijdens en na de spoorwegstaking 1944-'45, Utrecht, 1970, pag. 16

38 *De kinderen van Versteeg*, pag. 18

39 Londense dagboeken van jhr. ir. O.C.A. van Lidth de Jeude 1940-1945, Den Haag, 2001, 28 september 1944

40 Guus Veenendaal, *Spoorwegen in Nederland: van 1834 tot nu, 2008*; zie ook: H.J. van Lith, *De Kinderen van Versteeg*, 1970

41 Radiorede minister-president P.J. Gerbrandy, 6 oktober 1944

42 J. van Esso en T.J. Rinsema, *'t Is alles afwachten en berusten... Dagboek Jacob van Esso*, Meppel, 2007, pag. 54

43 Joh. Lolkama, *De Friesche Elfstedentocht 1909-1989*. Akkrum, 1989: 70-72

44 J. van Esso en T.J. Rinsema, 't Is alles afwachten en berusten... Dagboek Jacob van Esso, Meppel, 2007, pag. 55

45 Uit interview met dochter Janny Lok. Zie: website www.4en5mei.nl/content/3354/ravenswoud

46 Er is veel studie gedaan naar de gebeurtenissen in Putten en de gevolgen ervan voor de bevolking. De meeste hier gemelde gegevens zijn ontleend aan Madelon de Keizer, *Putten, de razzia en de herinnering*, Amsterdam, 1998.

47 Madelon de Keizer, *Putten, de razzia en de herinnering*, Amsterdam, 1998, pag. 48

48 Idem, pag. 53

49 Idem, pag. 82

50 Idem, pag. 151

51 Dagboek van F. Haest, NIOD244/1405

52 Idem

53 Van der Pauw, *Rotterdam in de Tweede Wereldoorlog*, Amsterdam, 2006, pag. 531. Citaat komt uit Ben Sijes, *De razzia van Rotterdam, 10-11 november 1944*, Den Haag, 1951

54 *Sporen van de oorlog, Ooggetuigen over plaatsen in Nederland, 1940-1945*, Amsterdam 1989, pag. 133

55 Van der Pauw, pag. 536: Funkspruch 35 van Wölk aan Rauter en Schöngarth

56 Dagboek van J.J. Voskuil, fragment gepubliceerd in: Reinolld Vugs, *Operatie Sneeuwvlok, De razzia van Den Haag*, Soesterberg, 2004, pag, 49-52

57 Ben Sijes, *De arbeidsinzet. De gedwongen arbeid van Nederlanders in Duitsland, 1940-1945*, Den Haag, 1966

58 Bart van der Boom, *Den Haag in de Tweede Wereldoorlog*, pag. 233; zie ook: David Barnouw, *De hongerwinter*, Hilversum, 1999, pag 52

59 Rita van Gestel, *De smaak van tulpenbollen*, dagboek uit de Hongerwinter, Breda, 2006

60 Idem

61 Harm Tijssen, *De Laatste oorlogswinter: Hattem, halteplaats bij hongertochten*, Wezep, 1994

62 L. de Jong, *Koninkrijk*, 10b, tweede helft, pag. 1102

63 Idem, pag. 1332

64 Gegevens over dit incident te vinden in VPRO-radioprogramma *Het Spoor*, 7 mei 2006, zie ook website omroep.nl/geschiedenis

65 Geciteerd in: Monika Diederichs, *Wie geschoren wordt moet stil zitten*, Amsterdam, 2006, pag. 170

HOOFDSTUK 7

1 J.J. van de Velde, *Brieven uit Sumatra 1928-1949*, Franeker, 1982, pag. 80

2 S.L. van der Wal (red.), *Besturen Overzee*, Franeker, 1977, pag. 214

3 J.A.A. van Doorn, *De laatste eeuw van Indië*, Amsterdam, 1994, pag. 30

4 R.A. van Sandick (red.), Algemeen Ingenieurscongres te Batavia, 8-15 mei 1920, pag. 20, geciteerd in: J.A.A. van Doorn, *De laatste eeuw van Indië*.

5 James McCallum, brief aan zijn familie, 19 december 1937, geciteerd in: Iris Chang, *The Rape of Nanking*, New York, 1997

6 Van Doorn, *De laatste eeuw van Indië*, pag. 69

7 Idem, pag. 70

8 Geciteerd in Lambert Giebels, *Soekarno Nederlandsch onderdaan, een biografie 1901-1950*, Amsterdam, 1999, pag. 91

9 Rede van Soekarno uit 1927, 'Toward a brown front', pag. 161, geciteerd in: Lambert Giebels, *Beel, van vazal tot onderkoning*, Den Haag, 1995, pag. 243

10 Abraham Kuyper, 'Ons Program, Amsterdam', 1880, pag. 328. Geciteerd in: Van Doorn, *De laatste eeuw van Indië*, pag. 84

11 I.F.M. Salim, *Vijftien jaar Boven-Digoel*, Amsterdam, 1973, pag. 106

12 Idem, pag. 146

13 Idem, pag. 305

14 Idem, pag. 258

15 *Algemeen Indisch Dagblad* 30-12-1929, geciteerd bij Giebels, *Soekarno*, pag. 122

16 L. de Jong, *Het Koninkrijk der Nederlanden in de Tweede Wereldoorlog*, deel 11a, eerste helft, Den Haag, 1984, pag. 325

17 Soekarno, Indonesië klaagt aan! Pleitrede voor den Landraad te Bandoeng op 2 december 1930 gehouden, Amsterdam, 1931

18 Idem

19 Idem

20 Idem

21 Lambert Giebels, *Soekarno*, pag. 157

22 J.J.P. de Jong, *De waaier van het fortuin*, Den Haag, 1998, pag. 556

23 Tjarda van Starkenborgh Stachouwer, tijdens zijn radiorede op 8 december 1942, collectie Ned. Instituut voor Beeld en Geluid, docid 80584

24 *Java-Bode*, januari 1942, geciteerd in Petra Groen, Elly Touwen-Bouwsma, *Nederlands-Indië 1942: illusie en ontgoocheling*, Den Haag, 1992, pag. 45

25 G.J. Knaap, 'Waakt dat gij niet beneden den maatstaf van de tijden zijt. Het moreel van de Nederlandse burgers in Nederlands-Indië december 1941- maart 1942', in: Petra Groen, Elly Touwen (red.), pag. 43

26 De gegevens over de ramp met de Van Imhoff zijn afkomstig uit: C. van Heekeren, *Batavia seint Berlijn, de geschiedenis van de Indische Duitsers in Nederlandse gevangenschap*, Den Haag, 1983

27 C. van Heekeren, *Batavia seint Berlijn*, pag. 134/135

28 Idem, pag. 137

29 Dagboek Constance Frederique Verboeket-Erdbrink, 6 maart 1942, collectie NIOD, geciteerd in: G.J. Knaap, 'Waakt dat gij niet...', in: Petra Groen, Elly Touwen (red.), pag. 49

30 L. de Jong, *Koninkrijk*, deel 11a, tweede helft, pag. 910

31 Idem

32 Geciteerd door L. de Jong, *Koninkrijk*, deel 11a, tweede helft, pag. 971

33 Afgeworpen pamflet, in collectie NIOD, doc nr 62512

34 Dagboek Imamura, geciteerd in Anthony Reid, Oki Akira (red.), *The Japanese experience in Indonesia, selected memoirs 1942-1945*, Ohio, 1986, pag. 35

35 Dagboek Constance Frederique Verboeket-Erdbrink, 6 maart 1942, collectie NIOD

36 I. Brugmans, *Gevangen op Java, 1942-1945*, Zutphen, 2004, pag. 15

37 Idem, pag. 31

38 Idem, pag. 65

39 J.J. van de Velde, *Brieven uit Sumatra 1928-1949*, Franeker, 1982, pag. 119

40 Govert Huyser, *Flarden, herinneringen van een kampjongen*, 2005
41 Dagboek Jan C. Benschop, NIOD, collectie 401, dagboeknr 5
42 Idem
43 Citaat uit de Australische tv-serie *Changi*, over Australische mannen die in de oorlog terechtkwamen. Zie website abc.net.au
44 Tony van der Meulen, *Dansen op de Kwai, Het leven na de Birma-spoorweg*, Amsterdam, 2003, pag. 28
45 Idem, pag. 57
46 Henk Hovinga, *Eindstation Pakan Baroe*, Amsterdam, 1976
47 Beb Vuyk, *Kampdagboeken*, Amsterdam, 1989/2005, pag. 47/48
48 Idem, pag. 48
49 Jeroen Kemperman (red.), *De Japanse bezetting in dagboeken, Tjideng*, Amsterdam, 2003, pag. 21
50 Idem, pag, 23
51 Idem, pag. 40
52 Mariska Heijmans-Van Bruggen (red.), *De Japanse bezetting in dagboeken, Vrouwenkamp Ambarawa 6*, pag. 354
53 Beschrijving van Sonei ontleend aan getuigenverklaringen in NOS-uitzending over Indiëherdenking, 15 augustus 2005, Ned. Instituut voor Beeld en Geluid, docid 184266
54 Citaat beurtelings uitgesproken door Kitty Witteveen-Van Leeuwen en Ans Pruim in uitzending van NOS-Actueel, 15 augustus 2005
55 Mevrouw Lies Berkenfelder-Admiraal in voornoemde uitzending
56 Mevrouw Ria Herni in voornoemde uitzending
57 Jeroen Kemperman (red.), *De Japanse bezetting in dagboeken, Buiten de kampen*, Amsterdam, 2002, pag. 31
58 Idem, pag. 32
59 Irma Pool, geciteerd in: Jeroen Kemperman (red.), *De Japanse bezetting in dagboeken, Buiten de kampen*, Amsterdam 2002, pag. 45
60 L. de Jong, deel 11b 11 eerste helft, pag. 266-269
61 Lambert Giebels, *Soekarno. Nederlands onderdaan, 1901-1950*. Deel 1, Amsterdam, 1999, pag. 290-291. Voor de rest van de toespraak, zie De Jong, 11b 11 eerste helft, pag. 280-281
62 Giebels, *Soekarno*, deel 1, pag. 325
63 Geciteerd in: L. de Jong, *Het Koninkrijk*, deel 11b, tweede helft, pag. 525
64 Willem Punt, in *Andere Tijden*, 25 februari, 2003, Ned. Inst. voor Beeld en Geluid, docid 170235; zie ook: Ad van Liempt (red.), *Andere Tijden*, deel 4, Amsterdam, 2003, pag. 164
65 L. de Jong, *Koninkrijk*, deel 11c, pag. 78-93; zie ook: Ned. Inst. voor Beeld en Geluid, docid 12028
66 Jord Schaap, *Het recht om te waarschuwen. Over de Radio Oranjetoespraken van koningin Wilhelmina*, Amsterdam, 1995; Cees Fasseur, 'Een koninklijke belofte', in: *De weg naar het paradijs en andere Indische gebeurtenissen*, Amsterdam, 1995, pag. 215-233
67 'De vrouw achter de man achter het geweer', artikel op website *Andere Tijden*, 18-2-2003. Uitzending in Ned. Instituut voor Beeld en Geluid, docid 170574
68 Samuel H. Yamashita, *Kamikaze Religion in the Diaries of Imperial Japanese Army and Navy Special Attack Pilots*. In: *Religie, Godsdienst en geweld in de twintigste eeuw*, NIOD-jaarboek 2006, pag. 143

69 Idem, pag. 144

70 W. Ardaseer, uitspraak in een tv-reportage van NOS Actueel, in het kader van de Indiëherdenking van 15 augustus 2001, Ned. Instituut voor Beeld en Geluid, docid 157798

71 C. Hoogendoorn-Swart, uitspraak in een tv-reportage van NOS Actueel, in het kader van de Indiëherdenking van 15 augustus 2001, idem

72 Verslag mevr. J. Verburg, niet gepubliceerd, opgesteld in Wassenaar 1990, kopie in bezit auteur

73 Beb Vuyk, *Kampdagboeken*, Amsterdam, 1989/2005, 23 augustus 1945

HOOFDSTUK 8

1 *De Volkskrant*, 24 mei 1945

2 Martin Bossenbroek, *De Meelstreep, Terugkeer en opvang na de Tweede Wereldoorlog*, Amsterdam, 2001, pag. 17 e.v.

3 Ad van Liempt, *Frieda, verslag van een gelijmd leven*, Westerbork, 2007, pag. 69

4 Mike Lewis, in documentaire *Bergen-Belsen 1939-1945*, regie Hürgen Corleis, Chronos Media

5 Geciteerd uit Eisenhowers memoires op website Go2War

6 G.J. Durlacher, *Strepen aan de hemel*, Amsterdam, 1985, pag. 84/85

7 Coen Rood, Herinneringen van 25 april 1942 tot 1945, NIOD, 250D, collectie Kampen algemeen, pag. 432-433

8 Eli Dasberg, *Dagboekfragmenten, notities en gedichten*, collectie Joods Historisch Museum, 00004327

9 Idem

10 Dagboek van Sam Goudsmit, NIOD, 244/1205

11 Eli Dasberg, *Verbanning en terugkeer*, Amsterdam, 1986

12 *Mensenheugenis, terugkeer en opvang na de Tweede Wereldoorlog: getuigenissen*, Amsterdam, 2001, pag. 161-162

13 *Het Parool*, 2 juli 1945

14 Zie tv-uitzending *Andere Tijden*, 5 april 2007; zie ook: Yfke Nijland, 'Mijnen ruimen', in: Carla Boos (red.): *Andere Tijden, Nieuwe verhalen over oude kwesties*, Amsterdam 2007, pag. 146

15 Hein Klemann, *Nederland 1938-1948, Economie en samenleving in jaren van oorlog en bezetting*, Amsterdam, 2002

16 Pamflet, in collectie NIOD

17 Y.B. Mangunwijaya, 'Het boek van de wevervogel', geciteerd in: Joop van den Berg, *Bersiap*, Den Haag, 1993, pag. 91

18 L. de Jong, *Het Koninkrijk*, deel 12 Epiloog, tweede helft, pag. 726, noot 1

19 Lin Scholte, *Tadiran en andere verhalen*, Amsterdam, 1977. Geciteerd in: Joop van den Berg, *Bersiap*, Den Haag, 1993, pag. 32-33

20 Idem

21 R.L. Klaessen, in onuitgegeven manuscript: Macaber Soerabaja 1945: de Werfstraatgevangenis

22 H. Huiskes, in reportage NOS, uitgezonden tijdens Indiëherdenking, 15 augustus 1998, Ned. Instituut voor Beeld en Geluid, docid 153098

23 Aafje Spits, website hetopenarchief.nl, 11 mei 1945

24 *Andere Tijden*, 30 oktober 2001, Ned. Inst. voor Beeld en Geluid, docid 159930
25 Ad van Liempt, Hendrina Praamsma, 'De vrouw van een NSB'er', in: Ad van Liempt (red.), *Andere Tijden, Nieuwe inzichten in oude kwesties*, Amsterdam, 2002, pag. 110/111
26 Monica Diederichs, *Wie geschoren wordt moet stil zitten*, Amsterdam, 2006, pag. 165
27 Idem, pag. 166, geciteerd uit: Frans Out, *Hillegom 40/45*.
28 *Andere Tijden*, 2 november 2006; zie ook: Carla Boos, 'Verkering met de vijand, fout verliefd', in: Carla Boos (red.): *Andere Tijden, Nieuwe verhalen over oude kwesties*, Amsterdam 2007, pag. 130
29 Ontleend aan scriptie Bas Kortholt, RU Groningen, in bezit auteur
30 Ad van Liempt, *Kopgeld, Nederlandse premiejagers op zoek naar Joden*, pag. 98
31 H.W. van der Vaart Smit, *Kamptoestanden 1944/45-1948*, Amsterdam, 1976 (heruitgave), pag. 26
32 Idem, pag. 31
33 *Elseviers Weekblad*, 16 april 1946
34 C. Wiegel, paragraaf 'Detineering' in eigen beschrijving levensloop, d.d. 19 maart 1947
35 *Leeuwarder Courant*, 28 november 1947
36 Geciteerd in: René Kok, *Max Blokzijl, stem van het nationaal-socialisme*, Amsterdam, 1988, pag. 132
37 Idem, pagina 136.
38 Idem, pagina 138.
39 *De Volkskrant*, 21 maart 1946
40 H.P. Kuiphof, in *Wereldkroniek*, 8 december 1945, geciteerd in Jan Meijers:, *Mussert, een politiek leven*, Amsterdam, 1984, pag. 275
41 Anton Mussert in zijn pleitrede op 28 november 1945, geciteerd in Meijers, *Mussert, een politiek leven*, pag. 276
42 Brief van mr. C.R.C. Wijckerheld Bisdom van 16 juni 1979 aan biograaf Meijers, geciteerd in Meijers, *Mussert, een politiek leven*, pag. 277
43 A.D. Belinfante, *In plaats van Bijltjesdag*, Amsterdam, 1979
44 Ook Peter Romijn komt in zijn boek *Snel, streng en rechtvaardig* tot de conclusie dat de gratiëring op kabinetsbeleid berustte en niet op de principes van het staatshoofd.
45 Ad van Liempt, *Kopgeld*, Amsterdam, 2002, pag. 311-312
46 P. Romijn, *Snel, streng en rechtvaardig*, Houten, 1991
47 *Elsevier*, 1 december 1945, geciteerd in: Koos Groen, *Landverraders, wat deden we met ze?*, Baarn, 1974
48 H.J. van Mook, *Indonesië, Nederland en de wereld*, Amsterdam, 1949, pag. 94
49 John Jansen van Galen, Bert Vuijsje: *Drees, Wethouder van Nederland*, Alphen aan de Rijn, 1980, geciteerd in: Ad van Liempt, *Een mooi woord voor oorlog*, Den Haag, 1994, pag. 16
50 H.W. van den Doel, *Afscheid van Indië, De val van het Nederlands imperium in Azië*, Amsterdam, 2000, pag. 159
51 Dagboek van Schermerhorn, Groningen, 1970, eerste deel, pag. 119
52 Geciteerd op website *Andere Tijden*, artikel naar aanleiding uitzendingen 11 en 18 januari 2007; zie ook: Karin van den Born, Gerda Jansen Hendriks, 'Terreur op Celebes', in: Carla Boos (red.): *Andere Tijden, Nieuwe verhalen over oude kwesties*, Amsterdam 2007, pag. 157 e.v.

53 Willem IJzereef, *De Zuid-Celebes-affaire*, Amsterdam, 1984; Ad van Liempt, 'de massamoord van Galoeng Galoeng', in: bijlage *Vrij Nederland*, 31 januari 1987

54 Geciteerd op website *Andere Tijden*, artikel naar aanleiding uitzendingen 11 en 18 januari 2007; Karin van den Born, Gerda Jansen Hendriks, 'Terreur op Celebes', in: Carla Boos (red.): *Andere Tijden, Nieuwe verhalen over oude kwesties*, Amsterdam 2007, pag. 157 e.v.

55 Ad van Liempt, 'de massamoord van Galoeng Galoeng', in: bijlage *Vrij Nederland*, 31 januari 1987

56 Archief B.Z. 912.10 Indon. Ned. Deviezenpositie. Opgenomen in: *Officiële Bescheiden betreffende de Nederlands-Indonesische betrekkingen 1945-1950*, uitgegeven door dr S.L. van der Wal en P.J.. Droogleever, deel 8, pag. 313 e.v.

57 Ad van Liempt, *Een mooi woord voor oorlog*, Den Haag, 1994, pag. 9

58 Dagboek van Schermerhorn, Groningen, 1970, tweede deel, pag. 688

59 Telegram nr GB 303, Archief S. Spoor, Nationaal Archief, opgenomen in: *Officiële Bescheiden betreffende de Nederlands-Indonesische betrekkingen 1945-1950*, uitgegeven door dr S.L. van der Wal en P.J.. Droogleever, deel 9, pag. 683

60 Ad van Liempt, *Een mooi woord voor oorlog*, Den Haag, 1994, pag. 264

61 Idem, pag. 270

62 Formatiedagboeken van Beel, Den Haag, 1994

63 T.B. Simatupang, *Het laatste jaar van de Indonesische vrijheidsstrijd 1948-1949*, Kampen, 1985, pag. 121

64 Geciteerd in: *De Opmaat, Tijdschrift over veteranen in oorlog en vrede*, nov. 1998, pag. 29

65 Geciteerd in: Chris van Esterik, *Bloesem en Sambal, Arie van Ommeren, een Ingense jongen in Indië*. Betuwse Historische Monografieën, deel 15 (HKKO, Kesteren, 2008)

66 Carla Boos, Ad van Liempt: 'de meedogenloze aanpak van de Indië-weigeraars', in: *Andere Tijden, Nieuwe verhalen over vroeger*, Amsterdam, 2001, pag. 79

67 Idem, pag. 81

68 Kees Bals, Martin Gerritsen, *De Indonesië-weigeraars*, Amsterdam, 1989

69 Excessennota, Den Haag, 1969, heruitgegeven in 1995, ingeleid door prof. dr. Jan Bank

70 J.A.A. van Doorn, W.J. Hendrix, *Ontsporing van geweld*, Rotterdam, 1970

71 Aad Nuis, in de NRC van 23 januari 1969, geciteerd in: J.A.A. van Doorn en W.J. Hendrix, *Ontsporing van geweld*, Rotterdam, 1970, pag. 277

72 Ad van Liempt, *De Lijkentrein*, Den Haag, 1997

73 Petra Groen, *Marsroutes en dwaalsporen, Het Nederlands militaire-strategisch beleid in Indonesië, 1945-1950*, Den Haag, 1991, pag. 232

74 Chris van Esterik en Kees van Twist, *Daar werd iets grootsch verricht of hoe het Koninkrijk der Nederlanden zijn grootste kolonie verloor*, Weesp, 1980, pag. 81

75 Brief afkomstig uit collectie Veteraneninstituut, maart 1949

HOOFDSTUK 9

1 Citaat uit programmaboekje *Het Drama der Bezetting*, uit voorwoord van Carel Briels, Amsterdam, 31 augustus 1945

2 Frank van Vree, 'De kunst van het herdenken' in: Wim D. Visser en Wim Coster (red.), *Herdenken en verwerken. Symposium over publiek geheugen en persoonlijke herinnering*, Zwolle 2005, pag. 13-26

3   Zie website Anne Frank Stichting
4   *Het Parool*, 3 april 1946
5   Gegevens in deze paragraaf ontleend aan: Maarten Bijl, *Nooit Meer Auschwitz, Het Nederlands Auschwitz Comité 1956-1996*, pag. 16-31. En aan interview met Jolande Withuis (NIOD) door Suzanne Hendriks en Femke Veltman
6   Max van den Berg, in interview met Rob Trip, april 2009
7   Maarten Bijl, *Nooit meer Auschwitz*, pag. 30
8   Gegevens in deze paragraaf ontleend aan: Annet Mooij, *De strijd om de Februaristaking*, Amsterdam, 2006
9   Verslag *Polygoon Journaal*, maart 1946, Nederlands Instituut voor Beeld en Geluid, docid 5203
10 *Het Vrije Volk*, 17 januari 1953, geciteerd in: Annet Mooij, *De strijd om de Februaristaking*, Amsterdam, 2006, pag. 56
11 *Het Vrije Volk*, 26 februari 1959
12 Zie o.a.: Pien van der Hoeven, *Hoed af voor Marshall*, Amsterdam, 1997
13 Winston Churchill, tijdens toespraak op 19 september 1946 in Zürich, zie website Europa-nu.nl
14 Ad van Liempt, *Het Journaal*, Amsterdam, 2005, hoofdstuk 4
15 Veel gegevens in deze paragraaf zijn ontleend aan Chris Vos, *Televisie en Bezetting*, Hilversum, 1995, een dissertatie over de manier waarop oorlog en bezetting op de Nederlandse televisie zijn weergegeven
16 NTS-persbulletin, april 1960, archief NOS
17 *De Telegraaf*, 20 september 1960, geciteerd in Chris Vos, *Televisie en Bezetting*, pag. 91
18 Geciteerd in: Chris Vos, *Televisie en Bezetting*, pag 94
19 Chris Vos, *Televisie en Bezetting*, pag. 101
20 David Cesarini, *Eichmann. De definitieve biografie*, Amsterdam/Antwerpen, 2005
21 Harry Mulisch, *De Zaak 40-61*, Amsterdam, 1962, pag. 43
22 Harry Mulisch, *De Zaak 40-61*, Amsterdam, 1962, pag. 48
23 Harry Mulisch, *De Zaak 40-61*, Amsterdam, 1962, pag. 45
24 Irmtrud Wojak, *Eichmanns Memoiren, ein Kritischer Essay*, Frankfurt, 2001. KRO's *Profiel* besteedde een aflevering aan Sassen, Nederlands Instituut voor Beeld en Geluid, docid. 180989
25 Harry Mulisch, in interview met Rob Trip, april 2009
26 Philo Bregstein, *Dingen die niet voorbijgaan*, Amsterdam, 1970
27 Gegevens ontleend aan Conny Kristel, *Geschiedschrijving als opdracht*, Amsterdam, 1998, pag. 63
28 Geciteerd in Conny Kristel, *Geschiedschrijving als opdracht*, pag. 63
29 J. Presser, *Ondergang*, Amsterdam, 1965, pag. 514
30 Brief minister van Justitie aan Tweede Kamer, 16 februari 1972
31 Fragmenten uit *Brandpunt*, 25 februari 1972
32 Geciteerd in: H. Piersma, *Op oorlogspad, Jaap le Poole, verzetsman voor het leven*, Amsterdam, 2006, pag. 93
33 Ad van Liempt, *Frieda, verslag van een gelijmd leven*, Westerbork, 2007, pag. 99
34 Idem, pag. 100
35 Handelingen Tweede Kamer, 29 februari 1972
36 Jan Bank, *de Volkskrant*, 2 maart 1972
37 Ton Mink, *De Drie van Breda*, 2007, pag. 139

38 Idem, pag. 59
39 Simon Korper, van het Verenigd Verzet, tijdens de hoorzitting op 24 februari 1972
40 Jolande Withuis, *Na het kamp, Vriendschap en politieke strijd*, Amsterdam, 2005, pag. 419. En: Jolande Withuis, *Erkenning. Van oorlogstrauma naar klaagcultuur*, Amsterdam, 2002
41 Handelingen Tweede Kamer, 29 februari 1972
42 Jolande Withuis, *Na het kamp*, pag. 301
43 Interview met Van Agt in *Andere Tijden*, 4 december 2001, Nederlands Instituut voor Beeld en Geluid, docid 141620
44 Idem
45 Johan van Merriënboer, Pieter Bootsma, Peter van Griensven, *Van Agt, Tour de Force*, Biografie, Amsterdam, 2008, pag. 204
46 Roelof Bouwman, *De val van een bergredenaar*, Amsterdam, 2002, pag. 316
47 Transcriptie van tv-uitzending, geciteerd in: Roelof Bouwman, *De val van een bergredenaar*, Amsterdam, 2002, pag. 319
48 Brief Ruud Lubbers, idem.
49 Elsbeth Locher-Scholten, *Van Indische urn tot Indisch Monument*, Den Haag, 2008
50 Idem
51 Jan Sintemaartensdijk, Yfke Nijland, *Black Tulip*, Amsterdam, 2009; *Andere Tijden*, 13 september 2005, Instituut voor Beeld en Geluid, docid 182822
52 Idem; zie ook: Yfke Nijland, *Black Tulip*, in: Carla Boos (red.) *Andere Tijden VII*, Amsterdam, 2006, pag. 200
53 *Andere Tijden*, 3 mei 2001, Instituut voor Beeld en Geluid, docid 158386. Zie ook: Laura van Hasselt Matthijs Cats, 'Eisch Duitschen grond', in: *Andere Tijden*, Amsterdam, 2001
54 Idem, pag. 56
55 Idem, pag. 57
56 Herinneringen en dagboek van Ernst Heldring (1871-1954). Groningen, 1970, citaat van 25 september 1945
57 Max Kohnstamm was een van hen: hij was het totaal niet eens met de annexatie, en schaamde zich daar zodanig voor dat hij wegbleef bij de officiële ondertekening van de gebiedsoverdracht: zie *Andere Tijden*, deel 11, Amsterdam, 2001, pag. 60
58 *Andere Tijden*, 3 mei 2001, Instituut voor Beeld en Geluid, docid 158386. Zie ook: Laura van Hasselt. Matthijs Cats, 'Eisch Duitschen grond', in: *Andere Tijden,* deel 11, Amsterdam, 2001, pag. 60
59 Harry Mulisch in interview met Rob Trip, april 2009

Literatuur

Over de geschiedenis van de Tweede Wereldoorlog (en evenzeer over de bezetting van Nederland en Nederlands-Indië) zijn boekenkasten vol geschreven. Dit boek is nagenoeg geheel gebaseerd op die literatuur, maar heeft niet de pretentie daarin volledig te zijn. De meeste titels zijn terug te vinden in de noten – daar waar eruit geciteerd of naar verwezen werd. Dit overzicht biedt een keuze van titels voor wie zich verder in deze geschiedenis wil verdiepen, in het bijzonder gericht op lezers zonder veel voorkennis.

De militaire geschiedenis van de Tweede Wereldoorlog heeft altijd geïnspireerd tot een niet aflatende stroom van studies, zoals John Ellis, *Brute Force: Allied Strategy and Tactics in the Second World War*, 1990. Het zijn vooral Britse historici geweest die zich hebben gewaagd aan een *total history* van de Tweede Wereldoorlog, waarin oorlogvoering beschreven wordt in voortdurende samenhang met de andere facetten van het maatschappelijk leven. Een goed voorbeeld is: John Keegan, *The Second World War*, London, 1989. Een indrukwekkend overzichtswerk leverde de Britse historicus Richard Overy, *Why the allies won*, London, 1995. Een algemeen overzicht van de moderne Europese geschiedenis biedt Mark Mazower: *Duister continent*, Amsterdam, 2001. Mazower is ook de auteur van een studie over de nazibezetting in Europa: Mark Mazower, *Hitler's Empire. Nazi Rule in Occupied Europe,* London, 2008 Tussen de talloze algemene geschiedenissen van de Tweede Wereldoorlog zij gewezen op: G. Weinberg, *A World at Arms: A Global History of World War II,* Cambridge, 2005. Wie geïnteresseerd is in een overzichtswerk van de fascistische bewegingen in Europa kan goed terecht bij Michael Mann, *Fascists*, New York, 2004.

Tot de beste biografieën over Hitler behoren: Alan Bullock, *Hitler: leven en ondergang van een tiran,* Utrecht, 1958; Joachim Fest, *Hitler,* Baarn, 1975 en vooral de meest recente: Ian Kershaw, *Hitler. dl. 1 1899-1936: hoogmoed* en *dl. 2 1936-1945: vergelding,* Utrecht, 1999, 2000. Een van de beste overzichtswerken over het Derde Rijk is: Michael Burleigh, *Het Derde Rijk. Een nieuwe geschiedenis,* Amsterdam, 2008 en dat geldt ook voor de driedelige studie Richard Evans, *Het Derde Rijk,* Amsterdam, 2004.

Voor Nederland in de Tweede Wereldoorlog is het al tijdens de oorlog voorbereide en direct in mei 1945 opgerichte Nederlands Instituut voor Oorlogsdocumentatie (NIOD) een onmisbare en zeer rijke bron van informatie. De eerste directeur van dat instituut (1945-1979) L. de Jong schreef hét grote veeldelige overzichtswerk *Het Koninkrijk der Nederlanden tijdens de Tweede Wereldoorlog*, 13 delen, Den Haag, 1969-1988. Het relaas van De Jong was impliciet en expliciet verbonden met de morele en politieke waardering van de gebeurtenissen in termen van goed en fout. Dit beeld heeft nog altijd een sterke zeggingskracht en alle latere auteurs blijven in hoge mate schatplichtig aan zijn ongelooflijk brede onderzoek. In de wetenschap is inmiddels een veel afstandelijker, minder politiek en moreel oordelende, maar juist op analyse en verklaring gerichte benadering dominant geworden. In een drietal bundels met artikelen van J.C.H. Blom, de latere directeur van het NIOD, is zo'n poging terug te vinden tot geschiedschrijving vanuit een ander perspectief (*Crisis, Bezetting en Herstel,* Den Haag, 1989, *Burgerlijk en Beheerst,* Amsterdam, 1996 en *In de ban van goed en fout: geschiedschrijving over de bezettingstijd in Nederland,* Amsterdam, 2007). Een samenhangend verhaal vanuit een duidelijk andere invalshoek dan De Jong schreef Chris van der Heijden, met: *Grijs Verleden. Nederland en de Tweede Wereldoorlog,* Amsterdam, 2001.. Bart van der Boom richt zich in een verhelderende studie van vele honderden dagboeken op een reconstructie van de stemming in bezet Nederland: Bart van der Boom, *'We leven nog.' De stemming in bezet Nederland,* Amsterdam, 2003.

Veel betrouwbare informatie is ook te vinden door raadpleging van de website van het NIOD, www.niod.nl en die van de televisieserie *De Oorlog,* www.deoorlog.nps.nl.

HOOFDSTUK 1

Nieuwe inzichten over de vredesonderhandelingen in Versailles geeft: Margaret Macmillan, *Parijs 1919 – zes maanden die de wereld veranderden,* Amsterdam, 2005. Hetzelfde kan gezegd worden van de studie over de Weimarrepubliek Eric Weitz, *Weimar Germany. Promise and tragedy,* Princeton, 2007.

Gedegen studies over de twintigste eeuwse geschiedenis van Nederland zijn: Friso Wielenga, *Nederland in de twintigste eeuw,* Amsterdam, 2009, Ernst H. Kossmann, *De lage landen 1780/1980. Twee eeuwen Nederland en België,* Deel II 1914-1980, Amsterdam, 1986; Piet de Rooy, *Republiek van rivaliteiten, Nederland sinds 1813,* Amsterdam, 2002. Over de Nederlandse neutraliteitspolitiek verscheen: Rolf Schuursma, *Vergeefs onzijdig. Nederlands neutraliteit 1919-1940,* Utrecht, 2005. Voor de mei-oorlog in Nederland is van belang: H. Amersfoort en P.H. Kamphuis (red.), *Mei 1940. De strijd op Nederlands grondgebied,* Den Haag, 2005.

HOOFDSTUK 2

Drie buitenlandse historici schreven heldere overzichtswerken over de Duitse bezetting van Nederland. Over de doelstelling van de Duitse bezettingspolitiek: Konrad Kwiet, *Rijkscommissariaat Nederland: mislukte poging tot vestiging van een nationaal-socialistische orde,* Baarn, 1969. Over de aanvankelijk afwachtende houding van de Nederlandse bevolking: Werner Warmbrunn, *De Nederlanders onder Duitse bezetting 1940-1945,* Amsterdam, 1964. Een meer algemeen overzichtswerk is: Gerhard Hirschfeld, *Bezetting en collaboratie. Nederland tijdens de oorlogsjaren 1940-1945,* Haarlem, 1991. Over de meest dramatische manifestaties van verzet, de stakingen, blijven de publicaties van het NIOD waardevast: Ben Sijes, *De Februaristaking: 25-26 Februari 1941,* Den Haag, 1954; P.J. Bouman, *De April-Mei-stakingen van 1943,* Den Haag 1950.

Over de dilemma's van de Nederlandse autoriteiten: Peter Romijn, *Burgemees-*

ters in oorlogstijd. Besturen tijdens de Duitse bezetting, Amsterdam, 2006 en C. Fijnaut, *De geschiedenis van de Nederlandse politie*, Amsterdam, 2007. Hoezeer het leven van alledag doorging blijkt onder andere uit: André Swijtink, *In de pas: sport en lichamelijke opvoeding in Nederland tijdens de Tweede Wereldoorlog*, Haarlem, 1992; Thomas Leeflang, *De bioscoop in de oorlog*, Amsterdam, 1990; Henk van Gelder en Jacques Klöters, *Door de nacht klinkt een lied: amusement in Nederland 1940-1945*, Amsterdam, 1985; Pauline Micheels, *Muziek in de schaduw van het Derde Rijk: de Nederlandse symfonie-orkesten 1933-1945*, Zutphen, 1993; Kees Wouters, *Ongewenschte muziek: de bestrijding van jazz en moderne amusementsmuziek in Duitsland en Nederland 1920-1945*, Den Haag, 1999. Over het leven van de Duitse soldaat in Nederland is nog aan te bevelen: Aad Jongbloed, *Standort Holland*, Zutphen, 1995. En over de eerste oorlogsjaren in Amsterdam: Friso Roest, Jos Scheren, *Oorlog in de stad*, Amsterdam, 1998.

HOOFDSTUK 3

De oud-NIOD-medewerker N. In 't Veld schreef een volwaardige geschiedenis van de ss in Nederland waarin niet alleen de organisatie wordt beschreven maar ook de mentaliteit en de machtsstrijd met de NSB: *ss en Nederland: documenten uit ss archieven 1935-1945*, Den Haag, 1976. Zie ook J.H. Th. M. Houwink ten Cate, N.K.C.A. in 't Veld, *Fout. Getuigenissen van nsb'ers*, Den Haag, 1992. Over collaboratie en verzet in de bezette Europese landen is nog steeds van belang: Werner Rings, *Leven met de vijand: aanpassing en verzet in Hitlers Europa 1939-1945*, Amsterdam 1981. De verschillende vormen van verzet komen ook aan de orde in: Bob Moore (ed.), *Resistance in Western Europe*, Oxford, 2000. Een sociologische, vergelijkende benadering kwam van de socioloog C.J. Lammers, *Vreemde overheersing. Bezetten en bezetting in sociologisch perspectief*, Amsterdam, 2005. In de zeer omvangrijke Duitse literatuur over het verzet tegen Hitler blijft een heldere inleiding die van Joachim Fest, *Der Staatsstreich: der lange Weg zum 20. Juli*, Berlijn, 1994. Over het Nederlandse verzet zie: C.M Schulten, *"En verpletterd wordt het juk": verzet in Nederland 1940-1945*, Amsterdam, 1995. En ook interessant: Marjan Schwegman, *Het Stille Verzet, vrouwen in illegale organisaties, Nederland 1940-1945* (Amsterdam 1979).

Een gedegen monografie over de Nederlandse Unie verscheen van Wichert en Have, *De Nederlandse Unie: aanpassing, vernieuwing en confrontatie in bezettingstijd, 1940-1941*, Amsterdam, 2001. Over de NSB en zijn leider is van belang: Ronald Havenaar, *Anton Adriaan Mussert: verrader voor het vaderland: een biografische schets*, Den Haag, 1984. En: Jan Meyers, *Mussert, een politiek leven*, Amsterdam, 1984

HOOFDSTUK 4

Over de Nederlandse economie tijdens de bezettingstijd verscheen in 2002 een op diepgaand onderzoek gebaseerd standaardwerk, waarin veel tot dan heersende denkbeelden worden gecorrigeerd: H.A.M. Klemann, *Nederland 1938-1948*. Voor de voedselvoorziening was daaraan al de studie van Gerard M.T. Trienekens, *Tussen ons volk en de honger. De voedselvoorziening 1940-1945,* Utrecht, 1985, voorafgegaan, die duidelijk maakt dat van hongersnood eigenlijk alleen sprake was gedurende de laatste oorlogswinter in het westen van land. Een eveneens recente, meer specialistische studie op dit gebied is: Ralf Futselaar, *Lard, Lice and Longevity: the Standard of Living in Occupied Denmark and the Netherlands, 1940-1945*, Amsterdam, 2008. Over de lotgevallen van Nederlandse dwangarbeiders in Duitsland verscheen van de hand van een van hen: Karel Volder, *Van Riga tot Rheinfelden. Over leven en werken, over terugkeren of sterven, van een half miljoen Nederlandse arbeiders in het Duitsland van 1940-1945*, Amsterdam, 1996. Zie ook: B. A. Sijes, *De Arbeidsinzet. De gedwongen arbeid van Nederlanders in Duitsland, 1940-1945*, Den Haag, 1966. Meer in het algemeen over de lotgevallen van Europese dwangarbeiders in Duitsland gaat: Ulrich Herbert, *Fremdarbeiter: Politik und Praxis des 'Ausländer-Einsatzes'in der Kriegswirtschaft des Dritten Reiches*, Essen, 1999. Voor de economie van het Derde Rijk is ook heel interessant: Adam Tooze, *The Wages of Destruction. The Making and Breaking of the Nazi Economy*, London, 2008.

HOOFDSTUK 5

Over de Jodenvervolging is Saul Friedlander toonaangevend met zijn monumentale boek *Nazi-Duitsland en de joden*, Amsterdam, 2007. Friedlander maakt geregeld gebruik van dagboeken en andere egodocumenten waar een historicus als Raul Hilberg altijd alleen op officiële documenten had vertrouwd: *De vernietiging van de Europese joden*, Laren, 2008. Behalve De Jong hebben nog twee andere Nederlandse historici op zeer uiteenlopende wijze hun persoonlijke betrokkenheid met het dramatische onderwerp van de Jodenvervolging in hun werk vormgegeven: Abel J. Herzberg, *Kroniek der Jodenvervolging*, 1940-1945, Amsterdam, 1985; Jacques Presser, *Ondergang. De vervolging en verdelging van het Nederlandse Jodendom 1940/1945*, Den Haag, 1965. Een recentere synthetiserende studie is: Bob Moore, *Slachtoffers en overlevenden: de nazi-vervolging van de joden in Nederland*, Amsterdam, 1998. Weinige slachtoffers waren in de gelegenheid ook in geschrifte getuigenis af te leggen. Behalve het beroemde *Achterhuis* van Anne Frank vormen de kampdagboeken van enkele tijdgenoten een belangrijke bron, zoals die van de journalist Philip Mechanicus over Westerbork: *In Depot. Dagboek uit Westerbork*, Hooghalen/Laren, 2008. Na de daders en de slachtoffers betreft het meest recente onderzoeksgebied de omstanders, zoals de reacties van de Nederlandse bevolking in: Anna Timmerman, *Machteloos? Ooggetuigen van de jodenvervolging*, Amsterdam 2007. Of van de Nederlandse politie in: Guus Meershoek, *De dienaren van het gezag. De Amsterdamse politie tijdens de bezetting*, Amsterdam, 1999. Hoe er geprofiteerd werd van de Jodenvervolging valt te lezen in: Gerard Aalders: *Roof, de ontvreemding van joods bezit tijdens de Tweede Wereldoorlog* (Den Haag 1999) en meer specifiek bij: Ad van Liempt, *Kopgeld: Nederlandse premiejagers op zoek naar joden, 1943*, Amsterdam, 2002. Roof is ook het thema van Götz Aly, die in *Hitlers Volksstaat, Raub, Rassenkrieg und nationaler Sozialismus*, Frankfurt, 2005, aannemelijk probeert te maken dat Hitler kon rekenen op de loyaliteit van het overgrote deel van de bevolking, omdat die profiteerde van zijn moorddadige rooftochten door Europa. Maar de omstanders boden soms ook hulp: Bert-Jan Flim, *Omdat hun hart sprak: geschiedenis van de georganiseerde hulp aan Joodse kinderen in Nederland, 1942-1945*, Kampen, 1996.

De spiraal van onderdrukking en verzet vinden we terug in twee vroege studies van het Instituut voor Oorlogsdocumentatie: B.A. Sijes, *De razzia van Rotterdam: 10-11 november 1944*, Amsterdam, 1984; A.J.C. Rüter, *Rijden en staken. De Nederlandse Spoorwegen in oorlogstijd*, Den Haag, 1960. In de beschrijving van de wisselwerking tussen de gevechtshandelingen en de politieke en strategische besluitvorming onderscheidt de bundel van C. Klep en B. Schoenmaker (ed.), *De bevrijding van Nederland 1944-1945: oorlog op de flank*, Den Haag, 1995, zich van veel andere militaire studies over de eindstrijd. De aandacht voor de individuele lotgevallen van de soldaten is terug te vinden in Martin Middlebrook, *Arnhem 1944. The airborne battle, 17-26 september*, London, 1994. In 't Veld, Korthals Altes, *Slag in de schaduw*, Overloon, Amsterdam, 2006, en bij: Iddekinge, P.R.A. *Arnhem 44/45. Evacuatie, verwoesting, plundering, bevrijding, terugkeer*, Gouda, 1981. Over het bevrijde zuiden verscheen Henk Termeer, *'Het geweten der natie': de voormalige illegaliteit in het bevrijde zuiden, september 1944-mei 1945*. Interviews met nog levende getuigen kunnen een inzicht verschaffen in de individuele beleving van de vaak dramatische gebeurtenissen in het laatste oorlogsjaar, zoals blijkt uit de vele boeken die vooral tijdens de belangrijke herdenkingsjaren gepubliceerd werden, zoals: Paul Arnoldussen en Albert de Lange, *Finale mei. Het einde van de oorlog in Nederland*, Amsterdam, 1995. Over de represailles tegen de bevolking van Putten: Madelon de Keizer, *Putten, de razzia en de herinnering*, Amsterdam, 1998.

Over het ontstaan van de Tweede Wereldoorlog in Azië blijft toonaangevend: Akira Iriye, *De oorzaken van de Tweede Wereldoorlog in Azië en de Stille Oceaan*, Baarn, 1990. Een ander geluid dan de meeste van zijn landgenoten laat L.F. Jansen horen in dagboeken uit de periode dat hij werkte bij de Japanse radiopropagandadienst in Jakarta: *In deze halve gevangenis: dagboek van mr. dr. L.F. Jansen, Batavia/Djakarta 1942-1945*, Franeker, 1988. Even gedistantieerd van toon en daarmee zich onderscheidend van de nog steeds aanhoudende stroom getuigenissen van ex-bewoners van de Japanse interneringskampen is de dissertatie van Dora van Velden uit 1963 fundamenteel voor de kennis over de Japanse burgerkampen. D. van Velden, *De Japanse interneringskampen voor burgers gedurende de Tweede Wereldoorlog*, Franeker, 1994 en de aanvulling daarop: H.L. Zwitzer, *Mannen van 10 jaar en ouder: de jongenskampen van Bangkok en Kedoengdjati, 1944-1945*, Franeker, 1995. Sindsdien worden steeds meer egodocumenten uit de Japanse interneringskampen gepubliceerd, zoals het twaalfdelige werk *Noord Sumatra in oorlogstijd: oorspronkelijke dagboeken uit interneringskampen chronologisch samengevoeg*d, Makkum, 1989-1998. NIOD-medewerkers Jeroen Kemperman en Mariska van Bruggen bezorgden de kampdagboeken uit de mannenkampen, vrouwenkampen en krijgsgevangenkampen in de vijfdelige reeks *De Japanse bezetting in dagboeken*, Amsterdam, 2001-2002. De visies van de andere betrokken partijen vindt men terug in: Remco Raben (red.), *Beelden van de Japanse bezetting van Indonesië: persoonlijke getuigenissen en publieke beeldvorming in Indonesië, Japan en Nederland*, Zwolle, 1999. Over de ontberingen van de Indonesiërs schreef onder meer de Japans-Australische historicus Shigeru Sato, *War, nationalism and peasants. Java under the Japanese occupation, 1942-1945*, St. Leonards, 1994.

Over zuivering en berechting bestaat volop literatuur. Onontbeerlijk is: Peter Romijn, *Snel, streng en rechtvaardig: politiek beleid inzake de bestraffing en reclassering van 'foute' Nederlanders, 1945-1955*, Amsterdam, 2002 en over economische zuivering: Joggli Meihuizen, *Noodzakelijk kwaad. De bestraffing van economische collaboratie in Nederland na de bevrijding*, Amsterdam, 2003. Van belang is ook Hinke Piersma, *De drie van Breda. Duitse oorlogsmisdadigers in Nederlandse gevangenschap, 1945-1989*, Amsterdam, 2005. Vooral op mondelinge getuigenissen is gebaseerd: Monika Diederichs, *Wie geschoren wordt moet stil zitten: de omgang van Nederlandse meisjes met Duitse militairen*, Amsterdam, 2006.

Over de jaren 1945-1950 en de ontknoping van de Indonesische kwestie is de twintigdelige bronnenpublicatie van S.L. van der Wal en anderen een waardevaste bron: *Officiële bescheiden betreffende de Nederlands-Indonesische betrekkingen 1945-1950*, Den Haag, 1971-1994. Zie ook: Wim Willems en Jaap de Moor (red.), *Het einde van Indië. Indische Nederlanders tijdens de Japanse bezetting en de dekolonisatie*, Den Haag, 1995. Over de internering van (veelal Indische) Nederlanders door de Indonesische Republiek tijdens de onafhankelijkheidsstrijd: M.C. van Delden, *De republikeinse kampen in Nederlands-Indië oktober 1945-mei 1947: orde in de chaos?* Wageningen, 2007. Over de dekolonisatie verscheen een heldere monografie van de Leidse historicus H.W. van den Doel, *Afscheid van Indië. De val van het Nederlandse imperium in Azië*, Amsterdam, 2000. Een vergelijking van de Nederlandse dekolonisatie met die van andere imperiale landen is te vinden in: Martin Thomas, Bob Moore, L.J. Butler (eds.), *Crises of Empire. Decolonization and Europe's Imperial States, 1918-1975*, London, 2008. Over de diplomatieke en militaire facetten van de Indonesische onafhankelijkheidsstrijd verschenen vooral goede buitenlandse studies: Anthony Reid, *The Indonesian national revolution 1945-1950*, Hawthorn, 1974; Benedict R. Anderson, *Java in a time of revolution: occupation and resistance 1944-1946*, Ithaca, 1972; Robert Cribb, *Gangsters and revolutionaries*, North Sydney, 1991. Zie ook: P.M.H. Groen, *Marsroutes en dwaalsporen. Het Nederlands militair-strategisch beleid in Indonesië, 1945-1950*, Den Haag, 1991. Over de materiële afwikkeling van het Indonesische verleden: Hans Meijer, *Indische rekening: Indië, Nederland en de backpay-kwestie 1945-2005*, Amsterdam, 2005 en Peter Keppy, *Sporen van vernieling: oorlogsschade, roof en rechtsherstel in Indonesië, 1940-1957*, Amsterdam, 2006. Hoezeer die afwikkeling verschilde met die van de Nederlanders die terugkeerden uit de Duitse kampen valt te lezen in: Martin Bossenbroek, *De Meelstreep. Terugkeer en opvang na de Tweede Wereldoorlog*, Amsterdam, 2001.

Er verschijnen in Nederland veel studies over de publieke herinnering aan de meest dramatische epsiodes uit de recente geschiedenis. Frank van Vree, *In de schaduw van Auschwitz. Herinneringen, beelden, geschiedenis*, Groningen, 1995; Ido de Haan, *Na de ondergang. De herinnering aan de jodenvervolging in Nederland, 1945-1995*, Amsterdam, 1997; Gert Oostindië, *Postkoloniaal Nederland. Herdenken, vergeten, verdringen*, Amsterdam, 2009. Hoezeer die herinnering vanaf het begin gepolitiseerd werd, blijkt onder meer uit: Annet Mooij, *De strijd om de Februaristaking*, Amsterdam, 2006 en de al even leesbare studies van Jolande Withuis, *Erkenning. Van oorlogstrauma naar klaagcultuur*, Amsterdam, 2002 en *Na het kamp: vriendschap en politieke strijd*, Amsterdam, 2005. Van belang is ook: Chris Vos, *Televisie en bezetting. Een onderzoek naar de documentaire verbeelding van de Tweede Wereldoorlog in Nederland*, Hilversum, 1995.

Vanuit een vergelijkend Europees perspectief analyseerde Pieter Lagrou de effecten van wereldconflicten op de West-Europese samenlevingen: Pieter Lagrou, *The Legacy of Nazi Occupation: Patriotic Memory and National Recovery in Western Europe, 1945-1965*, Cambridge 1999. Zie ook: Frank van Vree & Rob van Laarse, *De dynamiek van de herinnering – Nederland en de Tweede Wereldoorlog*, Amsterdam, 2009. Over hoe andere landen hun oorlogsverleden verwerkten verschenen uitstekende studies van Henry Rousso, *Le syndrome de Vichy (1944-198...)* Paris, 1987 en Ian Buruma, *Het loon van de schuld: herinneringen aan de oorlog in Duitsland en Japan*, Amsterdam, 1994.

Met dank aan Dick van Galen Last (NIOD)

Register